Trutwin
Wege zum Licht

Werner Trutwin

WEGE ZUM LICHT

Die Weltreligionen

Patmos

Für meine liebe Enkelin Theresa Hildburg Wilhelms,
die am 21. Dezember 1993 mit einer Behinderung zur Welt kam
und schon am 17. Mai 1995 starb.
In der kurzen Zeit ihres Lebens
war sie uns mit ihrer Fröhlichkeit und in ihrem Leiden
ein wunderbares Geschenk.
Sie bleibt unvergessen.

Die Deutsche Bibliothek – CIP-Einheitsaufnahme

Trutwin, Werner:
Wege zum Licht: die Weltreligionen / Werner Trutwin. –
Düsseldorf: Patmos, 1996
ISBN 3-491-72361-2

Satz: Fotosatz Moers, Mönchengladbach
Druck und Verarbeitung: Grafo, S.A., Basauri, Spanien
ISBN 3-491-72361-2

Inhalt

Zu diesem Buch 10

Judentum 12

Volk und Religion 14

Grenzen des Verstehens • Wichtige Kennzeichen • Die Namen: Israel und Juden • Zahlen – Gottes Minorität • Definition – Wer ist ein Jude?

Der bleibende Ursprung 21

Leben aus der Erinnerung • Abraham – »Unser Vater« • Mose – »Unser Lehrer« • Exodus und Sinai • Erwähltes Volk und verheißenes Land

Heilige Schriften und große Lehrer 29

Der Tanach • Die Thora • Die Propheten • Die übrigen heiligen Schriften • Der Talmud • Die Halacha • Jüdische Lehrer

Der Gott Israels 40

Das Grundbekenntnis: »Sch'ma Israel« • Eine lange Geschichte • Das Bilderverbot und der Name Gottes • Der Ferne und der Nahe • Gott und das Leiden • Wo war Er in Auschwitz? • Ist der Gott Israels der Gott der Christen? • Jüdische Philosophie – Gott denken

Die Heiligung des Lebens 56

Mizwa • Gebete • Die Synagoge • Der Sabbat • Die Feiertage • Der Lebenszyklus • Kaschrut – Die Essensvorschriften

Der Messias 67

Prinzip Hoffnung • Messiasbilder der Bibel • Jesus von Nazaret – Der Messias der Christen • Gestalten der Geschichte • Sabbatai Zwi – Ein verhängnisvoller Messias • Gegenwart und Zukunft des Messiasglaubens

Das Judentum hat viele Gesichter 78

Ein breites Spektrum • Gruppen um die Zeitenwende • Die Rabbinen • Die Kabbala – Mystiker und Esoteriker • Die Chassidim – Die osteuropäischen Frommen • Reformierte, Konservative, Orthodoxe • Der Zionismus – Juden in Israel

Aufgaben der Gegenwart 91

Eine epochale Veränderung • Der Staat Israel und das Diasporajudentum • Das Verhältnis zum Christentum • Judentum und Islam

Siebenarmiger Leuchter (»Menorah«), Miniatur, Spanien, um 1340. Die Menorah ist ein Sinnbild des Judentums. Die Zahl »7« bedeutet Fülle. Das Licht ist ein uraltes jüdisches Symbol. Der Gott Israels hat sich oft in Feuerwolken, Flammen und Lichterscheinungen geoffenbart.

Christentum   96

Jesus von Nazaret   98

Eine Kurzformel des Glaubens • Probleme einer
Biographie • Daten und Fakten • Der Anfang einer
langen Geschichte • Erstaunliche Zahlen

Die heiligen Schriften   108

Die eine Bibel und die vielen Bücher •
Das Erste Testament • Das Neue Testament •
Das Evangelium nach Markus • Das Evangelium
nach Matthäus • Das Evangelium nach Lukas •
Das Evangelium nach Johannes • Die Briefe
des Neuen Testaments • Die Offenbarung des
Johannes • Außerbiblische Quellen

Gott – wer ist das?   120

Der Gott Israels • Der Vater Jesu Christi •
Menschwerdung und Dreifaltigkeit •
Der Glaube in der Krise • Einwände der
Vernunft • Theodizee • Lehrer des Glaubens

Was ist der Mensch?   133

Die wichtige Frage • Adam und Eva •
Das Bild Gottes • Jesus Christus • Maria •
Exemplarisches Menschsein

Was sollen wir tun?   146

Gottes Weisungen • Religiöse Begründungen •
Die Zehn Worte und das Hauptgebot •
Die Bergpredigt • Das Beispiel Jesu •
Christliches Ethos heute • Gelebte Praxis

Grundzüge der Geschichte   156

Vielfache Prägungen • Reich Gottes und
Institution Kirche • Das Verhältnis zu Israel •
Identität und Pluralität • Licht und Schatten •
Epochale Persönlichkeiten

Die vielen Kirchen   167

Verlorene Einheit • Die römisch-katholische
Kirche • Die orthodoxen Kirchen des Ostens •
Die Kirchen der Reformation • Ökumenische
Bewegung

Auf dem Weg in die Zukunft   179

Koexistenz des Heterogenen • Kirchliche
Krisensymptome • Heutiges Lebensgefühl •
Chancen für morgen

Rembrandt (1606–1669): Die
drei Kreuze, Radierung, 1653.
Jesus Christus, der Gekreuzigte,
steht im Mittelpunkt des Christentums. Sein Tod war Konsequenz seines Lebens, in dem er
die Frohe Botschaft von Gottes
Liebe verkündete und sich für die
Armen und Entrechteten
einsetzte. Der Glaube der
Christen sieht das Kreuz nicht
isoliert, sondern im Licht der
Auferstehung. Für seine
Anhänger ist Christus selbst das
»Licht der Welt«.

Islam 184

Eine dynamische Religion 186

Gottes letzte Offenbarung · Islam und
Muslime · Das Glaubensbekenntnis ·
Weltweite Verbreitung · Viele Perspektiven

Mohammed – Der Prophet 191

Dschahiliya – Zeit der Unwissenheit · Mekka –
Die Berufung zum Propheten · Medina –
Staatsmann und Gesetzgeber · Chadidja, Aischa
und Maria · Mekka – Vollendung des Islam ·
Würdigung – Person und Werk · Legende –
Ein überirdisches Licht

Der Koran – Gottes Wort 206

Die endgültige Offenbarung · Entstehung –
Gestalt – Aufbau · Themen und Adressaten ·
Vom Wort zur Schrift · Arabisch – Sprache und
Schrift · Der Weg zur Rechtleitung · Probleme
der Auslegung · Sunna und Hadith

Gott – Der Glaube der Muslime 215

Allah · Der Einzige, der Schöpfer und der
Barmherzige · Die 99 Namen Gottes ·
Vorherbestimmung und Freiheit · Das Böse
und das Leiden · Große Theologen

Der Mensch – Deutung und Leben 222

Adam im Koran · Differenzen zur Bibel ·
Statthalter und Diener Gottes · Stationen des
Lebens · Ehe und Familie · Die Rolle der Frau

Die Pflichten der Muslime 230

Die fünf Säulen · Shahada – Das Glaubens-
bekenntnis · Salat – Das rituelle Gebet ·
Zakat – Die Almosensteuer · Saum – Fasten im
Ramadan · Hadsch – Die Wallfahrt nach
Mekka · Dschihad – Krieg und Frieden

Gemeinschaft – Recht – Feste 239

»Die beste Gemeinschaft der Welt« ·
Kennzeichen der Umma · Die Scharia – Recht
und Gesetz · Vergehen und Strafen · Die
Moschee – Der Gebetsraum · Feste des Islam

Lebendige Vielfalt 248

Die Sunniten · Die Schiiten · Der Sufismus –
Die Mystik des Islam · Gestalten der Mystik

Islam heute und morgen 256

Renaissance im 20. Jahrhundert · Ursachen
des Erfolgs · Fundamentalismus · Menschenrechte und Demokratie · Zusammenprall der
Zivilisationen? · Muslime in Deutschland

Muslime und Christen 264

Ein schwieriges Verhältnis · Die islamische
Sicht des Christentums · Die christliche Sicht
des Islam · Annäherungen

Die Basmala, hier in einer kalligraphischen Komposition, ist die
Einleitungsformel zu allen Suren (außer der neunten) des Koran.
Sie lautet: »Im Namen Gottes, des Erbarmers, des Barmherzigen«.
Für den Islam ist Gott das Licht des Himmels und der Erde.

Hinduismus 270

Ein Komplex von Religionen 272

Der Name • Große Pluralität • Momente der Einheit • Heutige Verbreitung

Heilige Schriften 280

Shruti und Smirti • Die Veden • Die Upanishaden • Ramayana und Mahabharata • Bhagavadgita • Die großen Lehrsysteme • Shankara und Ramanuja – Große Lehrer • Mahavira und der Jainismus

Welt und Mensch 296

Samsara – Der ewige Kreislauf • Karma – Lohn der Taten • Wiedergeburt • Moksha – Erlösung • Die vier Lebensstadien • Mann und Frau

Gott – Der Eine und seine vielen Erscheinungen 308

Die indische Stufenleiter • Indra, Agni und Soma • Krishna – Der persönliche Gott • Das Brahman • Eine göttliche Dreigestalt • Vishnu und Lakshmi • Shiva • Shakti – Kali • Gute und böse Geister

Das Kastenwesen 320

Religiöse Gesellschaftsstruktur • Die vier Hauptkasten • Die Unberührbaren • Die Ursprünge • Geschichte und Gegenwart

Die Allgegenwart der Religion 328

Alltag • Bilder • Tempel • Feste • Benares • Der Schutz der Kuh • »OM«

Reformen der Gegenwart 340

Erneuerungsbewegungen der Vergangenheit • Große Reformer • Religion und Politik • Heutige Probleme • Begegnung mit dem Westen

Hinduismus und Christentum 349

Das Christentum in Indien • Fragen an den Hinduismus • Fragen an das Christentum

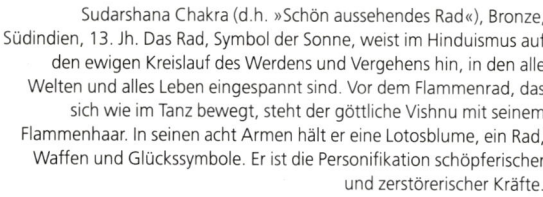

Sudarshana Chakra (d.h. »Schön aussehendes Rad«), Bronze, Südindien, 13. Jh. Das Rad, Symbol der Sonne, weist im Hinduismus auf den ewigen Kreislauf des Werdens und Vergehens hin, in den alle Welten und alles Leben eingespannt sind. Vor dem Flammenrad, das sich wie im Tanz bewegt, steht der göttliche Vishnu mit seinem Flammenhaar. In seinen acht Armen hält er eine Lotosblume, ein Rad, Waffen und Glückssymbole. Er ist die Personifikation schöpferischer und zerstörerischer Kräfte.

Rechte Seite: Der Buddha. Die Figur ist wahrscheinlich im 12. Jh. in Sri Lanka entstanden. Heute befindet sie sich im Bereich des Mahabodhi-Tempels in Bodh-Gaya. In dem nahegelegenen Uruvela hatte der Buddha seine große Erleuchtung (»Mahabodhi«). Sie beendete eine lange Zeit des dunklen Suchens und schenkte ihm die Erkenntnis des Weges, der zur Aufhebung des Leidens führt. Darin ist er zum Wegweiser vieler Menschen geworden.

Buddhismus   356

Eine andere Welt   358

Die erste universale Religion • Die indische
Umwelt • Heilige Schriften • Kenntnisnahme
im Westen • Heutige Verbreitung

Der Buddha   365

Geschichte – Lehre – Legende • Ewige
Wiederkehr – Zeitlicher Anfang • Lebenslust
im Überfluß • Die große Lebenskrise •
Flucht aus der Welt • Der strenge Asket •
Die Nacht der Erleuchtung • Widerstand und
Versuchung • Das Rad der Lehre • Der große
Lehrer • Das endgültige Verlöschen •
Der dreifache Körper • Das Buddha-Bild

Die Lehre   390

Der Buddha und der Dharma • Die vier edlen
Wahrheiten • Der achtteilige Pfad • Leugnung
des Ich – Bedingtes Entstehen • Das Nirwana •
Und Gott?

Die Gemeinde   402

Die dreifache Zuflucht • Die ersten Jünger •
Die Mönche • Frauen und Nonnen • Die Laien

Hinayana – Das kleine Fahrzeug   408

Drei Fahrzeuge • Theravada – Die Lehre
der Ältesten • Heutige Verbreitung – Heutige
Probleme

Mahayana – Das große Fahrzeug   412

Die große Alternative • Die Bodhisattvas und
das Mitleid • Nagarjuna und die Philosophie
der Leere • Amida und das gläubige Vertrauen •
Zen und die neuen Wege der Meditation

Vajrayana –
Das diamantene Fahrzeug   425

Die Religion Tibets • Das göttliche Milieu •
Tantra, Mantra, Mandala • Dalai Lama

Gegenwart und Zukunft   435

Krisen und Gefahren • Reformen und beginnende
Universalisierung • Buddhismus in Deutschland

Buddhismus und Christentum   439

Eine lange Geschichte • Schwierigkeiten des
Vergleichs • Der Buddha und Jesus • Nirwana
und Ewiges Leben • Alternativen für die
Zukunft

Religionen in der
heutigen Welt   446

Religion – was ist das?   448
Symptome einer epochalen Krise   451
Herausforderung der Religion   453
Auseinandersetzung mit der Moderne   454
Die Frage nach der wahren Religion   456

Zu diesem Buch

Während das *Interesse* am Christentum, an seinem Glauben und an den Kirchen bei uns eher abzunehmen scheint, wird in einer gegenläufigen Bewegung das Interesse an Religion und vor allem an den nichtchristlichen Religionen offensichtlich stärker. Dafür gibt es viele Gründe.

Täglich wird die Welt kleiner, täglich rücken fremde Kulturen und Traditionen näher in unser Blickfeld. Wer die Welt verstehen will, kann nicht ohne Grundverständnis der großen Religionen auskommen. Sie bestimmen auch heute maßgeblich das Denken, Handeln und Fühlen der meisten Menschen. *Weltpolitik* gibt es nur im Zusammenhang mit den Weltreligionen. Daher ist es nicht verwunderlich, daß die großen Religionen ständig in den Medien präsent sind. Viele Zeitgenossen gewinnen ihr Bild vom Judentum und Islam, vom Hinduismus und Buddhismus ausschließlich aus den Berichten des Fernsehens und der Illustrierten. Daß dieses Bild korrektur- und ergänzungsbedürftig ist, versteht sich von selbst.

Es gibt heute mehr als je zuvor *Kontakte* zwischen den großen Religionen. Anhänger verschiedener Religionen leben in unserem Land. Der Tourismus und die internationale Vernetzung der Arbeitswelt lassen ständig Erfahrungen mit den Religionen der Welt auch außerhalb unseres Landes zustande kommen. Daß die Religionen dabei oft nur in exotischem Licht erscheinen, ist eine wenig gute Nebenwirkung der gestiegenen Kontaktmöglichkeiten.

Bis weit ins 19. Jahrhundert hinein war die Kenntnis der nichtchristlichen Religionen in Europa unvorstellbar gering. Es fehlten die einfachsten Informationen über Stifter, Lehren, Ethos, Lebenspraxis und Verbreitung. Erst mit dem Aufkommen der *Religionswissenschaften* hat sich dieser Zustand geändert. Viele Forscher haben die Religionen als bedeutsames Arbeitsfeld entdeckt. Inzwischen kann kaum jemand auch nur den Überblick über die Wissenschaft einer einzigen Weltreligion haben.

Die Aufmerksamkeit für die anderen Religionen hat auch mit dem *Christentum* zu tun. Innerhalb der Kirchen und der Theologie hat sich seit Jahrzehnten eine Wende vollzogen, die man früher nicht für möglich gehalten hätte. Während in der Vergangenheit die nichtchristlichen Religionen vor allem als Missionsobjekte betrachtet wurden, hat sich nun ein sachliches und religiöses Interesse herausgebildet, das nicht mehr auf Bekehrung der anderen zielt, sondern den Dialog mit ihnen sucht.

All diese Gründe waren maßgeblich, eine Darstellung über die Welt der Religionen zu versuchen. Das Buch möchte verläßliche Informationen bieten, die gerade für den Nichtfachmann verständlich sind. Es hat solche Leser im Blick, die die Zeit zu einem ausgedehnten Studium nicht finden. Damit macht das Buch der wissenschaftlichen Fachliteratur keine Konkurrenz. Wohl stützt es sich, so weit das nur möglich ist, auf ihre Arbeit. Im einzelnen sind folgende *Gesichtspunkte für die Darstellung* bestimmend:

Behandelt werden die drei monotheistischen Religionen des Judentums, Christentums und Islams sowie die beiden ostasiatischen Religionen des Hinduismus und Buddhismus. Sie werden hier nicht wegen ihrer Größe, sondern wegen ihrer Bedeutung in Geschichte und Gegenwart »Weltreligionen« genannt. Sie alle haben das Gesicht der Welt bestimmt und verändert. Aus Platzgründen können aber nicht alle Religionen der Welt Aufnahme finden. Wichtig wären auch die afrikanischen Naturreligionen und der chinesische Universismus gewesen. Ihre Berücksichtigung hätte eine entsprechende Kürzung für die fünf Weltreligionen bedeutet. Die hier getroffene Entscheidung erschien als das geringere Übel.

Die Angehörigen der Religionen sollen ihre Religion in dem hier erstellten Bild wiedererkennen und akzeptieren können. Das Selbstverständnis der Religionen wird, soweit dies überhaupt einem Außenstehenden zugänglich ist, der Darstellung zugrunde gelegt. Die vielen Texte und Bilder aus den großen Religionen sollen einen *authentischen Zugang* anbahnen.

Keine Darstellung kann auch nur annähernd vollständig sein. Auswahl und Begrenzung sind unvermeidlich. Die Akzente liegen hier bei Fragestellungen und Themenbereichen, die einerseits für ein Grundverständnis der Religionen unverzichtbar sind, andererseits aber auch wegen ihrer Aktualität mit dem Interesse heutiger Leser rechnen können. Die folgenden *Schwerpunkte* werden durchgängig berücksichtigt: Der Ursprung bzw. der sogenannte »Stifter« – Gott, Götter, Göttliches – die Auffassung vom Menschen – das Ethos – die Lebenspraxis – Abspaltungen und Richtungen – Probleme der Gegenwart – Beziehung zum Christentum.

Innerhalb aller Religionen kommen nicht nur die orthodoxen Lehren und die etablierten Institutionen zu Wort. Auch mystische Strömungen und buntes Brauchtum, anregende Philosophen und große Persönlichkeiten werden vorgestellt. Demgegenüber war für die historische Entwicklung der Religionen wenig Platz. Nur gelegentlich und verstreut finden sich einzelne Passagen, die auf bedeutsame Ereignisse der Geschichte eingehen. Auch kultische, soziale, juristische oder regionale Besonderheiten sind weniger berücksichtigt.

Eine gewisse *Vereinfachung* der meist komplexen Thematik war nicht zu umgehen. Fast jeder Satz müßte weiter differenziert werden, weil fast kein Satz für alle Richtungen in den Religionen in gleicher Weise gilt. Es gibt nicht *das* Judentum oder *den* Buddhismus, es gibt auch nicht *das* christliche Menschenbild oder *die* islamische Rolle der Frau. Dieser Umstand ist nicht auf jeder Seite eigens vermerkt. Der Leser sollte nicht allzu häufig im Text auf den Hinweis stoßen, das gerade behandelte Thema habe noch viele andere Dimensionen.

Die Wahl des Titels »*Wege zum Licht*« setzt voraus, daß die Religionen der Welt nicht im Grund alle gleich sind, auch wenn die gegenteilige Auffassung heute weit verbreitet ist. Religionen unterscheiden sich erheblich voneinander nach Herkunft und Geschichte, in ihren Vorstellungen von Gott und Erlösung, in ihrem geschichtlichen Verlauf und in ihrer Zukunftsfähigkeit. Alle gehen unverwechselbar eigene Wege. Aber alle Religionen haben eine doppelte Gemeinsamkeit. Einmal haben sie alle Anteil an dem vielfachen Dunkel unserer Welt. Sie sind nicht selbst das Licht. Daraus erklären sich ihre Schwächen. Zum anderen sehen sie sich aber alle auf dem Weg vom Dunkel zum Licht. In den heiligen Schriften fast aller Religionen, in ihren Gebeten und ihrer Mystik ist dieses Licht Gott. Aber auch da, wo es eine Religion wie der alte Buddhismus mit Gott anders hält, wird die Erlösung durch »Erleuchtung« zuteil und hat damit ebenfalls mit »Licht« zu tun. Gott und das Göttliche in seinen unzähligen Manifestationen ist das Thema der meisten Religionen. »Licht« ist das Thema aller großen Religionen. Dieses Licht ist ganz und gar nicht eintönig. Es besteht aus einem bunten Spektrum und erstrahlt in vielen Facetten. Es kann sogar dunkel erscheinen oder verborgen bleiben. Die Mystiker sprechen von dem »dunklen Licht« Gottes. Auch das ist im Titel mitgemeint, weil diese Erfahrung zunimmt.

Bei der Erstellung des Buches habe ich viel Unterstützung erfahren. Mein Sohn Daniel hat die Mühen der Korrektur auf sich genommen und manche Hilfe gegeben. Danken muß ich auch meiner lieben Frau, die mir die Zeit zum Arbeiten ließ und darum oft auf andere gemeinsame Unternehmungen verzichtete. Gewidmet ist das Buch meiner Enkelin Theresa, die während der Arbeit an diesem Buch starb.

Bonn, den 9. 5. 1996   *Werner Trutwin*

Judentum

Volk und Religion

Grenzen des Verstehens

Das Judentum nimmt in der Geschichte der Religionen, die an faszinierenden Erscheinungen wahrlich nicht arm ist, eine *besondere Stellung* ein. Es ist zugleich Religion, Volk und Schicksalsgemeinschaft. Im Vergleich mit den anderen Weltreligionen reichen die Ursprünge des Judentums besonders weit in die Vergangenheit zurück, und doch ist es in der

> **Israels Leben**
>
> Es ist Israels Leben, den ewigen Tag in Bekenntnis und Handlung vorwegzunehmen, als ein lebendiges Vorzeichen dieses Tages dazustehen, ein Volk von Priestern, mit dem Gesetz, durch die eigene Heiligkeit den Namen Gottes zu heiligen. Wie dieses Volk Gottes in der Welt steht, welche äußeren (Verfolgung) und inneren (Erstarrung) Leiden es durch seine Absonderung auf sich nimmt, darüber sind wir uns einig.
>
> *Franz Rosenzweig (1886–1929), jüdischer Theologe*

Gegenwart von höchster Aktualität. Keine andere Religion hat mit so vielen anderen Kulturen zusammengelebt und dabei doch die eigene Identität bewahrt. Meist war das Judentum in der Geschichte schwach, und es hat doch der Welt kraftvolle Impulse vermittelt und der Menschheit grundlegende Ideen geschenkt. Immer wieder war es tödlich bedroht, aber es hat sich letztlich gegenüber allen Gefährdungen behauptet. Kein Volk hat solche Erfahrungen mit Freude und Schrecken, Sympathie und Antipathie, Heimat und Fremde.

Es ist fast unmöglich, das Judentum in seiner Eigenart zu charakterisieren. Zwar hat die *Wissen-*

Die vorangehende Doppelseite zeigt die heiligste Stätte des Judentums: die Klagemauer in Jerusalem. Sie ist der noch erhaltene Teil der westlichen Stützmauer des Zweiten Tempels, die der Edomiter-König Herodes zwischen 15 und 10 v. Chr. an der älteren Tempelanlage errichten ließ (→ S. 47). Seit dem Mittelalter versammeln sich hier Juden zum Gebet. Nach dem Sechs-Tage-Krieg 1967 wurde der Platz unter dem Namen »Westmauer« für den Staat Israel auch zum nationalen Symbol. Ständig kann man hier orthodoxe Juden in ihrer dunklen Tracht sehen, die sich rhythmisch im Gebet wiegen. Manche Fromme legen auch Zettel mit Gebetswünschen in die Ritzen der Mauer. Frauen und Männer beten noch heute an getrennten Stellen.

schaft vom Judentum, die im 19. Jahrhundert aufkam, viele Einsichten erarbeitet. Sie ermöglichte, historische, soziale und kulturelle Erscheinungen des Judentums besser zu verstehen. Seitdem wissen wir genauer, wie sich das Judentum im Lauf seiner langen Geschichte ständig verändert und weiter entwickelt hat. Wir kennen die Lebenswelten, die sich Juden überall auf der Welt aufgebaut haben. Wir verstehen ihre Versuche, sich gegenüber ihrer Umwelt abzuschotten oder sich ihr anzupassen. Aber die wissenschaftlichen Erkenntnisse über das Judentum können nicht die geheimnisvolle *Wahrheit* erschließen, aus der das Judentum lebt. Hartnäckig widersetzt sich das Judentum allen Versuchen eines eindeutigen Verständnisses. Immer bleibt ein Rest an Unverstehbarem. Dieser Rest hat etwas Faszinierendes an sich. Selbst nüchterne Betrachter sind der Meinung, daß die Existenz und Eigenart des Judentums an ein Wunder grenzt. In seiner unergründlichen Vielfalt wird es am ehesten erfahrbar, wenn man unvoreingenommen mit Juden ins Gespräch kommt, wenigstens gelegentlich an jüdischem Leben teilnimmt, Zeugnisse seiner Tradition wahrnimmt und sich wichtige Ereignisse seiner Geschichte vor Augen führt.

Das Judentum ist ohne seine *Religion* nicht zu verstehen, auch wenn heute viele Juden in ihr nur noch ein Stück überholter Vergangenheit sehen. Gleichwohl wirkt diese Vergangenheit selbst bei ihnen in kritischen Lebenssituationen oft auf unerklärliche Weise nach. Die Bedeutung der Religion für das Judentum selbst und über die Grenzen des Judentums hinaus läßt sich kaum auf einen einfachen Nenner bringen. Wenn man drei religiöse Ideen nennen sollte, die das menschliche Leben verändert haben, müßte man zuerst auf den *Monotheismus* hinweisen, der göttliches Licht in strenger Klarheit auf unsere dunkle Welt fallen läßt. Sodann wäre das Gebot der *Nächstenliebe* herauszuheben, das allen Armen und Bedrängten dieser Welt Zuwendung und die ihnen zustehende Gerechtigkeit sichern will. Schließlich ist die unbesiegbare *Hoffnung auf eine bessere Welt* zu nennen, in der es keine Ungerechtigkeit und kein Leid mehr gibt. Alle Utopien der Geschichte, die die schreckliche Gegenwart in eine bessere Zukunft verwandeln wollen, nähren sich vom Hoffnungspotential des Judentums.

> ### Paradoxie eines Volkes
>
> Israel ist ein Volk mit seiner Paradoxie und in ihrer Spannung: das verbundenste und das einsamste Volk, das konservativste sicherlich und vielleicht das radikalste, das geduldige und das ungeduldige, das gläubige und das kritische, das Volk der Väter und das Volk der Kinder, das lebensfrohe und das asketische, das Volk des aufnehmenden Humors und der abweisenden Ironie, das Volk des Weges und das Volk der »Hecke«, das Volk, das mehr als andere nach außen und weit mehr als andere nach innen horcht und blickt, fast möchte man sagen: Volk des Landes und der Wüste in einem.
>
> *Leo Baeck (1873–1956), Rabbiner (→ S. 38)*

Ungewöhnlich ist die Bandbreite der *Reaktionen*, die das Thema Judentum bei vielen Zeitgenossen auslöst. In den Extremen reichen sie von feindseliger *Ablehnung* bis zu überschwenglicher *Begeisterung*. Es gibt die Faszination für ein Volk, das auf eine mehr als dreitausendjährige Geschichte zurückblicken kann und in dieser Zeit beispielhafte Menschlichkeit und Toleranz entwickelt hat. Es gibt aber auch die Angst vor jüdischer Aggressivität und neuerdings auch vor religiösem Fanatismus und Fundamentalismus. Es gibt den Respekt für eine Religion, die eine reiche religiöse Literatur und viele hervorragende Persönlichkeiten hervorgebracht hat. Es gibt aber auch die Überheblichkeit vieler Frommen in anderen Religionen, die meinen, das Judentum sei veraltet und überholt. Es gibt die Bewunderung für eine Kultur mit herausragenden Leistungen in Literatur und Philosophie, in Kunst und Musik, in den Natur- und Geisteswissenschaften. Es gibt aber auch die Verachtung für alles jüdischen Leben. Es gibt das Interesse für ein Volk, das in vielen Ländern der Welt verbreitet ist und das zugleich seit 1948 in Israel ein eigenes Land und einen eigenen Staat gefunden hat. Es gibt aber auch das Desinteresse, das mit dem Judentum nichts zu tun haben will, weil man Schuld verdrängt und sich vom Judentum nicht ständig in Frage stellen lassen will. Es

Das Hexagramm, ein altes magisches Zeichen, ist als sogenannter »Davidstern« bzw. »Davidschild« (hebr.: »magen David«) ein Symbol des Judentums geworden. Er war u. a. in der Antike ein dekoratives Relief an den Mauern Jerusalems. Für die Nazis war er ein Schandmal. Heute ist er das Zeichen auf der Flagge des Staates Israel.

Der charakteristischste Zug des Judentums

Extremer Humanismus eines Gottes, der viel von dem Menschen verlangt. Nach Ansicht vieler verlangt Er ihm zuviel ab! Vielleicht ist es in einer Ritualisierung, die alle Gesten des alltäglichen Lebens des gesamten jüdischen Menschen regelt, in dem berühmten Joch des Gesetzes – das die frommen Seelen als Freude empfinden –, worin der charakteristischste Zug des Judentums besteht. Der Jude hat ihn durch die Jahrtausende hin bewahrt. Er führt diese Existenz auf die natürlichste Weise und zugleich in Distanz zur Natur. Aber auf diese Weise vielleicht als Offenheit für den Höchsten.

Emmanuel Lévinas (1906–1995),
jüdischer Philosoph (→ S. 55)

gibt den furchtbaren Antisemitismus, der immer wieder in der Geschichte und Gegenwart Gründe für eine Verachtung und Verfolgung der Juden gesucht hat. Es gibt aber auch den naiven Philosemitismus, der jede Kritik am Judentum für unberechtigt hält. Es scheint so, daß es kaum möglich ist, ohne Klischees vom Judentum zu reden. Dabei wünschen sich die meisten Juden nichts sehnlicher als *Normalität*. Sie haben ein Anrecht darauf, daß man gefährliche Vorurteile ebenso meidet wie schablonenhafte Vorstellungen. Sie wollen weder herausgehoben noch verachtet sein.

Wichtige Kennzeichen

Heute ist das Judentum neben dem Hinduismus die *älteste lebende Religion* der Menschheit. Alle anderen Religionen, mit denen das Judentum in seinem ersten Jahrtausend in Kontakt kam, sind vergangen. Die Religionen der Ägypter und Babylonier, der Assyrer und Kanaanäer, der Griechen und Römer sind keine lebendigen Religionen mehr, obwohl

Ben Shahn (1898–1969): Sketch for a Mural, 1958. Das für eine Synagoge entworfene Bild stammt von einem in Litauen geborenen Juden, der schon als Kind nach Amerika kam. Der Maler (→ S.19) verwendet hier traditionelle jüdischen Motive in moderner Form: die Menorah (siebenarmiger Leuchter, → S. 20), das Schofarhorn (→ S. 59 f.), die Flammen und darin die Hand Gottes. Die biblische Botschaft des Bildes, die oben in hebräischen Lettern zu lesen ist: »Haben wir nicht alle denselben Vater? Hat nicht der eine Gott uns alle erschaffen? Warum handeln wir dann treulos, einer gegen den anderen, und entweihen den Bund unserer Väter?« (Mal 2,10).

sie zu ihrer Zeit mächtiger waren. Das Judentum hat sie alle überdauert. In der Auseinandersetzung mit ihnen, in Prozessen des Widerstands und der Anpassung, hat es sich ständig weiterentwickelt, sich immer wieder an seine religiösen Ursprünge erinnert und dadurch seine Identität bewahrt.

Wer die Wirkungsgeschichte der Religionen betrachtet, muß dem Judentum den ersten Rang zusprechen. Aus dem Judentum ist vor 2000 Jahren das *Christentum* hervorgegangen. Es hat wesentliche Überzeugungen des Judentums übernommen und weltweit verbreitet. Auch der *Islam* ist ohne seinen Bezug zum Judentum nicht angemessen zu verstehen. So ist das Judentum zur Mutter der beiden größten Religionen der Menschheit geworden. Im Judentum liegt der *Ursprung der monotheistischen Religionen*, die sich tiefgehend von den ostasiatischen Religionen (→ S. 270 ff.) unterscheiden. Das Judentum hat dem Christentum und Islam mit dem Monotheismus auch den Glauben an Gottes Wirken in der Zeit, die Hoffnung auf die Vollendung der Welt, die Achtung vor der Würde des Menschen, die Ausrichtung auf ein Leben in Gerechtigkeit geschenkt.

Diese Verwandtschaft hat dem Judentum große Probleme eingetragen. Allzuoft gab es erbitterte Auseinandersetzungen zwischen der Mutter und den Töchtern. Christen und Muslime haben sich häufig gegen die Juden gewandt. Verleumdung und Unterdrückung, Verfolgung und Mord, oft aus religiösen Ursachen, gehören in die *Leidensgeschichte* des Judentums. Noch heute ist die Einsicht, daß die Religionen miteinander reden und aufeinander zugehen müssen, in allen drei Religionen nicht überall vorhanden.

Das Judentum ist auch als Religion eine *eigenständige Größe*. Es darf nicht nur als Vorläufer der anderen Religionen angesehen werden, wie es Christen und Muslime häufig getan haben und auch heute noch tun. Das Judentum ist mehr als nur die Religion des »Alten Testaments«, wie Christen oft meinen, und auch mehr, als nur eine »Religion des Buches«, wie Muslime es sehen. Gerade auch das nachbiblische Judentum und das Judentum der Gegenwart ist eine lebendige und unverwechselbare Größe in der Welt der Religionen. Es verdient die gleiche Aufmerksamkeit wie das Judentum der Vergangenheit.

Die Namen: Israel und Juden

Eine alte Selbstbezeichnung des religiösen Judentums lautet »Israel«, seine Angehörigen werden in der Bibel »Kinder Israels« oder »Israeliten« genannt. Den Namen Israel erhielt nach einer ehrwürdigen, aber schwer zu deutenden biblischen Erzählung der Stammvater Jakob, nachdem er in einem nächtlichen Kampf mit einem geheimnisvollen Wesen gerungen hatte und von diesem an der Hüfte verwundet worden war (Gen 32, 23–33). Er wurde dann gesegnet und mit dem neuen Namen be-

schenkt. Der neue Name ist ein neuer Anfang für ihn und seine Nachfahren. In einer volkstümlichen Worterklärung bedeutet »Israel« »Einer, der mit Gott gekämpft hat« oder »Gottesstreiter«. Diese sprachlich nicht ganz unbestrittene Deutung bezeichnet sehr wohl einen Wesenszug des Judentums. Es hat in langen Nächten immer wieder solange mit seinem Gott gerungen, bis es wie Jakob von ihm verwundet und gesegnet wurde. Das Leben vieler Frommer und die Geschichte des jüdischen Volkes ist eine ständige Auseinandersetzung mit diesem Gott gewesen. Der 1948 neu errichtete jüdische Staat nahm be-

---

Israel

In derselben Nacht stand Jakob auf, nahm seine beiden Frauen, seine beiden Mägde sowie seine elf Söhne und durchschritt die Furt des Jabbok. Er nahm sie und ließ sie den Fluß überqueren. Dann schaffte er alles hinüber, was ihm sonst noch gehörte. Als nur noch er allein zurückgeblieben war, rang mit ihm ein Mann, bis die Morgenröte aufstieg. Als der Mann sah, daß er ihm nicht beikommen konnte, schlug er ihn aufs Hüftgelenk. Jakobs Hüftgelenk renkte sich aus, als er mit ihm rang. Der Mann sagte: Laß mich los; denn die Morgenröte ist aufgestiegen. Jakob aber entgegnete:

Ich lasse dich nicht los, wenn du mich nicht segnest. Jener fragte: Wie heißt du? Jakob, antwortete er. Da sprach der Mann: Nicht mehr Jakob wird man dich nennen, sondern Israel; denn mit Gott und Menschen hast du gestritten und hast gewonnen. Nun fragte Jakob: Nenne mir doch deinen Namen! Jener entgegnete: Was fragst du mich nach meinem Namen? Dann segnete er ihn dort. Jakob gab dem Ort den Namen Penuel (»Gottesgesicht«) und sagte: Ich habe Gott von Angesicht zu Angesicht gesehen und bin doch mit dem Leben davongekommen.

Genesis 32, 23–31

Map labels:
LIBANON
Mittelmeer
SYRIEN
Akko
See Gennesaret
Haifa
Galiläa
Tiberias
Nazaret
Jordan
Palästinensische Selbst-
verwaltung (1996)
Nablus
Tel Aviv-Jaffa
Samaria
Jericho
Amman
Aschdod
Jerusalem
Qumran
Aschkelon
Betlehem
Totes Meer
Gaza
Judäa
Hebron
Beerscheba
ISRAEL
Negev-Wüste
JORDANIEN
ÄGYPTEN
Eilat
Akaba
Golf von Akaba

wußt den Namen »Israel« an. Damit knüpft er nicht nur an die Frühzeit der jüdischen Geschichte, sondern auch an die religiöse Tradition an. Die Bürger des Staates nennen sich »Israelis«.

Das Wort »Jude« ist jünger als das Wort »Israel«, hat aber auch mit Jakob zu tun. Es leitet sich her von »Jehuda« (d.i. »Juda«), einem der 12 Söhne des Jakob. Juda ist auch der Stammvater des gleichnamigen Stammes, dessen Wohngebiet »Judäa« später mit der Hauptstadt Jerusalem zum Kerngebiet des jüdischen Volkes wurde. In der Frühzeit der Bibel ist der Name »Jude« nicht nachweisbar. Er bürgert sich erst in der Zeit nach dem Babylonischen Exil (586–538) ein und wird seitdem zur wichtigsten Bezeichnung von Volk und Religion bis heute.

Zahlen – Gottes Minorität

Manche Rabbinen, die das kleine Judentum mit den anderen großen Religionen der Welt vergleichen, haben das Judentum als *»Gottes Minorität«* bezeichnet. In der Tat kann das Judentum nicht aufgrund seiner vielen Anhänger, sondern nur wegen seiner großen Bedeutung weit über die eigenen Grenzen hinweg eine »Weltreligion« genannt werden. Heute gibt es ca. *18 Millionen Juden* auf der ganzen Welt, die in ca. 112 verschiedenen Ländern leben. Insgesamt bilden sie nur etwa 0,25 Prozent der Weltbevölkerung. In der Statistik der Religionen nehmen sie nur einen bescheidenen unteren Platz ein. Dort werden in der Regel auch noch die Juden ohne religiöse Bindung mitgezählt.

Ein beachtlicher Teil der Juden, aber lange nicht die Mehrheit, lebt im Staat Israel. Die meisten Juden leben, wie sie sagen, in der »Diaspora« (hebr.: »Gola«; griech.: »Exil«, d.h. Zerstreuung, Fremde). Den bedeutsamsten Schwerpunkt hat das Judentum in den USA, wo mehr Juden leben als im Staat Israel. Große Zentren sind auch in Südamerika, Rußland und in den anderen Nachfolgestaaten der ehemaligen Sowjetunion (GUS). Die Zahl der Juden in den anderen europäischen Ländern ist im allgemeinen klein. Dies ist eine Folge der nationalsozialistischen Vernichtungspolitik.

Die folgenden *Zahlen,* die auf der Basis von Schätzungen aus dem Jahr 1996 beruhen, sind nur Anhaltspunkte. Danach leben

- 4,7 Millionen Juden in *Israel* (81 % der Bevölkerung). In den letzten Jahren wanderten größere jüdische Gruppen vor allem aus Osteuropa und Afrika nach Israel ein. Die Auswanderungswellen von Israel in andere Länder hatten je nach politischer und wirtschaftlicher Situation ihre wechselnden Hochs und Tiefs. Neben den Juden gibt es in Israel bei einer Gesamtbevölkerung von ca. 5,5 Millionen Einwohnern etwa 777 000 Muslime (14,2 %), etwa 161 000 Christen (etwa 3 %) und 92 000 Drusen (1,6 %)
- 7,2 Millionen Juden in *Nordamerika;* in den USA ca. 6,4 Millionen und in Kanada ca. 0,8 Millionen
- 2,6 Millionen Juden in *Rußland* und in der Gemeinschaft Unabhängiger Staaten (GUS). Die Zahl der Auswanderer war in den letzten Jahren groß.
- 1,5 Millionen Juden im sonstigen *Europa.* In Frankreich gibt es ca. 650 000, in England ca. 420 000, in Spanien ca. 14 000 und in Österreich ca. 7000 Juden. In *Polen* überlebten von etwa 3 Millionen Juden den Holocaust nur etwa 45 000 Juden, nach dem Krieg wuchs ihre Zahl zunächst durch Rückkehrer wieder auf 250 000 an. Neue Verfolgungen durch die Kommunisten nach 1945 waren die Ursache dafür, daß die meisten überlebenden Juden Polen verließen. Heute bekennen sich nur noch etwa 10–20 000 Bewohner zur jüdischen Tradition. In *Deutschland,* wo 1933 ca. 600 000 Juden beheimatet waren, leben heute nur noch ca. 55 000 Juden. Ihre Zahl ist in den letzten Jahren durch eine starke Einwanderung aus Osteuropa erheblich angestiegen.
- 1,2 Millionen Juden in *Lateinamerika,* vor allem in Brasilien und Argentinien
- 0,8 Millionen Juden in *Afrika, Asien, Australien* und *Ozeanien*

Definition – Wer ist ein Jude?

»Wer ist ein Jude?« Die Frage ist nicht leicht zu beantworten.

Bis zur Aufklärung sahen Juden in dieser Frage im allgemeinen kein großes Problem. Es galt überall die Aussage, ein Jude sei ein Nachkomme Abrahams, Isaaks und Jakobs. Allerdings war man Jude nie allein nur durch Geburt. Man konnte auch, wenn man nicht aus dieser Ahnenreihe stammte, in das Judentum aufgenommen werden, wenn man bereit war, nach den jüdischen Weisungen zu leben (»Pro-

selyten«). Dann zählte man auch zu den »Kindern Abrahams«. Diese Elemente nennt auch die altehrwürdige Definition der *Halacha* (→ S. 35), wenn sie festlegt: Jude ist, wer von einer jüdischen Mutter geboren ist (1), oder nach dem jüdischen Religionsgesetz zum Judentum übergetreten ist (2). Man konnte und kann aber auch sein Judesein verlieren, wenn man zu einer anderen Religion übertritt. Darum wird die überlieferte Regel im Staat Israel um ein drittes Merkmal zur Kennzeichnung der jüdischen Nationalität (nicht der israelischen Staatsbürgerschaft) ergänzt: … und sich nicht zu einer anderen Religion bekennt (3). Diese Festlegungen unter-

Ben Shahn (1898–1969): Identity, 1958 (→ S. 16). »Wenn ich nicht für mich bin, wer ist für mich? Und wenn ich für mich allein bin, was bin ich? Und wenn nicht jetzt, wann denn?« Das Wort stammt von dem jüdischen Lehrer Hillel, der um die Zeitenwende lebte (→ S. 33). Er war eine der größten rabbinischen Autoritäten. Seine Frage ist im Talmud überliefert (Pirke Avot, 1,14). Das Bild Shahns stellt die alte Frage Hillels für die Gegenwart. Es kommt aus den Erfahrungen einer langen Leidensgeschichte, in der die Schoa (→ S. 48 ff.) den Höhepunkt bildet. Man kann sich fragen, ob die zum Himmel gestreckten Hände eher Schmerz und Hilflosigkeit oder Vertrauen und Hoffnung ausdrücken.

stellen, daß das Judesein sowohl die Zugehörigkeit zum Volk als auch zur Religion umfaßt. Beide Faktoren sind als eine Einheit gesehen. Ein Jude gehört demnach zum jüdischen Volk und zur jüdischen Religion.

Seit der *Aufklärung* ist die alte Definition fraglich geworden. Dazu führte zum einen das Aufkommen eines neuen Begriffs von Nation und Volk, und zum anderen die Tatsache, daß nicht wenige Juden die Verbindung zur jüdischen Religion aufgaben und sich als areligiös verstanden. Seitdem werden Fragen wie diese heftig diskutiert: Sind die Juden ein Volk oder eine Nation, wenn sie ohne eigenes Land in aller Welt verstreut leben? Sind sie als Volk mit an-

Benno Elkan (1877–1960): Siebenarmiger Leuchter (»Menorah«), Bronze, 1947–1955. Der in Dortmund geborene jüdische Künstler, der in der Nazizeit Deutschland verlassen mußte, schuf den gewaltigen Leuchter, der heute seinen Platz vor dem Parlament (»Knesset«) in Jerusalem hat. Das Werk ist ein Geschenk des Britischen Parlaments an den neugegründeten Staat Israel. Dieses »historische Bilderbuch« zeigt Gestalten aus der Hebräischen Bibel, große Rabbinen und Höhepunkte der jüdischen Geschichte vom Altertum bis zum Aufstand im Warschauer Getto 1943. Die Menorah wurde schon im alten Tempel als Kultgegenstand verwendet (Ex 25, 31–40).

Rechte Seite: Die Opferung bzw. Bindung Isaaks (»aqedat Jitzchak«, Gen 22). Hebräische Handschrift aus Frankreich, um 1280. Das Thema spielt in der jüdischen Tradition eine große Rolle. Den einen ist Abrahams Opfer ein bewundernswerter Akt des Gehorsams. Andere nehmen daran Anstoß, weil Abraham hätte wissen müssen, daß Gott kein Menschenopfer will. Sie sehen darin einen Akt blinder Unterwerfung.

deren Völkern vergleichbar? Oder sind sie in den Ländern, in denen sie leben, zu Amerikanern, Russen, Polen, und Deutschen geworden? Sind Juden, die grundsätzlich nicht mehr die religiösen Weisungen des Judentums beachten, noch Juden? Kann man Jude bleiben und sich gleichzeitig von der Religion der Väter verabschieden? Schließlich: Ist das Judentum eine *politische oder religiöse Größe?* Genügt ein Element oder sind beide zusammen für das Judesein konstitutiv?

Fast auf alle diese Fragen gibt es *viele Antworten.* Orthodoxe, konservative und liberale Juden (→ S. 86 ff.) überall in der Welt denken über die religiöse Komponente des Judentums sehr unterschiedlich, während Agnostiker und Atheisten die religiöse Bindung für die Definition des Judeseins ablehnen.

Im Staat Israel nennen sich die Juden selbstbewußt »Nation« und »Volk«. Darin knüpfen sie an neuzeitliche Ideen des Nationalismus und Zionismus an. Im Hintergrund stehen auch biblische Vorstellungen, in denen zwar der Begriff »Nation« noch nicht vorkommt, aber um so häufiger von dem »Volk Israel« die Rede ist.

Für viele Juden bahnt sich *heute* eine neue Auffassung an. Danach sind alle diejenigen Juden, die sich entweder zum Volk der Juden in Israel und in der Diaspora oder/und zur Religion des Judentums bekennen. Sie alle gehören auf jeden Fall zu einer unvergleichlichen *Schicksalsgemeinschaft,* zu deren Tradition die gemeinsame Geschichte und das religiöse Erbe gehört, wenn es auch in seiner Verbindlichkeit nicht mehr von allen akzeptiert wird.

Die ganze Frage verliert vielleicht ihre Brisanz, wenn man weder von einem vorgefaßten Begriff von »Volk« und »Nation« noch von einer verbindlichen Definition für »Religion« ausgeht. Statt dessen ist mit neueren Staatsrechtlern wohl zu akzeptieren, daß alle vorgegebenen Definitionen und Wesensbeschreibungen von »Volk«, »Nation« und »Religion« an der Realität vorbeigehen. Sie können die Vielfalt dieser komplexen Wirklichkeiten nicht einfangen. Die Begriffe von »Volk«, »Nation« und »Religion« können nur die Begriffselemente enthalten, die diese selbst festlegen. Ob sich irgendwann auch im Judentum ein neuer Konsens zu den gestellten Fragen herausbildet, läßt sich im Augenblick nicht absehen.

Der bleibende Ursprung

Leben aus der Erinnerung

Viele Menschen suchen Gott in der *Natur*. Sonne, Mond und Sterne, der Himmel und das Meer, Berg und Fluß, Pflanzen und Tiere zeigen ihnen Gottes Herrlichkeit. Die Schönheit des Lebens und die Größe der Alls verweisen auf den Schöpfer. Andere entdecken Gott im Menschen selbst, in der Weite seines Geistes, im Reichtum seiner Ideen, in der Tiefe der Liebe oder in der Stimme des Gewissens. Das Judentum kennt diese Spuren Gottes auch, hat aber seinen Gott mehr noch in einer anderen Dimension entdeckt. Die *Geschichte* ist es, in der das Judentum erstmals Gottes Wort vernommen und seine Nähe erfahren hat. Sie ist für Israel der wichtigste Schauplatz geworden, auf dem Gott wirkt. Es gibt für das Judentum genau angebbare Zeiten, Orte und Menschen, die mit Gottes Handeln an Israel zu tun haben. Diese Geschichte reicht über drei Jahrtausende in die Vergangenheit zurück, hat heute ihre lebendige Gegenwart und ist auf die Zukunft gerichtet, in der sich die Hoffnungen Israels erfüllen.

Juden blicken vor allem auf die Ursprünge dieser Geschichte Gottes mit Israel zurück. Die Erfahrungen mit Gott, die die Väter und Mütter zuerst machten, sind nicht Vergangenheit. Sie bestimmen auch die Gegenwart. Die großen Gestalten und Ereignisse am Anfang haben nicht nur den Prozeß der Geschichte Israels in Gang gesetzt, sie wurden auch zum Modell für alle Zeiten, zu Paradigmen des Lebens für das Volk und für die einzelnen Juden. Sie sind zum *bleibenden Ursprung* geworden. Der ständige Rückblick auf sie hat aus dem Judentum ein Volk der *Erinnerung* und des Gedächtnisses gemacht.

Wir wissen heute, daß die alten Texte der Bibel nicht einfach als historische Quellen zu lesen sind, die wie Reportagen exakt das festhalten, was einmal war. Sie sind *nicht historische Quellen* aus alter Zeit. Oft sind sie erst Jahrhunderte später nach den Ereignissen aufgeschrieben worden, von denen sie erzählen. Ununterscheidbar sind sie einerseits Hinweise auf das Geschehen der Vergangenheit, andererseits Deutung für die Gegenwart. In der Erinnerung an die Vergangenheit sucht Israel jeweils Rat

für die Gegenwart. Manche biblische Texte entziehen sich sogar jeder historischen Fixierung. Aber alle legen Zeugnis von einer großen Hoffnung ab und geben Belehrung für die wichtigen Fragen des Lebens.

Da die Juden die Bibel in der Regel nicht als historische Quelle gelesen haben, sondern in ihr ihre Geschichte mit Gott und Wege für die alltägliche Lebenspraxis suchten, hat die Frage, was genau geschehen ist und welche Worte historisch rekonstruierbar sind, in der Praxis der Rabbinen keine große Rolle gespielt. Die biblischen Bücher werden so gelesen, wie sie vorliegen. Den Rabbinen sind bei der Auslegung der Texte bewundernswerte Deutungen gelungen. Sie lesen genau, beobachten mit Scharfsinn, fragen kritisch, verdrängen die Probleme nicht, sind nicht lebensfern und beweisen oft auch Humor.

Abraham – »Unser Vater«

Die Bibel erzählt, daß am Anfang der Geschichte des Judentums eine Gestalt steht, die aus einer fremden Kultur und götterreichen Religion kommt. Sie sieht in *Abraham* den Stammvater Israels. Er vernahm den Ruf Gottes und erhielt den Auftrag, aus seiner Heimat Mesopotamien wegzuziehen in das Land, das Gott für ihn bestimmt hatte. Abraham tat dies im Vertrauen zu diesem Gott und in der Hoffnung auf seine wunderbaren Verheißungen. In Kanaan sollte er eine große Nachkommenschaft bekommen und für alle Völker zum Segen werden. Dort schloß Gott mit ihm einen Bund. Dabei hatte er eines Nachts unter dem unendlichen Sternenhimmel ein mystisches Erlebnis der Gottesbegegnung. Die Beschneidung sollte für ihn und seine männlichen Nachfahren das Zeichen des Bundes sein. Er und seine Frau Sara mußten aber lange warten, bis sie in Isaak das erhoffte Kind erhielten. In einer schwer deutbaren Erzählung ist überliefert, daß sein Gehorsam gegenüber Gott auf eine schwere Probe gestellt wurde. Er vernahm die Aufforderung, seinen einzigen Sohn Isaak zu opfern. Zu diesem Opfer war er bereit, weil er meinte, Gott gehorsam sein zu müssen. Spätere Rabbinen haben ihm daraus einen Vorwurf gemacht, weil er hätte wissen müssen, daß Gott kein Menschenopfer will. Tatsächlich brauchte Abraham das Opfer nicht zu bringen. Die Erzählung stellt am Ende klar, daß Gott den Tod Isaaks nicht wollte. Die Verheißung ging später an ihn weiter.

Obwohl die Bibel nicht unerhebliche Fehler Abrahams offen nennt, macht die spätere Überlieferung aus Abraham ein Vorbild des frommen Juden. Demnach ist er schon früh zur Erkenntnis Gottes gekommen und hat alle schriftlichen und mündlichen Weisungen der Thora gehalten, obwohl diese Israel noch nicht gegeben waren. Tugenden wie Bescheidenheit, Gastfreundschaft und Barmherzigkeit werden an ihm abgelesen. Abraham ist der Gerechte schlechthin. »Unser Vater« heißt er bis heute bei den Frommen, sie selbst nennen sich »Kinder Abrahams«. Aber auch wer in das Judentum eintritt und die Weisungen Gottes an Israel befolgt, darf diesen Ehrentitel tragen. Die Abraham-Kindschaft ist nicht auf die leibliche Abstammung beschränkt.

In den Überlieferungen von Abraham gibt es viele Züge, mit denen sich Israel identifiziert: die Bereitschaft zum Aufbruch – das Vertrauen auf Gott gerade in schweren Situationen – die Freude an seinen Weisungen – die Treue zum Bund.

Die historische Gestalt des Abraham ist für uns nicht mehr faßbar. Wir nehmen heute an, daß irgendwann zwischen 1900 und 1400 v. Chr. eine Gestalt gelebt hat, die im Zug einer großen Nomaden-

---

Abraham

Da sprach der Herr zu Abram:
Zieh weg aus deinem Land, von deiner
Verwandtschaft und aus deinem Vaterhaus
in das Land, das ich dir zeigen werde.
Ich werde dich zu einem großen Volk machen,
dich segnen und deinen Namen groß machen.
Ein Segen sollst du sein.
Ich will segnen, die dich segnen;
wer dich verwünscht, den will ich verfluchen.
Durch dich sollen alle Geschlechter der Erde
Segen erlangen.
Genesis 12, 1–3

---

bewegung aus Mesopotamien, dem damaligen kulturellen Zentrum der Welt, nach Kanaan kam und dort neue Gotteserfahrungen machte. Mit dieser Gestalt haben sich viele alte Traditionen des Landes verbunden. Priester und Propheten haben sie immer wieder neu gedeutet und an ihr die Züge herausgearbeitet, die für das Volk und sein Verhältnis zu Gott charakteristisch waren. Von dem Endredaktor der Mosebücher (→ S. 23) wurden die alten Traditionen mit ihren theologischen Interpretationen zu dem Bild zusammengefaßt, das im späteren Judentum die Vorstellungen von Abraham prägte.

Abraham ist für das *Judentum* der Stammvater des Volkes. Das *Christentum* sieht in ihm den »Vater des Glaubens«, der auf Christus hinweist. Dem *Islam* ist er der »erste Muslim«, der, ohne Jude und Christ gewesen zu sein, zuerst die Einzigkeit Gottes erkannt hat (→ S. 217). In Abraham haben Judentum, Christentum und Islam, die auch die *»abrahamitischen Religionen«* genannt werden, eine gemeinsame Figur des Ursprungs. Vielleicht könnte die gemeinsame Besinnung auf ihn Brücken zwischen diesen Religionen bauen und die Spannungen mindern, die auch heute noch zwischen ihnen bestehen.

Mose – »Unser Lehrer«

Die alles überragende Gestalt des Judentums ist Mose. Das vielgestaltige Bild, das die Hebräische Bibel in ihren ersten fünf Büchern, aber auch in den späteren Schriften von ihm entwirft, ist für das Judentum maßgeblich geworden.

Von dem *Mose der Geschichte* wissen wir nicht viel. Die biblische Darstellung läßt eine historische Rekonstruktion der Mose-Gestalt nur in begrenztem Maß zu. Mit einigem Grund dürfen wir annehmen, daß die Persönlichkeit, die die Bibel »Mose« nennt, wohl im 13. Jahrhundert v. Chr. in Ägypten geboren wurde. Er gehörte wohl zu der ethnischen Gruppe der »Hebräer«, die von der Bibel mit den Israeliten gleichgesetzt und die in alten ägyptischen Texten »Habiru« genannt werden. Sie leisteten Zwangsarbeiten und Sklavendienste in Ägypten. Damals war Ramses II. (1290–1224) ein mächtiger Pharao im Land. Der *Name* »Mose« ist ägyptisch und bedeutet »geboren von« oder »Sohn«. Das Wort kennen wir von Pharaonennamen wie »Ramses«, d. h. Sohn des Sonnengottes Ra, oder »Thutmosis«, d. h. Sohn des Gottes der Weisheit Thut. Mose muß eine faszinierende Persönlichkeit gewesen sein und sich um die religiös-rechtliche Ordnung seiner hebräischen Landsleute außerordentlich verdient gemacht haben. Ob er im historischen Sinn die Gründer- und Stiftergestalt des Judentums ist, ob er zuerst den Monotheismus begründete und einführte, ob er selbst am Sinai war, wird heute kontrovers diskutiert.

Unendlich viel wichtiger als der historische Mose ist für das Judentum der *biblische Mose*. Die wichtigste *Quelle* liegt in den ersten fünf biblischen Büchern vor, die die Juden respektvoll die »*Thora des Mose*« nennen (→ S. 30). Man kann diesen umfangreichen und komplexen Textbestand geradezu als Biographie des Mose lesen, wenn man dabei nicht an eine moderne literarische Form denkt. Dann wäre das erste Buch (»Genesis«) die Geschichte seiner Vorfahren. Die drei weiteren Bücher (»Exodus«, »Levitikus« und »Numeri«) bieten zusammen mit den großen ethischen und kultischen Bestimmungen die Grunddaten seines Lebens. Das letzte Buch (»Deuteronomium«) enthält seine Weisungen für das Leben im Land der Verheißung und erzählt von seinem Tod. Genau im Zentrum der fünf Mose-Bücher (»Levitikus«) steht die gute Botschaft vom versöhnungswilligen Gott, der mitten in seinem heiligen Volk Israel gegenwärtig sein will. Botschaft und Weisung stehen unter der Autorität des Mose. Ihn hat man auch lange als den Autor der Mose-Bücher angesehen, bis die historische Kritik der Neuzeit nachwies, daß Mose nicht ihr Verfasser sein kann.

Ihre Bedeutung haben die Mosebücher dadurch nicht verloren. Sie zeigen uns heute vor allem, wie die verschiedenen Zeiten nach ihrem Mosebild und darin letztlich nach ihrem Gottesbild gesucht haben.

Bei aufmerksamer Lektüre dieser Bücher können wir ganz *verschiedene Mose-Bilder* entdecken. Sie sind zum Teil erst Jahrhunderte nach seinem Tod in der Erinnerung an ihn entstanden. Die Autoren dieser unterschiedlichen Mose-Darstellungen schreiben ihm Funktionen zu, die ihnen für ihre eigene Zeit und für ihre Fragen wichtig waren. Mit einem Blick auf Mose wollten sie z. B. das Königtum Israels stärken oder kritisieren, entweder die Propheten oder die Priester der späteren Zeit stützen. Sie sahen in ihm entweder das eher passive Werkzeug, dessen sich Gott bediente, oder den aktiven Führer des Volks. Manchen galt er als großer Wundertäter, den meisten war nichts so wichtig wie seine Gesetzgebung. In ganz später Zeit wird er der Freund Gottes im strahlenden Licht. Alle diese Mose-Bilder sind in die Endgestalt der Thora eingegangen, ohne daß sie völlig aufeinander abgestimmt worden wären. Die vielgestaltige Endfassung des großen Endredaktors ist zum heiligen Text geworden.

In der *Endfassung* sind die verschiedene Überlieferungen in eine neuen *Zusammenhang* gestellt worden, der ausführlicher und farbiger von seinem Leben erzählt als alle Lebensskizzen, die die Hebräische Bibel zu anderen Gestalten bietet. Am Lebensanfang des Mose steht nun eine Legende, nach der er als kleines Kind in einem Binsenkorb am Ufer des Nils ausgesetzt wurde, um der Tötung durch die Ägypter zu entgehen. Er wurde von der Tochter des Pharao am Flußufer entdeckt. Sie nahm ihn mit an den ägyptischen Königshof, wo er auch erzogen wurde. Diese wunderbare Rettungsgeschichte will deutlich machen, daß sein Leben von Anfang an unter der Obhut Gottes stand. Mose erhielt eine ausgezeichnete Bildung in der Weisheit der Ägypter, die ihm sicher in seinem ganzen Leben nützlich war. Mit 40 Jahren wurde ihm das Unglück seines Volks bewußt. Als er sah, wie einer seiner Landsleute mißhandelt wurde, erschlug er im Zorn einen Ägypter und wurde so zum Mörder. Nun mußte er fliehen, um den ägyptischen Gerichten zu entgehen. Er kam nach Midian, wo er Schafhirt wurde, Zippora heiratete und Vater von zwei Söhnen

de tu conpanero: non cobdides la mujer de tu conpanero ni
su sieruo nin su sierua nin su buey nin su asno nin cosa delo de tu con
paneto.

E figura de moysen commo dçima con las tablas dela ley en sus manos

לֹא תִרְצָח

אָנֹכִי יְהֹוָה אֱלֹהֶיךָ אֲשֶׁר הוֹצֵאתִי

לֹא תִנְאָף

לֹא יִהְיֶה לְךָ אֱלֹהִים אֲחֵרִים עַל פָּנָי

לֹא תִגְנֹב

לֹא תִשָּׂא אֶת שֵׁם יְהֹוָה אֱלֹהֶיךָ לַשָּׁוְא

לֹא תַעֲנֶה בְרֵעֲךָ עֵד שָׁקֶר

זָכוֹר אֶת יוֹם הַשַּׁבָּת לְקַדְּשׁוֹ

לֹא תַחְמֹד

כַּבֵּד אֶת אָבִיךָ וְאֶת אִמֶּךָ

Die Zehn Worte

Dann sprach Gott alle diese Worte:

Ich bin der Herr, dein Gott, der dich aus dem Lande Ägypten geführt hat, aus dem Sklavenhaus.

Du sollst neben mir keine anderen Götter haben.

Du sollst dir kein Bild machen und keinerlei Gestalt von dem, was im Himmel oben, auf der Erde unten oder im Wasser unter der Erde ist. Du sollst dich vor ihnen nicht niederwerfen und ihnen nicht dienen; denn ich, der Herr, dein Gott, bin ein eifervoller Gott, der die Schuld der Väter an den Kindern ahndet bis in das dritte und vierte Geschlecht derer, die mich hassen, aber Gnade erweist bis ins tausendste Geschlecht derer, die mich lieben und meine Gebote halten.

Du sollst den Namen des Herrn, deines Gottes, nicht mißbrauchen; denn der Herr läßt den nicht ungestraft, der seinen Namen mißbraucht.

Gedenke des Sabbattages, ihn zu heiligen. Sechs Tage sollst du arbeiten und all dein Werk verrichten. Aber der siebte Tag ist ein Sabbat dem Herrn, deinem Gott.

Da sollst du keinerlei Werk verrichten – weder du noch dein Sohn oder deine Tochter, noch dein Knecht oder deine Magd, noch dein Vieh, noch der Fremde, der in deinen Toren ist. Denn in sechs Tagen hat der Herr Himmel und Erde gemacht, das Meer und alles, was in ihnen ist; aber am siebten Tag hat er geruht. Daher hat der Herr den Sabbattag gesegnet und ihn geheiligt.

Ehre deinen Vater und deine Mutter, auf daß deine Tage lang werden auf dem Boden, den der Herr, dein Gott, gibt.

Du sollst nicht morden.

Du sollst nicht die Ehe brechen.

Du sollst nicht stehlen.

Du sollst wider deinen Nächsten kein falsches Zeugnis ablegen.

Du sollst nicht begehren das Haus deines Nächsten.

Du sollst nicht Gelüste tragen nach der Frau deines Nächsten, nach seinem Knecht, nach seiner Magd, nach seinem Ochsen, nach seinem Esel und allem, was deinem Nächsten gehört.

Exodus 20, 1–17

wurde. In der Wüste widerfuhr ihm seine außerordentliche Berufung. Gott erschien ihm in einem brennenden Dornbusch, offenbarte seinen Namen JHWH (→ S. 43 f.) und gab ihm den Auftrag, das Volk aus dem Land der Ägypter zu befreien und in das Land der Väter zu führen. Dazu wurde er mit Wunderkraft ausgestattet, die ihm vor dem mächtigen Pharao helfen sollte. Doch der Pharao weigerte sich, das Volk wegziehen zu lassen. Er konnte auch durch mehrere auffällige Unglücksfälle (»Plagen«) nicht zum Einverständnis gebracht werden. Erst als in der Pesachnacht alle Erstgeborenen der Ägypter geschlagen wurden, gab der Pharao die Zustimmung zum Auszug. Die Israeliten konnten entkommen und durchquerten auf wunderbare Weise ein Schilfmeer. Sie wurden auch nicht mehr von den ägyptischen Streitwagen, die den Auszug im letzten Moment verhindern sollten, an ihrem Weg in die Freiheit gehindert. 40 Jahre führte Mose die Israeliten durch die Wüste, wo sie das »Manna« als Speise fanden. Am Sinai war Mose der Mittler, als Gott seinen Bund mit dem Volk schloß und ihm die Thora mit den »Zehn Worten« gab. Schon kurz danach, als Mose auf dem heiligen Berg weilte, um die Gebote auf zwei Tafeln aufzuschreiben, verstieß das Volk gegen das Bilderverbot, fertigte sich ein goldenes Kalb an und tanzte orgiastisch um das schöne Machwerk. Dieses Verhalten versetzte Mose in so großen Zorn, daß er die beiden Tafeln mit den Geboten zerschmetterte. Aber er bat Gott auch um Gnade für sein Volk und erneuerte den Bund. Als er von dem Gottesberg herabstieg, leuchtete sein Antlitz. Er hatte die Herrlichkeit Gottes geschaut. Weil Mose aber einmal in der Wüste an Gottes Macht gezweifelt hatte, als das Volk um Wasser schrie, durfte er das Land der Verheißung nicht betreten, wohl aber konnte er es aus der Ferne sehen. Vor seinem Tod lehrte er in einer großen letzten Rede Israel alles, was für das Leben im Bund mit Gott wichtig ist. Er starb auf dem Berg Nebo im Land Moab. Sein Grab ist späteren Zeiten unbekannt geblieben.

Mose mit den beiden Tafeln der Zehn Worte am Sinai: Eine Darstellung aus der 1422 von Rabbi Mose aus dem Hebräischen ins Spanische übersetzten Alba-Bibel. Das Bild wurde wohl von christlichen Künstlern unter rabbinischer Aufsicht gemalt. Oben ein Lichtsymbol Gottes, in der Mitte steht Mose wie in einem Paradiesesgarten, unten die am Fuß des Sinai lagernden Israeliten.

In der *jüdischen Tradition* wird Mose als Knecht Gottes, als Priester und Mittler zwischen Gott und dem Volk verehrt. Zwar hatte er auch manche Fehler, z. B. Zorn und Unbeherrschtheit, so daß das Judentum nie in die Gefahr kam, aus ihm einen Heiligen oder ein übermenschliches Wesen zu machen. Aber sein einzigartiger Rang ist unbestritten. Er ist der größte aller Propheten in Israel. Nur mit ihm hat Gott »von Mund zu Mund gesprochen«. Ganz unerhörte Ereignisse, die zum religiösen Erbe Israels gehören, sind mit seiner Person verknüpft: die Offenbarung des Gottesnamens JHWH, die Befreiung aus Ägypten, die Wüstenwanderung, die Gesetzgebung am Sinai, der Bundesschluß, die Landgabe. Allerdings schrieben die Rabbinen die Befreiung aus Ägypten und die Gesetzgebung am Sinai nicht ihm selbst zu. Diese Taten hat Gott allein gewirkt.

Letztlich ist Mose für die Juden »*Moshe Rabbenu*«, d. h. »Mose unser Rabbi / Lehrer / Meister«. Diesen Ehrentitel trägt im Judentum sonst niemand. Ganz Israel hat von ihm die schriftliche und mündliche Thora (→ S. 23 f., 30) erhalten, die Israels Lebenspraxis bestimmt. Der Talmud meint, Mose sei nicht wie andere Menschen gestorben, sondern Gott habe ihn mit dem Kuß seines Mundes zu sich geholt.

Wie Abraham ist auch Mose im *Christentum* und *Islam* hoch geschätzt, wenn er dort auch nicht wie im Judentum an erster Stelle steht. Das Neue Testament erkennt ihn als Gesetzgeber an, relativiert aber seine Bedeutung, wenn es lehrt, daß durch ihn nur das »Gesetz«, durch Jesus Christus aber das »Evangelium« gekommen sei. Für den Islam ist Mose deshalb einzigartig, weil er als erster ein von Gott geoffenbartes Buch empfangen hat. Die letzte und endgültige Offenbarung Gottes an die Menschen empfing aber der Prophet Mohammed in dem heiligen Buch des Koran. So verbindet die Mose-Gestalt die drei großen Weltreligionen, markiert aber auch wichtige Trennungslinien.

Exodus und Sinai

In den Mosebüchern geht es nicht allein um Mose und nicht allein um seine Biographie. Genau so wichtig sind die Ereignisse, an denen er beteiligt war. Der Auszug aus Ägypten (»Exodus«) und die Gesetzgebung am Sinai sind im religiösen Judentum nicht einfach vergangenes Geschehen, sondern ein Ursprung, der in die Gegenwart und Zukunft reicht.

Für Historiker ist kaum mehr rekonstruierbar, was beim Exodus geschah. Zu den Ereignissen gibt es keine außerbiblischen Quellen, und in die biblischen Texte sind die Perspektiven vieler Jahrhunderte eingegangen, so daß wir sie nicht einfach für eine Geschichtsdarstellung verwenden können. Was wir über den *historischen Exodus* als einigermaßen wahrscheinlich annehmen können, ist folgendes: In der Zeit des Pharao Ramses II. waren kleinere semitische Gruppen (»Hebräer«) in Ägypten, die wir als Vorläufer Israels ansehen dürfen. Sie lebten dort in Unfreiheit und wurden zu Zwangsarbeiten an Großbauten im Nildelta herangezogen. Sie konnten aus dem gut bewachten Land entfliehen. Ihre Zahl kennen wir nicht, manche neuere Forscher sprechen von 50–150 Leuten. Als Zeitpunkt für die Flucht wählte ihr Anführer den Ausbruch einer Epidemie (Pest?) im Nildelta. Ägyptische Soldaten konnten die Flucht nicht verhindern. Die Flüchtlinge zogen durch ein gefährliches Gewässer (»Schilfmeer«, »Rotes Meer«) und wanderten dann lange in der Wüste umher, bis sie nach Kanaan kamen. Dort trafen sie auf andere Verehrer ihres Gottes JHWH und schlossen sich mit ihnen zu einem religiösen Bund zusammen.

Nicht der Exodus der Geschichte, über den wir wenig wissen, sondern der *Exoduszyklus der Bibel*, also die literarische Endgestalt einer langen Überlieferung, hat dem Judentum sein besonderes Profil gegeben. Juden sehen im Exodus nicht ein peripheres Ereignis, von dem die Weltgeschichte sonst nicht Kenntnis genommen hat, sondern den Anfang des Handelns Gottes mit dem Volk Israel. Hier setzt Gott das fort, was er mit Abraham und den Stammvätern begonnen hatte. Beim Exodus wurde das ganze Volk aus der Sklaverei befreit. Diese Rettungstat Gottes wurde zum religiösen Archetyp. Sie bezieht sich nicht allein auf die Vergangenheit, sondern sie wiederholt sich immer da, wo Juden in Knechtschaft leben, Rettung erhoffen und Befreiung erfahren. Die Erinnerung an den Exodus steht programmatisch am Anfang des Dekalogs: »Ich bin der Herr, dein Gott, der dich aus Ägypten herausgeführt hat, aus dem Sklavenhaus« (→ S. 25). Hier wird deutlich, daß Gott für Israel nicht eine autoritäre Größe ist, die nur Pflichten auferlegt, sondern zuallererst ein Retter und Befreier. Darum verdienen seine Weisungen Vertrauen.

Der Exodus kommt häufig im täglichen *Gebet* der Juden und im Synagogengottesdienst vor. *Pesach* (→ S. 62 f.), eines der großen Feste im Jahreszyklus, vergegenwärtigt den Exodus. Die Feiernden sind nun selbst diejenigen, die am Exodus teilnehmen und von Gott gerettet werden.

Genau in der Mitte der biblischen Exodustradition wird erzählt, daß das Volk Israel unter der Leitung des Mose zum Berg *Sinai* kam und dort in der Wüste von Gott die Zehn Weisungen zum Leben erhielt. Auch mit diesem Erzählkomplex (Ex 19–20) verbinden die neueren historischen Forschungen einige Fragen. *Geographisch*: Wir wissen nicht genau, welcher Berg der biblische Sinai ist. Der Mose-Berg am Katharinenkloster auf der Halbinsel Sinai ist es wahrscheinlich nicht. Über den »richtigen« Sinai streiten sich die Gelehrten. *Historisch*: Es ist unwahrscheinlich, daß die »Zehn Worte« (»Dekalog«) schon im 13. Jahrhundert v. Chr. in der Form vorlagen, wie wir sie aus der Bibel kennen. Überdies bleibt es fraglich, ob für diese frühe Zeit schon vom Bundesschluß Gottes mit seinem Volk die Rede sein kann. *Literarisch*: Die großangelegten Erzählungen vom Sinai sind keine geschichtliche Reportagen von Au-

genzeugen, sondern religiöse Symbolerzählungen, die die Bedeutung der Thora anschaulich zum Ausdruck bringen. Sie entwerfen wunderbare Bilder, die sich zu einem einmaligen Szenario der Gotteserscheinung und Gesetzgebung am Sinai zusammenfügen: das Bergmassiv – die Reinigung des Volkes – der dritte Tag – das Morgengrauen – Donner und Blitz – Wolken, Rauch und Feuer – das Beben des Berges – die Stimme Gottes – die Zehn Worte.

Diese Befunde schmälern die Kraft der Sinai-Überlieferung für das Judentum nicht. Die heiligen Texte gehören, so wie sind, zur *Mitte jüdischer Religiosität*. Sie enthalten die Elemente, auf die sich alles bezieht, was dem Judentum wichtig ist. Hier neigt sich Gott zu seinem Volk vom Himmel herab. Von hier geht die schriftliche und mündliche Thora aus. Hier empfängt Israel die Zehn Worte als gute Weisung zu einem Leben in Freiheit und Würde. Gott – Israel – Thora: diese Dreiheit bildet eine Einheit. Sie gehört zum religiösen Judentum gestern, heute und morgen.

Linke Seite: Mose führt die Israeliten und das Vieh sicher durch das Rote Meer, Haggada, Mainz, 1427.

Der Mose-Berg auf der Sinaihalbinsel. An diese Stelle verlegt eine nicht unumstrittene Tradition die Verkündigung des Dekalogs (Ex 20,1–17 und Dtn 5,16–22).

Erwähltes Volk und verheißenes Land

In den biblischen Traditionen von Abraham und Mose ist an wichtigen Stellen auch von Israels *Erwählung* die Rede. Danach ist Israel unter allen Völkern Gottes besonderes Eigentum. Gott hat das kleine Volk erwählt, ohne daß dafür ein zwingender Grund erkennbar wäre. Besondere Leistungen kultureller, politischer oder religiöser Art können es nicht gewesen sein, da diese bei anderen Völkern eher respektabler waren. Den einzige Grund für Gottes Wahl sehen die Rabbinen in Gottes Liebe zu diesem Volk. Aber umgekehrt gilt auch, daß Israel sich Gott erwählt hat. Ohne Anerkennung durch Israel

Marc Chagall (1887–1985): Wandteppich für die Eingangshalle des Museums »Biblische Botschaft« in Nizza, 1971. Dies ist ein poetisches Bild des Landes, das Gott seinem Volk verheißen und gegeben hat. Rechts eine kleine Stadt, links Jerusalem, dazwischen Wasser, fruchtbares Land und Wüste, darüber Sonnen, Blumen und Tiere. Alle Einzelheiten sind Symbole des Friedens und Glücks.

kann er nicht der Gott Israels sein. Im Bund hat sich Israel verpflichtet, Gottes Weisungen gehorsam zu befolgen und sich dadurch der Erwählung würdig zu zeigen.

Die Rede vom »auserwählten Volk« hat viele *Mißverständnisse* hervorgerufen. Man wirft den Juden deshalb manchmal pauschal Hochmut und Arroganz vor. Dabei bedenkt man nicht, daß die Erwählung Israels nicht aus eigener Leistung, sondern aus Gottes Ruf kommt und mit großen Verpflichtungen verbunden ist. Wo sie zu Einbildung gegenüber anderen Völkern und Religionen führt, wäre sie mißverstanden. – Heute tun sich auch viele Juden selbst mit dem Erwählungsgedanken schwer, weil sie für sich Normalität wünschen und keine antijüdischen Reaktionen hervorrufen wollen. Manche Juden weisen auch darauf hin, daß Erwählung eine große Last sein kann und bis heute oft ein Weg zum Leiden gewesen ist.

Die Erwählung Israels geht nach jüdischer Auffassung nicht zu Lasten aller anderen Völker.

Gestützt auf die biblische Erzählung von Noach (Gen 9,1–17) sprechen die Rabbinen oft von einem Noach-Bund, den Gott nach der Sintflut mit der ganzen Schöpfung geschlossen hat. Kein Volk ist aus der Liebe Gottes ausgeschlossen. Alle Menschen können zu ihm kommen und Anteil an der Herrlichkeit der kommenden Welt haben. Das Zeichen dieses universalen Bundes ist der Bogen, der am Himmel für alle Menschen aufleuchtet. In diesem Bund gibt es nur eine Verpflichtung: die *7 noachidischen Gebote*. Sie sind eine Art »Naturrecht« und ein Ethos für alle. Hier gibt es die 6 Verbote von Gotteslästerung, Götzendienst (Vielgötterei), Unzucht, Blutvergießen, Raub und Brutalität gegen Tiere. Hinzu kommt als Gebot die Einrichtung von Gerichtshöfen, damit das Recht gewahrt wird.

Am Ende der langen Wüstenwanderung zieht die Mose-Schar in das von Gott versprochene *Land* (»*Erez Israel*«). Juden sprechen heute nicht von »Landnahme«, sondern lieber von »Landgabe«, weil sie sich das Land nicht genommen haben, sondern weil es ihnen von Gott gegeben wurde. Das Land ist für sie primär nicht eine ökonomische oder geographische Größe, sondern realisierte Verheißung Gottes. Bei der Eroberung des Landes waren viele Hindernisse zu überwinden. Die Bibel erzählt von grausamen Kriegen, die geführt werden mußten, bis das Land endlich weithin von Juden besiedelt war. Die Texte sollen zeigen, wie Gott für sein Volk gekämpft hat. Historisch gesehen ist das Land wohl eher durch langsame Infiltration zum Besitz der Zwölf Stämme geworden. Hier erfahren die Juden konkret, daß sie frei sind und so leben können, wie es der Thora entspricht. Durch diese Bindung an ein konkretes Land entzieht sich das Judentum jeder Spiritualisierung. Seine religiösen Grunderfahrungen lassen sich nicht auf rein geistige Ideen beschränken.

Häufig konnten die Juden in ihrer Geschichte nicht in ihrem Land leben. Sie waren oft als Fremde unter den Völkern verstreut. Dort blieb aber die Hoffnung auf das Land, das schon dem Abraham verheißen war, lebendig. Am Ende des 19. Jahrhunderts wurde diese religiöse Sehnsucht durch den Zionismus (→ S. 89 f.) zu einer politischen Kraft. So konnte nach den Greueln der Nazi-Verfolgung 1948 der Staat Israel entstehen, der allen Juden der ganzen Welt eine Heimat sein will. Das Wohnen im verheißenen Land ist für viele ein Zeichen der fortwährenden Treue Gottes zu seinem Volk.

Heilige Schriften und große Lehrer

Der Tanach

Die heiligen Schriften der Jüdischen Bibel stehen in einer *langen Geschichte*, deren Anfänge über 3000 Jahre zurückliegen. Darum ist die Bibel nicht aus einem Guß, sondern ein Werk, das aus ganz *unterschiedlichen Schriften* zusammengewachsen ist. Viele alte Texte stützen sich noch auf mündliche Erzählungen der Nomadenkultur. Sie wurden irgendwann gesammelt und aufgeschrieben. An altertümlichen Liedern und Gedichten sowie an Erzählungen, die den »Mythen« und »Sagen« anderer Völker entsprechen, konnte das Gottesverständnis Israels aufscheinen. Könige ließen Zeugnisse aus der Vergangenheit sammeln und Chroniken über ihre Regierungszeit anfertigen. Von Priestern und Lehrern stammen Gesetzestexte und Anordnungen zu Gottesdienst und Lebensführung. Schüler der Propheten schrieben die Worte und Visionen der Propheten auf und fügten manchmal Details über das Leben der Propheten an. Geistbegabte Männer verfaßten Erzählungen, die das Volk trösten und mahnen sollten. In den Psalmen liegen uns die Gebete Israels vor. Weisheitslehrer dachten über Gott und die Welt nach. Sammler stellten volkstümliche Sprichwörter zusammen und Geschichtsschreiber deuteten, was geschehen war.

Es dauerte Jahrhunderte, bis endlich festgelegt war, welche Texte, Sammlungen und Bücher für Israel maßgeblich sein und zu den heiligen Schriften gehören sollten. Der Prozeß der »Schriftwerdung« zog sich bis ins 3./4. Jahrhundert n. Chr. hin. Schon im 4. Jahrhundert v. Chr. gewannen die Bücher, die »Thora« (d. h. »Lehre«) genannt werden, verbindliche Autorität, später dann die »Nebiim« (d. h. »die Propheten«), schließlich in großem zeitlichen Abstand die »Ketubim« (d. h. »die übrigen Schriften«). Wenn man die Anfangsbuchstaben dieser drei Gruppen zusammensetzt, entsteht das Kunstwort »Tanach« (TaNaK), das im Judentum oft zur Bezeichnung der Bibel verwandt wird.

Der Tanach enthält zum großen Teil die Bücher, die von Christen »Altes Testament« und heute oft auch »Erstes Testament« und in der Religionswissenschaft eher »Hebräische Bibel« oder »Jüdische Bibel« genannt werden (→ S. 108 ff.).

Die Thora

Die Thora ist die wichtigste Quelle jüdischen Lebens. Sie umfaßt die 5 Bücher des Mose, die im Hebräischen »Bereschit« (d. h. »Am Anfang«), »Schemot« (»Namen«), »Wajjiqra« (»Er rief«), »Bemidbar« (»In der Wüste«) und »Debarim« (»Worte«) heißen. Ihre bei uns üblichen griechischen Titel lauten: »Genesis« (»Schöpfung«), »Exodus« (»Auszug«), »Levitikus« (»Priestertum und Gottesdienst in der Zuständigkeit des Stammes Levi«), »Numeri« (»Zählungen«) und »Deuteronomium« (»Zweites Gesetz«). Kein anderes Werk hat im Judentum eine gleich hohe Autorität.

Das Wort »Thora« heißt »Lehre« und »Unterweisung«. Die häufige Übersetzung mit »Gesetz« ist mißverständlich, weil sie zu Unrecht den Eindruck entstehen läßt, das Judentum sei eine legalistische Religion, in der es vor allem auf eine korrekte Befolgung eines Rechtssystems ankomme. Demgegenüber verstehen die Juden gerade die Thora als eine gute »Weisung« Gottes zu einem sinnvollen und glücklichen Leben. Voll Dankbarkeit schenken sie den Wochenabschnitten der Thora im Gottesdienst der Synagoge ihre Aufmerksamkeit. Das jüdische Fest »Simchat Thora« (→ S. 62) zeigt, wie die Thora die Juden mit Freude und Begeisterung erfüllt.

Die Thora enthält 613 Vorschriften, davon 248 Verbote und 365 Gebote. In diesen Zahlen haben die Rabbinen eine symbolische Bedeutung entdeckt. Der Mensch hat nach damaliger Kenntnis 248 Knochen bzw. Glieder. Jedes Jahr hat 365 Tage.

Das bedeutet: Jeder Jude soll sich mit seinem ganzen Leib und seiner ganzen Seele alle Tage des Jahres an die Thora halten.

Nach alter rabbinischer Auffassung ist die Thora mit der göttlichen Weisheit identisch und existierte schon vor der Erschaffung der Welt (»Präexistenz«). Sie ist von jeher Gott ganz nahe. Mit ihrer Hilfe hat Gott die Welt geschaffen, so daß die Welt thoraförmig ist. Die Thora wurde zunächst allen Menschen als Offenbarung Gottes angeboten, aber da nur die Israeliten sie vorbehaltlos annehmen wollten, wurde sie dem kleinen Volk geschenkt. Sie gehört zum Kernbestand des Bundes, den Gott mit Israel geschlossen hat. Wer die Thora befolgt, wahrt die Ordnung der Welt. Der Gehorsam gegenüber der Thora führt zur Erlösung Israels, zur messianischen Zeit und letztlich zum Heil der ganzen Menschheit und der Welt. So hat die Thora eine eminente Bedeutung für Israel, aber darüber hinaus auch eine kosmische und universale Dimension.

Die Propheten

Die Schriften der Propheten (»Nebiim«) bilden die zweite Gruppe der Jüdischen Bibel.

Zu den »frühen Propheten« gehören die Bücher Josua, Richter, 1 und 2 Samuel, 1 und 2 Könige. Diese Bücher beschreiben die lange Zeit und den komplizierten Prozeß der Landgabe unter Josua, dem Nachfolger des Mose, und den Richtern (um 1200 v. Chr.). Sie erzählen vom neu errichteten Königtum unter Saul (1020–1004), von Israels größtem König David (1004–965) und seinem Sohn Salomo

---

Prophetische Kritik

Ich hasse eure Feste,
ich verabscheue sie und
kann eure Feiern nicht riechen.
Wenn ihr mir Brandopfer darbringt,
ich habe kein Gefallen an euren Gaben,
und eure fetten Heilsopfer will ich nicht sehen.
Weg mit dem Lärm deiner Lieder!
Dein Harfenspiel will ich nicht hören,
sondern das Recht ströme wie Wasser,
die Gerechtigkeit wie ein nie versiegender Bach.

Amos 5, 21–24

(965–928). Nach dessen Herrschaft kam es zur Spaltung des Reiches in ein Nordreich Israel, dem die Assyrer 722 ein Ende machten, und ein Südreich Juda, das 586 durch die Babylonier zerstört wurde. Damals wurden viele Juden in die Babylonische Gefangenschaft (586–538) verschleppt. In den genannten Büchern kommen schon manche Propheten zu Wort, z. B. Natan, Elija und Elischa. In der christlichen Bibel werden die frühen Propheten zu den »Geschichtswerken« gezählt.

Zu den »*späten Propheten*« zählen die Bücher Jesaja, Jeremia, Ezechiel und das Zwölfprophetenbuch mit Hosea, Joel, Amos, Obadja, Jona, Micha, Nahum, Habakuk, Zefanja, Haggai, Sacharja und Maleachi. Diese späten Prophetenbücher enthalten die Botschaft, die die Propheten dem Volk verkündet haben.

Das hebräische Wort für Prophet »Nabi« (Pl. »Nebiim«) bedeutet »*Gerufener*« oder auch »*Rufer*«. Es drückt aus, daß der Prophet von Gott gerufen ist und andere im Auftrag Gottes ruft. Die wichtigste Aufgabe der Propheten war nach rabbinischer Auffassung, die Thora richtig auszulegen und weiterzugeben. Im Streitfall hatte sie die höhere Autorität. Die Propheten nahmen demnach nichts von der Thora weg und fügten ihr auch nichts Wesentliches hinzu.

Man würde die Propheten Israels völlig verkennen, wenn man sie für Wahrsager oder Hellseher hielte. Sie sind nicht in erster Linie Deuter der Zukunft. Viel häufiger verkünden sie Königen und Priestern, Reichen und Armen das Wort Gottes, das sie empfangen hatten. Oft traten sie ganz unerwartet an Wendepunkten der Geschichte auf. In unerhörten Drohsprüchen kündeten sie Gottes Gericht an, wenn sie Unrecht gegenüber den Armen entdeckten und Forderungen des Bundes verletzt sahen. Aber in Zeiten der Not hatten sie auch Worte des Trostes und der Hoffnung für ihr Volk. Manche weisen auch auf den Messias (→ S. 67 ff.) hin. Die meisten Propheten kamen nicht aus dem etablierten Judentum und waren nur selten Priester oder königliche Beamte. Darum meinten viele, sie hätten kein Recht, sich in alles einzumischen und Könige, Priester und sogar den Tempelkult zu kritisieren. Aber die Propheten bestanden darauf, ihre Botschaft zu verkünden. Ihr Wort war Gottes Wort. »So spricht Gott«

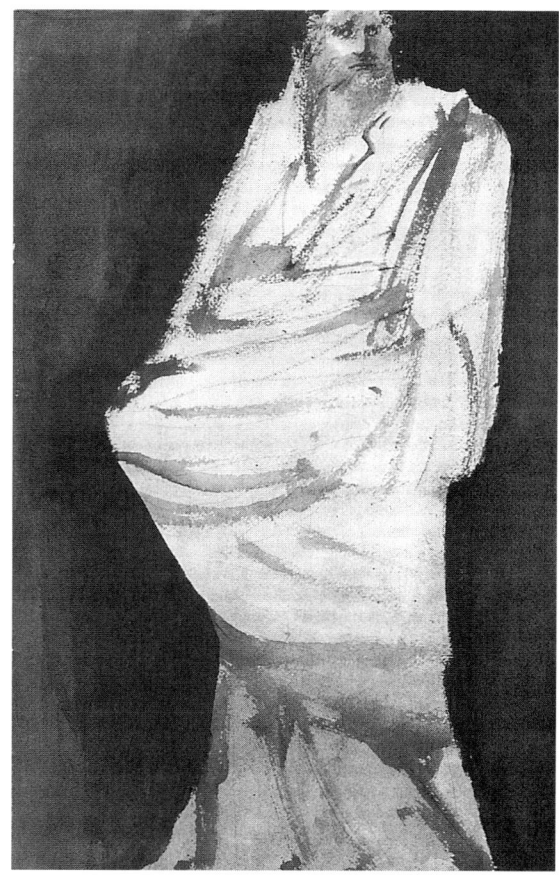

oder »Spruch Gottes« – das waren die Wendungen, mit denen sie ihre Reden einleiteten. Zu ihren Lebzeiten fanden sie oft kein Gehör. Aber ihre Botschaft lebte weiter. Sie wurde als kostbares Vermächtnis in die Bibel aufgenommen.

Für das *rabbinische Judentum* (→ S. 80 f.) sind auch die Stammväter und viele Frauen, das ganze Volk Israel und selbst einige nichtjüdische Gestalten (Bileam) Propheten. Im *Reformjudentum* der Neuzeit (→ S. 87) gewinnen die Propheten höchstes Ansehen als Verkünder einer universalen und ethisch bestimmten Religion. Man stellt sie hier in einen nicht unproblematischen Gegensatz zu einem national, kultisch und gesetzlich bestimmten Judentum.

Leonhard Baskin: Der Prophet Elija, Buchillustration, New York, 1974.

Tradition

Mose empfing die Thora vom Sinai und gab sie Josua weiter, und Josua den Ältesten und die Ältesten den Propheten.

Und die Propheten gaben sie den Männern der Großen Synagoge weiter. Diese sagten drei Dinge: Seid zurückhaltend im Gericht, und zieht viele Schüler heran, und macht einen Zaun um die Thora.

Simeon, der Gerechte, gehörte zu den Letzten der Großen Synagoge. Er pflegte zu sagen: Auf drei Dingen beruht die Welt – auf der Thora, auf dem Kult und auf den Werken der Nächstenliebe.

Talmud, Abot 1, 1–2

Linke Seite: Das Bilderverbot (→ S. 42) ist der Grund dafür, daß es in der jüdischen Kunst keine Gottesbilder gibt (→ S. 121). Der Islam (→ S. 247) kennt ähnliche Einschränkungen, während das Christentum sich nicht durchgängig an das Bilderverbot gebunden fühlt und viele Gottesbilder geschaffen hat. Die jüdischen Künstler fanden aber andere Bereiche für ihre Betätigung. Sie schufen vor allem großartige Werke für die Thora. Die kostbaren Gegenstände, die zu ihrem Schmuck hergestellt wurden, zeigen, welch große Verehrung sie im jüdischen Leben und im Gottesdienst genießt. In der Vielfalt des Thora-Schmucks liegt ein wichtiger Strang jüdischer Kunst.

Links oben: Thora-Wimpel, mit dem die Thora-Rolle zusammengebunden wird. Sie ist oft aus einer Windel hergestellt, die bei der Beschneidung eines Jungen verwandt wurde. USA, 1855.

Rechts oben: Thora-Krone, die man der Thora-Rolle aufsetzt. Sie ist noch erhabener als die Krone des Königtums und des Priestertums. Silberarbeit, Venedig, 1752.

Rechts unten: Thora-Rolle, eingehüllt in einen Thora-Mantel mit Thora-Schild und Thora-Helmen bzw. Glockentürmchen (»Rimonim«). USA, 19. Jh.

Links unten: Titelseite zum letzten Buch der Thora, dem 5. Buch des Mose mit dem Anfangswort des Textes. Bibelhandschrift, Deutschland, 13. Jh.

Max Weber: In der Talmudschule, Öl, 1934. Jüdische Männer bemühen sich um das Verständnis des für das Judentum wohl wichtigsten Buches.

Schammai und Hillel

Wiederum geschah es, daß einer aus den Völkern vor Schammai kam und zu ihm sagte:

Mache mich zum Proselyten (d.h. Nimm mich in das Judentum auf), unter der Bedingung, daß du mich die Weisung ganz und gar lehrst, während ich auf einem Bein stehe!

Da stieß er ihn mit dem Meßbrett weg, das er gerade in der Hand hatte.

Er kam vor Hillel, der machte ihn zum Proselyten und sagte zu ihm: Was dir verhaßt ist, das tue deinem Genossen nicht an. Das ist die Weisung ganz und gar, alles andere ist Auslegung. Geh und lerne!

Talmud, Schabbat 30 b, 31a (→ S. 19)

Die übrigen heiligen Schriften

Die »übrigen heiligen Schriften« (hebr.: »Ketubim«, griech.: »Hagiographen«) bilden den dritten Teil des Tanach. Es sind die Psalmen, die Sprüche Salomos, Ijob, das Hohelied, Rut, die Klagelieder des Jeremia, der Prediger Salomo (»Kohelet«), Ester, Daniel, Esra und Nehemia, 1 und 2 Chronik. In diesen Schriften finden wir so unterschiedliche literarische Formen wie Gebete, Erzählungen, geschichtliche Überlieferungen, Spekulationen der Weisheit, Deutungen des Gesetzes und Apokalypsen. Die ganze Gruppe hat eine geringere Autorität als die Thora oder die Prophetenbücher.

Manche waren lange umstritten, z. B. das *Hohelied*, das in sinnesfrohen Gedichten die Schönheit der Liebe zwischen Frau und Mann preist. Seine erotisch getönten Liebeslieder brachten manche jüdische Fromme in Verlegenheit. Der *Prediger Salomo* schien mit seiner düsteren Resignation und mit seinem Aufruf zu Lebensfreude und Genuß nicht mit der Zuversicht und Strenge der Religion in Einklang zu stehen. Das Buch »*Ijob*« (→ S. 47) denkt in unerhörter Intensität über das Leiden der Menschen nach.

Die 150 *Psalmen* haben das höchste Ansehen dieser Gruppe, da man sie früher für authentische Gebete vor allem des Königs David, aber auch des Mose und Salomo hielt. In ihnen liegt uns eine Gebetssammlung aus dem 2. Jahrhundert v. Chr. vor, deren einzelne Stücke z. T. viel früher entstanden sind. Die Psalmen sind Verherrlichungen Gottes und Preis seiner Wundertaten in Natur und Geschichte, Lieder des Dankes für erfahrene Rettung, Lobpreisungen eines Königs aus Anlaß seiner Thronbesteigung, Festlieder, Bitte um Hilfe und Aufschrei in Not und Verzweiflung. In ihrer poetischen Qualität und ihrem menschlichem Erfahrungsreichtum gibt es in den anderen Religionen wenig Vergleichbares. Sie bringen in großer Vielfalt und Lebendigkeit all das vor Gott zur Sprache, was Menschen bewegt. Dabei scheuen sich die Beter nicht, vor Gott auch über ihr Leid zu klagen und ihn sogar anzuklagen, weil sie seine Hilfe zu wenig spüren. Sie wollen nicht nur fraglos und geduldig alles ertragen, was ihnen geschieht. Aber auch in der äußersten Not wissen sie sich noch von Gott gehalten und lassen nicht davon ab, ihn zu suchen. In dieser Offenheit gegenüber Gott bezeugen sie einen starken Glauben. Es gibt auch »Fluch- und Rachepsalmen«, in denen der Beter aggressiv die Feinde verwünscht und Gottes Rache über sie herabfleht. Wir sollten in ihnen einen Schrei der Ohnmacht und einen Protest gegen Gewalt hören. Sie kommen aus Situationen, wo sich Leidende und Unterdrückte nicht mehr selbst ihr Recht schaffen können.

Der Talmud

Der *Talmud* (hebr.: »Lehre«, »Studium«) ist das wichtigste Werk des rabbinischen Judentums und hat die *höchste Autorität* bei der Auslegung der Gesetze und der Lehre. Auch die biblischen Schriften werden in der Perspektive des Talmud gelesen und gedeutet. Er ist ein gewaltiges literarisches Sammelwerk, das in seinem Umfang die Bibel weit übertrifft. Nach der Katastrophe des Jahres 70 n. Chr., als die Römer Jerusalem zerstörten, sahen sich die Pharisäer gezwungen, die vorhandenen mündlichen Überlieferungen zu sichern, zu ordnen und aufzuschreiben. Den Kern der riesigen Sammlung bildet die »*Mischna*«, die von Jehuda Hanasi (d. h. »der Fürst«) um 200 n. Chr. zusammengestellt wurde. Mit der Mischna schuf er für religiöse und gesetzliche Fragen eine Norm. Er nahm oft gegensätzliche Ansichten der älteren Thoralehrer in sein Werk auf und stellte ihnen oft seine eigene Meinung entgegen. Um die Mischna ist im Lauf der Zeit aus Diskussionen und Überlegungen in den jüdischen Lehrhäusern ein umfassender Kommentar gewachsen, der »*Gemara*« heißt. Die endgültige Redaktion des Talmud erfolgte um 500 n. Chr. zugleich in Babylon und in Palästina. Darum unterscheidet man den *Babylonischen* und *Jerusalemischen Talmud*. Der viel umfangreichere Babylonische Talmud hat bald die größere Autorität gefunden. Die wichtigsten Partien des Talmud, die Recht, Gesetz, Lehre und Brauch umfassen, heißen »*Halacha*« (→ S. 35). Die nicht so umfangreichen erzählenden Teile mit Geschichte, Legenden, Gleichnissen, Sagen und Anekdoten werden zur »*Haggada*« gezählt.

Der Talmud enthält *6 Ordnungen* mit *63 Traktaten*. Hier finden wir Bestimmungen über die Landwirtschaft, über den Sabbat und die Feiertage, über

Ehe und Scheidung, über Schadensregulierungen, über Opfer und Speisegesetze und über kultische Reinheit.

Die Sprache des Talmud ist knapp und prägnant, ohne Pathos und pointenreich. Er gehört zu den großen Werken der Weltliteratur.

Vor allem ist der Talmud ein erstaunliches Zeugnis für das religiöse Denken des Judentums, das immer wieder zu einem neuen Verständnis seiner heiligen Schriften gekommen ist. Die stete Anpassung an neue und schwierige Situationen, in denen die alten Traditionen nicht mehr in allen Einzelheiten nachvollziehbar waren, hat dem Judentum sein Überleben und seine *Identität* gesichert. Die Tatsache, daß im Talmud unterschiedliche Entscheidungen der Rabbinen in Fragen des Gesetzes und der Lehre aufbewahrt sind, hat dem Judentum schon früh eine große theologische *Pluralität* gegeben und es davor bewahrt, abweichende Auffassungen, wenn sie sich nur im Rahmen des Judentums bewegten, mit Acht und Bann zu belegen.

Oft wurde der Talmud im Lauf der Geschichte geschmäht und verlästert. Immer wieder wurden Juden gezwungen, sich von diesem Buch zu trennen. *Verbrennungen* des Talmud waren bis in das 20. Jahrhundert hinein nicht selten. Die Treue zu diesem Buch hat die Juden davor bewahrt, sich von den eigenen Wurzeln abzuschneiden und in den Völkern aufzugehen.

Die Halacha

Den Alltag des religiösen Judentums bestimmt weitgehend die »*Halacha*« (hebr.: »Gehen«, »Wandern«, »der Weg«). Bereits der Ausdruck weist darauf hin, daß es sich nicht um etwas Starres, sondern um etwas Lebendiges handelt. Die Halacha regelt das ganze Leben des Juden, ohne zwischen religiösem und weltlichem Bereich zu unterscheiden. Die Formel »*Dies ist eine dem Mose am Sinai gegebene Halacha*« meint ein einzelnes Gesetz, das unbedingt beachtet werden muß. Die Halacha kann aber auch die Summe aller religiösen Gebote und Verbote bezeichnen.

Die Halacha gründet auf der *mündlichen Thora*, die nach jüdischem Verständnis dem Mose auf dem Sinai gegeben wurde. Sie verlängert gleichsam die Offenbarung des göttlichen Gesetzes in die Gegenwart und Zukunft. Mit der schriftlichen Thora bildet sie eine untrennbare Einheit. Deren 613 Bestimmungen (→ S. 30) konnten nicht alle Fälle des Lebens regeln. Darum entstand immer wieder die Notwendigkeit, diese Gebote anderen Zeiten und Situationen anzupassen. Ohne die ständige *Neuinterpretation* wäre die Thora nicht praktikabel geblieben. So haben die Gesetzeslehrer und die Rabbinen bis heute dafür gesorgt, daß neue Lebensprobleme nicht mit veralteten Bestimmungen gelöst werden mußten.

Nicht immer konnten und können sich die zuständigen Lehrer und Rabbinen auf eine gemeinsame Lösung einigen, z. B. bei Fragen des Eherechtes, des Sabbat oder der koscheren Speisen. Dann haben verschiedene Entscheidungen nebeneinander Bestand, ohne daß eine allein für sich Verbindlichkeit beanspruchen kann. Für das praktische Leben kann man sich auf die Auffassung berufen, die man für richtig hält. Auf diese Weise wird oftmals eine rigide, allein gültige Praxis vermieden.

Wenn auch die unterschiedlichen Deutungen keinen Unfehlbarkeitsanspruch erheben dürfen, weil immer auch die Gegenposition bedacht werden muß, so gibt es doch wichtige *Grundsätze* für die Richtigkeit einer Halacha. Eine Halacha muß sich auf eine lange Tradition stützen können, sich im Alltag bewährt haben und auf eine anerkannte Autorität zurückgehen. Ein Beweis aus der Bibel allein genügt nicht, da dieser nach rabbinischer Auffassung oft widerlegbar ist. Trotz dieser Grundsätze, die die Kontinuität sichern wollen, war die Halacha in der Geschichte immer einem starken *Wandel* unterworfen.

In der Vergangenheit wurde mehrfach die jeweilige Halacha *schriftlich* fixiert. Ein bedeutendes Zeugnis liegt im *Talmud* vor. Andere Gesetzessammlungen entstanden im Mittelalter und in der Neuzeit. Besondere Bedeutung hat der »*Schulchan Aruch*« (d. h. Gedeckter Tisch) des Josef ben Karo aus dem Jahr 1565. Hier können Juden wie auf einem gedeckten Tisch zugreifen, um zu finden, was sie zum Leben brauchen. Er ist bis heute die Halacha des orthodoxen Judentums (→ S. 88), während er für andere jüdische Richtungen nicht dieselbe Verbindlichkeit hat.

Jüdische Lehrer

Zu allen Zeiten hat es im Judentum hervorragende Lehrer gegeben, die über ihre Zeit hinaus in Erinnerung geblieben sind. Das war nicht nur so in der Epoche der Bibel und zur Entstehungszeit des Talmud. Auch im Mittelalter und in der Neuzeit hat das Judentum faszinierende Gestalten hervorgebracht, z. B. Kabbalisten (→ S. 81 ff.) und Chassidim (→ S. 84 ff.), orthodoxe Rabbiner (→ S. 80 ff.), Reformtheologen (→ S. 38 ff.), Philosophen (→ S. 54 ff.) und Männer, die über die Schoa nachgedacht haben (→ S. 48 ff.).

• Von großem Einfluß wurde *Salomo ben Isaak* (1040–1105), der auch »Raschi« (von den Anfangsbuchstaben Rabbi Schlomo Jitzchaki) gennant wird. Er studierte in Mainz und Worms und war dann ein bedeutender Lehrer in Troyes. Seine Kommentare zu den Büchern der Bibel und zum babylonischen Talmud machten die jüdische Überlieferung in einer neuen Sprache verständlich. Viele Texte übersetzte er erstmals ins Französische und deutete sie in den Kategorien seiner Zeit. Raschis Leistung besteht in einer Verbindung von wörtlicher Auslegung, freier Interpretation und homiletischer Anwendung. Seine Kommentare sind über die Jahrhunderte hin bis heute in den einschlägigen Bibel- und Talmudausgaben abgedruckt. Man hat gesagt, daß ohne ihn der Talmud vergessen worden wäre.

• Der bedeutendste jüdische Gelehrte des Mittelalters war der aus Spanien stammende *Mose ben Maimon* (1135–1204), der auch Maimonides und von Juden oft »Rambam« (von den Anfangsbuchstaben Rabbi Mose ben Maimon) genannt wird. In Ägypten verdiente er sich seinen Lebensunterhalt als Arzt des Sultans Saladin. Sein Grab liegt in Tiberias (Israel). Er hat viele große Schriften hinterlassen, in denen er die Thora, die Halacha und die 613 Weisungen der Bibel interpretiert. Vor allem bemühte er sich, die menschliche Vernunft und die biblische Offenbarung miteinander zu versöhnen. Philosophie und Theologie sollten keine letzten Gegensätze bilden. Dazu bezog er, ähnlich wie die zeitgenössischen christlichen Philosophen Albert der Große und Thomas von Aquin (→ S. 130 f.), die Philosophie des Aristoteles in sein Denken mit ein. Aristoteles und Mose hatten für ihn die höchste Autorität. Bekannt geworden sind seine 13 Glaubensartikel, die eine gewisse Systematisierung der jüdischen Lehre versuchen. Sie formulieren kurz und prägnant den Glauben an den Schöpfer (1), Gottes Einzigkeit (2), seine Immaterialität (3), seine Ewigkeit (4), seinen Anspruch auf Anbetung (5), die Wahrheit der Propheten (6), die höchste Prophetie des Mose (7), die Offenbarung der Thora (8), die Unveränderlichkeit der Thora (9), das Wissen des Schöpfers um die Taten des Menschen (10), Lohn und Strafe für die Taten des Menschen (11), den Messias (12) und die Auferstehung der Toten (13). Diese Kurzformel der jüdischen Lehre fand manche Zustimmung, konnte sich aber letztlich im Judentum nicht durchsetzen. Das Werk des Mose ben Maimon löste eine große Auseinandersetzung aus. Viele Rabbinen warfen ihm vor, daß er das bildhafte Reden von Gott in der Bibel (»Anthropomorphismen«, → S. 44) ausschließlich als symbolische Rede deutet, wenn er z. B. lehrt, daß Gott keinen Arm, kein Ohr, kein Auge hat. Sie fürchteten, daß der jüdische Glaube dadurch an Lebendigkeit verlieren und die Halacha allmählich ausgehöhlt werden könnte. Auch verdächtigte man ihn, das Bekenntnis zur Auferstehung nicht wörtlich zu nehmen. Während Mose ben Maimon darum von den traditionell orthodoxen Juden wegen seines Rationalismus abgelehnt wurde, fand er in der Aufklärung und im späteren Reformjudentum großen Anklang.

מה אהבתי תורתך כל היזם

היא שיחתי

• Mit *Moses Mendelssohn* (1729–1786) steht am Beginn der europäischen Aufklärungszeit eine imponierende Gestalt des Judentums. Er kam als armer Junge nach Berlin, wo er ein bedeutender Gelehrter wurde. In ihm verbinden sich humane Gesinnung, Toleranz, wissenschaftliche Kompetenz und ein entschiedener Einsatz für sein Judentum. Er wollte eine Reform des Judentums und suchte die traditionelle jüdische Lebensform mit der profanen Bildung seiner Zeit zu verbinden. Als Bibelübersetzer, Philosoph und Literaturkenner hat er sich einen Namen gemacht. Vorbildlich setzte er sich für verfolgte und vertriebene jüdische Familien ein. Bei dem großen

Philosophen Kant war er hochgeschätzt, und er wurde für Lessing zum Vorbild für die großartige Titelgestalt in dessen Drama »Nathan der Weise«. Trotz seiner hervorragenden Fähigkeiten konnte Mendelssohn als Jude im damaligen preußischen Berlin keine Professur erhalten.

Mendelssohn war einer der ersten Juden, der sich der Aufklärung verpflichtet fühlte. In seiner späten Schrift »Jerusalem« (1783) vertrat er die Auffassung, daß das Judentum keine eigenen dogmatischen Lehren habe, die nicht auch mit der natürlichen Vernunft erkennbar sind. Die religiöse Gotteserkenntnis des Judentums und die Erkenntnis Gottes durch die Vernunft sind von gleicher Art. Darum ist das Judentum im Grund keine Religion. Die Offenbarung Gottes an das Judentum betrifft nicht die Lehre, sondern das Gesetz (Sabbat, Speisen, Ehe usw.). Dieses ist nur für Juden, nicht für andere Menschen verpflichtend. Diese Trennung zwischen moderner Aufklärung und alter jüdischer Gesetzeslehre sollte es den Juden ermöglichen, an der modernen Welt teilzunehmen und zugleich im alltäglichen Leben gesetzestreue Juden zu bleiben.

Mendelssohn war sich nicht bewußt, daß diese Unterscheidung sehr problematisch ist. Sie entzieht dem Judentum das eigene religiöse Profil und legt es verhängnisvoll allein auf eine für die Aufklärung schwer begreifliche Bindung an Vorschriften und Bräuche fest. Später stellten andere jüdische Philosophen die Lehre von Mendelssohn geradezu auf den Kopf, wenn sie behaupteten, der Wert des Judentums liege gerade in seiner Vernunftreligion, während das Gesetz nur die zeitbedingte Aufgabe gehabt habe, den Kern dieser aufgeklärten Religion zu schützen. Darum sei das Gesetz überholt. Die orthodoxen Rabbinen waren mit den Auffassungen von Mendelssohn nicht einverstanden und bekämpften sie entschieden.

Glauben und Tun

Unter allen Vorschriften und Verordnungen des mosaischen Gesetzes lautet kein einziges: Du sollst glauben oder nicht glauben! Alle heißen: Du sollst tun oder nicht tun! Dem Glauben wird nicht befohlen; denn er nimmt keine anderen Befehle an, als die den Weg der Überzeugung zu ihm kommen. Alle Befehle des göttlichen Gesetzes sind an den Willen, an die Tatkraft des Menschen gerichtet.

Moses Mendelssohn, »Jerusalem«

Linke Seite: Mose ben Maimon, der große jüdische Gelehrte, der Religion und Vernunft zu versöhnen suchte. Bronzemedaillon aus der Renaissance-Zeit.

Mischne Thora (»Wiederholung der Thora«), illuminierte Handschrift, Perugia, um 1400. In diesem Werk versucht Mose ben Maimon zu zeigen, wie der Talmud aus der Bibel abzuleiten ist. Der Künstler dieses Blattes hat an den Anfang des 2. Buches, des »Buches der Liebe«, einen Rabbiner mit der Thorarolle gesetzt. Ihn umgibt der Psalmvers »Wie lieb ist mir deine Thora« (119,97).

Viele Juden verstanden im Gefolge der Aufklärung ihr religiöses Erbe nicht mehr und gaben es deshalb auf. Sie ließen sich taufen, um so leichter zur Kultur ihrer Zeit Zugang zu finden und bessere berufliche Chancen zu haben. Selbst zwei Kinder Mendelssohns verloren ihr Interesse am Judentum und traten als vermeintliches Zeichen ihrer Emanzipation zum Christentum über. Das spätere Reformjudentum (→ S. 87) hat wieder an Mendelssohn angeknüpft.

• Unter den zahlreichen großen Gestalten des Judentums im 20. Jahrhundert ist *Martin Buber* (1878–1965) hervorzuheben. Der in Wien geborene Buber lebte in seiner Jugend in Polen, kam nach Österreich zurück und ging dann nach Deutschland. 1923 erhielt er einen Lehrauftrag in Frankfurt a. M. 1938 wanderte er aus Nazi-Deutschland nach Palästina aus. In Jerusalem erhielt er einen Lehrstuhl. Nach dem 2. Weltkrieg kam er häufig zu Vorträgen wieder nach Deutschland. Zeit seines Lebens war er bemüht, den hohen Wert des Judentums aufzuzeigen, ohne sich der orthodoxen rabbinischen Richtung mit ihrer Bindung an den Talmud anzuschließen. Spontane Religiosität hat er immer höher geschätzt als institutionalisierte Religion. Auf vielen Gebieten hat er herausragende Leistungen vollbracht. So wurde er zum Neuentdecker der chassidischen Bewegung in Osteuropa (→ S. 84 ff.), wenn er ihr auch in seinen Büchern allzusehr den Stempel

seiner eigenen Gedanken aufprägte. Mit Franz Rosenzweig (1886–1929) schuf er eine sprachgewaltige und geniale Übersetzung der Hebräischen Bibel ins Deutsche. Er warb um ein Neuverständnis der großen biblischen Themen und Personen (Mose, Propheten, Königtum Gottes usw.). Zudem entwarf er eine Philosophie, in der er die anthropologische Bedeutung der »Ich-Du-Beziehung« aufzeigte und diese der »Ich-Es-Beziehung« überordnete. Den politischen Zionismus (→ S. 89 f.) lehnte er nach anfänglicher Zustimmung ab und befürwortete statt dessen einen kulturellen Zionismus, wobei er sich schon früh für eine Verständigung mit den Arabern einsetzte. Auch um ein besseres Verhältnis zwischen Juden und Christen sowie Juden und Deutschen hat er sich intensiv bemüht. Er gilt als der Vertreter eines modernen jüdischen Humanismus, der in der Bibel begründet ist. Außerhalb des Judentums hat er mehr Aufmerksamkeit gefunden als im Judentum selbst. Neuerdings wächst auch dort sein Ansehen.

• Eine der bedeutendsten Gestalten des Reformjudentums (→ S. 87) war der Rabbiner *Leo Baeck* (1873–1956). Er war seit 1912 Lehrer an der Hochschule für die Wissenschaft des Judentums in Berlin, seit 1933 Präsident der Reichsvertretung der deutschen Juden. Damals lehnte er es ab, Deutschland zu verlassen. Eines seiner wichtigen Bücher trägt den Titel »Das Wesen des Judentums« (1905). Hier antwortet er selbstbewußt auf die Schrift »Das We-

---

Adam

Von Rabbi Bunan von Przysucha, einem der letzten großen Lehrer des Chassidismus, wird erzählt, daß er einmal zu seinen Schülern sprach: »Ich habe ein Buch verfassen wollen, das sollte ›Adam‹ heißen, und es sollte darin stehen der ganze Mensch. Dann aber habe ich mich besonnen, dieses Buch nicht zu schreiben.« In diesem naiv klingenden Wort eines wirklichen Weisen spricht sich die ganze Geschichte des menschlichen Nachdenkens über den Menschen aus. Der Mensch weiß von Urzeiten her, daß er sich selbst der würdigste Gegenstand ist, aber er scheut sich auch, gerade diesen Gegenstand als ein Ganzes, also seinem Sein und Sinn nach zu behandeln.

Martin Buber, »Das Problem des Menschen«

Baecks Weg

In unserer Zeit, in der viele in der Kälte jener Erkenntnis erfrieren, die Auschwitz als Vergangenheit und den persönlichen Tod als Zukunft enthält, wird Baecks Weg zu einer Bestätigung des Menschen, der dazu gelangt, die Grundlagen seines Seins in dem ewigen Geheimnis zu finden und den Inhalt der Existenz in dem fortdauernden Gebot der sittlichen Aufgabe unter messianischem Horizont. Diese Lehre hat die Nächte von Theresienstadt überwinden können, und sie kann gewiß den Menschen durch das Feuer des Atomzeitalters leiten.

Albert H. Friedlander (geb. 1927),
Rabbiner in London

sen des Christentums«, die der evangelische liberale Theologe Adolf von Harnack 1900 veröffentlicht hatte. Baeck weist darauf hin, daß das Judentum keine Dogmen und keine klar formulierte Offenbarung habe. Es kennt kein festes System von Glaubenssätzen, die in einer Institution geschützt und weitergegeben werden müßten. Er spricht von der Dynamik des jüdischen Glaubens, welcher für die Zukunft als Ort der Verwirklichung offen ist. Judentum ist ihm eine fortdauernde Aufgabe, ein ethischer Imperativ, ein »Du sollst«, ein Gebot, eine Weisung. Dahinter steht verborgen das Geheimnis Gottes. Baeck stellt in seinem Buch und in anderen Schriften Jesus von Nazaret in den jüdischen Kontext und zeigt, daß Jesus ohne sein Judentum unverständlich bleiben muß. Einen jüdischen Haß auf Jesus darf es für ihn nicht geben, weil eine Mutter nie ihr Kind hassen darf. Baeck gehört mit Buber und Rosenzweig zu den Männern, die dem Judentum in Deutschland ein neues Selbstbewußtsein gegeben haben. Auch er ist innerhalb des Judentums umstritten. Den Orthodoxen ist er zu liberal, weil er sich nicht ausschließlich am Talmud orientiert, den Liberalen nicht liberal genug, weil er seine Auffassung vom Judentum auch aus dem Talmud begründet. Seine menschliche Größe wurde offenbar, als er 1943 von den Nazis in das Lager nach Theresienstadt verschleppt wurde. Dort wurde er zum Trost für seine jüdischen Mithäftlinge. Obwohl er selbst

schon fast 70 Jahre alt war, half er überall, wo er nur konnte. Seine Frömmigkeit und Weisheit gab vielen Juden neue Kraft. Für sich selbst nahm er keine Ausnahmeregelung in Anspruch und unterzog sich denselben Quälereien der SS, wie es die anderen Juden tun mußten. Wie durch ein Wunder erlebte er 1945 den Tag der Befreiung. Damals hinderte er seine Mithäftlinge daran, sich an den Bewachern zu rächen. Er blieb in Theresienstadt, bis der letzte Überlebende weggehen konnte. Dann zog er zu seiner Tochter nach London, wo er noch 10 Jahre wirken konnte. Nie hat er einen Bericht über die Greuel des Konzentrationslagers geschrieben. Er zählt zu den Großen des Judentums in unserem Jahrhundert.

Jüdische Grunderfahrung

Das Geheimnis bezeichnet im Judentum das Unerforschliche, das, was Gottes und nicht des Menschen ist, das, was nur geahnt werden kann …
In die Welt des Menschen treten hier die Gebote; das Gute tun, das ist auch aller Weisheit Anfang. Die Menschenpflicht steht vor dem Wissen von Gott, und dieses selbst hat weniger den Sinn des Besitzes als den des Suchens und Forschens.

Leo Baeck, »Das Wesen des Judentums«

Von links nach rechts: Moses Mendelssohn, Martin Buber und Leo Baeck – drei Persönlichkeiten, denen das religiöse Denken des modernen Judentums wichtige Impulse verdankt.

Der Gott Israels

Das Grundbekenntnis: »Sch'ma Israel«

Das Judentum kennt kein für alle verbindliches *Glaubensbekenntnis*. Es gab zwar manche Versuche dazu, z. B. von Mose ben Maimon (→ S. 36), aber diese gewannen keine allgemeine Anerkennung. Auch eine systematische *Theologie*, wie sie für das Christentum typisch ist, hat im Judentum keinen Platz. Die Rabbinen waren davon überzeugt, daß man von Gott nicht unnütz reden soll und von ihm letztlich nicht mehr weiß als das, was in den heiligen Schriften steht. Darum hielten sie nicht viel von einer Systematisierung der jüdischen Gotteserfahrung.

Das schließt nicht aus, daß es für das Judentum einen verbindlichen Glauben gibt. Er findet vor allem im wichtigsten Gebet Israels, dem »Höre, Israel!« (hebr.: »*Sch'ma Israel*«), seinen Ausdruck. Fromme Juden beten es jeden Tag. Für viele Juden war es auch ein Gebet in der Stunde des Todes. Dieses Gebet zeigt wie in einer Kurzformel die wichtigsten Dimensionen der Gotteserfahrung Israels.

• *Israel* ist angesprochen. Das Volk kann den Gott, auf den es hören soll, »unseren Gott« nennen. Hier besteht ein einzigartiges Verhältnis, in dem Gott und das Volk Partner sind. Das ganze Volk und nicht ein einzelner ist aufgerufen. Darum weiß sich in diesem Gebet jeder Jude mit allen Juden der Vergangenheit, Gegenwart und Zukunft eins.

• Gott ist der *Ewige*, der über Raum und Zeit steht. Er überragt die Geschichte der Welt und Menschheit und ist deren Anfang und Ende. Seine Ewigkeit umfaßt die Zeit, die nun nicht in eine unendliche Leere läuft, sondern in eine gute Unendlichkeit eingebunden ist. Wer an Gottes Ewigkeit glaubt, sieht die Welt nicht mehr nur als ein Produkt des Zufalls. Sie empfängt von daher ein neues Licht. Das kleine Volk ist in die Ewigkeit Gottes einbezogen.

• Der Gott Israels ist einzig. Neben ihm gibt es keine anderen Götter. Dieser »*Monotheismus*« ist das einzige Dogma, das das Judentum für sich anerkennt. In diesem Glauben, der die Vielgötterei (»Polytheismus«) ausschließt und ein Mißtrauen gegenüber allen von Göttern erzählenden Mythen einschließt, liegt ein radikales und universales Element. Radikal ist dieser Glaube, weil er außer Gott nichts anderes Anbetungswürdiges zuläßt. Keine Weltanschauung und keine Ideologie, kein Staat und keine Gesellschaft, nicht Macht und Geld, kein Ding und kein Mensch dürfen absolut gesetzt werden und für den Menschen die wichtigste Rolle im Leben spielen. Letzter Bezugspunkt des Menschen und Ziel seines Lebens ist Gott. Nichts anderes darf höher stehen. Ein Jude, der sein »Sch'ma Israel« richtig versteht, ist gegen jeden Totalitarismus gefeit. Universal ist dieser Glaube, weil er den Gott Israels zugleich als den Schöpfer der Welt und als den Gott aller Völker anerkennt. Im Bekenntnis zu dem einen Gott liegt auch ein Bekenntnis zu der einen Menschheit und Hochachtung für alle Völker. Universal ist vor allem die Verantwortlichkeit für alle Menschen, die aus dem Monotheismus resultiert. Die Elenden, die Witwen und Waisen, alle Verfolgten dieser Erde sind darin einbezogen. In der Verbindung von Gottesglauben und Ethos, in diesem »*ethischen Monotheismus*« (Leo Baeck), ist ein Spezifikum des Judentums zu sehen. Er ist später auch für das Christentum und den Islam maßgeblich geworden.

»Sch'ma Israel«

Höre, Israel!
Der Ewige, unser Gott, der Ewige ist einzig.
Darum sollst du den Herrn, deinen Gott, lieben
mit ganzem Herzen, mit ganzer Seele und
mit ganzer Kraft.
Diese Worte, auf die ich dich heute verpflichte,
sollen auf deinem Herzen geschrieben stehen.
Du sollst sie deinen Söhnen wiederholen.
Du sollst von ihnen reden, wenn du zu Hause sitzt
und wenn du auf der Straße gehst, wenn du dich
schlafen legst und wenn du aufstehst.
Du sollst sie als Zeichen um das Handgelenk
binden. Sie sollen zum Schmuck auf deiner
Stirn werden.
Du sollst sie auf die Türpfosten deines Hauses
und in deine Stadttore schreiben.
Dtn 6, 4–9

• Mit dem Bekenntnis des Glaubens ist die Liebe zu Gott untrennbar verbunden. Israel soll und darf seinen *Gott* mit ganzem Herzen *lieben*. Und als ob das nicht genügt, werden auch seine ganze Kraft und seine ganze Seele zur Gottesliebe ermuntert. Nichts soll davon ausgeschlossen sein. Diese Liebe ist für Israel kein strenges Gesetz, sondern Ausdruck der Dankbarkeit und Freude gegenüber seinem Gott. Sie ist die Antwort Israels an den Gott Israels.

• Bekenntnis und Gottesliebe dürfen sich nicht auf das Innere des Herzens beschränken. Sie müssen auch öffentlichen Ausdruck finden. Darum soll jeder Jude davon *vielfaches Zeugnis* geben: an der eigenen Hand und Stirn, mit der Kleidung, zu Hause und auf der Straße, bei Tag und bei Nacht, bei der Erziehung der Kinder, im Leben der Familie, in Haus und Stadt. Alles, was im Leben wichtig ist, soll in das Bekenntnis einbezogen sein. Viele Juden haben die Forderungen dieses Gebets wörtlich genommen und den Text z. B. in eigenen Kapseln (»Tefillin«, → S. 57) an ihrer Stirn und Hand getragen. Auch heute lebt dieser Brauch weiter.

Eine lange Geschichte

Das Verhältnis des Judentums zu seinem Gott ist in der *Bibel* grundgelegt. Es ist nur von der *Geschichte* her zu verstehen, in der die Stammväter des Volkes vor mehr als 3000 Jahren zum erstenmal Gottes Ruf vernahmen. Die damals gestiftete Beziehung dauert auch heute an und erstreckt sich bis an das Ende der Zeiten, an dem die Erlösung Israels und der Welt erwartet wird. In dieser Geschichte hörten die Propheten Gottes Wort, das Volk empfing die Thora und die Frommen sprachen in eindringlichen Gebeten zu Gott. In jeder Gegenwart lebt das Judentum von der Erinnerung an die Vergangenheit und mit der Hoffnung auf die Zukunft. Israels Erfahrungen mit Gott erschließen sich in Israels Geschichte (→ S. 21).

Am Anfang hörten einzelne Menschen Gottes Ruf. *Abraham, Isaak* und *Jakob* (Israel) wurden von ihm zuerst angesprochen. Sie erfuhren ihn als ihren Gott und als den *Gott ihres Stammes*. Für andere Stämme ließen sie zuerst wohl noch andere Götter gelten. Ihr Gott war der »Gott Abrahams, Isaaks und Jakobs«.

Bei *Mose* erscheint Gott als der Gott Israels, d. h. als der *Gott des ganzen Volkes*. Mit den Israeliten schließt er am Sinai einen Bund, in dem er sich Israel zu seinem Volk erwählt. Im Dekalog wird dem Volk verboten, andere Götter neben dem Gott Israels zu haben. Ein eindeutiger Monotheismus liegt hier auch noch nicht vor, da das Gebot mit anderen Göttern rechnet. Dabei hatte schon vor der Mose-Zeit der Pharao Echnaton (1364–1347) in Ägypten einen radikalen Monotheismus einführen wollen, der sich aber auf Dauer im Lande nicht durchsetzen konnte, weil sich die ägyptische Priesterschaft gegen diese ungeheuerliche Neuerung zur Wehr setzte. Wie weit der Monotheismus Echnatons Israel beeinflußt hat, ist schwer zu sagen.

Aus der Abwehr fremder Götter durch die *Propheten* und aus einem vertieften Nachdenken über Gott hat sich später das Bekenntnis zu dem *Einen Gott* entwickelt, wie es seit dem Babylonischen Exil (6. Jh. v. Chr.) für das Judentum bestimmend wurde.

Marc Chagall (1887–1985): Der Prophet Jeremia, Lithographie, 1960.

Damit verbunden war ein weiterer Schritt, der zur Universalisierung des jüdischen Gottesglaubens führte. Der erste Satz der Bibel am Anfang der gewaltigen Schöpfungserzählung (Gen 1–11) lautet lapidar: »Im Anfang schuf Gott Himmel und Erde.« Hier liegt das Bekenntnis vor, daß Israels Gott kein Nationalgott ist, sondern der *Schöpfer der ganzen Welt* und aller Menschen. Die Redaktoren der Hebräischen Bibel haben diesen Text wegen seiner grundsätzlichen Bedeutung an den Anfang der heiligen Schriften Israels gesetzt. In diesem grundlegenden Text sind Gedanken lebendig, die die Propheten Israels zuerst äußerten, wenn sie vom *Gott aller Völker* sprachen.

Der Gottesglaube Israels ist nicht frei von Spannungen, die sogar zu *Widersprüchen* werden können. Es gibt viele in gegensätzliche Richtungen weisende Aussagen über ihn und von ihm. Das liegt daran, daß in jeweils anderen geschichtlichen Situationen Gott anders erfahren wurde. Nie wurde der Gott Israels als ein abstraktes Prinzip verstanden, das in allen Zeiten unveränderlich bleibt. Immer war er unberechenbar, immer anders, immer voller Überraschungen. Emphatisch nennt er sich der Gott des kleinen Israel und ist doch der Schöpfer der ganzen Welt. Er verbietet von Menschenhand gefertigte Gottesbilder und offenbart sich doch selbst in höchst anschaulichen Sprachbildern. Gott ist auf beglückende Weise den Menschen nahe, andererseits ist er in schmerzlicher Weise ein ferner Gott. Er ist der gute Gott, der seine Kinder liebt und doch das Böse und das Leiden nicht von ihnen fernhält. Gott ist strahlendes Licht und zugleich undurchdringliches Dunkel. Wer solche Widersprüche aufzulösen versucht, mag die Logik des Denkens auf seiner Seite haben. Auf die Logik des biblischen Glaubens kann er sich nicht berufen.

In manchen Zeiten hat die Bibel Gott unbedenklich *Eigenschaften* zugesprochen, die uns heute *anstößig* erscheinen. Sie nennt ihn nicht selten mit militärischen Metaphern »Herr der Heere« und »*Kriegsheld*«. Gott scheut nicht einmal davor zurück, sich für die Tötung von Menschen aktiv einzusetzen, z. B. wenn er in der Pesachnacht alle Erstgeborenen Ägyptens umbringt oder wenn er bei der Landgabe die Feinde Israels tötet. Solche Aussagen wurden nicht zum Maßstab jüdischer Gottesrede. Die Rabbi-

nen haben ständig versucht, Texte dieser Art so zu deuten, daß kein Schatten auf Gott fällt. Heute zeigt sich bei einer genaueren Analyse der gewalttätig klingenden Texte, daß sie oft nicht von der Gewalt um der Gewalt willen sprechen. Sie verkünden Gott als mächtigen und rettenden Helfer Israels, der für Gerechtigkeit kämpft und das Recht der Armen und Schwachen auch gegen Widerstände durchsetzt. Ähnlich sind die Texte zu sehen, die Gott als *Rächer* und strengen Richter anrufen, wie es manche Psalmen tun. Hier hat die jüdischen Beter oft die Hoffnung auf das Ende ihres Leides und die Erwartung eines besseren Zustandes beflügelt, wenn sie von Gott ihr Recht mit Worten erbaten, denen auch Gewalt, Vergeltung und Rache nicht fremd sind. Darüber hinaus ist zu bedenken, daß solche Worte in der alten Welt nicht anstößig klangen. Israel konnte sie ohne Zögern auf Gott beziehen, weil sie damals zum üblichen Sprachschatz auch der anderen Religionen gehörten. Gefährlich wäre es allerdings, auch heute noch in solchen Bildern von Gott zu reden und sie zur Legitimation von Rache, Gewalt und Krieg zu benutzen. Eine solche Sprache und erst recht eine solche Praxis verbieten sich auf Grund der Friedensbotschaft, die die Bibel an vielen anderen Stellen so nachdrücklich verkündet. Darum ist Israels Gott auch kein Gott der Rache, wie es der Antijudaismus oft behauptet hat.

Das Bilderverbot und der Name Gottes

Am Anfang der Zehn Worte heißt es: »Du sollst dir kein Gottesbild machen und keine Darstellung von irgend etwas am Himmel droben, auf der Erde unten oder im Wasser unter der Erde« (Ex 20,4). Dieses *Bilderverbot* ist in der alten Welt einmalig. Überall in der Umwelt Israels, z. B. in Ägypten und Babylon, gab es viele großartige Gottesbilder, die wir noch heute als Kunstwerke in den großen Museen der Welt bewundern. Auch Israel hatte an Gottesbildern Gefallen. Als Mose auf dem Berg Sinai weilte, um die Zehn Worte Gottes aufzuschreiben, fertigte sich das Volk am Fuß des Berges ein goldenes Kalb an und verehrte es enthusiastisch. Auch später mußten die Propheten oft Verstöße gegen das Bilderverbot anklagen.

Bilderverbot

Du sollst dir kein Gottesbild machen und keine Darstellung von irgend etwas am Himmel droben, auf der Erde unten oder im Wasser unter der Erde.

Exodus 20, 4

Man hat gefragt, warum sich Israel überhaupt mit diesem programmatischen Verbot von den anderen Völkern unterscheiden wollte. Es war keine Verachtung des Bildes und erst recht keine Absage an die Kunst. Es war auch nicht die Angst, man könne die Gebilde aus Stein oder Ton, Holz oder Erz anbeten. Das taten nicht einmal die anderen Völker. Wahrscheinlich war die Sorge bestimmend, daß Bilder in die Versuchung führen konnten, sich mit ihrer Hilfe der Kräfte Gottes zu bemächtigen und sie für menschliche Interessen einzuspannen. Man sollte nicht mit einem Gottesbild Fruchtbarkeit über die Äcker, Glück über sein Haus oder Fluch über die Feinde herabflehen. Niemand durfte versuchen, das Geheimnis Gottes in den Alltag zu ziehen und durch magische Praktiken Gott in Dienst zu nehmen. Erst in späterer Zeit begründete man das Bilderverbot auch damit, daß kein noch so erhabenes Bild den unsichtbaren Gott wiedergeben könne, weil jedes Gottesbild nur ein unvollkommener Schatten von Gottes unfaßbarer Herrlichkeit sei.

JHWH

Da sagte Mose zu Gott: Gut, ich werde also zu den Israeliten kommen und ihnen sagen: Der Gott eurer Väter hat mich zu euch gesandt. Da werden sie mich fragen: Wie heißt er? Was soll ich ihnen darauf sagen?

Da antwortete Gott dem Mose: Ich bin der »Ich bin da«. Und er fuhr fort: So sollst du den Israeliten sagen: Der »Ich bin da« hat mich zu euch gesandt. Weiter sprach Gott zu Mose: So sag zu den Israeliten: JHWH, der Gott eurer Väter, der Gott Abrahams, der Gott Isaaks und der Gott Jakobs, hat mich zu euch gesandt. Das ist mein Namen für immer, und so wird man mich nennen in allen Generationen.

Exodus 3, 13–15

Das Bilderverbot hat das religiöse und kulturelle Leben der Juden stark beeinflußt. Es hatte zur Folge, daß das künstlerisch so kreative Judentum bis auf den heutigen Tag kein Gottesbild angefertigt hat. Einige wenige Juden lehnen sogar Bilder vom Menschen ab, weil der Mensch ein Bild Gottes ist. Das Christentum hat das Bilderverbot übernommen. Aber vor allem die katholische und die orthodoxe Kirche haben aus ihrem Glauben, daß Gott Mensch und damit sichtbar geworden ist, die Erlaubnis abgeleitet, Gottesbilder zuzulassen. Im Islam ist das Bilderverbot bis heute eine strenge Verpflichtung.

Während es Israel nicht erlaubt ist, sich ein Gottesbild zu machen, darf es den *Namen Gottes* wissen. Hier tritt ein Gegensatz zutage, der für das jüdische Gottesverständnis kennzeichnend ist: seine Ferne im Bilderverbot und seine Nähe in der Kenntnis seines Namens. Der Gottesname wurde Mose in der Wüste an einem brennenden Dornbusch offenbart. Damals wurde Mose beauftragt, die Kinder Israels aus der Macht des Pharao zu befreien und aus Ägypten herauszuführen. Mose fragte Gott nach seinem

Ben Shahn (1898-1969): Das erste Gebot, 1967. Es lautet in der jüdischen Zählung: »Ich bin der Herr, dein Gott, der dich aus dem Land Ägypten geführt hat«.

Namen, um den Israeliten sagen können, wer ihn schicke. In einer großartigen Szene nennt Gott seinen Namen »*JHWH*« (Ex 3,14). Dabei wird deutlich, daß Gott nicht eine anonyme Macht ist, sondern eine lebendige Person. Um das richtige Verständnis dieses Namens ist lange gerungen worden.

• Die Übersetzung »*Ich bin, der ist*« entspricht eher einer philosophische Definition, nach der Gott als der »Seiende« oder »das Sein« bezeichnet wird. Eine solch abstrakte Bedeutung des Gottesnamens wäre von Mose und von den bedrängten Kindern Israels nicht verstanden worden. Erst recht hätte sie die hilfreiche Nähe Gottes nicht erkennen lassen.

• Manche Ausleger übersetzen den Namen JHWH: »*Ich werde sein, der ich sein werde*«. Gemeint ist, daß sich erst in Zukunft zeigen wird, wer Gott für Israel ist. Jetzt kann und darf es niemand wissen. Gott behält sein Geheimnis für sich. Auch eine solche Antwort wäre in der damaligen Situation kaum hilfreich gewesen. Mit diesem schwer verständlichen Namen hätte Gott seine Nähe geradezu verborgen.

• Am meisten überzeugt die Deutung, die in dem Namen eine Hilfe und einen Trost für das Volk sieht: »Ich bin der ›Ich bin da‹«, d. h. »*Ich bin der, der für euch da ist*«. Gott will für Israel in schwerer Zeit der Nahe und der Retter sein. Sein Name ist nicht Definition, Information oder Antwortverweigerung, sondern eine Zusage und ein Programm. Gott ist für Israel da. Der Talmud hört in dem Namen etwas von der Barmherzigkeit Gottes und findet in ihm Gottes Anwesenheit in jeder Phase der Geschichte gewährleistet. Für Israel war und ist der Name JHWH immer ein guter Name, der Zutrauen verdient. »Heiligung des Namens« wurde im Judentum sogar zur Bezeichnung des Martyriums. Wer um des Judentums willen sterben mußte, »heiligte den Namen«.

Auch der Gottesname muß vor *Mißbrauch* geschützt werden. Darum heißt es zu Beginn des Dekalogs: »Du sollst den Namen des Herrn, deines Gottes, nicht mißbrauchen« (Ex 20,7). Jesus steht in guter jüdischer Tradition, wenn er seine Jünger im Vaterunser so beten lehrt: »Geheiligt werde dein Name«. Im Judentum wurde das Wort JHWH (das sogenannte »Tetragramm« = »Wort mit 4 Buchstaben«) nur in bestimmten Situationen ausgesprochen, z. B. im Tempelbereich oder am Versöhnungstag. Bis heute gebrauchen Juden das Wort sonst nicht. Wenn es in einem Bibeltext vorkommt, sprechen sie beim Lesen ein anderes Wort, z. B. »Adonai« (d. h. »mein Herr«) oder »Ha Schem« (d. h. »der Name«).

Der Ferne und der Nahe

Schon in biblischer Zeit lassen sich im Judentum *zwei Tendenzen* im Gottesverständnis nachweisen, die allmählich in Gegensatz zueinander treten mußten. Da ist einmal der Gott Israels, der sich in einer verständlichen (»anthropomorphen« = menschenförmigen) *Offenbarung* ausspricht. Er kommt Israel wie ein Mensch nahe. Gott kann reden und schweigen, umhergehen und hören, zornig und gütig sein, lachen und weinen. Er wird als Handwerker und Gärtner, als König und Liebhaber, als Richter und Vater geschildert. Auf der anderen Seite weiß das Judentum, daß Gott anders als die Menschen ist. Er übersteigt Raum und Zeit und steht über der Geschichte. Letztlich ist er unfaßbar und unbegreiflich. Er ist das absolute *Geheimnis*, vor dem die Sprache der Menschen verstummen muß. Ihm wird nur eine »negative Theologie« gerecht, die zwar (»negativ«) sagen kann, wer und wie Gott nicht ist, die aber allen inhaltlichen (»positiven«) Aussagen meidet. Es mußte die Frage aufkommen, wie diese beiden Gottesvorstellungen miteinander vereinbar sind.

Die jüdische *Apokalyptik* versucht, Gottes Weltüberlegenheit mit überhöhten und *ungewöhnlichen Bildern* darzustellen. Gott wird nun zu einem unvergleichlich großen König und allmächtigen Herrscher, der auf einem Thron im Himmel sitzt und von einem himmlischen Hofstaat umgeben ist. Er wirkt nicht mehr selbst, sondern durch Zwischenwesen auf die Welt und Geschichte ein. Engel und Dämonen stehen in seinem Dienst und führen in Abhängigkeit von ihm seine Aufträge aus. So kann Gott selbst in seiner unfaßbaren Erhabenheit im Hintergrund bleiben. Er braucht nicht unmittelbar in Erscheinung zu treten. Sein Geheimnis wird in plastischer Bildhaftigkeit gewahrt.

Weisheitslehrer des frühen Judentums, die zur griechischen und alexandrinischen Philosophie Kontakt hatten, versuchten das Problem mit abstrakten *Begriffen* zu lösen. Man ließ Gott beim Wirken ebenfalls im Hintergrund, gab ihm aber nun vergeistigte Attribute, durch die er wirkt, z. B. die

Marc Chagall (1887–1985): Mose vor dem brennenden Dornbusch, Lithographie, 1966. Die Stimme Gottes, die Mose hört, ist hier als Engel im Lichtglanz dargestellt. Er vermittelt dem Mose, was Gott sagen will: seinen Namen und seinen ungewöhnlichen Auftrag. Die hebräischen Buchstaben im Lichtkreis über dem Dornbusch geben den hier geoffenbarten Gottesnamen JHWH in hebräischen Schriftzeichen wieder. Das Bilderverbot bleibt beachtet. Bemerkenswert ist der Kontrast zwischen dem feuerroten Dornbuschbaum und der dunklen Gestalt des Mose. Nur sein Antlitz hat Anteil am Licht. Die beiden Lichtstrahlen auf seinem Haupt zeigen, daß er mit Gott geredet hat. Künstler haben ihn oft mit solchen Strahlen dargestellt.

»Weisheit« oder das »Wort« (griech.: »Logos«). Sie halfen ihm bei der Schöpfung und bei der Leitung der Welt. Manchmal wurden diese Attribute Gottes auch zu selbständigen Zwischenwesen oder gar zu Personen. Im Neuen Testament wird Jesus von Nazaret mit Gottes Wort (»Logos«) identifiziert (Joh 1, 1 ff.).

In der *Talmudischen Literatur* finden wir eine Vorstellung für die Nähe Gottes, die den Namen »Schekina« trägt. Das Wort bedeutet »Einwohnung (Got-

tes)« und meint seine Gegenwart im Volk Israel. Nach der Zerstörung des Tempels von Jerusalem im Jahr 70 n. Chr. kommt der Ausdruck bei den Rabbinen auf. Für sie ist die Schekina die Garantin für Gottes Treue auch im Exil. Gottes Nähe ist nun nicht mehr an den Tempel und an das Land gebunden. Gott ist auch im Exil bei seinem Volk. Dort leidet er auch mit Israel. Selbst in den Vernichtungslagern der Nazis haben fromme Juden mit der Schekina die

Nähe Gottes erfahren. Für die Rabbinen ist sie die Welt- und Israelzugewandtheit Gottes. Vor Spekulationen, was hinter der Schekina ist und wie das innere Leben Gottes aussieht, haben sie oft gewarnt.

Manche Lehrer der *Kabbala* (→ S. 81 ff.) haben diese Scheu aufgegeben. In mystischen Spekulationen nähern sie sich kühn dem geheimnisvollen Widerspruch zwischen Gottes Andersheit in sich und seiner Nähe zur Welt. Dazu haben sie eine Lehre geschaffen, die künstliche Worte als Notbehelf benutzte. Sie sprachen von Gott als der »Wurzel aller Wurzeln«, als der »großen Wirklichkeit«, als der »indifferenten Einheit« und vor allem von der »Unendlichkeit Gottes« (»*En Sof*«). Das Innerste Gottes ist völlig verborgen, und kein Attribut läßt sich von ihm aussagen. Aber es gibt Zwischengestalten (»*Sefirot*«), die aus Gott hervorströmen. In diesen Sphären göttlicher Manifestation tritt Gott aus seiner Verborgenheit heraus. Die Sefirot vermitteln zwischen dem unaussprechlichen göttlichem Mysterium und der Realität der Welt.

Die *Rabbinen* haben das Problem nicht einheitlich behandelt. Es gab manche, die die lebendige Darstellung Gottes in den heiligen Schriften so nehmen wollten, wie sie sich gibt. Für sie spricht und hört Gott wirklich, er straft und belohnt wirklich. Sie glauben, daß nicht ein bildhaftes, sondern nur ein *realistisches* Verständnis den Absichten der Bibel gerecht wird. Nur die wirkliche Lebendigkeit Gottes kann die Menschen bewegen und beeindrucken. Von einer negativen Theologie wollen sie nichts wissen. Andere Rabbinen vertreten dagegen die Meinung, daß die Bibel in *symbolischer* oder *allegorischer* Sprache von Gott redet. Ihre lebendigen und anschaulichen Bilder zeigen auf Gott und machen uns sein Handeln verständlich, ohne das Geheimnis Gottes anzutasten. Was wir von Gott sagen, trifft auf ihn nicht so zu, wie wir es sagen.

Gott und das Leiden

Am meisten bedrückt Menschen das Problem, warum es in der Welt so viel *Leid* und *Böses* gibt, obwohl doch Gott gütig ist und die Macht hat, es abzuwenden oder zu verhindern. Sie können ihm nicht zutrauen, daß er dem Schmerz und dem Leiden seiner Geschöpfe gegenüber gleichgültig ist.

Warum läßt er so viel Ungerechtigkeit geschehen? Warum gibt es Hunger und Krieg, Krankheit und Tod? Warum hält Gott das Leid nicht von den Gerechten dieser Welt fern? Warum nicht wenigstens von den unschuldigen Kindern? Warum nicht von seinem Volk Israel, dem er doch seine besondere Treue zugesagt hat?

Diese quälenden Fragen rühren an den Nerv des Gottesglaubens. Mit diesen Fragen haben sich die Kleinen und die Großen Israels immer wieder an Gott gewandt. Sie haben die Fragen oft in Demut und Vertrauen, oft aber auch mit Klage, Anklage und Protest an Gott gerichtet. Viele Juden sind darüber an Gott irre geworden.

Im Lauf der Geschichte sind viele Antworten versucht worden. Die ganze Bibel ist weithin bestimmt von dem Bemühen, mit diesem Problem fertig zu werden. Davon zeugen die Erzählungen von Paradies und Sündenfall ebenso wie die Worte der Propheten. Die Psalmen der Frommen und die Lehren der Weisen sind ebenso wie die visionären Bilder der Apokalyptik von diesen Fragen bestimmt. Auch in den späteren Epochen des Judentums sind diese Fragen nicht verstummt. So finden wir im Judentum auf die *eine Frage viele Antworten*.

• Das Leiden ist Gottes Strafe »*unserer Sünden wegen*«. Immer wieder haben das Volk und einzelne Juden die Weisungen der Thora mißachtet und den Bund mit Gott verletzt. Durch das Leiden werden die Verfehlungen bewußt. Die Schuldigen erhalten die Chance zu Läuterung und Buße. – Die Frage bleibt, warum Gott mit dem Leiden so oft nicht die Schuldigen, sondern die Unschuldigen bestraft.

• Für das Böse und das Leiden ist nicht Gott verantwortlich. Es kommt letztlich von *widergöttlichen Mächten*. Satan, Teufel, Beelzebul, Dämonen und Todesengel versuchen mit ihren Mitteln, die Menschen vom richtigen Weg abzubringen und in das Verderben zu stürzen. Sie arbeiten mit Lüge und Verblendung. Sie wenden sich an den Stolz und die Gier des Menschen. – Die Frage bleibt, warum Gott diese bösen Mächte geschaffen hat und ihnen so viele unheilvolle Möglichkeiten läßt.

• Die Leiden der Menschen kommen aus der *Freiheit des Menschen*. Die Freiheit gehört zur Grundausstattung des Menschen. Ohne Freiheit wäre der Mensch nicht Mensch, sondern ein Tier oder ein

Ding. Zur menschlichen Freiheit gehört aber die Möglichkeit, Gutes und Böses tun zu können. Die aus der Freiheit erwachsene böse Tat des Menschen ist verantwortlich für das Grauen in unserer Welt. In ähnlicher Weise sprechen die Rabbinen auch vom *bösen Trieb des Menschen*. Aus ihm resultiert viel Böses und viel Leid. – Die Frage bleibt, warum Gott die Menschen mit Freiheit und bösem Trieb ausgestattet hat. Hätte er nicht einen besseren Menschen schaffen können, der seine Freiheit nur zum Guten benutzen kann? Wäre nicht auch ein Mensch ohne bösen Trieb in seiner Schöpfung denkbar? Und wie ist das Leid zu verstehen, das nicht aus der Freiheit oder dem bösen Trieb des Menschen kommt, sondern das die Mächte der Natur über den Menschen bringen?

• Besonders intensiv stellt das Buch *Ijob* (5.–3. Jh. v. Chr.) die Frage, woher das Leiden kommt und warum es Ijob, einen Unschuldigen, trifft. Sein gutes Verhältnis zu Gott wird durch schlimme Katastrophen wie den Tod von Frau und Kindern, Krankheit und Armut auf eine schwere Probe gestellt. Mit den konventionellen Antworten seiner Freunde ist er nicht zufrieden. Er kann das Leiden als Strafe Gottes für die Sünden nicht akzeptieren, da es oft auch den Unschuldigen trifft, der keine Strafe verdient hat. Empört und verletzt wendet er sich *gegen alle Erklärungsversuche*. Aber Ijob muß sich auch von Gott fragen lassen, ob er bei der Schöpfung dabei war und ihre Gesetze wirklich kennt. Am Ende sieht Ijob ein, ohne Verständnis geredet zu haben. Er kommt zu der Überzeugung, daß Gott uns das Leid schickt, ohne uns Rechenschaft darüber zu geben, warum er es tut. Aus seiner Klage und Anklage wird *schweigende Hinnahme*.

• Weniger typisch, aber doch nicht unbekannt ist im Judentum die Sicht des gnostischen Dualismus, der lehrt, daß es neben dem guten Gott ein gleichrangiges *Prinzip des Bösen* gibt. Von diesem Urbösen kommt das Leid in die Welt. So bleibt Gott selbst ohne Vorwurf. – Offen bleibt, wie diese Lehre mit dem jüdischen Bekenntnis zu dem einen Gott vereinbar ist.

• Die Kabbala (→ S. 81 ff.) spricht von einem *Ur-Unglück* bei der Schöpfung, das sich in der Welt verhängnisvoll auswirkt. Das großartige Licht, das von dem unsagbaren und unendlichen Gott (»En Sof«)

ausging, war so stark, daß es nicht nur Helligkeit bewirkte, sondern auch Zerstörung anrichtete. Jetzt konnten Kräfte des Bösen und Dämonischen hervortreten. Nachdem die göttlichen Wirkkräfte (»Sefirot«) aus Gott hervorgegangen waren, verselbständigten sie sich und entfernten sich vom Guten. So kam das Böse in die Welt. – Bei manchen Kabbalisten finden wir auch die Vorstellung von *Gottes Ohnmacht* dem Leid gegenüber. Als Gott die Welt schuf, ging er gleichsam ein Risiko ein. Er verzichtete auf seine ursprüngliche Macht, damit sich die Welt nach ihren eigenen Gesetzen entwickeln kann. Ohne diese Möglichkeit wäre die Schöpfung sinnlos. Darum kann Gott das Böse nicht verhindern. Er wartet aber darauf, daß sie sich zu ihm hin entwickelt. Juden, die sich an die Thora halten, wirken an der Erlösung der Welt mit. Sie können damit auch Gott zu einer größeren Macht und zu seiner Erlösung verhelfen. Am Ende wird Gott endlich in der Lage sein, das Leid zu besiegen.

Ausschnitt einer Darstellung auf dem Titusbogen in Rom, der nach der Eroberung Jerusalems im Jahr 70 von den Römern als Zeichen ihres Triumphs errichtet wurde. Römische Soldaten bringen den siebenarmigen Leuchter (Menorah, → S. 20) als Beutestück nach Rom. Die Juden haben diese Niederlage nie vergessen. Sie gehört zu den wichtigen Daten in der Geschichte ihrer Leiden.

Wo war Er in Auschwitz?

Eine unerhörte Verschärfung erfuhr die Frage im 20. Jahrhundert, als das Judentum die schwerste Katastrophe seiner Geschichte erlebte. Der rassistische Antisemitismus des Nazi-Regimes forderte das Leben von etwa sechs Millionen Juden, unter ihnen eine Million Kinder. Die Hitler-Schergen deportierten im 2. Weltkrieg fast alle Juden aus den Ländern, in denen sie ihre brutale Macht ausübten, in Vernichtungslager wie Bergen-Belsen, Majdanek, Sobibor und Treblinka. Vor allem *Auschwitz* und Birkenau wurden zu Stätten unzähliger Mordtaten und unvorstellbaren Leidens. Der Name Auschwitz wurde zum Symbol für die Judenvernichtung.

Bis vor einigen Jahren wurde dieser Pogrom mit dem biblischen Begriff »*Holocaust*« (d. h. »Brandganzopfer«) bezeichnet. Da in dem Wort »Opfer« eine religiöse Bedeutung mitschwingt und der Gedanke der Freiwilligkeit mitgehört werden kann, die ermordeten Juden aber nicht freiwillig den Tod wählten, wird der Ausdruck »Holocaust« neuerdings eher gemieden. Weder haben die Ermordeten sich selbst geopfert noch ist zu sagen, wem (Gott?) sie geopfert wurden. Der Ausdruck wird abgelöst von dem hebräischen Wort »*Schoa*« (d. h. »Katastrophe«, »Unheil«, »Vernichtung«). Mit dem bestimmten Artikel »Ha« ist »Haschoa« (d. h. »die« Katastrophe) zum Wort der Klage über die Ermordung so vieler Juden unter dem Nationalsozialismus geworden, ohne dem Ereignis einen Sinn zu unterstellen.

Wer hat uns so leiden lassen?

Wer hat uns das auferlegt? Wer hat uns Juden diese Ausnahmestellung unter den Völkern gegeben? Wer hat uns bisher so leiden lassen? Es ist Gott, der uns gemacht hat, und es wird auch Gott sein, der uns erlöst. Wenn wir all dies Leid tragen und dann immer noch Juden übrig bleiben, könnten sie einmal von Verdammten zu Vorbildern werden. Wer weiß, vielleicht wird es noch unser Glaube sein, durch den die Welt und alle Völker das Gute lernen, und dafür, dafür allein, müssen wir leiden.

Anne Frank (1933–1945), aus dem »Tagebuch« des jüdischen Mädchens, das im März 1945 im Todeslager von Bergen-Belsen umkam

---

Was seit 1933 und vor allem in den Jahren 1942–1945 geschah, übersteigt alle Vorstellungsmöglichkeiten. Frauen und Männer, Greise, Kinder und Säuglinge wurden erniedrigt, geschunden, gequält und ihrer menschlichen Würde beraubt. Diejenigen Juden, die die Qualen des Transports und des Lagerlebens überstanden, fanden in Gaskammern ein schreckliches Ende. Dies alles geschah aus nur einem Grund: Juden wurden getötet, weil sie Juden waren.

Das präzedenzlose Verbrechen wirft *viele Fragen* auf. Historiker untersuchen, wie es dazu kommen konnte und wie es im einzelnen verlief. Psychologen und Philosophen stehen vor der Frage, wozu der Mensch fähig ist und warum er das Böse in so ungeheuerlichen Dimensionen bewirkt. Grundlegende Fragen zur Schoa werden bis heute kontrovers diskutiert, z. B.: War die Schoa einzigartig oder ist sie mit anderen Katastrophen der jüdischen und nichtjüdischen Geschichte vergleichbar (»Historikerstreit«)? Ist die Schoa die radikale Konsequenz aus der Vergangenheit oder ein völliger Bruch mit der Tradition? War der Rassismus der Nazis ein total areligiöses und neuheidnisches Programm oder eine christliche Häresie, in der theologische Begriffe wie Heil, Vorsehung, Endkampf zwischen Gut und Böse, tausendjähriges Reich pervertiert wurden?

Die *christlichen Kirchen* müssen sich ihrer Vergangenheit stellen und eingestehen, daß sie für eine jahrhundertelange Judenfeindschaft (→ S. 160 ff.) verantwortlich sind, die verhindert hat, daß sich Christen in dieser für die Juden tödlichen Situation entschieden genug auf die Seite der jüdischen Opfer gestellt haben. Erst nach dem 2. Weltkrieg ist den Kirchen bewußt geworden, daß sie Mitverantwortung an dem Geschehen tragen und daß auch sie schuldig geworden sind.

Die Schoa ist auch zum *Problem jüdischen Nachdenkens* geworden. Religiöse Juden fragen mit den Toten und Überlebenden: *Wo war Gott in Auschwitz?* Wie kann die unvorstellbare Katastrophe mit dem jüdischen Gottesglauben zusammengebracht werden? Ein intensives Gespräch hat darüber begonnen. Teilnehmer sind Juden, die der Schoa entronnen sind und andere, die sie selbst nicht durchleiden mußten. Fromme und Agnostiker, Orthodoxe und Liberale haben wichtige Gesprächsbeiträge gelei-

stet. Sie führen die Ijob-Geschichte der Bibel für unser Jahrhundert fort. Viele Antworten sind versucht worden. Keine hat allgemeine Zustimmung, jede auch Ablehnung gefunden.

• *Richard I. Rubenstein* (geb. 1924 in New York) zieht die radikalste Konsequenz. Für ihn steht fest: *Gott ist tot.* Der Gott des Judentums hätte den Holocaust nicht zulassen dürfen. Der Holocaust ist aber geschehen. Also kann dieser Gott nicht existieren. Ein Gott, der sein eigenes Volk nach Auschwitz führt, wäre ein unerträglicher Sadist. Mit Gott werden auch die meisten anderen religiösen Grundannahmen Israels, vor allem Bund und Erwählung, hinfällig. Juden müssen sich von diesen alten Überlieferungen verabschieden. Es bleibt dem Judentum nur noch die Thora als Garant für ein menschenwürdiges Dasein. Das Leben nach dem Tod Gottes ist absurd. Aber diese Sinnlosigkeit ist immer noch besser als an einen Gott zu glauben, der seinem Volk Auschwitz zumutet. – Gegen Rubenstein wird eingewandt, daß er mit dem Holocaust auch das ganze religiöse Erbe Israels preisgibt und damit das Judentum selbst an sein Ende führt. Rubenstein selbst hat später wieder eine weniger radikale Position vertreten.

• Vertreter der Orthodoxie, z.B. *Menachem Immanuel Hartom* (geb. 1916 in Italien) deuten die Schoa als *Strafe Gottes* für die Assimilation des Diaspora-Judentums an die anderen Völker und für dessen Weigerung, nach Zion zurückzukehren. Damit sind die Grundsätze des Judentums geleugnet. Darum ist der Holocaust »um unserer Sünden willen« geschehen. Gottes Langmut und Erbarmen zeigt sich darin, daß ein großer Teil des Judentums überlebt hat. Da aber immer noch viele Juden keine Lehre aus der Schoa gezogen haben und nicht nach Israel gekommen sind, wird eine neue schlimmere Schoa über das Volk kommen. – Diese Auffassung wird im Judentum weithin mit Empörung zurückgewiesen. Man wirft Hartom vor, Gott zum Sadisten zu machen, weil er Unschuldige für die Sünden anderer leiden lasse. Auch werde hier Gott für den Zionismus (→ S. 89) vereinnahmt.

• Nicht so extrem ist die Auffassung des Reformrabbiners *Ignaz Maybaum* (1897–1976), der den Holocaust in die Kontinuität der jüdischen Geschichte stellt. Im Anschluß an die Propheten (Jer 27,6; Jes 53, 4–5) sieht er in Hitler einen Knecht und ein Werkzeug Gottes, um die sündige Welt zu reinigen und zu strafen. Die sechs Millionen Juden starben als Unschuldige *stellvertretend für die Sünden anderer,* als Opferlämmer wegen der Sünden der westlichen Zivilisation, damit die Welt wieder zum Ort der Gerechtigkeit, Barmherzigkeit und Demut vor Gott werden kann. – Auch hier stellt sich die Frage nach dem Gottesverständnis. Warum mußten die unschuldigen Opfer für eine bessere Welt sterben?

• *Michael Wyschogrod* (geb. 1928 in Berlin), ein orthodoxer Jude, sieht in Auschwitz ebenfalls nicht etwas radikal Neues. Schon in der Vergangenheit hat es für das Judentum große Katastrophen gegeben, die dieselben Fragen aufgeworfen haben. Das große Leid der Schoa darf nicht gegen das Leid anderer Zeiten verrechnet werden. Vor allem darf es nicht als Strafe für die eigenen Sünden oder als Sühne für die Schuld anderer theologisch verbrämt werden. Über

Felix Nussbaum (1904–1944): Selbstbildnis mit Judenausweis, Öl, 1943. Der jüdische Künstler lebte während der Nazizeit in ständig wechselnden Verstecken. 1944 wurde er zusammen mit seiner Frau entdeckt und verhaftet. Beide kamen in Auschwitz ums Leben.

»Selektion« im Vernichtungslager von Auschwitz. Die
Lagerkapos prüfen bei der
Ankunft der Deportationszüge,
welche Juden noch arbeitsfähig
sind. Diese konnten noch eine
Zeitlang am Leben bleiben. Die
anderen, unter ihnen viele
Kinder und Alte, wurden sofort
»selektiert« und in die
Gaskammern geschickt.

jedem Leid, auch über der Schoa, schwebt die *Verheißung Gottes*. Wir dürfen hoffen, daß die Stimme der Propheten am Ende lauter spricht als Hitler. Gott wird diejenigen belohnen, die umkamen, und diejenigen bestrafen, die mordeten. – Diese Theologie ist von der Treue zur jüdischen Überlieferung geprägt. Aber sie gibt eine Antwort, die vielen Juden nicht mehr tragfähig erscheint, weil sie die Frage nach Gottes Verhältnis zum Leiden zu sehr mit einem eschatologischen Trost zu beantworten sucht.

• In anderer Weise knüpft *Eliezer Berkovits* (geb. 1908 in Rumänien) an die jüdische Tradition an, wenn er annimmt, daß der Holocaust keine Strafe Gottes ist. Aber Gott hat in der Schoa sein Antlitz verborgen, wie er das auch in den Tagen der Bibel gelegentlich getan hat (Dtn 31,17 und Ps 44, 18–24). Das »Verbergen des Antlitzes« (hebr.: »hester panin«) bedeutet, daß Gottes Hilfe fern bleibt. Wir erfahren dann wie einstmals Ijob nur noch Gottes Schweigen. Wenn Gott sein Antlitz verbirgt, fällt auf den Menschen die ganze Last der Verantwortung. Gott läßt dem Menschen seine ganze Freiheit, auch wenn er Böses tut. Der Glaube an Gottes Schweigen und Verborgenheit setzt bei Berkovits den Glauben an Gott voraus. Darum ist für ihn Gott nicht tot. – Die Kritik erkennt an, daß sich diese tiefsinnige Deutung auf die Bibel stützen kann. Aber sie läßt die Frage unbeantwortet, warum Gott sein Antlitz einmal zeigt und einmal verbirgt.

Unverstehbar

Jene, die es nicht erlebt haben, werden es nie wissen, wie es war. Jene, die es wissen, werden es nie sagen. Nicht wirklich. Nicht alles. Die Vergangenheit gehört den Toten, und die Überlebenden erkennen sich nicht in den Bildern und Ideen, die man sich von ihnen macht.

Elie Wiesel (geb. 1928), 1944–1945 Häftling in Auschwitz und Buchenwald, Friedensnobelpreis 1986

• *Emil Fackenheim* (geb. 1916 in Halle) weigert sich, Auschwitz einen theologischen Sinn zu geben. Gott selbst ist in Auschwitz schuldig geworden. Sein Antlitz ist seitdem für uns verdunkelt. Aber in Auschwitz sind die Fundamente des jüdischen Glaubens nicht völlig zerstört worden. Von Auschwitz aus ertönt, ähnlich wie früher vom Sinai, eine »gebietende Stimme«, daß das Judentum nicht untergehen darf, damit Hitler nicht noch nachträglich siegt. Die Offenbarung von Auschwitz lautet: *Israel soll leben*. Juden müssen die Erinnerung an die Toten wachhalten und dürfen an Gott nicht verzweifeln, damit das jüdische Volk mit seinem Glauben überlebt. Jede Zuflucht in Resignation oder Jenseitigkeit ist unangebracht. Der Staat Israel bietet eine Überlebenschance für das Judentum. – Kritiker haben die Originalität dieses Entwurfs gewürdigt, aber seine Konzentration auf den Staat Israel abgelehnt.

• *Hans Jonas* (1903–1993), der bekannte jüdische Philosoph (Ein Hauptwerk: »Das Prinzip Verantwortung«), sieht unser Denken vor einem widersprüchlichen Dilemma, wenn wir Gott zugleich Güte, Allmacht und Verstehbarkeit zusprechen. Wenn Gott allmächtig und verstehbar ist, kann er nicht gut sein. Wenn er gut und verstehbar ist, kann er nicht allmächtig sein. Wenn er allmächtig und gut ist, ist er für uns völlig unverständlich. Man kann das Dilemma nur lösen, wenn man auf eines dieser drei Attribute verzichtet. Das kann für Jonas nur der Begriff der *Allmacht* sein, den er für in sich widerspruchsvoll hält. Er knüpft dabei an tiefsinnige Gedanken der jüdischen Kabbala (→ S. 47, 81 ff.) an, wenn er zu denken versucht, daß Gott am Anfang der Schöpfung auf seine Allmacht verzichtet hat und darum auch die Schoa nicht verhindern konnte. Gott ist für die Schoa nicht verantwortlich. Die Menschen tragen die Verantwortung dafür. Jetzt ist es Aufgabe des Menschen, dafür zu sorgen, daß Gott am Ende der Tage wieder zu seiner Allmacht gelangt. Wer den Juden in den Tagen der Vernichtung geholfen hat, hat Gott geholfen. So ist Auschwitz für Juden zugleich der Ort von *Gottes Ohnmacht* und der Weg zu Gottes Leben, den die Gerechten ihm durch ihre guten Taten gewiesen haben. – Diese kühnen Gedanken können erklären, warum Auschwitz möglich war und Gott dennoch gut bleiben kann. Die Verantwortung der Menschen ist klar herausgear-

beitet. Aber der Preis dieser Lösung besteht in dem Verzicht auf Gottes Allmacht. Kann der Mensch aber zu einem Gott beten, dessen Macht so eingeschränkt ist? Kann ihm Gott etwas bedeuten, dessen Liebe machtlos ist wie die des Menschen?

Die vielen Antwortversuche können die eine Frage nach Gottes Verhältnis zum Leid der Menschen nicht verstummen lassen. Auch die moderne Ijob-Geschichte kann nicht übersehen, wieviel Protest, Empörung, Ratlosigkeit und Verzweiflung in den Lagern war. Sie muß mit Schweigen enden. Nur deshalb endet sie nicht trostlos, weil viele Rabbiner auch in den Lagern an der Tradition jüdischer Frömmigkeit festhielten und weil viele jüdische Häftlinge noch *in der Gaskammern beteten:* »Höre, Israel! Der Ewige, unser Gott, der Ewige ist einzig«. Sie hofften bis zuletzt auf den Gott, vor dem ihr Leiden nicht im Abgrund des Vergessens verschwindet. Diese Hoffnung bis in den Tod hat eine stärkere Überzeugungskraft als alle menschlichen Überlegungen, die nach dem gottgewollten Sinn der Schoa fragen.

Das Krematorium in Auschwitz. In diesen Öfen wurden die Juden, die in den Gaskammern umgebracht worden waren, verbrannt. Hier kamen auch die Leichen derer hin, die infolge von Hunger und Schwerstarbeit oder nach medizinischen Experimenten und Fluchtversuchen ums Leben gekommen waren.

Ist der Gott Israels der Gott der Christen?

Judentum und Christentum bekennen sich wie der Islam (anders als die ostasiatischen Religionen) zum Monotheismus. Darum klingt die Frage, ob der Gott der Juden auch der Gott der Christen ist, zunächst unverständlich. Beide Religionen glauben emphatisch an den einen Gott. Jesus nennt den Gott Israels seinen Vater. Da zudem bei der Trennung der Kirche vom Judentum das Gottesverständnis nicht im Vordergrund der Auseinandersetzungen stand, scheint die Frage eindeutig zu bejahen zu sein.

Für die *Gemeinsamkeit* dieses Glaubens gibt es viele Belege. Juden und Christen glauben an Gott, den Schöpfer der Welt und aller Menschen. Er ist für beide der Herr der Geschichte, der Richter am Ende der Tage, der Retter und Erlöser. Ohne Unterschied ist er im Judentum und Christentum ein strenger Gott, aber vor allem auch ein Gott der Liebe und des Erbarmens. Gemeinsam erfahren sie seine Nähe und Ferne. Sie sind sich bewußt, daß er letztlich das Geheimnis ist, das alle menschliche Erkenntnis übersteigt. Weder Juden noch Christen wissen eindeutig, warum er nicht wirkungsvoller gegen das Leiden und das Böse in der Welt einschreitet und was sein innerstes Wesen ausmacht.

Doch es gibt auf beiden Seiten Stimmen, die ihren Gottesglauben jeweils für sich reklamieren und es für unzulässig halten, von einem gemeinsamen Gottesglauben zu sprechen. Sie weisen auf gewichtige *Unterschiede* hin.

• *Juden* betonen, daß der Gott Israels ein besonderes Verhältnis zu seinem Volk hat, das nicht einfach auf andere Völker ausgeweitet werden kann. Es ist eine exklusive Beziehung, die im Bund Gottes mit Israel festgeschrieben ist. Auch die Thora und das Land sind Geschenke Gottes nur für Israel und nicht für andere Völker. Darum kann in die Grundstruktur des jüdischen Gottesglaubens, der Bund, Thora und Land umfaßt, niemand einbezogen werden, der nicht Jude ist. Unbestritten bleibt, daß alle Menschen ihr Heil bei Gott finden können, wenn sie sich an die noachidischen Gebote (→ S. 29) halten. Noch gewichtiger wird das jüdische Beharren auf einem eigenen jüdischen Gottesverständnis, wenn die spezifisch christlichen Lehren von Gott einbezogen

werden. Für nicht wenige Juden ist der christliche Trinitätsglaube Verrat, Verderb oder mindestens Verdunkelung des Monotheismus. Die Lehre von der Menschwerdung Gottes (»Inkarnation«) verstößt für viele gegen die erste Weisung des Dekalogs, wonach wir neben Gott nichts und niemanden anbeten dürfen.

• Auf der anderen Seite gab und gibt es auch *Christen*, die große Unterschiede zwischen dem jüdischen und christlichen Gottesglauben machen. Völlig unakzeptabel und vielfach widerlegt sind dabei die Alternativen, in denen der christliche Gott der Liebe und Versöhnung einem jüdischen Gott der Rache und des Hasses gegenübergestellt wird (→ S. 110). Der eine schenke Freiheit und eine frohe Botschaft, der andere fordere Gesetzeserfüllung und strikten Gehorsam. Solche Polarisierungen des Gottesbildes kommen aus dem christlichen Versuch, sich vom Judentum abzusetzen und es zum unvollkommenen Vorläufer des Christentums zu degradieren. Christen wissen heute, daß diese Antithesen nicht länger wiederholt werden dürfen, weil sie einmal dem Judentum Unrecht tun, und weil sie zum anderen auch die Christen selbst treffen, da der Gott des Ersten Testaments auch der Gott Jesu ist. – Berechtigt erscheint dagegen die Frage, ob der christliche Glaube an den dreifaltigen Gott und an die Menschwerdung Jesu Christi (»Inkarnation«) mit dem jüdischen Gottesverständnis zu vereinbaren sei. Hier bestehen Differenzen, die im Moment nicht beseitigt werden können.

Die *Differenzen* zwischen dem Gottesglauben der Juden und Christen lassen sich jüdischerseits am Verhältnis Gottes zum *Volk Israel*, christlicherseits am Verhältnis Gottes zu *Jesus Christus* festmachen. Während die Juden in Treue an ihrer besonderen Erwählung durch Gott festhalten, glauben Christen, daß der Gott Israels auch der Vater Jesu Christi ist und daß durch Christus dem jüdischen Gottesglauben eine neue Dimension gegeben wird. Für Christen ist die universale Ausrichtung des jüdischen Gottesglaubens auf alle Menschen, von der die Jüdische Bibel oft spricht, durch Christus wirkungsvoll in Erscheinung getreten. Damit hängt die Messiasfrage (→ S. 71 f.) eng zusammen. Aber selbst in der Mitte dieser grundlegenden Differenzen gibt es noch *Gemeinsamkeiten*. Auch für Juden ist Gott ein »Licht zur

Erleuchtung der Völker«, und auch für Christen hat der besondere Status Israels eine göttliche Garantie.

Wie beides zu vereinbaren sei, vermag heute kein Jude und kein Christ zu sagen. Die Frage bleibt, warum sich zwei so beachtliche Religionen auf ein und denselben Gott berufen und diesem ihren eigenen Ursprung zuschreiben können. Darf man wirklich annehmen, daß Gott das Judentum und das Christentum auf so unterschiedliche Weise erwählt und damit eine Geschichte in Gang gebracht hat, die voll Leid und Mißverständnis ist? Wenn nein – welche Religion darf sich von Gott berufen wissen? Wenn ja – welche göttliche Absicht liegt hinter diesem Doppelweg?

Gemeinsam dürfen Juden und Christen hoffen, daß sich am Ende der Zeit die noch bestehenden Differenzen auflösen. Dann wird sich die jüdische Hoffnung des Ersten Testaments, »daß Gott einer sein wird und daß auch sein Name einer sein wird« (Sach 14,9), mit der christliche Erwartung des Zweiten Testaments treffen, daß sich am Ende der Geschichte auch Christus Gott unterwirft, »damit Gott herrscht über alles und in allem« (1 Kor 15,28). In der *Einheit Gottes* werden dann letztlich alle Unterschiede in beider Gottesauffassung aufgehoben sein.

Besiegte Synagoge, Homiliar des Beda von Verdun, ca. 1180. Die Kirche (»Ecclesia«), wie eine Königin mit Krone und Prachtgewand ausgestattet, setzt triumphierend einen mächtigen Kreuzstab auf den Nacken der am Boden liegenden Synagoge. Deren Augen sind verbunden – ein Zeichen dafür, daß sie für die (christliche) Wahrheit blind ist. Das Bild ist ein Zeugnis für die theologische Überheblichkeit der Christenheit gegenüber dem Judentum.

Jüdische Philosophie – Gott denken

In der jüdischen Tradition gab es immer Versuche, die Gottesfrage auch in Erfahrung und Denken anzugehen.

Schon in den *Weisheitsbüchern* der Hebräischen Bibel liegen dafür frühe Belege vor. In ihnen finden wir praktisches Lebenswissen für die Bewältigung des Alltags, nützliche Erfahrungen aus dem Umgang mit Menschen und Überlegungen über die Verfassung der Welt. All das hat für die Weisheitslehrer Israels mit Gott zu tun. Darum kann der Leitsatz aller Weisheit lauten: »Gottesfurcht ist der Anfang der Erkenntnis« (Spr 1,7). Vor allem die Ordnung der Welt erschließt sich dem Weisen als ein Werk Gottes.

Seit der Antike haben sich jüdische Gelehrte mit der jeweils herrschenden Philosophie und deren Gedanken über Gott auseinandergesetzt. Jüdische Philosophen wie *Philo von Alexandrien* (25 v. Chr.–50 n. Chr.) kommentierten schon in ihrer Zeit die Lehre Platons (427–347 v.Chr.), der in der Idee des Guten Gott fand, sowie der Stoa, die Gott als die Weltvernunft deutete. Im Mittelalter spielten bei *Mose ben Maimon* (1135–1204, → S. 36) die Gottesbeweise des Aristoteles eine große Rolle, wonach Gott als der erste Beweger die ganze Welt in Bewegung gesetzt hat. Er kritisiert aber auch die Gedanken des griechischen Philosophen mit der Thora des Mose, wenn er die Ewigkeit der Welt bestreitet und die Welt als Gottes Schöpfung anerkennt. Die jüdische *Kabbala*, selbst mehr mystische Bewegung als Philosophie, ist ohne die spätantike Philosophie Plotins (203–269) und des Neuplatonismus nicht zu verstehen. Sie übernahm von hier ein radikales Denken über die Einheit Gottes, eine mystische Schau des göttlichen Lichts und die »negative Theologie«, nach der wir von Gott aufgrund seiner Weltüberlegenheit und Andersartigkeit nur negativ sagen können, wer er nicht ist, nicht aber positiv, wer und was er ist.

In der Neuzeit führte die Philosophie manchmal zu einer Entfernung vom traditionellen jüdischen Gottesverständnis, so bei dem niederländischen Philosophen *Baruch Spinoza* (1632–1677). Er gehört

Benedikt Baruch Spinoza, der bedeutende jüdische Philosoph, der 1656 von der jüdischen Gemeinde in Amsterdam mit dem Bann belegt wurde.

Gott oder die Natur

Nichts geschieht gegen die Natur. Diese hält vielmehr eine ewige, feste und unveränderliche Ordnung fest … Aus den Wundern können wir weder das Wesen noch die Existenz und folglich auch nicht die Vorsehung Gottes erkennen. Vielmehr kann all das weit besser aus der festen und unwandelbaren Ordnung der Natur begriffen werden … Gottes Ratschluß, Geheiß, Spruch und Wort sind nichts anderes als das Wirken und die Ordnung der Natur selbst.

Baruch Spinoza, »Die Ethik«

zu den konsequentesten Denkern der Geschichte. Ihm wurde die Mathematik zum Vorbild der Philosophie, und er versuchte, deren strenge Methoden in Begriffsbildung und Argumentation auch dem philosophischen Denken nutzbar zu machen. Schon in jungen Jahren kam er zu der Überzeugung, daß es einen persönlichen Gott, wie ihn die Bibel zeigt, nicht gibt. An seine Stelle setzte er die Idee, daß Gott und die Natur (»deus sive natura«) eins seien. Wer Natur sagt, sagt Gott, und wer Gott sagt, sagt Natur. Diese Auffassung suchte er auf streng mathematische Weise zu beweisen. Für seine Einheitslehre und für seinen Pantheismus wurde er mit dem großen Bannfluch aus der Synagoge von Amsterdam ausgeschlossen. Er blieb auch weiterhin ein bescheidener Mensch, hielt zeitlebens an seiner Überzeugung fest und entwickelte dabei eine Art weltlicher Frömmigkeit. Seinen Unterhalt verdiente er sich mit dem Schleifen von Brillengläsern, damit die Menschen nicht nur durch seine Philosophie die Welt besser zu sehen lernten. Seine Ideen wurden von Goethe, Hegel und vielen anderen Großen in Kunst und Philosophie begeistert aufgenommen.

Moses Mendelssohn (1729–1786, → S. 37 f.) ist der wichtigste jüdische Vertreter der Philosophie der Aufklärungszeit. Er lehrte, daß der jüdische Gottesgedanke vernunftgemäß sei. Demgegenüber hielt *Karl Marx* (1818–1883, → S. 76), der aus einem jüdischen Elternhaus kam, alle Religion für reaktionär und gefährlich. Er nannte sie »Opium des Volks«, weil sie unterdrückten Menschen falsche Hoffnung und falschen Trost vorgaukelt. Darum suchte er nach einer kommunistischen Gesellschaft, in der das Bedürfnis nach Religion nicht mehr besteht, weil sie die Bedürfnisse der Menschen auf eine reale Weise stillt.

Im 20. Jahrhundert deutete *Hermann Cohen* (1842 -1918) im Anschluß an die Philosophie Kants (1724–1804) und des Deutschen Idealismus die jüdische Gottesauffassung nochmals neu, wenn er Gott als Postulat der Ethik begreift. Sittliches Handeln ist nicht begründbar, wenn es nicht im Horizont Gottes geschieht, der rational zwar nicht bewiesen werden kann, aber vernünftigerweise für alle Ethik vorauszusetzen ist. *Martin Buber* (→ S. 38) und *Hans Jonas* (→ S. 51) haben sich für ihre tiefsinnigen philosophischen Gedanken sowohl an alten jüdischen Lehren (Chassidim, Kabbala) wie auch an der modernen Existenzphilosophie (u. a. an Martin

---

Wo Gott zum erstenmal ins Wort kommt

Der Satz, in dem Gott zum erstenmal ins Wort kommt, heißt nicht »ich glaube an Gott«. Die jeder religiösen Rede voraufgehende religiöse Rede ist nicht der Dialog. Sie ist das »sieh mich, hier bin ich«, das ich zum Nächsten sage, dem ich ausgeliefert bin; das »sieh mich, hier bin ich«, mit dem ich den Frieden, d.h. meine Verantwortlichkeit für den Anderen verkünde.

Emmanuel Lévinas, »Gott und die Philosophie«

Heidegger, 1889–1976) orientiert. *Ernst Bloch* (1885–1977), jüdischer Marxist, vertrat einen menschenfreundlichen Atheismus. Er bewegt sich mit seinem Hauptwerk »Das Prinzip Hoffnung« in bester jüdischer Tradition. *Theodor W. Adorno* (1903–1969) und *Max Horkheimer* (1885–1973), Hauptvertreter der Frankfurter Schule, tendieren in ihrer Philosophie zu einem kritischen Agnostizismus, der davon ausgeht, daß sich mit den Mitteln des Denkens über Gott nichts sagen läßt. Sie fordern eine neue Reflexion des biblischen Bilderverbots auch für die moderne Philosophie.

Heute stößt das Denken von *Emmanuel Lévinas* (1906–1995) auf zunehmendes Interesse. Er war ein beachtlicher Kenner der modernen deutschen Philosophie und der alten jüdischen Talmudtraditionen. In einer Zeit, für die Gott kein philosophisches Thema zu sein schien, forderte er dazu auf, von Gott zu sprechen, obwohl er der Ansicht war, daß Gott nicht gedacht werden kann. Weil Gott unendlich ist, kann es keine Theologie geben. Erst recht kann es in seinem Namen keine Theodizee geben. Trotzdem ist mystisches Schweigen vor ihm unangebracht. Gott selbst spricht und gibt Weisungen. Er fällt ins Denken ein, und zwar im Antlitz des anderen Menschen, das für Lévinas zur »Spur des Unendlichen« wird. Seine ganze Philosophie begründet er vom »Blick auf den Anderen« her, der uns unmittelbar zeigt, warum Gerechtigkeit und Menschlichkeit notwendig sind.

Jüdische Philosophen haben durch die Jahrhunderte hin auf höchst vielfältige und originelle Weise über Gott, Welt und Mensch nachgedacht. Ihre Gedanken gehören zum authentischen Judentum und zum Grundbestand der Philosophie der Welt.

Unser Gott

Religion, die der Mensch besitzt, besteht nicht darin, daß er erkennt, daß es einen Gott gibt. Unsere Religion haben wir vielmehr erst damit, daß unser Leben sich an etwas Ewiges geknüpft weiß, und daß wir uns mit Gott verbunden fühlen, daß er unser Gott ist. Und er ist unser Gott, wenn wir, wie das alte Wort es nennt, ihn lieben, wenn wir durch ihn unser Vertrauen und unsere Demut, unseren Mut und unsere Stille haben, wenn wir uns zu ihm erheben und zu ihm beten können, wenn sich unserem Innersten seine Offenbarung und sein Gebot erschließt.

Leo Baeck (1873–1956)

Die Heiligung des Lebens

Mizwa

Das ganze Leben des Juden soll eine »Mizwa« (d. h. »die Erfüllung von Gottes Gebot«; Pl.: »Mizwoth«) sein. Geburt und Tod, Morgen und Abend, Tag und Nacht, Alltag und Fest, Freuden und Leiden, können und sollen zu freudigem Dienst und dankbarem Gehorsam gegenüber dem Schöpfer und König der Welt werden. Die gute Absicht genügt, um die Verbindung zu Gott herzustellen. Durch diese religiöse Grundeinstellung erhält das ganze Dasein des frommen Juden, auch wenn er äußerlich in Armut lebt, einen wunderbaren Glanz. Er kann immer spüren, daß sein kleines, sorgenvolles Leben in eine größere Dimension einbezogen ist, in der Gott offenbar und Israel aufgerichtet wird. Heute erscheint die Erfüllung aller Mizwoth meist nur noch den orthodoxen Juden (→ S. 88) möglich, während konservative und liberale Juden mehr oder weniger starke Abstriche machen.

Gebete

Im Gebet wenden sich die Juden an Gott. Sie loben ihn für seine Werke, danken für seine Wohltaten und bitten um seine Hilfe.

Religiöse Juden beten an jedem Wochentag am Morgen (»Schacharith«), am Mittag (»Minchah«) und am Abend (»Maariv«). An Feiertagen und am Sabbat kommen andere Gebete hinzu. Neben dem »Sch'ma Israel« (→ S. 40) ist das »Achtzehngebet«, auch »Tefilla« (Hauptgebet) genannt, das jüdische Gebet schlechthin und darum auch Hauptbestandteil des Synagogengottesdienstes. Es besteht aus 18 (19) Segenssprüchen und Bitten. In nachbiblischer Zeit ist die »Beracha« (der Segen) zur Grundform jüdischen Betens geworden. Sie lautet: »Gesegnet seist du, Herr, lehre mich deine Gesetze«. In längerer Form kommt sie in vielen anderen Gebeten vor, die vor allem im Siddur, dem jüdischen Gebetbuch, zu finden sind.

Die Weisung des Herrn

Wohl denen, deren Weg ohne Tadel ist,
die leben nach der Weisung des Herrn.
Wohl denen, die seine Vorschriften befolgen
und ihn suchen von ganzem Herzen,
die kein Unrecht tun und auf seinen Wegen gehen.
Du hast deine Befehle gegeben,
damit man sie genau beachtet.
Wären doch meine Schritte fest darauf gerichtet,
deinen Gesetzen zu folgen!
Dann werde ich niemals scheitern,
wenn ich auf all deine Gebote schaue.
Mit lauterem Herzen will ich dir danken,
wenn ich deine gerechten Urteile lerne.
Deinen Gesetzen will ich immer folgen
Laß mich doch niemals im Stich.

Psalm 119, 1–8

Nächstenliebe

Du sollst deinen Nächsten lieben wie dich selbst.

Levitikus 19, 18

Eine Bitte

Gib Frieden, Glück und Segen, Gnade, Liebe und Erbarmen uns und ganz Israel, Deinem Volke. Unser Vater, segne uns allesamt im Licht Deines Angesichts. Denn im Licht deines Angesichts gabst Du uns, Herr, unser Gott, die Thora des Lebens, die Liebe zur Güte, Gerechtigkeit und Segen, Erbarmen, Leben und Frieden. Möge es gut sein in Deinen Augen, Dein Volk Israel zu segnen mit Deinem Frieden, zu jeder Zeit, zu jeder Stunde. Gelobt seist Du, Herr, der sein Volk Israel mit Frieden segnet.

Die letzte Bitte des Achtzehngebets (»Tefillah«)

Das Judentum kennt das persönliche Gebet, räumt aber dem Gebet im öffentlichen Gottesdienst einen höheren Rang ein, weil da nicht nur der einzelne, sondern die ganze Gemeinde vor Gott steht. Sie verfügt im Gebet über eine Kraft, die der einzelne Jude wegen seiner Schwäche oft nicht hat.

Beim Morgengebet und im Gottesdienst trägt der Jude den »Tallit«, einen weißen Gebetsmantel, an dessen Ende die »Tzitzit« (»Quasten«) angebracht sind. Manche Juden hüllen sich beim Beten in den Tallit ein, um sich ganz auf Gott konzentrieren zu können und durch nichts abgelenkt zu werden. Die »Tefillin« sind schwarze Lederkapseln, die von Juden beim Gebet am Kopf und linken Arm, also in der Nähe des Herzens, getragen werden. Damit zeigen sie, daß Geist und Gemüt, Leib und Seele auf Gott gerichtet sind. Sie erfüllen so die Weisungen aus dem »Sch'ma Israel«. In den Kapseln wird das »Sch'ma Israel«, das mit anderen Gebeten auf Pergament aufgeschrieben ist, verwahrt.

An den Türpfosten des jüdischen Hauses ist die »Mesusah«, eine kleine Gebetsrolle, befestigt, auf der ebenfalls das »Sch'ma Israel« geschrieben steht. Alle, die durch die Tür kommen und gehen, sollen an Israels Hauptgebet denken.

Die Synagoge

Schon im Altertum trafen sich die Juden zum Lesen der heiligen Schriften in besonderen Gebetshäusern, den »Synagogen« (griech.: »Versammlungsräume«). Synagogen waren zunächst in der Diaspora entstanden, weil es den Juden dort nicht möglich

war, am Tempelgottesdienst in Jerusalem teilzunehmen. Opfer wurden in den Synagogen nicht gebracht. Sie waren allein im *Tempel* von Jerusalem erlaubt. Darin hatte der zuerst von Salomo (965–928) errichtete Tempel seinen einzigartigen Rang. Dieser wurde von den Babyloniern 586 zerstört, aber nach dem Babylonischen Exil in bescheidenerer Form wieder neu errichtet. Der Idumäerkönig Herodes stattete ihn später reich aus, um sich bei den Juden beliebt zu machen. Nach der Zerstörung dieses zweiten Tempels durch die Römer 70 n. Chr. gewannen die Synagogen für die Juden eine große Bedeutung. Sie waren der Ort, an dem sie sich in der Fremde treffen konnten. Einen dritten Tempel hat das Judentum bis heute nicht mehr errichtet.

Der wichtigste Teil der Synagoge ist der *Thoraschrein*. In ihm werden die Thorarollen, die bedeutendsten Kultgegenstände der Gemeinde, aufbewahrt (→ S. 32). Der Synagogengottesdienst besteht vor allem aus Gebeten und Lesungen. Zur Lesung der Wochenabschnitte werden verschiedene Gemeindemitglieder, aber auch anwesende Gäste, auf-

Linke Seite: Marc Chagall (1887–1985): Rabbiner, Gouache und Aquarell, nicht datiert. Der Rabbiner trägt den Gebetsschal (»Tallit«) und die Lederriemen mit den beiden Kapseln an Stirn und Arm (»Tefillin«). In seinen Händen hält er die mit einem Thora-Mantel umhüllte Thora-Rolle (→ S.14 und 32). Im Hintergrund wird Witebsk, der russische Geburtsort Chagalls, erkennbar.

Jude, der die Mesusah an dem Pfosten des Hauses berührt. Pergament, Norditalien, 1450–1470. Nach einer alten Tradition führt man nach der Berührung der Mesusah die Finger an die Lippen.

gerufen. Es ist eine Ehre, vor der Gemeinde aus der Thorarolle vorlesen zu dürfen. Der Höhepunkt des Gottesdienstes ist dann gekommen, wenn die Thorarolle aus dem Schrein herausgeholt und in einer kleinen Prozession zum Vorlesepult getragen wird.

In vielen Synagogen sind noch heute *Männer und Frauen* beim Beten streng voneinander getrennt. Die Frauen müssen meist mit der Empore vorliebnehmen, während die Männer im Hauptraum beten. Manche Juden begründen diese Trennung damit, daß die Männer beim Beten nicht von den Frauen abgelenkt werden sollen. Liberale Gemeinden haben diese Absonderung aufgehoben. Die Männer tragen als »Freie« eine Kopfbedeckung. Ein Gottesdienst kann nicht stattfinden, wenn nicht wenigstens zehn religiös mündige Männer (»*Minjan*«) bei-

Die Neue Synagoge in Berlin, Oranienburgerstraße. Das in islamischem Stil im 19. Jh. errichtete Bauwerk galt lange als die schönste Synagoge Deutschlands. Hier hatte das Reformjudentum (→ S. 87) einen wichtigen Platz. Der Bau wurde 1938 beim Novemberpogrom durch das mutige Verhalten eines hohen Polizeibeamten vor größerem Schaden bewahrt, 1943 durch einen Luftangriff zerstört, seit 1988 wieder aufgebaut und 1995 neu eröffnet.

sammen sind, auch wenn noch so viele Frauen anwesend sind. Ein Junge kann vom Tag seiner Bar Mizwa (→ S. 64) an diese Zehnzahl mit ausfüllen.

Viele Synagogen dienen auch als Lehrhaus, Schule und Gemeindebibliothek. Jede Synagoge ist selbständig. Es gibt keine zentrale Autorität, die den Synagogen einen *Rabbiner* (→ S. 80 f.) zuweisen kann. Die Rabbiner werden von der Gemeinde frei gewählt. Sie sind heute akademisch ausgebildet und werden durch Handauflegung ordiniert.

Der Sabbat

Dem »*Sabbat*« (hebr.: »Ruhe«, »Abschluß«), dem siebten Tag der Woche, kommt im jüdischen Leben eine überaus große Bedeutung zu. Er gliedert die Zeit und bildet den Höhepunkt der Woche. Aber er ist noch sehr viel mehr. Er ist als Gottes letztes und wichtigstes Werk der Höhepunkt der Schöpfung (→ S. 140). Darin übertrifft er noch den Menschen. »Gott vollendete am siebten Tag sein Werk« (Gen 2,2). Wie Gott nach dem Sechstagewerk der Schöpfung am siebten Tag ruhte, so sollen auch alle Menschen an diesem Tag von jeder Arbeit frei sein, ausgenommen, daß man jemandem in Gefahr helfen muß. Der Sabbat ist die Feier der Schöpfung und ein Fest der Erlösung. Er ist für die jüdischen Frommen eine »Braut«, die freudig empfangen und verabschiedet wird. Der Talmud weiß, wie stark der Sabbat zur jüdischen Identität gehört, wenn er sagt: »Mehr als Israel den Sabbat gehalten hat, hat der Sabbat Israel gehalten.«

Die *Feier* des Sabbat beginnt am Freitagabend nach Eintritt der Dunkelheit, wenn die ersten Sterne am Himmel zu sehen sind, und endet am Samstagabend zur gleichen Zeit. Die Familie kleidet sich festlich und nimmt am schön gedeckten Tisch ein besseres Essen ein, als es in der Woche üblich ist. Die Hausfrau hat die Speisen gut vorbereitet, damit sie nur noch aufgewärmt werden müssen. Vor Beginn zündet sie zwei Kerzen an, eine mehr, als sich arme Familien sonst in der Woche leisten können. In wohlhabenden Familien stehen silberne Leuchter und Schüsseln auf dem Tisch. Die Eltern segnen die Kinder und sprechen das Kiddusch-Gebet, durch das der Wein, das Brot und das ganze Mahl gesegnet werden. Auch in der Synagoge gibt es am Sabbat eigene Zeremonien, doch ist der Sabbat in erster Linie eine Sache der Familie.

Der Sabbat hat für die Juden einen tiefen *Sinn*. Er ist Anlaß zu Dankbarkeit gegenüber Gott, stärkt sie für den Alltag und gibt ihnen neue Kraft für die Arbeit der Woche. Stets neu führt er vor Augen, daß das Leben nicht nur aus Arbeit und Leistung besteht. In

---

Zur Begrüßung des Sabbat

Komm, mein Freund, der Braut entgegen,
wir wollen den Sabbat empfangen.
Halte! Gedenke! in einem Wort ließ uns hören
der einzige Gott.
Der Ewige ist einzig, sein Name ist einzig,
zum Ruhm und zum Lobgesänge.
Komm, mein Freund, der Braut entgegen,
wir wollen den Sabbat empfangen.
Krone des Herrn, in Frieden tritt ein,
zu Freude, zu Jubel komme herein,
in unsere Mitte, dein treues Volk,
komm Braut, komm Braut gegangen.

Sabbatlied des Salomo Alkabez (16. Jh.), kabbalistischer Ursprung, heute Teil der synagogalen Liturgie

---

den Familien herrscht Heiterkeit. Alle freuen sich über das gute Essen und die guten Getränke. Auch die Lust an Musik und Kunst hat hier ihren Platz. Nicht nur die Reichen, sondern auch die Armen haben Anteil an der Ruhe und Freude des Sabbat.

Die Pflicht zu strenger Sabbatruhe bringt in der modernen Welt viele *Probleme* mit sich. So diskutiert man z. B. im Staat Israel, ob am Sabbat Autos, Züge und Flugzeuge fahren dürfen. Orthodoxe Juden halten dies für eine unerträgliche Verletzung des Gebots, die sie nicht hinnehmen, weil Juden erstmals im eigenen Land nun die Möglichkeit zu seiner strikten Heiligung haben. Viele andere Juden wollen aber nicht mehr die alten Sabbatpflichten halten.

Die Feiertage

Der jüdische Kalender kennt viele Feiertage. Sie haben oft einen doppelten Anlaß. Einmal sind sie mit dem Gang der Jahreszeiten verbunden. Zum anderen erinnern sie an wichtige Ereignisse aus der Geschichte Israels. Beides gibt Anlaß zum Dank.

Die Jahre werden mit der Bibel vom Tag der Schöpfung an gezählt. Obgleich bekannt ist, daß diese Zählung mit unserem Wissen vom Alter der Welt nicht übereinstimmt, haben die Juden ihren traditionellen *Kalender* bis heute beibehalten. Demnach ist z. B. das Jahr 1996/97 unserer Zeitrechnung in der jüdischen Zählung das Jahr 5757 nach der Schöpfung. Alle jüdischen Feiertage beginnen am Abend und werden bis zum nächsten Abend gehalten, so wie es schon in der Schöpfungserzählung von jedem Tag heißt: »Und es ward Abend, und es ward Morgen: der erste Tag…« Der Beginn bei Eintritt der Dunkelheit gibt dem Sabbat und den jüdischen Feiertagen einen wunderbaren Charakter. Jedes Fest hat sozusagen seine besondere Melodie, die von alten jüdischen Traditionen und von den jeweiligen Landeskulturen gefärbt ist.

Rosch Haschana (d. h. »Anfang des Jahres«) ist das jüdische Neujahrsfest, das im September/Oktober gefeiert wird. Es ist im Unterschied zu unserem Neujahr ein stiller und ernster Tag, ohne Lärm, Trinken und Feuerwerk. An diesem Tag beginnen die zehn Bußtage, die auch die »Hohen Feiertage« genannt werden. Der Neujahrstag gemahnt an das Gericht Gottes. Das Schofarhorn (Widderhorn, → S. 17) wird geblasen, um die Menschen zur Umkehr zu bewegen. Seine vier unterschiedlichen Töne handeln vielleicht vom Menschenleben. Der erste lange Ton bezieht sich auf das Kind, das sein Leben noch vor sich hat. Ein gebrochener Ton läßt an den Erwachsenen denken, der zwiespältige Erfahrungen machen muß. Der zitternde Ton gemahnt an das Alter und das vierte sehr lange Blasen an das Leben der zukünftigen Welt. Vielleicht halten die vier Schofartöne auch die Erinnerung an die Wüstenzeit (lang), an die Reichsteilung nach Salomo (gebrochen), an das Babylonische Exil (zitternd) und die Erlösung (sehr lang) fest. Auf jeden Fall weist das Schofarhorn auch auf das Kommen des Messias hin. Die Leute begrüßen sich an diesem Tag mit den Worten: »Du mögest eingeschrieben sein (im Buch des Lebens) für ein gutes Jahr«.

Jom Kippur (d. h. »Versöhnungstag«), 10 Tage nach Neujahr, ist der höchste jüdische Feiertag, den man nach Möglichkeit in der Synagoge verbringt. An diesem Tag gibt es kein Radio und kein Fernsehen. Er beginnt am Vorabend mit dem ergreifenden

Das Judentum ist eine Gemeinschaft, in der viel gefeiert wird. Der Sabbat bestimmt den Rhythmus der Woche, zahlreiche Feiertage geben dem jüdischen Jahr ein besonderes Profil. Ohne die jüdischen Feiertage gäbe es keine jüdische Identität. Jedes Fest hat seinen eigenen Ursprung und Verlauf. Sein spezifisches Brauchtum kann je nach Zeit und Gegend unterschiedlich sein.

Oben: An Rosch Haschana, dem jüdischen Neujahrsfest, wird das Schofarhorn (→ S. 17) geblasen. Holzschnitt, Amsterdam, um 1700. Es ist ein Widderhorn, das in der Bibel erstmals bei der Gotteserscheinung am Sinai (Ex 19,16) erwähnt wird. Schon früh wurde es in der Liturgie des Tempels und der Synagoge verwendet. Es erinnert auch an den Widder, den Abraham statt des Isaak geopfert hat. Sein Klang wird auch das Kommen des Messias ankündigen.
Rechts: Die Erhängung Hamans und seiner Söhne, Oberrhein, um 1320. Haman (oben), seine 10 Söhne (am Galgenbaum) und seine blonde Tochter (unten) finden die gerechte Strafe, weil sie die persischen Juden töten wollten. Ester konnte diesen Plan vereiteln. An Purim wird diese Tat noch heute heiter und ausgelassen gefeiert.

Rechte Seite, oben: Das Backen der Mazzen für das Pesachfest. Pergament, Norditalien, 1450-1470. In der Pesachwoche ist nur ungesäuertes Brot erlaubt. Es erinnert an das Brot des Elends, das die Vorfahren beim Auszug aus Ägypten aßen.
Unten: Jakob Kramer: Der Versöhnungstag (Jom Kippur), Öl, 1919. An diesem höchsten jüdischen Feiertag hüllen sich die Männer in der Synagoge in Gewänder ein, die später auch zu ihren Leichenhemden werden.

Kol-Nidre-Gebet. Die Männer sind dabei in ihre zukünftigen Leichenhemden gehüllt. Strengstes Fasten ist heute vorgeschrieben. Viele baden und salben sich nicht und enthalten sich aller sexuellen Kontakte. Es ist ein Tag des Gebetes um Vergebung der Schuld. Innere Umkehr und geistige Erneuerung sollen wieder begonnen werden. Am Ende des Tages zeigt das Schofarhorn auch das Ende des Fastens an. Der Tag hält die Erinnerung an Schöpfung und Erlösung, an das Gericht Gottes und den Messias wach. Heute denken die Juden in aller Welt auch an den Jom-Kippur-Krieg mit Ägypten, der 1973 mitten in ihrem Gebet begann.

Sukkot (d. h. »Laubhütten«) ist das jüdische Erntedankfest, das 5 Tage nach Jom Kippur beginnt und eine Woche lang dauert. Die Juden danken Gott für die Segnungen der Natur. Das Fest wird zur Erinnerung an das Wohnen in Hütten zur Zeit des Auszugs aus Ägypten gefeiert. Darum baut man sich für diese Woche zu Hause eine kleine Hütte (Laube) mit einem Dach aus Blättern und Zweigen, in der die Familie tagsüber wohnt, die Mahlzeiten einnimmt und Gäste empfängt. Das Fest ist auch ein Dank an Gott für Obdach und Haus. Ein anderes Symbol des Festes ist ein Strauß aus Zitrusfrucht, Dattelpalme, Myrte und Bachweide. Er zeigt den Juden, welch unterschiedliche Kostbarkeiten die Natur hervorbringt. Bei fröhlichen Umzügen und in der Synagoge wird der Strauß in alle Richtungen geschwenkt, um von allen Seiten Gottes Segen auf die Menschen herabzurufen.

Simchat Thora (d. h. »Freude an der Thora«) beendet die Laubhüttenfestwoche. An diesem Tag tanzen fromme Juden mit den Thorarollen in Synagogen und auf den Straßen. Kinder werden mit Süßigkeiten beschenkt. So zeigt man heiter und beschwingt seine Dankbarkeit über das Gottesgeschenk der Thora (→ S. 30).

Chanukka (d. h. »Weihefest«) ist ein achttägiges Lichterfest zum Gedenken an die neue Einweihung des Tempels zu Jerusalem, der in der Makkabäerzeit

An Simchat Thora, dem Fest der Thora-Freude, tanzen die Juden voller Begeisterung mit den Thora-Rollen in den Straßen. In der Reformgemeinde von New York sind auch die Frauen gleichberechtigte Teilnehmerinnen am Tanz.

Rechte Seite: Jüdischer Junge mit Tallit und Tefillin (→ S. 56) bei der Bar Mizwa.

von hellenistischen Syrern geschändet worden war. Symbol des Festes ist ein achtarmiger Leuchter, an dem täglich ein neues Licht angezündet wird. Dazu wird ein frohes Lied gesungen. Man beschenkt an diesem Tag, der mitten im Winter liegt, die Kinder, ähnlich wie es Christen zu Weihnachten tun.

Purim (d. h. »Lose«) ist ein Freudenfest, an dem Juden daran denken, wie Ester die persischen Juden vor den Vernichtungsplänen des bösen Haman wunderbar errettet hat, indem sie mutig bei dem König für ihre Landsleute eintrat. Durch Lose wollte Haman den günstigsten Monat für seinen finsteren Plan herausfinden. An Purim herrscht in den Familien und in der Synagoge ein heiteres Treiben. Wenn im Gottesdienst beim Lesen des Esterbuches der Name »Haman« ertönt, lärmen die Kinder mit lauten Rasseln. Man beschenkt Arme und Freunde, verkleidet sich und genießt leckere Kuchen, die »Hamantaschen«, und spricht auch dem Alkohol zu.

Pesach (d. h. »Vorüberschreiten«, »Verschonung«), ursprünglich ein Frühlingsfest, erinnert an den Auszug aus Ägypten (→ S. 26 f.). Als Naturfest ist es Dank für die Gaben der Ernte, als Geschichtsfest Dank für die von Gott geschenkte Freiheit. Das Fest lenkt Herz und Sinn auch auf die Zukunft, in der die Erlösung Israels stattfinden wird. Alles Gesäuerte, auch Brot, Nudeln und Backwaren, sind in dieser Woche verboten. Nur ungesäuertes Brot (»Mazzen«) ist erlaubt. Es ist das »Brot des Elends«, das die Vorfahren in der Wüste aßen. Pesach wird vor allem zu

Hause gefeiert, wo sich am Sederabend die ganze Familie und viele Freunde zu einem Abendmahl zusammenfinden. Auf dem Tisch liegen in einer bestimmten Ordnung (hebr.: »Seder«) verschiedene Speisen, die mit den Ereignissen in Ägypten zu tun haben: ungesäuertes Brot, Wein, Lammbraten, Eier, Grünzeug, Salzwasser, Bitterkräuter. Bei Kerzenlicht sprechen die Anwesenden die vorgeschriebenen Dankgebete. Zunächst bricht der Vater das Brot und liest die Erzählung von Pesach aus der Bibel. Der Wein wird getrunken, das Lamm gegessen. In einer ergreifenden Szene stellt dann ein Kind oder der Jüngste die wichtige Frage: »Warum ist dieser Abend ganz anders als die vielen anderen Abende? Warum essen wir heute ungesäuertes Brot und bittere Kräuter?« Der Vater gibt ihm und allen die Antwort, indem er zuerst die Gedanken auf die Vergangenheit richtet, in der Gott sein Volk gerettet hat, dann auf die Gegenwart, in der das Volk gedenken und danken darf, und schließlich auf die Zukunft, die Israel Erlösung bringen wird. Dazu öffnet einer die Tür, damit der Prophet Elija hereinkommen und mit ihm die Königsherrschaft Gottes beginnen kann. Wichtige Elemente von Pesach sind in das christliche Abendmahl und Osterfest eingegangen.

Schawuoth (d. h. »Fest der Wochen«) gehört mit Pesach und Sukkot zu den drei Wallfahrtsfesten aus biblischer Zeit. Es findet wie das christliche Pfingstfest sieben Wochen nach Pesach statt. Ursprünglich war es ein Fest der Erstlingsfrüchte. Heute tragen Kinder die Erstlingsfrüchte in Körben durch die Straßen und verkaufen sie für wohltätige Zwecke. Seit langem feiert man an diesem Tag die Offenbarung Gottes am Sinai und die Verkündigung der Zehn Worte (→ S. 25).

Der Lebenszyklus

Durch Feiern und Feste wird den Juden an den wichtigen Stationen des Lebens ihre Verbundenheit mit der Tradition der Väter und Mütter bewußt. Viele alte Bräuche und Rituale bestimmen den jüdischen Lebenszyklus von der Geburt bis zum Tod.

Die *Beschneidung* ist die erste Mizwa für den Knaben. Durch sie tritt der Junge in den Bund ein, den Abraham mit Gott geschlossen hat. In der Regel findet die Zeremonie, bei der die Vorhaut des männli-

---

Beschneidung

Gott sprach zu Abraham:
Alles, was männlich ist unter euch,
muß beschnitten werden.
Am Fleisch eurer Vorhaut müßt ihr euch
beschneiden lassen.
Das soll geschehen zum Zeichen des Bundes
zwischen mir und euch.
Alle männlichen Kinder bei euch müssen,
sobald sie acht Tage alt sind, beschnitten
werden in jeder eurer Generationen …
So soll mein Bund, dessen Zeichen ihr an eurem
Fleisch tragt, ein ewiger Bund sein.
Genesis 17, 10–13

---

chen Gliedes entfernt wird, am 8. Tag nach der Geburt statt. Der Eingriff, der ungefährlich und kaum schmerzhaft ist, wird von einem »Mohel« (d. h. »Beschneider«) vorgenommen. Die Beschneidung ist für die Familie ein großes Fest. Ihre Unterlassung gilt als eine schwere Verfehlung. Unbeschnittene Juden werden »Zerstörer des Bundes« genannt. Christen haben die Beschneidung nicht vom Judentum über-

Das jüdische Eheversprechen

Siehe, du bist mir angeheiligt durch diesen Ring,
nach dem Gesetz des Mose und Israels.
Du sollst meine Frau sein,
ich will dir dienen, dich ehren und versorgen
nach der Weise jüdischer Männer,
die ihren Frauen dienen, sie hochschätzen,
ernähren und versorgen in Treue.

nommen. Dagegen findet sie sich im Islam und in anderen Religionen häufig. Viele Männer überall in der Welt lassen sich auch aus hygienischen Gründen beschneiden.

Mit 13 Jahren wird der Junge ein »*Bar Mizwa*« (d. h. ein »Sohn des Gottesgebotes«). Am Sabbat nach seinem Geburtstag wird er zum erstenmal in der Synagoge aufgerufen, um einen Segensspruch vorzulesen. Der Rabbiner belehrt ihn über seine neuen Pflichten. Zum erstenmal legt er an diesem Tag die Tefillin an. Von nun an darf er als Teilnehmer eines »Minjan« (→ S. 58) auftreten. Er kann jetzt auch öffentlich zur Lesung der Thora aufgerufen werden und den Segen sprechen, durch den man Gott die Treue verspricht. Viele Gemeinden haben eine ähnliche Zeremonie für das Mädchen eingeführt, das nun »Bath Mizwa« (d. h. »Tochter des Gottesgebotes«) wird. Der Tag wird in den Familien festlich begangen. Jungen und Mädchen erhalten Geschenke und freuen sich über die Anwesenheit vieler Verwandter und Freunde beim Fest.

Die Achtung vor der *Ehe* geht auf die Bibel zurück. Zwar ist im Schöpfungsbericht (Gen 2, 21–24) die Ehe noch nicht erwähnt, aber Gott hat bewirkt, daß Mann und Frau aufeinander angewiesen sind (→ S. 138). Die Ehen der Patriarchen und Stammesmütter Abraham/Sara, Isaak/Rebekka und Jakob/Lea und Rachel sind Leitbild und Ansporn. Die *Trauung* findet vor dem Rabbiner in der Synagoge statt. Das Brautpaar empfängt unter einem Baldachin (»Chuppa«) den Segen. Beide nehmen aus demselben Becher einen Schluck Wein. Dabei wird der Wunsch ausgesprochen, daß die Ehe mit Kindern gesegnet werde. Dann spricht der Bräutigam in Gegenwart von zwei Trauzeugen die Trauungsformel. Dabei übergibt er der Braut den Ehering, der

manchmal außergewöhnlich groß und kostbar ist. Nach der Übergabe des Ringes liest der Rabbiner den Ehevertrag, die »Kettuba«, in aramäischer Sprache vor. Braut und Bräutigam tauschen an diesem Tag Geschenke aus. Die Braut erhält oft einen Brautgürtel, Schleier und ein Gebetbuch. An manchen Orten ist es üblich, daß der Bräutigam einen Gebetsmantel (»Tallit«) und ein Sterbegewand erhält. An die offizielle Feier schließt sich ein fröhliches Hochzeitsmahl an. Die Hochzeitsbräuche weichen in den verschiedenen Gruppierungen des Judentums erheblich voneinander ab. Sie sind auch von der jüdischen Kultur des Landes mitbestimmt, in denen die Hochzeitsleute wohnen.

Wenn eine Ehe nicht gelingt, ist eine *Scheidung* erlaubt. Vor einem Gerichtshof, der meist aus drei Rabbinern besteht, wird ein Scheidebrief (»Get«) ausgefertigt, dessen Bestimmungen streng sind, um die Scheidung zu erschweren. Der Ehemann händigt ihn der Ehefrau aus. Wenn diese ihn aus freien Stücken annimmt, ist die Scheidung gültig. Im Judentum gilt die Scheidung als ein großes Unglück. Heute dürfen die Rabbiner die Scheidung erst aussprechen, wenn die Eheleute entsprechend den Gesetzen des Landes von einem weltlichen Richter geschieden worden sind.

Voll Ernst und Würde sind die jüdischen Bräuche beim *Tod* eines Menschen. Liegt einer im Sterben, kommen Angehörige und Freunde zu ihm. Mit ihm oder an seiner Stelle sprechen sie das Sündenbekenntnis und wiederholen zum letztenmal das »Sch'ma Israel«. Die Stelle »der Ewige ist einzig« soll nach Möglichkeit mit dem letzten Atemzug zusammenfallen. Wenn der Tod eingetreten ist, zerreißen die Angehörigen ihr Gewand oder ein symbolisches Band. Der Tote wird auf die Erde gelegt zum Zeichen dafür, daß er zu dem Staub zurückkehrt, aus dem er einst entstand. Freunde waschen den Toten und kleiden ihn in ein einfaches weißes Gewand, legen ihm einen Tallit um die Schulter und betten den Toten in einen schlichten Sarg. Prunk darf nicht entfaltet werden, damit sich die Bestattung von Arm und Reich nicht unterscheidet. Der Tote wird rasch beerdigt. Freunde tragen den Sarg zum Friedhof und schaufeln das Grab. Dort wird des Toten gedacht und für ihn gebetet. Dann schütten Verwandte und Freunde das Grab mit Erde zu.

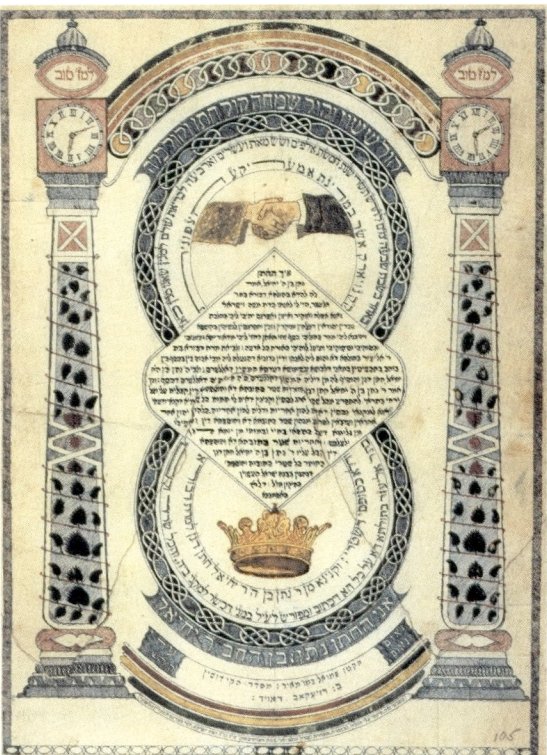

Die wichtigen Stationen im Leben jedes Juden haben religiöse Qualität. Mit Geburt, Eheschließung und Tod sind Riten und Bräuche verbunden.
Links: Beschneidung, Miniatur, Italien, um 1470.
Rechts: Ehevertrag (»Ketuba«), New York, 1863. Neben den vertraglichen Bestimmungen enthält die Urkunde in den Ovalen über den Uhren den Glückwunsch »Masel tow«. Die Ehe wird vor dem Rabbiner geschlossen.
Unten: Beerdigung auf dem Friedhof zu Prag, Öl, Prag, um 1840. Der Rabbiner spricht an den jüdischen Gräbern ein Gebet für die Toten. Die Männer des kleinen Trauerzuges tragen allesamt eine Kopfbedeckung.

Zu Hause geht die *Trauerzeit* weiter. Sieben Tage bleiben die Trauernden, z. B. der zurückgebliebene Ehemann, in der Wohnung und nehmen das Beileid der Freunde entgegen. Sie brauchen sich in diesen Tagen um nichts zu kümmern. Die Freunde oder Verwandten kochen für sie und erledigen alle Besorgungen. Hier hat auch das gemeinsame Gebet einen wichtigen Platz. So gibt es eine lange Zeit der Trauer und des Trostes. Nach 30 Tagen soll das Leben wieder wie früher verlaufen. Kinder trauern um die Eltern ein ganzes Jahr. Die Grabdenkmäler sind meist aus Stein. Man legt häufig statt Blumen einen kleinen Stein als Zeichen der Erinnerung auf das Grab. Vielleicht stammt dieser Brauch noch aus der Wüstenzeit, wo man die Bestattungsstelle möglichst lange vor der natürlichen Einebnung zu erhalten suchte, indem man Steine auf sie legte.

Kaschrut – Die Essensvorschriften

Das Judentum hat viele Vorschriften, die das Essen betreffen. Diese Vorschriften sind nicht nur für Nichtjuden, sondern oft auch für die Juden selbst sehr kompliziert. Auch wenn sie in ihrem Ursprung gesundheitliche und hygienische Gründe haben, gelten sie für die Frommen nur deshalb, weil sie Gottes Gebot sind. Sie dienen der Heiligung des Lebens und gehören zur jüdischen Identität.

»*Koscher*« (d. h. »geeignet«, »tauglich«, auch »kascher«, dazu das Substantiv »Kaschrut«) ist eine Speise, die gut und richtig ist und deshalb gegessen werden darf. Die Beachtung der Kaschrut ist für die frommen Juden eine Mizwa. Sie läßt sie täglich auf Gott gerade dann hören, wenn sie sich mit seinen Gaben an Leib und Seele stärken.

Alle *pflanzliche Nahrungsmittel* sind erlaubt, während das *Fleisch* einiger Tiere nicht gegessen werden darf. Vor allem das *Blut* ist tabuisiert, weil es der Sitz des Lebens ist. Verboten sind aufgrund biblischer Bestimmungen Schwein, Hase, etliche Vogelarten, Raubvögel, Schalentiere, Krebse, Muscheln, Aal und Stör. Das Fleisch der erlaubten Tiere ist dann nicht koscher, wenn die Tiere von anderen Tieren zerrissen worden sind. Sie müssen von einem Schächter (d. h. Schlächter) nach bestimmten Regeln getötet werden, durch die die Würde der Tiere gewahrt bleibt. Das Fleisch soll stets auch ganz frisch

Teller mit dem hebräischen Wort »milchig«. Er findet nur für Milchspeisen Verwendung.

sein. Juden kaufen ihr Fleisch nach Möglichkeit in jüdischen Metzgereien, weil sie nur hier sicher sein können, koschere Ware zu bekommen.

Fleisch und Milch bzw. *fleisch- und milchhaltige Speisen* dürfen nicht zusammen gegessen werden. Käse und Wurst, Butter und Rinderbraten sind bei ein und derselben Mahlzeit nicht erlaubt, wohl nacheinander, wenn einige Stunden dazwischen liegen. Jeder jüdische Haushalt hat für die fleischernen und milchigen Speisen eigene Töpfe, Teller und Bestecke. Das Gebot ist schwer deutbar. Vielleicht geht es auf ein alte biblische Weisung (Ex 23,19) zurück, wonach man ein Lamm nicht in der Milch seiner Mutter kochen darf. In Ugarit, einer bedeutenden Stadt in der Umgebung Israels (heute Ras Schamra in Syrien), gab es in der Frühzeit einen solchen Brauch als Teil eines heidnischen Kultes. Da wurde das Lamm in der Milch seiner Mutter gekocht. Vielleicht wollte das biblische Verbot einen solchen heidnischen Ritus abwehren. In der späteren Zeit, als man davon nichts mehr wußte, blieb das Verbot dennoch bestehen und wurde zu einer umfassenden Essensregel, die bis heute zu befolgen ist.

Die Speisegesetze sind auch in unserer Zeit für viele Juden ein hohes Gut. Doch werden sie in unterschiedlicher Weise beachtet. Während die *orthodoxen* Juden sie streng befolgen und dafür auch schwere Opfer, z. B. gesellschaftliche Isolierung, bringen, schränken andere Gruppen die Gültigkeit der Kaschrut ein. Viele *Konservative* halten sich zu Hause zwar weitgehend an die alten Gesetze, richten sich aber in der Öffentlichkeit und auf Reisen oder beim Besuch nichtjüdischer Freunde nicht mehr danach. Vertreter des *liberalen* Judentums haben für sich den größten Teil der Essensvorschriften abgeschafft, da sie diese für unsere Welt nicht mehr als religiös bedeutsam ansehen.

Der Messias

Prinzip Hoffnung

Immer schon lebte im Judentum gerade in Schreckenszeiten das *Prinzip Hoffnung*, daß Gott in der Zukunft oder spätestens am Ende der Zeiten die Welt verwandeln und alle Trauer beenden wird. Juden erwarten am Ende der Tage die Erneuerung der Welt, Gottes Gericht, die Auferweckung der Toten und die Rettung von ganz Israel. Dann wird das Königtum Gottes kommen. In dem eschatologischen Panorama des Judentums kommt eine charakteristische Gestalt vor, die dem Judentum eine große äußere und innere Dynamik gegeben hat. Es ist der *Messias*, der den leidvollen Ablauf der Geschichte beenden und eine neue Welt herbeiführen wird. Insgesamt werden im Judentum 456 Stellen der Bibel als Hinweis auf den Messias gedeutet.

Der *Name* »Messias« (hebr.: »Maschiach«), der in der Hebräischen Bibel 28 mal vorkommt, bedeutet der »Gesalbte«. Ursprünglich heißen Könige, Priester und manchmal auch Propheten »Gesalbte«, weil sie für ihren besonderen Dienst gesalbt wurden. Als Gesalbte hatten sie eine heilige Würde und waren unantastbar. Die jüdische Idee vom Messias ist in der Geschichte auf ganz *verschiedene Weise* entfaltet worden. Sie ist keineswegs eindeutig.

• In geschichtlichen Krisen, wenn Israel unter Krieg, Unrecht und Götzendienst litt, zeigten Priester und Propheten auf eine *Person*, die von Gott her Rettung bringen sollte. Sie wurde manchmal »Messias« genannt, aber auch mit anderen Namen bezeichnet.

• Es gibt Richtungen, die von einem persönlichen Messias nichts wissen wollen. Für sie ist das ganze *Volk Israel* der Messias, das erst große Leiden ertragen muß, bis es endlich zur Herrlichkeit Gottes kommt. So hoffen sie auf einen kollektiven Messias.

• Andere Juden glauben an ein *messianisches Zeitalter* ohne einen persönlichen oder kollektiven Messias. Es wird die Zeit sein, die der Königsherrschaft Gottes am Ende der Geschichte unmittelbar vorausgeht. Sie bedeutet für Israel den Anfang einer heilvollen und gerechten Geschichte.

So sehr die Messias-Idee die religiösen Hoffnungen im Judentum stets wachhielt, so *gefährlich* konnten die messianischen Erwartungen auch sein, wenn sie sich z.B. mit Ereignissen oder Personen verbanden, die die Verheißungen Gottes für unheilige und eigennützige Zwecke mißbrauchten. Falsche Messiasse haben oft die religiösen Hoffnungen ausgenutzt und Unglück über das Judentum gebracht. Darum haben viele Rabbinen (→ S. 80) oft in aller Nüchternheit vor überzogenen Erwartungen gewarnt. Sie betonen auch, daß der Messiasglaube für das Judentum zwar wichtig, aber bei weitem nicht so grundlegend ist wie Monotheismus, Gebet, Thora und Halacha.

Messiasbilder der Bibel

Die *Propheten* Israels waren die ersten, die in unvergleichlich schönen Bildern und Liedern von einem künftigen Heilbringer sprachen. Sie waren davon überzeugt, daß Gott nicht nur in der Vergangenheit mit Israel und der Welt zu tun gehabt hatte, sondern daß er auch weiterhin für Israel da sei. So entdeckten sie ganz neu die Dimension der Zukunft. Diese neue Perspektive mußte für Israel tröstlich sein, weil nun die Leiden der Gegenwart nicht mehr als endgültig angesehen werden mußten. Ein Retter sollte der bösen Geschichte ein Ende bereiten. Oft erfüllten sich die Hoffnungen der Propheten nicht so rasch, wie sie zunächst erwartet hatten. Die Zeiten blieben leidvoll und böse. So sind die Erwartungen anfangs enttäuscht worden. Aber Israel vergaß die einmal gegebenen Verheißungen nicht mehr. Sie wurden den späteren Generationen weitergesagt,

Eine alte jüdische Legende erzählt, daß der Prophet Elija dem auf einem Pferd reitenden Messias vorangeht. Er bläst dabei das Schofarhorn, um die messianische Zeit anzukündigen. Pesachhaggada, Deutschland, 1753.

Messianische Verheißung

Denn ein Kind ist uns geboren,
ein Sohn wird uns geschenkt,
auf dessen Schulter die Herrschaft ruht.
Man nennt ihn: Wunderrat, Gott-Held,
Ewig-Vater, Friedensfürst.
Groß ist die Herrschaft,
und der Friede ist endlos auf Davids Thron und
in seinem Reich;
er errichtet es durch Recht und Gerechtigkeit
von nun an bis in Ewigkeit.

Jesaja 9, 5–6

bis sie Aufnahme in die Bibel fanden. Hier lebt das reiche prophetische Hoffnungspotential weiter und schenkt auch heute vielen Juden Trost und Zuversicht.

Eine frühe Wurzel messianischer Hoffnung reicht in die Zeit des Königs David (1004–965) zurück. Als dieser Gott einen Tempel bauen will, sagt ihm der Prophet Natan, daß Gott nicht in einem festen Haus wohnen will. Es soll geradezu umgekehrt sein: Gott wird dem *König* ein Haus bauen, das nicht vergänglich ist. Davids Königtum soll ewig währen (2 Sam 7,1–17). An diese Verheißung, die sich geschichtlich nicht erfüllt hat, weil das Königtum Davids 586 bei der Babylonischen Katastrophe unterging, haben sich starke messianische Erwartungen geknüpft.

Im 8. Jahrhundert v. Chr. hat der Prophet Jesaja in einer wunderbaren Sprache Bilder der Hoffnung geschaffen, die unvergänglich geworden sind. Als Israel von der assyrischen Großmacht lebensgefähr-

lich bedroht war, kündigte Jesaja (9,1–6) einen *Retter* an. Das Volk, das in der Finsternis wandelt, wird ein gewaltiges Licht sehen und sich freuen und jubeln. Rauhe Soldatenstiefel und blutige Kriegsmäntel werden verbrannt. Vielleicht hat der Prophet in der damaligen unheilvollen Situation an einen jungen König (»Kind«) gedacht, von dem er sich für seine Gegenwart Rettung erhoffte. Aber dieser entsprach dann doch nicht den Erwartungen. Aus der Enttäuschung der Gegenwart wurde allmählich Hoffnung für die Zukunft. So lenkte sich im Vertrauen auf das Prophetenwort der Blick auf eine andere Gestalt, die Frieden und Gerechtigkeit auf ewig bringen soll.

In einem anderen Lied weiß Jesaja, daß am Ende der Tage alle Völker der Erde nach Jerusalem zum Zion pilgern werden. Von dort geht die Thora aus. Sie wird für alle Völker die neue gute Lehre sein. Mit der Völkerwallfahrt wird ein *Zeitalter des Friedens* für die ganze Menschheit beginnen (Jes 2–4; ähnlich Mi 4,3–4 und Sach 9,10). Heute kann man dieses Wort, das viele Friedensbewegungen inspiriert hat, auf einem Denkmal der UNO in New York lesen.

Derselbe Prophet Jesaja kündet die Heilszeit als Zeit des »*Schalom*« (d. h. »Frieden«) an, der mehr ist als nur Abwesenheit von Krieg. Schalom ist Harmonie, Glück, Übereinstimmung des Menschen mit Gott und der Natur. Die Wunder des Paradieses, im Bild des *Tierfriedens* beschrieben, werden gegenwärtig sein (Jes 11,6–9).

Noch einmal neue Andeutungen für eine gute Zukunft von Gott her kommen von einem Propheten im Babylonischen Exil, dessen Namen wir nicht mehr kennen. Sie sind im Buch des Jesaja überliefert.

Schwerter zu Pflugscharen

Am Ende der Tage wird es geschehen:
Der Berg mit dem Haus des Herrn
steht festgegründet als höchster der Berge;
er überragt alle Hügel.
Zu ihm strömen alle Völker.
Viele Nationen machen sich auf den Weg;
sie sagen: Kommt, wir ziehen hinauf
zum Berg des Herrn
und zum Haus des Gottes Jakobs.
Er zeige uns seine Wege,

auf seinen Pfaden wollen wir gehen.
Denn von Zion kommt die Weisung des Herrn,
aus Jerusalem sein Wort.
Er spricht Recht im Streit der Völker,
er weist viele Nationen zurecht.
Dann schmieden sie Pflugscharen
aus ihren Schwertern
und Winzermesser aus ihren Lanzen.
Man zieht nicht mehr das Schwert, Volk gegen Volk,
und übt nicht mehr für den Krieg.

Jesaja 2, 1–4

Den Propheten nennen wir »Deutero-Jesaja« (d. h. »Zweiter Jesaja«). Seine Worte sind ein großer Trost im Exil. Mitten in seiner Frohbotschaft finden wir vier geheimnisvolle Lieder, die von einem »Knecht Gottes« handeln, durch den Gott seinem Volk Erlösung verheißt (Jes 42,1–7; 49,1–6; 50, 4–11). Im letzten Lied (52,13–53,12) erscheint der Knecht Gottes nicht mehr als machtvoller Retter, sondern als ein *Leidender*, der durch seine Schmerzen die Schmerzen seines Volkes beendet. Mit seinen Qualen leistet er stellvertretend *Sühne*. Gott hat an ihm Gefallen gefunden, heilt ihn und schenkt ihm neues Leben. – Eine jüdische Deutung dieses Textes sieht in dem Gottesknecht das Volk im Exil. Hier findet das Leiden einen gottgewollten Sinn. Es wird am Ende zur Rettung Israels und aller Völker führen.

Am Ende des Jesajabuches finden wir Texte eines dritten Propheten, den man »Trito-Jesaja« (d. h. »Dritter Jesaja«) nennt. Er lebt schon in der nachexilischen Zeit. Auch ihm verdanken wir herrliche Zukunftsvisionen, die auf eine *Veränderung der Welt* zielen, in der es kein Unrecht und Leid mehr geben wird (Jes 58,6–9, ähnlich 61,1–3).

Der Messias, Jüdische Miniatur, Mittelrhein, um 1430. Er reitet auf einem Esel und bläst das Schofarhorn (→ S. 59). Als Zeichen seiner messianischen Würde trägt er eine Krone und ein rotes Gewand. Vor ihm kniet eine Gestalt, um ihn zu empfangen. Im Hintergrund erhebt sich eine Stadt auf dem Berg, vielleicht Jerusalem. Erwartungsvoll blicken die Bewohner auf den Kommenden. Die drei Gestalten über dem Messias tragen ein Schriftband mit dem Wort »Schefok« (»Gieße«), dem Anfang des Psalmverses 79, 6, der bei der Sederfeier aus der Haggada vorgelesen wird. Die drei kleineren Schriftbänder zitieren messianische Ankündigungen (Sach 9,9, Mi 5,1 und Jes 43,1).

Tierfrieden

Dann wohnt der Wolf beim Lamm,
der Panther liegt beim Böcklein.
Kalb und Löwe weiden zusammen,
ein kleines Kind kann sie hüten.
Kuh und Bärin freunden sich an,
ihre Jungen liegen beieinander.
Der Löwe frißt Stroh wie das Rind.
Der Säugling spielt vor dem Schlupfloch der Natter,
das Kind streckt seine Hand in die Höhle der
Schlange.
Man tut nichts Böses mehr
und begeht kein Verbrechen auf meinem ganzen
heiligen Berg;
denn das Land ist erfüllt von der Erkenntnis des
Herrn,
so wie das Meer von Wasser erfüllt ist.

Jesaja 11, 6–9

Bei dem Propheten Sacharja, der im armseligen Jerusalem der nachexilischen Zeit lebt, finden wir ein nochmal anderes Messiasbild. Der Messias wird nun nicht mehr mit dem Glanz und der Macht eines Königs kommen, sondern in *Armut und Demut* sein von Gott bestimmtes Werk tun (Sach 9,9). Aber auch er wird die Streitwagen und Kriegsbögen vernichten und Frieden bringen.

In dem apokalyptischen Buch, das nach dem Propheten Daniel benannt ist, verbindet sich die Hoffnung auf einen Retter mit der Erwartung einer furchtbaren Katastrophe für die Welt. Nach dem Schrecken der Gegenwart wird Gott die ungerechten Völker zur Rechenschaft ziehen und bestrafen. Dann wird der »*Menschensohn auf den Wolken des Himmels*« kommen, um über die Völker, die Israel gequält haben, Gericht zu halten (Dan 7,13). Er ist

---

Demütiger König

Juble laut, Tochter Zion!
Jauchze, Tochter Jerusalem!
Siehe, dein König kommt zu dir.
Er ist gerecht und hilft;
er ist demütig und reitet auf einem Esel,
auf einem Fohlen, dem Jungen einer Eselin.

Sacharja 9,9

---

ein präexistentes Wesen, das vor aller Zeit bei Gott lebt. An ihn knüpfen sich auf neue Weise die alten messianischen Hoffnungen. Waren sie bis dahin mehr auf die reale Geschichte und auf die konkrete Welt bezogen, so werden sie nun eher ins Jenseits verlegt. Damals kam in verschiedenen jüdischen Gruppen auch die Hoffnung auf die Auferstehung der Toten auf.

Wenn wir zusammenfassend fragen, wer der Messias der Hebräischen Bibel ist, kommen wir auf *kein klares Profil*. Zu unterschiedlich sind die Utopien und Visionen, die im Messiasprojekt zusammengeflossen sind. Jedes einzelne Messiasbild ist zunächst aus der Zeit seiner Entstehung zu verstehen. Es ist jeweils eine Antwort auf konkret erfahrene Gewalt und erlittene Ungerechtigkeit. Er ist ein Mensch, der im Auftrag Gottes kommt, später auch eine Gestalt des Himmels, die bei Gott weilt. Manche Propheten und Psalmen sehen ihn als König, der machtvoll das große Werk Davids fortsetzt. Er kann aber auch so arm sein, daß er auf einem Esel reitet. Beim Exilspropheten wird er durch sein Leiden Sühne leisten und so am Ende Rettung bringen. Für die meisten ist es entscheidend, daß er Gerechtigkeit und Frieden bringen wird. Viele erhoffen diesen guten Zustand für unsere Welt, am Ende gibt es aber auch Stimmen, die auf eine jenseitige Welt weisen. In keinem Fall ist der Messias Gott selbst oder Gottes Sohn im christlichen Sinn.

In späten Zeiten hielt man den Messias auch für einen politischen Kämpfer (Zeloten), der Israel von der Herrschaft Roms befreien wird. Manchmal meinte man auch, einer der Großen Israels werde wiederkommen, um sein Werk zu vollenden. So dachte man an eine Wiederkehr des Priesters Melchisedech und des Stammvaters Jakob, des einzigartigen Lehrers Mose oder des Propheten Elija. Selbst heute weniger bekannte jüdische Herrscher und Priester bekamen eine messianische Aura. Der Würdetitel wird in der Bibel sogar einmal auch auf den heidnischen Perserkönig Kyros bezogen, weil er von Gott dazu erwählt war, das jüdische Volk 538 aus dem Babylonischen Exil in die Freiheit zu entlassen. In Qumran (→ S. 79) erwartete man in Anlehnung an prophetische Andeutungen (Sach 4,14) zwei Messiasse: einen aus dem königlichen Stamm Davids und einen hohenpriesterlichen aus dem

Stamm Aaron. Beide zusammen werden das Volk Israel politisch und religiös erneuern. Es gibt vereinzelt sogar die Erwartung eines sterbenden Messias aus dem Haus Josef, der vor dem königlichen Messias kommen wird. In einem endzeitlichen Kampf gegen die Feinde Israels wird er den Tod finden, ohne schon selbst Rettung zu bringen.

Die Messias-Idee Israels ist sehr *komplex*. Sie meint nicht nur den inneren seelischen Frieden des Menschen, sondern gerade auch den Frieden im politischen und sozialen Bereich. Selbst die Versöhnung mit der Natur wird ein Werk des Messias sein. Alter und Tod verlieren ihre Schrecken. Angst wird aus der Welt gebannt sein. Das Reich des Messias ist die reale Welt, die Wiederherstellung von Gottes ursprünglicher Schöpfung, in selteneren Fällen auch das Jenseits des göttlichen Bereichs. Es ist nicht nur eine religiöse, sondern auch eine geschichtliche Größe. Vor allem hat die Messiaszeit mit Israel zu tun. Die Unterdrückung Israels durch die anderen Völker wird ein Ende haben. In ihr wird Israel Heil und Rettung, das Ende seines Leidens und das Wohnen im verheißenen Land finden. Doch können auch alle anderen Völker, die den Einen Gott Israels anerkennen und Gottes Namen verehren, Anteil an Gottes Heil haben. So hat die Messias-Idee auch universale Komponenten.

Wenn es einen Begriff gibt, der für die messianische Zeit am ehesten charakteristisch ist, so ist es der Begriff »Schalom«. Er meint Frieden zwischen den Völkern, Geborgenheit für Israel, das Ende der Gewalt, Harmonie mit der Natur, Gerechtigkeit für die Armen, Versöhnung mit Gott.

Jesus von Nazaret – Der Messias der Christen

Zu einer großen Herausforderung der jüdischen Messiaserwartung wurde der Glaube der Christen, in *Jesus von Nazaret* sei der von den heiligen Schriften Israels angekündigte Messias gekommen. Seitdem Christen diesen Jesus als »Christus« (griech.: der »Gesalbte«, d. h. der »Messias«) bezeichnen, haben sie den Messiastitel für ihn reklamiert (→ S. 98). Sie glauben, daß mit ihm das messianische Zeitalter angebrochen und in ihm die Verheißungen der Propheten erfüllt seien. Dieser Anspruch wurde von Anfang an von den meisten Juden zurückgewiesen.

Dabei überschritt die Messias-Bewegung um Jesus von Nazaret zuerst noch nicht den Rahmen des Judentums. Sie schien nur eine Variante von mehreren messianischen Bewegungen in der damaligen Zeit zu sein. In Qumran gab es Messiasvorstellungen, und selbst im Neuen Testament sind andere Messiasanwärter bekannt. Doch es dauerte nicht lange, bis dieses christliche Bekenntnis zum Fundament einer neuen Gemeinschaft (»Kirche«) wurde, die auch Nichtjuden (»Heiden«) aufnahm. Sie lockerte die Beziehungen zum Judentum und sah wichtige Bestimmungen der Thora wie Beschneidung, Speisegesetze und Sabbat nicht mehr als verbindlich an. Aus dem zunächst innerjüdischen Konflikt wurde so eine Auseinandersetzung zwischen verwandten, aber geschiedenen religiösen Gruppierungen. Bis heute ist die Frage, ob Jesus von Nazaret der Messias ist, zwischen Juden und Christen heftig umstritten.

Juden lehnen Jesus als Messias entschieden ab. Ein Messias wie Jesus, der Sünden an Gottes Stelle vergibt, in dessen Namen die Thora aufgehoben wird, der sogar als göttliche Person verehrt wird, ist

---

Messianische Zeit

Das ist ein Fasten, wie ich es liebe:
die Fesseln des Unrechts zu lösen,
die Stricke des Jochs zu entfernen,
die Versklavten freizulassen,
jedes Joch zu zerbrechen,
an die Hungrigen dein Brot auszuteilen,
die obdachlosen Armen in dein Haus
aufzunehmen,
wenn du einen Nackten siehst, ihn zu bekleiden
und dich deinen Verwandten nicht zu entziehen.
Dann wird dein Licht hervorbrechen wie
die Morgenröte,
und deine Wunden werden schnell vernarben.
Deine Gerechtigkeit geht dir voran,
die Herrlichkeit des Herrn folgt dir nach.
Wenn du dann rufst,
wird der Herr dir Antwort geben,
und wenn du um Hilfe schreist, wird er dir sagen:
Hier bin ich.

Jesaja 58, 6–9

Marc Chagall (1887–1985): Die weiße Kreuzigung, Öl, 1938. Das Bild des jüdischen Malers entstand in dem Jahr, in dem in Deutschland in der Pogromnacht die Synagogen brannten. Der Gekreuzigte ist hier nicht der Erlöser der Welt oder der Messias, wohl aber Sinnbild eines leidenden Juden. Darauf weisen viele Einzelheiten hin: der Lendenschurz, der an einen Tallit (→ S. 56) erinnert, der Leuchter unter dem Kreuz, die klagenden jüdischen Gestalten unter und über dem Kreuz, die Thora-Rollen.

Rechts und links sind Bilder des Schreckens zu sehen. Ein Dorf brennt. Menschen fliehen in einem Boot. Ein Uniformierter setzt eine Synagoge in Flammen. Weiß ist die dominierende Farbe des Bildes. Sie erweckt den Eindruck von Winter und Kälte, aber auch von Reinheit und Verletzbarkeit. – Dieses Bild des Gekreuzigten lebt nicht aus christlicher, sondern aus jüdischer Sicht. Es deutet an, daß das ganze jüdische Volk der unschuldig leidende Gottesknecht und Messias ist, den der Prophet angekündigt hat (Jes 53).

für sie nicht akzeptabel. Darüber hinaus machen Juden darauf aufmerksam, daß sich seit den Tagen Jesu die Welt nicht so verändert hat, wie es für die messianische Zeit zu erhoffen ist. Die Welt hat noch nicht zu ihrem Frieden (»Schalom«) gefunden. Noch ist die Gerechtigkeit nicht zum universalen Lebensprinzip geworden. Niemand kann in unserer Welt einen paradiesischen Zustand erkennen. Die Völker sind weit davon entfernt, zum Gott Israels nach Jerusalem zu kommen und ihn als ihren Gott anzuerkennen. Erst recht sind mit Jesus von Nazaret die Verheißungen für Israel noch nicht in Erfüllung gegangen. Noch ist das Volk Israel nicht gesammelt. Überall in der Welt werden Juden auch heute diffamiert. Viele Juden leben immer noch im Exil. Selbst Christen haben in ihrer Geschichte mit der Verfolgung Israels kein Ende gemacht, sondern sie im Namen Jesu weitergeführt und verschärft. Die besondere Erwählung Israels ist oft genug von Christen bestritten worden. Darum kann mit der christlichen Kirche auch nicht die messianische Zeit begonnen haben.

Christen können darauf hinweisen, daß die messianischen Erwartungen des Judentums damals nicht einheitlich waren. Wenn es keinen festen Messiastyp gab, kann Jesus auch kein typischer Messias sein. Manche Einzelzüge des jüdischen Messiasglaubens passen zu seinem Bild, andere fehlen. Die Evangelien weisen dem Messiasbild auch neue Elemente zu, die das damalige Judentum noch nicht kannte, so daß ein christlicher Messiasglaube entstanden ist, der sich vom jüdischen in wichtigen Punkten unterscheidet. Nach dem historisch umstrittenen Zeugnis der Evangelien hat Jesus den Messiastitel nur vorsichtig an gewissen Höhepunkten seines Lebens, so im Prozeß vor dem Hohenpriester, für sich in Anspruch genommen. Vielleicht hat er befürchtet, damit falsche Erwartungen zu erwecken, wie sie die Zeloten (→ S. 79) damals hatten, die vom Messias eine politisch-religiöse Befreiung von Rom erhofften. Dem stand Jesu Aufforderung zu Frieden und Gewaltlosigkeit entgegen. Er wollte kein politischer Revolutionär sein. Andererseits hat er indirekt einen messianischen Anspruch erhoben, wenn er die menschenfreundlichen Taten des Messias und die alten Verheißungen auf sich bezieht (Lk 4,16ff.; Mt 12,15 ff.). An wichtigen Stellen wird er von seinen Freunden in der Nachfolge des Königs David gesehen: bei der Geburt (Mt 2,2), im Prozeß (Mt 27,11) und am Kreuz (Mt 27,37). Die priesterliche Variante der Messiaserwartung kommt ins Spiel, wenn er »mehr als der Tempel« (Mt 12,7) ist. Und auch die Propheten übertrifft er (Mt 12,41). Darum halten ihn seine Jünger für den Messias (Mk 8,29 u.ö.), selbst wenn er die Welt noch nicht so zum Guten verändert hat, wie es vom Messias erwartet wird. Sein Wirken bezieht sich mehr auf die innere Umkehr und auf die Erneuerung der Herzen. Ist sie erst einmal erfolgt, wird auch die Welt mit ihrer Geschichte und Politik neu.

Für Christen gründet die Messianität Jesu vor allem in seiner Auferweckung. Sie ist der Anbruch der Königsherrschaft Gottes. Zudem wurde durch Jesus der Gott Israels zum Gott vieler Völker. Niemand hat so wie er den Glauben Israels universal gemacht. Auch darin sehen Christen ein Zeichen seiner Messianität.

Allerdings wissen auch Christen, daß durch Jesus nicht alles geschehen ist, was vom Messias erhofft wird. Darum warten sie auf seine Wiederkunft am Ende der Tage. Dann erst wird sich alles erfüllen, was verheißen ist. In dieser endzeitliche Hoffnung liegt eine Parallele zum Judentum, das auch auf den Messias und das messianische Zeitalter noch wartet.

Einige *Juden und Christen*, die heute über das geschichtlich so belastete Messiasprojekt gemeinsam nachdenken, suchen nach einer versöhnlichen Lösung. Hier entwickelt sich die Vorstellung, daß Jesus der Messias der Christen, nicht aber der Messias der Juden ist. Beide Messiaserwartungen sind noch nicht miteinander vereinbar. Aber beide sind für ein zukünftiges Wirken Gottes offen. Am Ende wird Gott zeigen, wie sich beide Messiaserwartungen zueinander verhalten. Manche Christen hoffen, daß der endzeitliche Christus zugleich der jüdische Messias ist.

Gestalten der Geschichte

In nachbiblischer Zeit haben sich die jüdischen Messiashoffnungen nicht nur an den alten Überlieferungen orientiert. Sie mußten sich nun auch mit dem christlichen Anspruch und den jeweils neuen historischen Situationen auseinandersetzen.

Der Messias in Rom

Er sitzt da unter armen Siechen, und während alle anderen die Verbände von ihren Schwären auf einmal abnehmen und wieder anlegen, löst er jedesmal nur einen Verband und knüpft den anderen zurecht, denn er sagt sich: Vielleicht wird man meiner unversehens bedürfen, so will ich nicht behindert sein.

*Jüdische Überlieferung aus dem
3. Jahrhundert n. Chr.*

Ein lange nachwirkendes Beispiel kommt aus der Zeit des letzten jüdischen Aufstands gegen Rom, der 135 n. Chr. mit einer katastrophalen Niederlage endete, von der sich das Judentum in der Antike nicht mehr erholt hat. Damals hielten einige Rabbinen, darunter auch der berühmte Rabbi Akiba, den Führer der jüdischen Aufständischen *Bar Kochba* (d. h. »Sternensohn«) für den Messias. Rabbi Akiba hörte nicht auf die Warnung des Rabbi Jochanan, der die Messianität Bar Kochbas scharf ablehnte. »Akiba, Gras wird aus deinen Kinnbacken (im Grab) herauswachsen, und der Sohn Davids wird noch nicht kommen.« Jochanan sollte recht behalten. Es gelang den römischen Truppen schließlich, den tapferen jüdischen Widerstand zu brechen. Tausende Juden fanden damals den Tod. Aus Jerusalem wurde eine römische Stadt, die kein Jude mehr betreten wollte. Das Studium der Thora, die Beschneidung und der Sabbat wurden verboten. Rabbi Akiba erlitt unter grausamer Folter den Martertod. So fand eine große messianische Hoffnung ein grausames Ende. Aber auch diese Katastrophe konnte die messianischen Erwartungen des Judentums nicht zerstören.

Eine Erzählung aus dem 3. Jahrhundert n. Chr. läßt den *Messias in Rom*, dem Zentrum der Christenheit, wirken. Hier ist er ein leidender Messias, von dem schon der Prophet (Jes 52,13 ff.) gesprochen hatte.

Münze mit dem Porträt des römischen Kaisers Hadrian (117–138), der den jüdischen Aufstand des Bar Kochba 135 niederschlug. Diesen hatten berühmte Rabbinen als den Messias proklamiert. Daneben eine Silbermünze des Bar Kochba aus der Zeit des Aufstands. Sie zeigt den Tempel von Jerusalem als Bild der Hoffnung.

Rechte Seite: Sabbatai Zwi, der gefährliche Messiasaspirant am Beginn der Neuzeit. Der Kupferstich von Thomas Koenen, Amsterdam 1669, dürfte das einzige Porträt sein, das zu Zwis Lebzeiten entstand.

Im Lauf der Geschichte traten viele Gestalten mit charismatischer Ausstrahlungskraft auf. Sie erweckten die Hoffnung auf den Anbruch der Erlösung. Einer von ihnen, *Abraham Abulafia*, versuchte um 1280 sogar, den Papst Nikolaus in Rom zu bekehren. Dieser wollte ihn dafür verbrennen lassen. Nicht alle Messiasprätendenten waren Exempel der Frömmigkeit. Es gab unter ihn Hochstapler und Schwindler, die ihre jüdische Umwelt geschickt zu täuschen wußten. Oft versetzten sie ihre Anhänger in Hysterie und Massenwahn. Manche hatten auch einen guten Einfluß auf das Judentum. Niemandem gelang es aber, jene Erwartungen zu erfüllen, von denen die alte Überlieferung träumt.

In beinahe allen Teilen der Welt, wo Juden lebten, hat es Messiasse gegeben. Allein für den Zeitraum vom 11.–18. Jahrhundert hat man *79 verschiedene messianische Bewegungen* gezählt. Vor allem in Leidenszeiten wurde der Messias erwartet, so 1096 bei den Verfolgungen während des ersten Kreuzzuges oder 1492 bei der Vertreibung der Juden aus Spanien, die die katholischen Könige begannen und zu verantworten haben.

Wenn die *Rabbinen* gefragt wurden, wann der Messias komme, hatten sie zwei gegensätzliche Antworten parat, die aber letztlich auf dasselbe Ergebnis hinauslaufen. Die eine Antwort: Der Messias wird kommen, wenn ganz Israel die Thora hält. Die andere Antwort: Der Messias wird kommen, wenn ganz Israel die Thora nicht mehr hält. Im ersten Fall ist sein Erscheinen berechtigt, im zweiten Fall ist es notwendig. Da keine der beiden Bedingungen je erfüllt war, mußte nach Auffassung der Rabbinen der Messias noch fern sein. Andere Rabbinen haben die Zeit des Messias mit merkwürdigen Formeln zu berechnen versucht und so Unsicherheit verbreitet. Ihnen traten Rabbinen entgegen, die alle messianischen Zahlenspiele ablehnten.

Im Mittelalter wird der Messias im Glaubensbekenntnis des *Mose ben Maimon* (→ S. 36) genannt. Der Philosoph ist sichtlich darum bemüht, phantastische Erwartungen zu dämpfen und Nüchternheit an den Tag zu legen. Er weiß, welche Verirrungen durch Messiasse ausgelöst werden und warnt davor, das Ende der Zeit herbeizwingen zu wollen. Für ihn reduziert sich der Messiasglaube darauf, daß Juden in den Tagen des Messias nicht mehr verfolgt werden. Aber sonst wird sich an der Ordnung der Welt nichts ändern. Wenn beim Propheten (Jes 11,6) steht, daß dann der Wolf beim Lamm wohnt, so ist das allegorisch gemeint und bedeutet nur, daß Israel und die anderen Völker friedlich koexistieren können.

Sabbatai Zwi – Ein verhängnisvoller Messias

Die umstrittenste und schillerndste Gestalt unter allen Messiasaspiranten war *Sabbatai Zwi* (1626–1676). Er wurde in Smyrna geboren und erhielt eine gründliche Ausbildung in Bibel, Talmud (→ S. 34 f.) und Kabbala (→ S. 81 ff.). Er kasteite sich oft durch strenges Fasten, um so Einblicke in die Geheimnisse Gottes gewinnen zu können. Da er eine schöne jugendliche Erscheinung war, zog er viele Menschen in seinen Bann. Mit 18 Jahren wurde er zum Rabbiner ordiniert. Schon bald schockierte er seine jüdische Umwelt durch Taten, die die Thora in wichtigen Punkten verletzten. Er sprach den Gottesnamen (→ S. 43 f.) aus, feierte drei jüdische Feste in einer Woche und vollzog in einer Synagoge die Hochzeit mit einer Thorarolle. Die Rabbinen waren empört und verhängten über ihn den Bann. Sabbatai Zwi gab sich schon bald als der Messias aus und deutete seine Gesetzesübertretungen als messianische Zeichen, die zur endgültigen Befreiung vom Gesetz führen sollten. Vielleicht wäre aus all dem nicht viel geworden, wenn ihn nicht in Jerusalem der damals berühmte Kabbalist Nathan von Gaza zum Messias und sich selbst zu dessen Prophet erklärt hätte. Durch diese hohe Protektion gewann Sabbatai Zwi rasch überall in der jüdischen Welt an Autorität. In Smyrna trat er als königlicher Messias auf. In kürzester Zeit war er in der ganzen Judenheit Europas bekannt. In Stadt und Land kam es zu einem unvorstellbaren *messianischen Fieber*. Viele Juden verschleuderten ihre Häuser und ihren ganzen Besitz. Sie verließen ihre Heimat, um rechtzeitig mit dem Messias in sein Reich ziehen zu können. Der 16. Juni 1666 sollte der *Tag der Erlösung* sein. Aber es tat sich an diesem Tag nichts. Bald darauf wurde Sabbatai Zwi von den türkischen Behörden verhaftet. Sie mochten seinem beunruhigenden Treiben nicht länger tatenlos zusehen. Schließlich stellten sie ihn vor die Alternative: Tod oder *Übertritt zum Islam*. Der angebliche Messias wählte das Leben und wurde Muslim. Zehn Jahre später starb er in einer türkischen Festung in Albanien. Tiefe Depressionen waren die Folge im Judentum. Aber weder seine Konversion noch sein Tod konnten die Begeisterung für ihn völlig auslöschen. Viele Juden glaubten immer noch, dies seien Durchgangsstationen für den Messias, damit er alle Abgründe des Lebens und des Bösen kennenlerne. Nur durch Thoraverstoß, Verrat und Tod könne er Israel erlösen. Die Bewegung, die nach ihm »Sabbatianismus« heißt, hat sich noch lange in Europa gehalten. Die Stimmen der nüchternen Rabbiner, die vor ihm warnten, wurden nur wenig gehört.

Gegenwart und Zukunft des Messiasglaubens

Durch die Erfahrungen der Neuzeit gewinnt der Messiasglaube im 20. Jahrhundert noch einmal andere Züge. Wenn er schon früher kein einheitliches Profil hatte, so kommen nun Varianten in säkularisierter Form hinzu, für die es in der Vergangenheit noch keine Entsprechungen gegeben hat. Ganz gleich, ob man eher auf die herkömmlichen, die reformerischen oder die areligiösen Varianten blickt – der Messianismus ist eine bemerkenswerte Kraft des Judentums geblieben.

In völlig säkularisierter Form leben messianische Ideen in Formen des utopischen *Sozialismus* und vor allem in der Gedankenwelt von *Karl Marx* (1818–1883) weiter, der aus einer jüdischen Familie stammte und schon bald nach seinem Übertritt zum Protestantismus alle Formen der Religion heftig kritisierte (→ S. 55). Der Kampf gegen Ausbeutung und Unterdrückung, gegen menschenverachtende Abhängigkeitsverhältnisse, der Einsatz für Arme und Entrechtete, die Hochschätzung der Gerechtigkeit, die Hoffnung auf eine bessere Welt sind messianische Elemente, die schon in der Verkündigung der Propheten einen hohen Stellenwert hatten. Insoweit diese Ideen in einen ideologischen Rahmen gepreßt und später auch mit ungerechtfertigter Macht ausgestattet wurden, haben sie in diesem neuen Kontext ihre alte Glaubwürdigkeit verloren.

Im *Reformjudentum* (→ S. 87), findet eine weitgehende Neuinterpretation der alten messianischen Ideen statt. Ein Messias, der das Volk nach Israel zurückführt, wird hier nicht mehr durchgängig erwartet und gewünscht. Die Juden wollen die Angehörigen des Volks bleiben, in das sie hineingeboren sind. Als Juden sind sie Amerikaner, Franzosen, Russen oder Deutsche. Messianisches Ziel ist es, an einem universalen Reich der Gerechtigkeit, des Friedens und der Wahrheit mitzuarbeiten. Darum wird die Zerstreuung der Juden in alle Welt auch positiv gewertet. – Hier verliert der Messianismus den spezifischen Bezug zum Volk Israel und zum Gott Israels. Wenn zudem noch ein persönlicher Messias abgelehnt wird, entsteht ein rationaler säkularisierter Messianismus ohne Messias.

Im *Zionismus* (→ S. 89 f.) wurde der Messianismus vor allem durch *Theodor Herzl* (1860–1904) eine politische Kraft. Die Rückkehr aus dem Exil, die Sammlung des Volkes Israel im Land der Väter, die Liebe zu Jerusalem wurden auch bei den Denkern und Politikern des Zionismus zu wichtigen Motiven, denen die religiösen Wurzeln des Judentums fremd geworden waren. So wuchs eine Sammlungsbewegung, die den Juden in Palästina eine neue Heimat schaffen wollte. Sie fand 1948 ihre Erfüllung, als Ben Gurion den Staat Israel ausrief. Ben Gurion wurde gelegentlich der »Messias im Straßenanzug« genannt. – Der säkularisierte Messianismus des Zionismus hat im religiösen Judentum ein gegensätzliches Echo hervorgerufen. Viele fromme Juden sehen in der Chance, im Land der Väter zu wohnen, ein Zeichen dafür, daß sich die messianischen Ideen zu erfüllen beginnen. Die wunderbare Errettung Israels in mehreren Kriegen nach 1948 gilt als weitere Bestätigung dafür. Dem widersprechen andere religiöse Juden, denen diese direkte politische Theologie nicht einleuchtet. Sie wissen aus der Erfahrung der Geschichte, daß es problematisch ist, Gottes Handeln so eindeutig an bestimmte Ereignisse zu knüpfen. Die ultra-orthodoxen Juden, z. B. die »Wächter der heiligen Stadt« in Mea Schearim in Jerusalem, gehen noch entschieden weiter. Sie halten den Zionismus für einen Verrat am Judentum, weil er Ziele anstrebt, die nur vom Messias erhofft werden dürfen.

Auch im *orthodoxen* Judentum Amerikas ist der Messiasglaube lebendig. Der letzte, der in New York

---

Jüdischer Messiasglaube

Denn dies ist die Quelle zugleich und Mündung alles jüdischen Messiasglaubens: daß schließlich doch Gott selbst der Erlöser ist, »er selbst und kein anderer«.

Franz Rosenzweig (1886–1929)

---

als Messias angesehen wurde, war *Rabbi Menachem Mendel Schneerson* (1902–1994), der Lubawitscher Rebbe aus den Reihen der Chassidim (→ S. 84 ff.). Er verkündete, daß die Erlösung noch zu seiner Zeit kommen werde. Immer hatte er ein Herz für die Kinder und Armen. Aber er beriet auch die Großen Israels und soll Kranke geheilt, Unfruchtbare fruchtbar und Ungläubige fromm gemacht haben. Das Friedensabkommen zwischen Israel und den Palästinensern hat er bekämpft, weil er meinte, Juden dürften ihr Land nicht abgeben. Seine Bewegung umfaßte bei seinem Tod 300 000 Anhänger. Sie erwarten, daß er bald auferstehen und das Reich Gottes herbeiführen wird. Unter den Ultra-Orthodoxen in Israel hatte er heftige Gegner. Sie nannten ihn »Lügenmessias« und »Schweinefresser«.

Auch heute gibt es eine *große Variationsbreite* des jüdischen Messianismus. Die Spannung besteht weiter zwischen ruhiger Distanz und fieberhafter Verirrung, zwischen nationalem und universalem Aspekt, zwischen diesseitiger Weltveränderung und jenseitigem Heil, zwischen naher und ferner Erwartung. Aus dieser Unsicherheit heraus haben viele Juden ein distanziertes und ablehnendes Verhältnis zum Messianismus entwickelt.

Besonnene religiöse Juden halten den Messiasglauben auch heute für ein wichtiges Element des Judentums. Sie sind davon überzeugt, daß er wirksam dazu beitragen kann, die wachsende Resignation unserer Zeit zu durchbrechen. Er könne der Menschheit die Hoffnung auf eine gute Zukunft geben, in der der Friede Gottes (»Schalom«) für Israel und alle Völker Wirklichkeit wird.

Linke Seite: Ezekiel David Kirszenbaum: Jüdische Dorfbewohner begrüßen den Messias, Öl, 1937. Der Messias reitet auf einem weißen Esel (Sach 9,9, → S. 70) in der chassidischen Umgebung Osteuropas. Rabbiner und Polizisten, Frauen, Männer, Kinder und sogar das Vieh erwarten ihn.

Das Judentum hat viele Gesichter

Ein breites Spektrum

Das eine Judentum existiert nur in der *Vielfalt* unterschiedlicher jüdischer Lebenswelten. Das war schon früher so. Daran hat sich auch heute nichts geändert. Eher hat sich der Trend zur Vielfalt in der Gegenwart noch verstärkt. Es gibt keinen einheitlichen Nenner für das geistige Profil des Judentums. Diese Vielfalt ist einerseits ein innerjüdisches Problem, weil sie es schwer macht, zu sagen, worin jüdische Identität besteht (→ S. 19 f.). Sie ist andererseits ein großer Reichtum.

Schon in der Jüdischen *Bibel* begegnen uns Gestalten ganz unterschiedlicher Art. Während Mose streng das Bilderverbot fordert, fördert Aaron die Anfertigung eines Gottesbildes in der Form eines goldenen Kalbes. Unter den Königen finden sich solche, denen Gottes Weisung Richtschnur ihres Handelns ist, und andere, die sich skrupellos über die heiligen Gebote hinwegsetzen. Manche Propheten und Priester verkünden mutig auch gegen die Mächtigen ihrer Zeit Gottes Wort, andere werden zu Hofbeamten, die sich gefügig der gerade herrschenden Richtung anpassen. Apokalyptiker sagen in den Schrecken ihrer Zeit das nahe bevorstehende Gericht Gottes für die ganze Welt an, während nüchterne Rabbinen davor warnen, einen Blick in die Zukunft zu tun. Unter den Weisen Israels sind Fromme, für die das, was Gott tut, wohlgetan ist, und Skeptiker, die klagend und anklagend aussprechen, daß sie Gott nicht verstehen. Schon früh entsteht unter den Gesetzeslehrern ein Streit darüber, ob die Weisungen Gottes im wörtlichen Sinn für alle Zeiten gelten oder ob Anpassungen an eine veränderte Situation erlaubt sind. Aus den verschiedenen Auffassungen in Grundfragen sind unterschiedliche Gruppierungen und Richtungen entstanden.

Gruppen um die Zeitenwende

In der Zeit zwischen dem Ende des Babylonischen Exils und der Zerstörung Jerusalems durch die Römer (538 v. Chr.–70 n. Chr.) finden wir im Judentum mehrere Gruppen mit einem eigenständigen Profil, die sich teilweise heftig befehden. Einige von ihnen kommen auch im Neuen Testament vor und haben jüdische Gruppen in späterer Zeiten nachhaltig beeinflußt.

Die *Sadduzäer*, wahrscheinlich nach einem Hohenpriester namens »Sadek« benannt, waren einflußreiche und mächtige Leute. Sie kamen aus reichen Familien und hatten einen überproportionalen Anteil am Priester- und Landadel. Bei den Römern biederten sie sich an und kollaborierten mit ihnen. Darum sahen es die Römer gern, wenn der einflußreiche Hohepriester aus ihrer Mitte gewählt wurde. Sie widersetzten sich allen Aufstandsversuchen gegen die Römer. Vom Volk waren sie wegen ihres Hochmuts verachtet. Theologisch waren die Sadduzäer konservativ. Die meisten hielten sich nur an die schriftliche Thora. Da dort z. B. noch nichts über die Auferweckung der Toten und über die Existenz der Engel gesagt war, lehnten sie diese Lehren ab. Mit den Pharisäern lebten sie oft in Konflikt. Die Rabbinen haben in späteren Zeiten die meisten Spuren der Sadduzäer in der Literatur zu tilgen versucht und dem Vergessen preisgegeben. Darum ist die Quellenlage schlecht und unser Wissen von ihnen begrenzt. Nach der Zerstörung des Tempels verschwinden sie aus der Geschichte.

Die Gruppe der *Pharisäer* (d. h. die »Abgesonderten«) entstand im 2. vorchristlichen Jahrhundert. Sie hielten sich nicht nur an die schriftliche, sondern auch an die mündliche Thora (→ S. 35). Darum konnten sie an die Auferweckung der Toten und an die Engel glauben. Darin waren sie moderner als die Sadduzäer. Reinheitsvorschriften, Speisegebote, die Heiligung des Sabbats und die Abgabe des Zehnten waren ihnen selbstverständliche Pflicht. Die Freude an Gottes Gesetz bestimmte ihr Leben. Priesterliche Ämter übten sie in der Regel nicht aus, hatten aber im Hohen Rat viele Mitglieder. Mit den Sadduzäern verstanden sie sich nicht. Meist waren sie Handwerker, Kaufleute und Bauern. Ohne Reichtum lebten sie von der Arbeit ihrer Hände. Sie lehrten und lernten in den Synagogen. Die meisten Pharisäer waren beim Volk beliebt. Es gab aber auch solche, die mit Hochmut auf die einfachen Leute herabblickten, weil diese nicht alle Weisungen der Thora kannten und befolgten.

Im Neuen Testament erscheinen sie oft als die Widersacher Jesu, weil sie seine Thora-Auslegung und seinen Anspruch nicht billigten. Sie werden dort als Heuchler hingestellt, die sich selbst für gerecht halten, sich über andere erheben und zu sehr auf Kleinigkeiten achten. Diese Charakterisierung ist einseitig und trifft bei weitem nicht alle Pharisäer. Sie erklärt sich aus der Hitze der damaligen Auseinandersetzung zwischen ihnen und den Anhängern Jesu. Spuren dieses Kampfes sind in das Neue Testament eingegangen. Von daher ist der Name »Pharisäer« bis heute zum Schimpfwort geworden, das ihnen Unrecht tut. Die meisten Pharisäer waren fromme Männer, die von der Liebe zu Gott und dem Nächsten erfüllt waren. Jesus hatte unter ihnen gute Freunde. Nach der Zerstörung des Tempels von Jerusalem überlebten die Pharisäer. Zusammen mit den Rabbinen hielten sie in schwierigen Zeiten die alten Überlieferungen aufrecht, so daß es auch ihr Verdienst war, wenn das Judentum nach dieser Katastrophe seine Existenz und Identität bewahren konnte.

Die *Zeloten* (d. h. »Eiferer«, auch »Fanatiker«) waren die Widerstandskämpfer gegen die römische Herrschaft. Sie glaubten, die Königsherrschaft Gottes mit Gewalt herbeiführen zu können. Der Messias werde sich an die Spitze ihres Kampfes stellen. Voll Leidenschaft setzten sie sich für die nationale Unabhängigkeit ihres Volkes ein. Oft trugen sie den Dolch im Gewand und töteten im Getümmel des Marktes oder auf einsamer Straße römische Soldaten und jüdische Kollaborateure. Sie lehnten es ab, den Römern Steuern zu zahlen. Im Jüdisch-Römischen Krieg (66–70 n. Chr.), den sie anzettelten, stellten sie die meisten Kämpfer. Ihre Uneinigkeit ist für die schwere jüdische Niederlage mitverantwortlich. Damals fand ihre Bewegung ein Ende.

Die Gemeinschaft von *Qumran* war eine Gruppe frommer Juden, die sich an das Tote Meer zurückgezogen hatte, um in der Wüste fernab von dem religiös-politischen Establishment des Judentums den baldigen endzeitlichen Kampf zu erwarten. Sie gehören wohl weitgehend zu den »*Essenern*« (syr.: die »Frommen«), die schon im Altertum neben den Sadduzäern und Pharisäern als dritte und größte jü-

dische Religionspartei gezählt werden. Qumran stand in heftiger Opposition zur Tempelhierarchie von Jerusalem. In den Hohenpriestern sahen die Qumran-Leute Abtrünnige. Eine radikale Feindschaft zu allen Nichtjuden (»Heiden«) ist für sie typisch. Sie glaubten, daß in naher Zukunft die »Söhne des Lichtes« (d. h. sie selbst und alle umkehrwilligen Juden) die »Söhne der Finsternis« (d. h. die Heiden und alle abtrünnigen Juden) besiegen würden. Zwei Messiasse, ein königlicher und ein priesterlicher, würden die Wiederherstellung des Volkes Israel in seinen 12 Stämmen ankündigen. An der Spitze der Qumran-Gemeinde stand der »Lehrer der Gerechtigkeit«. Allen war die Befolgung der Thora die wichtigste Lebensaufgabe. Mit ihrer Thora-Auffassung lebten sie strenger als die anderen jüdischen Gruppen. So ließen sie nach einer Scheidung eine Wiederverheiratung nicht zu und duldeten keine Ausnahme von der streng einzuhaltenden Sabbatruhe, nicht einmal zur Rettung eines Menschenlebens.

Zum frühen Christentum gibt es manche Querverbindung in Lehre und Ritus. In beiden Bewegungen erwartete man das nahe Ende der Geschichte. Auch in Qumran kannte man eine Taufe als Ritus zur Aufnahme in die Gemeinschaft und ein heiliges Mahl, das von einem Priester geleitet wurde. Möglicherweise war Johannes der Täufer mit seinen strengen Forderungen von Qumran beeinflußt. Die Einstellung Jesu ist in wichtigen Punkten mit den Lehren der Qumran-Leute unvereinbar. Er zieht sich nicht aus der Öffentlichkeit zurück, predigt einen gütigen Gott, fordert Barmherzigkeit und Gewaltverzicht, läßt mit den Sündern Milde walten und macht selbst die Feindesliebe zum Gebot. Die Thora legt er großzügig zugunsten der Menschen aus. Im Gegensatz zur Qumrangemeinde wandte sich das Christentum an die heidnische Umwelt, überschritt die Grenzen des Judentums und verzichtete auf die volle Beachtung der Thora.

Seit 1947 sind in Qumran am Toten Meer Gebäudeanlagen der Gemeinde ausgegraben und sensationelle Schriftfunde gemacht worden, unter ihnen die ältesten Handschriften zu Bibeltexten und viele Regeln und Gebete der Gemeinde. Sie werden heute als unschätzbare Kostbarkeiten im atomsicheren Museum »Schrein des Buches« in Jerusalem aufbewahrt, erforscht und gezeigt.

Die Rabbinen

Die Rabbinen sind die Lehrer der schriftlichen und mündlichen Thora. Schon in biblischen Zeiten sammelten sie Schüler um sich, um diese in ihre Lehre einzuführen. Die *große Epoche der Rabbinen* ist die Zeit von der Zerstörung Jerusalems bis zur arabischen Eroberung Palästinas (70–638 n. Chr.). Im Jahr 70 war es dem ehrwürdigen Rabbi *Jochanan ben Sakkai* in einem abenteuerlichen Unternehmen gelungen, sich unbemerkt in einem Sarg aus dem belagerten Jerusalem herausbringen zu lassen. Bei den Römern verlangte er, vor ihren Befehlshaber Vespasian geführt zu werden, dem er vorhersagte, daß er bald Kaiser in Rom sein werde. Hocherfreut gewährte dieser ihm die Erfüllung einiger Wünsche. Rabbi Jochanan bat um die Erlaubnis, zusammen mit anderen Gelehrten in Jabne am Mittelmeer ein Lehrhaus errichten zu dürfen. Vespasian stand zu seinem Versprechen, und so konnte Jabne bis zur Katastrophe des Jahres 135 n. Chr. (→ S. 74) zum Zentrum des rabbinischen Judentums werden. Hier wurden viele Entscheidungen getroffen, die für spätere Generationen verbindlich blieben.

Fünf Rabbiner, Miniatur, Norditalien und Deutschland, um 1460. Ihr Thema ist Pesach und der Auszug aus Ägypten. Sie sind reich und bunt gekleidet und tragen verschiedene Kopfbedeckungen.

Rechte Seite: Ein heutiger Rabbiner in Israel beim Gottesdienst.

Das Judentum stand vor dem Problem, nicht mehr in Jerusalem und im priesterlichen Opferdienst des Tempels sein religiöses Zentrum zu haben. Damals gelang es den Rabbinen, neue Formen der Frömmigkeit in den Mittelpunkt zu rücken. An die Stelle des Opferkultes traten nun Gebete und Taten der Liebe, wie sie schon von den Propheten gefordert waren. Durch sie sollten fortan die Sünden vergeben werden. Die Liturgie der Synagoge und die heiligen Überlieferungen Israels gewannen ganz neue Bedeutung. Die Universalität des jüdischen Glaubens trat mehr hervor, da die Anbindung an das Land Israel durch das Leben in der Diaspora, der Tempelkult in Jerusalem durch die Zentrierung auf die Thora abgelöst wurden. Stark abweichende Gruppen wie die Christen oder Qumranleute wurden offiziell aus dem Judentum ausgeschlossen.

Die Rabbinen wurden zu den *Lehrern Israels.* Durch Handauflegung wurden sie in ihr Amt gebracht und mit heiligem Geist erfüllt. Zugelassen wurden Juden priesterlicher Herkunft und Laien, Arme und Reiche. Ausschlaggebend für die Zulassung zum Amt waren allein die Kenntnis der Lehre, Urteilsfähigkeit und ein guter Lebenswandel. Wichtigste Aufgabe der Rabbinen war es, zu entscheiden, wie die alten Traditionen unter den gewandelten Lebensbedingungen anzuwenden seien. So wurde die verbindliche »Halacha« (→ S. 35), die Lebensordnung des Judentums, von ihnen festgesetzt und interpretiert. Wenn die Rabbinen predigten, veranschaulichten sie ihre Worte durch die »Haggada«, d. h. durch Erzählungen von den Ereignissen in der Vergangenheit, aber auch durch neue Gleichnisse und Parabeln. Auf diese Weise wurde durch das Rabbinentum die Entwicklung der *Mischna* und des *Talmuds* (→ S. 34 f.) gefördert, die zu den wichtigsten Schriften des Judentums wurden. Damals verstand sich der überlebende Teil des Judentums weitgehend als der »Heilige Rest«, der auf die Erlösung durch den Messias wartete. Bis ins Mittelalter bildeten die Rabbinen keinen eigenen religiösen Stand. Seitdem entwickelte sich das Rabbinat zu einem besoldeten Beruf. Ihre Autorität beziehen die Rabbinen aber weiterhin aus ihrer Frömmigkeit und Gelehrsamkeit.

Die jüdischen Lehrer heißen *heute* »Rabbiner« und nicht mehr wie ihre Vorgänger bis ins Mittelalter »Rabbine*n*«. Sie entscheiden bindend in religiös-gesetzlichen Fragen, predigen in den Synagogen, lehren in den Schulen, kümmern sich um die Seelsorge der jüdischen Gemeinde und nehmen soziale Aufgaben wahr. Sie üben keine priesterlichen Funktionen (z. B. Opfer) aus und sind auch keine Priester. Ein gründliches akademisches und religiöses Studium an Rabbinerseminaren ist die Voraussetzung für ihre Ordination. Je nachdem, ob sie der orthodoxen, konservativen oder liberalen Richtung des Judentums angehören, unterscheiden sie sich erheblich voneinander. Wie die christlichen Geistlichen tragen auch die Rabbiner eine eigene Amtstracht. Auch in der Neuzeit hat das Judentum viele faszinierende Rabbiner hervorgebracht, die wegen ihrer Weisheit und Lebensführung, auch wegen ihres Mutes in Gefahren, weit über das Judentum hinaus Anerkennung gefunden haben. Hier sei an Leo Baeck (→ S. 38 f.) erinnert.

Die Kabbala – Mystiker und Esoteriker

Die *Kabbala* (d. h. »Überlieferung«, »Tradition«) ist eine religiös-mystische Bewegung im Judentum, die im 12. Jahrhundert in Frankreich und Südspanien entstand, sich im Lauf der Zeit über andere europäische Länder bis nach Safed in Galiläa ausbreitete und in populärer Form noch heute lebendig ist. Sie schließt sich an frühere mystische Bewegungen an. Viele bedeutende Männer des Judentums waren Kabbalisten. Man nennt sie auch *»Männer des Geheimnisses«*.

Die Kabbala ist alles andere als ein einheitliches System. Mit dem Namen »Kabbala« erhebt sie den Anspruch, an die *Thora* anzuknüpfen. Tatsächlich stellt sie eine weitgehende Umformung dar, da sie auch viele andere Anregungen auf bis dahin unerhörte Weise verarbeitet. In ihr finden sich Spuren der Philosophie des Neuplatonismus, alte jüdische und orientalische Geheimlehren, Magie und Esoterik, praktische Volksfrömmigkeit, Zahlenspekulationen und mythische Erzählungen. Dieses Eindringen höchst disparater Elemente in die alten Thora-Vorstellungen bedeutete einen ungeheuerlichen Umbruch im Judentum, der von den orthodoxen Rabbinen oft auch heftig kritisiert wurde.

Die älteste kabbalistische Schrift ist das kleine Buch »*Bahir*« (d. h. »Klarheit«) , das um 1180 in Frankreich erschien. Es wurde in seiner Bedeutung bald in den Schatten gestellt durch das Buch »*Sohar*« (d. h. »Glanz«), dessen einzelne Teile zwischen 1275 und 1300 entstanden sein dürften. Der Autor ist Mose ben Schem Tob de Leon (†1305). Er versucht, in die Geheimnisse der göttlichen Welt einzudringen. Das Buch, das Gottesspekulationen und Schöpfungsdramen, Seelenlehren und Erlösungshoffnungen miteinander verbindet, erlangte später bei den Kabbalisten eine fast kanonische Geltung. Das letzte große System entwickelte *Isaak ben Luria* (1534–1572), der Hauptvertreter der Kabbala in Safed. Er hat die älteren kabbalistischen Gottes- und Schöpfungslehren mit tiefsinnigen mystischen Spekulationen bereichert. Wahrscheinlich hielt er sich selbst für den Messias.

Ein Grundproblem der Kabbalisten, das vor allem im »*Sohar*« behandelt wird, ist die Frage, ob Gott wirklich in der Mitte Israels lebt. Auf der einen Seite verkündet die Bibel, daß Gott handelt und offenbar ist. Er hat einen Namen (»JHWH«), befreit Israel aus Ägypten und führt das Volk durch die Wüste. Er redet, gebietet, straft und heilt. Auf der anderen Seite ist anzuerkennen, daß die Gottheit, die die Kabbalisten nun »*En-Sof*« nennen, verborgen ist. Die

Der Anfang der Erschaffung der Welt

Am Anfang, als der Wille des Königs zu wirken begann, grub er Zeichen in die himmlische Aura, die ihn umstrahlte. Eine dunkle Lohe entsprang im allerverborgensten Bereich aus dem Geheimnis des Unendlichen, En Sof, wie ein Nebel, der sich im Gestaltlosen bildet, eingelassen in den Ring jener Aura, nicht weiß und nicht schwarz, nicht rot und nicht grün, und von keinerlei Farbe überhaupt. Als aber jene Flamme Maß und Ausdehnung annahm, brachte sie leuchtende Farben hervor. Ganz im Innersten der Flamme nämlich entsprang ein Quell, aus dem Farben auf alles Untere sich ergossen, verborgen in den geheimnisvollen Verborgenheiten des En Sof. Der Quell durchbrach und durchbrach doch nicht ganz die ihn umgebende ätherische Aura. Er war ganz unerkennbar, bis infolge der Wucht seines Durchbruchs ein verborgener höchster Punkt aufleuchtete. Über diesen Punkt hinaus ist nichts erkennbar, und darum heißt er Reschith, Anfang, das erste Wort der Schöpfung von allem.

Mose ben Schem Tob de Leon († 1305), »Sohar«

Gottheit ist einzig, absolut jenseitig, für den Menschen unzugänglich und unerreichbar. Sie ruht in sich und kann als »Nichts«, als »Verborgenheit aller Verborgenheiten« bezeichnet werden. Die Gottheit ist ursprünglich keine Person, sondern ein »Es«. Von ihr kann man im Grund nicht so sprechen, wie es die Bibel tut. Sie liegt vor dem Eintritt in das Schöpfungswirken und vor dem Beginn der Geschichte Israels. Vorbedingung der Selbstoffenbarung der Gottheit in die Schöpfung und in den Bund mit Israel war nach Isaak ben Luria ein Vorgang, in dem sich die Gottheit vor aller Zeit gleichsam einen inneren Ruck gegeben und sich in sich zusammengezogen hat (»*Zimzum*«) hat. So wurde sie noch verborgener, schuf aber auch Platz für einen pneumatischen Raum. In diesen konnten nun Gottes Wirkkräfte, die »*Sefirot*«, einströmen. Die Sefirot kommen aus der Verborgenheit Gottes. Sie sind Weisen seiner Selbstentfaltung und Instrumente Gottes zur Schöpfung und Lenkung der Welt. Die Kabbalisten kennen zehn Sefirot und benennen sie meist mit biblischen Namen: Gottes Krone (1), Weisheit (2), Einsicht (3),

Gnade (4), Strenge (5), Schönheit und Name JHWH (6), Sieg (7), Majestät (8), Pracht (9), Schekina (→ S. 45 f.) und Reich Gottes (10). Demnach ist z. B. der biblische Gott JHWH nicht der göttliche Urgrund selbst, sondern der Beginn der Selbstentfaltung Gottes, die vom absoluten Geheimnis Gottes ausgeht und sich in die materielle Welt erstreckt. So wird der göttliche Urgrund auch das »große Antlitz Gottes«, JHWH das »kleine Antlitz Gottes« genannt. Schekina und Reich Gottes sind die Kontaktstellen zwischen Gott und Israel. – Mit dieser Lehre von En-Sof und Sefirot ist eine Brücke geschlagen zwischen mystischem Gottesverständnis, wonach wir von Gott nichts aussagen können, und dem anthropomorphen Gottesbild der Bibel, die anschaulich von ihm erzählt (→ S. 44). Beide Weisen, das Schweigen und das Reden von Gott, haben in der Kabbala ihr Recht und sind hier miteinander versöhnt.

In diesem Zusammenhang stellt sich auch das *Problem des Bösen* (→ S. 46 f.). Wie kommt es, daß es in Gottes Welt das Böse gibt, das von Gott nicht besiegt und aufgehoben wird? Auf diese schwierige Frage geben die Kabbalisten eine erstaunliche Antwort. Isaak ben Luria entwickelt dazu den Mythos von einer *Urkatastrophe*. Als im Schöpfungsprozeß das gewaltige Licht von der verborgenen Gottheit ausging, entstand eine Spannung zwischen Gott und dem von ihm ausgehenden Licht. Die Gefäße, die, selbst aus niederem Licht bestehend, das göttliche Licht aufnehmen sollten, zerbrachen unter dessen Wucht. Durch diesen »*Bruch der Gefäße*« wird das göttliche Licht nach unten geworfen. Aus den Schalen der zerbrochenen Lichtgefäße wurden dämonische Kräfte, die um so schlimmer sind, je weiter sie sich von Gott wegbewegt haben. Die Gerechtigkeit Gottes hat hier kaum noch Platz. In diesem Kontext vollzieht sich auch die Sünde Adams. Alle Geschöpfe haben nun Anteil am Bösen. Sie leben als Folge von Gottes Schöpfung im Exil fern von Gott. Auch der Schöpfergott selbst ist in eine Krise geraten, weil er mit der materiellen Welt in Verbindung steht und mit seinem Volk Israel in der Verbannung lebt (»Schekina«, → S. 45 f.). Um wieder zu seiner ursprünglichen Verfaßtheit zu kommen, braucht Gott die Hilfe Israels. Durch Befolgung der Thora, durch Gebet und alltägliche Arbeit, selbst durch Essen und Trinken können die Frommen an *Gottes Erlösung* mitwirken. Sie können Gott dabei helfen, das Böse zu überwinden und ihn zur Erlösung zu bringen.

Die *Seelen* der Menschen entstammen der göttlichen Welt der Sefirot. Durch die urzeitliche Katastrophe sind sie vom Lichtraum oben in die Dunkelheit des Exils nach unten gefallen. Auch sie bedürfen, wie der Schöpfergott selbst, der Erlösung. Thora-Studium und Gebet, Meditation, aber auch esoterische Praktiken können dabei helfen, daß die Seele nicht im Materiellen versinkt, sondern den Aufstieg schafft. Am Ende steht die Zusammenfügung von Schöpfer und Geschöpf zur Einheit.

Die Kabbala hat auch *esoterisch-magische* Seiten, wenn in vielen Schriften zwischen »Unten« und »Oben« Entsprechungen gesucht und gefunden werden. Zahlen, Buchstaben, Bibelworte und Erscheinungen der Welt werden hier zu Chiffren für die göttlichen Kräfte und können diese beeinflussen. Wer diese Zeichen kennt, hat den Schlüssel zum Aufstieg nach oben in der Hand. Hier bieten sich auch Chancen, den Messias zum baldigen Kommen zu bewegen, damit er die in der Welt lebenden Seelen sammelt und in die Welt Gottes zurückführt.

Seit Isaak ben Luria hat die Kabbala stark messianische Komponenten. Sie haben auf verhängnisvolle Weise den Pseudo-Messias *Sabbatai Zwi* (→ S. 75) beeinflußt. Dadurch ist die Kabbala für lange Zeit in Mißkredit geraten. In der Zeit der *Aufklärung* sah man in der Kabbala ein finsteres Werk des jüdischen Mittelalters, während die *Chassidim* (→ S. 84 ff.) von hier viele Anregungen in popularisierter Form übernahmen. Auch *Christen* beginnen sich neuerdings für die Kabbala zu interessieren, weil sie in der Lehre von den göttlichen Wirkkräften Anklänge an die christliche Lehre von der Dreifaltigkeit und Menschwerdung finden. Der Mythos vom Bruch der Gefäße scheint mit der Erbsündenlehre verwandt zu sein.

In unserem Jahrhundert ist die Kabbala wieder viel positiver als ein Grundwerk des Judentums gewürdigt worden. Sie ist sie ein weiterer Beweis dafür, daß das Judentum nicht die starre Gesetzesreligion ist, als die es oft dargestellt worden ist. Daß die Kabbala erneut einen gebührenden Platz in der Geschichte des Judentums gefunden hat, ist den bahnbrechenden Forschungen von *Gershom Scholem* (1897–1982) zu verdanken.

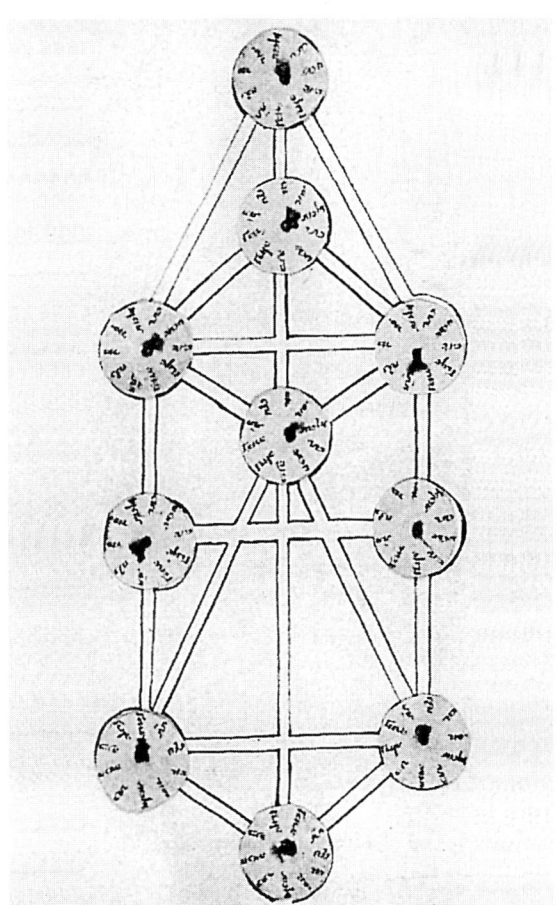

Oben: Safed, eine alte Kabbalisten-Stadt in Galiläa, Israel. Links das Mausoleum des Simon ben Jochai, der in der Zeit des Bar Kochba-Aufstandes (2. Jh. n. Chr., → S. 74) lebte. Ihn hielt man fälschlicherweise lange für den Verfasser des »Sohar«. Darum wurde sein Grab zur berühmten Wallfahrtsstätte der Kabbalisten.
Unten: Isaak ben Luria begann im 16. Jh. damit, die zehn »Sefirot«, Gottes Wirkkräfte und Manifestationen, miteinander zu verbinden. Jede einzelne Sefira hat ihren Namen. Sie alle versuchen, das reiche innere Leben Gottes zu beschreiben. Die Verbindungslinien betonen die Einheit Gottes in dieser Vielfalt. Damit wollte er den Bedenken der orthodoxen Kritiker Genüge tun.

Die Chassidim –
Die osteuropäischen Frommen

Im 17. Jahrhundert lag ein Schwerpunkt der jüdischen Diaspora in *Osteuropa* und da vor allem in *Polen*. Hier sprach man jiddisch. Das Jiddische war eine aus Deutschland mitgebrachte Sprache, in der im 19. Jahrhundert eine bedeutende Literatur entstand, die heute aber vom Aussterben bedroht ist. Die meisten Juden lebten hier arm und bescheiden in ihren kleinen Gemeinden, wo sie ihre Synagogen hatten und eine eigene Kultur entwickeln konnten. Einige

hatten als Gutsverwalter des katholischen polnischen Adels einen besseren sozialen Status.

Aus ihrem armen, aber friedlichen Leben wurden die Juden in Polen in den Jahren um 1648 durch den Kosakenaufstand des *Bogdan Chmielnicki* (1595–1657) herausgerissen. Dieser Anführer einer marodierenden Bande kam aus der Ukraine und gehörte der orthodoxen Kirche an. Seine Wut richtete sich zuerst gegen die katholischen polnischen Adligen, die die ukrainischen Bauern ausgebeutet

Kosakenführer Bogdan Chmielnicki, der 1648 ein entsetzliches Blutbad unter den polnischen Juden anrichtete.

Rechte Seite, oben: Issachar Ryback (1897–1935): Schtetl, Lithographie, 1923. Das Bild zeigt die ekstatische Lebensfreude der Chassidim. Voll religiöser Lust tanzen sie mit der Thora-Rolle.
Unten: Studierzimmer des Rabbi Baruch Rabinowitz, Mukačevo, Polen, 1938. Er hat viele Schüler um sich versammelt, um mit ihnen zu lernen und zu diskutieren. Mittags diente der Raum auch als Speisesaal. Hier wurde die ältere Tradition der Chassidim fortgesetzt, die die Seele des Menschen zur Einheit mit dem göttlichen Wesen führen wollten.

hatten, dann aber auch gegen deren jüdische Verwalter und Pächter, weil er sie und alle Juden für mitverantwortlich hielt. Wahllos ging er gegen die jüdische Unter- und Mittelschicht vor. Er richtete unter Juden ein furchtbares Blutbad an. Bei den Metzeleien wurden 100 000–125 000 Juden erschlagen, ihre Dörfer verbrannt, ihr Besitz geplündert. Es geschahen Greueltaten an Frauen und Kindern, wie man sie bis dahin nicht für möglich gehalten hatte. Von diesem Pogrom hat sich das osteuropäische Judentum nie mehr erholt. Es konnte das bisherige soziale und kulturelle Niveau kaum mehr halten.

Pfeifen

Sussja war einmal bei dem Rabbi von Neshiz zu Besuch. Der hörte nach Mitternacht ein Geräusch aus der Kammer des Gastes, trat an die Tür und lauschte. Da hörte er, wie Sussja in der Stube auf und nieder lief und redete: »Herr der Welt, sieh, ich liebe dich, aber was vermag ich zu tun, ich kann ja gar nichts!« Danach lief er weiter auf und nieder und redete das Gleiche, bis er plötzlich bedachte und rief: »Hei, ich kann ja pfeifen, da will ich dir was vorpfeifen.« Als er aber zu pfeifen begann, erschrak der Rabbi von Neshiz.

Nach Martin Buber

Eine weitere Enttäuschung kam für das Judentum aus der gescheiterten messianischen Bewegung des *Sabbatai Zwi* (→ S. 75), die zuerst auch in Osteuropa große Hoffnungen erweckt hatte, am Ende aber das Reich des Messias nicht mit sich brachte.

Der Chassidismus ist die Bewegung, die es den Juden in Osteuropa ermöglichte, die Katastrophen der Vergangenheit produktiv zu verarbeiten. Den »*Chassidim*« (d. h. »Frommen«) gelang es in Anlehnung an Tendenzen in der Kabbala, die Verzweiflung der Juden zu überwinden und wieder Hoffnung und Lebensfreude in das Judentum zu bringen. Dafür war es notwendig, überspannte messianische Hoffnungen abzubauen und die Freude an Gott nicht in der fernen Zukunft, sondern mitten im gegenwärtigen Alltag zu suchen. Die charismatischen Meister der Chassidim waren manchmal *Ekstatiker, Wundertäter und Heilige.* Sie machten aus der hohen Mystik der Kabbala eine Mystik des Alltags, in der sich

Der Rabbi tanzt

An einem Abend des Festes der Freude an der Lehre tanzte der Baalschem selber mit seiner Gemeinde. Er nahm eine Schriftrolle in seine Hand und tanzte mit ihr. Dann gab er die Rolle aus der Hand und tanzte ohne sie. In diesem Augenblick sagte einer der Schüler, der mit den Bewegungen des Baal Schem sonderlich vertraut war, zu den Gefährten: »Jetzt hat unser Meister die leibliche Lehre aus der Hand getan und hat die geistige Lehre an sich genommen.«

Baal Schem Tow (1700–1760),
»Meister vom guten Namen«, Begründer des Chassidismus

spontane Frömmigkeit und Werke der Liebe verbanden. In allen Dingen der Welt sahen sie Funken von Gottes Herrlichkeit. Gott ist in jedem Ding verborgen anwesend. Alle Dinge leben aus der Kraft Gottes. Sie gilt es zu entdecken, indem man von ihrer Oberfläche zur Herrlichkeit Gottes zu gelangen sucht. Vor allem soll der Mensch den Funken des göttlichen Lichts in sich selbst entdecken. Der Mensch kann durch die Kraft seiner Seele Gott in sich finden. Juden tragen durch die Dreiheit von Demut, Lebensfreude und Hingabe im Gebet zur Erlösung der Welt bei. Die Krönung ihrer Taten ist Mitmenschlichkeit, die mit Gerechtigkeit verbunden ist. Für die Frommen ist keine Handlung zu gering, wenn sie nur mit der rechten inneren Einstellung getan wird. Durch Essen und Trinken, Arbeiten und Dienen, Helfen und Schenken hat der Chassid die Möglichkeit, das Göttliche, das wie ein Lichtfunke in ihm ist, zum Leuchten zu bringen und den Weg zur Erlösung zu gehen. Die Chassidim ließen sich trotz ihrer Armut und vieler Leiden nicht davon abbringen, zu tanzen und zu singen, mit Freunden zusammen zu sein und sich an der Welt als einer Gabe Gottes zu erfreuen. Im Vertrauen auf die Nähe Gottes konnten sie ihre Melancholie überwinden und ein Leben in Heiterkeit führen, ohne ihre Schmerzen zu verdrängen oder oberflächlich zu werden.

Der Golem

Es gab einmal einen Toren, den man Golem nannte, so töricht war er. Am Morgen beim Aufstehen
fiel es ihm immer so schwer, seine Kleider zusam-
menzusuchen, daß er am Abend, daran denkend,
oft Scheu trug, schlafen zu gehen. Eines Abends
faßte er sich schließlich ein Herz, nahm Zettel und
Stift zur Hand und verzeichnete beim Auskleiden,
wo er jedes Stück hinlegte. Am Morgen zog er
wohlgemut den Zettel hervor und las: »Die Müt-
ze«, hier war sie, er setzte sie auf, »Die Hosen«, da
lagen sie, er fuhr hinein und so fort, bis er alles an-
hatte. »Ja, aber wo bin ich denn?« fragte er sich
nun ganz bange, »wo bin ich geblieben?!« Umsonst suchte und suchte er, er konnte sich nicht finden. – So geht es uns, sagte der Rabbi.

Rabbi Chanoch von Alexander (†1870), Chassid,
nach einer Prager Legende

Wiewohl die Chassidim die Thora genau befolgten und achteten, hielten sie große Thoragelehrsam-
keit und langes Studium nicht für notwendig, um
Gott zu finden. Mit dieser Auffassung stießen sie bei
den orthodoxen Rabbinern auf Widerstand, die der
Spontaneität und Überschwenglichkeit der Chassidim mißtrauten. So kam es zu heftigen Konflikten,
die eigentlich zu bedauern sind. Beim Volk waren
die »Maggids« (volkstümliche Prediger) und »Zad-
diks« (»Gerechte«, keine Rabbiner) sehr beliebt. Auf
die alltäglichen Fragen der Leute hatten die chassidischen Meister einfache und unerwartete Antworten. Von Männern wie *Baal Schem Tow* (»Herr des
guten Namens«), *Levi Jizchak von Berditschew, Rabbi
Sussja* und vielen anderen sind wunderbare Worte
und Taten überliefert.

Die *Erzählungen der Chassidim* gehören zu den
Kostbarkeiten der jüdischen Literatur. Sie sind treff-
sicher in der Formulierung, humorvoll und melan-
cholisch zugleich, voll konkreter Frömmigkeit und
tiefer Menschlichkeit. Hier finden die Chassidim
Wege aus den Schrecken des Daseins zur Freude in
Gott, aber auch ganz konkrete Hilfen zur Bewältigung ihrer Lebensprobleme.

Leider haben sich die Anführer des Chassidismus im 19. Jahrhundert nicht mehr an ihre guten
Ursprünge gehalten. Sie hielten nun prunkvoll Hof

und hatten miteinander bösartige Streitigkeiten.
Darum wandten sich viele Juden wieder den orthodoxen Richtungen zu. Unzählige Chassidim sind in
der Hölle der *Schoa* zu Tode gekommen. Auch dort
haben viele ihr Vertrauen auf Gott bewahrt und den
Tod in der Hoffnung ertragen, aus Gottes Hand
nicht herausfallen zu können. Sie waren oft Vorbild
für die anderen Häftlinge. Bis *heute* sind chassidische Anschauungen im Judentum lebendig
geblieben. Chassidische Gemeinden leben als
Teil der Ultra-Orthodoxie in Jerusalem, in den USA
(› S. 77) und in Antwerpen. Mit ihren Kaftanen und
Pelzhüten fallen sie im Straßenbild sofort auf. Diese
Kleidung, die für sie zur Tradition der Väter gehört,
stammt aus dem Polen des 16. Jahrhunderts und
war dort typisch für den Landadel. Die Juden, die
hier Dienst taten, durften sich auch so kleiden.

Der Chassidismus hat viele *Künstler* zu großartigen Werken inspiriert. Auf den Bildern des aus Rußland stammenden jüdischen Malers Marc Chagall
ist die Welt der Chassidim mit ihren Städten und Synagogen in leuchtenden Farben zu sehen. Isaak B.
Singer, Nobelpreisträger für Literatur 1978, hat ergreifende Erzählungen über die Chassidim geschaffen. Auch im Werk von Franz Kafka sind chassidische Einflüsse feststellbar. Martin Buber (→ S. 38)
und Elie Wiesel (→ S. 50) haben viele Erzählungen
der Chassidim kongenial ins Deutsche übersetzt. In
den Gedichten von Nelly Sachs und Rose Ausländer
kommen die Chassidim vor.

Reformierte, Konservative, Orthodoxe

Seit der Aufklärung ist im Judentum die Frage
entbrannt, wie weit die Prinzipien der Vernunft, der
Menschenrechte, der Demokratie, der Religionsfreiheit und der Emanzipation auch für das Judentum
Bedeutung haben. Zugleich brachte das Aufkommen der modernen Wissenschaften neue Fragestellungen für das jüdische Selbstverständnis mit sich.
Seitdem haben sich mehrere Richtungen im Judentum entwickelt, die sich dadurch voneinander
unterscheiden, wie sie sich jeweils auf die Fragen
der Moderne einlassen und die Bindungen an die
Tradition aufrechterhalten. Sie legen die Halacha
(→ S. 35) unterschiedlich aus, gestalten ihren Got-

tesdienst nicht in gleicher Weise und stellen ihre eigenen Rabbiner an. Vor allem drei Richtungen haben ein eigenes Profil und eine große Anhängerschaft gefunden.

Das *Reformjudentum*, das auch als »liberales« Judentum bezeichnet wird, entfernt sich am weitesten von den alten Traditionen. Am Anfang des 19. Jahrhunderts standen Änderungen in der Liturgie. Die langen Gebete des Gottesdienstes wurden gekürzt und die Predigt in der Landessprache zugelassen. Eine Orgel in der Synagoge war nicht mehr verboten, die Kopfbedeckung der Männer nicht mehr verpflichtend. Später wurden auch grundlegende Ideen des Judentums modifiziert. Die Auserwählung Israels wurde nicht mehr betont, da die Juden in den verschiedenen Ländern gleichberechtigte Bürger geworden waren. Auf das Land Israel erhob man keinen Anspruch mehr, da das Judentum durch seine Verbreitung in der ganzen Welt universal geworden war. Das Land, in dem der einzelne Jude wohnte, war nun sein Land. Die Einheit von Volk und Religion, die für das Judentum bislang charakteristisch war, wurde aufgehoben. Aus dem Judentum wurde eine vernünftige Religion – eine Konfession neben

anderen. Die messianische Hoffnung geht in die allgemein-menschliche Utopie über, daß die Menschheit dereinst eine friedliche Einheit bilden wird (→ S. 77). Aus der Thora bleiben die Teile verbindlich, die der Vernunft entsprechen, während die rituellen und liturgischen Bestimmungen allmählich bedeutungslos werden. Die Heiligung des Sabbats und die Speiseregeln, die Reinheitsgebote und der Festkalender werden an die christliche Umwelt angepaßt. Auch die Rolle der Frau ist anders als in der Tradition. Frauen brauchen in der Synagoge nicht länger von den Männern getrennt zu sitzen. Sie dürfen den Talmud studieren und Rabbinerinnen werden.

Das *konservative Judentum* wirft den Reformjuden eine zu weitgehende Anpassung an die moderne Welt vor, ohne daß es sich selbst auf die strenge Orthodoxie festlegen lassen will. Darum suchen die

Links: Leo Baeck (→ S. 39) predigt 1951 in einer Berliner Synagoge. Dieser große Rabbiner verkörpert in seiner Person die verschiedenen Richtungen innerhalb des Judentums. Sein Einfluß auf das liberale und konservative Judentum ist bis heute groß.
Rechts: Titelbild der Zeitschrift »Reform Judaism«, New York 1991. In dieser Ausgabe wird berichtet, wie sich das Rabbinat durch die Einbeziehung von Frauen verändert.

konservativen Juden die Tradition so weit zu bewahren, wie sie mit der modernen Lebenswelt und
den neuzeitlichen Wissenschaften vereinbar ist.
Zwar lassen sie im Gottesdienst auch Änderungen
wie Orgelspiel und Landessprache zu. Aber an anderen Traditionen halten sie fest, z. B. an der Kopfbedeckung der Männer und am jüdischen Festkalender. Zu Hause beachten sie die Speisegesetze. Sie
glauben weiter an die Erwählung Israels, die Rückkehr in das Land der Väter und an das Kommen des
Messias. Die Thora darf von den Rabbinern behut-
sam an die jeweiligen Lebensumstände angepaßt
werden. Es ist nicht grundsätzlich verboten, alte
Bräuche abzuschaffen und neue einzuführen, wenn
nur die Gemeinde dies entschieden befürwortet. So
lassen es manche konservative Gemeinden zu, daß
Frauen bei der notwendigen Zehnzahl für den Gottesdienst (Minjan, → S. 58) mitgezählt werden, daß
man am Sabbat elektrischen Strom braucht und mit
dem Auto zur Synagoge fährt.

Das *orthodoxe Judentum* bekennt sich in der Tradition der alten Rabbinen uneingeschränkt zur
Thora. Sowohl die schriftliche wie die mündliche
Thora behalten als Hauptquellen der Halacha ihren
Offenbarungscharakter und damit ihre Verbindlichkeit. Die alte Lebenspraxis und die herkömmliche
Frömmigkeit bestimmen weiterhin die jüdische Existenz. Die Speise- und Ehegesetze werden wie eh
und je genau beachtet, die jüdischen Gebete gesprochen, der Sabbat geheiligt und die alten jüdischen
Feste gefeiert. Die Rolle der Frau wird nicht über-
dacht und neu eingeschätzt. Sie wird auch heute in
der Synagoge nicht zum Minjan zugelassen und darf
weder die Thora noch den Talmud studieren. Manche Orthodoxen tragen noch die langen schwarzen
Kleider, haben Schläfenlöckchen und bedecken den
Kopf ständig mit einem Hut.

Gegenüber dem reformierten und konservativen
Judentum haben die Orthodoxen große Vorbehalte.
In beiden Richtungen sehen sie nur unterschiedlich
starke Abweichungen von der verbindlichen jüdischen Tradition. Sie halten entschieden an der Verbindung von Volk und Religion fest. Für sie ist und
bleibt das Judentum das auserwählte Volk, das nach
Gottes Weisungen leben soll. Paradoxerweise bilden
die Orthodoxen mit dieser alten Auffassung die
Brücke zwischen dem modernen säkularen Juden-

tum in Israel, das sich nur noch als Volk und Nation
versteht, und dem liberalen Reformjudentum, das
sich nur noch als Religion ansieht. Obwohl die Orthodoxen mit 15 Prozent Anteil am Judentum eine
Minderheit bilden, haben sie großen Einfluß vor allem in Israel und in den USA. Auch sie bilden keine
monolithische Einheit. Die »Neo-Orthodoxie« akzeptiert eher Anpassungen an das moderne Leben,
z. B. ein englisch gesprochenes Gebet im Gottesdienst. Sie bejaht auch den Wert der modernen Kultur und Wissenschaft. Demgegenüber machen die
»Ultra-Orthodoxen« keine Konzessionen an das
moderne Leben. Sie sind entschieden gegen den
Staat Israel, weil er nach den Gesetzen der Demokratie und nicht nach der Halacha regiert wird. Er ist
nicht das Werk des Messias, sondern verdankt
menschlichem Handeln seine Existenz (→ S. 89).
Manche von ihnen werfen in Jerusalem aggressiv
Steine auf Leute, die am Sabbat rauchen oder Auto
fahren. In ihren Reihen gibt es fundamentalistischen
Starrsinn, aber auch die heitere Frömmigkeit der osteuropäischen Chassidim.

Der Zionismus – Juden in Israel

Die meisten Juden wohnten im Mittelalter und in der Neuzeit nicht in dem Land, das dem Abraham für seine Nachkommen verheißen war. Aber immer haben Juden auch auf dem Boden des heutigen Israel und vor allem in Jerusalem und Safed gewohnt. Manche Juden, die im Exil lebten, ließen sich auf dem Ölberg bestatten, um dem Messias bei seinem Kommen in der heiligen Stadt sofort nahe zu sein. Die *Sehnsucht nach dem Land der Väter* blieb im Judentum immer lebendig. In Gebeten und Liedern spielen Israel und Jerusalem eine große Rolle. In der Pesachfeier sprechen die Juden überall in der Welt seit Jahrhunderten den Wunsch aus: »Nächstes Jahr in Jerusalem«. Nie haben die religiösen Juden die Hoffnung aufgegeben, daß der Messias sie nach Israel zurückführen und dort das ganze Volk versammeln werde.

Gegen Ende des 19. Jahrhunderts wurde diese uralte Sehnsucht zu einer politischen Kraft. Diskriminierung und Verfolgung trugen dazu bei, daß sich die Juden in vielen Ländern wieder auf das verheißene Land besannen. *Theodor Herzl* (1860–1904, → S. 77) erreichte, daß die Juden wieder lernten, sich als Volk zu fühlen und ihre Heimat am Zionsberg in Jerusalem zu suchen. So wurde er zum Vater des *Zionismus,* jener Bewegung, die viele Juden aus aller Welt wieder nach Israel führte. Die »Schoa« (→ S. 48) wurde für viele zum Anlaß, ihren ursprünglichen Widerstand gegen den Zionismus auf-

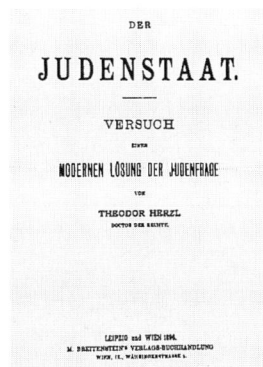

Linke Seite: Isaak Levitan (1860–1900): Auf dem Weg nach Zion. Jüdische Pilger ziehen nach Jerusalem, dem Ort ihrer religiösen Sehnsucht.

Links: Titelblatt »Der Judenstaat« – das zionistische Programm Theodor Herzls.
Unten: Die jüdischen Gründer von Tel Aviv versammeln sich 1909 zur Verlosung der Grundstücke.

zugeben und das Land Israel als Zufluchtsstätte zu akzeptieren. Am 14. 5. 1948 konnte *Ben Gurion,* der erste Ministerpräsident Israels, mit Zustimmung der internationalen Staatengemeinschaft die Gründung des neuen Staates verkünden. Dieser Staat, der nach der biblischen Gestalt »*Israel*« (→ S. 17 f.) benannt ist, bietet in seinem ersten Gesetz allen Juden der Welt die Möglichkeit an, nach Israel einzuwandern und dort eine neue Heimat zu finden. Nun endlich können Juden in einem Land leben, in dem sie nicht mehr von Nichtjuden beherrscht werden. Neuerdings zeichnet sich in Israel eine Einstellung ab, die »*Postzionismus*« genannt wird. Danach wollen sich die Israelis nicht länger in einer historischen Ausnahmesituation sehen, nicht mehr nur Zufluchtsstätte für andere sein, sondern in einer modernen Demokratie leben, mit den Nachbarn Frieden haben und die erreichbaren Freuden des Daseins genießen. Sie wollen ein ganz normales Volk sein.

Es war tragisch, daß mit der Errichtung des Staates ein Dauerkonflikt mit den *Palästinensern* entbrannte, der verheerende Auswirkungen hatte. Radikale auf beiden Seiten scheuten vor Mord und Terror nicht zurück. Unzählige Opfer, darunter viele Kinder und Frauen, sind seitdem zu beklagen. Weder das religiöse Judentum noch der Islam vermochten es bislang, der Feindschaft Grenzen zu setzen. Oft genug haben religiöse Fanatiker den Kampf sogar noch angeheizt. So hat 1995 ein jüdischer Fundamentalist mit Berufung auf den Willen Gottes den jüdischen Ministerpräsidenten Jitzchak Rabin

Ben Gurion (1886–1973), der erste Ministerpräsident Israels, verliest die Proklamation zur Errichtung des Staates Israel am 14. Mai 1948 in Tel Aviv. Über ihm hängt das Bild von Theodor Herzl, der mit seinen zionistischen Ideen wichtige Voraussetzungen für den neuen Staat geschaffen hatte.

ermordet, der sich am Ende seines Lebens intensiv um einen Frieden mit den Palästinensern bemüht hatte. Das hat die Religion bei vielen Menschen erneut diskreditiert. Es ist zu hoffen, daß die gegenwärtigen Friedensbemühungen der Politiker zum Erfolg führen und die Kräfte im religiösen Judentum und im Islam bestärken, die sich um Versöhnung bemühen.

Im modernen Staat Israel, der sich dem Zionismus verdankt, herrscht ein *religiöser Pluralismus* mit vielen Facetten. Heute leben religiöse und nichtreligiöse Juden im Land. Abgesehen von den Ultra-Orthodoxen erkennen die religiösen Juden den Staat als jüdische Heimat an. Einige sehen in ihm ein messianisches Vorzeichen (→ S. 77). Im Land hat das orthodoxe *Oberrabbinat* großen Einfluß. Es dringt darauf, möglichst viele Bestimmungen der Halacha für den Staat gesetzlich festzuschreiben, z. B. die Ehegesetze für alle Israelis, die koschere Küche in den Restaurants und die Sabbatruhe für den öffentlichen Verkehr. Da dies von vielen Gruppen in Israel nicht akzeptiert wird, gibt es häufig Streitigkeiten in diesen Fragen. Wie stark die religiöse Tradition in Israel nachwirkt, zeigt auch die Bestimmung, daß man Jude nur sein kann, wenn man sich nicht zu einer anderen Religion bekennt (→ S. 19 f.). Ein areligiöser und ein antireligiöser Jude bleibt in Israel ein Jude. Wer zum Christentum oder Islam übertritt, ist kein Jude mehr. Hier macht sich noch immer die alte Vorstellung bemerkbar, daß ein Jude mehr ist als nur der Angehörige eines Volkes oder Staates. Immerhin können Christen und Araber die israelische Staatsbürgerschaft erwerben.

Viele Juden in Israel haben sich vom Glauben der Väter gelöst. Sie sind religiös indifferent und distanziert, manche halten sich für *Agnostiker* und *Atheisten*. Die alte Bindung an Gott und die Thora ist bei ihnen verlorengegangen. Sie hoffen nicht mehr auf den Messias. Übriggeblieben ist für sie ein Volk, das sich im Staat Israel eine demokratische Struktur gegeben hat. Für sie ist der Zionismus der jüdische Nationalismus. Die alte Geschichte, wie sie in den heiligen Traditionen erzählt ist, wird hier nicht mehr als die Geschichte Gottes mit seinem Volk gelesen. Sie ist nun die Vorgeschichte eines Volkes, das sich von seinen religiösen Vorstellungen gelöst und zu politischer Normalität gefunden hat.

Aufgaben der Gegenwart

Eine epochale Veränderung

Das Judentum steht heute und in Zukunft vor Problemen, die kaum weniger brisant sind als die der Vergangenheit. Nach den tiefgreifenden Änderungen, die die europäische Aufklärung und das Aufkommen der Moderne schon im 19. Jahrhundert für das Judentum mit sich brachten, sind es im 20. Jahrhundert zwei Ereignisse, die eine gänzlich neue Epoche für das Judentum herbeigeführt haben: die *Katastrophe der Judenvernichtung* durch die Nazis, die für das jüdische Volk den Verlust von ca. 6 Millionen Menschen mit sich brachte (→ S. 48), und die Errichtung eines eigenen *Staates im Land Israel*, der es Juden endlich wieder ermöglicht, in der jüdischen Heimat zu leben (→ S. 89). Beide Ereignisse hängen eng miteinander zusammen. Beide haben sich unauslöschlich in das jüdische Bewußtsein in Israel und in der Diaspora eingeprägt.

Die Erinnerung an die Schoa macht den Juden immer von neuem ihre Bedrohung bewußt. Der Gedanke an das unvorstellbar Grauen hat bei ihnen eine tiefe *Verletzlichkeit* bewirkt. Er erfüllt auch das gegenwärtige jüdische Leben mit Angst und Sorge. Die Staatsgründung und die Politik Israels beweisen andererseits, daß Juden sich selbst zu helfen wissen und in einem eigenen Land nach eigenen Vorstellungen leben können. Hier hat sich ein neuer *Selbsterhaltungswillen* herausgebildet, wie es ihn früher kaum gegeben hat.

Beide Ereignisse bringen allerdings auch neue *Gefahren* mit sich. Die Erinnerung an die Schoa hält das Gefühl der permanenten Bedrohung Israels wach. Es spielt auch in der Auseinandersetzung mit den Palästinensern eine nicht zu unterschätzende Rolle. Der verständliche Selbsterhaltungswille der Juden in Israel durchbricht dabei bisweilen die Schranken, die auch das jüdische Ethos setzt. Problematisch ist es auch, wenn jüdische Identität nur noch von der Schoa her begründet wird. Das führt zu einem verletzten Selbstbewußtsein und läßt den großen Reichtum jüdischer Tradition außer acht.

Von beiden Ereignissen ist das Judentum sowohl als Volk wie als Religion betroffen. Die *Religion* ist heute längst nicht mehr das einigende Band des Judentums. Zwar bleibt sie nach wie vor für viele Juden ein Essential ihres Lebens, aber für viele andere Juden gehört sie bestenfalls zum historischen und kulturellen Erbe. Damit vollzieht sich in der Gegenwart ein Wandel des religiösen Judentums, von dem nicht abzusehen ist, wohin er führt. An die Stelle der traditionellen religiösen Definition des Judentums (→ S. 19 f.) tritt mehr und mehr ein politisch-kulturelles Selbstverständnis. Jude-Sein bedeutet jetzt vor allem, Angehöriger einer jahrtausendealten *Schicksalsgemeinschaft* zu sein, die sich in vielen Varianten entwickelt hat. Zu den gemeinsamen Erfahrungen der Vergangenheit gehören das Leben im Exil, eigene Symbole und Bräuche, alte Feste und Feiertage. Vor allem gehört das Bewußtsein dazu, fast immer als Minderheit gelebt zu haben und dabei oft aus religiösen, ökonomischen, sozialen und rassistischen Gründen verfolgt worden zu sein. Die Schrecken der Vergangenheit sind im jüdischen Gedächtnis tief verhaftet.

Dem Judentum der Gegenwart ist es bislang nicht gelungen, eine gemeinsame religiöse Perspektive zu finden, die auch moderne Juden und Israelis anspricht. Viele heutige Juden wollen weder einen orthodoxen Fundamentalismus noch eine totale Säkularisierung akzeptieren. Die respektablen Kräfte, die eine Erneuerung des religiösen Judentums für die Gegenwart anstreben, sind zur Zeit eine Minderheit. Ob von ihnen in Zukunft eine prägende Kraft auf das ganze Judentum ausgeht, läßt sich zur Zeit noch kaum absehen.

Der Staat Israel und das Diasporajudentum

Schon im Talmud wird die Frage diskutiert, ob es für einen Juden notwendig ist, im Land der Väter zu wohnen, oder ob er auch die Diaspora als seine Heimat ansehen darf. Die Antworten auf diese Frage waren und sind sind nicht einheitlich. Erst recht ist das Judentum seit den Anfängen des Zionismus darüber uneins, wie weit es eine Pflicht ist, im Land der Väter zu wohnen.

Der Staat Israel

Im Land Israel stand die Wiege des jüdischen Volkes; hier wurde sein geistiges, religiöses und politisches Antlitz geformt; hier lebte es ein Leben staatlicher Selbständigkeit; hier schuf es seine nationalen und universellen Kulturgüter und schenkte der Welt das unsterbliche »Buch der Bücher«.

Mit Gewalt aus seinem Land vertrieben, bewahrte es ihm in allen Ländern der Diaspora die Treue und hörte niemals auf, um Rückkehr in sein Land und Erneuerung seiner politischen Freiheit in ihm zu beten und auf sie zu hoffen.

Der Staat Israel wird für die jüdische Einwanderung und die Sammlung der zerstreuten Volksglieder geöff-net sein; er wird für die Entwicklung des Landes zum Wohle aller seiner Bewohner sorgen; er wird auf der Grundlage der Freiheit, Gleichheit und des Friedens, im Licht der Weissagungen der Propheten Israels gegründet sein; er wird volle soziale und politische Gleichberechtigung aller Bürger ohne Unterschied der Religion, der Rasse und des Geschlechts gewähren; er wird die Freiheit des Glaubens, des Gewissens, der Sprache, der Erziehung und Kultur garantieren; er wird die Heiligen Stätten aller Religionen sicherstellen und den Grundsätzen der Verfassung der Vereinten Nationen treu sein.

Aus der Proklamationsurkunde des Staates Israel vom 14. Mai 1948

Bei den in *Israel* (→ S. 17 f.) lebenden Juden besteht die Tendenz, die Notwendigkeit zu bejahen. Israel ist für sie die Heimstätte aller Juden. Zum Aufbau und zur Verteidigung des Landes sind alle Kräfte erwünscht. Auch religiöse Gründe werden für das Wohnen im Land Israel angeführt. Religiöse Juden sehen in der Rückkehr nach Israel die Erfüllung alter Verheißungen und manchmal sogar den Beginn des messianischen Zeitalters.

Andererseits betonen die Juden, die in der *Diaspora* (→ S. 18 f.) leben, das Recht, unter den Völkern wohnen zu dürfen. Die Diaspora ist für sie ein Kennzeichen des Judentums seit länger als zwei Jahrtausenden. Kein nationales und kein religiöses Programm darf verlangen, die historisch gewachsenen Bindungen an die vielen Gastländer aufzukündigen, die für Juden zur Heimat geworden sind. In der Diaspora kann die universale Dimension des Judentums sichtbar bleiben.

Diese Widersprüche dürfen letztlich nicht zu einem unaufhebbaren Gegensatz führen. Beide Seiten, Israel und das Diasporajudentum, müssen wis-

Yad Vaschem, die Gedenkstätte für die Opfer der Schoa in Jerusalem. Auf dem Boden sind die Namen der Vernichtungslager eingeschrieben.

Rechte Seite: Ankunft im Land der Väter. Russische Auswanderer kommen nach Israel.

sen, daß sie *aufeinander angewiesen* sind und einer ohne den anderen bedroht wäre. Israel bietet für alle Juden in der Diaspora die Hoffnung auf eine Heimat, wenn sich die Bedingungen für sie verschlechtern und neue Verfolgungen aufkommen sollten. Ohne Israel wäre das heutige Diasporajudentum in vielen Ländern noch stärker verunsichert, als es dies ohnehin ist. Andererseits benötigt Israel dringend in vielfältiger Weise die tatkräftige Unterstützung der jüdischen Diaspora. Ohne die ideellen, politischen und finanziellen Hilfen der Diaspora, vor allem des amerikanischen Judentums, könnte der Staat Israel kaum überleben.

Sollte Israel in Zukunft nicht mehr so stark auf die jüdische Diaspora angewiesen sein, weil es immer mehr politisch und wirtschaftlich auf eigenen Füßen steht, zeichnet sich eine andere *Gefahr* für das Judentum der *Zukunft* ab. Es könnte sein, daß sich die Israelis dann kaum mehr als Glieder einer übernationalen jüdischen Gemeinschaft verstehen, sondern als ganz normale Bürger eines demokratischen Staates, während das Diasporajudentum von der Gefahr der Assimilation bedroht ist.

Die *religiösen Traditionen* des Judentums sind in Israel und in der Diaspora in gleicher Weise bedroht. Der alte Glaube und die religiöse Lebenspraxis sind hier wie dort im Schwinden. Vor allem junge Leute sind dafür nur noch schwer ansprechbar. In der Diaspora kommt die überaus starke Gefahr hinzu, daß das Judentum dort durch die vielen Ehen von Juden mit Nichtjuden seine Identität verliert und sich ganz an die anderen Völker anpaßt. Manche Juden sehen in den vielen *Mischehen* eine der größten Bedrohungen für das Judentum heute, weil sich die Familien erfahrungsgemäß allzuoft rasch dem Judentum entfremden.

> **»Hatikvah« – Israels Nationalhymne**
> Solange im Herzen darinnen
> ein jüdisches Fühlen noch taut,
> solang gen Osten zu den Zinnen
> von Zion ein Auge noch schaut,
> solang lebt die Hoffnung auf Erden,
> die uns 2000 Jahre verband,
> daß ein Freivolk wir wieder werden
> in Zions, Jerusalems Land.

Das Verhältnis zum Christentum

Aus verständlichen Gründen gibt es im Judentum erhebliche *Vorbehalte* gegenüber dem Christentum. Im Namen Jesu und mit Billigung der Kirchen wurde das Judentum jahrhundertelang diffamiert und auch blutig verfolgt (→ S. 108 ff., 160 ff.). In der Hölle der Schoa kamen zwar einige Christen, aber nicht die Christenheit insgesamt den bedrohten Juden zu Hilfe. Viele Juden sind der Auffassung, daß eine *Verbesserung* des gegenseitigen Verhältnisses von den Christen auszugehen habe.

In der Tat haben Christen nach dem 2. Weltkrieg *erste Schritte* zu einem besseren Verständnis des Judentum versucht (→ S. 162). Die Kirchen der Reformation haben ihre Schuld offen bekannt und sich ernsthaft um ein besseres Verhältnis zum Judentum bemüht. Viele Juden haben die Aussagen des 2. Vatikanischen Konzils (1965) über das Verhältnis der katholischen Kirche zum Judentum ebenso begrüßt wie den Besuch Papst Johannes Pauls II. in der Synagoge von Rom (1986) und die Aufnahme diplomatischer Beziehungen zwischen dem Vatikan und dem Staat Israel (1994). Auch die Entwicklung einer neuen Theologie des Judentums durch Protestanten und Katholiken sowie die konkreten Aktivitäten in zahlreichen Gesellschaften für christlich-jüdische Zusammenarbeit haben deutlich zur Verbesserung des Klimas beigetragen.

Aber auf beiden Seiten ist der beginnende Ver-
ständigungsprozeß noch nicht durchgängig wahrgenommen und akzeptiert worden. Immer noch
gibt es bei vielen Juden Ängste und Mißtrauen gegenüber einem übermächtigen Christentum. Zu tief
sind die Verletzungen aus einer langen Geschichte.
Die jüdische *Distanz* zum christlich-jüdischen Dialog erklärt sich oft aus dem Gefühl, in der Minderheit zu sein und von der Mehrheit zu Schritten ge-
drängt zu werden, die Juden nicht gehen können.
Manche Juden können nicht erkennen, was der Dialog für ihr Leben und für ihr religiöses Selbstverständnis an Nutzen bringen könnte. Ihnen erscheint
das Christentum sehr wohl theologisch auf das Judentum, nicht aber das Judentum auf das Christentum angewiesen zu sein. Juden leben nicht aus
einem christlichen Erbe, während das Christentum
ohne seine jüdischen Wurzeln nicht lebensfähig ist.

Um so erfreulicher ist es, daß es seit Jahren einige
Juden gibt, die am beiderseitigen *Dialog* teilnehmen
und ihn mit Engagement und Kompetenz fördern.
Nicht wenige Gruppen in Israel, in Europa und in
den USA praktizieren jüdisch-christliche Gemeinsamkeit auf vielen Gebieten. Es gibt gemeinsame
soziale, kulturelle und wissenschaftliche Veranstal-
tungen und gelegentlich sogar trotz grundsätzlicher

jüdischer Bedenken gemeinsame Gottesdienste. Es
bleibt zu hoffen, daß diese Versuche von beiden Seiten fortgeführt werden. Juden und Christen könnten, ohne ihre Verschiedenheiten zur Disposition zu
stellen, aus ihrer religiösen *Verantwortung* der Welt
wichtige Impulse für mehr Frieden, Gerechtigkeit
und Versöhnung geben. Sie sollten vor allem gemeinsam Zeugen für eine heute glaubwürdige Gotteserfahrung werden.

Judentum und Islam

Die Beziehungen zwischen Judentum und Islam
sind so alt wie der Islam selbst. Wo sich beide Religionen im Lauf der Geschichte nahe kamen, wechselten Kooperation und Konfrontation miteinander
ab (→ S. 197 f.). Darum gibt es im Judentum viel Verständnis für den Islam, aber auch viel Polemik gegen
ihn. Das Judentum erkennt an, daß auch der Islam
auf *Abraham* (→ S. 21 f.) zurückgeht. Während sich
die Juden von Abrahams Sohn Isaak herleiten, stammen die Araber von Abrahams Sohn *Ismael* ab, den
er mit Saras Magd Hagar zeugte. Die Araber werden
darum auch »Ismaeliten« genannt.

Der Islam wird von Juden in vielen Punkten *positiv* gewürdigt. Sein uneingeschränkter Monotheismus findet im Judentum volle Zustimmung. In der
islamischen Hochschätzung des religiösen Ethos
liegt eine Wesensverwandtschaft. Die weite Verbreitung beider religiöser Grunddaten gilt im Judentum
als ein großes Verdienst des Islam. – *Negativ* schlägt
zu Buch, daß der Islam die alten heiligen Schriften
des Judentums, vor allem die schriftliche und
mündliche Thora, nicht übernommen hat, sondern
allein den Koran als letztverbindliches heiliges Buch
anerkennt. Auch die Rolle Mohammeds als einzigar-
tigem, letzten Propheten ist für das Judentum nicht
akzeptabel. Das jüdische Offenbarungsverständnis
kennt viele Propheten, die im Auftrag Gottes zugleich für ihre Gegenwart und für die Zukunft gesprochen haben. Ihre Bedeutung darf nicht durch
Mohammed relativiert werden. Die jüdischen Erwartungen vom Ende der Tage und von der messianischen Zeit sind anders als die islamische Eschatologie. Im Kult der Kaaba (→ S. 234 ff.) in Mekka sehen manche Juden die Anbetung eines Steins und
damit eine unerträgliche Form des Götzendienstes.

Trotz fortbestehender Spannungen gibt es Bilder der Versöhnung. Sie können Zeichen der Hoffnung für die Zukunft sein.

Linke Seite: Papst Johannes Paul II. besucht am 13. April 1986 die römische Synagoge. Hier ist er im Gespräch mit dem Oberrabbiner Elio Toaff. Dies war in der langen Geschichte der katholischen Kirche der erste Besuch eines Papstes in einer Synagoge.

Jitzchak Rabin und Jassir Arafat reichen sich am 13. September 1993 im Weißen Haus vor dem Präsidenten der USA, Bill Clinton, die Hand zur Versöhnung. Ein jüdischer Fanatiker hat zwei Jahre später Rabin erschossen, um die Friedensansätze zu torpedieren.

Im *20. Jahrhundert* hat sich das Verhältnis zwischen Juden und Muslimen dramatisch verschlechtert. Dafür gibt es vor allem politische und soziale Gründe. Seit der Rückkehr vieler Juden nach Israel und seit der jüdischen Staatsgründung stehen sich dort und in der angrenzenden Region zwei Völker bzw. Nationen gegenüber, die höchst unterschiedliche Interessen haben. Ihre unterschiedlichen Religionen verschärfen den Konflikt und liefern ihm eine ideologische Rechtfertigung. Juden kämpfen dabei für ihr von Gott gewährtes Recht, im Land ihrer Verheißungen leben zu dürfen, während die Araber oft genug den »Heiligen Krieg« (→ S. 237 ff.) zur Verteidigung ihrer Rechte gegen die Juden ausrufen.

So ist es zwischen Juden und Arabern, die außerhalb der Grenzen Israels leben, und zwischen Israelis und Palästinensern innerhalb Israels in den letzten Jahrzehnten zu furchtbaren *Auseinandersetzungen* gekommen. Juden sahen sich in ihrem Traum, nach der Schoa wieder rechtens im Land Israel wohnen zu dürfen, durch die Feindseligkeit der im Land wohnenden Araber gestört. Diese wiederum reklamierten für sich das Recht, in »Palästina« als ihrer alten Heimat leben zu können. In mehreren Kriegen und bei zahlreichen Terroranschlägen verloren unzählige Menschen ihr Leben und ihre Gesundheit.

Fundamentalistische Richtungen im Islam und im Judentum sind für die Eskalation des Hasses in hohem Maß mitverantwortlich. Sie haben lange verhindert, daß Israel und die Palästinenser zu einem Frieden fanden, der es beiden ermöglicht, in Sicherheit und Selbstachtung im Land zu leben. Erst seit 1995 gibt es politische Vereinbarungen, die dem Kampf auf längere Sicht ein Ende bereiten könnten.

In beiden Religionen gibt es aber auch Kräfte, die Versöhnung und *Frieden* wollen. Martin Buber (→ S. 38) hat sich dafür früh eingesetzt. Jüdische und palästinensische Frauen haben manches bewirkt. Beide Seiten haben auch große politische Persönlichkeiten, die zuerst auf militärischem Gebiet erfolgreich waren, sich aber dann ganz der Sache des Friedens widmeten: der ägyptische Ministerpräsident Muhammad Anwar As Sadat (1918–1981) und der jüdische Ministerpräsident Jitzchak Rabin (1922–1995). Beide erhielten für ihren mutigen Einsatz den Friedensnobelpreis. Beide wurden von Fanatikern aus den eigenen Reihen ermordet. An Persönlichkeiten wie diesen hängen heute die Hoffnungen vieler Juden und Muslime. Sie wünschen nichts sehnlicher, als daß der alte blutige Streit ein Ende findet und Jerusalem endlich die Stadt des Friedens zwischen den Religionen sein kann.

Christentum

Jesus von Nazaret

Eine Kurzformel des Glaubens

Am Anfang des Christentums steht eine Person: *Jesus Christus*. Von ihm geht der christliche Glaube aus, von ihm erhält er alle wichtigen Impulse, auf ihn ist er bis heute bezogen. Jesus Christus – das ist nicht zuerst ein Name, sondern ein *Glaubensbekenntnis*. Es besagt, daß Jesus von Nazaret der »Christus« ist. Das griechische Wort »Christos« ist eine Übersetzung des hebräischen Wortes »Messias« (→ S. 71 ff.) und bedeutet »der Gesalbte«. Es spricht Jesus von Nazaret die Würde eines gesalbten Königs und Priesters zu, an dem die Hoffnungen Israels auf eine gerechte Welt, auf Frieden, auf Vergebung der Schuld und auf Erlösung bei Gott hängen (→ S. 67 ff.). Jesus Christus – das besagt im Glauben der Christen: Jesus ist der Christus. In ihm ist den Menschen Gottes Heil gegeben. In ihm hat sich Gott den Menschen liebend zugewandt. Auf ihn können sie im Leben und im Tod vertrauen. Jesus Christus – das ist das kürzeste Bekenntnis des Christentums.

In dieser Kurzformel des Glaubens begegnen sich *Geschichte* und *Glaube*, also zwei Bereiche, die schon im Judentum zuammenhängen (→ S. 21),

sonst aber meist getrennt betrachtet werden. Wenn wir von Jesus sprechen, beziehen wir uns auf eine historische Gestalt, deren Geschichte sich vor 2000 Jahren öffentlich in Galiläa und in Jerusalem abspielte. Ohne Einbindung in seine Zeit ist er nicht zu verstehen. Wer ihn Christus nennt, bekennt einen Glauben, der die Geschichte überschreitet. Er stellt seine Person und sein Wirken in die übergeschicht-

Die vorhergehende Doppelseite zeigt die Landschaft, in der Jesus sich oft aufhielt: den See Gennesaret in Galiläa mit der Anhöhe, auf die die Überlieferung die Bergpredigt (→ S. 151) verlegt. Hier ist das Ursprungsland des Evangeliums. Darum ist der Ort für die Christenheit heilig. Im Vordergrund ist die Kapelle der Seligpreisungen zu sehen, die 1937 erbaut wurde.

Die hebräische Schreibweise des Namens Jesu zur Zeit Jesu, daneben der Titel Christus in griechischen Buchstaben.

> **Jesus Christus ist der Herr**
>
> Seid untereinander so gesinnt, wie es dem Leben in Christus Jesus entspricht:
> Er war Gott gleich, hielt aber nicht daran fest, wie Gott zu sein,
> sondern entäußerte sich und wurde wie ein Sklave und den Menschen gleich.
> Sein Leben war das eines Menschen;
> er erniedrigte sich und war gehorsam bis zum Tod, bis zum Tod am Kreuz.
> Darum hat ihn Gott über alle erhöht und ihm den Namen verliehen,
> der größer ist als alle Namen,
> damit alle im Himmel, auf der Erde und unter der Erde ihre Knie beugen vor dem Namen Jesu und jeder Mund bekennt:
> »Jesus Christus ist der Herr« –
> zur Ehre Gottes, des Vaters.
>
> *aus dem Brief des Paulus an die Philipper 2, 5–11*

liche Dimension Gottes. Christus ist mehr als nur eine historische Gestalt. Christus ist im Glauben der Christen der Retter der Welt, der Erlöser der Menschen, der Sohn Gottes.

Probleme einer Biographie

Jesus ist eine Gestalt der Geschichte. Trotzdem ist es schwer, von ihm ein historisch verläßliches Bild zu entwerfen. Das hängt mit den Quellen zusammen, die uns überliefert sind.

Jesus selbst hat keine Schriften hinterlassen. Auch seinen Jüngern hat er nicht den Auftrag gegeben, seine Lebensdaten und seine Botschaft für die Nachwelt schriftlich zu fixieren. Sie sollten den Zeitgenossen seine Botschaft von der Nähe des Gottesreiches verkünden und sie zur Nachfolge auf seinen Weg rufen. So kam es, daß seine Freunde zunächst von ihm nur *sprachen*. Doch nach einiger Zeit begannen sie, das, was sie von ihm erzählten, auch *aufzuschreiben*. So entstanden mehrere kleine *Sammlungen* von seinen wichtigsten Worten und Gleichnissen, von seinen Wundern, von seinem Lei-

den, vom Prozeß in Jerusalem, vom Tod am Kreuz und von seiner Auferweckung. Diese Texte fanden im Gottesdienst der Christen, bei der Mission der Nichtchristen und in der Auseinandersetzung mit dem Judentum Verwendung. Die Evangelisten haben diese ältesten Überlieferungen von Jesus zwischen 70 und 100 wie Redakteure gesammelt, geordnet, ergänzt, gedeutet und gewertet. Markus gab seiner Zusammenstellung als erster den Titel »*Evangelium*«, d. h. »Gute Nachricht« oder »Frohe Botschaft«. Er knüpft mit diesem Titel an einen Begriff des Ersten Testaments an, den Deutero-Jesaja, der große Prophet Israels (→ S. 69), schon benutzt hatte, um das Volk zu trösten (Jes 52,7; 61,1).

Die Evangelisten wollten nicht einfach als Historiker für die Nachwelt festhalten, was es mit Jesus auf sich hatte. Sie versuchten auch nicht, mit den Mitteln der Psychologie zu ergründen, welches Selbstbewußtsein Jesus hatte oder was in seinem Seelenleben vor sich ging. Sie waren Zeugen des Glaubens, die durch die Erinnerung an Jesus den Glauben an den Auferstandenen wecken wollten. Wer das Evangelium vernimmt, wird nicht über das Leben eines Toten informiert, sondern er hört einen Lebenden. Die Texte sind zwar auch Quellen der Vergangenheit Jesu, aber primär Zeugnisse seiner Gegenwart. Sie sagen, wer Jesus in seinem Leben war, um verständlich zu machen, wer er nach seinem Tod für den Glauben ist. In der Form geschichtlicher Erzählung sind sie *Heilsbotschaft*.

Lange haben die Christen die vier Evangelien vor allem als historische Texte gelesen, die sich nahtlos zu einer Lebensgeschichte Jesu zusammenfügen. Heute wissen wir, daß sie nicht primär als historische Quellen angesehen werden können. Sie ermöglichen nur in begrenztem Maß die Rekonstruktion einer *Biographie* Jesu. Alle Versuche der Vergangenheit und Gegenwart, auf gesicherte Weise ein »Leben Jesu« zu schreiben und ihn eindimensional zu deuten, sind gescheitert. Er ist weder nur der liebevolle Wanderprediger von Gottes Vatergüte noch der Sozialrevolutionär gegen das jüdische Establishment. Es ist genauso einseitig, in ihm einen tragisch umgekommenen Idealisten zu sehen wie ihn für einen liberalen Gesetzesausleger zu halten. Weder als Prediger einer neuen humanen Sittlichkeit noch als typischer jüdischer Rabbi ist er angemessen beschrieben. Er ist nicht der apokalyptische Ankündiger der nahen Endzeit und auch nicht ein Kristallisationspunkt zeitloser Mythen. Vor allem ist er noch nicht der erste Christ. Alle Versuche, ihn auf eine Formel zu bringen, mögen etwas Richtiges treffen, werden ihm aber insgesamt nicht gerecht.

Links: Betlehem mit Geburtskirche.
Rechts: Haupteingang zum Tempel von Jerusalem (Rekonstruktion).

Die Christenheit hat Jesus von Nazaret in vielen Bildern dargestellt. Er erscheint als Hirt, Lehrer und König, als Leidender und Kämpfer, als Sterbender und Lebender. Manche Künstler haben versucht, ihn mit der Aura Gottes zu umgeben, andere haben in ihm den exemplarischen Menschen gesehen. In fast 2000 Jahren sind unzählige Christusbilder entstanden. Manche dienen frommer Betrachtung, andere sind Meisterwerke der Kunst. Keine andere Gestalt der Religionsgeschichte ist so oft und so unterschiedlich dargestellt worden. Darum gehören die Christusbilder zum großen Erbe der Christenheit. Auch in unserem Jahrhundert haben große Künstler neue Bilder von Jesus geschaffen.

Oben links: Guter Hirt, Katakombe der Jordanier in Rom, Ende 3. Jh.
Oben rechts: Pantokrator (d.h. »Allherrscher«), Kloster Daphni, 11. Jh.
Rechts: Max Beckmann (1884–1950): Christus und die Ehebrecherin, Öl, 1917.

Rechte Seite: Lovis Corinth (1858–1925): Ecce Homo, Öl, 1925. (→ 104 f. u.ö.)

Daten und Fakten

Trotzdem ist es möglich, aus den Evangelien auch Daten und Fakten zu gewinnen, die mit einiger Wahrscheinlichkeit den Kern des *Lebens Jesu* bilden. Die folgenden Angaben gelten heute weithin als historisch sicher.

Jesus wurde zwischen *8 und 4 v. Chr.* geboren. Das seltsame Paradox erklärt sich aus einer falschen Berechnung des Geburtsjahres, die Papst Johannes I. im Jahr 525 n. Chr. vorlag, als er die christliche Zeitrechnung einführte. Von seiner Kindheit wissen wir nichts, da die Kindheitserzählungen der Evangelien nicht biographisch verstanden werden dürfen. Seine Mutter war Maria (→ S. 142 f.), die mit Josef verlobt war. Jesus selbst hat von ihm den Beruf des Zimmermanns und Steinmetzen erlernt. Seine Muttersprache war das Aramäische, ein semitischer Dialekt, der zu seiner Zeit in Galiläa und Jerusalem gesprochen wurde. In dem unbedeutenden Ort *Nazaret* wuchs er auf. Jesus war *Jude*. Ganz selbstverständlich lebte und bewegte er sich in der Frömmigkeit und Kultur des jüdischen Volkes. Die Feste, die er feierte, und

die Gebete, die er sprach, waren die Feste und Gebete des Judentums. Ohne die jüdische Lebenswelt ist Jesus nicht zu verstehen.

Als im Jahr 27/28 *Johannes der Täufer* am Jordan auftrat, der den Zeitgenossen kräftig ins Gewissen redete, ihnen das Gericht Gottes androhte und sie öffentlich zur Bußtaufe aufrief, ließ sich Jesus von ihm taufen, ohne sich doch dessen Bewegung anzuschließen. Wahrscheinlich empfand er das Gottesbild des Täufers als zu hart und streng. Er begann nun selbst als *Wanderprediger* durch die Städte und Dörfer Galiläas zu ziehen und verkündete den Menschen die Botschaft von der nahegekommenen *Herrschaft Gottes*. Er belebte von neuem die schon bei den Propheten Israels vorhandene Hoffnung, daß sich unsere unheilvolle Welt in einen Zustand wandelt, der ganz dem Willen Gottes entspricht. Seine *Reden* waren machtvoll und beeindruckend. Sie wurden von *wunderbaren Taten*, Krankenheilungen und Dämonenaustreibungen (Dämonen = böse Geister, Mächte des Bösen) begleitet. In all seinen Worten und Taten leuchtete der Glaube an einen liebenden Vater, an einen *Gott* der Gerechtigkeit und Barmherzigkeit auf. In Gottes Namen, den er emphatisch seinen »Vater« nannte, sprach er *Sündern* Vergebung ihrer Schuld zu. Ostentativ wandte er sich Leuten zu, die damals verachtet waren. Mit Zöllnern, die wegen ihrer rigiden Steuereintreibung und wegen ihrer Kollaboration mit den römischen Besatzern gehaßt wurden, setzte er sich an einen Tisch. Vor allem hatte er ein Herz für die armen und kleinen Leute. Er hatte einen offenen Blick für ihre Leiden und konnte sie oft davon befreien. Aktiv setzte er sich für ihre Rechte ein. So gab er vielen Menschen Mut zu sich selbst, die Kraft zum Widerstand gegen Unrecht und die Hoffnung auf Gott. Eine wunderbare *Gottes- und Nächstenliebe* prägten sein Tun und seine Botschaft.

Wie die Rabbinen sammelte Jesus Jünger, unter diesen einen *Zwölferkreis*, um sich, leitete sie aber – anders als die Rabbinen – nicht zum ständigen Studium der heiligen Schriften an, sondern band sie an seine Person und seine Lehre. In seinem ständigen Gefolge waren auch *Frauen*. Für Frauen zeigte er viel Verständnis. Er trat selbst dann für sie öffentlich ein, wenn sie sich schuldig gemacht hatten. Mit seiner Radikalität für das Gute fand er viele Freunde.

Jesus – der Jude

Ist das arme jüdische Kindlein in der Krippe nicht ein Gleichnis für die zahllosen heimatlosen Judenkinder der jüngsten Vergangenheit für uns geworden? Ist der inspirierte Lehrer, der die Schrift so gewaltig auslegt, auch wenn er vielleicht einmal irrt, wie auch Rabbi Akiba und die anderen Großen in Israel irrten, nicht »Morenu« – unser Lehrer? Ist der leidende und am Kreuz verhöhnt sterbende Jesus nicht ein Gleichnis für sein ganzes Volk geworden, das immer wieder am Kreuz des Judenhasses hing? Und ist die Osterbotschaft seiner Auferstehung nicht wiederum ein Gleichnis für das heute wieder auferstehende Israel geworden, das sich aus der tiefsten Erniedrigung und Schändung der dunkelsten zwölf Jahre zu neuer Gestalt erhebt? Jesus der Jude – das Gleichnis des Juden ist mir so nahe und kann gerade uns so nahe sein, wie er den Christen aus den Völkern nicht nahe sein kann. »Denn er war unser.«

*Schalom Ben-Chorin (geb. 1913),
jüdischer Religionswissenschaftler*

Aber mit manchen Frommen seiner Zeit, unter ihnen einige Pharisäer (→ S. 78 f.) und Schriftgelehrte, geriet er auch in heftige *Kontroversen*. Er kritisierte an ihnen Selbstgefälligkeit und Heilssicherheit, Hochmut und Lieblosigkeit. Diese hingegen warfen ihm Verstöße gegen die Thora und gefährliche Lehren vor. Hier liegt der Keim für die späteren Auseinandersetzungen zwischen Juden und Christen.

Wahrscheinlich kam Jesus im Jahr 30 n. Chr. zum Pesachfest nach *Jerusalem*. Dort feierte er mit seinen Jüngern das traditionelle *Pesachmahl* (→ S. 62 f.), gab ihm aber neue Akzente, indem er es mit seinem bevorstehenden Tod und mit dem bald erwarteten Reich Gottes in Verbindung brachte. Kurz nach dem Mahl wurde er von Judas, einem aus dem Zwölferkreis, den Behörden ausgeliefert. Man machte ihm den *Prozeß* vermutlich wegen seiner kritischen Äußerungen über den Tempel von Jerusalem. Dieser war auch für die römische Besatzungsmacht als Symbol der Stabilität im Land bedeutsam. Ein Drohwort gegen den Tempel erfüllte für sie den Tatbestand der Rebellion. So wurde Jesus auf Veranlassung des jüdischen Hohen Rates, der die religiösen Überzeugungen Jesu weithin ablehnte, vom römischen Prokurator Pontius Pilatus zum Tod verurteilt. Er starb in Jerusalem wie ein Verbrecher am *Kreuz*. Die Inschrift auf dem Kreuz »Jesus von Nazaret, König der Juden« spottete über einen messianischen Anspruch, dem Jesus offensichtlich nicht gerecht zu werden schien.

Bald nach dieser Katastrophe traten seine Jünger in der Öffentlichkeit mit dem Bekenntnis auf, Jesus sei nicht im Tod geblieben. Gott habe ihn *von den Toten auferweckt*. Er werde bald *wiederkommen*, um alle Lebenden und Toten zu richten. Sie erzählten, daß sie ihn selbst nach seinem Tod gesehen und gehört, erfahren und wahrgenommen hatten. So wurden sie zu Zeugen seiner Auferweckung. Sie bedeutete für sie, daß das Leben und die Lehre Jesu von Gott endgültig bestätigt worden waren. Die Jünger konnten nun die historische Person Jesu in einem ganz neuen Licht sehen. Der Auferstandene wurde zum Fundament ihres neuen Glaubens und ihrer neuen Gemeinschaft. Die neue Botschaft verhieß denen, die an den Gekreuzigten und Auferweckten glaubten, Vergebung der Sünden, Auferstehung von den Toten und ewiges Leben.

Der Anfang einer langen Geschichte

Aus der Geschichte Jesu von Nazaret erwuchs die größte und wirkungsvollste religiöse Bewegung, die es in der Geschichte der Menschheit je gab. Nach seinem messianischen Titel »Christus« wird sie als »*Christentum*« bezeichnet. Ob man ihn als Religionsstifter betrachten soll, ist umstritten, weil viel dafür spricht, daß er in der Tradition des Ersten Testaments eine religiöse Erneuerung Israels beabsichtigte. Auf jeden Fall hat das Christentum von ihm nicht nur seinen Namen, sondern auch seinen Auftrag, seinen Glauben und seine Hoffnung.

Der *Glaube* Jesu und der Glaube an Jesus ist in der Vergangenheit und Gegenwart zum Inbegriff einer menschenwürdigen und sinnvollen Existenz geworden. Unzähligen Frauen und Männern wurde sein Evangelium zur Hilfe in den Ängsten des Lebens und Sterbens. Sein »Prinzip Hoffnung« auch über den Tod hinaus hat viele angesteckt. Sein »Prinzip Liebe« hat unzählige Menschen beglückt, getröstet und aufgerichtet.

Christen haben seine Person und seine Lehren von Anfang an bis in die Gegenwart hinein verschieden gedeutet und bewertet. Fromme haben im Vertrauen auf ihn gelebt. Heilige haben Orden gegründet, um in neuen Zeiten neue Wege der Jesusnachfolge gehen zu können. Theologen haben über ihn nachgedacht und ihn in ganz verschiedenen Begriffen zu definieren versucht. Mystiker wurden mit ihm und seinem Gott in tiefsinnigen Erfahrungen eins. Politiker haben sich für ihr Tun von ihm inspirieren lassen. Dichter haben ihn mit ihren Worten dargestellt und Musiker von ihm gesungen. Es gibt keine Gestalt der Geschichte, von der so viele Bilder der Kunst entworfen wurden. Ohne ihn ist unsere Kultur nicht zu verstehen. Seine Spuren sind unauslöschlich Teil unserer Welt.

Lichterfüllter Abgrund
Christus ist ein lichterfüllter Abgrund.
Man muß die Augen schließen,
um nicht abzustürzen.
Franz Kafka (1883–1924), jüdischer Erzähler

Auch die Lebensabschnitte Jesu von der Krippe bis zum Kreuz haben die Künstler immer wieder zu neuen Gestaltungen herausgefordert (→ S. 100 f.). Sie wagten es sogar, die Auferstehung und Himmelfahrt Jesu bildlich darzustellen, obwohl sich diese Themen jeder Anschauung entziehen. Man kann diese Bilder als sichtbare Symbole für ein unsichtbares Geschehen verstehen.

Oben: Matthias Grünewald: Die Kreuzigung Jesu.
Rechts: Die Auferstehung Christi. Beide Bilder gehören zum Isenheimer Altar, Colmar, und sind um 1512 entstanden. Diese ungewöhnlichen Bilder sollten unheilbar Kranken, die am »Höllenbrand« (Pest, Aussatz) litten, den schmerzvollen Tod Jesu vor Augen führen und in ihnen die Hoffnung über den Tod hinaus erwecken.

Jesus – Wegweiser zum Licht

Gott hat die Welt so sehr geliebt,
daß er seinen einzigen Sohn hingab,
damit jeder, der an ihn glaubt, nicht zugrunde
geht, sondern das ewige Leben hat.
Denn Gott hat seinen Sohn nicht in die
Welt gesandt, damit er die Welt richtet,
sondern damit die Welt durch ihn gerettet wird.
Wer an ihn glaubt, wird nicht gerichtet;
wer nicht glaubt, ist schon gerichtet, weil er
an den Namen des einzigen Sohnes Gottes
nicht geglaubt hat.
Denn mit dem Gericht verhält es sich so:
Das Licht kam in die Welt,
und die Menschen liebten die Finsternis mehr
als das Licht; denn ihre Taten waren böse.
Jeder, der Böses tut,
haßt das Licht und kommt nicht zum Licht,
damit seine Taten nicht aufgedeckt werden.
Wer aber die Wahrheit tut, kommt zum Licht,
damit offenbar wird,
daß seine Taten in Gott vollbracht sind.

aus dem Evangelium des Johannes 3, 14–21

Zwei Beispiele aus dem 20. Jh.
Oben: Emil Scheibe (geb. 1914):
Weihnachten, Öl, 1954. Hier ist
die Geburt Jesu zu einer Rand-
erscheinung auf einer modernen
Baustelle geworden. Kein
Engelchor singt am Himmel das
Gloria. Ein dunkler Baukran
bedroht den Ort der Geburt. Die
Menschen gehen teilnahmslos
vorbei.
Links: Emil Nolde (1867–1956):
Das Abendmahl, Öl, 1909.
Auf diesem expressiv-visionären
Bild werden arme Bauern und
Fischer zu Teilnehmern des
Abendmahls. In der Mitte dieser
Armen sitzt Christus. Von ihm
geht ein mystisches Licht aus.

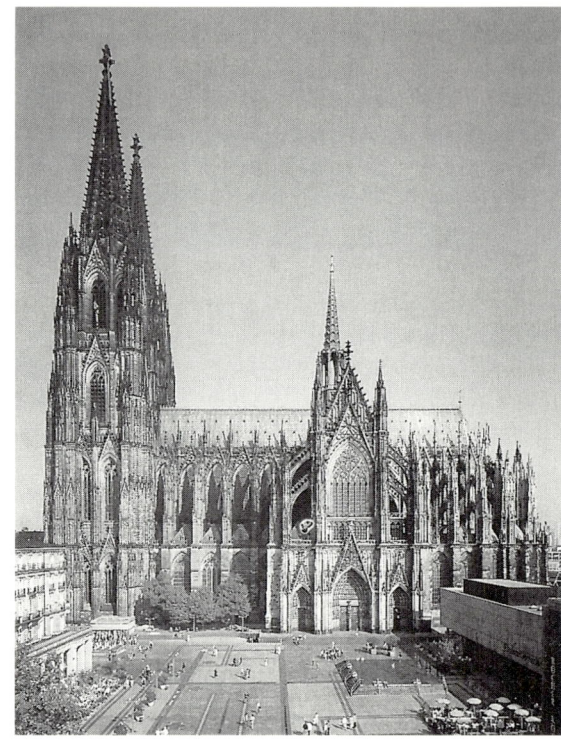

Andererseits haben diejenigen, die sich nach ihm »Christen« nennen, oft nicht dem Anspruch genügt, der von ihm ausging. Im Lauf einer zweitausendjährigen *Schuldgeschichte* (→ S. 163 f.) ist in seinem Namen vieles geschehen, was seiner Botschaft Hohn spricht. In seinem Namen zogen Christen gegeneinander und verfolgten andere, die anders glaubten als sie selbst. Manche Ansichten über ihn wurden öffentlich geächtet, und die, die sie vertraten, gebannt und nicht selten auch verbrannt. Rechthaberei in Glaubensfragen und Fixierung auf Wahrheitsansprüche haben unermeßlichen Schaden angerichtet. Die Differenzen wurden bisweilen so groß, daß sie zu Spaltung der Christenheit führten. Darum tritt uns die Christenheit heute in einer verwirrenden Vielfalt von Kirchen und Gemeinschaften vor Augen, die sich heftig gegenseitig bekämpft

Im Lauf der Geschichte sind in der Christenheit ganz unterschiedliche Bauformen entwickelt worden. Sie spiegeln jeweils den Geist ihrer Zeit wider.
Oben links: Katakomben in Rom, wo Christen in der Antike ihre Toten bestatteten.
Oben rechts: Der Kölner Dom, ein Meisterwerk des Mittelalters.
Rechts: Moderne Wallfahrtskirche in Ronchamps, entworfen von Le Corbusier, 1952–55.

haben und bis heute in Grundfragen zur Person und Sache Jesu nicht einigen können. Die eine Christenheit, die sich auf denselben Jesus Christus beruft, lebt heute mit unterschiedlichen Jesusbildern und Christologien (Glaubenslehren von Christus). Manche sehen ihn vor allem in der Aura des Göttlichen, andere lassen nur die Berufung auf seine historisch greifbare Geschichte zu, die meisten versuchen eine Synthese von beidem, weil sie in ihm eine Gestalt sehen, in der Gott und Mensch eins sind.

Erstaunliche Zahlen

Heute ist das Christentum die größte Religion der Welt. Eine genaue Angabe über die Zahl aller Christen ist nicht möglich, da es in vielen Ländern keine exakten Statistiken gibt. Nach den Erhebungen aus dem Jahr 1996 gibt es etwa *1 800 Millionen* Christen. Knapp ein Drittel (33,1 %) der Weltbevölkerung ist christlich. Dieser Prozentsatz ist im 20. Jahrhundert kaum mehr gewachsen, sondern in etwa konstant geblieben. In der großen Zahl sind die Anteile der verschiedenen Kirchen enthalten. Im einzelnen gibt es

- ca. 1040 Millionen *römisch-katholische* Christen
- ca. 380 Millionen *Protestanten* verschiedener Art
- ca. 300 Millionen *Orthodoxe*
- ca. 40 Millionen Christen, die zu *anderen* christlichen Gemeinschaften und Kirchen gehören

Als die wichtigsten *Verbreitungsgebiete* der Christenheit sind Europa, Nord- und Südamerika, Mittel- und Südafrika, Australien und die Philippinen zu nennen.

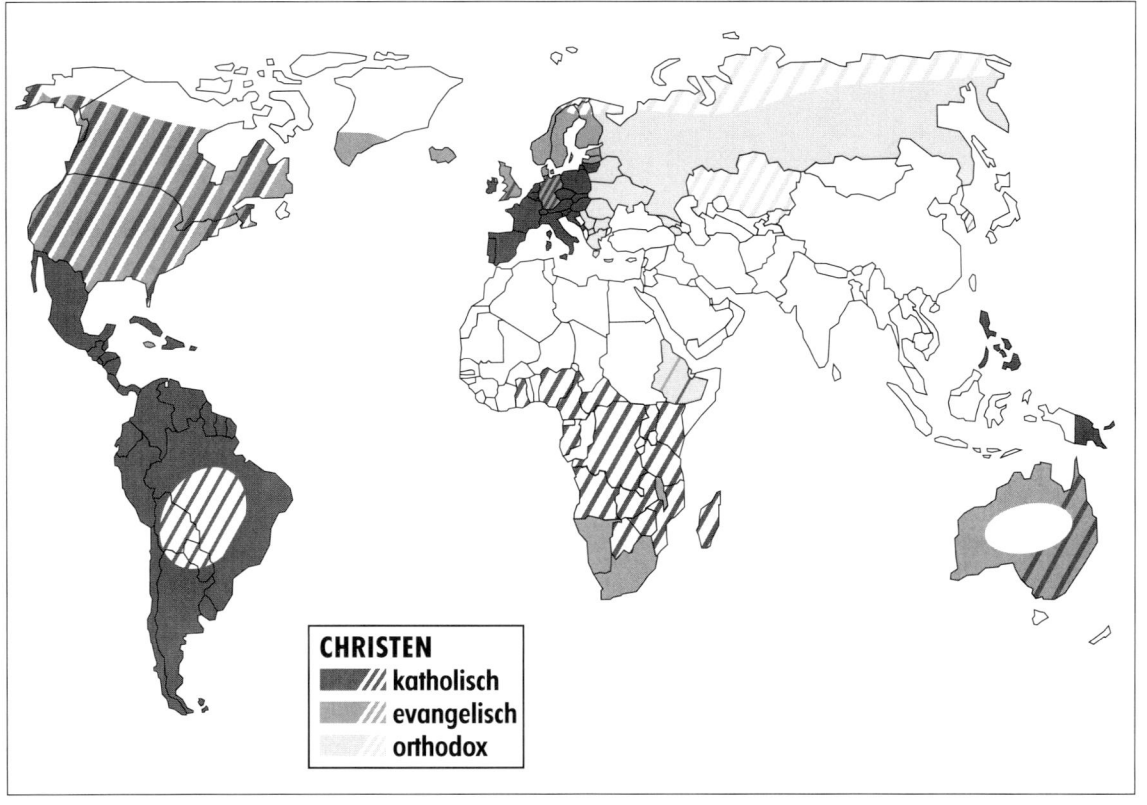

CHRISTEN
/// katholisch
/// evangelisch
orthodox

Die heiligen Schriften

Die eine Bibel
und die vielen Bücher

In der »Bibel« hat die Christenheit ihr heiliges Buch. Hier liest sie von dem Grund ihres Glaubens und von den Anfängen ihrer Tradition. In einem unerhörten Bogen verbindet die Bibel den Anfang der Welt, die Geschichte Gottes mit den Menschen und das Ende der Tage. Gottes Schöpfung und seine Geschichte mit dem Volk Israel sind ihre ersten Themen. Sie führen weiter zum Leben und Werk Jesu Christi und den Anfängen seiner Kirche. Von der Zukunft der Welt und von dem Ende der Zeiten erzählt die letzte Schrift.

Die Bibel hat eine geistige Weite wie kein anderes Buch. Sie befaßt sich mit so komplementären Dimensionen wie Gott und die Welt, Anfang und Ende der Zeit, Gut und Böse, Natur und Geschichte, Glück und Leid. In ihr wird von Heiligen und Verbrechern, von den Großen der Geschichte und von kleinen Leuten erzählt.

Für Christen hat die Bibel einen einzigartigen Rang. In ihrem *menschlichen Wort* hören sie *Gottes Wort*. Sie ist für sie Gottes Offenbarung, in der Gott aus seiner Verborgenheit heraustritt und um des Heiles der Menschen willen von sich spricht und seinen Willen kundtut. Christen sind davon überzeugt, daß sie sich im Leben und Tod auf die Bibel verlassen können.

Die *eine Bibel* der Christen umfaßt *viele Bücher*. Über die genaue Anzahl sind sich die Christen nicht einig. Für Katholiken enthält die Bibel 73 Bücher, 46 gehören zum Ersten, 27 zum Neuen Testament. Die Kirchen der Reformation zählen weniger Schriften zur Bibel. Die ältesten Schriften entstanden im 2. vorchristlichen Jahrtausend, die jüngsten im 2. nachchristlichen Jahrhundert. So ist die Bibel wie eine kleine Bibliothek zu sehen, deren Bestand in einem Zeitraum von mehr als einem Jahrtausend zusammengewachsen ist.

Die Bibel kann auf Grund ihrer Entstehungsgeschichte nicht so einheitlich sein wie eine Schrift, die von einem einzigen Autor stammt. Bei vielen biblischen Büchern wissen wir nicht, wer sie geschrieben hat. Ihre Ursprünge liegen im Dunkel der Geschichte. Bei einigen kennen wir die Namen der Verfasser, z. B. Jesaja, Paulus oder Markus. Andere Bücher wurden berühmten Männern wie Mose, David oder Paulus zugeschrieben. In diesen Zuschreibungen darf man keine Fälschungen sehen. Sie kommen aus der Überzeugung, daß die betreffenden Bücher im Geist dieser Männer geschrieben wurden.

Das Erste Testament

Die eine Bibel der Christenheit ist zweigeteilt. Sie umfaßt das sogenannte »*Alte Testament*« (jüdisches Kunstwort: »Tanach«, → S. 29 f.) und das »*Neue Testament*«. Das Alte Testament haben Christen mit den Juden gemeinsam, das Neue Testament ist für Christen allein ein heiliges Buch. Der *Begriff* »Altes Testament« ist mißverständlich. Er ist eine Übersetzung für »Alter Bund« und kann unterstellen, daß der Bund Gottes mit Israel ein Ende gefunden habe und darum veraltet sei. An seine Stelle sei der »Neue Bund« getreten, den Christus gestiftet habe. Dieses weitverbreitete Mißverständnis ist mit dem Anspruch Jesu unvereinbar. Paulus besteht im Römerbrief energisch auf dem Fortbestand des Bundes, den Gott mit Israel geschlossen hat. – Um alle Mißverständnisse mit dem Begriff »alt« auszuräumen, spricht man heute in den Kirchen auch vom »*Ersten Testament*« und in den Religionswissenschaften mit einem neutralen Begriff von der »*Jüdischen*« oder der »*Hebräischen Bibel*«.

Im Alten Testament der christlichen Bibel gibt es einige Bücher, die nicht zum Tanach gehören (»*deuterokanonische* Schriften«): Tobit, Judit, 1 und 2 Makkabäer, Weisheit, Jesus Sirach, Baruch, Teile des Danielbuches. Diese Schriften sind relativ spät in hellenistischer Zeit (3.–1. Jh. v. Chr.) entstanden. Manche von ihnen sind wie das Neue Testament in griechischer Sprache verfaßt.

Heute wird die Hebräische Bibel in drei Religionen gelesen. *Juden* sehen in ihr die Grundurkunde ihrer Geschichte mit Gott, die auch in der Zeit nach Christus eigenständig weitergeht. Im Talmud (→ S. 34 f.) und in anderen jüdischen Schriften bemühen sie sich um ein immer neues Verständnis. Für *Christen* hat die Hebräische Bibel eine dreifache Bedeutung. Sie ist das Grunddokument Israels (1), die heilige Schrift Jesu (2) und das Fundament für das Neue Testament als Buch der Kirche (3). Auch Mohammed hat das Alte und Neue Testament hoch geschätzt und seine Achtung vor den »Leuten der Schrift« (→ S. 206) dem *Islam* weitergegeben.

Jesus hat die Schriften seines Volkes nie »*Altes Testament*« genannt, weil es zu seiner Zeit ein »*Neues Testament*« noch gar nicht gab. Die jüdischen »Schriften« waren für ihn ohne jede Einschränkung Gottes Wort. Er bezog sich oft auf sie und legte sie in seinen Reden und Taten aus, ohne ihren Rang auch nur andeutungsweise in Frage zu stellen. Auch für die frühen Christengemeinden waren die Schriften Israels solange die alleinigen heiligen Schriften, bis allmählich die neuen Schriften entstanden, die von Jesus Christus handelten. Sie wurden weitgehend schon im 2. Jahrhundert zum »Neuen Testament« zusammengefaßt und galten nun neben dem »Alten Testament« als verbindliche Richtschnur (»Kanon«) der jungen Kirche. Alles, was die neuen Schriften von Jesus verkünden, ist gültig, weil es »gemäß den Schriften« Israels ist. Diese Schriften legitimieren ihn, nicht umgekehrt er diese Schriften. Sie bieten die Perspektiven, um ihn verstehen zu können. Die Besonderheit seiner Person wird mit *Titeln* ausge-

Die Bibel kann auf eine lange Überlieferungsgeschichte zurückblicken. In unzähligen Ausgaben wurde sie ganz oder in Auszügen zuerst von Hand abgeschrieben und später auch gedruckt.
Linke Seite: Der Codex Sinaiticus, Handschrift der ganzen Bibel, 4. Jh.

Oben: Prachtevangeliar mit dem Text der vier Evangelien, Lüttich, 12. Jh. Email mit den vier Evangelisten und Kardinaltugenden, Elfenbein mit Kreuzigung.
Darunter: Vincent van Gogh (1853–1890): Stilleben mit Bibel, Öl, 1885.

sagt, die in der jüdischen Tradition viel gelten: Messias (→ S. 67 ff.), Menschensohn, Prophet, König, Hoherpriester, Sohn Gottes. Jesus steht im Zusammenhang mit der Geschichte von Abraham und Mose, von David und Elija, den Großen des Judentums. Die *Thora* (→ S. 30) hat er immer als Gottes Weisung für sich und seine Freunde angesehen. Wo er Neues sagt, geschieht dies in Anknüpfung an die jüdischen Überlieferungen. Wenn er Gott seinen Vater nennt, unterscheidet er nie zwischen dem Gott Israels und seinem Gott.

Die *Kirche* hat immer an der Verbindlichkeit des Alten Testaments festgehalten und alle Versuche zurückgewiesen, es aus der Sammlung ihrer heiligen Schriften zu verbannen. In der alltäglichen Praxis hat sie aber dem Alten Testament oft die Hochschätzung verweigert, die ihm zusteht. Sie übertrug ihre feindselige Einstellung zum Judentum auch auf dieses Buch. So wurde das Alte Testament zu einer heiligen Schrift minderen Ranges. Die Verkündigung markierte *Gegensätze* zwischen dem Alten und Neuen Testament, die es in Wirklichkeit nicht gibt. Der Gott des Alten Testaments (→ S. 40 ff.) war nun der Gott der Rache und des Hasses, während der Gott des Neuen Testaments der Gott der Versöhnung und Liebe wurde. Man stellte das unvollkommene »Gesetz« des Alten Testaments dem vollkommenen »Evangelium« des Neuen Testaments gegenüber. Auf der einen Seite gab es nur sklavischen Gehorsam gegenüber dem Gesetz, auf der anderen den Ruf zur Freiheit. Dort sah man nur nationale Begrenztheit und Enge, hier universale Offenheit und Weite. Mit dieser Abwertung des Alten Testaments wurde die religiöse Würde des Judentums verletzt. Aber auch die Kirche selbst nahm dabei Schaden, weil sie sich von den eigenen geistlichen Wurzeln abschnitt, aus denen sie in Glauben, Ethos und Liturgie lebt.

Thora und Propheten

Denkt nicht, ich sei gekommen, um das Gesetz und die Propheten aufzuheben, sondern um zu erfüllen. Amen, das sage ich euch: Bis Himmel und Erde vergehen, wird auch nicht der kleinste Buchstabe des Gesetzes vergehen, bevor nicht alles geschehen ist.

aus dem Evangelium nach Matthäus 5, 17–18

Die Themen des Ersten Testaments sind von einer *unerschöpflichen Vielfalt*. Darum können sie nicht leicht auf einen Nenner gebracht werden. Alle Versuche, ein einziges Grundthema des Ersten Testaments zu benennen, sind bisher gescheitert. Gott erscheint hier in fast widersprüchlicher Weise (→ S. 44) als Schöpfer und Zerstörer, als Befreier und Richter, als Liebender und Zorniger, als Kriegsherr und Friedensfürst, als Gesetzgeber und Garant der Freiheit, als Naher und Ferner, als Freund Israels und Herr aller Völker. Auch das Menschenbild des Ersten Testaments ist äußerst komplex. Die vielen unterschiedlichen Seiten des Menschen lassen sich in den Erzählungen an großen Gestalten plastisch ablesen und werden in der Weisheitsliteratur zum Gegenstand grundsätzlicher Überlegung. Wir lesen von Glück und Leid, von Angst und Hoffnung, von Feigheit und Mut, von Krieg und Frieden, von Heimat und Fremde, von Schuld und Vergebung, von Rache und Versöhnung, von Haß und Liebe. Die Gottesrede, die Sicht vom Menschen, das Weltverständnis und die Weisungen des Ersten Testaments haben in dieser Fülle im Neuen Testament keine Entsprechung.

Das Neue Testament

Das Neue Testament hat demgegenüber *nur ein Thema*: *Jesus Christus*. Diese Beschränkung war möglich, weil die Verfasser des Neuen Testaments das Erste Testament immer voraussetzten und als ihre Heilige Schrift nie zur Disposition stellten. Was dort gesagt war, blieb gültig und brauchte deshalb nicht wiederholt zu werden. Das Neue des Neuen Testaments ist die Botschaft von Jesus Christus. Sein Leben und seine Lehre, vor allem sein Kreuz und seine Auferweckung bestimmen alle 27 Bücher des Neuen Testaments. Man teilt sie oft, wenn auch nicht ganz sachgemäß, in Bücher der Geschichte (5), der Lehre (21) und der Prophetie (1) ein.

• Die *5 geschichtlichen Bücher* enthalten vor allem erzählende Traditionen. Die vier Evangelien nach Matthäus, Markus, Lukas und Johannes erzählen in vierfacher Perspektive vom Leben und Sterben Jesu. Die Apostelgeschichte zeigt, wie sich die Botschaft Jesu rasch ausbreitete und wie die frühen Gemeinden aus dem Glauben an Jesus lebten.

- Die *21 Bücher der Lehre* sind ausnahmslos Briefe. 8 Briefe stammen von Paulus (→ S. 164 ff.): der Brief an die Römer, der erste und zweite Brief an die Korinther, der Brief an die Galater und an die Philipper, der erste und zweite Brief an die Thessalonicher und der Brief an Philemon. Weitere 6 Briefe stammen wahrscheinlich nicht oder nicht ganz von ihm, werden ihm aber zugeschrieben: der Brief an die Epheser, der Brief an die Kolosser, der erste und zweite Brief an Timotheus, der Brief an Titus, und der Brief an die Hebräer. Die restlichen 7 Briefe gelten als die Briefe des Johannes (3), des Petrus (2) und des Judas (1).

- Am Ende des Neuen Testaments steht als *prophetisches Buch* die Offenbarung des Johannes, ein geschichtstheologisches Buch, das in der Sprache der jüdischen Apokalyptik vom Ende der Welt und vom letzten Ziel des Menschen erzählt.

Das Evangelium nach Markus

Das erste Evangelium, das um das Jahr 70 entstand, wird Markus zugeschrieben. Nach einer alten, eher unwahrscheinlichen Überlieferung war Markus der Begleiter des Petrus, so daß sich seine Schrift auf die Autorität dieses Apostels stützen könnte. Ebenfalls unsicher sind alte Angaben, wonach er sich mit seiner Schrift an die Gemeinde von Rom gewandt habe. Im Grund wissen wir von dem Verfasser kaum etwas. Ob er Jesus noch selbst gekannt hat, ist fraglich. Er war wohl kein Zeitzeuge Jesu, wohl aber Redakteur einiger Jesusüberlieferungen. Als erster ordnete er diese und fügte sie in einen *historischen Rahmen* ein. Dabei begann er nicht mit Erzählungen von der Kindheit Jesu, weil ihm davon wohl nichts bekannt war. Er setzt mit der Taufe Jesu am Jordan an und führt dann über sein Wirken in Galiläa weiter bis zum Ende in Jerusalem, wo Jesus am Kreuz stirbt und als Auferstandener gesehen wird.

Markus war der erste, der eine ganze Schrift »*Evangelium*« (1,1; → S. 98) nannte und damit eine neue literarische Gattung schuf. Er machte damit seinen Lesern deutlich, daß sie in seiner Schrift die frohe Botschaft von Jesus hören, der als »Sohn Gottes« von Gottes Güte Zeugnis ablegt.

Das *Jesusbild* des ersten Evangeliums ist voll Kraft und Entschiedenheit. Jesus kämpft hier so heftig gegen die Mächte des Bösen wie in keinem anderen Evangelium. Die vielen Dämonenaustreibungen, die als dramatische Kämpfe geschildert werden (5), und die Krankenheilungen sind dafür ein lebendiges Zeugnis. Selbst gegenüber gefährlichen Naturkräften wie Wasserfluten und Stürmen erweist er sich als starker Retter (4,39). Wenn er in seinem Leben lehrt, heilt oder die Dämonen besiegt, leuchtet in ihm schon die Herrlichkeit der Auferstehung auf. Jesus muß auch gegen Widerstand kämpfen. Er erregt bei den Super-Frommen Anstoß, weil er sich mit Zöllnern und Sündern einläßt und mit diesen sogar zu Tisch sitzt (2,15–17). In so wichtigen Fragen wie Sabbatheiligung, kultische Reinheit und Speisevorschriften legt er sich mit denen an, die eine strengere Auslegung der Thora für richtig halten. So ziehen sich bittere Auseinandersetzungen mit den Pharisäern durch seine Schrift. Sie finden ihren Höhepunkt, als Jesus in seinem Prozeß vor dem Hohenpriester Israels steht und sich dort auf dessen Anfrage offen zu seiner Messianität bekennt (14,64). Jesus stirbt am Kreuz mit dem jüdischen Sterbegebet (Ps 22) als einer, der sich von Gott verlassen fühlt. Am Ende heißt es vom Gekreuzigten lapidar: »Er ist auferstanden« (16,6).

Der Sturm auf dem See

Am Abend dieses Tages sagte er zu ihnen:
Wir wollen ans andere Ufer hinüberfahren.
Sie schickten die Leute fort und fuhren mit ihm
in dem Boot, in dem er saß, weg;
einige andere Boote begleiteten ihn.
Plötzlich erhob sich ein heftiger Wirbelsturm,
und die Wellen schlugen in das Boot,
so daß es sich mit Wasser zu füllen begann.
Er aber lag hinten in dem Boot auf einem Kissen
und schlief. Sie weckten ihn und riefen: Meister,
kümmert es dich nicht, daß wir zugrunde gehen?
Da stand er auf, drohte dem Wind und sagte zu
dem See: Schweig, sei still! Und der Wind
legte sich, und es trat völlige Stille ein.
Er sagte zu ihnen: Warum habt ihr solche Angst?
Habt ihr noch keinen Glauben?
Da ergriff sie große Furcht, und sie sagten zueinander: Was ist das für ein Mensch, daß ihm sogar
der Wind und der See gehorchen?

aus dem Evangelium nach Markus 4, 35–41

Das Evangelium nach Matthäus

Das Matthäusevangelium dürfte um 80 n. Chr. geschrieben worden sein. Der uns unbekannte Verfasser hat das relativ kurze Markusevangelium gekannt und mit einigen *Erweiterungen* und *Veränderungen* als Gerüst für seine Schrift übernommen. Am Anfang des Evangeliums steht nun eine *Kindheitserzählung* (1–2), die nicht den historischen Rahmen der Jesus-Überlieferung erweitern, sondern wichtige Glaubensperspektiven eröffnen will. Jesus wird in einem theologischen Stammbaum (1,1 ff.) als »Sohn Abrahams« und »Sohn Davids« in die große Geschichte Gottes mit dem Volk Israel integriert. Ähnlich wie in der Kindheitserzählung des Mose (→ S. 23) gibt es auch hier Kindermord, Flucht und wunderbare Rettung. Was einmal bei dem großen Mose geschah, wird nun überboten. Am Ende ist das Evangelium durch neue *Auferstehungszeugnisse* ausgeweitet. Typisch für das Evangelium sind vor allem 6 große *Redekomplexe*: die Bergpredigt (5–7, → S. 151 f.); eine Sendungsrede für die Jünger (10); eine große Gleichnissammlung (13); Weisungen für das Leben in der Gemeinde (18), eine Pharisäerschelte (23) und die Ankündigung der Endzeit (24). Diese Reden stellen Jesus als den neuen *Lehrer Israels und der Kirche* dar. Für ihn ist das jüdische Liebesgebot in seiner Ausrichtung auf Gott, den Menschen und sich selbst das wichtigste Gebot (22,34–40, → S. 150). Beim Gericht wird der Menschensohn alle danach beurteilen, ob sie sich dem geringsten seiner Brüder zugewandt und ihm Barmherzigkeit erwiesen haben oder nicht (25,31–46). Taten der Liebe sind das wichtigste Kriterium eines Lebens nach den Vorstellungen Jesu.

Im Verhältnis zum *Judentum* ist das Evangelium gespalten. Einerseits betont Jesus, daß er die ganze Thora erfüllen will (5,17), andererseits entfaltet er eine ungewöhnliche Polemik gegen die Pharisäer (→ S. 78 f.) und stößt Drohworte gegen Jerusalem und den Tempel aus. Die Selbstverfluchung der Juden beim Prozeß Jesu (27,25) ist für Jahrhunderte zum Vorwand für die Verfolgung der Juden verwandt worden. Aus dieser Doppelperspektive des Evangeliums kann man schließen, daß Matthäus zu einer judenchristlichen Gemeinde spricht, die dabei ist, sich zu einer Gemeinde zu erweitern, in der auch

---

> **Gewaltlosigkeit und Feindesliebe**
>
> Leistet dem, der euch Böses antut, keinen
> Widerstand, sondern wenn dich einer
> auf die rechte Wange schlägt,
> dann halt ihm auch die andere hin.
> Und wenn dich einer vor Gericht bringen will,
> um dir das Hemd wegzunehmen,
> dann laß ihm auch den Mantel.
> Und wenn dich einer zwingen will, eine Meile
> mit ihm zu gehen, dann geh zwei mit ihm.
> Wer dich bittet, dem gib,
> und wer von dir borgen will, den weise nicht ab.
> Ihr habt gehört, daß gesagt worden ist:
> Du sollst deinen Nächsten lieben
> und deinen Feind hassen.
> Ich aber sage euch: Liebt eure Feinde
> und betet für die, die euch verfolgen,
> damit ihr Söhne eures Vaters im Himmel werdet;
> denn er läßt seine Sonne aufgehen über Bösen
> und Guten, und er läßt regnen über
> Gerechte und Ungerechte.
>
> *aus dem Evangelium nach Matthäus 6, 39–45*

Nichtjuden (»Heiden«) leben dürfen. Dafür spricht auch die Tatsache, daß in keinem anderen Evangelium die neue *Kirche* eine so große Rolle spielt. Sie wird die neue Heilsgemeinde, die gleichermaßen Juden und Christen umfassen kann. Als Petrus bei wichtiger Gelegenheit Jesus als den Messias bekennt, nennt Jesus ihn programmatisch den Felsen, auf den er seine Kirche bauen will (16,16). Am Ende gibt der Auferstandene seiner Botschaft eine universale Ausweitung. Seine Jünger sollen »zu allen Völkern« gehen, damit alle Menschen seine Jünger werden und sich seiner Lehre anschließen können (28,19 ff.).

Das Evangelium nach Lukas

Das dritte Evangelium, das *Lukas* zugeschrieben wird, dürfte um 90 n. Chr. entstanden sein. Es führt uns in eine nochmals andere geistige Welt. Der Verfasser stammt wahrscheinlich nicht aus dem Judentum, fühlt sich aber dem hellenistischen Judentum verbunden. Sein Adressaten sind Christen der *griechisch-römischen Welt*. Er will für sie nicht allein die Geschichte Jesu Christi, sondern auch die der

Die vier Evangelisten. Blatt aus einem Aachener Evangeliar, um 800. Hier sind die vier Evangelisten beim Schreiben der Frohen Botschaft dargestellt. Sie sind an ihren vier Symbolen erkenntlich. Diese werden oft, vielleicht etwas äußerlich, von den Anfängen ihres Evangeliums abgeleitet. Weil Matthäus mit der Kindheitsgeschichte Jesu beginnt, weist man ihm den *Menschen* zu. Markus erzählt zuerst vom Auftreten des Täufers in der Wüste, dem der *Löwe* als König der Wüste entspricht. Lukas beginnt mit einer Szene im Tempel, wo oft *Stiere* geopfert wurden. Johannes schaut in seinem Prolog wie mit den Augen eines *Adlers* das Geheimnis Christi. Eine andere Deutung sieht in den vier Symbolen Hinweise auf das Leben Jesu. Er ist Mensch in seiner Geburt, Stier in seinem Opfertod, Löwe in seiner Auferstehung und Adler in der Himmelfahrt.

frühen Kirche schreiben. Darum gehört zu seinem Evangelium unlösbar auch seine zweite Schrift, die *Apostelgeschichte*, in der die erste Zeit »nach Christus« aufgeschrieben ist. Beide Bücher bilden eine Einheit. Sie gehen nicht mehr von einer nahen Erwartung des Endes der Zeit aus, sondern stellen sich auf einen längeren Zeitraum bis zur Wiederkehr Christi ein.

Wie kein anderer Evangelist versteht sich Lukas als *Historiker*. Am Anfang seiner Schrift gibt er nach antikem Muster Rechenschaft von seinen Zielen (1,1–4). Er widmet seine Schrift einem Christen namens Theophilus, damit dieser sich von der Zuverlässigkeit der Lehre, in der er unterwiesen wurde, überzeugen kann. Lukas schreibt auch, daß er andere *Quellen* kennt und zu Rate gezogen hat. Er stützt sich, ähnlich wie Matthäus, auf das Markusevangelium und erweitert und verändert es nochmals in anderer Weise. Doch ist auch sein Evangelium keine Geschichtsschreibung im heutigen Sinn oder gar eine Biographie Jesu. Auch das Lukasevangelium ist ein Zeugnis des christlichen Glaubens, das nicht so sehr Wissen vermitteln als Glauben wecken will.

Zu seinem *Sondergut* gehört eine völlig andere *Kindheitserzählung* (1–2) als die des Matthäus. Sie stellt einen Vergleich mit der Kindheit Johannes des Täufers her, den viele Juden für den Messias gehalten haben. Bei Lukas wird er zum Vorläufer Jesu. Weithin bekannt geworden sind seine Erzählungen von der Ankündigung der Geburt Jesu durch den Engel Gabriel bei der Jungfrau Maria in Nazaret, von dem Gang der schwangeren Maria zu Elisabet, von der Geburt Jesu in der Krippe nahe einem Hirtenfeld bei Betlehem, von der Beschneidung Jesu und von seiner späteren Darbringung im Tempel zu Jerusalem, schließlich von der Weisheit des Zwölfjährigen, die sich erstmals öffentlich im Gespräch mit Schriftgelehrten in Jerusalem zeigt. Bei der Geburt sagen die Engel, was es mit dem Kind auf sich hat: In ihm wird Gott die Ehre und den Menschen die Gnade Gottes zuteil (2,14). Am Ende des Evangeliums erfahren wir wieder exklusiv bei Lukas von wunderbaren Erscheinungen des *Auferstandenen*, von dem tiefsinnigen Gespräch, in dem er zwei Jüngern auf deren Weg von Jerusalem in das nahe Emmaus den

Sinn seines Leidens und Sterbens erklärt (24, 1–49) und von seiner *Himmelfahrt* (24,50–53).

Die *Geschichte* teilt der Evangelist in zwei Abschnitte ein. Die Zeit vor Jesus ist die Zeit von »Gesetz und Propheten« (→ S. 108 ff.). Sie reicht bis zum Auftreten Johannes des Täufers (16,16). Es folgt die Zeit Jesu, in dessen Kirche neben Juden auch Nichtjuden Platz haben. Diese Epoche entfaltet sich von den kleinen Anfängen in Galiläa, öffnet sich für Judäa und Jerusalem und weitet sich schließlich über weite Teile des Mittelmeergebietes bis nach Rom und »die Grenzen der Erde« (Apg 1,18). In der Kirche setzen die Apostel Jesu nach dem Pfingstfest das Werk Jesu fort, unter diesen besonders Paulus (→ S. 164 ff.), der nach einer wunderbaren Berufung zum großen Missionar der Kirche wurde.

Lukas hat sein *Jesusbild* mit großer innerer Sympathie entworfen. Die Legende hat darum in ihm einen Maler sehen wollen, der mit seinen Worten gleichsam ein Porträt Jesu angefertigt habe. Jesus ist hier vor allem Heiland und Retter, voll Menschlichkeit für die Armen und Ausgestoßenen, voll Verständnis auch für die Sünder und Schwachen. Nirgends ist die Liebe Gottes so eindringlich verkündet wie in dem nur von Lukas erzählten Gleichnis vom

---

Das Gleichnis vom gütigen Vater und verlorenen Sohn

Weiter sagte Jesus: Ein Mann hatte zwei Söhne. Der jüngere von ihnen sagte zu seinem Vater: Vater, gib mir das Erbteil, das mir zusteht. Da teilte der Vater das Vermögen auf.

Nach wenigen Tagen packte der jüngere Sohn alles zusammen und zog in ein fernes Land. Dort führte er ein zügelloses Leben und verschleuderte sein Vermögen.

Als er alles durchgebracht hatte, kam eine große Hungersnot über das Land, und es ging ihm sehr schlecht.

Da ging er zu einem Bürger des Landes und drängte sich ihm auf; der schickte ihn aufs Feld zum Schweinehüten. Er hätte gern seinen Hunger mit den Futterschoten gestillt, die die Schweine fraßen; aber niemand gab ihm davon.

Da ging er in sich und sagte: Wie viele Tagelöhner meines Vaters haben mehr als genug zu essen, und ich komme hier vor Hunger um. Ich will aufbrechen und zu meinem Vater gehen und ihm sagen: Vater, ich habe mich gegen den Himmel und gegen dich versündigt. Ich bin nicht mehr wert, dein Sohn zu sein; mach mich zu einem deiner Tagelöhner. Dann brach er auf und ging zu seinem Vater.

Der Vater sah ihn schon von weitem kommen, und er hatte Mitleid mit ihm. Er lief dem Sohn entgegen, fiel ihm um den Hals und küßte ihn.

Da sagte der Sohn: Vater, ich habe mich gegen den Himmel und gegen dich versündigt; ich bin nicht mehr wert, dein Sohn zu sein.

Der Vater aber sagte zu seinen Knechten: Holt schnell das beste Gewand, und zieht es ihm an, steckt ihm einen Ring an die Hand, und zieht ihm Schuhe an. Bringt das Mastkalb her, und schlachtet es; wir wollen essen und fröhlich sein. Denn mein Sohn war tot und ist wiedergefunden worden.

Und sie begannen, ein fröhliches Fest zu feiern.

aus dem Evangelium nach Lukas 15, 11–24 (→ S. 122)

gütigen Vater und vom verlorenen Sohn (15). Mit großer Liebe nimmt sich Jesus auch der Kranken an. In keinem anderen Evangelium kommen so viele *Frauen* vor. Ihnen allen gilt auf ganz unkonventionelle Art die besondere Zuwendung Jesu.

Mehr als die anderen Evangelisten zeigt Lukas, wie Jesus betet. Er weiß sich als »Sohn Gottes« in besonderer Weise mit seinem Vater im *Gebet* verbunden (10,21 f.) Vor allen wichtigen Entscheidungen und besonders während seines Leidens und Sterbens sucht er bei seinem Vater Kraft und Schutz (22,39–46; 23, 46). Auf Gott setzt er sein ganzes Vertrauen. So ist Jesus schon bei Lukas zum Vorbild für die Gemeinde geworden. Bei der Betrachtung der Gebete gewinnt man nicht den Eindruck, daß in Jesus Gottheit und Menschheit eine Einheit bilden. Jesus ist hier ein Frommer, der sich ganz seinem Vater unterordnet und sich von ihm abhängig weiß. Seine besondere Aufgabe liegt darin, als »Herr«, »Messias« und »Sohn Gottes« den Auftrag Gottes zum Heil aller Menschen zu erfüllen.

Das Evangelium nach Johannes

Das vierte und letzte Evangelium des Neuen Testaments ist wahrscheinlich am Ende des ersten Jahrhunderts entstanden. Wir wissen nicht, wer der Verfasser ist. Die alte Annahme, es handle sich um *Johannes*, den Lieblingsjünger Jesu, findet heute kaum mehr Zustimmung.

Das vierte Evangelium unterscheidet sich nicht nur graduell von seinen Vorgängern. Es setzt ganz neue Akzente. Die Zeitabfolge und auch die geographischen Orte des Lebens Jesu hat der Autor stark abgewandelt. Dabei stützt er sich streckenweise auf ältere Traditionen und registriert manches Detail genauer als seine Vorgänger. Der entscheidende Unterschied aber liegt in dem johanneischen *Jesusbild*. Jesus erscheint hier nicht mehr in der farbigen Lebendigkeit der drei älteren Evangelien. Die Sprache ist lange nicht so anschaulich und konkret. Nun steht eine religiös-theologische Deutung der Person Jesu im Vordergrund. Ständig kreisen die *Reden* Jesu meditativ um so bedeutungsvolle Begriffe wie Wort, Wahrheit, Welt, Leben, Licht und Finsternis.

Während die älteren Evangelien gleichsam »*von unten*« vom irdischen Jesus ausgehen und von ihm

> **Das Wort – Der Logos**
>
> Im Anfang war das Wort,
> und das Wort war bei Gott,
> und das Wort war Gott.
> Im Anfang war es bei Gott.
> Alles ist durch das Wort geworden,
> und ohne das Wort wurde nichts,
> was geworden ist.
> In ihm war das Leben,
> und das Leben war das Licht der Menschen.
> Und das Licht leuchtet in der Finsternis,
> und die Finsternis hat es nicht erfaßt …
> Und das Wort ist Fleisch geworden
> und hat unter uns gewohnt,
> und wir haben seine Herrlichkeit gesehen,
> die Herrlichkeit des einzigen Sohnes vom Vater,
> voll Gnade und Wahrheit.
>
> *aus dem Evangelium nach Johannes 1, 1–5.14*

aus die Bedeutung für den Glauben erschließen, zeigt das vierte Evangelium Jesus sehr viel mehr »*von oben*« aus der Perspektive Gottes. Es beginnt in einem höchst konzentrierten Prolog (1,1 ff.) mit der zeitlosen Existenz Jesu Christi bei Gott (»Präexistenz«). Er kommt von Gott, bei dem er schon vor der Erschaffung der Welt war (17,5.24) und hat als göttliches Wort (→ S. 45) Fleisch angenommen. Er ist das Wort, das Gott ist. Dieses Wort ist Mensch geworden (1,14). In Jesus leuchtet Gott auf. In ihm bilden Göttlichkeit und Menschlichkeit eine Einheit. Er ist vom Himmel herabgekommen und steigt auch wieder zum Himmel auf (3,13; 6,62). So hat er Gott verherrlicht (17,4) und ist zum »Retter der Welt« (4,42) geworden.

Vor allem seine aufsehenerregenden Wunder sind »*Zeichen*« für ihn: die Verwandlung von Wasser in Wein (2,1–12), die wunderbare Speisung mit Brot (6,1–15), ein Gang über die Untiefen des Wassers (6,16–20), die Heilung eines Blindgeborenen (9,1–42) und die Erweckung des schon drei Tage toten Lazarus zum Leben (11,1–53). In diesen ungewöhnlichen Texten liegt eine symbolische Christologie vor, die den Augen des Glaubens zeigt, in welch andere Dimensionen Jesus hinaufreicht. Die Texte sind nicht historische Reportagen, die zu einem Kapitel in einem Geschichtsbuch werden könnten. Er selbst nennt sich in markanten »Ich bin«-Worten, die an die Selbstoffenbarung Gottes am Sinai erinnern (→ S. 43 f., 99), lebendiges Wasser, das Brot des Lebens, das Licht der Welt, die Auferstehung und das Leben. Er ist für den Evangelisten der Weg, die Wahrheit und das Leben (14,6).

Dem Christus dieses Evangeliums geht die warme Menschlichkeit der anderen Evangelien eher ab. Die Worte »Erbarmen« und »Mitleid« kommen hier nicht vor. Dieser Jesus imponiert nicht deshalb, weil er voll Zuneigung zu den Menschen ist. Er ist der, der sich den Menschen offenbart und ihnen ewiges Leben schenkt, wenn sie an ihn glauben. Jesus ist derjenige, der sich und seinen *Vater* zuerst der Welt und, als diese ihn ablehnt, seinen Jüngern offenbart. Darum ist die Endzeit schon jetzt da. Sie ist Entscheidungszeit für oder gegen ihn. Den »Seinen«, die auf ihn hören und ihn sehen, gibt er ein *neues Gebot*: »Wie ich euch geliebt habe, so sollt auch ihr einander lieben« (13,34). Dieses Gebot geht einher mit der schroffen Abweisung derer, die nicht an ihn glauben. In diesem Zusammenhang finden wir harte Worte über die Juden (8,44), obwohl der Evangelist anerkennt, daß von ihnen das Heil ausgeht (4,42).

In der *Passion* setzt das Johannesevangelium ebenfalls neue Akzente. Auch hier erscheint Jesus in einem hoheitsvollen Licht. Überall wird seine Würde mehr als sein Leiden betont. Seine Kreuzigung ist seine »Erhöhung« vor Gott. In seinem Tod am Kreuz hat er sein Werk »vollbracht« (19,30). Dies bekräftigen die Erscheinungen und Worte des *Auferstandenen*. Selbst der Zweifler Thomas muß am Ende vor dem Auferstandenen ein unerhörtes Bekenntnis ablegen: »Mein Herr und mein Gott« (20,28).

Die Briefe des Neuen Testaments

Die in Sprache, Umfang und theologischer Perspektive so unterschiedlichen *21 Briefe des Neuen Testaments* stimmen mindestens in einem Punkt überein: Sie sind lebendiges *Zeugnis von Jesus Christus*. Die frühesten Briefe an die Thessalonicher dürften schon in den vierziger Jahren oder um 50 entstanden sein. Sie sind die ältesten Dokumente des Neuen Testaments, die schon Jahrzehnte vor den Evangelien verfaßt wurden. In ihnen spiegelt sich die erste Zeit der Kirche wider, die noch ganz auf die

baldige Wiederkehr Christi ausgerichtet war. Die späten Briefe an Timotheus und Titus werden am Anfang des 2. Jahrhunderts verfaßt worden sein, also zu einer Zeit, in der die Kirche schon auf eine erfolgreiche Ausbreitung zurückblicken konnte. Sie ist schon eine Institution mit vielen Ämtern geworden und rechnet nicht mehr mit der unmittelbar bevorstehenden Wiederkunft Christi. Der wohl jüngste Brief ist der zweite Petrusbrief, den man heute um die Zeit von 130–140 datiert. In ihm haben wir wahrscheinlich die zuletzt entstandene Schrift des Neuen Testaments vor uns.

Die Briefe sprechen fast nie so anschaulich über die Lebensumstände Jesu, wie es die Evangelien tun. In ihnen geht es mehr um die *Praxis des christlichen Lebens* und seine Entfaltung aus dem Glauben an Jesus Christus. Ein Thema wird vielfach variiert: Der gekreuzigte Jesus von Nazaret wurde von Gott auferweckt. Christen dürfen die Hoffnung haben, daß auch sie im Glauben an ihn auferweckt werden (1 Kor 15). Sie sollen leben als solche, die durch die Taufe vom Tod zum Leben übergegangen sind. Wichtigstes christliches Kennzeichen ist die Liebe (Röm 12,8–10).

Einige Schriften wie der umfangreiche Paulusbrief an die Römer oder die beiden Briefe an die Ko-

Das Hohelied der Liebe

Wenn ich in den Sprachen der Menschen und
Engel redete,
hätte aber die Liebe nicht,
wäre ich dröhnendes Erz oder
eine lärmende Pauke.
Und wenn ich prophetisch reden könnte
und alle Geheimnisse wüßte
und alle Erkenntnisse hätte;
wenn ich alle Glaubenskraft besäße
und Berge damit versetzen könnte,
hätte aber die Liebe nicht, wäre ich nichts.
Und wenn ich meine ganze Habe verschenkte,
und wenn ich meinen Leib dem Feuer übergäbe,
hätte aber die Liebe nicht, nützte es mir nichts.
Die Liebe ist langmütig, die Liebe ist gütig,
sie ereifert sich nicht, sie prahlt nicht,
sie bläht sich nicht auf.

aus dem ersten Brief des Paulus an die Korinther 13, 1–4

rinther kommen aus einer systematischen Absicht und bieten erste *theologische Reflexionen* über Glaube und Rechtfertigung, über Taufe und Eucharistie, über die Thora und das Verhältnis zum Judentum, über Hoffnung und Liebe, über Tod und Auferstehung und immer wieder in neuen Varianten über Jesus Christus. In manchen Briefen sind ältere Hym-

Leid und Hoffnung

Ich bin davon überzeugt,
daß die Leiden der gegenwärtigen Zeit
nichts bedeuten
im Vergleich zu der Herrlichkeit,
die an uns offenbar werden soll.
Denn die ganze Schöpfung wartet sehnsüchtig
auf die Offenbarung der Söhne Gottes.
Die Schöpfung ist der Vergänglichkeit
unterworfen,
nicht aus eigenem Willen,
sondern durch den, der sie unterworfen hat;
aber zugleich gab er ihr Hoffnung:
Auch die Schöpfung soll von der Sklaverei und
Verlorenheit befreit werden
zur Freiheit und Herrlichkeit der Kinder Gottes.

aus dem Brief des Paulus an die Römer 8, 18–21

nen und Lieder, Gebete und Bekenntnisse aus dem frühen Gemeindeleben zitiert. Sie sind als alte Quellen von hohem Wert. Hier erscheint der geschichtliche Jesus von Nazaret als der kosmische und präexistente Christus, der bei der Schöpfung Gottes mit am Werk ist (Kol 1,15–20) und der nun sein universales Heilswerk begonnen hat. Diese Briefe sind zusammen mit dem Johannesevangelium zur Basis der späteren Christologie geworden.

Andere Briefe oder Abschnitte in ihnen sind eher *Gelegenheitsschriften*. Paulus und die anderen Autoren nehmen darin Stellung zu konkreten Problemen und Fragen der Gemeinden. Sie machen deutlich, wie Christus im Mittelpunkt des Glaubens steht und welche Perspektiven sich von ihm aus für das Leben der Gemeinden und für das Handeln des einzelnen Christen herleiten. So sagt Paulus dem Philemon und seiner Schwester Aphia in wenigen Zeilen, wie sie es mit ihrem Sklaven Onesimus halten sollen. Die Korinther erfahren Belehrung darüber, ob sie

Zur Freiheit befreit

Zur Freiheit hat uns Christus befreit.
Bleibt daher fest und laßt euch nicht von neuem
das Joch der Knechtschaft auflegen.

aus dem Brief des Paulus an die Galater 5, 1

das Fleisch von heidnischen Opfertieren essen dürfen (1 Kor 10,14 ff.), was es mit der Ehe auf sich hat (1 Kor 7) und wie die Rolle der Frau zu sehen ist (1 Kor 11, 1–13). Oft finden sich in den Briefen zentrale Glaubensperspektiven, manchmal aber auch nur zeitbedingte Einseitigkeiten.

Die Offenbarung des Johannes

Ein nochmal anderes Christusbild findet sich im letzten Buch des Neuen Testaments. Wir nehmen heute an, daß die Offenbarung des *Johannes* etwa um 95 geschrieben wurde. Damals verfolgte der römische Kaiser Domitian die Christen, weil sie sich dem von ihm angeordneten Kaiserkult widersetzten

Linke Seite: Paulus, Mosaik, Ravenna, 6. Jh.

und dem Kaiserbild keine quasi-göttliche Verehrung zugestehen wollten. Johannes, dem diese *Apokalypse* (griech.: »Enthüllung«, »Offenbarung«) zugeschrieben wird, ist wohl kaum mit dem Jünger Jesu oder dem Verfasser des vierten Evangeliums gleichzusetzen. Wir wissen über den Autor selbst nichts, können uns aber aus seiner Schrift ein Bild von seinen Absichten machen. Er wollte den bedrängten Christen Mut und Zuversicht schenken, indem er ihnen die Gegenwart und die Zukunft aus dem Glauben an Jesus Christus deutet. Die Schrecken der jetzigen Zeit sind ein Vorstadium für ein gutes Ende in der Zukunft. So ist ein geschichtstheologisches Werk entstanden, das die Christenheit immer wieder beunruhigt und fasziniert hat.

• Die Apokalypse zeigt *Jesus* in einem ungewöhnlichen Licht. In der Vision des Johannes ist er nun nicht mehr der Prediger und Prophet aus Galiläa, wie ihn die Evangelien darstellen, sondern eine *himmlische Gestalt,* die mit ungewöhnlichen, schwer deutbaren Bildern gezeichnet wird. Manchmal kann man in der verwirrenden Bildfülle den Jesus der Evangelien kaum mehr erkennen. Er ist der Erste und Letzte, der tot war und lebendig geworden ist (1,17). Jetzt ist er das Alpha und das Omega (d. h. »der Anfang und das Ende«) und der Herr über die ganze Schöpfung (1,8). Er hält in seiner Rechten sieben Sterne, aus seinem Mund kommt ein scharfes Schwert, und sein Gesicht leuchtet wie die strahlende Sonne (1,16). Er ist das Amen Gottes zur Welt und der wahrhaftige Zeuge Gottes. Er kennt die Werke seiner Kirche, an der er heftige Kritik übt, weil sie von ihrer ersten Liebe abgefallen ist (2,4). Darum ist er auch ihr Ankläger und Richter. Die Schrecken der Zeit sind Strafe für sie. Als geschlachtetes Lamm (5,6) bildet Christus den Mittelpunkt der himmlischen Liturgie. Er öffnet die sieben Siegel des Buches, das den Plan Gottes mit der Welt enthält. Schreckliche *Katastrophen* kommen nun über die

Als Christen für das Jahr 1500 den Weltuntergang erwarteten, schuf Albrecht Dürer (1471–1528) 1498 seine Holzschnitte zur Apokalypse. Hier zwei Beispiele aus dem berühmten Werk. Oben: Ein Engel reicht Johannes das Buch zum Essen (Offb 19,1–11). Rechts: Der Engel bezwingt den Teufel, der im Abgrund versinkt. Im Hintergrund zeigt ein anderer Engel dem Seher die himmlische Stadt Jerusalem (Offb 20,1–4; 21, 9–14)

Neuer Himmel und neue Erde

Dann sah ich einen neuen Himmel
und eine neue Erde;
denn der erste Himmel und die erste Erde
sind vergangen,
auch das Meer ist nicht mehr.
Ich sah die heilige Stadt, das neue Jerusalem,
von Gott her aus dem Himmel herabkommen;
sie war bereit wie eine Braut,
die sich für ihren Mann geschmückt hat.
Da hörte ich eine laute Stimme
vom Thron her rufen:
Seht die Wohnung Gottes unter den Menschen!

Er wird in ihrer Mitte wohnen,
und sie werden sein Volk sein;
und er, Gott, wird bei ihnen sein.
Er wird alle Tränen von ihren Augen abwischen.
Der Tod wird nicht mehr sein,
keine Trauer, keine Klage, keine Mühsal.
Denn was früher war, ist vergangen …
Es wird keine Nacht mehr geben,
und sie brauchen weder das Licht einer Lampe
noch das Licht der Sonne.
Denn der Herr, ihr Gott, wird über ihnen leuchten,
und sie werden herrschen in alle Ewigkeit.
aus der Offenbarung des Johannes 21, 1–4; 22, 5

Menschheit. Die Schalen von Gottes Zorn ergießen sich über die Welt und können selbst die Gerechten mutlos machen. Teuflische Ungeheuer treiben ihr Unwesen. Am Ende der Zeit wird das Lamm im neuen Jerusalem mitten unter den Erwählten und Geretteten als ihre Freude leben. Dann wird Gott alle Tränen trocknen, und es wird keinen Tod mehr geben (21,4). Die Apokalypse und damit das Neue Testament selbst schließt mit einem Wort der *Verheißung* und *Erwartung*. Jesus verspricht dem Seher und damit den Gemeinden: »Ich komme bald.« Die hoffnungsvolle Antwort des Sehers: »Amen, komm Herr Jesus!« (22,20 f.).

Außerbiblische Quellen

Zu den ältesten Zeugnissen, die wir von Jesus haben, zählen auch außerbiblische Texte aus der nichtchristlichen und aus der christlichen Welt.

Die *außerchristliche Quellen* über Jesus sind wertvoll, wenn sie auch nicht besonders ergiebig sind. Aus dem Jahrhundert nach dem Tod Jesu haben wir ein paar knappe Äußerungen über ihn und seine Anhänger. Diese Texte sind eher beiläufig überliefert und stehen meist in einem profanen Zusammenhang. Wir finden Jesus und die ersten Christen erwähnt bei dem jüdischen Historiker *Flavius Josephus* (37–97), in den Annalen des römischen Geschichtsschreibers *Tacitus* (55–120), in einer Kaiserbiographie des römischen Literaten *Sueton* (etwa 70–150) und in einem Brief des römischen Statthalters *Plini-*

us aus dem Jahr 112/113. Alle diese Äußerungen beweisen, daß Jesus kein Produkt der Phantasie ist und daß seine historische Existenz nicht zu leugnen ist. Andererseits fügen sie den Jesusbildern der Bibel keine neuen Einzelheiten hinzu.

Im 2. Jahrhundert entstanden in einzelnen *christlichen* Gemeinden weitere Schriften mit dem Titel »Evangelium«. In diesen werden sonderbare Dinge von Jesus erzählt. Seine Wundertätigkeit ist ins Mirakulöse gesteigert. Seine Göttlichkeit macht ihn in seinem Erdenleben zum Magier, der vieles kann, was Menschen sonst nicht können. Im »Thomasevangelium« formt er Vögelchen aus Lehm und haucht ihnen Leben ein. Kinder, die den Jesusknaben auch nur stoßen, müssen sterben, und alle, die sich darüber erregen, werden durch ihn blind gemacht. Detaillierte Schilderungen von seiner Kindheit oder Auferstehung werden erfunden, weil die kargen Äußerungen der Bibel zu diesen Lebensabschnitten nicht mehr genügen. Im Jakobusevangelium gibt es hochnotpeinliche »Beweise« für die Jungfräulichkeit Marias, und das Petrusevangelium macht die Auferstehung Jesu zu einem gewaltigen kosmischen Ereignis, wobei Jesus als Lichtgestalt in dunkler Nacht zum Himmel schwebt. Die Kirche sah diese neu erfundenen Evangelien als unseriös an und nahm sie nicht in den Kanon ihrer heiligen Schriften auf. Man nennt sie *nichtkanonische oder apokryphe Evangelien*. In der Volksfrömmigkeit und auch in der Kunst späterer Zeiten spielen sie eine gewisse Rolle.

Gott – wer ist das ?

Der Gott Israels

Der erste Satz des christlichen Glaubensbekenntnisses lautet: »*Ich glaube an Gott*, den allmächtigen Vater, den Schöpfer des Himmels und der Erde.« Dieses Bekenntnis klingt einfach und selbstverständlich. Es formuliert zugleich die schwierigste Thematik der Religion überhaupt. Mit dem Glauben an Gott wird niemand je fertig. Selbst die Heiligen und Theologen, die sich besonders intensiv mit ihm befaßt haben, sind mit ihren Fragen an kein Ende gekommen.

Der Gott des christlichen Bekenntnisses ist nicht eine Sache des *Gefühls*, den man nur im Rauschen des Meeres, in der Ekstase der Sinne oder beim Aufgang der Sonne erleben kann. Man kann ihn auch nicht einfach mit den *Begriffen* erfassen, die sich die philosophische Vernunft von Gott macht, wenn sie über den Urgrund des Lebens, den Anfang der Kausalität, das Ziel der Welt, das höchste Gut, die unendliche Harmonie oder das Prinzip des Seins nachdenkt, so wichtig solche Überlegungen auch für den christlichen Glauben sind.

Der Gott der Christen ist der Gott der *Bibel*. Damit gehört der Gott der Christen nicht den Christen allein. Seit ihren Anfängen stehen Christen in der Tradition des jüdischen Gottesglaubens. Die Erfahrungen, die *Israel* mit seinem Gott gemacht hat, sind durch Jesus auch für Christen verbindlich geworden. Eines der wichtigsten Dokumente des christlichen Gottesglaubens ist das *Erste Testament*. Was in ihm in faszinierender Lebendigkeit und manchmal auch in schwer verständlicher Widersprüchlichkeit von Gott gesagt ist, gehört zum unverzichtbaren Grundbestand auch der christlichen Gottesrede. Darum muß hier auf die Darlegungen über den Gott Israels (→ S. 40 ff., 52 ff.) verwiesen werden. Was dort gesagt ist, könnte weitgehend auch an dieser Stelle stehen.

Die bevorzugte Dimension, in der Gott von Israel erfahren wird, ist nicht die Natur, sondern die *Geschichte*. An ganz bestimmten Orten, zu genau angebbaren Zeiten hat Gott zu Personen gesprochen, deren Namen wir kennen. Von daher hat seine Offenbarung nicht den Charakter des Allgemeingültigen, das immer und überall in gleicher Weise zugänglich wäre. Sie hat vielmehr das Profil des Besonderen, Einmaligen, Unableitbaren. Es gibt keine Erfahrung und keine Reflexion, die von sich aus auf das kommen könnte, was der Gott der Bibel von sich gesagt hat und was er getan hat. Er hat sich im Strom der Geschichte nicht die großen Völker mit den imponierenden Kulturen ausgesucht, sondern das kleine *Israel*, das nichts Außergewöhnliches zu bieten hatte. Israel wurde sein Volk, und er wurde Israels Gott, der mit allen Kräften geliebt werden soll. Diese Geschichte begann mit Gottes Ruf an *Abraham* (→ S. 21 f.), der zum Stammvater Israels wurde. Sie erreichte einen Höhepunkt im 13. Jahrhundert v. Chr. zur Zeit des *Mose* (→ S. 22 ff.), als Gott sein erwähltes Volk aus Ägypten befreite. Er gab ihm die Thora mit den »Zehn Worten« für ein gutes Leben und führte das Volk in das Land der Verheißung. Immer wieder berief er *Propheten*, die Israel daran erinnerten, daß Gott Einer ist, neben dem andere Götter keinen Platz haben. Er offenbarte sich als heilig und gerecht, liebevoll und unbegreiflich. Israels Grunderfahrung mit Gott leuchtet im Namen Gottes auf: JHWH ist der, der für uns da ist (→ S. 43 f.). Zu ihm haben die *Frommen* in Lob und Dank, in Klage und Schmerz gebetet. Über ihn haben die *Weisen* Israels tiefsinnig nachgedacht. An ihn haben die *Leidenden* oft verzweifelt ihre Fragen gerichtet. Allen mußte bewußt sein, daß man sich von ihm *kein Bild* machen kann.

Im Lauf der Zeit überschritt der Gottesglaube den Rahmen der Geschichte des Volkes Israel. Es wurde deutlich, daß die ganze Welt und alle Völker mit ihm zu tun haben. So trat seine *Universalität* und *Einzigkeit* klar zutage. Als Schöpfer der Welt ist die ganze Erde, die Natur, sind alle Völker und Menschen sein Werk. In der Welt leuchtet sein Glanz auf. Himmel und Erde sind erfüllt von seiner Herrlichkeit. Auch die Menschen können, weil sie nach seinem Bild geschaffen sind, in ihrem Tun und Sprechen anderen Menschen Gott nahe bringen. Sie sind gerufen, seinen Weisungen zu folgen, um ihrem Leben einen guten Sinn zu geben.

Mark Rothko: Ohne Titel, Öl, 1955, Philadelphia. Der jüdische Künstler (1903–1970), der viele ähnliche Bilder geschaffen hat, malt aus einer mystischen Gestimmtheit. Bewußt oder unbewußt nimmt er das biblische Bilderverbot ernst. Hier zeigt er zwei dunkle Farbkissen, hinter der eine schwingende Lichtwand aufleuchtet. Die dunklen Flächen sind wie der Vorhang im Tempel von Jerusalem, der den Blick auf das Allerheiligste nicht freigibt. Hinter dem dunklen Vorhang ist das bildlose, leuchtende Geheimnis Gottes anwesend. Diese moderne Ikone steht in einer langen jüdischen Tradition (→ S.42 f.).

Der Vater Jesu Christi

Der Gott der Christen ist der Gott Jesu. Sein Gott ist der Gott Israels. In den Evangelien erzählt Jesus mit unvergleichlicher Lebendigkeit von ihm. Manche Züge des jüdischen Gottesverständnisses akzentuiert er in besonderer Weise.

Ganz unbekümmert und liebevoll nennt er Gott in der Sprache der Kinder »*Abba*«, d. h. guter *Vater*. In diesem Wort leuchtet sein großes Vertrauen zu Gott auf. Es ist das Zutrauen, das ein Kind zu einem guten Vater hat. Als seine Jünger ihn fragen, wie sie beten sollen, lehrt er sie, Gott so anzusprechen: »Unser Vater im Himmel«. Im Lukasevangelium lautet sein letztes Wort am Kreuz: »Vater, in deine Hände lege ich meinen Geist.«

Jesus spricht nicht nur in einmalig liebevoller Weise von Gott. Kraftvoll und entschieden kündet er das Nahen seines Reiches und seiner Herrschaft an (→ S. 158). Die *Reich-Gottes-Botschaft* Jesu zielt auf einen Gesinnungswandel der Menschen und eine Erneuerung der Welt. In der Bergpredigt (→ S. 151 f.) hat er davon in vielen Facetten gesprochen.

Eine Definition von Gott hat Jesus nie versucht. Gott ist für ihn nicht eine Sache philosophischen Nachdenkens. Jesus weiß sich immer in Gottes Nähe und spürt seine liebevolle Zuwendung. Er sagt nicht in klugen Begriffen, wer Gott ist, sondern erzählt in lebendigen Gleichnisse, *wie Gott handelt*. Für ihn ist Gott wie ein guter Vater, der seinen davongelaufenen Sohn ohne Vorwurf, ohne Vorbehalt, mit Liebe wieder zu Hause aufnimmt (Lk 15,11–32; → S. 114). Gott ist da, wo ein Mensch einem anderen hilft, auch wenn er davon keinen Nutzen hat (Gleichnis vom barmherzigen Samariter, Lk 10,25–37). Gott bringt Licht in die Dunkelheit des menschlichen Lebens (Mk 8,22–26). Er hilft, die Angst in Leben und Tod zu überwinden (Mt 10,26–33). Bei ihm gilt auch derjenige viel, der nicht so viel leisten kann wie andere (Mt 20,1–16). Gott sorgt für die Menschen, ist gerecht und barmherzig, bei ihm gibt es Verzeihung und Versöhnung.

Vor allem steht Gott *auf Seiten der Armen* und Benachteiligten. Wer an ihnen schuldig wird, wird an Gott schuldig. Am Tag des Gerichts wird Gott die Menschen danach beurteilen, ob sie den Hungrigen zu essen gegeben, Freunde und Obdachlose aufge-

nommen, Nackte bekleidet, Kranke und Gefangene besucht haben (Mt 25,31–46). Den Ungerechten, Unbarmherzigen und Hochmütigen wird ein strenges Gericht angedroht.

Die *dunklen Seiten Gottes*, die schon die Großen Israels entdeckt hatten, sind auch Jesus nicht verborgen geblieben. In seinem Leiden am Ölberg fleht er Gott an, den bitteren Kelch von ihm zu nehmen, den er trinken soll. Das Markusevangelium überliefert, daß er am Kreuz in der Stunde seines Todes den bewegenden 22. Psalm schreiend gebetet hat: »Mein Gott, mein Gott, warum hast du mich verlassen?«

Letztlich ist *Gott die Liebe*. In diesem kurzen Wort faßt Johannes in seinem Evangelium (Joh 4,16) und in seinen Briefen (1 Joh 4,16) das ganze Gottesverständnis Jesu zusammen. Alle anderen Aussagen über Gott sind Interpretationen dieses Satzes. Daß Gott die Liebe ist, bleibt im Neuen Testament nicht eine abstrakte Formel. Die Glaubwürdigkeit des Satzes zeigt Johannes daran auf, was Gott für die Menschen tut. Gottes entscheidende Tat: Gott hat seinen eigenen *Sohn* in die Welt gesandt, damit alle, die an ihn glauben, das ewige Leben haben (Joh 3,16). Jesus hat nicht nur eine Botschaft der Liebe verkündet. In Jesus ist Gottes Sohn aus Liebe zu den Menschen in die Welt gekommen.

So sollt ihr beten

Vater unser im Himmel.
Geheiligt werde dein Name.
Dein Reich komme.
Dein Wille geschehe,
wie im Himmel, so auf Erden.
Unser tägliches Brot gib uns heute.
Und vergib unsere Schuld,
wie auch wir vergeben unsern Schuldigern.
Und führe uns nicht in Versuchung,
sondern erlöse uns vom Bösen.

aus dem Evangelium nach Matthäus 6, 9–13 (→ S. 151)

Menschwerdung und Dreifaltigkeit

Im Neuen Testament wird Jesus oft »*Sohn Gottes*« genannt. Dieser bildhafte Ausdruck mag ursprünglich nicht eine einzigartige Würde Jesu bezeichnet haben, da schon im Ersten Testament ganz Israel, der König und auch andere Fromme »Kind« oder »Sohn« Gottes sein konnten. Er gewann aber bei Jesus einen ungewöhnlichen Sinn. Er ist nun in einmaliger und personaler Weise der »Sohn Gottes«, der im Johannesevangelium sogar nur noch »der Sohn« genannt wird. Aus diesen Ansätzen entwickelte sich eine hochkomplexe Christologie. Zusammen mit den Christus-Visionen des Johannesevangeliums (→ S. 115) und den Christus-Hymnen der Paulusbriefe (→ S. 98) bilden sie die Grundlage für die offizielle Lehre der Kirche, die auf den ersten Konzilien in Nikaia (325), Ephesus (431) und Chalcedon (451) festgelegt wurde: Jesus Christus, der Sohn Gottes, ist wahrer Gott vom wahren Gott. Er ist ganz mit dem Vater eins. Darum ist er kein Geschöpf Gottes, sondern präexistent wie Gott. In Jesus Christus hat Gott Fleisch angenommen und ist Mensch geworden (»*Inkarnation*«). Gottheit und Menschheit sind in ihm wesenseins. Diese christologische Lehre ist zum Kennzeichen des Christentums geworden. In ihr ist das Paradox formuliert, daß das unauslotbare Geheimnis Gottes mit einer lebendigen Person der Geschichte identisch ist. In diesem Mysterium offenbart sich Gottes Liebe zu den Menschen.

Mit diesem Glauben an den menschgewordenen Gott hängt ein weiterer Grundzug der christlichen Gottesrede zusammen. Es ist das Bekenntnis, daß der eine Gott in *drei Personen* existiert. Gott – das ist der *Vater* und der *Sohn* und der *Geist*. Diese drei sind eins. Christen sagen auch: Gott ist dreifaltig einer (»*Trinität*«). Der Vater ist der Ursprung, von dem der Sohn ausgeht. Beide sind eins im göttlichen Geist. So ist in Gott Leben und Liebe, ohne daß dadurch die Einheit (Monotheismus) aufgehoben wäre. Diese innere Dynamik in Gott hat gleichsam auch eine Außenwirkung. Sie besteht darin, daß jede dieser drei Personen über die innerste Dimension des Göttlichen hinaus gewirkt hat. Der Vater – so lehrt die Tradition – hat die Welt geschaffen, der Sohn hat in Jesus zur Erlösung der Menschen Fleisch angenommen, der Geist Gottes heiligt die Menschen und in-

> **Der Auftrag des Auferstandenen**
> Jesus sagte zu ihnen:
> Mir ist alle Macht gegeben im Himmel
> und auf der Erde.
> Darum geht zu allen Völkern,
> und macht alle Menschen zu meinen Jüngern;
> tauft sie auf den Namen des Vaters
> und des Sohnes und des Heiligen Geistes,
> und lehrt sie, alles zu befolgen,
> was ich euch geboten habe.
> Seid gewiß: Ich bin bei euch bis ans Ende der Welt.
> *aus dem Evangelium nach Matthäus 28, 18–20*

spiriert sie zu dynamischem Wirken in der Welt. Dabei ist jedes Werk zugleich das Werk aller drei Personen. Das kürzeste Glaubensbekenntnis der Christen ist das Gebet: »Im Namen des Vaters und des Sohnes und des Heiligen Geistes.«

Diese Lehre von der Dreifaltigkeit Gottes wird von vielen als das zentrale Geheimnis des christlichen Glaubens angesehen. Im Neuen Testament finden sich ersten Spuren davon. Theologen haben jahrhundertelang darüber nachgedacht und dabei hochkomplexe Spekulationen entwickelt, die manchmal den Eindruck erweckten, als wüßten sie genau über das innere Leben Gottes Bescheid. Durch die frühen Konzilien ist die verbindliche Lehre formuliert worden.

Heute wird der Glaube an die Inkarnation und Trinität von vielen *in Frage gestellt*. Für manche ist der Gedanke der *Menschwerdung* Gottes ein alter Mythos, der mit der unaufhebbaren Transzendenz Gottes, auch mit dem ersten Gebot des Dekalogs, nicht übereinstimmt. Er werde weder Gott noch Jesus gerecht. Ohne diese dogmatischen Spekulationen könne die großartige Gestalt Jesu von Nazaret nur gewinnen. Darum müsse die hohe Christologie auf einen bescheideneren Rahmen zurückgeführt werden, in dem sich wieder klarer zeige, daß Jesus ganz auf der Seite der Menschen steht, aber von Gott viel zu sagen habe. Auch die *Trinitätslehre* mit ihrer komplizierten Begrifflichkeit wird problematisiert. So fragt man sich, ob die Rede von dem einen Gott in drei Personen nicht ungewollt doch in die

Rembrandt (1606–1669): Die Heimkehr des verlorenen Sohnes (→ S. 114), Radierung, 1636.

Zwei unterschiedliche Versuche, den trinitarischen Glauben
ins Bild zu bringen.

Hildegard von Bingen (1098–1179): Die wahre Dreiheit in der wahren
Einheit. Miniatur aus dem Ruppertsberger Codex, der 1147 unter
Anleitung der Äbtissin angefertigt wurde. Er enthält die mystischen
Visionen der Heiligen unter dem Titel »Scivias« (d.h. »Wisse die
Wege«). Das Bild, das kein Abbild Gottes sein will, zeigt, wie Hildegard
in einer ihrer Visionen Gott erfahren und gesehen hat. Der alles umfas-
sende silberhelle Kreis verweist auf den Vater, die saphirblaue Men-
schengestalt auf den Sohn und das lodernde Feuer im inneren Kreis auf
den Geist Gottes. Hier ist Fülle und Ursprung, Einheit und Vielfalt,
Schönheit und Klarheit zu einem Bild geworden (→ S. 129).

Rechte Seite: Yves Klein (1928–1962): Monopink, Monogold und
Monoblau, Öl, 1960–62. Die drei großformatigen Bilder kommen zu
einer besonderen Wirkung, wenn sie als Triptychon nebeneinander
hängen. Der Künstler hat monochrome Flächen gemalt, »um zu sehen,
was das Sichtbare an Absolutem enthält« (1958). Er hat in den drei
Farben neuartige und doch auch in der Tradition verwurzelte Hinweise
auf die Dreifaltigkeit gefunden. Das kostbare Gold mit seinem Leuchten
läßt an den Vater, das feurige Rot an den Sohn (Liebe, Blut, Tod) und
das tiefe Blau (Unendlichkeit des Himmels und Meeres) an die
Immaterialität des Geistes denken.

Nähe von drei Göttern führt, zumal wenn man einen modernen Personbegriff (→ S. 141) zugrunde legt, was allerdings die kirchliche Tradition nicht tut. Die feministische Theologie bemängelt, daß die Aussagen von Vater und Sohn das weibliche Element in der Gottheit vermissen lassen, selbst wenn man bedenkt, daß das hebräische Wort für »Geist« (»ruach«) weiblich ist. Andere wollen das Modell von Vater, Sohn und Geist durch die Trias Vater, Mutter und Kind ersetzen, weil sie dem natürlichen Empfinden mehr entgegenkommt. Auch im Blick auf das Judentum (→ S. 52 f.) und den Islam (→ S. 265 f.) sind diese Themen wichtig, weil dort der Eindruck vorherrscht, daß diese Lehren das gemeinsame Fundament des Monotheismus gefährden und eine menschliche Gestalt vergöttlichen (»Götzendienst«). Manche Christen akzeptieren die Trinitätslehre nur, weil sie meinen, man müsse nicht alles verstehen, was man glaube. In ihrem Leben hat sie kaum praktische Bedeutung.

Auf jeden Fall steht die heutige Theologie vor der Notwendigkeit, die christlichen Grundlehren von der Menschwerdung Gottes und vom Dreifaltigen Gott neu zu bedenken, damit sie den Glauben der Christen nicht so sehr belasten als vielmehr inspirieren. Vielleicht versprechen für die Trinitätslehre die weniger spekulativen Ansätze der Bibel einen neuen Weg, die in Gott eine Synthese von Leben, Liebe und Geist sehen.

Der Glaube in der Krise

Der christliche Glaube an Gott ist heute in eine tiefe *Krise* geraten. Dafür gibt es viele Gründe.

Mit Gott ist in der christlichen Welt viel Schlimmes angestellt worden. Gott wurde und wird für viele *Zwecke* in Dienst genommen. Herrscher berufen sich zur Legitimierung ihrer Macht auf ihn, wenn sie sich als »von Gottes Gnaden« erwählt ausgeben. Politiker reden von ihm, um von den Zuhörern gewählt zu werden. Erzieher greifen auf Gott zurück, um Kinder zu ängstigen und gefügig zu machen. Massenblätter benutzen Gott als Lückenbüßer zur Erklärung von unerwarteten Vorgängen, um frommes Publikum zu gewinnen.

Innerhalb der Christenheit sind *gefährliche Gottesbilder* aufgekommen, die von der Bibel her nicht

Gott – Unsere Hoffnung

Der Gott unseres Glaubens ist der Gott unserer Hoffnung, nicht der Lückenbüßer für unsere Enttäuschungen. Nun versteht sich die Gesellschaft, in der wir leben, immer mehr als eine reine Bedürfnisgesellschaft, als ein Netz von Bedürfnissen und deren Befriedigung. Wo jedoch die gesellschaftlichen und öffentlichen Interessen ausschließlich von dieser Bedürfnisstruktur geprägt sind, hat unsere christliche Hoffnung nur ein verschwindendes Dasein. Denn in dieser Hoffnung drückt sich eine Sehnsucht aus, die alle unsere Bedürfnisse übersteigt …

Die Gottesbotschaft unserer christlichen Hoffnung widersetzt sich einem schlechthin geheimnisleeren Bild vom Menschen, das nur einen reinen Bedürfnismenschen zeigt, einen Menschen ohne Sehnsucht, das heißt aber auch ohne die Fähigkeit zu trauern und darum ohne Fähigkeit, sich wirklich trösten zu lassen und Trost anders zu verstehen als reine Vertröstung. Die Gottesbotschaft unserer Hoffnung widersteht einer totalen Anpassung der Sehnsucht des Menschen an seine Bedürfniswelt.

aus dem Beschluß »Unsere Hoffnung« der Würzburger Synode (1972–1975)

---

legitimiert sind. Sie üben eine Tiefenwirkung aus, die die Menschen in ihrer Freiheit und Selbstentfaltung bedrohen und den Glauben an Gott pervertieren und auch auflösen können. Gott ist nicht der alte bärtige Mann über den Wolken und nicht der oberste Polizist der Weltordnung. Er ist nicht eine Institution zur moralischen Aufrüstung, nicht eine Versicherungsinstanz zur Abwendung aller Gefahren und nicht der Garant zur Erfüllung aller Wünsche.

In der modernen Welt (→ S. 451 ff.) scheint es für Gott keinen Platz mehr zu geben. Die *Wissenschaften* kommen ohne Gott aus und versagen es sich, zur Erklärung irgendeiner Erscheinung in der Natur oder Geschichte auf Gott zurückzugreifen. Sie akzeptieren allein innerweltliche Erklärungsgründe.

Diese Einstellung, die sich praktisch bewährt hat, ist auch für die *Erfahrungen* der Menschen unserer Zeit maßgeblich geworden. Viele Zeitgenossen sehen sich nicht mehr in der Lage, das, was ihnen widerfährt, mit Gott in Verbindung zu bringen. Wetter und Gesundheit, Glück und Unglück, Krieg und Frieden, mögen für uns unerklärbar und wenig beeinflußbar sein. Diese Erscheinungen unmittelbar auf Gott zurückzuführen, wie es noch frühere Generationen problemlos taten, käme vielen nicht mehr in den Sinn.

Lange Zeit war die Vorstellung von der *Autonomie* (»Selbstgesetzlichkeit«) des Menschen verbreitet, der sich zutraut, ohne Gott selbst zu machen, was machbar ist, und aus selbstverantworteter Frei-

heit darüber zu entscheiden, was gut und böse, richtig und falsch ist. Dieser Glaube, der heute durch die Katastrophen des Jahrhunderts selbst wieder erschüttert ist, konnte Gott nicht gebrauchen. Er mußte mit dem tradierten Gottesglauben in Konflikt geraten und diesen in Frage stellen.

Viele *irrationale Strömungen* sind an die Stelle des biblischen Glaubens getreten. Nicht wenige Zeitgenossen suchen göttliche Kräfte in der Wärme des Gefühls, in der Tiefe der Seele, in den Erfahrungen des Geistes, in den Wonnen der Sinnlichkeit, in der Schönheit der Kunst und Musik, in alten Mythen und Märchen, im Zauber der Natur, in der Gesetzlichkeit der Welt, in der Größe des Universums. Esoterik, Aberglaube, Astrologie und New Age haben den christlichen Glauben streckenweise verdrängt.

Einwände der Vernunft

Seit der europäischen Aufklärung stellt sich das Problem, wie Gott in der *Geschichte* spricht. Es ist heute kaum mehr zu verstehen, daß Gott sich in einem Weltall, das viele Milliarden Jahre alt ist und unvorstellbar große räumliche Dimensionen hat, an einem unbedeutenden Ort und zu einem wenig bemerkenswerten Zeitpunkt in besonderer Weise mitgeteilt haben soll. Es ist kaum zu verstehen, wenn es von dem unfaßbaren Gott heißt, daß er erst vor wenigen Jahrtausenden in Israel den Beginn einer einmaligen Geschichte gemacht hat und später im selben Land Israel sogar selbst Mensch geworden ist. Es ist kaum zu verstehen, daß sich der unendliche und ewige Gott so eng an Raum und Zeit gebunden haben soll. Werden in diesem Glauben nicht nationale und partikuläre Erfahrungen auf Gott projiziert und zu einem Gottesbild dogmatisiert? Wird Gott nicht in dieser Begrenzung auf unzulässige Weise in Dienst genommen? Christen werden antworten können, daß man Gott nicht vorschreiben dürfe, was er könne und was nicht. Aber im Blick auf die unendliche Größe und Dauer der Welt und zugleich auf die anderen Religionen behalten diese Grundfragen ihr Gewicht.

Vor allem hat die *Religionskritik*, die seit ca. 200 Jahren von Philosophen, Soziologen und Psychologen formuliert wurde, den Gottesglauben nachhaltig in Frage gestellt.

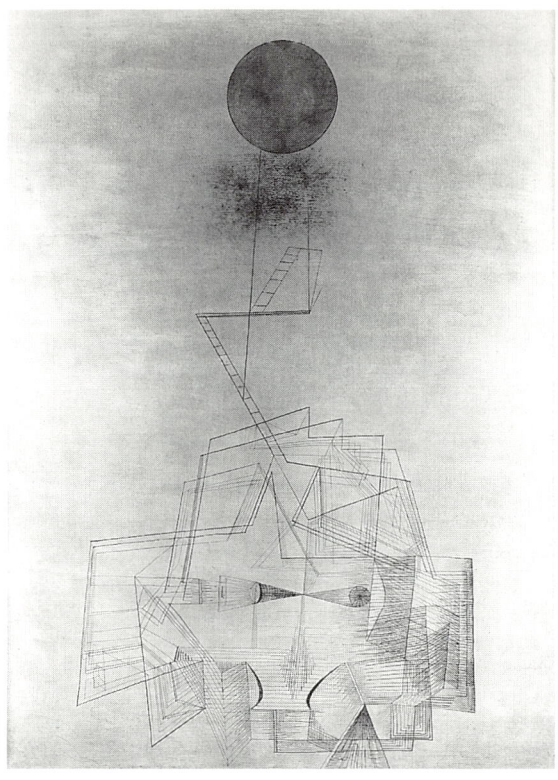

Ihre Thesen lauten:
• Religion – das ist eine Erfindung der Pfaffen, um die Menschen dumm zu halten und leicht gefügig zu machen (d'Holbach).
• Gott – das ist ein Lückenbüßer, der erklären soll, was wir nicht wissen (Laplace).
• Gott – das ist eine Projektion des Menschen, in der sich seine Ängste, Sehnsüchte und Wünsche spiegeln. Der Mensch ist nicht das Bild Gottes, wie es die Bibel lehrt, sondern umgekehrt ist Gott das ins Überdimensionale gesteigerte Bild des Menschen (Feuerbach).
• Gott – das ist das Opium des Volks, mit dem die Herrschenden die Unterdrückten aufs Jenseits vertrösten, um sie im Diesseits besser ausbeuten zu können (Marx, ähnlich Lenin).
• Gott – das ist das Prinzip der Lebensfeindlichkeit. Wir müssen Gott töten, wenn wir selbst als Übermenschen leben wollen (Nietzsche).
• Gott – das ist eine infantile Illusion, die uns einen übermächtigen Vater vorgaukelt, der für uns sorgt und uns befähigt, mit den Leiden der Welt fertig zu werden (Freud).

Erkenntnis Gottes

Ich weiß, was Gott für mich ist;
was er an und für sich ist, weiß er.

Bernhard von Clairvaux (1090–1153),
Zisterzienser, Mystiker, Heiliger

Von Schöpfer und Geschöpf kann keine Ähnlichkeit ausgesagt werden, ohne daß sie eine größere Unähnlichkeit zwischen beiden einschlösse.

4. Laterankonzil (1215)

Glaube nicht, daß deine eigene Erkenntnis sich dazu erheben kann, daß du Gott zu erkennen vermagst. Wahrlich, wenn Gott dich göttlich erleuchtet, braucht es kein natürliches Licht, um dies zuwege zu bringen. Dies natürliche Licht muß sogar gänzlich getilgt sein, bevor Gott mit seinem Licht einleuchtet.

Meister Eckhart (ca. 1260–1328), Mystiker

• Gott – das ist eine Unmöglichkeit, solange auch nur ein Kind leidet (Dostojewski, Camus).
• Gott – das ist ein Wort, mit dem man keinen angebbaren Sinn verbinden kann (Positivismus, Bense).

Theodizee

Ständig erleben wir in unserer Welt Grausamkeit und Brutalität, Krieg und Hunger, Ungerechtigkeit und Haß. Viele Menschen leiden unter schmerzlichen Krankheiten, furchtbaren Ängsten und elendem Tod. *Leid* und Qual trifft in gleichem Maß Kinder und Erwachsene, Unschuldige und Schuldige. Täglich werden wir mit neuen Schreckensmeldungen überhäuft. Dieses unermeßliche Leid wirft die *Frage* auf, wie der allmächtige Gott dieses alles geschehen lassen kann, wenn er die Macht hat, es zu verhindern. Wie kann ein liebender Vater das ganze Unglück seiner Kinder zulassen, ohne mit sich selbst in Widerspruch zu geraten?

Alle *Antworten*, die der Glaube bislang auf diese furchtbarste aller Fragen (»*Theodizee*«) versucht hat, erweisen sich als unzureichend, selbst wenn sie für einzelne Menschen trostreich sein können (→ S. 46 f.). Jede Antwort wirft neue Fragen auf.

Wenn Gott durch die Leiden prüfen will – warum prüft er dann so grausam? Wenn er durch Leiden strafen will – warum geschieht es so ungerecht, daß auch Kinder und Heilige leiden müssen? Wenn wir durch Leiden lernen sollen – warum gehen so viele im Leiden unter, ohne daß sie daraus noch Lehren ziehen können? Wenn das Leiden, das Menschen durch Mißernten oder Erdbeben trifft, aus den Gesetzen der Natur kommt – warum hat der Schöpfer der Welt die Natur so katastrophenanfällig eingerichtet? Wenn viele Leiden aus dem Mißbrauch der menschlichen Freiheit kommen – warum hat Gott die Menschen mit einer so verheerenden Freiheit ausgestattet? Wenn Gott selbst in Jesus am Kreuz das Leiden auf sich nahm und so mit den Menschen im Leiden solidarisch wurde – warum mußte er auch noch selber leiden, ohne daß das Leiden in der Welt seitdem aufgehört hätte?

In der Theodizeefrage liegt für das Christentum – ähnlich wie für die anderen monotheistischen Religionen (→ S. 46 ff.; 219 f.) – ein fundamentales Problem. Hier stellt sich mit der Frage nach der Glaubwürdigkeit Gottes auch die Frage nach der Glaubwürdigkeit der Erlösung und damit der Glaub-

Linke Seite: Paul Klee (1879-1940): Grenzen des Verstandes, Bleistift, Aquarell und Öl, 1927. Hier wendet sich Klee wohl gegen alle Versuche, die Welt nur rational anzugehen. Grenzen des Verstandes werden auch erfahrbar, wo Glaube und Liebe beginnen.

Ernst Barlach (1870–1938): Anno Domini MCMXVI (1916) post Christum natum, Zeichnung, ca. 1916. Ein Mann zeigt Christus vorwurfsvoll die Kreuze, die der große Krieg über die Welt gebracht hat. Das Kreuz Jesu (links) hat nichts bewirkt. Die Theodizeefrage ist für das Bild auf schreckliche Weise unbeantwortet.

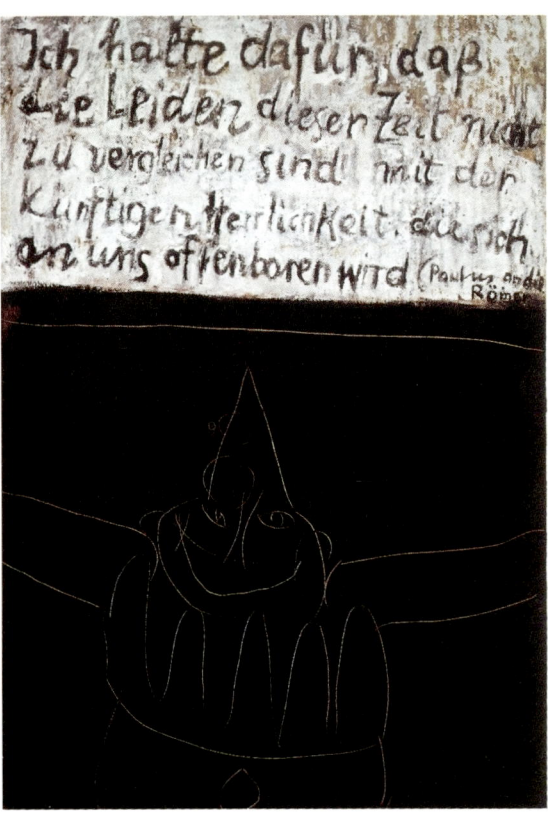

Ich halte dafür, daß die Leiden dieser Zeit nicht zu vergleichen sind mit der künftigen Herrlichkeit, die sich an uns offenbaren wird (Paulus an die Römer)

Die quälende Frage

Der es erlebt, wird es nicht vergessen, was der alte Romano Guardini auf dem Krankenlager sagte. Er werde sich im letzten Gericht nicht nur fragen lassen, sondern auch selber fragen; er hoffe in Zuversicht, daß ihm dann der Engel die wahre Antwort nicht versagen werde, die ihm kein Buch, auch die (Heilige) Schrift selber nicht, die ihm kein Dogma und kein Lehramt, die ihm keine Theodizee und Theologie, auch die eigene nicht, habe beantworten können: Warum, Gott, zum Heil die fürchterlichen Umwege, das Leid der Unschuldigen, die Schuld?

Walter Dirks (1901–1991), Publizist

Herbert Falken (geb. 1932): Schrifttext und Clown, aus dem Zyklus »Scandalum Crucis« (d.h. Der Skandal des Kreuzes), Öl, 1968/69. Auf der Wand oben: Ich halte dafür, daß die Leiden dieser Zeit nicht zu vergleichen sind mit der künftigen Herrlichkeit, die sich an uns offenbaren wird (Röm 8, 18). Darunter lacht ein Clown (→ S. 134).

Rechte Seite: Augustinus. Aus einem Manuskript des »Gottesstaates«, Basel, 1489.

---

würdigkeit des Christentums selbst. Viele Christen, die auf diese Frage *keine Antwort* wissen, halten es für sinnvoller, die Frage offen zu halten, als ganz auf sie zu verzichten und Gott den Abschied zu geben. Es erscheint ihnen besser, auf eine Antwort Gottes zu hoffen, als die Welt in gottlose Trostlosigkeit versinken zu lassen. Sie üben sich im Gebet vor Gott in Frage, Klage und Anklage, ohne zu wissen, ob sie einmal gehört werden und zu einem Verständnis oder sogar Einverständnis kommen. Vielen Christen bleibt am Ende nur das Gebet, das Jesus am Kreuz in Todesangst und Gottverlassenheit herausgeschrien hat. Er war dabei nicht ohne Hoffnung.

Wenn es schon keine theoretische Antwort gibt, die Verstand und Herz zufriedenstellt, so gibt es doch *praktische Aufgaben*, denen Christen im Angesicht des Leids nicht ausweichen dürfen. Es ist ihre Sache, für die Leidenden empfindsam zu werden und wie Jesus gegen das Leiden anzugehen, auch wenn die eigenen Kräfte nicht ausreichen, es aus der Welt zu schaffen. Mitgefühl und Nächstenliebe, Kampf gegen Ungerechtigkeit und Hilfe für bedrohte Menschenwürde können mehr als jedes rationale Argument den Glauben an Gott bestärken.

Lehrer des Glaubens

Die Gotteslehre des Christentums wurde im Lauf der langen Geschichte durch das *Denken großer Frauen und Männer* weiterentwickelt. Neue Erfahrungen und neue Fragen führten dazu, daß die Theologie nicht immer nur die alten Überlieferungen weitergeben konnte. Oft gelang es, eine neue Sprache zu finden und ein neues Denken über das Geheimnis Gottes zu versuchen. Mit Stolz kann das Christentum auf viele große Lehrer des Glaubens blicken.

• Der größte Theologe der Antike war *Augustinus* (354–420). In seiner autobiographischen Schrift »Confessiones« (d.h. »Bekenntnisse«, »Lobpreisungen«) spricht er von den Irrungen und Wirrungen seiner Jugend. Er hatte einen unehelichen Sohn und mehrere Verlöbnisse, die er nicht lange aufrechterhielt. Zuerst befreite ihn die antike Philosophie von seinem ganz auf Zerstreuungen gerichteten Leben. Er studierte nun die verschiedenen Richtungen und wurde dabei selbst zu einem bedeutenden Schriftsteller. Das Beispiel seiner Mutter Monika war für ihn Anlaß, Christ zu werden und seine ganzen Fähigkeiten in den Dienst der Kirche zu stellen. Als Bischof von Hippo in Nordafrika erlebte er 410 die größte Katastrophe seiner Zeit, die Eroberung Roms durch die Goten. Sie bot ihm Anlaß zu seinem geschichtstheologischen Werk »Über den Gottesstaat«, das mit seinen Ideen vom göttlichen und weltlichen Staat bis ins Mittelalter die religiös-politischen Vorstellungen prägte. Während der Belagerung Hippos durch die Vandalen starb er.

Sein Verdienst ist es, daß er die Gedanken, die die großen nichtchristlichen Philosophen über Gott entwickelt hatten, in das Christentum einbezog. Er verband die Ideenlehre Platons und die mystische Philosophie Plotins mit dem biblischen Gottesglauben und setzte so ganz neue Akzente für die christlichen Theologie. Ihm erscheint Gott nun als die absolute Wahrheit, an der die Menschen nur teilhaben können, weil Gott sie ihnen gnadenhaft schenkt. Die göttliche Erleuchtung allein befreit uns von der Skepsis, schenkt uns Gewißheit und vereint Glauben und Wissen. Die göttliche Erwählung legt im voraus zu unserer Freiheit unseren Lebensweg fest und entscheidet damit über unser endgültiges Heil oder Unheil. In jeder Beziehung ist der Mensch von Gottes Gnade abhängig. Aus eigener Leistung kann er nichts tun, was vor Gott verdienstvoll wäre. Während diese »Prädestinationslehre« (»Vorherbestimmung«, → S. 175) in der Kirche nicht durchgängig Anklang fand, wurden seine Gedanken über die Dreifaltigkeit Gottes weithin akzeptiert. Er verglich die Trinität mit den psychischen Kräften der

menschlichen Seele. Gedächtnis, Wissen und Willen sind für ihn ferne Entsprechungen zu Vater, Sohn und Heiligem Geist, weil diese unterschiedlichen Seelenkräfte immer gemeinsam aktiv werden und eine ohne die andere nicht existieren kann. Augustinus blieb sein ganzes Leben auf der Suche nach Gott. Er wußte: »Unruhig ist unser Herz, bis es in dir (Gott) ruht«. Alle seine theologischen Reflexionen und gelehrten Kommentare zu den biblischen Büchern haben ihn nicht an der Erkenntnis gehindert, daß wir von Gott nicht viel wissen können. – Augustinus hat wie kein anderer Kirchenlehrer mit seinen Schriften das Mittelalter beeinflußt, tief auf Martin Luther (→ S. 174 f.) und die Reformation gewirkt und bis heute kräftige Spuren in der Theologie und Philosophie hinterlassen.

• Zu den großen Frauen der Christenheit zählt *Hildegard von Bingen* (1098–1179). Sie wurde schon früh Nonne und leitete über 40 Jahre lang als Äbtissin ein Kloster der Benediktinerinnen. Zu ihrer Zeit griff sie tatkräftig in das kirchliche Leben ein und war bei hohen Geistlichen und sogar beim Papst als Autorität geachtet. Sie war alles andere als weltfremd. Von ihr stammen Bücher über naturkundliche und medizinische Themen, die eine gute Beobachtungsgabe zeigen. Ihre gesundheitlichen Ratschläge sind bis heute nicht veraltet. Auch musikalische und poetische Schriften von Rang hat sie verfaßt. Einzigartig sind ihre mystischen Visio-

---

Das Wesen Gottes

Augustinus ging einmal am Meeresstrand auf und ab und überlegte dabei, wie er das Wesen Gottes am ehesten erfassen könne. Da traf er ein Kind, das mit einer Muschel Wasser aus dem Meer in eine kleine Grube schüttete.

Er fragte: »Was tust du da?«

Die Antwort: »Ich schöpfe das Meer aus.«

Als er darüber ungläubig lächelte, sagte das Kind: »Es wird mir eher gelingen, als dir das Wesen Gottes zu erfassen.«

Alte Legende

nen, die sie in ihrem Buch »Scivias« (d. h. »Wisse die Wege«, → S. 124) beschreibt. Sie hat das göttliche Licht schauen dürfen und dabei in ganz neuen Bildern den Vater als Schöpfer der Welt, den Sohn als Erlöser der Menschheit und den Geist Gottes als das innerste Leben der Kirche gesehen. In ihr verbinden sich Mut in schweren Situationen, praktischer Sinn bei der Leitung des Klosters, überragende Kenntnisse im Wissen der Zeit und vor allem mystische Erlebnisse mit Gott. Diese ungewöhnliche Synthese macht sie zu einer der eindrucksvollsten Frauen ihrer Zeit. Heute geht man den Spuren dieser Lehrerin des Glaubens wieder intensiv nach. Sie gehört in die Reihe der großen Mystiker des Christentums, zu denen auch Bernhard von Clairvaux (1090–1153), Meister Eckhart (ca. 1260–1328), Johannes vom Kreuz (1542–1591 und Teresa von Avila (1515–1582) zu zählen sind.

• Der wohl bedeutendste Theologe des Mittelalters ist *Thomas von Aquin* (1225–1274), ein Großneffe des Kaisers und Patenkind des Papstes. Gegen den Willen seiner Familie trat er in den damals noch jungen Bettelorden der Dominikaner ein. Seine Brüder entführten ihn gewaltsam aus dem Kloster, um ihn von seinem Entschluß abzubringen. Aber Thomas blieb seinem Vorhaben treu und setzte sich schließlich durch. In Albertus Magnus fand er einen genialen Lehrer, der ihn in das Wissen der Zeit, vor allem in die Philosophie und Theologie einführte. Thomas war von ungewöhnlich hoher spekulativer Kraft und zugleich ein kindlich frommer Mann. Er lehrte in Köln, Paris, Rom und Neapel. Seine Schriften sind glänzend durchdacht und systematisch geordnet. Von ihm stammt eines der wichtigsten theologischen Werke der Christenheit, die »Summe der Theologie«. Hier gelingt ihm eine einmalige Synthese von Glauben und Wissen, von Theologie und Philosophie, von göttlicher Offenbarung und menschlicher Vernunft. Er hat damit die gedankliche Grundlage für ein harmonisches Weltbild geschaffen, das lange zum verbindlichen Modell der Kirchenlehre wurde.

Bahnbrechend war seine Entscheidung, der Philosophie des Aristoteles einen Platz in der christlichen Lehre frei zu kämpfen. Dieser »Heide« galt bis dahin als gefährlich, weil er die Welt für ewig ansah und weder die Willensfreiheit noch die Unsterblichkeit

---

Erleuchtung

Ich war zweiundvierzig Jahre und sieben Monate alt, als plötzlich ein mit blendendem Glanz vom Himmel herabkommender leuchtender Strahl meinen ganzen Körper durchbohrte. Er entzündete meine Seele, durchrieselte Brust und Gehirn und verzehrte mich sanft, ohne mich zu brennen, oder brannte mich vielmehr sanft, ohne mich zu verzehren. Alsbald fühlte ich mich mit neuer Einsicht begabt; ich verstand die heiligen Schriften.

Hildegard von Bingen (1098–1179), Ordensfrau, Mystikerin, Heilige

---

der Seele klar lehrte. Seiner Gottesvorstellungen fehlt vieles, was für die christliche Gottesrede unverzichtbar ist, z. B. Vorsehung, Güte, Barmherzigkeit und Liebe. Trotzdem wagte es Thomas als erster, den Realismus dieses Philosophen für christliches Denken fruchtbar zu machen. Dessen nüchterne Beobachtung der Welt, seine realistische Theorie der Erkenntnis und seine scharfsinnige Analyse des Denkens hatten für Thomas evidente Plausibilität. Damit stellte er sich mutig gegen die theologische Tradition, die bislang Augustinus und dessen Vorliebe für die idealistische Philosophie Platons gefolgt war. Wie erbittert damals die Auseinandersetzung um den neuen Realismus waren, zeigt die Tatsache, daß man einige Schriften des Thomas der Ketzerei beschuldigte und öffentlich verbrannte. Derselbe Thomas wurde später zum offiziellen Kirchenlehrer erklärt. Seine Entscheidung hat der christlichen Theologie neue Dimensionen eröffnet.

Das ganze Denken des Aquinaten kreist um Gott. Wie keiner vor ihm hat er die ganze christliche Gottesrede, wie sie sich aus biblischer Offenbarung, kirchlicher Lehre und philosophischem Denken ergibt, systematisch und nuancenreich beschrieben. Berühmt sind seine fünf Wege zur Erkenntnis der Existenz Gottes, in denen er als Glaubender mit Hilfe der Vernunft Beweise für das Dasein Gottes sucht. Auch dabei stützt er sich auf Aristoteles und andere Philosophen. Der erste Weg geht von der einfachen Beobachtung aus, daß in unserer Welt alle Dinge in Bewegung sind. Sie setzen wiederum andere Dinge in Bewegung und sind selbst von anderen in Bewegung gesetzt worden. Wenn man weiter zurückfragt, woher die Bewegung letztendlich kommt, kann man nicht ins Unendliche zurückgehen, weil dann die Bewegung unerklärbar bliebe. Man muß auf einen ersten Beweger kommen, der alles andere in Bewegung gesetzt hat, selbst aber unbewegt ist. Einen solchen ersten unbewegten Beweger nennen wir Gott. – In ähnlicher Weise argumentiert Thomas im zweiten Weg, der von der überall antreffbaren Kausalität (»Ursache-Wirkung-Relation«) ausgeht und schließlich zu einer ersten Ursache führt, die wiederum Gott genannt werden muß. – Der fünfte Weg geht von der Finalität (»Zielgerichtetheit«) der Dinge aus. Es zeigt sich, daß alle Naturkörper wegen eines Zweckes bzw. Zieles immer auf dieselbe Art tätig sind. Wenn Thomas hier auch keine Beispiele nennt, so mag er doch an die Sterne denken, die sich nicht planlos bewegen, und an Pflanzen und Tiere, die sich in festgelegten Ordnungen entwickeln. Das kann nicht auf Zufall beruhen. Diese Naturkörper haben sich ihre Zielgerichtetheit nicht selbst geben können, da sie selbst keine Erkenntnis und Vernunft haben. Sie muß von einem kommen, der diese Ziele für sie festgelegt und damit überragende Vernunft bewiesen hat. Ein solch intelligentes Wesen nennen wir Gott. – Diese »Gottesbeweise« sollen Zweiflern Anlaß zum Nachdenken geben. Ob sie wirklich beweiskräftig sind, ist umstritten. Thomas selbst war

am Ende seines Lebens davon überzeugt, das Geheimnis Gottes mit seinen menschlichen Fähigkeiten nicht ergründet zu haben. Darum weigerte er sich, die Summe der Theologie zu Ende zu schreiben. Kurz vor seinem Tod sagte er: »Alles, was ich geschrieben habe, erscheint mir wie Stroh, verglichen mit dem, was ich geschaut habe und was mir geoffenbart worden ist.«

• Auch im 20. Jahrhundert gibt es in allen Konfessionen große Lehrer der Theologie. Wichtige Anregungen kommen auf protestantischer Seite von *Karl Barth* (1886–1968). Sein Kommentar zum Römerbrief (1919) sagte polemisch und prophetisch zugleich der liberalen protestantischen Theologie den Kampf an, die eine Versöhnung zwischen altem Glauben und moderner Kultur gesucht hatte. Barth betont nun den unendlichen Abstand zwischen Gott und Mensch, Zeit und Ewigkeit, Kultur und Glaube. Er verlangt, daß die Theologie ihren Ausgangspunkt endlich wieder allein bei Gott und nicht beim Menschen nimmt. Sie hat nur die Offenbarung Gottes auszulegen, die in Christus endgültig erfolgt ist. Mit seiner Lehre, daß es außerhalb von Christus keinen Weg zu Gott gibt, wurde er der Begründer der Dialektischen Theologie (→ S. 456 f.). Sie sieht in den anderen Religionen und auch im Denken der Philosophie nur Versuche, sich dem Anspruch des Wortes Gottes zu entziehen und auf die eigenen unzureichenden Möglichkeiten zu bauen. Diese negative Einschätzung blieb nicht unbestritten. Die Nazi-Ideologie durchschaute Barth früh und bekämpfte

---

Ein Weg zur Erkenntnis Gottes

Der fünfte Weg wird von der Leitung der Dinge genommen. Wir sehen nämlich, daß manche Dinge, die keine Erkenntnis besitzen, nämlich die Naturkörper, wegen eines Zweckes tätig sind, was daraus hervorgeht, daß sie immer oder meistens auf dieselbe Weise tätig sind, um das zu erreichen, was das beste ist. Hieraus ist offenbar, daß sie nicht durch Zufall, sondern aus einer Absicht zum Ziel gelangen. Dasjenige aber, was keine Erkenntnis hat, strebt nur in der Weise zum Ziele hin, daß es von etwas, was Erkenntnis und Verstand besitzt, dahin gelenkt wird wie der Pfeil vom Schützen. Also gibt es ein intelligentes Wesen, durch welches alle Naturdinge zum Ziel hingeordnet werden, und dieses nennen wir Gott.

Thomas von Aquin (1225–1274),
Philosoph und Theologe

Hildegard von Bingen, Miniatur, 13. Jh.
Thomas von Aquin mit dem Heiligen Geist als Ratgeber,
Kempen am Niederrhein, 17. Jh.

Gott – das unendliche Geheimnis

Mich umfängt und durchdringt das ewige Geheimnis, das unendliche Geheimnis, das alles andere ist als die zusammengekratzten Restbestände des vorläufig noch nicht Gewußten und noch nicht Erfahrenen, das Geheimnis, das in seiner Unendlichkeit und Dichte zugleich äußerst und innerst den tausend zersplitterten Wirklichkeiten ist, die wir unsere Erfahrungswelt nennen. Dieses Geheimnis ist da, spricht sich aus, indem es schweigt; es läßt gelassen die reden, die erklären, von ihm zu reden bewirke nur sinnloses Geschwätz. Ich kann den Ärger und die Gereiztheit derer verstehen, die so reden. In dem Augenblick, in dem man dieses Geheimnis, das alles schweigend umfaßt, nicht anbetend liebt, wird es einem zum Ärgernis. Es ist da und läßt sich nicht einordnen. Es scheint nur zu schweigen und alle unsere eigenen Deutlichkeiten und Sicherheiten aufzuheben. Wenn man sich ihm nicht liebend hingibt, kann man es nur empört leugnen, wenn man sich dazu die Zeit nimmt, oder man kann es verdrängen, indem man in die Geschäfte des Alltags flieht und diesen letztlich doch mehr Gewicht zuerkennt, als sie, die flüchtigen und sterbenden, von sich aus wirklich hergeben.

Karl Rahner (1904–1984), katholischer Theologe

Gott ist Einer

Olymp und Walhalla entvölkern sich, wenn wirklich die Botschaft von dem Gott laut und geglaubt wird, der der Einzige ist. Die Figuren jeder religiösen Welt werden dann notwendig profan, verflüchtigen sich dann zusehends, müssen dann als bloße Ideen, als Symbole, als Gespenster, als komische Figuren schließlich ihr Dasein fristen und endlich auch als solche der Vergessenheit verfallen. Kein gefährlicherer, kein revolutionärerer Satz als dieser: daß Gott Einer ist, daß Keiner ihm gleich ist!

Karl Barth (1886–1968), evangelischer Theologe

Links: Karl Barth. Rechts: Karl Rahner.

Rechte Seite: Fred Hoyle: aus: Zehn Gesichter des Universums, London, 1977.

sie entschieden. Unter seinem Einfluß kam es zum Widerstand der »Bekennenden Kirche«. Sein Lebenswerk ist eine vielbändige kirchliche Dogmatik.

• Auf katholischer Seite ist *Karl Rahner* (1904–1984) ein herausragender Lehrer des Glaubens. Der Jesuit, der in Innsbruck, München und Münster lehrte, hat sich wie kaum ein anderer katholischer Theologe mit der modernen Geisteswelt auseinandergesetzt und die Probleme, die sich von der neuzeitlichen Philosophie, den Natur- und Geisteswissenschaften her für den Glauben ergeben, bedacht. So gelang es ihm, der katholischen Theologie, die sich weithin in das Ghetto eines veralteten Denkens (»Neuscholastik«) eingesperrt hatte, neue Wege zu weisen, die auch nachdenklichen und kritischen Zeitgenossen gangbar sein können. Damit hat er wichtige Vorarbeiten für die Reformen des 2. Vatikanischen Konzils (1962–1965) geleistet. Er stand immer in Treue zu seiner Kirche, obwohl er manchen Verdächtigungen und Unterstellungen ausgesetzt war. Für die Freiheit des Wortes in der Kirche hat er gekämpft, die Ökumene gefördert, Toleranz gefordert und das Gespräch mit Menschen innerhalb und außerhalb der Kirche gesucht (→ S. 182 f.). Selbst für junge Leute fand er das richtige Wort. Er hielt es für die wichtigste Aufgabe der Kirche, den Glauben an Gott zeitgerecht zu verkünden. Immer hat er auf die ungeheure Verarmung einer Welt ohne Gott hingewiesen. Dabei wurde er sich mehr und mehr darüber klar, daß wir letztlich von Gott nicht viel mehr sagen können, als daß er das Geheimnis unserer Welt und unseres Daseins ist. Wir verstehen Gottes Abgründigkeit gerade im Blick auf das Leiden der Menschen nicht. Wir können uns aber in liebendem Schweigen der Unbegreiflichkeit Gottes nahe wissen.

Was ist der Mensch?

Die wichtige Frage

Wer über Gott nachdenkt, denkt über den Menschen nach. Wer das Wort Gottes hört, hört ein Wort über den Menschen. Gott – das ist kein weit abliegendes Thema, das mit dem Menschen nichts zu tun hätte. Jede *Gotteslehre* (»Theologie«) ist auch *Menschenlehre* (»Anthropologie«). Das gilt für alle Religionen. Es gilt uneingeschränkt für das Christentum. Das, was das Christentum vom Menschen zu sagen hat, stützt sich auf die *Bibel*. Es ist im Ersten Testament grundgelegt und wird im Neuen Testament weitergeführt.

Das *Erste Testament* hat ein erstaunlich realistisches Bild vom Menschen. Es sieht den Menschen in seiner unerhörten Vielgestaltigkeit. Nichts Menschliches ist diesem gewaltigen Buch fremd. Es weiß von Leben und Tod, von Freude und Schmerz, von Angst und Hoffnung, von Haß und Liebe, von Gewalt und Friedfertigkeit, von Lüge und Wahrheit. Ihm sind Höhen und Tiefen des menschlichen Lebens vertraut. Viele Gestalten lassen sich von Gottesfurcht, Nächstenliebe und Gerechtigkeitssinn leiten, andere werden von Machtgier, Sinnlichkeit und Haß getrieben. So gut wie alle Grundmuster menschlicher Existenz kommen in der Hebräischen Bibel vor. Der Mensch bewegt sich hier in der Normalität des Alltags und im Drama ungewöhnlicher Grenzsituationen. Weil er mit all seinen Möglichkeiten nicht auf einen Nenner zu bringen ist, wird er sich selbst zum Problem. So wird denn schon in der Bibel mehrfach die Frage gestellt, die Immanuel Kant später zur Grundfrage aller Philosophie erklärt: »*Was ist der Mensch?*« Die Antworten gehen weit auseinander. Sie nehmen die Hoheit und das Elend des Menschen in den Blick.

Die Bibel ist kein systematisches Lehrbuch, das diese Frage in einer logischen Ordnung abhandelt, wie es Philosophen getan haben. Ihre Antwort wird nicht in abstrakten Begriffen gegeben. Sie ist an lebendigen Menschen, an Figuren des Mythos ebenso wie an Gestalten der Geschichte ablesbar. Wer sich diese vor Augen führt, erfährt, was die Bibel vom Menschen zu sagen hat.

Was ist der Mensch?
Was ist der Mensch, daß du an ihn denkst,
des Menschen Kind, daß du dich seiner annimmst?
Du hast ihn nur wenig geringer gemacht als Gott,
hast ihn mit Herrlichkeit und Ehre gekrönt.
Psalm 8, 5–6

Was ist der Mensch,
daß du dich um ihn kümmerst,
des Menschen Kind, daß du es beachtest?
Der Mensch gleicht einem Hauch,
seine Tage sind wie ein flüchtiger Schatten.
Psalm 144, 3–4

Ich mag nicht mehr. Ich will nicht ewig leben. Laß ab von mir, denn nur ein Hauch sind meine Tage. Was ist der Mensch, daß du ihn groß achtest, und deinen Sinn auf ihn richtest, daß du ihn musterst jeden Morgen und jeden Augenblick ihn prüfst?
Ijob 7, 16–17

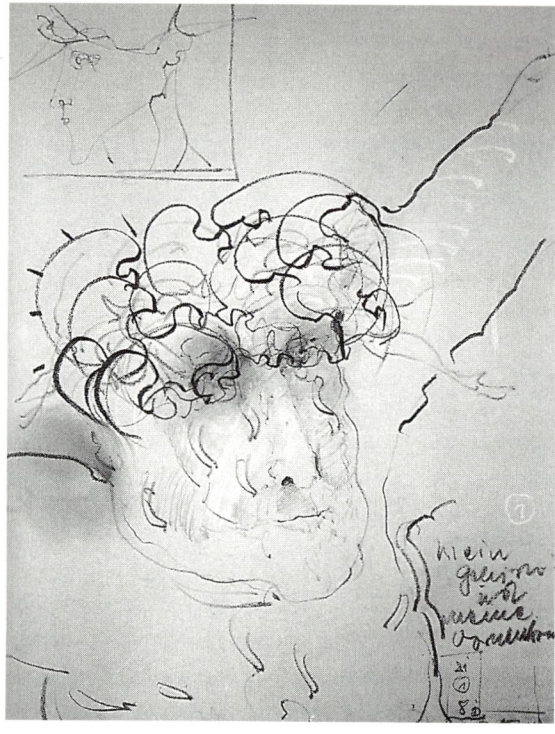

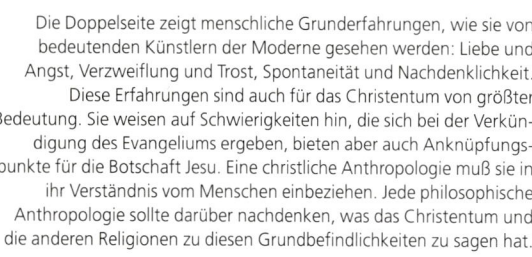

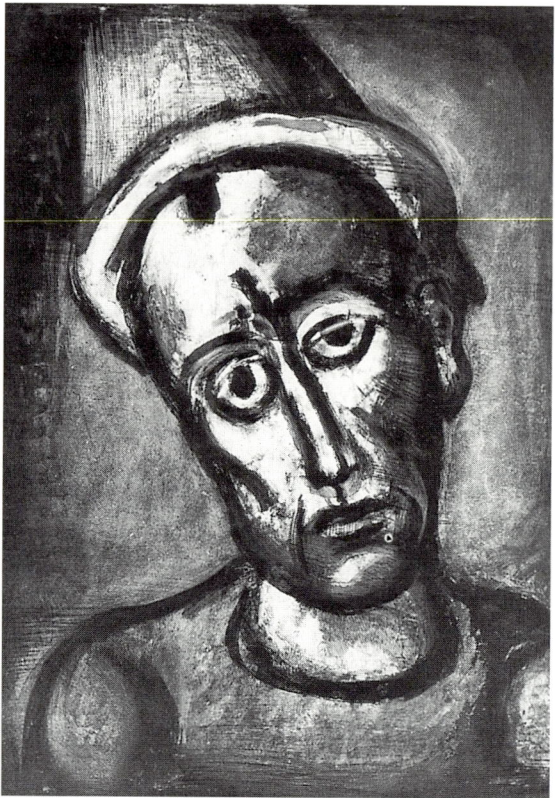

Die Doppelseite zeigt menschliche Grunderfahrungen, wie sie von bedeutenden Künstlern der Moderne gesehen werden: Liebe und Angst, Verzweiflung und Trost, Spontaneität und Nachdenklichkeit. Diese Erfahrungen sind auch für das Christentum von größter Bedeutung. Sie weisen auf Schwierigkeiten hin, die sich bei der Verkündigung des Evangeliums ergeben, bieten aber auch Anknüpfungspunkte für die Botschaft Jesu. Eine christliche Anthropologie muß sie in ihr Verständnis vom Menschen einbeziehen. Jede philosophische Anthropologie sollte darüber nachdenken, was das Christentum und die anderen Religionen zu diesen Grundbefindlichkeiten zu sagen hat.

Oben links: Francisco de Goya (1746–1828): Der Schlaf (Traum) der Vernunft gebiert Ungeheuer. Federzeichnung, Vorlage für ein Blatt aus den Caprichos, 1797 (→ S. 149).
Oben rechts: Herbert Falken: Mein Gehirn ist meine Dornenkrone, Kreide, Graphit, 1981 (→ S. 128).
Rechts: Georges Rouault (1871–1958): Wer zeigt sein wahres Gesicht?, Radierung aus dem Zyklus »Miserere«, 1917–27.

Oben links: Paul Klee (1879–1940): Menschliche Ohnmacht,
Tusche auf Papier, 1913.
Oben rechts: Edvard Munch (1863–1944): Der Kuß, Beistift und Tusche,
1894/95.
Links: Max Pechstein (1881–1955): Tröstung, Holzschnitt, 1920.

Adam und Eva

Das Erste Testament betrachtet den Menschen in seiner ganzen Fülle und in seiner Widersprüchlichkeit aus der Perspektive Gottes. Es macht schon auf seinen ersten Seiten (Gen 1–9) programmatische Aussagen über den Menschen. Wir finden sie vor allem in dem alten *Mythos* von den ersten Menschen im Paradies (Gen 2,4–3,24), der in der Mitte des 5. Jahrhundert v. Chr. in Jerusalem in ein Geschichtswerk Aufnahme fand, das zu einem wichtigen Bestandteil der Mosebücher (→ S. 30) wurde. Dieser Mythos ist mit andere Mythen aus dem Umfeld Israels verwandt. Wie in einem großen Bilderbuch ist hier von den grundlegenden Erfahrungen die Rede, die die Menschen im Gottesglauben mit sich gemacht haben. Der Mythos wäre mißverstanden, wenn man ihn für eine veraltete naturwissenschaftliche Reportage über das Entstehen menschlichen Lebens hielte. Er ist ein Dokument, das dem Menschen Sinn erschließt, indem es auf seine existentiellen Grundfragen Antworten gibt. Der Mythos handelt vom Anfang. Gemeint sind damit nicht die ersten historischen Ereignisse der Vergangenheit, sondern der immerwährende Urgrund jeder Zeit. Der Text beschreibt die Situation aller Menschen. Eigentlich muß er vom Ende her (3,14–24) gelesen werden, wo die leidvolle und chaotische Situation von Mann und Frau beschrieben ist. Diese harte Realität des menschlichen Lebens wirft Fragen auf. Sie werden mit dem Anfang der Erzählung (2, 4–24) beantwortet. Das Paradies, das so oft als Schlaraffenland mißdeutet wird, ist die Utopie einer Welt, wie sie von Gott gewollt ist. Sie zeigt im Kontrast zur Realität, wie gut die Welt und wie gut die Menschen sein können. Ganz unbefangen bringt der Mythos *Gott* ins Spiel. Er ist der gütige Schöpfer, der wie ein Töpfer, Gärtner und König auftrifft. Gott spricht und handelt, sieht und hört, gebietet und

> ## Adam und Eva
>
> Da formte Gott, der Herr, den Menschen aus Erde vom Ackerboden und blies in seine Nase den Lebensatem. So wurde der Mensch zu einem lebendigen Wesen …
>
> Da ließ Gott, der Herr, einen tiefen Schlaf über den Menschen fallen, nahm eine seiner Rippen und verschloß ihre Stelle mit Fleisch. Gott, der Herr, baute aus der Rippe, die er vom Menschen genommen hatte, eine Frau und führte sie dem Menschen zu. Und der Mensch sprach: Das endlich ist Bein von meinem Bein und Fleisch von meinem Fleisch. Frau soll sie heißen, denn vom Mann ist sie genommen.
>
> Darum verläßt der Mann Vater und Mutter und bindet sich an seine Frau, und sie werden ein Fleisch. Beide, Adam und seine Frau, waren nackt, aber sie schämten sich nicht voreinander.
>
> *Genesis 2, 7.21–24*

straft. Dabei waren sich die Mythenerzähler bewußt, in anthropomorphen Bildern (→ S. 46) von Gott zu reden. Mit poetischen Bildern haben sie auf lebendige Weise ihren Glauben zum Ausdruck gebracht.

Das erste, was der Text über den Menschen zu erzählen hat, ist auch schon das wichtigste: der Mensch ist *von Gott geschaffen*. Der Mensch ist letztlich nicht aus der Natur und auch nicht aus sich selbst erklärbar. Er verdankt sein Leben dem Schaffen Gottes. Als Geschöpf bleibt er untrennbar auf Gott verwiesen. Ohne Gott ist seine Herkunft nicht zu verstehen.

Doch der Mensch ist nicht Gott und auch nicht göttlich. Gott hat ihn von der vergänglichen *Erde* genommen und mit seinem göttlichen Odem belebt. Gott und die Natur sind die beiden ungleichen Pole, von denen aus der Mensch verständlich wird. Nur der kennt den Menschen, der sowohl um die Höhe seiner Gottbezogenheit wie um die Tiefe seiner Erdhaftigkeit weiß. Der Mensch wurde aus der Erde (hebr.: »Adama«) geformt. Darum heißt er »*Adam*« (d. h. »der aus der Erde Genommene« oder »Erdwesen«). »Adam« ist eigentlich kein Name, sondern eine Wesensbestimmung des Menschen. Sie bringt seine Erdverbundenheit, aber auch seine Hinfälligkeit zum Ausdruck. Jeder Mensch ist Adam. Jeder

Miniatur zur Schöpfung. Pantheon-Bibel, Rom, um 1125-1130. Diese Bibel, eines der anspruchsvollsten Werke der damaligen Zeit, bringt die biblische Schöpfungserzählung ins Bild.
Oben: Der Schöpfer in der Glorie des Himmels. Er trägt die Züge Christi.
Darunter: Erschaffung Adams, Erschaffung Evas. Der Schöpfer sitzt auf dem Erdkreis.
Darunter: Versuchung durch die Schlange, die Eva beißt. Gottes Strafworte. Darunter: Vertreibung aus dem Garten Eden, der sechsflügelige Cherub mit Flammenschwert am Paradiesestor, Mühsal für Adam und Eva auf Erden (→ S. 224).

FORMAT CUNCTA DS FIT ET HINC DIS CRE TIO RE BUS

ID Q. VOD AD AM FECIT DNS DE MATRE RE CE PIT

kommt von der Erde, lebt auf der Erde und kehrt beim Tod zur Erde zurück (be»erdigen«). Vom »Mann« ist hier noch nicht ausdrücklich die Rede.

Unsere Wirklichkeit ist voll Unheil. Sie kennt Chaos, Feindschaft, Fluch, Schmerz und Tod. Das *Paradies* ist ein Kontrastbild zu dieser leidvollen Welt. In einer großartigen Vision entwirft der Mythos das Bild eines Gartens, dem besten Ort, den sich Nomaden und Wüstenbewohner vorstellen können. Bäume, Früchte und Flüsse beleben ihn. Adam darf die Früchte der Bäume essen und kann ständig die Schönheit des Paradieses sehen. Er lebt in einer friedlichen Welt.

Auch in diesem Zustand gibt es Regeln, an die sich der Mensch halten muß. Vom »*Baum der Erkenntnis von Gut und Böse*« – von einem Apfelbaum ist nirgends die Rede – darf er nicht essen. »Gut und Böse« meint in der Sprache des Mythos nicht Tugend und Sünde. Davon hätte der Mensch wissen dürfen. Gemeint ist damit gottgleiches Wissen. Wenn sich der Mensch dieses Wissen anmaßt, übersteigt er seine Grenzen. Das Gebot setzt voraus, daß der Mensch *Freiheit* hat. Wenn der Begriff »Freiheit« hier auch noch nicht vorkommt, so stoßen wir doch schon auf die Sache. Wo Gott den Menschen eine Weisung gibt, ist vorausgesetzt, daß er diese in Freiheit befolgen oder mißachten kann. Ohne Freiheit wären Gebote und Verbote sinnlos. Mehr noch: Ohne Freiheit gäbe es keinen Menschen. Sie zeichnet den Menschen vor aller anderen Kreatur aus. In der Freiheit liegen die größten Chancen, aber auch die gefährlichsten Risiken für den Menschen.

Trotz göttlicher Herkunft, trotz des Lebens im Paradies kann der Mensch nicht glücklich sein. Er fühlt sich, solange er allein ist, einsam. Darin deckt der Mythos ein Stück seines Wesens auf. Poetische Bilder zeigen, wer Adam ergänzen und vollenden kann und wer nicht. So schafft Gott zuerst die *Tiere*. Doch so sehr sie auch das Paradies bereichern, so wenig sind sie dem Menschen adäquate Partner. Adam ist ihnen überlegen, so daß er ihnen ihre Namen geben kann. Wer den Namen einer Sache oder Person weiß, verfügt über Geist und Macht. Aber vollendet fühlt er sich dadurch noch nicht.

Mit den Tieren bleibt der Mensch unvollständig und einsam. Er braucht einen Partner, der ihm gleich und gleichwertig ist. Darum schafft Gott dem Adam eine *Gefährtin*, die aus ihm selbst stammt. Sie ist ihm völlig ebenbürtig. Sonst könnte sie ihm nicht geben, was ihm bislang fehlte. Erst im Gegenüber zu ihr erfährt sich Adam erstmals als »Mann«. Der Mensch ist nur Mensch als Mann und Frau. In der Szene vom Schlaf Adams ist angedeutet, daß der Mensch nicht sehen kann, wie Gott schafft. Daß die Frau aus der Rippe des Mannes geschaffen wird, erklärt das fortwährende Gefühl, zusammenzugehören und zusammenzupassen. Der eine hat, was dem anderen fehlt. Die Frau kommt aus der Herzmitte Adams und ist ihm darum gleichwertig. Manche Feministinnen unserer Tage sehen sie sogar überlegen, da der Mann nur aus der Erde, die Frau aber vom Menschen stammt. Adam nannte seine Frau »*Eva*«, d. h. »Mutter der Lebendigen«. Auch das ist eine Wesensdefinition. Jede Frau ist »Eva«.

Mann und Frau haben ein starkes Verlangen zueinander. Ihre unterschiedliche *Geschlechtlichkeit* führt sie zusammen. Daß auch hier die Frau nicht diskriminiert wird, zeigt die Aussage, daß der Mann Vater und Mutter verläßt, um der Frau anzuhängen, und nicht umgekehrt. Dieser starke Drang ist für den Menschen konstitutiv.

In der Paradieseswelt gibt es auch Gefahren. Im Bild der »Schlange« tritt das *Böse* zutage. Kein Wort erklärt, warum sie in der Welt ist, die doch von Gott gut geschaffen wurde. Offensichtlich weiß auch der alte Mythos nicht, woher das Böse letztlich kommt. Die Schlange ist einfach da. Sie ist nicht Gott und nicht Teufel, sondern Teil der Welt. Sie versucht den Menschen zu verführen. Als gute Psychologin und Kennerin des menschlichen Herzens erweckt sie das *Verlangen nach Verbotenem*. Warum sollte der Mensch von der Frucht des verbotenen Baumes nicht essen? Die Frucht erscheint plötzlich in einem neuen Licht. Vielleicht kann sie dazu verhelfen, »wie Gott zu sein« und die begrenzten menschlichen Möglichkeiten ins Unendliche zu steigern.

Die Versucherin Schlange ist erfolgreich. Die Frau ißt von der Frucht und gibt dem Mann davon. Das Essen von der verbotenen Frucht hat für die Menschen nicht die erhoffte Wirkung. Gott, die Welt und auch die Menschen erscheinen ihnen nun anders als vorher. Sie sind zwar geworden wie Gott und erkennen nun, was Gut und Böse ist. Damit haben sie eine umfassende Erfahrung gewonnen.

Die Situation der Menschen

Gott, der Herr, sprach zu der Frau: Viel Mühsal bereite ich dir, sooft du schwanger wirst. Unter Schmerzen gebierst du Kinder. Du hast Verlangen nach deinem Mann; er aber wird über dich herrschen.

Zu Adam sprach er: Weil du auf deine Frau gehört und von dem Baum gegessen hast, von dem zu essen ich dir verboten hatte: So ist verflucht der Ackerboden deinetwegen. Unter Mühsal wirst du von ihm essen alle Tage deines Lebens. Im Schweiße deines Angesichts sollst du dein Brot essen, bis du zurückkehrst zum Ackerboden; von ihm bist du ja genommen. Denn Staub bist du, zum Staub mußt du zurück.

Adam nannte seine Frau Eva, denn sie wurde die Mutter aller Lebendigen.

Genesis 3, 16-19

Vielleicht sind sie erst jetzt im Vollsinn Menschen geworden. Zugleich müssen sie aber erkennen, daß sie von Gott weiter als früher entfernt sind. Vor allem entdecken sie an der Welt und an sich selbst Mängel, die vorher nicht vorhanden waren. Erst mit dem Übertreten des göttlichen Gebotes gibt es *Furcht* vor Gott, *Scham* vor Nacktheit, die Notwendigkeit harter *Arbeit*, Verlust des gegenseitigen Vertrauens, ein Leben auf den *Tod* hin.

Die Folgen der Tat sind verheerend. Frau und Mann sind in ihrer ganzen Existenz getroffen. Die Frau kann nicht vom Mann lassen. Sie wird von ihm abhängig (Los der Frau in der altorientalischen Welt). Nur unter *Schmerzen* erlebt sie das Wunder der Geburt und die Hervorbringung neuen Lebens. Wie die Frau dem Mann, so ist der Mann der Erde ausgeliefert. Die Erde macht ihm mit Dornen und Disteln die lebensnotwendige Arbeit zur Qual. Er kann ihr nicht entrinnen, bis er im Tod zur Erde zurückkehrt. Das ganze Menschsein ist in eine schreckliche Lage geraten. Nun leben die Menschen nicht mehr im Paradies. Sie sind daraus vertrieben worden. Das *Paradies ist verschlossen*. Engel wachen darüber, daß niemand eintreten kann.

In der tiefsinnigen Erzählung von Adam und Eva erscheint der *Mensch* in seiner ganzen *Widersprüchlichkeit*. Sie zeigt seine *Größe* und sein *Elend*. Segen

und Fluch lasten auf ihm. Er kommt von Gott, ist ihm aber am Ende auch unendlich fern. Mann und Frau sollen einander glücklich machen, aber sie quälen sich, ohne voneinander lassen zu können. Der Mensch allein hat die guten Gaben von Freiheit und Geist, fügt sich damit aber auch irreparablen Schaden zu. Die Erde ist von zauberhafter Schönheit, aber sie bereitet den Menschen auch Mühsal. Der Mensch ersehnt die Dauer seines Lebens, aber er muß sterben. So handelt die Paradieseserzählung von einer gottgewollten und einer gottfernen Welt. Auf die Menschheitsfrage, woher das *Leiden in Gottes Schöpfung* kommt, hat der alte Mythos eine Antwort. Die Menschen haben es verursacht, weil sie Gottes Gebot übertreten und sich von Gott entfernt haben. Aber der Text ist nicht ohne Hoffnung. Mit dem Paradies entwirft er ein Kontrastbild, das zeigt, daß Gott die Erde gut gedacht und gemacht hat. Darin ist der Text ein Stück »*Theodizee*« (→ S. 127 f.).

Die Erzählung vom Paradies sollte nicht isoliert gelesen werden. Die folgenden Kapitel (Gen 4–9) sind für ihr Verständnis unerläßlich. Sie zeigen die Verfassung der Menschen an anderen Exempeln. Die Bosheit der Menschen steigert sich in dem Mord, den *Kain* an seinem Bruder Abel begeht. Schließlich nimmt das Böse so überhand, daß Gott fast die ganze Menschheit durch die *Sintflut* vernichtet. Nur Noach bleibt am Leben. Ihm gibt Gott am Ende die trostvolle Verheißung, daß es nie mehr eine solche Katastrophe als göttliches Strafgericht geben wird. Manche Interpreten sind davon überzeugt, daß sich Gott am Schluß mehr gewandelt hat als die Menschen. Während diese ihre Bosheit nicht aufgeben, läßt Gott nun von großen Strafen ab und will den Menschen auch dann liebevoll nahe sein, wenn sie sich von ihm entfernen.

In spätere Zeiten haben Theologen wie Paulus und Augustinus (→ S. 128 f.) aus der Paradieserzählung die Lehre von der *Erbsünde* entwickelt, obwohl im Text das Wort »Sünde« keinmal vorkommt. Diese Lehre ist schwer zu deuten, aber darin realitätsnah, daß sie jeden Menschen von Geburt an in einer Unheilssituation weiß, in der er, ohne daß er es selbst zu verantworten hätte, auf den Weg des Bösen gerät. Wie ein uraltes Erbe lastet es auf allen Menschen, daß sie sich selbst und auch der ganzen Erde schlimmen Schaden zufügen können.

Das Bild Gottes

Dasselbe Erste Testament beschreibt den Menschen im Rahmen einer jüngeren Schöpfungsgeschichte (Gen 1,1–2,4) noch einmal auf andere Art. Dieser Text wurde wegen seiner grundsätzlichen Bedeutung an den Anfang der Bibel gesetzt. Er wurde möglicherweise von jüdischen Priestern in Babylon um 520 v. Chr. in ein Geschichtswerk aufgenommen, das um die Mitte des 5. Jahrhunderts v. Chr. zusammen mit einer anderen Schrift, die den älteren Paradiesesmythos enthielt, Bestandteil der Mosebücher wurde. Beide Texte erzählen auf unterschiedliche Weise von Gottes Schöpfung und vom Menschen. Hier nun wird der Mensch in einem großen Lehrgedicht, das von Gottes Schöpfung in sieben Tagen handelt, am sechsten Tag ins Dasein gerufen. Mann und Frau werden hier ohne jeden Unterschied geschaffen. »Als Mann und Frau erschuf er ihn (d. h. den Menschen).« Gott nennt sie beide »*Bild Gottes*« (Gen 1,27). Mit diesem ganz ungewöhnlichen Wort zeichnet Gott den Mann und die Frau vor allen anderen Schöpfungswerken aus. Nur der Sabbat (→ S. 58 f.) ist größer, weil durch ihn Gottes Werk vollendet wird (Gen 2,2). Das Wort vom »Bild Gottes«, das aus der vergangenen Zeit heraus verstanden werden muß, hat einen großen Bedeutungsreichtum. Es ist zum Fundament jüdischer und christlicher Anthropologie geworden.

Der Mensch – Gottes Abbild

Dann sprach Gott:

Laßt uns den Menschen machen als unser Abbild,
uns ähnlich.

Sie sollen herrschen über die Fische des Meeres,
über die Vögel des Himmels, über das Vieh,
über die ganze Erde und
über alle Kriechtiere auf dem Land.

Gott schuf also den Menschen als sein Abbild;
als Abbild Gottes schuf er ihn.

Als Mann und Frau schuf er sie.

Gott segnete sie,
und Gott sprach zu ihnen:

Seid fruchtbar, und vermehrt euch,
bevölkert die Erde, unterwerft sie euch.

Genesis 1, 26–28

• Wenn in der Schöpfung alle Menschen »Bild Gottes« sind, haben auch alle Menschen die gleiche Würde. Es gibt *keine gottgewollten Unterschiede*. Kein König, kein Volk, keine Rasse, kein Mann und keine Frau dürfen sich über andere Menschen erheben und sie demütigen. Rassismus, Kolonialismus und Sexismus sind mit dem Text unvereinbar. Die in Gott gründende Menschenwürde gilt für alle Menschen in gleicher Weise.

• In Mesopotamien und Ägypten galt der *König* als »Bild Gottes« auf Erden. Wer den König sah, sah die Gottheit. Als »Bild Gottes« verdiente er höchste Achtung. Könige hatten die göttliche Aufgabe, das Land zu schützen, Recht und Gerechtigkeit durchzusetzen und den Armen zu helfen. – Nun nehmen *alle Menschen* im Haus der Schöpfung den Platz Gottes ein. Kein König hat einen Vorrang. Jeder Mensch ist Gottes »Bild« auf Erden. Nun füllt der Mensch den Platz aus, der Gott eigentlich zusteht. Er ist von Gott in das Haus der Welt bestellt. Was der Schöpfer für die Welt getan hat, muß nun auch der Mensch tun. Er muß versuchen, die gefährlichen Urmächte des Chaos zu bannen. Er muß die Welt hüten, pflegen und wohnlich machen. Frieden, Recht, Ordnung und das Wohl der Armen sind seine großen Aufgaben. Diese Sonderstellung des Menschen bedeutet für die Bibel (Gen 1,26) keinen Freibrief für nur auf sich selbst bezogene Selbstverwirklichung oder gar für die Ausbeutung der Natur. Der Mensch darf von der Welt leben. Wo der Mensch aber nur für sich selbst lebt und nur auf seine eigenen Wünsche achtet, zerstört er seine eigene Würde. Wo er die Natur zerstört, zerstört er den ihm von Gott gegebenen Lebensraum.

• In den antiken Religionen repräsentierte das *Götterbild* die Gottheit selber. Als Leib der Gottheit konnte es die Ehre empfangen, die der Gottheit selber zustand. Das Bild hatte Gottes eigene Würde. – Wenn nun der Mensch das Bild Gottes ist, hat er selbst die unantastbare Würde Gottes. Für »*Menschenwürde*« und die sich daraus ableitenden »*Menschenrechte*« bildet dieser biblische Glaube vom Menschen als »Bild Gottes« das solideste Fundament. Die Würde, die dem Menschen hier zugesprochen wird, erhebt ihn über alle einseitigen Deutungen. Wenn der Mensch »Gottes Bild« ist, geht er nicht auf in Natur und Kultur, in Volk und Nation, in

Klasse und Rasse. Er ist nicht hinreichend als Materie, Maschine, Psycho-Apparat, Evolutionsprodukt oder Computer zu verstehen. Wer ihn mit Macht, Profit oder Sex definiert, steht im Widerspruch zur Bibel.

In der europäischen Philosophie gibt es einen Begriff für den Menschen, der der biblischen Anthropologie nahekommt. Darum wurde er vom Christentum ebenfalls zur Definition des Menschen aufgegriffen. Es ist der Begriff der »*Person*«. Nicht jedes Ding ist Person. Eine Person ist ein einmaliges, unverwechselbares geistiges Wesen, dessen Besonderheit vor allem darin besteht, über sich selbst bestimmen und frei entscheiden zu können. Sie ist letztlich nicht von anderen Dingen ableitbar und von ihnen aus erklärbar. Nur die Person kann bewußt »Ich« und »Du« sagen. Darum ist eine Person mehr als nur ein Individuum, wenn Individualität eine Eigenschaft ist, die auch anderen Wesen wie Pflanzen und Tieren, Bergen und Flüssen, Kunstwerken und Häusern zukommt. Biblisch gesehen gründet die Personalität des Menschen darin, daß der Mensch von Gott geschaffen wurde. Die Personalität des Menschen, die Einmaligkeit und Unverwechselbarkeit besagt, steht in Spannung zu den in den ostasiatischen Religionen lebenden Vorstellungen von Karma und Wiedergeburt (→ S. 297 ff.).

Jesus Christus

Das *Neue Testament* teilt die Auffassung, die das Erste Testament vom Menschen hat. Es konnte auf den lebendigen Reichtum dieser Schrift nicht verzichten, wenn es den Menschen verstehen wollte. Aber es setzt auch neue Akzente, die aus dem Glauben an Jesus Christus kommen. Manche anthropologischen Grundauffassungen werden konkret im und am Leben Jesu erkennbar, andere werden von den Schülern Jesu, vor allem von Paulus, in Lehrschriften entfaltet.

In den ersten drei Evangelien wird an vielen Stellen deutlich, daß der Mensch durch Schuld in Lebenskrisen geraten kann, daß es aber bei Gott Verständnis und Hilfe gibt. Jesus hört nicht auf, denen, die als *Sünder* angesehen werden, einen gnädigen Gott zu verkünden. Er zeigt ihnen Gottes Erbarmen und spricht ihnen Vergebung der Schuld zu. Darin

greift er ein Motiv auf, das auch dem Ersten Testament nicht fremd ist. Er macht es nun zu einem Leitthema seiner Botschaft vom Reich Gottes. Der Mensch ist einer, der auf *Gottes Gnade* zählen darf, wenn er sündig geworden ist und nicht mehr aus noch ein weiß. Mit Zöllnern und Sündern sucht Jesus Kontakt, weil gerade die Verlorenen seine Frohe Botschaft vom Reich Gottes hören sollen. Jeder soll sich in dem Sohn wiedererkennen können, der von daheim weggelaufen ist, sich in der Welt verloren hat, aber dann doch, als er zurückkommt, von einem guten Vater liebevoll aufgenommen wird. Jeder kann sich in der Ehebrecherin wiedererkennen, die von Jesus in Schutz genommen wird, während manche Leute Steine auf sie werfen wollen. Jedem kann es so ergehen wie dem reuigen Banditen am Kreuz, dem Jesus in der Stunde seines Todes den Zugang ins Paradies verspricht. Ihnen allen gibt er die Hoffnung, daß Gott ihre beschädigte Existenz heilt.

Die Jünger Jesu setzen nach seinem Tod und seiner Auferweckung voll dankbarer Freude sein

Honoré Daumier (1808–1879): Ecce Homo (Seht, ein Mensch), Öl, um 1850.

Werk fort. Sie sprechen denen die Vergebung ihrer Sünden zu, die an Jesus glauben, sich taufen lassen und ihre Schuld bekennen. So werden sie vor Gott eine »*neue Schöpfung*« (Röm 5,12–21). Paulus wird nicht müde, diesen Begriff, der an die Schöpfungserzählungen des Ersten Testaments erinnert, zu gebrauchen (2 Kor 5,17; Gal 6,15 u. ö.). Durch Christus werden die Menschen anders. Sie finden eine neue Form ihrer Existenz. Das verkündet Paulus in seinen sprachgewaltigen Briefen. Die Menschen, die durch die Sünde im Tod waren, sind jetzt durch die Gnade Gottes im Leben. Sie bewegen sich nicht in falscher Sicherheit, sondern sind von Gott angenommen. Christus hat ihnen die Freiheit der Kinder Gottes geschenkt. Sie brauchen vor Gott nicht auf ihre Leistungen zu pochen, sondern sie sind im Glauben allein durch Gottes Gnade gerechtfertigt. Sie sind nicht den Mächten der Welt verfallen, weil Gott die Welt mit sich versöhnt hat. Sie unterscheiden sich radikal von denen, die keine Hoffnung haben. Sie leben aus der Hoffnung.

Das wohl wichtigste Thema, von dem die Jünger Jesu zu sprechen hatten, war die Botschaft, daß Jesus, der öffentlich in Jerusalem gekreuzigt worden war, am dritten Tag nach seinem Tod von Gott zum Leben erweckt wurde. Er ist *auferstanden* und lebt bei Gott. Damit hat Gott Jesus auf einmalige Weise beglaubigt. Er hat sein Leben und seine Lehre bestätigt. Dieses unerhörte Ereignis war aber nur ein Anfang. Es hat für alle Menschen, die an Christus glauben, wichtige Folgen (1 Kor 15). Wie Jesus, so werden auch die Menschen nicht im Tod bleiben, sondern durch ihn von Gott zum Leben erweckt werden. Der Mensch ist zur Auferstehung berufen. Am Ende wird sein jetziger verweslicher Leib eine

---

**Auferweckung Christi –
Auferweckung der Menschen**

Christus ist von den Toten erweckt worden als der Erste der Entschlafenen. Da nämlich durch einen Menschen der Tod gekommen ist, kommt durch einen Menschen auch die Auferstehung der Toten. Denn wie in Adam alle sterben, so werden in Christus alle lebendig gemacht werden.

*aus dem 1. Brief des Paulus an die
Korinther 15, 20–22*

---

neue Qualität erhalten. Tod und Sünde sind dann endgültig besiegt.

Der alte Gedanke von der Würde des Menschen bekommt im Christentum noch einmal eine neue Begründung. Wenn in Jesus Christus, wie die frühen Konzilien lehren, *Gott Mensch* geworden ist (»Inkarnation«, → S. 123), dann hat das Menschsein in Gott eine neue Qualität bekommen. Gott selbst hat sich mit dem Menschen vollständig identifiziert. Eine engere Bindung Gottes an den Menschen ist nicht denkbar. In Jesus ist der Mensch nicht mehr Gottes Geschöpf. Gott ist hier mit dem Menschen ganz eins.

Maria

Für viele Christen ist Maria, die Mutter Jesu, der ideale Mensch. Das Neue Testament weiß von ihr nicht sehr viel zu erzählen, und das wenige, das von ihr erzählt wird, ist nicht im biographischen Sinn zu verstehen. Die Marienerzählungen der Bibel sind weithin Glaubensgeschichten. In der Form der Erzählung sind sie Zeugnis von Gottes wunderbaren Taten. Nach dem *Kindheitsevangelium des Lukas* (→ S. 114) ist Maria eine junge jüdische Frau, die in Nazaret lebt, als der Engel Gottes zu ihr kommt. Er nennt sie »Begnadete« und verkündet ihr, sie werde ohne Zutun ihres Verlobten Josef einem Kind das Leben schenken. Es werde in der Nachfolge des Königs Davids herrschen und die messianischen Hoffnungen Israels erfüllen. Sie glaubt dem Engel und sagt voll Vertrauen auf Gottes Wort: »Ich bin die Magd des Herrn. Mir geschehe, wie du gesagt hast« (Lk 1,38). Voll Freude besucht sie Elisabet, eine Verwandte, die die Mutter Johannes des Täufers werden sollte. Sie spricht dabei das »Magnificat«, eines der ganz großen Gebete der Bibel. Als für sie die Zeit der Niederkunft kommt, ist sie gerade in Betlehem, wo sie ihren erstgeborenen Sohn Jesus zur Welt bringt. Sie wickelt ihn in Windeln und legt ihn in eine Krippe, weil in der Herberge kein Platz ist. Engel singen an diesem Ort ihr »Gloria in excelsis Deo« und Hirten kommen, um davon zu erzählen. Von ihr selbst ist kein Wort über dieses Ereignis überliefert, aber sie bewahrt alles, was geschehen ist, in ihrem Herzen. Entsprechend den alten jüdischen Bräuchen gibt sie dem Kind den Namen Jesus, läßt den Jungen be-

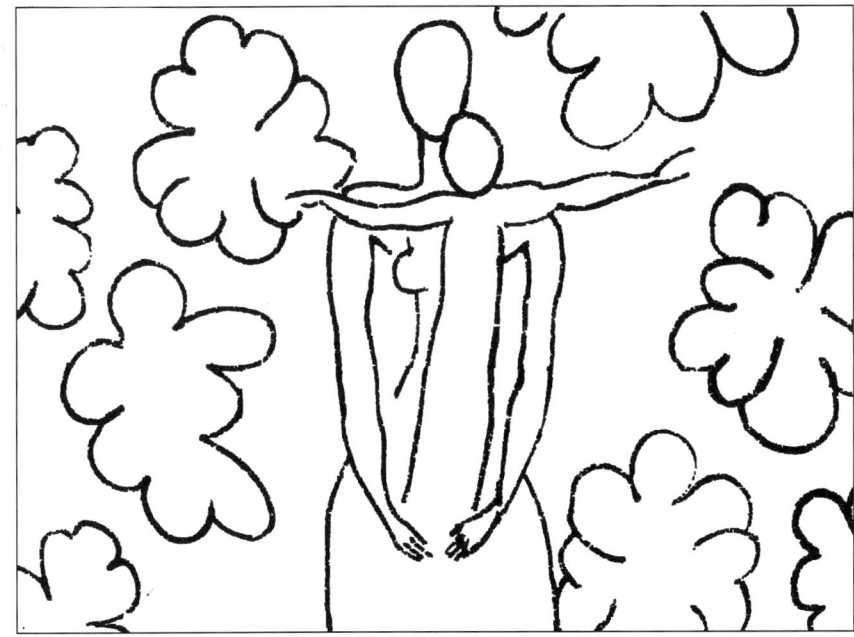

Henri Matisse (1869–1954): Jungfrau und Kind, Malerei auf Keramik, Rosenkranzkapelle in Vence (Südfrankreich), 1949–51. Der französische Künstler, der sich selbst nicht als Christ verstand, hat kurz vor seinem Tod die Kapelle der Dominikanerinnen, die ihn in schwerer Krankheit gepflegt hatten, aus Dankbarkeit künstlerisch gestaltet.

schneiden und bringt ein Reinigungsopfer im Tempel von Jerusalem dar. Damals prophezeit ihr der greise Seher Simeon, daß ein Schwert durch ihre Seele dringen werde. Sie zieht wohl jährlich zum Osterfest nach Jerusalem. Dort verliert sie einmal ihren gerade zwölfjährigen Sohn aus der Reisegesellschaft, sucht ihn mühevoll und findet ihn schließlich lehrend und diskutierend unter den Schriftgelehrten, die über seine Weisheit staunen. Ein leiser Vorwurf klingt damals aus ihren Worten, aber dann zieht Jesus wieder mit ihr nach Nazaret und ist seinen Eltern untertan. Im *Matthäusevangelium* (→ S. 112) kommen nach der Geburt Jesu Weise zu Maria. Weil Herodes ihr Kind töten will, flieht sie mit ihm nach Ägypten. Nach der Rückkehr läßt sie sich in Nazaret nieder.

Neben diesen beiden Kindheitsgeschichten gibt es nicht mehr viele Erwähnungen Mariens im *Neuen Testament*. Die wenigen klingen nicht sehr freundlich für sie. Als Jesus einmal in Galiläa lehrte, sagten die Leute zu ihm, daß seine Mutter und seine Brüder draußen seien und ihn suchten. Er fragte zurück: »Wer ist schon meine Mutter?« und gab auch selbst die distanzierte Antwort: »Wer den Willen Gottes erfüllt, der ist für mich Mutter« (Mk 3,31–35, ähnlich Lk 11,27). Und als Maria bei der Hochzeit von Kana Jesus einen Wink gibt, daß kein Wein mehr da sei,

fragt er sie so, als wolle er sich von ihr nicht beeinflussen lassen: »Was willst du von mir, Frau? Meine Stunde ist noch nicht gekommen (Joh 2, 3 f.).« Am Ende steht sie unter dem Kreuz ihres Sohnes, wo der sterbende Jesus sie dem Lieblingsjünger und umgekehrt den Lieblingsjünger ihr anvertraut (Joh 19,25–27). Später sehen wir sie noch ein einziges Mal in der Urgemeinde von Jerusalem (Apg 1,14). Sonst ist im Neuen Testament von ihr nicht mehr die Rede.

Für das christliche Verständnis vom Menschen ist diese Frau aus Nazaret trotz der spärlichen biblischen Traditionen außerordentlich bedeutsam geworden. Der *Glaube späterer Zeiten* hat sich in die wenigen Texte vertieft und dabei mit den Augen der Frömmigkeit ganz ungewöhnliche Dinge entdeckt. Sie sind in kirchlichen Entscheidungen auch als verbindliche *Glaubenslehren* formuliert worden. Danach ist Maria die Mutter Gottes und zugleich immerwährende Jungfrau. Als einziger Mensch kam sie ohne Erbsünde zur Welt. Schon jetzt ist sie mit Leib und Seele in den Himmel aufgenommen worden. Als »neue Eva« hat sie den Schaden von der Menschheit abgewehrt, den die erste Eva angerichtet hatte. Manche Theologen wollen in ihr sogar neben Jesus eine »Miterlöserin« sehen. Sie ist in der Verkündigung der Kirche und besonders auch in der *Volks-*

frömmigkeit zum Bild der idealen Christin geworden, an dem die Glaubenden verläßlich sehen können, wie sie leben sollen. Zugleich übertrifft ihre Würde die aller anderen Menschen. Sie ist die Himmelskönigin und Maienkönigin, unsere liebe Frau und die Mutter der Christen. Die poetische lauretanische Litanei nennt sie nicht nur goldenes Haus und elfenbeinerner Turm, sondern auch Heil der Kranken, Hoffnung der Betrübten und Zuflucht der Sünder. In vielen Gebeten, Liedern und Gedichten wird sie gepriesen. Unzählige Christen meditieren beim Rosenkranzgebet am »Ave Maria«, dem biblischen Engelgruß, die Stationen des Lebens Jesu. Große und kleine Kirchen, herrliche Dome und prächtige Kathedralen überall auf der Welt sind ihr geweiht. Für die bildende Kunst ist sie ein großes Thema. Unzählige Frauen tragen stolz ihren Namen. Pilgerstätten wie Lourdes und Fatima ziehen jährlich Millionen ihrer Verehrer an. Manche Formen katholischer Marienverehrung weisen überhitzte Züge auf, die mit den nüchternen biblischen Aussagen nicht in Übereinstimmung zu bringen sind. Das hat dem Bild Mariens Schaden zugefügt. Aber unzählige Christen in allen Konfessionen sehen an Maria, wie die Gnade Gottes den Menschen erhöht.

Gott allein genügt

Nichts soll dich ängstigen,
nichts dich erschrecken.
Alles vergeht.
Gott ändert sich nicht.
Die Geduld erreicht alles.
Wer sich an Gott festhält,
dem fehlt nichts.
Gott allein genügt.

*Teresa von Avila (1515–1582),
Ordensfrau, Mystikerin, Heilige*

Exemplarisches Menschsein

Die Heiligen der Christenheit sind die Gestalten, die exemplarisch zeigen, was Mensch-Sein bedeutet. Es wäre einseitig, in ihnen nur moralische Vorbilder zu sehen, die ungewöhnliche Tugendleistungen aufzuweisen haben. Sie sind sozusagen das »Anschauungsmaterial« des christlichen Menschenverständnisses. Kein Mensch kann allein das ganze Spektrum des christlichen Lebens ausfüllen. Aber manche Christen haben einzelne Farben aus diesem Spektrum auf besondere Weise aufleuchten lassen. Sie haben auf kreative Weise für ihre Zeit gezeigt, was es heißt, daß der Mensch Bild Gottes ist und in der Nachfolge Jesu lebt.

• *Teresa von Avila* (1515–1582) ist eine Christin, die die guten Seiten des Lebens zu schätzen wußte, aber sich damit nicht begnügte. Sie war immer auf der Suche nach Gott, der allein die unendliche Sehnsucht des Menschen erfüllen kann. So wurde sie zu einer der großen Mystikerinnen der Menschheit. Schon

als Kind suchte sie im Maurenland den Martertod. Als Backfisch war sie eitel und hatte Lust an harmlosen Vergnügungen. Gegen das Einverständnis ihres Vaters entschloß sie sich, in das Karmeliterinnenkloster von Avila (Spanien) einzutreten, wo sie zunächst ein unterhaltsames Leben führte und eine lebenslustige Ordensfrau war. Doch dann hatte sie ein Erlebnis, das sie zutiefst erschütterte. Sie sah in einer mystischen Schau das Leiden Christi. Das gab ihrem Leben eine andere Richtung. Sie wandte sich von allen Zerstreuungen ab und konzentrierte sich nur noch auf Gott. Im Gebet stieg sie Stufe um Stufe zu ihm auf, bis sie zur mystischen Vereinigung mit ihm kam. Das Licht, das sie in ihren Ekstasen sah, unterschied sie deutlich von allem Licht, das auf der Erde leuchtet. Dem unbeschreiblichen Jubel folgte nach dem Ende der Visionen meist Niedergeschlagenheit und Trauer. Die ungewöhnlichen Visionen, die sie in der »Seelenburg« beschrieben hat, hinderten sie nicht daran, tatkräftig an der Reform ihres Ordens zu arbeiten. Dabei bewies sie Geschick und Ausdauer. Auf ihren vielen Reisen, die sie zu den Klöstern führten, bewährte sich ihre Fähigkeit zu

Improvisation und Humor. Nach ihrem Tod fand man ein Zettelchen, auf das sie ein Gebet geschrieben hatte, das ihr Lebensprogramm zum Ausdruck brachte: »Gott allein genügt«.

• Am caritativen Einsatz des französischen Priesters *Vinzenz von Paul* (1581–1660) kann man ablesen, daß das Leben der Armen und Schwachen für Christen eine unzerstörbare Würde hat. Darin folgt er mit vielen anderen Frauen und Männern der Christenheit dem Beispiel Jesu. Als er schon einige Jahre Priester war, wurde ihm in Paris bewußt, was er als Christ zu tun hatte. Er bekam einen Blick für die schreckliche Not, in der viele arme Leute lebten. Viele Kranke und Geistesgestörte wurden nirgends versorgt, die hungrigen Bettler bekamen kaum etwas zu essen, junge Mütter setzten aus Verzweiflung ihre kleinen Kinder aus, Jugendliche streunten verwahrlost durch die Stadt, die Alten wurden aus ihren Familien verstoßen, Obdachlose froren auf den Straßen, die Strafgefangenen wurden grausam gequält. So gut es ging, setzte er sich für alle Notleidenden ein. Er organisierte Altersheime, Spitäler, Findelhäuser, Suppenküchen und Gefangenenheime. Da er die Arbeit allein nicht bewältigen konnte, gründete er Vereine und einen Orden, in denen er Frauen und Männer sammelte, die zum Dienst an den Armen bereit waren. So konnte er vielen Menschen helfen. Man erzählt, daß er einen Galeerensträfling in Marseille von seinem schrecklichen Los dadurch befreite, daß er sich selbst an dessen Stelle am Unterdeck anschmieden ließ. Seinen elenden Mitsklaven konnte er viel Trost spenden. Als seine Freunde ihn nach einiger Zeit dort entdeckten, wurden mit ihm auch alle anderen Gefangenen befreit. »Monsieur Vincent« wird bis heute in Paris und in Frankreich als Vater der Armen verehrt.

• Christsein erfordert Mut zum Widerstand, wenn Menschen durch Ideologie oder Totalitarismus bedroht sind. Auch das haben Christen immer wieder im Lauf der Geschichte unter Beweis gestellt. In unserem Jahrhundert haben unzählige Christen ihr Leben verloren, weil sie sich gegen den Nationalsozialismus und Kommunismus stellten. Auf Flugblättern, die plötzlich überall in Deutschland auftauchten, forderten die *Geschwister Scholl* ihre Mitstudenten und Professoren auf, zu den Verbrechen der Nazis und vor allem auch zu den Judenmorden

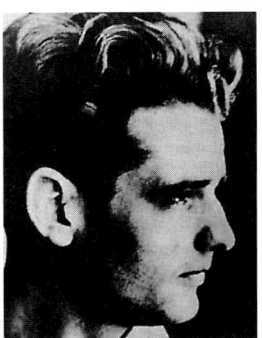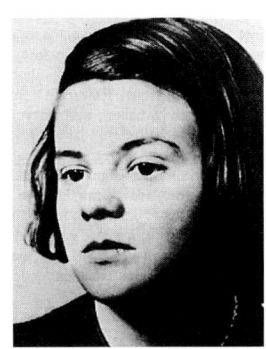

Die weiße Rose

Nichts ist eines Kulturvolks unwürdiger, als sich ohne Widerstand von einer verantwortungslosen Herrscherclique »regieren« zu lassen … Nur als Beispiel wollen wir die Tatsache kurz anführen, daß seit der Eroberung Polens 300 000 Juden in diesem Land auf bestialische Weise ermordet worden sind. Hier sehen wir das fürchterlichste Verbrechen an der Würde des Menschen, dem sich kein ähnliches in der Geschichte der Menschheit an die Seite stellen kann … Ist Euer Geist schon so sehr der Vergewaltigung unterlegen, daß Ihr vergeßt, daß es nicht nur Euer Recht, sondern Eure sittliche Pflicht ist, dieses System zu beseitigen? Verbergt nicht Eure Feigheit unter dem Mantel der Klugheit … Wir schweigen nicht, wir sind Euer böses Gewissen; die weiße Rose läßt Euch keine Ruhe!

Hans und Sophie Scholl, Text auf den Flugblättern in der Stadt und Universität München, 1943

nicht zu schweigen. Hans (25) und Sophie (22) gehörten zu einer kleinen Widerstandsgruppe, die sich »Weiße Rose« nannte. Sie waren als Christen davon überzeugt, auf das schreckliche Geschehen aufmerksam machen zu müssen, auch wenn sie zunächst nur wenig Erfolg erwarten durften. Als sie 1943 in der Universität München ihre Flugblätter verteilten, wurden sie vom Hausmeister entdeckt und verraten. Nach einem kurzen Prozeß wurden sie enthauptet. Sie starben mutig und in der Hoffnung des Glaubens.

Linke Seite: Vinzenz von Paul, Simon François de Tours, 17. Jh.
Teresa von Avila, unbekannter Meister, 17. Jh.

Hans und Sophie Scholl.

Was sollen wir tun?

Gottes Weisungen

Das Christentum ist eine *Religion der Lebenspraxis*. Der Glaube an Gott allein kann tot sein, das Wissen vom Menschen allein kann unverbindlich bleiben. Für den Christen kommt es zuallererst darauf an, aus dem Glauben an Gott zu leben. Die großen Christen sind nicht die gelehrten Theologen, sondern die Menschen, die ihren Glauben im Leben verwirklichen und den Weisungen Gottes folgen. Jesus hat einmal gesagt, daß Gott am Tag des Gerichts sein Urteil danach spricht, ob ein Mensch gute Taten für andere getan oder unterlassen hat (Mt 25,31 ff.). Vom rechten Glauben und großen Wissen ist in diesem Zusammenhang nicht die Rede.

Was sollen Christen tun? Die Antwort auf diese Frage ist einfach und schwierig zugleich. Sie ist so *einfach*, daß in der Regel jeder Christ in der konkreten Situation des Lebens ohne lange Besinnung weiß, was er tun soll. Er braucht dazu kein langes Studium und nicht viele Fachkenntnisse. Er wird sich an den »Zehn Worten«, am Beispiel Jesu und vor allem am Liebesgebot orientieren. Hier hat er den Maßstab christlichen Handelns. Einen anderen haben auch die Fachleute nicht, die über christliches Ethos ein Leben lang reflektieren. Trotzdem ist die Frage auch *schwer* zu beantworten, weil dieser Maßstab nicht immer eindeutig anzulegen ist. Dürfen Christen z. B. trotz des achten Gebotes lügen, um einen anderen Menschen vor Kriminellen zu schützen? Oder dürfen Christen entgegen der Weisung der Bergpredigt Gewalt gegenüber Gewalttätigen anwenden, um Schwache zu retten? In beiden Situationen können sich Christen auf unterschiedliche Gebote berufen und Gründe finden, so oder anders zu handeln. Überdies gibt es in unserer heutigen komplizierten Welt oft auch Probleme, bei denen man nicht leicht sehen kann, wie das biblische Ethos in der richtigen Weise zu verwirklichen ist. Ärzte, Naturwissenschaftler, Ökonomen oder Politiker brauchen in ihren Tätigkeitsfeldern neben dem ethischen Maßstab ein hohes Fachwissen, humane Phantasie und ein Gefühl für Verantwortung, wenn sie eine richtige Entscheidung treffen wollen.

Das Ethos des Christentums hat seinen Ursprung im Ethos des *Judentums*. Wichtige Weisungen wie die »Zehn Worte« oder das Liebesgebot haben die Christen von den Juden übernommen. Andere Weisungen des Judentums, z. B. rituelle Bestimmungen, Speisegesetze oder die Beschneidung, haben im Christentum keine Bedeutung mehr. Auch von der jüdischen Grundeinstellung gegenüber Gottes Gesetz hat das Christentum lernen können. Das Judentum lebt aus der *Freude an der Thora* (→ S. 30). Es ist der Überzeugung, daß Gott den Menschen damit nicht überfordert und daß der Mensch, abgesehen von Grenzfällen, Gottes Gebote auch erfüllen kann. Rigider Leistungsdruck geht von der Thora nicht aus. Weil ihre Weisungen für das Leben wichtig sind, werden sie von den jüdischen Frommen in der Regel gern akzeptiert. Viele Christen sehen es nicht anders.

Doch betont das Christentum, vor allem soweit es sich auf die Briefe des Paulus stützt, auch die *Belastung*, die das Gesetz für den Menschen bedeuten kann. Wenn der Mensch merkt, daß er den Ansprüchen des Gesetzes nicht gewachsen ist, bringt es ihm seine Schwachheit und Sündhaftigkeit zum Bewußtsein. Die Kraft, die er für die Befolgung des Gesetzes braucht, hat er nach Paulus nicht aus sich. Nur *Gottes Gnade*, die ihm im Glauben an Jesus Christus zuteil wird, ermöglicht ihm, den richtigen Lebensweg zu gehen. Darum verdankt der Mensch sein Heil und seine Gerechtigkeit nicht seinen Leistungen. Dieser Gedankengang ist später von Augustinus (→ S. 128 f.), Luther und Calvin (→ S. 174 f.) aufgenommen und weiter entwickelt worden. Weil dem Christentum ethischer Rigorismus fremd ist, brauchen Christen sich nicht permanent unter moralischem Leistungsdruck fühlen. Sie dürfen in der *Freiheit der Kinder Gottes* leben.

Religiöse Begründungen

Nachdenkliche Christen haben immer gefragt, warum es Gebote gibt und wo der letzte Grund für ihre Berechtigung liegt. Im Lauf der Zeit sind auf diese Fragen verschiedene Antworten gegeben worden.

Manche Christen halten die Gebote, um Gott zu *gehorchen*. Weil die Gebote von Gott kommen (»*Theonomie*«), haben sie absolute Autorität, der sich der Mensch zu unterwerfen hat, ohne lange zu fragen, warum sie da sind. – In dieser Auffassung kommt die Souveränität Gottes gut zur Geltung, aber die Freiheit eines Christenmenschen ist nicht deutlich genug akzentuiert.

Eine andere Begründung ergibt sich aus der *Schöpfungsordnung*. Wenn die Welt und der Mensch von Gott gut geschaffen sind, ist es Aufgabe des Menschen, die gute Welt zu schützen und die Würde des Menschen zu achten. Die ethischen Leitlinien ergeben sich dann aus der *Einsicht* in die Natur der Welt und aus den *Erfahrungen* im Umgang mit den Menschen. Wenn der Mensch weiß, was für die Welt und den Menschen gut ist, kann er das Gute verwirklichen. Wo er seine Welt, seine Mitmenschen und sich selbst schädigt, verletzt er die Schöpfungsordnung Gottes. – Diese Auffassung ermöglicht ein ethisches Handeln, das der Natur entspricht. Sie hat ihre Schwäche darin, daß die Einsichten und Erfahrungen mit der Welt, die den sittlichen Weg begründen sollen, nicht immer eindeutig sind.

Viele Christen verstehen ihren Lebensweg als *Nachfolge Jesu*. Er hat ein Beispiel für christliche Existenz gegeben. Sein Leben kann bleibender Maßstab sein, wenn es in seiner Grundeinstellung von Gottvertrauen, Liebe und Freiheit gelebt wird (→ S. 152). Dieses ethische Verständnis orientiert sich nicht an abstrakten Prinzipien, sondern an dem maßgeblichen Beispiel für alle Christen. Es gerät in der modernen Welt in Schwierigkeiten, weil hier ethische Probleme entstehen, die es im Kontext des Lebens Jesu noch nicht gab.

Für andere Christen ist christliches Leben ein *Leben im Geist Gottes*, der den Menschen immer wieder auf neue Weise ungeahnte Möglichkeiten zeigt und ihn in Freiheit dazu veranlaßt, das Antlitz der Erde zu erneuern. Dynamik, Phantasie und Offenheit sind die Gaben des Geistes. Der Geist fegt veraltete Gesetze fort, bricht überall verkrustete Strukturen auf, entdeckt neue Lebensmöglichkeiten und schenkt ein Leben in Freiheit und Liebe. – Diese Auffassung plädiert für eine kreative Ethik. Darin liegt ihre Stärke. Ihre Schwierigkeit liegt darin, daß im Einzelfall schwer zu unterscheiden ist, was

Gottes Geist und Geist der Menschen ist. Manche Christen lassen sich auf das Wagnis eines geisterfüllten Lebens nur zögerlich ein, weil sie fürchten, bestehende Ordnungen zu verletzen und liebgewordene Gewohnheiten außer Kraft zu setzen.

In der neueren Zeit haben Christen den modernen Gedanken von der *Autonomie* des Menschen (Kant) aufgenommen, um sittliches Leben zu begründen. Danach gibt sich der Mensch selbst in *Freiheit* seine Gesetze, muß dabei aber auch die Freiheitsrechte anderer achten. In der guten Tat gehorcht der Mensch nicht einem fremden Gebot (»Heteronomie«), sondern sich selbst bzw. seiner Vernunft. Wo Christen sich von diesen Gedanken leiten lassen, sehen sie in ihrem inneren Sittengesetz ein Stück der Schöpfung Gottes. Die Gebote, die zugleich von außen in der Bibel gehört und von innen in der Stimme des Gewissens erfahren werden, fordern dazu auf, frei in schöpferischer Verantwortung für die Welt und für die Menschen zu leben. Sie bringen zum Bewußtsein, daß Christen zur Freiheit berufen sind (Gal 5,1). – Kritiker fragen, ob diese Vorstellung von Freiheit nicht auch wirklichkeitsfremd werden kann. Nicht alles, was aus Freiheit geschieht, entspricht den Weisungen Gottes. Derselbe Galaterbrief, der die christliche Freiheit proklamiert, mahnt auch: »Nehmt die Freiheit nicht zum Vorwand für das Fleisch, sondern dient einander in Liebe (Gal 5,13).«

Die Zehn Worte und das Hauptgebot

Einer der faszinierendsten Texte des Ersten Testaments erzählt, daß dem Volk Israel am Sinai die »Zehn Worte« (»Zehn Gebote«, »Dekalog«) gegeben worden sind (→ S. 25 ff.). Diese »Zehn Worte« sind auch für Christen zum Maßstab eines Lebens in Würde und Freiheit geworden. Bis heute bilden sie in Predigt, Katechese und Religionsunterricht die Grundlage aller ethischen Unterweisung.

Die drei Gebote der *ersten Tafel* beziehen sich unmittelbar auf das Verhältnis zu *Gott*. Sie mahnen, neben dem einen Gott keine anderen Götter zu haben, sich von Gott kein Bild zu machen (1; → S. 42 ff.), seinen Namen nicht zu mißbrauchen (2) und den Sabbat zu halten (3). – Im Lauf der Ge-

Die Künstler haben zu allen Zeiten das Böse in seinen vielfältigen Gestalten thematisiert. Sie fanden es z. B. im Hochmut der Menschheit (Bruegel), in der Sündhaftigkeit des einzelnen (Bosch), in den Auswüchsen der Politik (Goya) und in den Schrecken des Krieges (Picasso).

Oben: Hieronymus Bosch (1453–1516): Die sieben Todsünden, Öl, Datierung ungewiß. In der Mitte, die wie die Iris eines Auges aussieht, das Bild des auferstandenen Christus, darunter der Text »Hüte dich, Gott sieht«. Um das Auge gruppieren sich in kleinen Miniaturen (von oben Mitte, im Uhrzeigersinn) Freßsucht, Trägheit, Wollust, Stolz, Zorn, Neid, Habgier. Rechts: Pieter Bruegel (1525–1569): Der Turmbau zu Babel, Öl, 1563.

Oben: Francisco de Goya (1746–1828): Die Erschießung der
Aufständischen am 3. Mai 1808 in Madrid, Öl, 1814. Das Opfer stirbt
im Gestus des Gekreuzigten (→ S.134).

Darunter: Pablo Picasso (1881–1973): Der Krieg, Öl, 1952.
In einer neuen Bildersprache werden Gewalt und Schrecken
sichtbar gemacht.

Rembrandt (1606–1669): Das »Hundertguldenblatt«, Radierung, um 1648. Rembrandt stellt hier in einer Art »Collage« das 19. Kapitel des Matthäusevangeliums dar. Er versetzt das Bild in seine Zeit und zeigt, wie Jesus viele Menschen fasziniert und heilt, mit Pharisäern diskutiert, Kinder segnet, mit dem reichen jungen Mann redet und in die Nachfolge ruft. Darin hat Jesus für Christen Maßstäbe gesetzt und ist selbst zum Maßstab geworden. Das Blatt trägt seinen merkwürdigen Titel daher, weil Rembrandt einst 100 Gulden aufwenden mußte, um ein Exemplar für sich zurückzukaufen (→ S.159).

schichte haben Christen das Bilderverbot oft nicht mehr beachtet. Aus der Sabbatheiligung haben sie die Sonntagspflicht gemacht, weil Christus an einem Sonntag, dem ersten Tag der Woche, von den Toten auferstand.

Die sieben Gebote der *zweiten Tafel* beziehen sich auf das Zusammenleben der *Menschen*. Diese Gebote haben in der Christenheit ihre volle Gültigkeit behalten. Auch Christen werden die Eltern achten und aus ihren Erfahrungen lernen (4). Sie sollen nicht morden (5), die Ehe nicht brechen (6), keine Menschen zu Sklaven machen und nicht stehlen (7), nichts Falsches gegen den Nächsten sagen, keinen Meineid schwören(8), und weder die Frau noch den Besitz anderer Menschen begehren (9, 10).

Das Hauptgebot

Das erste ist: Höre, Israel!
Der Herr, unser Gott, ist der einzige Herr.
Darum sollst du den Herrn, deinen Gott, lieben
mit ganzem Herzen und ganzer Seele,
mit all deinen Gedanken und all deiner Kraft.
Als zweites kommt hinzu:
Du sollst deinen Nächsten lieben wie dich selbst.
Kein anderes Gebot ist größer als diese beiden.
aus dem Evangelium nach Markus 12, 28-31

So zeitlos diese Gebote auch erscheinen – ihre konkrete Anwendung ist nicht immer leicht. Darum brauchen sie zu allen Zeiten eine weise und verständnisvolle Auslegepraxis. In der Vergangenheit wurden sie von der Kirche gelegentlich zu stark moralisiert und privatisiert. Zu jedem Gebot, vor allem zum sechsten, gab es viele Ausführungsbestimmungen, die fast allein den moralischen Standard des einzelnen Christen bestimmten und dabei zur Begrenzung menschlicher Lebensmöglichkeiten gerieten. Heute sehen Christen den Dekalog wieder mehr als einen Wegweiser zu einem Leben in Freiheit und zur Wahrung der Menschenwürde. Die Weisungen werden neu auch in ihrer Bedeutung für die Öffentlichkeit und Politik erkannt. Ihre ethische Substanz ist heute in der Öffentlichkeit nicht mehr überall unangefochten akzeptiert. Es gibt Kräfte, die die Zehn Gebote nicht mehr gelten lassen wollen. Solche Tendenzen sind für Christen nicht akzeptabel.

Alle Gebote können in einem *Hauptgebot* zusammengefaßt werden. Jesus hat dies in verbindlicher Weise im Rückgriff auf das Erste Testament (Dtn 6,4–9; Lev 19,18) getan, als ein jüdischer Schriftgelehrter ihn nach dem ersten Gebot von allen fragte. Die *Liebe zu Gott, zum Nächsten und zu sich selbst* wird hier zum Inhalt christlichen Lebens erklärt (Mk 12,28–31).

Schon die frühen Anhänger Jesu haben diese Proklamation der Liebe als den inneren Kern seiner Botschaft angesehen: Paulus weiß, daß die Liebe die Erfüllung des Gesetzes ist (Röm 13, 10). Die Liebe ist noch wichtiger als die für Christen auch unverzichtbaren Haltungen von Glaube und Hoffnung (1 Kor 13, 13). Im Johannesevangelium fordert Jesus die Seinen auf, einander so zu lieben, wie er sie geliebt hat. Daran sollen sie als die Jünger Jesu erkannt werden können. Dies ist sein neues Gebot für sie (Joh 13, 34 f.). Später wird Augustinus (→ S. 128 f.) sagen können: »Ama, et fac quod vis.« Das heißt: Wenn du liebst, kannst du tun, was du willst. Alles Handeln aus Liebe ist vor Gott gut.

Die Bergpredigt

»Als Jesus die vielen Menschen sah, stieg er auf einen Berg. Er setzte sich, und seine Jünger traten zu ihm. Dann begann er zu reden und lehrte sie.« So beginnt die konzentrierteste Zusammenfassung der Weisungen Jesu, die wir *Bergpredigt* (Mt 5–7) nennen. Wir können zwar nicht annehmen, daß Jesus die Bergpredigt in der uns überlieferten Form gehalten hat, aber die Worte, die er hier spricht, wird er wohl in verschiedenen Situationen seinen Zuhörern vorgetragen und gedeutet haben. Im Evangelium sind sie von Matthäus redaktionell zusammengefaßt worden. Der Evangelist zeigt Jesus als den *neuen Mose*, der seinem Volk das *neue Gesetz* gibt. Der Berg erinnert an den Sinai, von dem die Weisung Gottes für Israel ausging.

Die Bergpredigt beginnt nicht mit Forderungen. An ihrem Anfang stehen acht *Seligpreisungen*, die konventionelle Werte in Frage stellen.

Christen sollen das Salz der Erde und das Licht der Welt sein. Die ganze neue Botschaft Jesu ist zugleich orientiert an Israels bewährter Thora und an den Worten der Propheten. Was dort gilt, behält auch hier seine volle Gültigkeit. Es wird auf neue Weise für die Gegenwart ausgelegt. In sechs Zuspitzungen (»Antithesen«) bekräftigt und verschärft Jesus alte Weisungen. So wird das Tötungsverbot dahingehend erweitert, daß auch Zorn auf andere, ihre Beleidigung und Herabsetzung verboten sind, weil sie die anderen im Inneren verletzen. Die Möglichkeit der Ehescheidung wird aufgehoben und die Entlassung der Ehefrau untersagt. Das Schwören soll unterbleiben, weil der Jünger Jesu Gott nicht zum Zeugen anrufen soll. Am meisten wird von den Freunden Jesu verlangt, wenn sie auf Vergeltung für erlittenes Unrecht verzichten und selbst ihre *Feinde lieben* sollen. Das schließt in bestimmten Situationen *Gewaltverzicht* ein.

In der Mitte der Bergpredigt steht das *Vaterunser* (→ S. 122), das zum wichtigsten Gebet der Christenheit geworden ist. Es faßt betend die Botschaft Jesu zusammen. Gott wird mit Vertrauen und Zuversicht als »Vater« angesprochen. Die ersten drei Bitten betreffen die Sache Gottes. Sein Name (→ S. 43 f.) soll geheiligt werden, sein Reich (→ S. 158) kommen und sein Wille geschehen. Die letzten drei Bitten gelten den elementaren Sorgen des Menschen. Er betet darum, daß Gott ihn vor Hunger schützt, ihm die Schuld verzeiht und ihn nicht in Versuchung führt.

Weitere Worte Jesu empfehlen Almosen und Fasten. Menschen sollen sich nicht allzu sehr um die Zukunft sorgen und andere nicht verurteilen. Selbst die auch bei anderen Völkern bekannte »*Goldene Regel*« ist hier verkündet, und zwar in einer positiven

---

Die Seligpreisungen
Selig, die arm sind vor Gott;
denn ihnen gehört das Himmelreich.
Selig die Trauernden;
denn sie werden getröstet werden.
Selig, die keine Gewalt anwenden;
denn sie werden das Land erben.
Selig, die hungern und dürsten nach Gerechtigkeit;
denn sie werden satt werden.

Selig die Barmherzigen;
denn sie werden Erbarmen finden.
Selig, die ein reines Herz haben;
denn sie werden Gott schauen.
Selig, die Frieden stiften;
denn sie werden Söhne Gottes genannt werden.
Selig, die um der Gerechtigkeit willen verfolgt werden;
denn ihnen gehört das Himmelreich.
aus dem Evangelium nach Matthäus 5, 3–10

Form: »Alles, was ihr von anderen erwartet, das tut auch ihnen.«

Die Bergpredigt ist die Ethik des Reiches Gottes. Kritiker meinen, ihre Befolgung überschreite die Kraft der Menschen. Niemand könne ganz gewaltfrei leben und selbst die Feinde lieben. Auf jeden Fall zeigt die Bergpredigt, was Menschen, die an Jesus glauben, tun können, um sich und die Welt zum Guten zu verändern. Bis heute ist sie die *Utopie der Christen* geblieben, deren Realisation noch aussteht.

Das Beispiel Jesu

Jesus hat nicht nur mit seiner Lehre auf das Verhalten seiner Freunde eingewirkt. Er ist ihnen auch mit seinem Leben zum *Beispiel* geworden. Das Neue Testament beschreibt an vielen Stellen, wie er für die Armen und Schwachen da ist. Er zeigt Liebe zu den Kindern, Verständnis für die Frauen und Zuwendung zu den Kranken. Für Ausgestoßene und Verfemte tritt er offen ein. Entschieden kämpft er gegen Hochmut und Selbstgefälligkeit. Wir sehen ihn in vertrauensvollem Gebet zu seinem Vater und hören in seinen Gleichnissen, daß Gott der liebevolle Vater aller Menschen ist. Oft prangert er religiöse Verfallserscheinungen an. Daß man von Gott klein und kleinlich denkt, läßt er nicht zu. Er kennt die Verführbarkeit des Menschen durch Brot, Sensation und Macht und deckt Vorurteile auf, durch die andere diskriminiert werden. Er selbst ist zum Dienen bereit und spricht den Sündern die Vergebung Gottes zu. Am Ende scheint sein Lebenswerk zu scheitern. Er stirbt einen grausamen Tod am Kreuz. Gerade in dieser äußersten Erfahrung des Leidens und Sterbens hat er Würde bewiesen und sein Vertrauen auf Gott nicht verloren. Mit seinem *Leben und Sterben* ist er für Christen zum Vorbild geworden. Wenn sein Evangelium nicht überliefert wäre, ließe es sich an den Stationen seines Lebens und Sterbens rekonstruieren.

Das *Ethos Jesu* hat viel Anerkennung gefunden. Es wird den guten Möglichkeiten des Menschen gerecht und ist zugleich ein Protest gegen das Böse in der Welt. Wenn es sich durchsetzte, könnte es die Welt verändern. Seit 2000 Jahren haben sich unzählige Christen bemüht, ihr Leben nach den Weisungen Jesu und nach seinem Vorbild auszurichten.

Christliches Ethos heute

Das Ethos des Christentums steht heute vor großen Problemen. Es muß sich gegen kräftigen Widerstand bewähren. Dazu braucht es Überzeugungskraft und Mut. Aber es muß auch auf neue Fragen neue Antworten finden. Dazu braucht es Einsicht und Offenheit.

Heute können die biblischen Weisungen des Christentums ein *kritisches Korrektiv* gegen verbreitete Einstellungen sein (→ S. 181 f.). Sie stehen gegen alle Versuche, die Moral in ein Verhalten umzudeuten, das allein von der Natur, von den Kräften der Gesellschaft oder von dem Nutzen des einzelnen (»Utilitarismus«, »Egoismus«) bestimmt wird. Sie wenden sich gegen die Leugnung unverrückbarer und dauerhafter Pflichten (»Relativismus«). Sie widerstehen dem Trend, in den Tag zu leben und alles vorrangig daran zu messen, ob es dem persönlichen Vergnügen oder dem »Lustprinzip« dient (»Hedonismus«).

Heute stehen die Kirchen vor neuen, *beispiellosen Herausforderungen*. Das Leben vieler Menschen und der Menschheit im ganzen ist bedroht. Umweltkrise und Bevölkerungswachstum, soziale Ungerechtigkeit, Staatsverschuldung und Arbeitslosigkeit, Krieg, Gewalt und Terror, Analphabetismus, Aids und Unterernährung sind nur wenige Stichworte für eine globale Krise. Politik und Wissenschaften, Technik und Medien entwickeln Möglichkeiten, die für das Überleben notwendig sind, aber auch katastrophal werden können. Zur Lösung dieser Probleme finden sich in der Bibel nicht immer direkte Hinweise. Aufgabe der Kirchen ist es, im vernünftigen Dialog mit allen Beteiligten darauf zu sehen, wie die gültigen Maßstäbe mit den neuen Anforderungen in Beziehung zu setzen sind. Ehrfurcht vor Gott, Menschenwürde und Menschenrechte, Schutz allen menschlichen Lebens, Gleichberechtigung der Frau, Bewahrung der Schöpfung und der verschiedenen Kulturen, Frieden, Freiheit, Versöhnung und Liebe – all das kann Maßstab für die Antworten auf zum Teil kaum übersehbare Problemlagen sein. Es wird gerade auch in Zukunft für die Welt wichtig bleiben. Christen haben die Aufgabe, sich daran zu orientieren und dafür mit allen Kräften einzusetzen.

Gelebte Praxis

Christliches Leben ist bunt und vielseitig. Wer es beschreiben will, findet keine einheitliche Formel. Zu zahlreich sind seine Variationsmöglichkeiten.

Beispiele gelebter Praxis finden sich überall im *Alltag* der Christen: Mütter und Väter, die ihre Kinder lieben und gut erziehen. Männer und Frauen, die sich für andere abmühen. Eheleute, die sich trotz Krisen verbunden bleiben. Liebende, die sich Freude schenken. Leidende, die nach dem Sinn des Leidens fragen. Kinder, die heiter sind. Priester, die für ihre Gemeinden da sind. Ordensleute, die beten und meditieren. Politiker, die sich für Frieden und Gerechtigkeit einsetzen. Ärzte, die ihren Kranken helfen. Richter, die Recht sprechen. Lehrer, die für ihre Schüler Verständnis haben. Journalisten, die sich der Wahrhaftigkeit verpflichtet wissen. Missionare, die das Wort Gottes verkünden. Kirchenleute, die sich um bessere Beziehungen zu anderen Kirchen und Religionen bemühen u.v.a.

• Neben den vielen namenlosen Christen gab und gibt es auch faszinierende Gestalten, die sich auf ganz ungewöhnliche Weise als Christen bewähren (→ S. 144 f.). Ein solcher Christ war *Benedikt von Nursia* (480–547). Er hatte Eltern, die zum römischen Landadel gehörten. Sie ließen den Jungen in Rom Jurisprudenz studieren. Doch er war von dem städtischen Treiben und von der Einstellung seiner Kommilitonen enttäuscht und zog sich rasch in die Einsamkeit seiner heimatlichen Berge zurück. Drei Jahre lebte er bei Subiaco in einer tiefen Höhle und übte sich dort in strengster Askese. Ab und zu ließ man an einem Seil etwas Nahrung zu ihm herab. Einmal warf er sich nackt in ein Dornengestrüpp, um seine sinnlichen Triebe zu besiegen. Er kämpfte gegen sich selbst und gegen die Verlockungen der

---

Höre, mein Sohn

Höre, mein Sohn, auf die Lehren des Meisters,
und neige das Ohr deines Herzens.
Nimm die Mahnung des gütigen Vaters willig an,
und erfülle sie in der Tat.
So wirst du durch mühevollen Gehorsam
zu dem heimkehren, von dem du dich
in trägem Ungehorsam entfernt hast.
An dich richtet sich nun mein Wort,
wer immer du bist.

Anfang der Regel des Benedikt von Nursia (480–547), Ordensstifter, Heiliger

---

Links: Der Tod des hl. Benedikt, Miniatur aus dem 11. Jh. Der Heilige stirbt aufrecht stehend und betend, von seinen Mönchen wird er gestützt.
Rechts: Giotto (1267–1327): Franz predigt den Vögeln, Fresko in der Grabeskirche des Heiligen zu Assisi, 1292.

Welt, weil er glaubte, nur so Gott finden zu können. Nach einiger Zeit baten ihn die Mönche eines nahen Klosters, bei ihnen Abt zu werden. Er übte dieses Amt nicht lange aus, weil die Mönche die strenge Zucht, die er einführen wollte, nicht akzeptierten und ihn sogar vergiften wollten. Im Jahr 529 gründete er ein neues Kloster in Montecassino auf einem Berg zwischen Rom und Neapel. Das Kloster wurde an der Stelle eines alten Jupitertempels errichtet und so zum Zeichen dafür, daß die Antike vergangen ist und die christliche Ära Europas begonnen hat. Mit seinem neuen Mönchsorden wollte Benedikt das Mönchtum aus seiner damaligen Krise befreien. Er schuf eine feste Regel, in der er den Mönchen intensives Gebet und regelmäßige Arbeit (»ora et labora«) vorschrieb. Dem Abt sollten sie unbedingt Gehorsam leisten. Das persönliches Vorbild Benedikts und seine kluge Ordensregel haben die Erneuerung des abendländischen Mönchtums bewirkt. Mit seinem Orden, dessen Mitglieder nach ihm »Benediktiner« heißen, hat er das Christentum um eine neue Lebensform bereichert, die bis heute viele Menschen in ihren Bann geschlagen hat. Zugleich hat er damit die Kultur Europas entscheidend mitgeprägt, weil die Benediktiner an vielen Orten unfruchtbare Böden fruchtbar machten, Wälder rodeten, erstmals Kirchen und andere Gebäude errichteten, sich um die Bildung junger Leute bemühten und die kostbaren Handschriften der antiken Welt kopierten und aufbewahrten. Heute gibt es zahlreiche Benediktinerklöster in aller Welt. Sie sind oft geistliche und kulturelle Brennpunkte. Benedikts Weltabgeschiedenheit hat die Welt sehr bereichert.

• Der Heilige, der innerhalb und auch außerhalb der Christenheit die wohl größte Sympathie findet, ist *Franz von Assisi* (1182–1226). Man kann in dem jungen Mann aus Umbrien das getreueste Bild Christi sehen, weil er in seinem Leben auf liebenswürdige und zugleich radikale Weise gezeigt hat, was Nachfolge Jesu bedeutet. Sein Vater war ein reicher Tuchhändler, dessen Vermögen es ihm ermöglichte, vergnügt dahinzuleben. Francesco (ital.: »Französlein«) hatte das heitere Gemüt seiner französischen Mutter, sang gern die Lieder der Troubadoure und faßte den Plan, in die Welt zu ziehen, um als Ritter zu Ruhm zu kommen. Statt dessen mußte er, weil er in einen Städtestreit geriet, für ein Jahr in einen Kerker.

Franz von Assisi (1182–1226). Das Fresko aus dem Kloster San Benedetto bei Subiaco, wo Benedikt zeitweilig in den Bergen als Einsiedler gelebt hatte, soll noch zu Lebzeiten des Heiligen, im Jahr 1224, gemalt worden sein.

Die harten Entbehrungen, eine schwere Krankheit und die Begegnung mit einem Leprakranken brachten ihn in eine tiefe Lebenskrise. Er war erschüttert, überwand sich selbst, erwählte sich die Armut zur Braut und begann als »Poverello« (»Armer«) ein neues Leben. Von nun an erbettelte er sich sein tägliches Brot, pflegte die Aussätzigen und sorgte für die Armen der Stadt. In dem kleinen Kirchlein S. Damiano hörte er die Worte Jesu: »Geh und richte meine Kirche wieder auf, die vom Einsturz bedroht ist.« Zuerst meinte er, das baufällige Gotteshaus reparieren zu sollen. Doch später zeigte sich, daß die ganze Kirche gemeint war, die damals gefährdet war, weil sie sich dem Reichtum und der Macht verschrieben hatte und neue Armutsbewegungen, die von der Basis her kamen, mißverstand und bekämpfte. Als Franz vor einem bischöflichen Gericht Rechenschaft über das Geld seines Vaters geben sollte, zog er seine Kleider aus, erstattete dem Bischof das Geld zurück und sagte voll Entschiedenheit: »Ab heute will ich nicht mehr sagen ›Vater Pietro Bernardone‹, sondern ›Vater unser im Himmel‹«. Immer mehr wurde ihm klar, daß er genau so leben sollte, wie es das Evangelium empfiehlt. Bald schlossen sich ihm Gleichgesinnte an. Gemeinsam zogen sie in ärmlichen Kutten durch die nahen Städte und Dörfer und predigten begeistert das Evangelium der Liebe und Armut. – Für die Schönheit der Natur und für die Schmerzen der Kreatur hatte Franz viel Sinn. Seine mystische Veranlagung trieb ihn nicht zur Weltflucht. Kirchenfürsten, die in Reichtum lebten, redete er hart ins Gewissen. Viele Leute hielten ihn für verrückt, manche auch für gefährlich. Papst Innozenz III. in Rom, damals der mächtigste Mann der Welt, soll ihn in einem Traum als Retter der Kirche gesehen haben. Er erkannte Franz als Haupt der

Minderbrüder an und genehmigte seine Regel für einen neuen Bettelorden, dessen Mitglieder nach ihm »Franziskaner« genannt werden. Schon bald schlossen sich ihm tausende Brüder an, die überall in Europa das alte Evangelium in neuem Geist verkündeten. Auch Frauen waren von seiner Heiterkeit, Demut und Hilfsbereitschaft begeistert, unter ihnen die heilige Clara aus Assisi (1194–1253). So entstand 1212 ein zweiter Orden für Frauen, dem bald danach auch ein dritter Orden für Laien folgte. Am Ende seines Lebens zog sich Franz von der Leitung des Ordens zurück. Er empfing die fünf Wundmale seines Herrn, verlor fast sein ganzes Augenlicht und hatte schlimme Gliederschmerzen. Die Krankheiten nannte er seine Schwestern und den Tod seinen lieben Bruder. Damals schuf er seinen berühmten Sonnengesang, in dem er den Schöpfer dankbar für seine großen Werke preist. Er starb auf dem blanken Fußboden seiner armseligen Zelle. Sterbend sang er das Lob Gottes. Es gibt viele Legenden von diesem wunderbaren Heiligen. Er soll den Vögeln gepredigt und den Teufel aus einer Stadt vertrieben haben. Für immer ist er das wunderbare Bild eines erfüllten christlichen Lebens geworden.

• *Edith Stein* (1891–1942) kam in einer jüdischen Familie in Breslau zur Welt. Hier wurde sie streng in der jüdischen Tradition erzogen. Schon früh lehnte sie sich dagegen auf. Später sagte sie einmal, sie sei vom 13. bis 21. Lebensjahr Atheistin gewesen. Nach

Edith Stein (1891–1942), Foto aus dem Jahr 1931.

glänzendem Abitur studierte sie Philosophie. Der weltberühmte jüdische Philosoph Edmund Husserl erkannte ihre ungewöhnliche Begabung und machte sie zu seiner Assistentin. Eine erfolgreiche Karriere als Philosophin schien in Sicht. Aber es kam anders. Das Beispiel engagierter Christen und die Schriften der heiligen Teresa von Avila (→ S. 144 f.) führten sie zu dem Entschluß, Christin zu werden und sich taufen zu lassen. Sie wurde in Speyer Lehrerin, schrieb bemerkenswerte Bücher und hielt viele Vorträge, u. a. auch über Frauen in der modernen Welt. Im Jahr von Hitlers Machtergreifung (1933) trat sie als Ordensfrau in den strengen Karmel von Köln ein. Als Schwester Teresia Benedicta a Cruce wollte sie ihr Kreuz auf sich nehmen und Jesus nachfolgen. Sie war bereit, ihr Leben ohne Sicherung in Gottes Hände zu legen. Je mehr ihr der Haß der Nazis auf die Juden zum Bewußtsein kam, um so mehr bot sie Gott ihr Leben als Opfer für das jüdische Volk an. Sie selbst blieb trotz ihrer Taufe für die Nazis Jüdin. 1938 mußte sie Deutschland verlassen. Sie ging in einen niederländischen Karmel, war aber auch dort von neuem bedroht, als die Nazis das Land okkupierten. Zusammen mit ihrer Schwester Rosa wurde sie im August 1942 verhaftet und nach Auschwitz deportiert. Gelassen ging sie ihren letzten Weg. Sie tröstete die anderen Häftlinge, half vielen Frauen und Kindern und beeindruckte durch ihr gutes Beispiel. Wenige Tage nach ihrer Ankunft wurde sie in Auschwitz ermordet. Papst Johannes Paul II. hat sie 1987 selig gesprochen. Heute findet diese ungewöhnliche Frau, die Jüdin und Christin, Atheistin und Mystikerin, Philosophin und Ordensfrau war, in der Kirche ein wachsendes Interesse. Sie hat durch ihr Leben gezeigt, was Kreuzesnachfolge in unserer Zeit bedeuten kann.

Wie ein Engel

Unter den am 5. August eingelieferten Gefangenen fiel Schwester Benedicta auf durch ihre große Ruhe und Gelassenheit … Schwester Benedicta ging unter den Frauen umher, tröstend, helfend, beruhigend wie ein Engel. Viele Mütter, fast dem Wahnsinn nahe, hatten sich schon tagelang nicht um ihre Kinder gekümmert und brüteten in dumpfer Verzweiflung vor sich hin. Schwester Benedicta nahm sich sofort der armen Kleinen an, wusch und kämmte sie, sorgte für Nahrung und Pflege. Solange sie im Lager weilte, entwickelte sie mit Waschen und Putzen eine rege Liebestätigket, so daß alle darüber staunten.

aus dem Bericht des jüdischen Kaufmanns Julius Markan über Edith Stein im Lager Auschwitz (1942)

Grundzüge der Geschichte

Vielfache Prägungen

Das heutige Christentum ist nicht von *Jesus* allein her zu verstehen. Viele Faktoren haben im Lauf der Zeit auf die Kirchen eingewirkt und Spuren hinterlassen. Schon Jesus selbst steht in einer langen Vorgeschichte. Ohne die *jüdische Tradition* kann er nicht verstanden werden (→ S. 102). Darum hat das Christentum unverlierbar jüdische Wurzeln. Es beginnt nicht nur geographisch, sondern auch religiös mit dem Judentum.

Die lange Geschichte nach Christus hat dem Christentum viele zusätzliche Prägungen gegeben. Einzelne Personen, soziale Prozesse, rechtliche und politische Strukturen, lebendige Kulturen, philoso-

phische Gedanken und auch religiöse Traditionen haben sich mit dem Evangelium Jesu Christi verbunden und die Kirche beeinflußt. Daraus sind jeweils neue Ausformungen des Christentums entstanden. Immer wieder wurde das Christentum von den Kräften seiner Zeit beeinflußt, wie es seinerseits immer auch das Gesicht der jeweiligen Zeit mitgeprägt hat. Diese wechselhafte Beziehung dauert bis heute an.

Aus der *Antike* leben noch im heutigen Christentum Gedanken der griechischen Philosophie, Axiome des römischen Rechts, Symbolhandlungen der Mysterienreligionen, Rituale des byzantinischen Kaiserhofs fort. Durch die Verbindung dieser Elemente mit der Jesus-Bewegung ist das Christentum erst zu dem geworden, was die Römer »Religion« (→ S. 448) nannten: ein komplexes System von kulturellen, politischen, juristischen, liturgischen und institutionellen Elementen, die sich um den eigentlichen Kern der Gottesbeziehung legen.

Die Missionierung der *Germanen* und *Slawen* seit der Spätantike hat im Christentum andere tiefe Spuren hinterlassen. Von da an wurden Gemüt, Herz und Innerlichkeit mehr angesprochen. Das hatte tiefe Auswirkungen auf die Frömmigkeit des Volks und die Formen der Kunst.

Immer wieder gab es auch große *Reformbewegungen*, die Fehlentwicklungen und Erstarrungen

In der Geschichte der Christenheit gab es viele Krisen, Umbrüche und Erneuerungen. Die Bilder weisen auf einige epochale Ereignisse hin.

Münze mit Bild des römischen Kaisers Konstantin (325–337), 315. Das Christuszeichen schmückt den Helm des Kaisers, der aus politischen Erwägungen die Benachteiligung der Christen im Römischen Reich beendete und damit das Fundament dafür schuf, daß das Christentum noch im gleichen Jahrhundert mächtige Staatsreligion werden konnte.

im Christentum aufzudecken und zu beseitigen suchten. Unter diesen sind vor allem die großen Orden zu nennen, die neue Formen der Spiritualität und des Engagements entwickelten. Andere Reformbewegungen führten zu Kirchenspaltungen (→ S. 167 ff.).

In der *Neuzeit* hat das neue Weltbild von Galilei, Newton und Einstein und das neue Menschenverständnis seit Darwin und Freud die Kirche zunächst in eine unfruchtbare Abwehrstellung gebracht, ehe sie sich mit den gewandelten Vorstellungen sachlich auseinandersetzte. Nach anfänglichem Widerstand haben die Kirchen manche Ideen der Aufklärung aufgenommen, z. B. die Hochschätzung der Menschenrechte, die selbst biblischen Ursprungs ist und in der Französischen Revolution zum zentralen politischen Thema gemacht wurde. Die neuzeitliche Demokratisierung der Politik hat die älteren politischen Vorstellungen der Kirchen vom Gottesgnadentum der Herrschaft langsam verändert. Die außerkirchlichen sozialen, liberalen, ökologischen und feministischen Bewegungen, in denen auch Ele-

mente der biblischen Tradition in neuer Form fortleben, haben starke Rückwirkungen auf die Kirchen gehabt.

Im *20. Jahrhundert* sind die Kirchen dabei, ihre Eurozentrik zu überwinden und in vielen anderen Teilen der Welt Fuß zu fassen (→ S. 162 f.). Die Änderungen, die den Kirchen bevorstehen, werden vielleicht noch größer sein als die des Anfangs, als sich das Christentum aus seinen jüdischen Wurzeln löste und so in die Lage kam, die Welt der Römer, Germanen und Slawen religiös zu erobern. Aus dem abendländischen Christentum wird allmählich das universale Christentum. In diesem Übergang liegen neue Herausforderungen und Chancen. Schon jetzt läßt sich erkennen, daß sich die Gestalt des Christentums in der Begegnung mit den Religionen und Kulturen Asiens, Afrikas und Amerikas stark wandeln wird.

Linke Seite, unten links: Reliquienbehälter Karls des Großen, um 1300. Der Frankenherrscher (768–814) wurde 800 vom Papst zum Kaiser gekrönt. So kam die Kaiserkrone von Byzanz wieder in den Westen – eine wichtige Voraussetzung für das christliche Mittelalter.
Unten rechts: Wanderer am Rand der Welt durchbricht das alte enge Weltbild und schaut in die Weite des Kosmos. Holzschnitt, 19. Jh.

Links: Die Erklärung der Menschenrechte durch die Nationalversammlung zu Beginn der Französischen Revolution am 26.8.1789.
Oben links: Galileo Galilei (1564–1642), Physiker und Astronom, der wegen seiner Lehre, daß die Erde nicht im Mittelpunkt der Welt steht, von der kirchlichen Inquisition verurteilt wurde. Gemälde von J. Sustermanns.
Daneben: Albert Einstein (1879–1955), Begründer der Relativitätstheorie, die das moderne Weltverständnis revolutionierte. Die Christenheit hat lange gebraucht, sich mit den neuen Erkenntnissen abzufinden. Selbst die Menschenrechte, die sich auch von der Bibel her begründen lassen, wurden von ihr erst spät anerkannt. Dadurch haben die Kirchen bei vielen Menschen an Glaubwürdigkeit verloren.

Reich Gottes und Institution Kirche

Im Zentrum der *Botschaft Jesu* steht das *Reich Gottes*. Am Anfang seines Auftretens kündet er es an (Mk 1,15). Wer die frohe Botschaft vom Reich Gottes hört, soll von seinem bisherigen Weg abkehren und sich für Gott öffnen. Die vielen Gleichnisse Jesu sind anschauliche Bilder vom Gottesreich, wenn sie erzählen, wie ein kleines Senfkorn zu einer großen Pflanze wird oder wie ein Mann alles tut, um einen Schatz im Acker für sich zu bergen. Wenn Jesus Dämonen austreibt und Kranke heilt, Blinde sehend und Lahme gehend macht, Hungrigen zu essen gibt und Trauernde tröstet, sieht er darin Zeichen des Reiches Gottes. In der Bergpredigt entwirft er das Programm des Reiches Gottes und im Vaterunser betet er um sein Kommen. Nie hat er exakt definiert, was er unter dem Begriff versteht. Sicher ist nur, daß er mit dem Gottesreich nicht den transzendenten Himmel, nicht nur das Innere des Menschen und auch nicht eine Institution wie die Kirche gemeint hat. Am ehesten ist das Reich Gottes der Zustand, in dem Gott gleichsam König der Welt ist. Das Reich Gottes ist die Welt, wie Gott sie will. In ihr sind Freiheit und Gerechtigkeit, Friede und Freude, Barmherzigkeit und Liebe Wirklichkeit. Das Reich Gottes umfaßt Himmel und Erde, Zeit und Ewigkeit, das Herz des Menschen und die Realität der Geschichte, Gegenwart und Zukunft. Menschen dürfen sich dafür anstrengen, und doch ist es zuletzt das große Geschenk Gottes.

Ein Kritiker hat einmal ironisch formuliert, Jesus habe das Reich Gottes angekündigt und gekommen sei die *Kirche*. Er wollte damit sagen, daß aus der religiösen Botschaft eine weltliche Institution, aus der Spontaneität eine Organisation, aus dem Hören eines Rufes eine Mitgliedschaft geworden ist. Wenn die Kritik auch bedenkenswert ist, so kann nicht übersehen werden, daß auch Jesus schon eine Gemeinschaft wollte, die ohne jede institutionelle Form nicht denkbar ist.

Jesus hat Männer und Frauen um sich geschart, die zuerst seine Schüler waren und später Zeugen seines Lebens und seiner Auferstehung wurden. Besondere Bedeutung kam dabei dem Zwölferkreis der *Apostel* zu, der in Erinnerung an die Zwölf Stämme Israels von Jesus berufen wurde. Nach dem Tod und nach der Auferstehung Jesu gaben die Apostel und Jünger Jesu das weiter, was sie gehört und erfahren hatten. Am *Pfingsttag*, 50 Tage nach Ostern, widerfuhr ihnen ein Erlebnis, das sie mit ungewöhnlicher Dynamik und Spontaneität erfüllte. Gottes Geist kam über sie. Die Trauer über den Weggang Jesu fand ein Ende. Sie verloren ihre Unsicherheit und konnten erstaunlich schnell viele Menschen für das Evangelium begeistern. Diese Geisterfahrung war die Geburtsstunde der *Kirche*. Von nun an stellten die Freunde Jesu nicht mehr das Reich Gottes in den Mittelpunkt ihrer Botschaft, wie es Jesus getan hatte. Jetzt trat Jesus selbst, der Gekreuzigte und Auferstandene, in das Zentrum der Verkündigung. Eine zuversichtliche und dankbare Grundstimmung wurde für die ersten Christen kennzeichnend.

Bald gingen die Jünger Jesu in ihrer Mission über *Israel* hinaus und wandten sich an die anderen Völker (»*Heiden*«), denen sie im Namen Gottes und seines Sohnes Jesus Christus Heil und Vergebung der Sünden zusprachen. Sie waren davon überzeugt, daß die Geschichte eine einschneidende Wende genommen habe und das Ende der Welt und die Wiederkunft Christi nahe bevorstünden. Die *Taufe* auf den Namen des Vaters und des Sohnes und des Heiligen Geistes wurde zum Aufnahmeritus in die Kirche. Der Höhepunkt des Gemeindelebens war die sonntägliche *Eucharistie*, in der die Christen die Erinnerung an das letzte Pesachmahl Jesu, an seinen

Tod und seine Auferstehung feierten. In den liturgischen Speisen von Brot und Wein nahmen sie den Leib und das Blut Jesu zu sich. Die Spendung dieser *Sakramente* gehört bis heute zu den wichtigsten Aufgaben der Kirche.

Das kirchliche Leben gewann allmählich eine eigene Struktur. Für die erste Zeit verzichteten die Gläubigen sogar auf ihr persönliches Eigentum. Neue Formen des Gottesdienstes, der Verkündigung und der sozialen Hilfe entwickelten sich. Juden und Heiden, Frauen und Männer, Freie und Sklaven konnten der neuen Gemeinschaft angehören und sich in ihr mit den je eigenen geistlichen Fähigkeiten (»*Charismen*«) entwickeln.

Je mehr die Gemeinden wuchsen, um so mehr wurden auch *Leitungsämter* notwendig. In den Gemeinden waren schon früh »Bischöfe« (d. h. »Aufseher«) tätig, die dem Gottesdienst vorstanden und das Wort Gottes verkündeten. Ihnen zur Seite gingen »Diakone« (d. h. »Helfer«), die den Dienst für die Armen besorgten. Prinzipielle Probleme wurden später auf größeren Versammlungen (»Synoden«, »Konzilien«) diskutiert und entschieden. Schon früh trat *Petrus*, den Jesus als den Ersten der Apostel

> **Reich Gottes**
>
> Jesus ging wieder nach Galiläa.
> Er verkündete das Evangelium Gottes und sprach:
> Die Zeit ist erfüllt, das Reich Gottes ist nahe.
> Kehrt um und glaubt an das Evangelium.
>
> *aus dem Evangelium nach Markus 1, 14–15*

bestellt hatte, als Leiter der Gemeinde in den Vordergrund. Am Ende seines Lebens kam er nach Rom, wo er nach einer alten Legende wie sein Meister gekreuzigt wurde. Sein Grab befindet sich dort in der größten Kirche der Christenheit, in der Petrusbasilika im Vatikan (→ S. 168). Die Bischöfe wurden später die Leiter größerer Kirchenbezirke (»Diözesen«), aus dem Petrusamt erwuchs in Rom das Papsttum. Im weiteren Verlauf der Geschichte entstanden für neue Aufgaben auch neue Ämter und Titel: Patriarchen, Kardinäle, Erzbischöfe, Weihbischöfe, Kirchenräte, Generalvikare, Militärseelsorger, Prälaten, Monsignori, Domkapitulare, Dechanten, Pfarrer, Kapläne, Vikare, Pastoralassistenten. So ist aus kleinen Anfängen eine bedeutende Institution geworden. Ihre »*Hierarchie*« (»heilige Herrschaft«)

Rembrandt (1606–1669) hat wie kaum ein anderer Künstler in großer Fülle und einzigartiger Qualität biblische Szenen gezeichnet und gemalt, auch Heilungen und Wunder, die Jesus »Zeichen des Reiches Gottes« genannt hat (→ S. 6, 122, 150).
Links: Heilung der Schwiegermutter des Petrus. Rechts: Der Sturm auf dem Meer. »Herr, hilf, wir versinken«.

El Greco (um 1541–1614): Pfingsten, Öl, um 1600.
Das hochgestreckte Bild zeigt Maria, umgeben von den Aposteln,
auf die die feurigen Zungen des Gottesgeistes herniederkommen.
Auf ihn, hier in Gestalt einer lichtdurchfluteten Taube (ganz oben),
ist das ganze Geschehen ausgerichtet.

Pfingsten

Als der Pfingsttag gekommen war, befanden sich alle am gleichen Ort. Da kam plötzlich vom Himmel her ein Brausen, wie wenn ein heftiger Sturm daherfährt, und erfüllte das ganze Haus, in dem sie waren. Und es erschienen ihnen Zungen wie von Feuer, die sich verteilten; auf jeden von ihnen ließ sich eine nieder. Alle wurden mit dem Heiligen Geist erfüllt und begannen, in fremden Sprachen zu reden, wie es der Geist ihnen eingab.

aus der Apostelgeschichte 2, 1–4

übt bis heute auf das Kirchenleben entscheidenden Einfluß aus. Die Priester der katholischen Kirche und die Bischöfe der orthodoxen Kirchen müssen ehelos (»*Zölibat*«) leben. Diese Verpflichtung, die sich nicht auf Jesus berufen kann und in der frühen Kirche auch nicht bestand, ist heute umstritten. Auch daß Frauen in der katholischen und orthodoxen Kirche nicht zu den Weiheämtern zugelassen werden, stößt auf wachsendes Unverständnis. Mit der Institutionalisierung geht die Entwicklung eines umfänglichen kirchlichen *Rechts* einher, das viele Fragen des Kirchenlebens minutiös festlegt.

Die Institutionalisierung bringt viele *Probleme* mit sich. Einerseits gibt sie der Kirche Rückhalt und Kraft, die sie für ihre Arbeit braucht. Unter ihren Amtsträger gibt es große Persönlichkeiten und Heilige. Andererseits fallen von den Institutionen viele Schatten auf das Christentum. Die großen und kleinen Hierarchen übten und üben ihre Macht nicht immer nur im Sinne Jesu aus. Oft ist in ihrem Tun die Botschaft Jesu vom Reich Gottes nicht mehr erkennbar. Viele halten sich nicht an das Wort Jesu: »Der Größte unter euch soll euer Diener sein« (Mt 23, 11).

Das Verhältnis zu Israel

Die erste große Auseinandersetzung, in die die Kirche geriet, war die mit dem Judentum. Sie ist zum *Dauerthema* der Kirchengeschichte geworden, an dem sich für das Selbstverständnis der Kirche viel ablesen läßt. Schon früh kam es zum heftigen Streit zwischen den jüdischen Anhängern Jesu und den Juden, die ihm nicht folgten. Sie stritten vor allem über die Frage, ob Jesus der *Messias* (→ S. 71 ff.) sei

Der Christenjunge Simon aus Trient wurde 1457 am Gründonnerstag vermißt. Die Juden des Ortes wurden zu Unrecht des Mordes beschuldigt und unter Foltern zu einem Geständnis gezwungen. Viele von ihnen wurden hingerichtet, ihr Besitz konfisziert. Johannes Matthias Tiberinus hat im selben Jahr die »Historie von Simon« veröffentlicht, aus der die beiden Holzschnitte stammen. Links: Die Juden bereiten den Ritualmord vor, um das Blut des Jungen zu ihrem Pesachfest zu mißbrauchen. Rechts: Die Juden kommen auf den Scheiterhaufen.

und wie weit die *Thora* Geltung habe. Nach Pfingsten bahnte sich der verhängnisvolle Bruch an, als die weitaus meisten Juden sich nicht missionieren ließen. Damals nahm die junge Kirche erstmals Nicht-Juden (»Heiden«) auf und dispensierte sie von wichtigen Thorageboten wie Beschneidung und Essensvorschriften. Sie bezog sich bei der Aufnahme auch von Nicht-Juden auf das Erste Testament, das oft von der Zuwendung Gottes zu allen Völkern spricht (Gen 12,3; Jes 52,10; Joel 3,1; Ps 117 u. ö.). So kam es zu gegenseitiger Ausgrenzung und Trennung. Die Evangelien, die Apostelgeschichte und die Paulusbriefe dokumentieren diesen Streit. Heftige antijüdische Töne sind im Neuen Testament nicht selten. Paulus vor allem setzte sich für eine Lockerung von den Traditionen des Judentums ein, ohne die unlösbare Verbindung der Kirche mit Israel zu leugnen.

Als viele Nicht-Juden zum Christentum gekommen waren, wurde aus dem zunächst rein innerjüdischen Konflikt ein Streit zwischen *Kirche und Synagoge*. Die Juden klagten die Christen an, von der Thora Israels abzuweichen, während die Christen die Juden beschuldigten, wider besseres Wissen die Messianität Jesu nicht anzuerkennen und für seinen Tod verantwortlich zu sein. Sie warfen den Juden völlig zu Unrecht vor, sie seien »Gottesmörder« und verweigerten verstockt der Kirche ihre Zustimmung. Aus diesen Anfängen erwuchs eine Theologie der Verachtung und *Enterbung des Judentums*. Sie stützte sich auf so unberechtigte Behauptungen wie diese: Der Alte Bund ist vergangen, an seine Stelle ist der Neue Bund getreten. Israel hat seine Erwählung verspielt. Die Kirche hat das Erbe Israels angetreten. Die Leiden des jüdischen Volkes, auch die Zerstörung Jerusalems im Jahr 70 durch die Römer, sind Strafen Gottes für die Abweisung Jesu und der Kirche. Es blieb nicht bei theologischen Entgleisungen. Aus Beschuldigungen wurden *Verfolgungen*, in denen Synagogen in Brand gesteckt, Juden vertrieben, ihr Besitz konfisziert und Männer, Frauen und Kinder ermordet wurden. Zur Zeit der Kreuzzüge verloren viele Juden, die sich nicht taufen lassen wollten, ihr Leben. Man beschuldigte die Juden, Christenkinder zu töten, die Eucharistie zu schänden und die Brunnen zu vergiften. Diese bösartigen *Legenden* lieferten den Christen einen Vorwand für schreckliche Pogrome. 1492 wurden viele tausende Juden, die auf eine jahrhundertelange friedliche Geschichte in Spanien zurückblicken konnten, auf Befehl der katholischen Majestäten aus dem Land vertrieben. Kurz darauf ereilte die Juden in Portugal dasselbe Schicksal. Im ka-

Israel

Sie sind Israeliten; damit haben sie die Sohnschaft, die Herrlichkeit, die Bundesordnungen, ihnen ist das Gesetz gegeben, der Gottesdienst und die Verheißungen, sie haben die Väter, und dem Fleisch nach entstammt ihnen der Christus, der über allem als Gott steht, er ist gepriesen in Ewigkeit. Amen … Ich frage also: Hat Gott sein Volk verstoßen? Keineswegs!

aus dem Römerbrief des Paulus 9, 4-5;11,1

tholischen Polen wurden im 17. Jahrhundert unzählige Juden wie Vieh abgeschlachtet (→ S. 84). Die jahrhundertelange Mißachtung der Juden hat dazu geführt, daß die Kirchen nicht darauf vorbereitet waren, dem furchtbaren rassistischen *Antisemitismus Hitlers* entschiedenen Widerstand entgegenzusetzen. Sie taten trotz des heldenhaften Mutes einzelner Christen viel zu wenig für die tödlich bedrohten Juden, so daß mitten im Abendland, das stark vom Christentum geprägt zu sein schien, ca. 6 Millionen Juden ermordet wurden und über das Judentum die Katastrophe hereinbrach, die wir »Holocaust« (d. h. »Brandopfer«) und heute eher »*Schoa*« (d. h. »Vernichtung«) nennen (→ S. 48).

Selbst nach dem 2. Weltkrieg erkannten die christlichen Kirchen nur langsam ihre Mitverantwortung für das furchtbare Geschehen in Auschwitz und den anderen Vernichtungslagern an. Der Ökumenische Rat der Kirchen und mehrere evangelische Synoden und Kommissionen haben sich seit 1946 um ein *Neuverständnis* des Judentums bemüht und die Schuld der Kirchen am Judentum bekannt. Für die katholische Kirche fand das *2. Vatikanische Konzil* (1962–1965) erstmals offiziell ein gutes Wort über das Judentum. Seitdem gibt es viele andere Zeichen der Annäherung. Heute versuchen engagierte Christen, in ein Gespräch mit den Juden zu kommen und ein neues Verständnis des Judentums und der Kirche zu gewinnen. Die Kirchen erkennen noch zu zögerlich die religiöse Eigenständigkeit des Judentums an. Nur langsam wächst das Bewußtsein, daß beide so eng verwandten Religionen in ihrem Glauben und Ethos ein Programm haben, das zur Bewältigung der großen Probleme der Menschheit viel beitragen kann.

Identität und Pluralität

Das Christentum ist im Verlauf seiner Geschichte mehrmals in neue geographische und kulturelle Welten eingetreten. Dabei entstanden jedesmal grundsätzliche Probleme. Nie war leicht zu entscheiden, wie weit die *Anpassung* der Kirche an die neuen Gegebenheiten notwendig war, um sich verständlich zu machen und die Menschen ansprechen zu können, und ab wann die Anpassung für die eigene Identität gefährlich wurde. Immer stand die Kirche vor der Frage, wie weit die *alten Traditionen* und wie weit die *neuen Situationen* zu beachten waren. Immer mußte die Kirche zugleich konservativ und progressiv sein. Immer mußte sie sich auf die neuen religiösen und kulturellen, auf die sozialen und ethischen Gegebenheiten einlassen, ohne dabei das eigene christliche Profil preisgeben zu dürfen.

Zum erstenmal stellten sich für die Kirche diese Probleme, als sie in der *Spätantike* die Grenzen Judäas und Galiläas überschritt und den Boden des römischen Imperiums und die geistige Welt des Hellenismus betrat. Wenn sie das Evangelium hier verkünden wollte, konnte sie nicht mehr nur die Sprache und Vorstellungen des Judentums benutzen. Sie mußte mit der griechischen und lateinischen Sprache auch in die geistigen Welten Athens und Roms eintreten. Schon Paulus hat diese schwierige Situation vorgefunden und sich mit ihr auseinandergesetzt. In seiner berühmten Rede auf dem Areopag in Athen (Apg 17,16–34) ging er zugleich auf die biblische Tradition der Juden und die philosophischen Lehren der Griechen ein. Es gelang ihm damals kaum, die Athener zu überzeugen. Später konnten die Christen diese Schwierigkeiten meistern. Kirchenväter wie Augustinus (→ S. 128 f.) lieferten dazu das geistige Rüstzeug. Sie bauten Brücken von der Botschaft Jesu zur Welt der Antike. Die Christen entfalteten damals die dynamische Kraft ihres Glaubens und zeigten sich bald den verbreiteten Religionen und der eher resignierten Stimmung der Spätantike überlegen. Den Menschen imponierte, daß das Christentum einen liebenden Gott für alle verkündete, daß es jedem Menschen Hoffnung auf ewiges Leben schenkte und daß es eine Gemeinschaft sein wollte, die aus der Liebe lebt.

Vergleichbare Situationen waren später bei der Bekehrung der Iren, Germanen, Slawen und der nichteuropäischen Völker gegeben (→ S. 349 ff.). In der *Gegenwart*, wo das Christentum sich anschickt, seine Begrenzung auf die europäische Welt endgültig zu überwinden und aus der Westkirche eine Weltkirche zu werden, ist das Problem brennender denn je. Überall in der Welt suchen Christen heute nach Möglichkeiten, das Christentum mit der jeweiligen Kultur zu versöhnen (»Inkulturation«). In Südamerika ist die Auseinandersetzung mit der sozialen Not dominierend. Dort möchte die »Theologie der Befreiung« die Kirche auf eine Option für die Armen festlegen. In Afrika sucht das Christentum nach Anknüpfungsmöglichkeiten an einheimische Sitten und Bräuche. Die christliche Liturgie öffnet sich dort für neue Feiern, Lieder und Tänze, während die landesübliche Polygamie bis heute ein Hindernis für die Ausbreitung des Christentums ist. In Asien erschließen sich den Christen im Kontakt mit dem Hinduismus und Buddhismus neue Formen der Meditation und Spiritualität. Die kosmischen Dimensionen des Christentums werden hier besser verständlich. Aus dem Glauben an Gottes Schöpfung lernt das Christentum hier einen neuen Sinn für die Schönheit der Welt, eine neue Verbundenheit mit der Natur, ein neues Verständnis für die Kräfte der Erde.

Das Christentum wird auch in Zukunft der Botschaft Jesu treu bleiben müssen. Nur so kann es seine *Identität* wahren. Zugleich muß es auf die kulturellen und sozialen, auf die religiösen und ethischen Formen der Menschen eingehen, denen es die Frohe Botschaft Jesu verkündet. Darin wird es so *plural* sein müssen, wie unsere Welt plural ist.

Licht und Schatten

In der Geschichte der Kirche gibt es viel Licht und viel Schatten. Immer war sie eine heilige Kirche und immer eine Kirche der Sünder. Oft hat sie den Menschen den Weg zu Gott gezeigt, und oft war sie ein Ärgernis, das den Glauben kompromittierte.

Zu den *positiven Seiten* des Christentums zählt sein Gottesglaube (→ S. 120 ff.), sein Verständnis von Welt und Mensch (→ S. 133 ff.) und das biblische Ethos (→ S. 146 ff.). In Jesus Christus haben die Christen eine Identifikationsgestalt, von der unermeßlicher Segen auf die Menschen ausgegangen ist. Er hat – um nur ein Beispiel zu nennen – seinen Freunden den Auftrag gegeben, sich auf die Seite der *Armen* und *Schwachen* zu stellen. Dies haben die Kirchen auch von Anfang an getan. Im Römischen Reich kamen zuerst vorwiegend kleine Leute, unter ihnen viele Sklaven, zum Christentum. Sie empfanden die Botschaft der Kirche als Befreiung. Viele bekannte Gestalten der Christenheit, z. B. Elisabeth von Thüringen, Franz von Assisi (→ S. 154 ff.) oder Vinzenz von Paul (→ S. 145) haben diese Rolle des Chri-

stentums exemplarisch vorgelebt. Unzählige namenlos gebliebene Priester, Ordensleute und Laien sind ihnen darin gefolgt, wenn sie den Dienst an den Armen zu ihrer Lebensaufgabe machten. Heute wird die befreiende Kraft des Evangeliums in vielen Teilen der Welt aufs neue erfahren.

Aus dem Glauben der Christen ist im Lauf der Geschichte auch eine großartige *Kultur* entstanden. Zahllose Werke der Literatur und Philosophie, der Kunst und Musik sind vom Christentum inspiriert. In Wissenschaft und Brauchtum, in Politik, Recht und Sozialwesen finden sich starke christliche Wurzeln. Kirchen und Kathedralen, Spitäler und Schulen, Friedhöfe und Straßen sind in den Städten und Dörfern auch heute unübersehbare Zeugen des Christentums. Viele Menschen tragen noch immer die Namen christlicher Heiliger. Die Siebentagewoche mit dem Sonntag als Ruhetag, der Rhythmus der Jahresfeste mit Weihnachten, Ostern und Pfingsten, die Berechnung unserer Zeit »nach Christi Geburt« gehen auf das Christentum zurück. Nur wer die Grundzüge des Christentums kennt, kann einen Zugang zu unserer Kultur und Geschichte finden.

Zu den *negativen Seiten* der Kirchen zählt die Tatsache, daß sie oft im Bund mit *Macht* und *Reichtum* standen und dabei die Sache der Armen und Schwachen eher vergaßen. Dabei wurden sie oft das Opfer ihres eigenen Erfolgs. In der Antike wurde die Kirche nach einem stürmischen Wachstumsprozeß, der von Zeiten der Verfolgung unterbrochen war, im 4. Jahrhundert von dem römischen Kaiser Konstantin schließlich als erlaubte Religion anerkannt. Noch im selben Jahrhundert wurde das Christentum Staatsreligion. Diese Entwicklung bot der Kirche einige Chancen. Das Christentum wurde von da an zu einer bestimmenden Kraft in Politik, Gesellschaft und Kultur. Aber damit verbunden waren erhebliche Gefahren. Die Kaiser, zuerst in Byzanz, seit Karl dem Großen auch im Abendland, waren nun christliche Herrscher, die sich von Gott erwählt glaubten. Sie traten auch mit ungeistlichen Mitteln wie Krieg und Zwangstaufe für das Christentum ein. Selbst Päpste und Bischöfe wurden weltliche Machthaber. Mit ihrer Machtfülle haben sie oft verheerend gewirkt. Viele christliche Herrscher setzten sich mehr für ihre weltlichen Interessen als für die Belange der Armen ein. Jahrhunderte waren dadurch ge-

prägt, daß christliche Völker selbst gegen andere christliche Völker Kriege führten. Päpste und christliche Kaiser bekämpften sich gegenseitig mit ideologischen Programmen und militärischen Mitteln. Es gab auch Zeiten, in denen Christen glaubten, ihre Sache gewaltsam gegen andere Religionen durchsetzen zu müssen. Unheilige Kriege und Kreuzzüge, Verfolgungen und Pogrome zählen zu den Schandtaten der Kirche. Eine Zeitlang hat die kirchliche Inquisition viele als »Ketzer« und »Häretiker« verfolgt, denen sie Abweichung vom rechten Glauben vorwarf. Im Mittelalter und bis in die Neuzeit starben unzählig viele Menschen, weil sie Lebensformen für richtig hielten, die den Mächtigen der Kirche suspekt waren. Ein besonders trauriges Kapitel ist die jahrhundertelange Verfolgung von Frauen, die man zeitweise der Hexerei verdächtigte. Sie wurden damals aus nichtigem Anlaß angeklagt, gepeinigt und auf dem Scheiterhaufen verbrannt. Macht, Neid, Männerüberheblichkeit feierten dabei üble Triumphe. Bei der Entdeckung und Eroberung Amerikas wurden die eingeborenen Völker nicht nur ausgeplündert, sondern weitgehend ausgerottet. In der Neuzeit konnten die Kirchen ihre Macht nicht mehr

Manche Schatten lasten wie eine schwere Hypothek auf der Christenheit. Dazu gehören Kreuzzüge, Ketzerverbrennungen, Hexenverfolgungen, Inquisition und Anpassung an totalitäre Regime. Links: Fränkische Kreuzritter im Kampf, Illustration aus dem 12. Jh. In den Kreuzzügen wurde das Kreuz Christi zum Zeichen der Gewalt. Rechts: Hexenverbrennung, Holzschnitt, Datierung unbekannt. Vom 15. bis 18. Jahrhundert wurden viele Frauen beschuldigt, über magische Kräfte zu verfügen, mit dem Teufel im Bund zu stehen und Menschen und Dinge zu »verhexen«. Viele von ihnen kamen auf den Scheiterhaufen.

Rechte Seite, links: Francisco de Goya (1746-1828): »Dieser Staub«, Radierung und Aquatinta aus den Caprichos, 1797-98. Ein Angeklagter hört in einem Inquisitionsprozeß die Anklageschrift. Rechts: Hitler begrüßt auf dem Reichsparteitag in Nürnberg 1934 den katholischen Abt Albanus Schachleiter und den evangelischen Reichsbischof Ludwig Müller. In beiden Kirchen gab es trotz grundsätzlicher Ablehnung des NS-Regimes auch Trends zur Anpassung und Mitläuferei.

ungehindert ausüben. Trotzdem traten sie oft in eine unheilige Verbindung mit den Mächtigen ihrer Zeit. Im Bund von Thron und Altar und im Konkordat zwischen Kirche und Militärregime ließen sich die Kirchen in Europa und Südamerika für die Zwecke der Herrscher einspannen und verliehen deren Tun die Aura des Religiösen. Selbst in der Nazi-Zeit gab es neben bewundernswertem Widerstand allzuviel Anpassung an die brutale Ideologie und Politik.

Epochale Persönlichkeiten

Es gibt in der Geschichte der Kirche große Frauen und Männer, die in entscheidenden Situationen etwas in Gang gebracht haben, das es so früher nicht gab (→ S. 128 ff.; 144 ff.; 153 ff.). Hier sollen zwei Männer Erwähnung finden. Der eine hat am Anfang der Geschichte das Christentum aus der jüdischen Heimat herausgeführt und ihm die damalige hellenistische Welt eröffnet. Der andere hat am Ende der bisherigen Geschichte das Christentum aus seiner Bindung an die westliche Welt gelöst und es auf den Weg zu einer Kirche für die ganze Welt gebracht.
• Die erfolgreiche Geschichte des frühen Christentums unmittelbar nach der Zeit Jesu wäre nicht möglich gewesen ohne einen Mann, der, aus jüdischer Tradition stammend, das Evangelium weithin in der antiken Welt verbreitete und es in eine Sprache übersetzte, die auch außerhalb des Judentums verstanden werden konnte. *Paulus* (etwa 10–67) war sicherlich der Mann, dem das Christentum in seinen Anfängen am meisten verdankte. Er war unter dem Namen Saulus in Tarsus (Zilizien, heute Tür-

kei) geboren worden und hatte als Sohn dieser Stadt das römische Bürgerrecht, das ihm in seinem Leben wertvoll werden sollte. Als Pharisäer wurde er in der Liebe zur Thora erzogen. Jesus selbst hatte er nicht persönlich erlebt. In jungen Jahren wandte er sich entschieden gegen das Christentum, in dem er einen Abfall vom Glauben der Väter sah. An der ersten Verfolgung der Christen hatte er maßgeblichen Anteil. Mit Wut und selbst mit Morddrohungen ereiferte er sich gegen sie. Bei der Steinigung des ersten christlichen Märtyrers Stephanus war er anwesend. Doch dann hatte er um 35 ein Erlebnis, das ihn völlig aus der bisherigen Bahn warf. Die Apostelgeschichte erzählt, daß sich ihm auf dem Weg nach Damaskus Christus in einer Lichtvision offenbarte. Das ungewöhnliche Ereignis machte aus dem Verfolger der Kirche ihren glühendsten Anhänger. Saulus nahm den neuen Namen Paulus an, ließ sich taufen und predigte nun den Juden, daß in Jesus der Messias gekommen sei. Bald lernte er Petrus, das Haupt der jungen Gemeinde, kennen. Dieser nahm

ihn mit einigem Mißtrauen auf, das auch später immer wieder neue Nahrung erhielt, weil sich diese Männer in ihrem persönlichen Naturell und ihrer Auffassung des Christentums sehr unterschieden. Paulus war der leidenschaftliche Glaubenszeuge, der die Begrenzung auf das Judentum überwinden, dessen universale Züge bestärken und überall in der Welt als Apostel für die Völker tätig werden wollte. In Wort und Schrift suchte er neue Möglichkeiten für die Botschaft von Jesus, dem Christus. Er unternahm zwischen 46 und 58 drei große Missionsreisen, die ihn bis nach Griechenland, Rom und vielleicht sogar nach Spanien führten. An vielen Orten gründete er die ersten christliche Gemeinden. Im Jahr 58 wurde er verhaftet, saß lange im Gefängnis und wurde zwischen 64 und 67 während der Neronischen Verfolgung in Rom enthauptet. Seine große Reden sind in der Apostelgeschichte (→ S. 113) überliefert. Seine Briefe (→ S. 116 f.) gehören zu den heiligen Schriften des Christentums (→ S. 108 ff.). Ohne ihn, den glühenden Verehrer Jesu Christi und den unermüdlichen Kämpfer für das Evangelium, wäre das Christentum nicht denkbar.

• Ein anderer großer Beweger des Christentums war in unserem Jahrhundert Angelo Guiseppe Roncalli (1881–1963), der 1958 zum Papst gewählt wurde und den Namen *Johannes XXIII.* annahm. Weil er bei der Übernahme des Amtes schon alt war, sah man in ihm zuerst einen Papst des Übergangs, von dem nicht viel Neues zu erwarten war. Aber schon bald tat er alles, um der Kirche den Übergang in eine neue Zeit zu ermöglichen. Er gab ihr neue Anstöße und erfüllte sie mit neuer Hoffnung. In aller Welt be-

---

Paulus

Unterwegs, als Saulus sich bereits Damaskus näherte, geschah es, daß ihn plötzlich ein Licht vom Himmel umstrahlte. Er stürzte zu Boden und hörte, wie eine Stimme zu ihm sagte: Saul, Saul, warum verfolgst du mich? Er antwortete: Wer bist du, Herr? Dieser sagte: Ich bin Jesus, den du verfolgst.

aus der Apostelgeschichte 9, 3–5

Nimm dich nicht so wichtig

Ein Bischof beklagte sich beim Papst, daß ihn die Last seines Amtes nicht mehr schlafen lasse. Der Papst antwortete ihm mitleidig und schalkhaft: »Mir ist es in den ersten Wochen als Papst genauso gegangen. Aber dann sah ich einmal im Traum Jesus, der mir zuflüsterte: Johannes, nimm dich nicht so wichtig! Seitdem schlafe ich wieder gut.«
Einmal wurde der Papst gefragt, welches Programm er für die Kirche habe. Der Papst ging ans Fenster und öffnete es: »Frische Luft für die Kirche – das ist mein Programm. Wir müssen den alten Staub, der sich seit langem auf den Papstthron gelegt hat, abschütteln.«

Anekdoten um Papst Johannes XXIII. (1958–1963)

---

eindruckten seine Güte und sein Humor. Genauso wichtig waren sein Mut, mit der er seine Ideen gegen viele Widerstände durchsetzte, und seine Offenheit, die alte Ausgrenzungen nicht mehr zuließ. Er verurteilte andere Christen nicht mehr und zeigte viel Sympathie für die Juden, die früher von den Päpsten allzuoft diskriminiert worden waren. Das hohe Amt repräsentierte er auf ganz unkonventionelle Art. Seine folgenreichste Entscheidung war die Einberufung des 2. Vatikanischen Konzils (1962–1965), das viele Reformen auf den Weg brachte. Die Kirche konnte sich endlich von alten Verkrustungen befreien und sich wieder als »Freude und Hoffnung« für die Christen und als »Licht der Völker« erweisen. Als der Papst während des Konzils starb, wurde er überall in der Welt betrauert. Das Konzil nahm viele seiner Anregungen auf. Eine vertiefte Auslegung der Bibel wurde angebahnt. Die Liturgie durfte nun statt in Latein in der Landessprache gefeiert werden. Die

Gewissens- und Religionsfreiheit wurde proklamiert. Die Kirche erkannte ihre Mitschuld an der Spaltung der Christenheit an und nannte erstmals die anderen christlichen Konfessionen »Kirchen«. Zum erstenmal in ihrer Geschichte sprach die offizielle Kirche auch ein gutes Wort über die Juden und bekannte, mit dem Judentum geistlich verwandt zu sein. Die Kulturen der Dritten Welt wurden in ihrem Eigenrecht neu gewürdigt. Nach dem Konzil wurde die Stimme der Kirche neu gehört. So veränderte ein alter Papst aus der Kraft seines Glaubens die Kirche und zeigte aller Welt, daß das Christentum den Menschen auch in Zukunft etwas zu sagen hat.

Papst Johannes XXIII. (1958–1963) gab der Kirche mit seiner Heiterkeit und seinem Mut viele neue Impulse.

Die vielen Kirchen

Verlorene Einheit

Durch die eine Christenheit gehen viele Risse. Sie ist nicht eins und nicht einig, wie sie es nach dem Willen Jesu sein sollte. Heftige Streitigkeiten unter Christen führten zum Verlust der Einheit. Ursache der Trennung waren oft *Fragen des Glaubens*, über die sich Christen nicht einigen konnten. Nicht selten führten auch *Probleme mit den Ämtern* und den Amtsträgern, mit der Kirchenordnung und der Kirchenpolitik zur Spaltung. Meistens kamen *menschliche Unzulänglichkeiten* der für die Kirche Verantwortlichen hinzu. Im Gefolge der Spaltungen kam es zu bitteren Auseinandersetzungen, zu Verketzerungen und Verleumdungen und gelegentlich sogar zu Kriegen. Die Spaltung der Christenheit ist ein Zeichen dafür, daß die Christen nicht so leben, wie es vom Evangelium gefordert ist.

Schon im Altertum gab es Abspaltungen, im Mittelalter und in der Neuzeit kamen andere hinzu. Die größten Kirchen, die nicht in voller Gemeinschaft miteinander leben, sind die *römisch-katholische Kirche*, die *orthodoxen Kirchen* des Osten und die *Kirchen der Reformation*. Neben diesen Kirchen und in ihnen gibt es nochmals verschiedene kirchliche Gemeinschaften und religiöse Bewegungen, die in wichtigen Fragen nicht völlig übereinstimmen.

Die römisch-katholische Kirche

Die größte christliche Gemeinschaft ist die römisch-katholische Kirche. Die Ortsbezeichnung weist auf ihr hierarchisches Zentrum in Rom hin. Das griechische Wort »katholisch« bedeutet »allumfassend«. Es ist ein Kennzeichen der Kirche, weil sie uneingeschränkt für alle Menschen da sein soll und die ganze Gotteswahrheit des Glaubens verkündet. Katholizität ist der Kontrast zu aller religiösen Provinzialität, Kleinkariertheit und Borniertheit. Die katholische Kirche richtet sich an alle Völker und Kulturen. Überall in der Welt ist sie zu Hause. Mit der Selbstbezeichnung »katholisch« ist allerdings nicht eine schon bestehende Realität, sondern eine stets neue Aufgabe für alle Kirchen beschrieben.

Die römisch-katholische Kirche hat mit über einer *Milliarde Menschen* mehr Anhänger als der Islam. Ihr Anteil an der Weltbevölkerung nimmt leicht ab. Hauptverbreitungsgebiet ist Mittel- und Südeuropa, Lateinamerika und die Philippinen. Das Schwergewicht verlagert sich in unserer Zeit von Europa auf die Dritte Welt in der südlichen Hemisphäre.

Die katholische Kirche führt ihr Lehrgebäude, ihre Lebenspraxis und ihre wichtigsten Ämter im wesentlichen auf die Bibel zurück. Nach ihrem Selbstverständnis wurde sie von *Jesus Christus* gegründet. Das Heil, das er vor Gott erwirkt hat, wird durch sie den Menschen vermittelt. Er selbst lebt in der Kirche auf geheimnisvolle Weise fort. In theologischer Bildsprache bezeichnet sie sich selbst als »mystischer Leib Christi«, an dem Christus das Haupt und die Glaubenden die Glieder sind.

Ihren historischen und institutionellen Mittelpunkt hat die katholische Kirche in *Rom*, wo ihr geistliches Oberhaupt, der *Papst*, im Vatikan residiert. Er versteht sich als Stellvertreter Christi auf Erden und Nachfolger des Apostels Petrus, dem Jesus in seinem Jüngerkreis eine herausragende Stellung eingeräumt hatte. Der Papst beruft sich für sein Amt auf ein Jesuswort, wonach Petrus der Fels ist, auf dem Jesus seine Kirche erbauen will (Mt 16,16). Von da leitet er seine geistliche Vollmacht als oberster Lehrer, Richter und Priester der Kirche ab. Seit früher Zeit hat der Papst das Leben der Kirche entscheidend geprägt. Das 1. Vatikanische Konzil hat ihm 1870 in Fragen des Glaubens und der Sitten Unfehlbarkeit zugesprochen, wenn er kraft seines Amtes redet. Dann darf er sich auf den Beistand des Heiligen Geistes verlassen, so daß er die für die Kirche wichtige und richtige Wahrheit aussprechen kann. Die dem Papst hier verliehene Machtfülle ist in der Christenheit bis heute umstritten. Im 2. Vatikanischen Konzil wurde die Rolle der Bischöfe wieder leicht aufgewertet und geklärt, daß der Papst und die Bischöfe zusammen die Weltkirche repräsentieren. Gewählt wird der jeweilige Papst vom Kollegium der Kardinäle, jener hohen geistlichen Würdenträger, die sich der Papst als seine besonderen Ratgeber und Mitarbeiter in der Leitung der Kirche bestellt.

St. Peter in Rom mit dem Petersplatz, Vatikanstadt. Von hier aus wird die katholische Kirche regiert. In den Gebäuden hinter den Kolonnaden wohnt der Papst. Hier befindet sich auch die päpstliche Verwaltung.

Rechte Seite, links: Votivbild, Maria Hilf, Passau, 1708. Solche Bilder werden für erfahrene Hilfe gestiftet. Rechts: Eucharistiefeier. Sie ist für Katholiken die Mitte des religiösen Lebens. Oben: Wandlung. Unten: Austeilung der Kommunion.

Eine zentrale Aufgabe liegt für die katholische Kirche in der Verkündigung des Wortes Gottes. Die *Bibel* bestimmt zu einem großen Teil Predigt und Unterricht. Kennzeichnend für die katholische Kirche ist allerdings auch die Hochschätzung der mündlichen *Tradition*. Sie ist gleichsam das Mitspracherecht der Vergangenheit in der Gegenwart und Zukunft. Was einmal gültig war und sich bewährt hat, behält seinen Wert. Von daher erklärt sich ein stark beharrender Zug in der katholischen Kirche und ihre Reserve gegenüber Neuerungen.

Zu den Aufgaben der Kirche gehört die Spendung der *Sakramente*, jener sichtbaren Zeichen, in denen die Gnade Gottes zu den Menschen kommt. Im Konzil von Trient (1545–1563) hat die Kirche nach der Reformation die Siebenzahl der Sakramente verbindlich festgelegt. Sie führt die Sakramente auf Christus zurück, ohne dafür in jedem Fall ein Zeugnis aus dem Neuen Testament anführen zu können. Die Sakramente begleiten den Christen an wichtigen Stationen seines Lebens. Sie haben ihren Platz bei der Geburt (Taufe) und beim Eintritt ins Erwachsenenalter (Firmung), beim gemeinschaftlichen Gottesdienst (Eucharistie), bei Schuld (Buße), bei Krankheit (Krankensalbung), in der Liebe von Mann und Frau (Ehe) und im geistlichen Dienst in der Kirche (Priesterweihe).

Die katholische *Frömmigkeit* ist von bunter Pracht. Sie lebt in Kirchen, Häusern, im öffentlichen Leben und selbst noch auf dem Jahrmarkt (Kirmes = Kirchmesse). Der Ablauf des Alltags, viele Feste, Feiern und Spiele sind von ihr geprägt. Ohne das ka-

tholische Frömmigkeitsleben gäbe es weder die vielen Andachten noch die verschiedenen Wallfahrten, weder Karneval noch die beliebten Bräuche am Martins- und Nikolaustag. Katholisches Leben unterscheidet sich in den verschiedenen Ländern und Zeiten stark voneinander. Es ist in Deutschland verhaltener als in Spanien, Polen, Irland oder auf den Philippinen. Relikte aus vorchristlicher Zeit, Elemente der Folklore, regionale Besonderheiten und nicht selten auch Spuren des Aberglaubens verbinden sich in katholischem Brauchtum oft mit Themen der Bibel und dem Leben der Heiligen. Diese Kombination trägt dazu bei, daß die katholische Frömmigkeit volkstümliche Züge hat und in den Herzen der Katholiken tief verwurzelt ist.

Auffällig ist neben einer starken Marienfrömmigkeit (→ S. 142 ff.) die *Verehrung vieler Heiliger*. Sie sind die großen Gestalten der Kirche, die den Christen neue Perspektiven eröffnet haben und oft auch zum Vorbild geworden sind (→ S. 144 f.). Von einem Heiligen wie Antonius von Padua erwartet man für die

Petrus

Du bist Petrus, und auf diesem Felsen will ich meine Kirche bauen, und die Mächte der Unterwelt werden sie nicht überwältigen. Ich werde dir die Schlüssel des Himmelreiches geben; was du auf Erden binden wirst, das wird auch im Himmel gebunden sein, und was du auf Erden lösen wirst, das wird auch im Himmel gelöst sein.

aus dem Evangelium nach Matthäus 16,16–19

Zahlung einer kleinen Spende wirksamen Schutz und rasche Hilfe in allen Lebenslagen. St. Blasius sorgt dafür, daß einem keine Fischgräten im Hals stecken bleiben, und St. Florian ist der Beschützer vor Feuersbrunst. Von *Hölle, Fegefeuer und Himmel*, den »Letzten Dingen«, haben viele Katholiken eine realistische Vorstellung. Sie sind ihnen Räume unaufhörlicher Qualen, zeitlicher Strafen und ewiger Freuden. Damit sind sie stete Warnung vor der Sünde und eine Mahnung zur Tugend.

Nicht wegzudenken aus der katholischen Kirche sind die *Orden* und religiösen *Gemeinschaften* mit ihren vielen »Vätern« und »Brüdern«, »Müttern« und »Schwestern«. Die Ordensleute gehören zur katholischen Elite. Sie beachten drei besondere Regeln, wenn sie in Armut leben (1), freiwillig ehelos bleiben (2) und ihren Oberen gehorsam sind (3). Auf ungewöhnliche Weise zeigen sie, wie radikal die Nachfolge Jesu sein kann. In ihren täglichen Aufgaben unterscheiden sie sich erheblich. Manche Orden üben sich in Kontemplation und Meditation, andere betätigen sich aktiv in Krankenhäusern und Schulen, an sozialen Brennpunkten und wissenschaftlichen Instituten. Von den Mönchen und Nonnen ist im Lauf der Geschichte viel Segen auf

die Kirche gekommen. Viele große Gestalten der Christenheit waren Ordensleute (→ 128 ff., 144 ff., 153 ff.).

Die Bedeutung der *Laien* in der Kirche war in den verschiedenen Epochen unterschiedlich groß. Manchmal hatten sie sehr starken, oft auch nur sehr geringen Einfluß. Allzuoft behielten sich Hierarchie und Klerus die Entscheidung über die wichtigsten kirchlichen Bereiche vor. Seit dem 19. Jahrhundert engagieren sich viele Laien auf kulturellem, sozialem und politischem Feld. In unserer Zeit suchen sie eine weitergehende Beteiligung an kirchlichen Aufgaben.

In der Gegenwart breitet sich in der Kirche, vor allem in den europäischen Ländern, eine gewisse *Resignation* aus. Sie kommt aus einer Enttäuschung darüber, daß die Reformansätze des 2. Vatikanischen Konzils nicht entschieden genug weitergeführt und teilweise sogar zurückgenommen werden. Von der Begeisterung über die Konzilszeit ist nicht viel übriggeblieben. Die Dynamik des Erneuerungswillens ist in den letzten Jahren zurückgegangen und die Kräfte der Restauration treten wieder stärker in Erscheinung. Wichtige kirchenamtliche Entscheidungen der letzten Zeit stoßen auf Unverständnis und Ablehnung. Viele Katholiken halten es nicht für richtig, jede nicht-natürliche Geburtenkontrolle (»Pille«) als Sünde auszugeben, allen wieder verheirateten Geschiedenen ohne jeden Unterschied den Zugang zu den Sakramenten zu verweigern und immer aufs neue ein Sexualethos zu propagieren, das obsolet geworden ist. Sie erwarten eine offene innerkirchliche Diskussion über den Zölibat der Weltpriester, der vielen zum Problem geworden ist, und über die Öffnung aller kirchlichen Ämter für Frauen. Viele Frauen protestieren gegen noch bestehende Benachteiligungen im kirchlichen Bereich.

Die verbreitete Unzufriedenheit darf nicht übersehen lassen, daß die Kirche heute auch die große *Hoffnung* vieler Menschen ist. Sie hält die Gottesfrage in einer Zeit wach, die nicht viel von Gott hören will. Ihr menschenfreundliches Ethos steht im Konflikt mit manchen Verfallserscheinungen unserer Welt. Mit ihrem Evangelium und ihrem Engagement für Arme und Entrechtete hat sie auch heute viele Freunde. Papst Johannes Paul II. hat auf seinen Pastoralreisen vor allem in Osteuropa, in Afrika und Südamerika Begeisterung und Sympathie gefunden wie sonst niemand in der Welt. Diesem Papst aus Polen und seiner Kirchenpolitik schreiben viele Beobachter ein Verdienst am Zusammenbruch des Kommunismus und Sozialismus in Osteuropa zu.

Die orthodoxen Kirchen des Ostens

Empfindlich und bis heute irreparabel wurde die Einheit der Kirche zerstört, als sich die Christenheit in eine *Kirche des Westens und Ostens* spaltete.

Schon im 4. Jahrhundert, also in einer Zeit, in der das Christentum äußeren Verfolgungen nicht mehr ausgesetzt und selbst zu einem mächtigen politischen Faktor geworden war, liegen die ersten Voraussetzungen für diesen Bruch. Damals vollzog sich die politische Trennung des ehemals mächtigen römischen Imperiums in eine östliche und westliche Hälfte. Je mehr diese *Reichstrennung* wirksam wurde, um so mehr lebten sich auch die Christen in Ost und West auseinander. Zuerst noch langsam entwickelten sich zwei Kirchen, die bisweilen ihre Gemein-

samkeiten über ihren Streitfragen vergaßen. Die Kirche im Westen hatte ihren Mittelpunkt in *Rom*, wo der *Papst* die letzte Entscheidungsbefugnis in religiösen, aber auch in disziplinarischen und politischen Fragen für sich in Anspruch nahm. Diese Stellung des Papstes führte zu Konflikten mit den Kirchen im Osten, die sich als gleichberechtigt und autonom ansahen und eine Überordnung des päpstlichen Amtes nicht hinnehmen wollten. Der Patriarch von Konstantinopel (Byzanz) reklamierte für sich den gleichen Rang wie der Papst in Rom. Er argumentierte damit, daß *Byzanz* als Sitz des *Kaisers* an die Stelle von Rom getreten sei. Der Bischofssitz von Byzanz sei der des »neuen« oder »zweiten« Roms. Auch die alten Patriarchate von Antiochien, Alexandrien und Jerusalem sahen selbstbewußt auf ihren apostolischen Ursprung und auf ihre großen missionarischen und theologischen Leistungen. Die Einheit des Glaubens brauchte für sie nicht die Stütze einer päpstlichen Institution in Rom. Ihnen genügte es, wenn die Kirchen in einem lockeren Verbund miteinander lebten.

Die Kaiser von Byzanz beanspruchten oft für sich das letzte Wort in weltlichen und kirchlichen Fragen. Sie bestimmten über die Einberufung von Konzilien und die Ernennung hoher kirchlicher Würdenträger. Das konnte die Kirche des Westens nicht akzeptieren. Als sich die Päpste vom 8. Jahrhundert an unter den Schutz der Franken stellten und als Papst Leo III. im Jahr 800 den Frankenkönig Karl zum Kaiser des Westens krönte, bedeutet das nicht nur den Verlust der politischen Reichseinheit. Auch die kirchliche Spaltung rückte näher.

Im Jahr *1054* kam es nach gehässigen gegenseitigen Anschuldigungen zu einer Trennung zwischen Ost und West, in der man den Anfang der *endgültigen Kirchenspaltung* sehen kann. Beide Seiten exkommunizierten sich gegenseitig und sprachen den Bann gegeneinander aus.

Es gibt auch *religiöse Differenzen* zwischen Ost und West. Sie erscheinen heute eher marginal, erregten aber früher die Gemüter sehr. Schon im 2. Jahrhundert konnten sich die Gemeinden in Ost und West nicht auf einen gemeinsamen Termin für das Osterfest einigen. Noch heute feiern die Kirchen in Ost und West den Tag der Auferstehung ihres Herrn nicht gleichzeitig. – Im Westen feierte man die Eucharistie mit ungesäuertem, im Osten mit gesäuertem Brot. Fanatische Christen beider Seiten traten gelegentlich die geweihten Brote der anderen mit Füßen. – Über das Verständnis des Heiligen Geistes innerhalb der Trinität (→ S. 123 f.) hatte man unterschiedliche Auffassungen, die heute einem Nichttheologen kaum mehr verständlich zu machen sind. Nach östlicher Lehre geht der Heilige Geist allein vom Vater, nach westlicher Seite vom Vater und vom Sohn (»filioque«) aus. Darüber kam es zu bitteren gegenseitigen Vorwürfen. Die Differenzen sind bis heute nicht ausgeräumt. – Anders als die Priester im Westen dürfen die Priester im Osten heiraten, während auch in der Ostkirche die Patriarchen und Bischöfe ehelos leben. Sie werden meist aus dem Mönchsstand gewählt.

Seit der nun schon lange währenden Trennung ist die *Entwicklung in Ost und West* verschieden verlaufen. Zwar haben die Kirchen in Ost und West ein solides gemeinsames Fundament des Glaubens. Beide Seiten stützen sich auf die Bibel und die ersten acht ökumenischen Konzilien, die alle im Osten stattfanden. Dabei wurden vor allem die Lehren von der Menschwerdung Gottes (»Inkarnation«) und von der Dreifaltigkeit verbindlich festgelegt. Aber im Kirchen- und Amtsverständnis, in Liturgie und Lebenspraxis haben sich Differenzen entwickelt, die die Kirchenspaltung eher vertiefen. – Im Frömmigkeitsleben setzen Christen in Ost und West verschiedene Akzente. Im Osten bestand seit der Antike die Neigung, Jesus vor allem in seiner Göttlichkeit zu verehren und das Geheimnis der Menschwerdung zu betonen. Einige Theologen leugneten die menschliche Natur Jesu sogar ganz (»Monophysitis-

mus«), weil diese von der göttlichen Natur gleichsam aufgesogen worden sei. Diese Lehre wurde zwar von einem altkirchlichen Konzil als falsch verurteilt, sie beeinflußte aber dennoch die Frömmigkeit des Ostens stark. Im Westen trat dagegen mehr das Menschsein Jesu mit den Einzelheiten seines Lebens und Sterbens in den Blick des Glaubens. – Die Theologie des Ostens orientiert sich weitgehend an den Kirchenvätern und den alten kirchlichen Traditionen, während sich die westliche Theologie in ständiger Auseinandersetzung mit den Strömungen der Zeit, mit der je gegenwärtigen Philosophie, mit den modernen Wissenschaften entwickelte. – In der Kunst des Osten sind die altehrwürdigen Traditionen der Ikonenmalerei allein bestimmend. Die Ikonen sind für die Gläubigen Fenster zum Himmel, durch die sie die Heiligen und auch Christus anschauen können. Auch umgekehrt gilt, daß die Gläubigen von den Ikonengestalten, von Christus, der Gottesmutter und den Heiligen, angeblickt werden. Niemand hat das Recht, bei der Neuanfertigung von Ikonen die alten Vorbilder zu ignorieren. Demgegenüber gibt es im Westen zwischen Kunst und

---

Der Glaube des russischen Volkes

Vom Volk wird Rußlands Rettung ausgehen. Das Volk glaubt in unserer Weise und ein nichtgläubiger Staatsmann wird bei uns in Rußland nichts ausrichten, mag er noch so aufrichtigen Herzens und genialen Geistes sein ... Das Volk wird auch dem Atheisten standhalten und ihn überwinden, und es wird ein einhelliges und rechtgläubiges Rußland sein.

Fjodor Michailowitsch Dostojewski (1821–1881), russischer Dichter

---

Prozession im Kloster von Sagorsk. Die Geistlichen tragen Kreuze und Ikonen durch die Straßen.

Ikone aus der Dionissi-Werkstatt, Christi Abstieg in das Reich des Todes, Moskau, 1502/03. Im Mittelfeld hat der lichte Christus, der sich von einem grünen Lebenskreis abhebt, das Tor des Todesreiches aufgebrochen. Er zieht Adam und Eva aus den Gräbern an sich. Andere Gestalten aus dem Alten Bund warten noch auf ihre Erlösung. Die Schilder der Engel sagen, was Christus bringt: Auferstehung, Leben, Liebe, Glück u.a. Die Dämonen unten in der Hölle verkörpern Haß, Bosheit und Tod. Zwei Engel binden den Satan. Im Leben der Ostkirche spielen die Ikonen eine große Rolle. Sie bringen den Gläubigen die Geheimnisse der Erlösung nahe.

Die orthodoxe Liturgie

Das Mysterium der Dreifaltigkeit: »Wie Du dem Mose im Dornbusch in Gestalt des Feuers erschienst, wurdest Du, Wort des Vaters, Engel genannt, der Dein Kommen zu uns offenbarte, durch das Du deutlich allen die dreipersönliche Kraft der einen Gottheit verkündetest.«

Das Mysterium der Menschwerdung: »O Jungfrau! Mit Geheimnissen vertraut hat Mose in heiliger Schau Dein Bild vorhergesehen: den im Feuer nicht verbrennenden Dornbusch. Du bist über allen Makel erhaben. Denn der Schöpfer hat, als er in dir wohnte, Dich nicht verbrannt. Du stehst über allen Geschöpfen, Braut Gottes.«

Das Mysterium der Gottesmutter: »O Jungfrau! Dich bildete der Dornbusch auf dem Sinai vor, der in der Berührung mit dem Feuer nicht verbrannte. Denn als Jungfrau hast Du geboren. Du bist als Mutter Jungfrau geblieben.«

Gebete der orthodoxen Kirche

Kirche ein lebhaftes Wechselverhältnis des Gebens und Nehmens, aus dem eine Fülle unvergleichlich großer Stile und Einzelwerke hervorgegangen ist. Die so verschiedenen Kunstepochen von Spätantike, Romanik, Gotik, Renaissance und Barock mit ihren verschiedenen Gottes- und Christusbildern sind ohne die jeweils neue Theologie und Christologie im Westen nicht zu verstehen.

Es hat mehrere Versuche gegeben, die *Union der beiden Kirchen* wiederherzustellen. Zeiten der Einheit dauerten nicht lange, weil die gewachsenen Strukturen, aber auch Rechthaberei und Intoleranz stärker waren als der Wille zur Einheit. Im 20. Jahrhundert haben sich die Spannungen etwas entschärft. Beide Kirchen lassen in Notfällen die eucharistische Tischgemeinschaft zu. Weitere Fortschritte stehen noch aus.

Die Kirchen können aus ihren unterschiedlichen Traditionen viel *voneinander lernen*. Die Ostkirche kann ihre ergreifende Liturgie, die Schönheit ihrer Ikonen und Gesänge, das mystische Verständnis Christi, der Heiligen und der Kirche und vor allem den tiefe Gläubigkeit ihrer Frauen und Männer in die Ökumene einbringen. Von den Kirchen des Westens kann sie lernen, wie sich der Glaube für Gerechtigkeit und Frieden in unserer Welt einsetzen muß, welche Chancen und Risiken die Auseinandersetzung mit der modernen Welt mit sich bringt und wie der Glaube in der säkularen Welt leben kann, ohne sich in ein religiöses Ghetto zurückzuziehen.

Heute sind die verschiedenen Kirchen des Ostens vor allem *in folgenden Ländern verbreitet*: Griechenland, Rußland, Armenien, Georgien, Türkei, Bulgarien, Serbien, Bosnien, Rumänien, Tschechien, Slowakei, Ungarn, Polen, Albanien, Finnland, Estland, Syrien, Irak, Iran, Ägypten, Äthiopien, Israel und USA. Für die orthodoxen Kirchen in den ehemals kommunistischen Ländern ist eine neue Zeit der Freiheit angebrochen. Viele Menschen lassen sich dort wieder auf ihre Botschaft ein. Andererseits brechen alte Rivalitäten zwischen den verschiedene Kirchen wieder auf und gefährden den Frieden zwischen ihnen. Manche Amtsträger sehen sich mit dem Vorwurf konfrontiert, die Sache der Kirche zu stark in den Dienst des Kommunismus gestellt zu haben.

Die Kirchen des Ostens nennen sich stolz »Orthodoxie«, d. h. »Kirche der rechten Lehre«. Damit verbinden sie den Anspruch, den Glauben der Bibel und der frühen ökumenischen Konzilien getreu zu bewahren. Im Grund können sie diesen Titel ebenso wenig exklusiv für sich beanspruchen wie die anderen Kirchen, die sich »katholisch« (»allumfassend«) oder »evangelisch« (»evangeliumgemäß«) nennen.

Oben: Kirche des Dreifaltigkeitsklosters in Sagorsk.
Unten: Papst Paul VI. und der Patriarch Athenagoras haben 1965 die gegenseitige Exkommunikation aufgehoben.

Orthodoxie, Katholizität und Orientierung am
Evangelium sind nicht Prädikate einzelner Kirchen,
sondern unaufgebbare Eigenschaften der einen Kirche Christi.

Die Kirchen der Reformation

Im 16. Jahrhundert wurde die Kirche des Abend-
landes erschüttert. Die Reformation, die als religiöse
Bewegung zur Erneuerung der Kirche angetreten
war, brachte es mit sich, daß die Einheit der Christen
auch im *Westen* zerbrach. Viele Mißstände in der
Kirche haben den Boden für die Reformation bereitet. Durch Männer wie Luther, Zwingli und Calvin
wurde sie ausgelöst.

Schon im *späten Mittelalter* wurde der *Ruf nach
einer Reform* der Kirche an Haupt und Gliedern laut.
Papsttum und Kirche waren auf vielfache Weise diskreditiert. Zeitweise gab es mehrere Päpste gleichzeitig, die sich gegenseitig die Existenzberechtigung
bestritten. Viele Päpste, Kardinäle und Bischöfe be-
trieben Machtpolitik wie weltliche Fürsten und
kümmerten sich weniger um das Heil der Menschen

Die reformatorische Entdeckung

Nach tage- und nächtelangem Nachsinnen er-
barmte sich Gott meiner, daß ich den inneren Zusammenhang der beiden Stellen wahrnahm: »Die
Gerechtigkeit Gottes wird im Evangelium offenbar.« und »Der Gerechte lebt durch seinen Glauben.« Da fing ich an, die Gerechtigkeit Gottes zu
begreifen, durch die der Gerechte aus Gottes Gnade selig wird, nämlich durch den Glauben: daß die
Gerechtigkeit Gottes, die durch das Evangelium offenbart werde, in dem passiven Sinn zu verstehen
ist, daß Gott in seiner Barmherzigkeit uns durch
den Glauben rechtfertigt, wie geschrieben steht.
»Der Gerechte lebt aus Glauben.« Nun fühlte ich
mich geradezu wie neugeboren und glaubte,
durch weit geöffnete Tore in das Paradies eingetreten zu sein.

Martin Luther (1483–1546), Selbstzeugnis

Hans Baldung, genannt Grien (1484/85–1545):
Luther mit der Taube des Heiligen Geistes.
Holzschnitt, um 1522.

als um ihre Finanzen, um Kunst und Wissenschaft,
um ihre Mätressen und Kinder. Die allzuvielen Priester, Mönche und Ordensleute waren schlecht ausgebildet, lebten wenig vorbildhaft und waren kaum
in der Lage, den Menschen die Botschaft Jesu glaubhaft zu verkünden. In der Volksfrömmigkeit gab es
viele Mißstände. Aberglaube, Reliquienkult und Ab-
laßhandel waren weit verbreitet. Mehrere Konzilien
hatten vergeblich versucht, eine Besserung der Kirche in Gang zu bringen.

Den wirksamsten Anstoß zur Erneuerung der
Kirche gab *Martin Luther* (1483–1546). Als Mönch
hatte er lange im Kloster darum gerungen, einen
gnädigen Gott zu finden. Er betete und fastete intensiv und erfüllte seine Mönchsgelübde genau, ohne seine Schuldgefühle vor Gott zu verlieren. Bei der
Lektüre des Römerbriefs machte er 1517 eine Erfahrung, die sein Leben völlig veränderte. Er las: »Der
Gerechte lebt aus dem Glauben« (Röm 1,17). Nun
wußte er, daß der Mensch nicht durch seine eigenen
Werke, sondern nur durch den Glauben gerechtfertigt wird. Er brauchte Gottes Gerechtigkeit nicht
mehr als einen strengen Maßstab zur Beurteilung

seiner Sünden zu fürchten. Sie wurde ihm zum Geschenk, mit dem Gott ihn gerecht machte. Nach dieser inneren Wende war Luther wie verwandelt. Er war nun von der befreienden Kraft der Gnade Gottes durchdrungen. Mit dieser Einsicht knüpfte er an die biblische Tradition an, stellte sich aber in Gegensatz zu vielen kirchlichen Praktiken seiner Zeit. Schon bald geriet er in Konflikt mit den Mächtigen in Kirche und Politik.

Es begann damit, daß er die Ablaßpraxis seiner Zeit heftig kritisierte, die gegen Geld, das man für den Neubau von St. Peter in Rom stiftete, Nachlaß der Sündenstrafen in Aussicht stellte. Als er überdies in reformatorischen Schriften auf eine Erneuerung der Kirche und des christlichen Lebens zielte, verhängte der Papst über ihn den Kirchenbann, der Kaiser die Reichsacht. Trotzdem fand er in Deutschland weithin Gehör. Seine sprachgewaltige Bibelübersetzung, seine starke Frömmigkeit und sein Mut gegenüber geistlichen und weltlichen Autoritäten trugen ihm eine große Anhängerschaft ein. Einige deutsche Fürsten hielten die Hand über ihn, so daß Bann und Acht nicht wirksam werden konnten. So breitete sich die Reformation rasch aus. Innere Streitigkeiten unter den Reformatoren, z. B. über die Wiedertaufe oder das Abendmahl, konnten ihren Erfolg nicht verhindern. Bei Luthers Tod war die Kirchenspaltung, die er nicht gewollt hatte, besiegelt. Die evangelisch-lutherische Kirche geht auf ihn zurück.

Huldrych Zwingli (1484–1531) führte die Reformation in Zürich ein. Er übernahm Luthers Auffassung von Bibel, Glaube und Rechtfertigung und ließ nur das gelten, was sich auf die Bibel stützen kann. Er verwarf die sichtbare Kirche, das Papsttum, die Tradition, den Zölibat, die Messe, die Ordensgelübde, Fegefeuer, Ablaß, Fasten und Feiertage. Vieles schaffte er ab, was bisher zum Erscheinungsbild der Kirche gehört hatte: Heiligenbilder, Klöster, Prozessionen, Orgelspiel, Gesang, Firmung, Krankensalbung und Messe. Sein Gottesdienst war nüchtern und karg. Zuerst ließ er nur Bibellesung, Gebet und Predigt zu. Mit Luther stritt er 1529 über das Abendmahl. Er glaubte, daß Brot und Wein nur auf symbolische Weise der Leib und das Blut Christi seien, nicht aber wirklich. Im Abendmahl sah er nur eine Gedächtnisfeier, nicht aber das Opfer Christi. Bis heute leben seine Anhänger in Zürich.

Prädestination

Es ist offenkundig, daß es durch Gottes Willen geschieht, wenn den einen das Heil ohne ihr Zutun angeboten wird, den anderen dagegen der Zugang zu diesem Heil verschlossen bleibt. Hier erheben sich gleich große und schwere Fragen. Sie sind nicht anders zu lösen, bis die Frommen innerlich klar erfaßt haben, was sie von der Erwählung und Vorherbestimmung wissen müssen … Wir werden nie und nimmer so klar, wie es sein sollte, zu der Überzeugung gelangen, daß unser Heil aus dem Quell der unverdienten Barmherzigkeit Gottes herfließt, ehe uns nicht Gottes ewige Erwählung kundgeworden ist. Denn diese verherrlicht Gottes Gnade durch die Ungleichheit, daß er nicht unterschiedslos alle Menschen zur Hoffnung auf die Seligkeit als Kinder annimmt, sondern den einen schenkt, was er den anderen verweigert.

Johannes Calvin (1509–1564)

Neben Zwingli hat vor allem *Johannes Calvin* (1509–1564) erfolgreich einen eigenen Weg der Reformation beschritten. In ihm verbinden sich ernste Religiosität und zielbewußte Energie. 1533 mußte er das katholische Paris verlassen, weil er sich offen zur Reformation bekannte. In Basel schrieb er sein theologisches Hauptwerk (»Institutio christianae religionis«), in dem er sich scharf vom Dogma, Sakrament und Kult des Katholizismus absetzt und die evangelische Lehre zusammenfaßt. 1536 erhielt er in Genf ein kirchliches Amt. Er versuchte, das Leben der Stadt mit strenger Kirchenzucht zu reformieren. Der ganze Alltag mit Politik, Schule und Wirtschaft sollte nichts als Gottesdienst sein. Er wollte das Leben der Urkirche wiederherstellen. Klarer französischer Geist und unbeugsamer Wille spricht aus der Kirchenordnung, die er der Stadt gab. Öffentliche Sünder wurden ermahnt, vom Abendmahl ausgeschlossen und auch mit Haft oder Verbannung bestraft. Der Arzt Michael Servet, der die Lehre von der Dreifaltigkeit leugnete, wurde 1553 auf Betreiben Calvins öffentlich auf dem Scheiterhaufen verbrannt. Manche nennen das Genf Calvins das »protestantische Rom« und seine Herrschaftsform »Theokratie«.

Calvins Lehre weicht in zwei wesentlichen Punkten von der Luthers ab. Sein Gottesbild (1) ist groß-

artig und furchteinflößend zugleich. Gott ist für ihn die absolute Majestät, die sich selbst zur Ehre da ist und die Menschen nach unerforschlichem Ratschluß erwählt oder verwirft (»Prädestination«). Zur Kirche gehören nur die Auserwählten. Sie dürfen sich ihres Heiles sicher sein, müssen aber alle sittlichen Kräfte anspannen, um ihren Alltag zu heiligen. Im Abendmahl (2) werden Brot und Wein nicht wirklich zu Jesu Fleisch und Blut. Sie sind, ähnlich wie bei Zwingli, nur Zeichen des Leibes und Blutes Christi. Aber er erkennt mit Luther an, daß die Auserwählten himmlische Nahrung empfangen, während die Verworfenen nur Brot und Wein zu sich nehmen.

Die auf Calvin zurückgehende *reformierte Kirche* war im Kampf gegen die katholische Kirche aktiver als die evangelisch-lutherische. Von ihr sind wichtige Anregungen auf das neuzeitliche Denken in Politik und Wirtschaft ausgegangen. Zahlenmäßig wurde sie zur größten Kraft des Protestantismus.

Die Kirchen der Reformation werden unter dem Namen »*Protestantismus*« zusammengefaßt. Der Ausdruck geht auf den Protest der Luther-Anhänger auf dem 2. Reichstag zu Speyer 1529 zurück, als diese sich einem Mehrheitsbeschluß widersetzten, der von ihnen forderte, den alten katholischen Glauben wieder anzunehmen. Sie protestierten gegen die Anwendung des Mehrheitsprinzips in Glaubensfragen und erklärten, daß vor Gott jeder nur für sich selbst

Lucas Cranach d. Ä. (1472–1553): Luther predigt, Öl, 1547.
Der Reformator stellt den Hörern Christus, den Gekreuzigten, vor Augen.

Rechte Seite, oben: Huldrych Zwingli, Gemälde von H. Asper.
Daneben: Johannes Calvin, Bild eines unbekannten Malers.
Unten: Junge Leute werden von einem evangelischen Pastor konfirmiert.

Rechenschaft ablegen könne. So war ihr Protest zugleich Widerstand gegen die kirchlichen und staatlichen Autoritäten und neues Bekenntnis zum Evangelium aufgrund der Entscheidung des eigenen Gewissens. Diese Einstellung, die vor allem von Laien getragen wurde, hat den Protestantismus bis heute stark geprägt.

Die *protestantische Theologie* weist gegenüber der vorangegangenen vier Kennzeichen auf. Sie läßt allein die *Bibel* (»sola scriptura«) gelten. Die Ansprüche der mündlichen Tradition und des kirchlichen Amtes spielen nur eine untergeordnete Rolle, wenn es um die Lehre geht. Sie stützt sich mehr auf das Wort Gottes als auf die Sakramente. – Sie läßt allein den *Glauben* (»sola fide«) gelten und lehnt die guten Werke, die Meßfeier und die Taten der Frömmigkeit als Voraussetzung zur Gerechtigkeit vor Gott ab. – Sie läßt allein die *Gnade* Gottes (»sola gratia«) gelten und lehnt die Vorstellung eines Gottes ab, der seine Liebe nur als Lohn für menschliche Vorleistungen schenkt. – Sie läßt allein *Christus* (»solus Christus«) gelten und lehnt die Vermittlerrolle der Kirche, Marias und der Heiligen ab.

Heute bahnt sich ein Konsens an, daß diese *Lehrunterschiede* zwischen Protestanten und Katholiken nicht kirchentrennend sein müssen. Viele theologische Streitpunkte, die einst zur Reformation führten, haben ihre Bedeutung verloren. Manche Gegensätze von damals haben sich als Scheingegensätze erwiesen. Kein Einvernehmen zwischen Protestanten und Katholiken gibt es heute noch bei folgenden Themen: Der Protestantismus lehnt das Amt des Papstes mit seinem Anspruch auf letztverbindliche Lehr- und Rechtsentscheidungen ab. Protestanten

akzeptieren nicht, wie Katholiken, sieben Sakramente, sondern nur die Taufe und das Abendmahl. Protestanten betonen das allgemeine Priestertum aller Christen, während Katholiken zwischen geweihten Priestern und nichtgeweihten Laien einen religiösen Unterschied machen. Protestanten lassen die Wiederverheiratung Geschiedener unter bestimmten Bedingungen zu, Katholiken nicht.

Wichtiger als diese Lehrunterschiede, die von den Kirchenleitungen höher eingestuft werden als von den meisten Christen, sind die unterschiedlichen *Lebenswelten*. Nach der Trennung haben sich Gemeinde- und Familienleben, Predigt und Unterricht, Fest und Feier, Kunst und Kirchenbau jeweils anders entwickelt, so daß das Lebensgefühl von Protestanten und Katholiken einer raschen Einigung mehr im Weg steht als die theologischen Differenzen. Im allgemeinen steht die Bibel bei Protestanten höher im Kurs. Sie ist die Grundlage der Predigt, des Unterrichts und vieler Kirchenlieder. Die Bibel gibt dem Protestantismus eine stärkere Wortbezogenheit. Bei den Katholiken spielen Meßfeier, Sakramente, Bilder, Heiligenverehrung, Wallfahrten eine größere Rolle. Das Verhältnis der Protestanten zur Welt läßt eine klerikale Bevormundung nicht zu und ist stärker profan geprägt als bei Katholiken, deren Welt eher eine religiöse Färbung aufweist.

Es gibt auch viele *Gemeinsamkeiten* zwischen den Kirchen der Reformation und den anderen Kirchen. Sie gründen im Glauben an Gott und seine Zuwendung zu den Menschen in Jesus Christus. Alle Konfessionen stützen sich auf die Bibel und erwarten am Ende der Zeiten Gottes Gericht über die Welt und die Auferstehung der Menschen zu ewigem Leben. Die Kirchen, die diesen Glauben verkünden, müssen ständig zu Umkehr und Reform bereit sein.

Der Protestantismus hat ein reges *geistiges Leben* entfaltet. Die neuzeitliche Philosophie, Kunst und Wissenschaft wären ohne die Impulse der evangelischen Christen nicht denkbar. Das großartige musikalische Werk von Johann Sebastian Bach ist von protestantischer Frömmigkeit durchdrungen. Protestantische Universitäten und Schulen haben mit ihrem hohen Niveau das geistige Leben ihrer Umwelt geprägt. Mustergültige Anstalten für Kranke und Behinderte (Bethel), die ihre Entstehung protestantischem Geist verdanken, haben vielen Menschen aus großer Not geholfen. Die protestantische Theologie hat einen hohen Rang. Lange Zeit war sie in der Erforschung der Bibel bahnbrechend. Unser heutiges Verständnis der Bibel ist vor allem den großen evangelischen Exegeten des 19. und 20. Jahrhunderts zu verdanken.

Heute sind die Kirchen der Reformation vor allem in Nordeuropa, Nordamerika, Australien und in Teilen von Afrika verbreitet. Sie weisen eine weitaus größere *Pluralität* auf als die katholische oder orthodoxe Kirche. Organisatorisch existieren sie in unterschiedlichen Formen, vor allem in Landeskirchen (Reformierte, Lutheraner, Unierte) und in Freikir-

chen (z. B. Methodisten, Quäker, Baptisten). Eine institutionelle Einheit kennt der Protestantismus nicht. In religiösen und theologischen Fragen gibt es viele Differenzen. Sie reichen von biblischem Fundamentalismus bis zu aufgeklärtem Liberalismus. Nicht einmal die Einheit eines gemeinsamen Bekenntnisses ist möglich. Letztlich versteht sich der Protestantismus bei allem Pluralismus als eine geistlich-religiöse Einheit, die sich immer neu im Hören auf das Wort Gottes bewähren muß.

Ökumenische Bewegung

Nach den jahrhundertelangen Streitigkeiten zwischen den Kirchen bzw. Konfessionen entstand seit dem 19. Jahrhundert zunächst nur innerhalb des *Protestantismus* die ökumenische Bewegung, die sich als Nahziel ein besseres gegenseitiges Verständnis und als Fernziel eine neue Einheit der Christen gesetzt hat. Das griechische Wort »*Ökumene*« bezeichnet die ganze bewohnte Welt. Es ist sinnverwandt mit dem Wort »katholisch« (→ S. 167). Die ökumenische Bewegung versucht, das Bewußtsein der Zusammengehörigkeit aller Christen auf der ganzen Welt zu fördern. Organisatorisch konzentriert sie sich im »Ökumenischen Rat der Kirchen« (ÖRK), an dem seit 1948 etwa 150 Kirchen beteiligt sind.

Die *römisch-katholische Kirche* war gegenüber der ökumenischen Bewegung lange Zeit reserviert, weil sie sich allein als die wahre Kirche Christi versteht. Erst der reformfreudige Papst Johannes XXIII. (→ S. 166) brachte einen Umschwung. Er richtete 1960 das »Sekretariat zur Förderung der Einheit der Christen« ein und regte das 2. Vatikanische Konzil (1962–1965) zu mutigen Reformschritten an. Damals erkannte die katholische Kirche ihre Mitschuld an der Kirchenspaltung an, nannte die anderen christlichen Gemeinschaften nun offiziell »Kirchen«, wies auf die Gemeinsamkeiten aller Christen hin und forderte eine intensivere Zusammenarbeit aller Kirchen. Von einer »Rückkehr« der anderen Kirchen zur katholischen Kirche, die früher immer

als Vorbedingung der Einheit angesehen wurde, war nun nicht mehr die Rede.

In den 80er Jahren hat die ökumenische Bewegung an Schwung verloren. Die *Schwierigkeiten* auf dem Weg zur Einheit erscheinen nun wieder größer als früher. Die meisten Kirchenleitungen wagen noch nicht die mutigen Schritte, die von der kirchlichen Basis erwartet und auch schon getan werden. Viele Christen bemängeln, daß ihre Kirchen nicht entschiedener aufeinander zugehen, ihre eigenen Ansprüche nicht genug relativieren und zu ihrer eigenen Bekehrung zu wenig bereit sind. Doch kann der konziliare Prozeß, der die Kirchen näher zusammenführt, nicht rückgängig gemacht werden. Viele Christen in allen Kirchen fordern nachdrücklich eine größere Dialogbereitschaft und Toleranz auf dem ökumenischen Weg. Die neue Kircheneinheit müßte sich auf die Grundwahrheiten des Christentums, wie sie in der Bibel und in den alten christlichen Glaubensbekenntnissen formuliert sind, stützen und könnte die anderen Differenzpunkte für eine weitere Erörterung offen halten. Gegenseitige Verurteilungen müßten aufgehoben und eine neue Gemeinsamkeit in Gottesdienst, Predigt und Eucharistiefeier hergestellt werden. Ob das Papsttum seine heutige jurisdiktionelle und lehramtliche Letztver-

Am 10. Juni 1969 besuchte Papst Paul VI. das Ökumenische Zentrum in Genf. Das Treffen diente der Förderung der Ökumene. Das Bild zeigt die Vertreter der verschiedenen christlichen Kirchen beim gemeinsamen Gebet.

bindlichkeit behalten kann, erscheint fraglich. Vielleicht kann es als Dienstamt der Garant der Einheit in Liebe und Wahrheit für alle Kirchen werden.

Die ökumenische Bewegung strebt keine Einheit mehr an, die auf Konsens in allen Fragen beruht und die jegliche Verschiedenheit der Kirchen in Lehre und Amt nivelliert. Die verschiedenen historisch gewachsenen Strukturen, die unterschiedlichen Lebenswelten und das Grundgefühl der Gläubigen sollen, so weit sie sich nicht gegenseitig ausschließen, in der Einheit bewahrt bleiben. Ökumenische Pluralität darf nicht länger als Mangel, sie muß als Reichtum angesehen werden. Ziel ist heute eine Kirchengemeinschaft, die »*Einheit in der versöhnten Verschiedenheit*« lebt.

Das Gewicht des Christentums in der zukünftigen Welt und seine *Glaubwürdigkeit* vor Gott und den Menschen hängt nicht zuletzt davon ab, ob die Kirchen ihre alten Streitigkeiten beenden und sich auf ihre wesentlichen Aufgaben in der Welt besinnen. Die Einheit der Christen könnte ein wirksames Korrektiv zu Zwiespalt und Streit in unserer Welt sein. Darin könnte die eine Kirche in ihrer pluralen Vielfalt ein Zeichen für die Menschheit werden.

Auf dem Weg in die Zukunft

Koexistenz des Heterogenen

Aus europäischer Perspektive scheint das Christentum heute in eine tiefe *Krise* geraten zu sein. Manche glauben schon, daß die Zeit des Christentums abgelaufen sei. Viele Menschen, die sich den Kirchen einmal verbunden fühlten, wenden sich von ihnen ab, weil sie ihre Grundlehren nicht mehr verstehen, ihr Ethos in wichtigen Punkten für überholt halten und sich vom Leben in der kirchlichen Gemeinschaft nicht viel versprechen. Die Vitalität und Spontaneität, die das Christentum in früheren Zeiten so anziehend machte, ist heute erheblich geschwächt. Niemand vermag zu entscheiden, ob das Lebensgefühl des modernen Individuums, die gesellschaftlichen Trends, die säkularen Ideen oder die Kirchen selbst den größten Anteil an der Entfremdung so vieler Menschen von der Kirche haben.

Nicht alle Probleme der Kirchen lassen sich auf das »Versagen« der Kirchen oder die »Schuld« der Gesellschaft oder die Indifferenz der Menschen zurückführen. Viele Schwierigkeiten liegen auch in der heutigen komplexen Situation. So haben die Kirchen, die in vielen Ländern und Kulturen vertreten sind, mit dem Problem der *Ungleichzeitigkeit* zu tun. Sie müssen auf Christen Rücksicht nehmen, die in verschiedenen Gesellschaften leben und die von ihrem Lebensgefühl her nicht Zeitgenossen sind. Die *Koexistenz des Heterogenen* bestimmt heute das Bild der Kirchen. Es gibt die »vormodernen« Christen der Dritten Welt, die oft noch Analphabeten in einer alten Kultur sind und die weder Computer noch Telefon kennen. Und es gibt die »postmodernen« Christen der Ersten Welt, denen der Umgang mit moderner Wissenschaft und Kommunikation in einer Welteinheitskultur selbstverständlich ist. Es gibt die kirchlich Engagierten, die Mitläufer und die Randchristen, die nicht einfach abgeschrieben werden sollten. Es gibt fromme, wundersüchtige, unmündige, naive, aufgeklärte, nachdenkliche, skeptische und ungläubige Christen. Die Identifikation der Getauften mit der Kirche weist viele Stufen auf. Im Extremfall wird sie völlig bejaht oder total verneint. Es gibt sogar ein Christentum außerhalb der Kirchen. Die soziale, kulturelle und ökonomische Pluralität unserer Welt ist auch die Pluralität des Christentums. Es ist nicht möglich, für alle diese Christen in einer einheitlichen Sprache zu sprechen. Gemeinsame Zeichen und Symbole lassen sich für die verschiedenen Mentalitäten kaum finden. Die Universalität der Kirche, die Regionalität der Kirchen und die Differenzierung der Christen bilden ein Problem, das es so in der Vergangenheit kaum gegeben hat. Wenn die Kirchen hier nicht mutige und unkonventionelle Schritte tun, werden sie erheblich an Einfluß verlieren. Andererseits könnten kirchliche Modelle der Verständigung zu Anregungen für die Völkergemeinschaft (»UNO«) werden.

Kirchliche Krisensymptome

Es gibt auch viele Gründe für die Kirchenkrise der Gegenwart, die *in den Kirchen* selbst liegen. Gelegentlich ist das Gewicht dieser Gründe in der katholische Kirche größer als in den Kirchen der Reformation, da sie den Traditionen oft mehr verhaftet und Neuerungen gegenüber eher vorsichtig ist. Trotzdem steht sie diesen Kirchen auch in der Gegenwart an Vitalität nicht nach. Andererseits sind viele kirchlichen Krisensymptome nicht konfessionsspezifisch. Sie laufen quer durch die Konfessionen und stoßen dort auf vergleichbare Reaktionen. Heute verstehen sich fundamentalistische Katholiken und Protestanten religiös besser miteinander als mit den reformerischen und progressiven Kräften der eigenen Konfession. Fremdheit der Christen untereinander ist immer weniger eine Sache der Konfession. Sie hängt viel mehr mit Mentalität und Gruppenzugehörigkeit zusammen. Ein paar kirchliche Krisensymptome seien hervorgehoben.

In der Vergangenheit haben sich die Kirchen oft zu sehr nur mit sich selbst befaßt und dabei ihre Aufgaben für die Welt in den Hintergrund treten lassen. Sie erweckten den Eindruck, als seien die Menschen für die Kirche da und nicht die Kirche für die Menschen. Die Bedeutung der Ämter, die Rolle der Priester, das konfessionelle Profil, die Richtigkeit der Dogmen, die kirchliche Sexualmoral wurden zu zentralen Themen der kirchlichen Verkündigung. Bescheidenheit in der Selbsteinschätzung war oft kein auffälliges kirchliches Kennzeichen. Manche sprechen von *kirchlicher Nabelschau* und vermissen das leidenschaftliche Bemühen um die großen Perspektiven Jesu und seiner Botschaft für die Welt.

Auch wenn man die vielen guten Momente in der Botschaft und Geschichte des Christentums nicht übersieht, läßt sich nicht leugnen, daß das Christentum sich selbst immer wieder kompromittiert hat. Es hat seine eigene *Schuldgeschichte* (→ S. 163 f.). In seiner geschichtlichen Bilanz sind neben vielen positiven auch viele negative Posten zu verbuchen. Zu oft haben sich die Kirchen mit Macht und Reichtum verbunden. Der kirchliche Absolutheitsanspruch auf Wahrheit, die Intoleranz der Kirchen gegeneinander und gegenüber den anderen Religionen haben viele Menschen abgeschreckt. Das

Wissen um diese Schuldgeschichte, das hierzulande fast zu einseitig verbreitet ist, ist für die Kirchen eine schwere Hypothek. Dabei wird auch kritisiert, daß diese Schuldgeschichte nicht angemessen aufgearbeitet wird und daß die Kirchen, die andere ständig zur Buße aufrufen, selbst nicht bußfertig sind.

Viele Christen sehen in der *weltlichen Macht* und im *Reichtum* der Kirchen einen Grund für ihre heutige Schwäche. Sie fragen sich, ob die Kirchen ähnlich wie in der Vergangenheit auch im 3. Jahrtausend noch Anteil daran haben sollen oder nicht. Für beides gibt es gute Gründe. In der Gratwanderung zwischen Einfluß und Machtlosigkeit liegt ein Strukturproblem für die Zukunft des Christentums. Paradoxerweise werden die Kirchen reicher, wenn sie ärmer werden. Jedenfalls werden sie danach trachten müssen, noch mehr auf Seiten der Armen und Notleidenden zu stehen, um nicht durch Teilhabe an Macht und Reichtum an deren schlimmer Situation mitschuldig zu werden.

In der Neuzeit haben sich die Kirchen oft ängstlich gegen Erkenntnisse der *Wissenschaften* gewehrt. Im Kampf gegen Galileis Weltbild, Darwins Evolutionslehre und Freuds Psychologie haben sie wertvolle Kräfte falsch eingesetzt und viel Kredit verspielt. Erst spät haben sie gemerkt, daß sich die Wissenschaften durch autoritären Einspruch nicht beeindrucken lassen. Die kirchlichen Fehleinschätzungen der Vergangenheit haben dazu geführt, daß viele Wissenschaftler auch heute allen Einsprüchen der Kirche gegenüber reserviert sind, selbst wenn diese z. B. in der ethischen Dimension berechtigt sind.

In der Proklamation der Menschenrechte sahen die Kirchen eine Zeitlang nur eine säkulare Ideologie. Mit der *Demokratie* als politischem Konzept haben sie erst spät ihren Frieden geschlossen. Lange wurden andere autoritäre Staatsformen »von Gottes Gnaden« favorisiert. Die Kirchenleitungen erkannten nicht, daß die Demokratie mit ihrer Achtung der Menschenrechte, mit Gewaltenteilung und Minderheitenschutz, mit Parteien und Wahlen, mit dem Gegenüber von Regierung und Opposition ein politisches Modell darstellt, das trotz vieler Mängel am ehesten das Leben großer Gesellschaften regulieren kann. Erst spät kam ihre Zustimmung zur politischen Demokratie im westlichen Verständnis. Aber auch heute noch wehrt sich die katholische Kirche

vehement gegen eine »Demokratisierung« ihrer Organisation mit dem Argument, die Wahrheit der Offenbarung dürfe nicht von Mehrheitsbeschlüssen abhängig gemacht werden. Dabei wird die Frage unterdrückt, ob diese Wahrheit in einer hierarchischen und autoritären Struktur besser aufgehoben ist. Es ist zu hoffen, daß die Kirchen, die sich in ihrer Geschichte mit fast allen Staatsformen liiert haben, mehr demokratische (»synodale«) Grundformen für ihre Strukturen akzeptieren. Sie würden damit das Engagement vieler Christen fördern, die die Diskrepanz zwischen demokratisch verfaßter Gesellschaft und hierarchisch strukturierter Kirche nur schwer ertragen.

Von der Entwicklung der neuzeitlichen *Kunst* und *Philosophie* haben sich die Kirchen weitgehend abgeschottet und statt dessen in Kunst (z. B. »Neugotik«) und Philosophie (z. B. »Neuscholastik«) längst überholte Traditionen neu zu beleben versucht. Diese vermochten das geistige Bild ihrer Zeit nicht mehr zu prägen. Sie fanden nur mehr im innerkirchlichen Bereich, nicht aber in der ganzen Gesellschaft, Anerkennung und Beachtung. Die Leistungen der zeitgenössischen Kunst und Philoso-

phie wurden fast immer zuerst verkannt und bestenfalls im Nachhinein von einigen mutigen Christen für die Kirchen nutzbar gemacht.

Fast alle modernen Bewegungen wurden zuerst als »Modernismus« verurteilt. Apologetik wurde in der Neuzeit zu einem herausragenden Bestandteil kirchlicher Aktivität. Dieser *Modernitätsrückstand* hat die Kirchen daran gehindert, das Lebensgefühl vieler Menschen anzusprechen.

Heutiges Lebensgefühl

Es wäre allerdings einseitig, die heutige Christentumskrise allein auf christliches Versagen zurückzuführen. Es gibt in unserer Zeit weit verbreitete Grundeinstellungen, die mit der Botschaft der Kirche unvereinbar sind. Ihnen liegt die Erfahrung zugrunde, daß man in unserer Gesellschaft sehr wohl ohne Gott und Kirche, aber nicht ohne Geld und Recht leben kann. Von daher hat sich ein Lebensgefühl entwickelt, das sich nicht nur in Einzelfragen weit von religiösen und kirchlichen Vorstellungen entfernt hat. Es steht im Widerspruch zu den Grundauffassungen christlicher Theologie, Anthropologie und Ethik (→ S. 120 ff., 133 ff., 146 ff.).

Es gibt eine *Warenmentalität*, die das ganze Leben zum Konsumprozeß macht. Alle Freuden des Lebens hängen davon ab, ob man sie sich kaufen kann oder nicht. In dieser Perspektive wird sogar Religion zu einem Artikel, den man wie auf einem Markt wählen kann oder nicht. Ob man an Gott glaubt oder nicht und was man für und von Gott hält, hat den gleichen Rang wie die Entscheidung für ein bestimmtes Hobby oder für eine Mode. Der Glaube an Gott ist selbst in eine Krise geraten. Ein Christentum, das die Sache Gottes für die wichtigste Sache des Menschen erklärt, erscheint da anachronistisch.

Verwandt damit ist ein *Hedonismus*, der alles danach bemißt, ob es »Spaß macht« und »etwas bringt«. Lebensfreude und Glück, gewiß auch im christlichen Verständnis hohe Werte, verkommen zu Konsumgütern, die rasch genossen werden. Der abwechslungsreiche Konsum von Vergnügungen

Guido Muer (geb. 1927): Das Leiden des Volkes Gottes an der Kirche, Öllasur, 1985. Die Kirche wird hier doppelt repräsentiert: Als starrer, blutleerer Greis und als Volk Gottes unter dem Kreuz.

wird zum höchsten Daseinszweck. Das Lustprinzip gilt weithin als Maxime des Handelns. Ein Christentum, das auch Askese, Verzicht und Kreuzesnachfolge fordert, hat da wenig Chancen.

Es gibt einen *Pluralismus*, der andere Standpunkte beliebig gelten läßt, ohne einen eigenen zu haben oder zu wollen. Das postmoderne Beliebigkeitsgefühl, oft als Toleranz deklariert, in Wirklichkeit Standpunktlosigkeit, dominiert weithin. Es steht im Gegensatz zu der von Christen geforderten Entschiedenheit und ist mit dem Ernst der Anforderungen des Christentums unvereinbar.

Wir finden einen *Relativismus*, der jede feste Geltung von Werten ablehnt. Die Vielfalt der Moralen und der ständige Wertewandel in der Geschichte werden zum Kronzeugen für das Prinzip: »Jeder möge handeln, wie er es für richtig hält und mag.« An die Stelle eines verbindlichen Imperativs ist unverbindliche Orientierung getreten. Ein Glaube, der für wichtige Lebensfragen klare Maßstäbe hat, erscheint da fehl am Platz. Überzogener Relativismus und christliches Ethos widersprechen sich.

Wir begegnen einem *Subjektivismus*, der alles auf das eigene Ich (»Ego«) bezieht. Es kommt darauf an, wie man sich fühlt, wie man sich erfährt, wie man sich selbst verwirklicht. Alles wird vom Subjekt her beurteilt. Was nicht mein Problem ist, interessiert mich nicht. Eine Kirche, die das Eingebundensein der Person in soziale Bezüge betont und die zur Verantwortung gegenüber der Welt und den Menschen aufruft, hat in einer Ego-Gesellschaft nur wenig Chancen.

Chancen für morgen

Trotz all der Krisen und Probleme hat das Christentum gute *Zukunftsperspektiven*. Es gibt Stimmen, die sagen, daß die Zeit des Christentums nicht abgelaufen sei, sondern gerade erst angefangen habe. Für sie ist nicht uneingeschränkter Pessimismus, sondern hoffnungsvoller Optimismus angezeigt. Tatsächlich kann das Christentum auch in Zukunft ein wichtiger Faktor im Leben der Menschen sein. Darauf vertraut es schon aus religiösen Gründen. Ihm ist die Verheißung auf Dauer bis an das Ende der Tage gegeben. In der heutigen Krise erinnert es sich daran, daß es in seiner langen Geschichte schon viele große Gefahren bewältigt hat. Mehr als einmal wurde sein Ende prognostiziert. Doch ist es der Christenheit immer wieder gelungen, sich zu behaupten und aufs neue das Licht der Welt zu werden. Diese Hoffnung ist auch für die Gegenwart nicht unbegründet.

Wie nie zuvor entfaltet die katholische Kirche eine ungeheure *Dynamik* in Südamerika, Afrika und Asien. Die orthodoxen Kirchen erleben in den ehemals kommunistischen Ländern einen starken Zulauf. Auch heute verfügen die Kirchen über ein großes Kapital an Anhänglichkeit und Zutrauen überall in der Welt. Unzählige Menschen, Gebildete und Analphabeten, Priester, Ordensleute und Laien, Frauen und Männer, bekennen sich engagiert zum christlichen Glauben. Der Wille zur ständigen Kirchenreform ist bei vielen Christen vorhanden. Originalität und Phantasie sind an der Basis der Kirchen nicht ausgestorben. Die vielen Aufgaben der Kirche für die Welt und für die Menschheit sind die Chancen zukünftigen Lebens.

Am wichtigsten wird es sein, daß die Kirchen zu einem überzeugenden *Sprechen von Gott* finden. Sie müssen der weit verbreiteten Erosion des Gottesglaubens entgegenwirken, die dazu führt, daß die Menschen ihr Leben als sinnlos empfinden. Dazu müssen die Kirchen die Botschaft von Gott, der Liebe und Freiheit will, auch unter den Bedingungen der Moderne glaubhaft verkünden und zugleich die ständige Suche nach Gott in heute verständlichen Worten und bescheidenem Schweigen einüben. Der Gottesglaube darf nicht zum Sektenmerkmal verkommen und zum Ausstieg und zur Flucht aus dem Haus der heutigen Welt führen. Er muß Fundament dieses Hauses sein und ihm Licht und Leben geben. Christen, die die Freude des Glaubens überzeugend leben und die Frage nach Gott auch angesichts der großen Leiden unserer Zeit offen halten, werden das Christentum am ehesten in die Zukunft führen.

Die Kirchen werden sich in Zukunft noch mehr zum *Anwalt der Menschen* machen müssen. Im politischen Raum ist entschiedener Widerstand gegen alle Totalitarismen, Fundamentalismen und Ideologien gefordert. Überall, wo es Tendenzen gibt, die Würde des Menschen zu beschädigen oder zu zerstören, müssen Christen entschieden vorgehen und wirksamen Protest anmelden.

السلام МИР שלום PACE 平和 PEACE शांति
PAIX 和平 PAX FRIEDE EIPHNH VREDE PAZ

Die positive Bedeutung des Glaubens für das *alltägliche Leben* der einzelnen muß wieder erkennbar werden. Wenn die Kirchen weniger die Sünden der einzelnen anklagen als deren Leiden wahrnehmen, werden sie Zustimmung finden. Sie können den Weisungen Jesu folgen, indem sie Ängste abbauen, Verletzungen heilen, Hoffnung geben, Lebensfreude fördern, Freiheitsräume eröffnen und in einer lebendigen Gemeinschaft einen Gegenpol zu Vereinzelung und Vereinsamung bilden.

Die christlichen Kirchen werden zeigen müssen, daß sie miteinander noch mehr auf dem Weg der Verständigung vorankommen (*Christliche Ökumene*) und auch mit den anderen Religionen (*Ökumene der Religionen*) einen Dialog führen, in dem eigene Absolutheitsansprüche zurücktreten und die Bedeutung der Religion für die heutige Menschheit erfahrbar wird.

Sache der Christen ist es, gegen die unvorstellbaren *Katastrophen* zu kämpfen, die das Leben bedrohen: Korruption der Macht, Ausbeutung, Bevölkerungsexplosion, Armut in Elend, Mißbrauch der Wissenschaften und der Technik, Drogen, Arbeitslosigkeit, Hunger, Aids, Rassismus, Intoleranz. Im Kampf gegen diese Bedrohungen können die Kirchen heute die Kraft des Evangeliums erweisen.

Wenn sie sich für die Bewahrung der Schöpfung, auch der Tiere, für Gerechtigkeit und Frieden, für die Gleichberechtigung von Frauen und Männern einsetzen, setzen sie sich für die Sache ihres Gottes ein.

In Zukunft wird es zunehmend wichtiger werden, den Menschen *Hoffnung über den Tod hinaus* zu geben, weil diese Hoffnung nicht mehr so selbstverständlich ist wie in der Vergangenheit. Die Verheißungen von einer messianischen Zeit und einer neuen Welt, von der Auferstehung der Toten und von Ewigem Leben können ein Kontrastprogramm zu aller innerweltlichen Hoffnungslosigkeit und Verzweiflung sein.

Entscheidend für die *Zukunftsfähigkeit* des Christentums wird es sein, wie das Leben der Christen erfahren wird. Wenn die gute Botschaft von Gott, wenn das Evangelium Jesu Christi, wenn die Weisung der Liebe zu Gott, dem Nächsten und sich selbst von Christen glaubhaft gelebt werden, hat das Christentum die Chance, auch für die Welt von morgen ein Weg zum Licht zu sein.

Friedensgebet in Assisi im Jahr 1986. Papst Johannes Paul II. hatte dazu Vertreter der verschiedenen Religionen eingeladen. Links von ihm sitzen Repräsentanten anderer christlicher Kirchen, rechts neben ihm der Dalai Lama (→ S. 434) und Vertreter der ostasiatischen Religionen. Auf der Tafel steht das Wort »Frieden« in 14 Sprachen.

Islam

Eine dynamische Religion

Gottes letzte Offenbarung

Der Islam ist unter den großen Weltreligionen die *jüngste Religion*. Vor mehr als 1300 Jahren trat er in die Geschichte ein. Er folgte dem 2000 Jahre älteren Judentum und dem 600 Jahre älteren Christentum. Nach dem Islam ist keine bedeutende Weltreligion mehr entstanden. Diese Stellung erfüllt den Islam mit stolzem Selbstbewußtsein. Seine Anhänger, die Muslime, verstehen sich als die Gemeinschaft, der die letzte und endgültige Offenbarung Gottes zuteil geworden ist. Im Islam sind alle früheren Gottesoffenbarungen aufgehoben und überboten. Er ist die letzte Willenskundgebung Gottes, die alle älteren Religionen entweder außer Kraft setzt oder zu Vorstufen des Islam macht. Den polytheistischen Religionen spricht der Islam jede Existenzberechtigung ab. Auch dem Judentum und Christentum fühlt er sich überlegen, weil er besser und vollstän-

---

Islam – Eine lange Tradition

Siehe, wir haben dir Offenbarung gegeben, wie wir Noach Offenbarung gaben und den Propheten nach ihm. Und wir gaben Offenbarung Abraham und Ismael und Isaak und Jakob und den Stämmen und Jesus und Ijob und Jona und Aaron und Salomo; wir gaben David den Psalter.

Von einigen Propheten haben wir dir zuvor erzählt, von anderen haben wir nicht erzählt. Und Gott richtete auch an Mose eine Rede.

Propheten, Verkünder von froher Botschaft und Warner, so daß die Menschen nach den Propheten vor Gott keine Entschuldigung hätten. Gott ist mächtig und weise.

Doch Gott bezeugt durch die Offenbarung, die er zu dir herabgesandt hat, daß er sie mit seinem Wissen herabgesandt hat. Und auch die Engel bezeugen es. Und Gott genügt als Zeuge.

Sure 4, 161–164

Auf der vorhergehenden Doppelseite umziehen die Gläubigen im Pilgermonat die mit Tüchern behangene Kaaba von Mekka. In dieser Zeit kommt der Pilgerstrom an kein Ende (→ S. 234 ff.).

diger bewahrt, was an religiöser Substanz in diesen beiden »Religionen der Schrift« enthalten ist.

Der Islam versteht sich zugleich als die *älteste Religion* der Menschheit. Er knüpft an den Glauben Adams und Abrahams an. Abraham war der erste Muslim. Was bei diesen altehrwürdigen Gestalten von Gott angefangen wurde, wird im Islam aufgenommen und weitergeführt. So ist die jüngste Religion zugleich die älteste. Die Muslime sind dankbar für Gottes Wegleitung und kommen ihren Pflichten gern nach. Für sie ist der Islam die beste Religion, die allein Antwort auf die Lebensfragen des einzelnen geben kann und Lösungen für die Probleme der Welt weiß.

Islam und Muslime

Der Buddhismus und das Christentum bezeichnen sich nach den großen Gestalten ihres Anfangs. Buddha und Christus haben diesen Religionen ihren Namen gegeben. Das Judentum wird nach dem Stamm Juda und der Hinduismus nach dem Fluß Indos genannt. Der Islam hat eine Bezeichnung anderer Art. Er ist stolz darauf, daß er seinen Namen nicht einer Person, einem Stamm oder Fluß verdankt. Das arabische Wort »*Islam*« hat selbst religiöse Bedeutung. Es beschreibt die wesentliche Beziehung des Menschen zu Gott. Islam – das ist Hingabe, Unterwerfung, Gehorsam, ohne daß die negative Bedeutung mitschwingt, die heute bei uns mit diesen Begriffen verbunden ist. Man kann das Wort so übersetzen: »sich Gott hingeben«, »seine ganze Person Gott anheimgeben«. Wer sich Gott hingibt und ihm gehorcht, ist ein »*Muslim*« (in anderer Aussprache: »Moslem«). Manchmal bringt man die Konsonanten des Wortes »Islam« SLM mit dem arabischen Wort »Salam« und dem hebräischen Wort »Schalom« in Verbindung. Beide Worte bedeuten »Frieden«, »Heil«, »Errettung«. Diese sprachliche Herleitung ist umstritten.

Das Wort »Islam« bezeichnet nicht allein die *persönliche Lebenspraxis*, sondern genauso auch das Leben in der *Gemeinschaft* aller Muslime. Im Islam als Gemeinschaft finden die einzelnen Muslime ihre

> **Islam – Wir alle**
> Närrisch, daß jeder in seinem Falle
> Seine besondere Meinung preist!
> Wenn Islam Gott ergeben heißt,
> In Islam leben und sterben wir alle.
>
> *Johann Wolfgang von Goethe,*
> *Der westöstliche Divan*

Orientierung, Stütze und Wegweisung. Für viele islamische Theologen hat das Wort »Islam« eine universale Bedeutung. Es beschreibt die *Ordnung der ganzen Welt.* Als Gottes Schöpfung gehorcht die Welt Gottes Gesetzen. Darum sind auch Sonne, Mond und Sterne, Flüsse und Berge, Pflanzen und Tiere »Muslime«. Sie alle sind dem Willen Gottes unterworfen.

Das Glaubensbekenntnis

Der Islam hat ein Glaubensbekenntnis, in dem die Muslime mit wenigen Worten das Wesen des Islam aussprechen (→ S. 231). Dieses Credo enthält zwei Aussagen. Zum ersten ist es das Bekenntnis zu dem einen Gott, neben dem es keine anderen Götter gibt. Die Formulierung, die an die erste Weisung des biblischen Dekalogs (→ S. 25) erinnert, bezeugt einen *Monotheismus,* an dem nicht der geringste Abstrich geduldet wird. Gott ist ein Einziger. Es gibt nichts und niemanden, der mit ihm vergleichbar wäre. Dieser Teil des Glaubensbekenntnisses könnte von allen Menschen gesprochen werden, die sich als Monotheisten verstehen. Der zweite Satz des Bekenntnisses ist allein für den Islam maßgeblich. Er bezieht sich auf *Mohammed,* den Gesandten bzw. Propheten Gottes. Dieser empfing die endgültige Offenbarung Gottes, die er in dem Buch niederschrieb, das »Koran« heißt. Es ist das heilige Buch des Islam. Mohammed selbst ist ganz und gar Mensch. Seine Auszeichnung besteht darin, daß er

> **Shahada – Das Glaubensbekenntnis**
> La ilaha illa-llah – muhammad rasulu llah.
> Es gibt keine Gottheit außer dem einzigen Gott. –
> Mohammed ist der Gesandte (Prophet) Gottes.

von Gott berufen wurde. Weil er selbst nichts Göttliches an sich hat und erst recht nicht Gottes Sohn ist, benennen sich seine Anhänger auch nicht nach ihm. Muslime fühlen sich eher verletzt, wenn sie »Mohammedaner« genannt werden. Christen mögen sich nach Jesus Christus »Christen« nennen. Der Stolz der Muslime ist es, daß sie nicht nach einem Menschen benannt werden, sondern danach, daß sie den Islam angenommen haben und daß sie sich dem alleinigen Gott unterwerfen.

Das Glaubensbekenntnis ist zum Symbol und zur Grundlage des Islam geworden. Kein Gebet sprechen die Muslime so häufig wie dieses. Neugeborenen und Sterbenden wird es ins Ohr geflüstert. Man betet es bei der Beerdigung, damit der Tote ins Paradies kommt. Analphabeten, Bauern, Arbeiter, Künstler, Juristen und Theologen beten es gleichermaßen. Man kann das Gebet heute in Kairo und Jerusalem, in kleinen Dörfern der arabischen Welt und in Koranschulen in Berlin hören. Überall in der Welt, wo es Muslime gibt, wird dieses Bekenntnis gesprochen.

Weltweite Verbreitung

Der Islam ist die zweitgrößte Religion der Welt. Nur das Christentum ist größer. Genaue Zahlen sind nicht bekannt. Die verschiedenen Statistiken weichen stark voneinander ab, wobei die islamischen Angaben oft zu hoch sind. Schätzungen, die nur unter Vorbehalt genannt werden, kommen auf eine Gesamtzahl von etwas mehr als einer *Milliarde* Menschen. Davon leben

- in Asien ca. 700 Millionen
- in Afrika ca. 270 Millionen
- in Europa ca. 40 Millionen
- in Amerika ca. 5 Millionen

Der Anteil der Sunniten (→ S. 248) beträgt ca. 90 Prozent, der der Schiiten (→ S. 248 ff.) 10 Prozent.

In folgenden Ländern *Asiens* ist der Islam mit ca. 90 Prozent und mehr Anteil an der Gesamtbevölkerung besonders stark: Saudi-Arabien, Irak, Iran, Syrien, Jordanien, Jemen, Vereinigte arabische Emirate, Bahrain, Kuwait, Afghanistan, Pakistan und Bangladesch. Indonesien mit ca. 140 Millionen Muslimen ist heute die größte islamische Nation der Welt. Geringer im Prozentsatz, aber doch beachtlich ist der Anteil der Muslime in folgenden asiatischen Ländern: Indien, Malaysia, China, Rußland und GUS-Staaten, Libanon und Israel.

In *Afrika* sind folgende arabische Staaten stark islamisch geprägt: Ägypten, Sudan, Somalia, Libyen, Tunesien, Algerien, Marokko, Mauretanien. In Schwarz-Afrika gibt es viele Muslime in Senegal, Guinea, Mali, Nigeria und Tschad.

In *Europa* hat vor allem die Türkei mit 99 Prozent der Gesamtbevölkerung einen hohen islamischen Anteil. Relativ viele Muslime leben im ehemaligen Jugoslawien, in Albanien und den übrigen Balkanländern. Die Zahl der Muslime in *Deutschland* liegt bei knapp 2,5 Millionen und damit bei 3 Prozent der Bevölkerung.

Etwa 40 der genannten Länder sind islamische Staaten. Hier ist der Islam *Staatsreligion*. Der Koran ist, wenn auch nicht überall in der gleichen Weise, Staatsgesetz. Das Leben wird dort weitgehend nach dem islamischen Recht (»Scharia«, → S. 240 ff.) geregelt. Das bedeutet, daß im Monat Ramadan überall gefastet wird, die Ehen nach den Vorschriften der Scharia geschlossen und geschieden werden und

Alkohol und Schweinefleisch nicht verkauft werden dürfen. Die geistlichen Würdenträger des Islam üben dort oft auch die Rechtsprechung aus.

Viele Perspektiven

Ähnlich wie die anderen großen Religionen weist auch der Islam eine große *Vielfalt* auf, die in manchen Punkten in Widersprüchlichkeit übergeht. »Den« Islam als einheitliche Größe gibt es heute nicht. Die Komplexität erklärt sich zum einen durch die unterschiedlichen geographischen, kulturellen und historischen Bedingungen, von denen der Islam in seinem Verbreitungsgebiet geprägt wird. Sie geht zum anderen auch auf die unterschiedlichen Interpretationen zurück, die der Islam sich selbst gegeben hat. In der arabischen Wüste oder in afrikanischen Slums sieht er anders aus als in einem indonesischen Dorf oder in einem Stadtteil von Berlin. Islamische Rechtsgelehrte setzen andere Akzente als die Mystiker des Islam. Es gibt die überwiegend friedliche Mehrheit der Muslime in aller Welt und

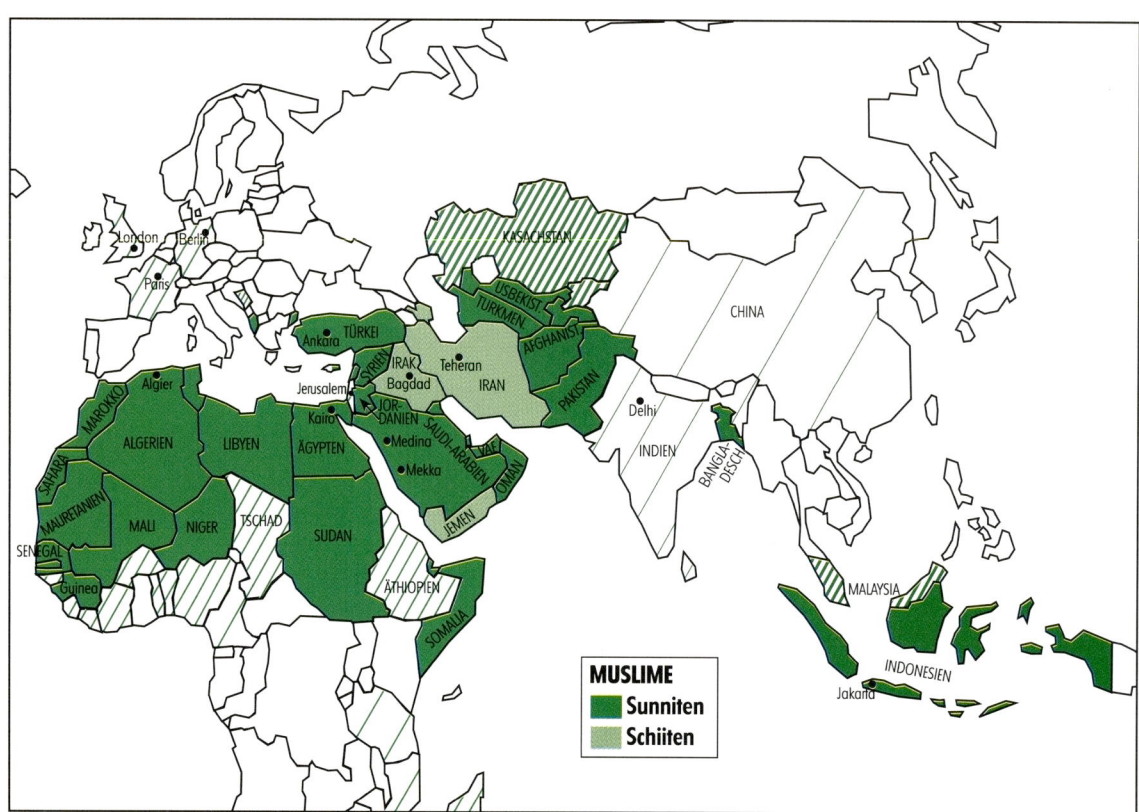

gewalttätige Minoritäten, die Mord und Totschlag praktizieren. Moderne Muslime suchen nach einer zeitgemäßen Deutung des Islam, Fundamentalisten lehnen jede Neuerung ab. Viele Muslime leben in unvorstellbarer Armut an der Grenze des Existenzminimums, andere gehören als Ölmilliardäre zu den reichsten Leuten der Welt. Es gibt ein großartiges und ein schreckliches Gesicht des Islam.

Bei aller Pluralität zeigt der Islam auch in der Gegenwart eine erstaunliche Assimilations- und Integrationskraft. Hinter aller religiösen, kulturellen und sozialen Vielfalt läßt sich eine letzte *Einheit* entdecken. Sie liegt im Glaubensbekenntnis und in den Pflichten der Muslime. Der Islam ist auch heute eine Einheit in großer Vielfalt.

Eine intensive Beschäftigung mit dem Islam ist schwierig. Aber sie ist unumgänglich, wenn wir unsere Welt verstehen wollen. Viele Perspektiven sind wichtig:

- *theologisch*: Der Islam stellt Gott und seinen Anspruch in den Mittelpunkt. Die große Aufgabe des Menschen ist es, auf ihn zu hören, das Leben nach seinen Gesetzen und auf seinen Wegen zu führen und die Welt in seinem Sinn zu formen. Innere Einstellung und äußeres Bekenntnis, der einzelne und die Gemeinschaft, Gebet und Handeln, Religion und Politik bilden eine Einheit. Eine Trennung der Religion von den Bereichen, die im Westen eine Autonomie beanspruchen, läßt der Islam nicht zu. Politik, Sozialbereich, Wissenschaft und Kunst sind für

den Islam nicht Aufgaben neben der Religion oder gar unabhängig von ihr, sondern Felder der Religion. Sie stehen alle unter dem Anspruch Gottes, der nicht will, daß Religion auf ein eigenes Ghetto eingegrenzt wird.

- *historisch*: Die lange, vielfältige Geschichte des Islam hat das Gesicht der Welt verändert. Vor allem die arabischen Staaten sind ohne den Islam nicht zu verstehen. Dort und auch in den Ländern wie Türkei, Irak, Pakistan, Bangladesch und Indonesien, ist die Prägung durch den Islam leicht erkennbar. Die meisten Landesbewohner sind Muslime. Sie identifizieren sich in der Regel nicht nur mit der Botschaft des Islam, sondern auch mit seiner Geschichte. Schon die Kinder lernen, wie sich der Islam von seinen Anfängen an rasch von Arabien bis nach Europa verbreitet hat, wie er schon früh nach Persien, Indien und nach Asien vordrang, welche Erfolge er im 20. Jahrhundert aufzuweisen hat. Muslime sehen in dieser Erfolgsgeschichte des Islam die Lenkung Gottes.

Islam – Nicht nur Religion

Eine Lebensform wie die des Islam, die neben den rein religiösen auch soziale, politische, rechtliche, wirtschaftliche, militärische, ethische, literarische, künstlerische, mystische, philosophische und dazu naturwissenschaftliche Aspekte in sich vereinigt, kann man in ihrer Gesamtheit nicht einfach nur in die Kategorie der Religion einstufen… Man sollte den Islam nicht nur als eine Religion ansehen und verstehen, sondern auch als eine geistige Haltung, eine Art zu denken und zu leben, eine Form der Kultur oder Zivilisation – denn das alles bedeutet der Islam.

Mohammed Iqbal, islamischer Reformer aus Pakistan (→ S. 261)

Muslim, der im Koran liest.

• *kulturell*: Der Islam hat eine großartige Kultur hervorgebracht. Weil er das Bilderverbot (→ S. 42 f.) ernst nimmt, hat er keine Gottes- und Menschenbilder angefertigt. Um so mehr haben sich die muslimischen Künstler auf anderen Feldern hervorgetan. Sie haben eine großartige Architektur (Moscheen und Minarette) entwickelt, kunstvolle Schriftformen (Kalligraphie) entworfen, die schönsten Teppiche und Kacheln angefertigt und eine reiche Literatur und Dichtung hervorgebracht. Viele Wissenschaften konnten und können sich unter dem Islam hervorragend entfalten. In der Philosophie und Mathematik, in der Medizin und Jurisprudenz hat der Islam Leistungen aufzuweisen, die überall in der Welt höchste Anerkennung finden.

• Vieles ist im Lauf der Jahrhunderte von den Muslimen zu uns gekommen, ohne daß wir uns dieser Herkunft bewußt sind. Das bekannteste Beispiel sind die arabischen *Zahlen*.

Viele *Wörter* aus dem Bereich Essen/Trinken, Kleidung/Wohnung, Natur/Kultur stammen aus der arabischen Welt. Mit den Wörtern sind oft die Sachen selbst von den Arabern zu uns gekommen. Dafür ein paar Beispiele: Algebra, Amulett, Aprikose, Atlas, Banane, Bluse, Bohne, Droge, Fanfare, Gips, Gitarre, Ingwer, Jacke, Kabel, Kaffee, Karussell, Kittel, Koffer, Kümmel, Kuppel, Limonade, Lila, Marzipan, Maske, Matratze, Mokka, Orange, Papagei, Razzia, Risiko, Saphir, Sofa, Spinat, Schach, Ziffer, Zimt und Zucker.

• *politisch/sozial*: Die Verbreitung des Islam in Deutschland bringt viele Probleme mit sich. Die Muslime, insbesondere die vielen Türken, sehen sich in Deutschland aufgrund ihres Minoritätenstatus und ihrer religiösen und ethnischen Andersartigkeit einer nicht unbeträchtlichen Ablehnung gegenüber, die bisweilen zu bösartigen Ausschreitungen führt. Man wirft ihnen vor, Arbeitsplätze wegzunehmen und die deutsche Kultur zu überfremden. Dabei wird unterschlagen, daß die meisten

von ihnen ins Land geholt wurden und daß sie für die Wirtschaft und Kultur unverzichtbar geworden sind. Aus humanen und religiösen Gründen verbieten sich alle Formen von Fremdenhaß und Ausländerfeindlichkeit.

• *christlich/jüdisch*: Christentum und Islam stehen sich aufgrund einer jahrhundertelangen konfliktreichen Geschichte und aufgrund eines lange in Anspruch genommenen Absolutheitsanspruchs auch heute noch fremd und oft feindlich gegenüber. Der Rekurs auf Abraham (→ S. 22) und gemeinsame theologische Auffassungen hat bislang nicht in ausreichendem Maß dazu geführt, daß beide Religionen intensiver aufeinander zugehen und sich um ein besseres gegenseitiges Verstehen bemühen. Der bisherige Dialog, der noch von zu wenigen Engagierten geführt wird, muß intensiviert werden, wenn beide Religionen zum Frieden miteinander kommen und zum Frieden in der Welt beitragen wollen. In den Dialog müßte auch das Judentum als ältester und erster Partner des Abrahambundes einbezogen werden, da die heutigen Konflikte zwischen Juden und Arabern nicht nur politische, sondern auch religiöse Wurzeln haben.

Mose beobachtet, wie der Pharao und die Ägypter im Roten Meer verschlungen werden, Miniatur aus Herat, um 1425. Viele biblische Erzählungen haben auch in die religiöse Tradition des Islam Eingang gefunden (→ S. 26).

Mohammed – Der Prophet

Dschahiliya – Zeit der Unwissenheit

»*Dschahiliya*« (»Zeit der Unwissenheit«) nennen die Araber noch heute die Geschichte vor Mohammed. Sie sprechen auch von »tiefer Finsternis«, in der Arabien vor dem Auftreten des Propheten befangen war. Gemeint ist damit vor allem die religiöse Situation mit ihrer Vielzahl von Göttern. Die Araber verehrten damals Bäume, Geister und Götzen. An vielen Orten gab es Steinidole. Sonne, Mond und Sterne fanden göttliche Verehrung. An ein Fortleben nach dem Tod glaubte man nicht.

Arabien lag zu Lebzeiten Mohammeds, also am Ende des 6. und zu Beginn des 7. Jahrhunderts, fernab von der politisch tonangebenden Welt. Byzanz, Damaskus und Jerusalem, Zentren der Macht und Kultur, waren weit entfernt. Wichtige politische Ereignisse spielten sich bei den Arabern nicht ab. Die arabische Halbinsel hatte nicht einmal als Durchgangsgebiet überregionale Bedeutung. Fremde kamen selten hierhin.

Mitten in einem unfruchtbaren Tal dieser großen Halbinsel liegt *Mekka*. Diese Stadt war damals der wirtschaftliche Mittelpunkt. Hier wohnten reiche Kaufmannsfamilien. Bekannt sind vor allem die Koraschiten, die hier eine Art Handelsrepublik errichtet hatten. Sie werden im Koran öfter erwähnt, zuerst als Gegner, später als Anhänger Mohammeds. Mit dem Weihrauchhandel verdienten die Mekkaner gutes Geld. Von hier aus machten sich die Karawanen in nördlicher Richtung nach Syrien und in südliche Richtung in den Jemen auf.

Schon vor Mohammed war Mekka auch ein religiöses Zentrum, das viele Pilger anzog. Wie an anderen Orten der arabischen Halbinsel gab es hier Kultstätten für männliche und weibliche Gottheiten. Von dem Glauben an den Einen Gott, den es sonst bei den Arabern vereinzelt gab, war hier kaum etwas zu merken. Die Beduinen und Nomaden machten regelmäßig Wallfahrten zur *Kaaba*, einem würfelartigen Steinbau, der mit Götterbildern und Idolen behangen war. Seine Größe beträgt 15 x 12 x 10,5 Meter. In der östlichen Mauer der Kaaba ist ein großer schwarzer Meteorit eingelassen, der damals in einem eigenen Kult verehrt wurde. Mohammed soll als Knabe bei der Reparatur der Kaaba geholfen und den schwarzen Stein wieder eingesetzt haben. Die Kaaba stand auf einem weiten freien Platz. In der Nähe war noch ein anderer heiliger Stein. Der Ritus der Wallfahrt vollzog sich schon in vorislamischer Zeit nach festen Regeln. Die Prozessionen wanderten siebenmal um die Kaaba und zogen dann zu anderen heiligen Orten außerhalb von Mekka. Während der Wallfahrtszeit herrschte im ganzen Land für drei Monate der Gottesfrieden. So waren die Pilger geschützt, und man konnte auch die Geschäfte in der Stadt in Ruhe abwickeln.

Es war ein großes *Wagnis*, gegen die Vielgötterei in Mekka anzugehen, die herrschenden Familien anzugreifen und die einträglichen Geschäfte der Bewohner zu stören. Es gab einen, der in diesem Kampf seine göttliche Berufung sah: Mohammed.

Mekka – Die Berufung zum Propheten

Wer sich über das *Leben Mohammeds* informieren will, steht vor einigen Schwierigkeiten. Der Islam selbst sieht das Leben Mohammeds unter der besonderen Leitung Gottes und lehnt zur Erklärung seiner Person und Berufung historische und soziologische Perspektiven, wie sie in den westlichen Wissenschaften üblich sind, eher ab. Auf jeden Fall erwarten die Muslime von jeder Mohammed-Biographie, daß sie die von Gott bewirkten Ereignisse nicht in weltliche Kausalitäten auflöst. Eine Darstellung seines Lebens soll zur Wahrheit des Islam

Der Name »Mohammed« in stilisierter arabischer Schrift. Ziegelsteinmuster.

führen und diese nicht im Bemühen um historische Richtigkeit aus dem Blick verlieren. Es ist nicht immer leicht, religiöse Wahrheit und geschichtliches Verständnis miteinander zu verbinden.

• Der *Koran*, den man als die wichtigste Quelle vermuten könnte, bietet keinen Überblick über die Lebensdaten Mohammeds. Er ist völlig anders konzipiert als die Thora oder die Evangelien, die viel von Mose und Jesus erzählen. Narrative und biographische Elemente sind im Koran eher selten. Für die Muslime ist der Koran vor allem Gottes Offenbarung. Immerhin gibt es einige Stellen im Koran, die mit dem Leben Mohammeds zu tun haben und von seiner großen Bedeutung sprechen (2,146; 2, 209; 5,18–22; 13,138 u.ö.).

• Für eine Mohammed-Biographie können wir uns auf andere alte Quellen stützen. *Sunna und Hadith* (→ S. 214) bewahren viele Erinnerungen an den Propheten auf.

• Außerdem gibt es alte Lebensbeschreibungen, die kurz nach dem Tod des Propheten angefertigt wurden. Vor allem *Ibn Ishak* († 768) hat viele Mohammed-Traditionen verarbeitet. Auf ihn stützen sich Ibn Hischam († 834) und al Tabari († 923). Mit diesen Quellen läßt sich ein im ganzen verläßliches Bild von Mohammeds Leben gewinnen.

> **Höchste Würde und universale Bedeutung**
> Mohammed ist der Gesandte Gottes
> und das Siegel der Propheten.
> *Sure 33,40*

Mohammed wurde im Jahr *570* n. Chr. in *Mekka* geboren. Er gehörte dem Geschlecht der Haschim aus dem einflußreichen Stamm der Koraschiten an. Sein Vater Abd Allah starb schon vor seiner Geburt. Mit 5 oder 6 Jahren verlor er auch seine Mutter Amina. Wahrscheinlich wurde Mohammed schon vorher von seinem Großvater Abd al Muttalib erzogen. Dieser gehörte zu den führenden Männern in Mekka, hatte großen Einfluß auf die politischen und religiösen Angelegenheiten der Stadt und wurde wie ein Patriarch geschätzt. Mohammed soll sein Lieblingsenkel gewesen sein. Nach dem Tod des Großvaters wuchs er bei seinem Onkel Abu Talib auf, der gut für ihn sorgte. Er nahm den Zehnjährigen auf eine seiner Geschäftsreisen nach Syrien mit. So sah Mohammed zum erstenmal die Welt außerhalb von Arabien. Von der Zeit bis zu seinem 25. Lebensjahr wissen wir sonst nicht viel. Er lernte wohl weder lesen noch schreiben. Wahrscheinlich beteiligte er

Der Engel Gabriel besucht den Propheten. Türkische Handschrift »Das Buch der Himmelfahrt Mohammeds und das Gedächtnisbuch der Heiligen«, 17. Jh. In diesem Buch finden wir Szenen aus dem Leben des Propheten abgebildet.

sich an Handelsunternehmungen und Karawanenzügen, die ihn bis Gaza und Damaskus geführt haben sollen. Bei seinen Tätigkeiten war er ehrlich und verläßlich, so daß er den Beinamen »der Vertrauenswürdige« erhielt.

Mohammed konnte es als einen Glücksfall ansehen, daß ihn die reiche Kaufmannswitwe *Chadidja* in ihr Handelsunternehmen aufnahm. Sie erkannte wohl seine Qualitäten. Aus der Zusammenarbeit erwuchs eine tiefe Sympathie. Schließlich nahm sie ihn zum Ehemann. Durch diese Ehe gewann er an öffentlichem Ansehen. Der Altersunterschied zwischen beiden war beträchtlich, da Mohammed bei der Eheschließung 25 Jahre und Chadidja 40 Jahre alt war. Doch wurde die Ehe überaus glücklich.

Bis zum 40. Jahr zeigte das Leben Mohammeds keine Besonderheiten. Erst mit einer ungewöhnlichen Berufung beginnt sein großer Weg. Auch wenn die Muslime jede Entwicklung auf diese Berufung hin bestreiten – für sie ist dieser Ruf Gottes plötzlich und unerwartet gekommen – lassen sich einige Begebenheiten aus Mohammeds Leben nennen, die man als Vorstadien seines späteren Lebensweges ansehen kann. Wahrscheinlich entwickelte sich in ihm schon früh ein sensibles Gewissen, das mit Empörung auf das Verhalten seiner Landsleute in Mekka reagierte. Die *Vielgötterei* der Stadt, die bei den Wallfahrten um die mit Götterbildern behängte Kaaba zutage trat, lehnte er schon früh ab. Noch mehr widerte ihn an, wie die religiösen Bräuche ge-

winnträchtig ausgenutzt wurden. Er verabscheute den Hochmut, mit dem die reichen Leute die *Armen* behandelten. Man hat daraus den falschen Schluß gezogen, Mohammeds ursprüngliches Engagement sei sozialer Natur gewesen. Diese These deutet zu stark moderne Motive in den Propheten hinein. Aber der soziale Aspekt gehört für ihn wesentlich mit zur Religion. Unter seinen ersten Anhängern war der Anteil der Armen besonders hoch.

Die religiöse Tradition der Araber konnte ihn nicht befriedigen. Darum suchte er nicht hier, sondern an anderer Stelle Antwort auf seine Fragen nach Gott. Wahrscheinlich ist er bei dieser Suche auf die *Juden* und *Christen* gestoßen, die in Mekka und an den Stationen der Karawanen wohnten. Die christliche Lehre oder wenigstens einige Grundzüge derselben konnte er bei Waraka, einem Vetter seiner

Darstellungen Mohammeds sind im Islam wegen des Bilderbotes selten. Wo es sie gibt, stammen sie meist aus Kreisen in der Türkei und Persien, die sich nicht so streng an die orthodoxen Bestimmungen gebunden wissen.

Linke Seite, links: Mohammed vor der Kaaba. Alte Miniatur. Eine goldene flammenförmige Aura umgibt ihn. Er kniet auf einem Teppich. Sein Antlitz ist hier wegen des Bilderbotes noch mit einem Tuch bedeckt. Andere islamische Künstler wagen es sogar, sein Gesicht darzustellen. Die folgenden Seiten zeigen dazu manche Beispiele. Rechts: Die Kaaba in Mekka als Mittelpunkt der Welt und das Heiligtum von Medina. Die wichtigsten Orte in aller Welt sind gekennzeichnet. Miniatur, 16. Jh.

Die Berufung zum Propheten

Mohammed erzählt: Ich schlief, als mir der Engel Gabriel ein seidenes Tuch brachte und sagte: »Lies!« Ich sagte: »Ich kann nicht lesen.« Da drückte er mich in das Tuch, daß ich glaubte, ich müßte sterben. Dann ließ er mich los und sagte wieder: »Lies!« Als ich wieder sagte, ich könne nicht lesen, bedeckte er mich wieder mit dem Tuche, daß ich beinahe den Geist aufgab, dann ließ er mich wieder los und wiederholte seinen Befehl. Ich fragte nun, was ich lesen sollte, aus Furcht, er werde mich wieder wie früher behandeln. Da sagte er: »Lies im Namen deines Herrn, der den Menschen aus einem Blutklumpen erschaffen hat. Lies! Dein Herr ist der Gnädigste, der durch die Feder den Menschen gelehrt hat, was er nicht wußte.« Ich las nun, und Gabriel verließ mich wieder. Hierauf erwachte ich, und es war, als stünden diese Worte in mein Herz geschrieben.

Ibn Ishak († 767), Redakteur alter
Mohammed-Traditionen

Mohammed auf dem Berg Hira, wo er in einer Höhle seine ersten Offenbarungen empfing. Sein Antlitz ist bedeckt (→ S. 192). Buchminiatur, 16. Jh.

Mutter, kennenlernen, der wohl Christ in Jathrib war. Wenn seine Kenntnisse der biblischen Religion auch nicht umfassend waren, so haben ihn doch wenigstens drei Dinge tief beeindruckt:

- der Glaube an den Einen *Gott*, wie er in der Bibel bezeugt ist. Er bildet das Fundament auch des Islam.
- die *Bibel* als heiliges Buch. Die Frage, warum Juden und Christen eine heilige Schrift hatten, die Araber aber nicht, hat ihn sehr gequält. Sie wurde für ihn erst später beantwortet, als er selbst die Offenbarung Gottes empfing und die Araber im Koran ein heiliges Buch erhielten.
- das *Gottesgericht*, das in der Bibel angedroht wird.

Mohammed hatte schon vor seiner Berufung Visionen. Oft zog er sich aus der Stadt in die Einsamkeit der Berge in der Umgebung von Mekka zurück. In einer Höhle am Berg Hira meditierte und betete er in großer Intensität. Hier empfing er auch die *erste Offenbarung,* die ihn erschütterte und seinem Leben

eine neue Richtung gab. Die islamische Tradition legt Mohammeds Berufung zum Propheten in sein 40. Lebensjahr, also in das Jahr 610 n. Chr. Ibn Ishak hat darüber einen ausführlichen Bericht verfaßt, der sich auf Aussagen von Mohammed selbst stützt. Danach ging Mohammed wie gewöhnlich im Monat Ramadan zum Berg Hira. In der Nacht, während er in der Höhle schlief, erschien ihm der *Engel Gabriel.* Als Mohammed aus der Höhle trat und mitten auf dem Berg stand, hörte er eine Stimme vom Himmel: »Mohammed! Du bist der Gesandte Gottes, und ich bin Gabriel.« Mohammed blieb stehen und schaute nach allen Seiten. Immer sah er den Engel vor sich. Schließlich kamen die Leute Chadidjas, um ihn zu suchen. Mohammed blieb stehen, bis der Engel ging. Dann kehrte er zu seiner Familie zurück. Zu Hause setzte er sich auf den Schoß seiner Frau und drückte sich fest an sie. Er erzählte ihr, was er gesehen hatte. Sie glaubte ihm, machte ihm Mut und sagte zu ihm: »Ich hoffe, du wirst der Prophet deines Volkes werden.«

An dieser alten Überlieferung ist vielerlei bemerkenswert. Mit dem ersten Offenbarungswort »Lies!« wird Mohammed, der nicht lesen kann, zum Lesen aufgefordert. Er wehrt sich zunächst, aber schließlich gelingt es ihm, von Angst überwältigt, die Forderung des Engels zu erfüllen. Schon hier erscheint der Islam als Buchreligion. Der Berufungstext entspricht fast wörtlich der 96. Sure, der ältesten im Koran. Der Inhalt ist außerordentlich bedeutsam. Gott hat die Menschen aus Blut erschaffen. Mit einer Schreibfeder fertigt er einen heiligen Text an und offenbart ihnen nun Dinge, die sie bisher nicht gewußt haben. Darin erweist er sich von allem Anfang an als der Gnädige. Mohammed selbst wird zum Propheten bestellt.

In *Chadidja*, seiner Frau, findet er seine erste Anhängerin. Sie stärkt den angsterfüllten, erregten Mann schon zu einem Zeitpunkt, als er selbst noch an sich zweifelte. Darum ist sie die erste unter den Muslimen. Sie wird »Mutter der Gläubigen« genannt. Nach dieser ersten Offenbarung folgten zunächst keine weiteren, wie Mohammed erwartet hatte. Das beunruhigte ihn und erfüllte ihn mit heftigen Zweifeln. Doch nach einer Phase der inneren Qual erhielt er neue Offenbarungen. Der Prophet teilte sein Geheimnis zunächst nur im kleinen Kreis mit. Nun fand er auch seine *ersten Anhänger*, unter diesen seinen Vetter *Ali* (→ S. 249), den Sohn seines Onkels Abu Talib, der ihn in seinem Haus aufgenommen hatte, und den reichen Wollhändler *Abu Bakr*, der nach Mohammeds Tod der erste Kalif wurde (632–634). Sie glaubten fest an seine Berufung und waren ihm bereits eine Stütze, als er sonst in seiner Familie noch auf viel Unverständnis stieß.

Erst nach drei Jahren wandte er sich an die Öffentlichkeit. Den *Inhalt seiner frühesten Reden* können wir nur ahnen. Wenn wir die ältesten Suren zugrunde legen, dann waren seine ersten Themen der Monotheismus und der Ruf zur Buße. Ein Hauptthema war auch das Gericht. Manche Suren (104) drohen ganz allgemein den Unbarmherzigen und Nörglern die Hölle an, andere Suren (111) wenden sich gegen Einzelpersonen, die Mohammed ablehnen. Die erste Reaktion der Bewohner Mekkas war *Ablehnung*. Sie ärgerten sich über diesen schimpfenden Propheten und sahen in ihm einen Wahrsager, Narren oder Dichter, wie es viele gab. Wer so die Götter der Stadt verdammte und die heiligen Riten an der Kaaba kritisierte, wer so den Reichen ins Gewissen redete und ihre Geschäftspraktiken geißelte, wer für alle diese Taten ewige Höllenstrafen in Aussicht stellte, der mußte als lästig und verrückt empfunden werden. Hier wurden von einem religiösen Eiferer die Grundlagen der Stadt in Frage gestellt. So fand er zuerst nur wenig Glauben. Viele einflußreiche Mekkaner auch aus seinem familiären Umfeld hielten ihn für einen Träumer und spotteten über seine Visionen.

Die Anfeindungen der Mekkaner scheinen Mohammed einmal für einen Augenblick nachgiebig gemacht zu haben. Er erkannte in einigen Koranversen möglicherweise an, daß es drei weibliche Gottheiten gibt (53,19f): Allat (die Göttin), El Uze (die Allmächtige) und Manat (Gottheit des Schicksal und Todes). Diese Göttinnen, die als Töchter Gottes (»Allahs«) galten, wurden in Mekka und Arabien sehr verehrt. Die Mekkaner wollten deren Heiligtümer auf keinen Fall aufgeben. Doch rasch wußte der Prophet, daß ihm diese Nachgiebigkeit vom Satan eingeflüstert worden war. Er lehnte die Echtheit dieser »*satanischen Verse*« (22,52) ab. In unserer Zeit hat Salman Rushdie darüber ein Buch geschrieben, das in der islamischen Welt Entsetzen auslöste. Viele Muslime sahen in dem Buch eine Blasphemie und fühlten sich verständlicherweise empfindlich beleidigt. Als schreckliche Reaktion wurde gegen den Autor 1989 von dem iranischen Ayatollah Khomeini (→ S. 250f., 259) in einer »Fatwa« (Rechtsgutachten) das Todesurteil gegen den Autor ausgesprochen.

Die Feindseligkeit, die Mohammed in Mekka entgegenschlug, wurde in dem Augenblick für ihn besonders drückend, als er einige seiner besten Freunde durch den Tod verlor. Chadidja starb, ebenso Alis Vater, der ihm lange seinen Schutz gewährt hatte. Damals faßte Mohammed den Plan, seine Heimatstadt zu verlassen. Er erwog, in Abessinien Asyl zu suchen, wo der Monotheismus anerkannt war. Einige seiner Gefährten zogen auch tatsächlich dorthin. Mohammed selbst blieb aber trotz aller Anfeindungen noch in Mekka. Er ließ sich nicht davon abbringen, die Offenbarungen Gottes zu verkünden, die die Mekkaner für Menschenwerk und Phantasie hielten. Eines Tages war es dann aber doch soweit, daß er den hartnäckigen Unglauben der Leute von Mekka nicht mehr ertragen konnte. Nun mußte er sich nach einer neuen Heimat umschauen. Während einer Handelsmesse knüpfte er mit zwei

Kaufmannsfamilien aus *Jathrib* neue Verbindungen an. Diese Oasenstadt im Norden war eine wirtschaftliche Rivalin von Mekka. Einigen Familien gefiel die Lehre des Propheten. Sie zeigten sich bereit, den Islam anzuerkennen, nur den Einen Gott zu verehren, dem Propheten zu gehorchen und Sünden wie Ehebruch und Diebstahl zu meiden. Sie schlossen mit Mohammed ein Bündnis, durch das sie sich verpflichteten, ihn und seine Anhänger zu schützen. Nun schickte Mohammed heimlich seine Freunde – insgesamt kaum mehr als 70 an der Zahl – von Mekka nach Jathrib. Zuletzt ging er auch selbst mit Abu Bakr und Ali von Mekka fort. Als die Mekkaner diese Sezession bemerkten, verfolgten sie Mohammed und seine Gruppe. Wahrscheinlich war sogar eine Belohnung für ihre Ergreifung ausgesetzt. Doch die Emigranten konnten sich vor den Verfolgern in einer Höhle verbergen und retten. Es heißt, daß eine Spinne ihr Netz am Eingang der Höhle webte, so daß niemand das Versteck bemerkte.

Die Araber nennen dieses Ereignis »*Hidschra*«. Oft übersetzt man das Wort mit »Flucht« und unterstellt dabei, Mohammed sei von Mekka nach Jathrib geflohen. Diese Ansicht ist nicht ganz zutreffend. Man muß den Begriff besser mit »Auswanderung« oder »Emigration« übersetzen, weil Mohammed und seine Freunde nicht eigentlich geflohen sind. Ihre Auswanderung bedeutete damals aber mehr als nur einen Orts- und Wohnungswechsel. Mit Mekka verließen sie die Geborgenheit des Stammes, mit dem sie trotz aller Differenzen auf Gedeih und Verderben verbunden waren. Nun waren diese Verbindungen abgeschnitten.

Medina – Staatsmann und Gesetzgeber

Am 24. September *622* kamen sie in einem Vorort von Jathrib an. Mit diesem Datum beginnt die islamische Zeitrechnung. Mit diesem Datum beginnt auch der Islam als universale Religion. Nun verkündete Mohammed die Lehre auch Fremden und Andersgläubigen. An die Stelle familiärer und regionaler Bindungen trat eine weite Offenheit. Die Stadt Ja-

thrib nahm später zu Ehren Mohammeds den Namen »*Medina*« an, was im Arabischen soviel bedeutet wie »Stadt des Propheten« (»madinat an-nabi«). Sie hatte damals ca. 3000 Einwohner.

Die Lage der Ausgewanderten war zunächst alles andere als glücklich. Die meisten Araber und alle Juden nahmen den Islam nicht an und blieben bei ihrer Religion. Diejenigen Familien, die den meist mittellosen Muslimen aus Mekka Aufnahme gewährt hatten, waren auf Dauer den Anforderungen der Gastfreundschaft nicht gewachsen und gerieten in wirtschaftliche Schwierigkeiten. Die Muslime mußten also bald selbst wieder für ihren Lebensunterhalt sorgen. Das war praktisch nur durch Raubzüge auf Karawanen und durch einen »heiligen Krieg« (→ S. 237 f.) gegen Mekka möglich.

Im Frühjahr 624 organisierte Mohammed selbst einen großen Angriff gegen eine Karawane, die bei *Badr* auf dem Rückweg nach Mekka war. Mit 300 Muslimen überfiel er die mekkanischen Kaufleute. Obwohl diese zahlenmäßig in der Übermacht waren und sogar von den Absichten Mohammeds rechtzeitig erfahren hatten, erlitten sie schwere Verluste. Die Muslime töteten 70 Leute, nahmen 74 als Gefangene und machten eine reiche Beute. Diesen Sieg schrieb Mohammed Gott zu. Damals legte er den Grund für den Glauben an seine Führerschaft und seine Überlegenheit über die Feinde. Bei diesem Kampf fielen auch 24 Muslime. Aufgrund einer besonderen Offenbarung wurden sie zu *Märtyrern* erklärt, die sofort nach ihrem Tod ins Paradies eingehen. Der Koran sagt, daß diejenigen, die für den Islam gestorben sind, nicht wirklich tot sind (3,169 ff.). Badr wurde zum Symbol islamischer Siegeszuversicht. Die Namen der Kämpfer werden bis heute verehrt.

Zu erbitterten Streitigkeiten kam es in Medina auch mit den *Juden*. Ihre zahlreichen Beziehungen zu Mekka waren den Muslimen nicht gerade recht. Vor allem wollten und konnten die Juden das Prophetentum Mohammeds nicht anerkennen. Das verbot ihnen ihre Religion. Sie bestanden auf ihrer eigenen Offenbarungsgeschichte, die in der Bibel vorliegt. Da Mohammed seine Offenbarungen ebenfalls als authentisch ansah, mußte er die Bibel nun als Fälschung betrachten. So entwickelten sich heftige Auseinandersetzungen, an deren Ende eindeutig

Linke Seite, links: Mohammed, mit verschleiertem Antlitz, im Kreis seiner Freunde. Miniatur, 16. Jh. Vielleicht wird gemeinsam eine Entscheidung vorbereitet. Eine Flammenaura umgibt das Haupt des Propheten (→ S. 192 f.). Seine Gefährten, unter ihnen auch Frauen, tragen die elegante türkische Kleidung ihrer Zeit und oft auch einen Rosenkranz. Der Raum ist mit edler Kachelarbeit ausgestattet.
Rechts: Mohammed (oben rechts, → S. 200) beobachtet die Schlacht am Berg Uhud um 625. Miniatur, 16. Jh. Weil die Muslime seinem Befehl nicht gehorchten und das Gerücht aufkam, der Prophet sei gefallen, errangen die Mekkaner den Sieg. Der verwundete Mohammed hatte sich damals auf den Berg Uhud zurückgezogen.

Jüdische Einwohner in Medina werden gefangen und in die Verbannung geschickt. Miniatur aus der »Wunderbaren Geschichte von Mohammed und den vier ersten Kalifen«, 1808. Mit diesem Ereignis beginnt eine lange, verhängnisvolle Feindschaft zwischen Muslimen und Juden.

ein Sieg Mohammeds stand. Die Juden mußten sich ergeben, verloren einen großen Teil ihres Vermögens und wurden gezwungen, in die Verbannung zu gehen. Mohammed scheute im Jahr 627 nicht davor zurück, alle Männer eines jüdischen Stammes hinrichten zu lassen. Die Frauen, Kinder und das jüdische Eigentum wurden an die Muslime verteilt. Solche Handlungen widersprachen dem damaligen Ethos nicht. Aber seitdem stehen die jüdisch-muslimischen Beziehungen unter einem unglücklichen Stern.

Im Jahr 624 erhielt Mohammed eine Offenbarung, die ihn veranlaßte, eine bis dahin unangefochtene Sitte abzuwandeln. Die Muslime waren gewohnt, sich beim Beten in Richtung Norden nach Jerusalem zu wenden (arab.: »Kibla«, d. h. Wendung beim Gebet in eine bestimmte Richtung). Nun aber

Die Moschee in Medina mit einem von vier Minaretten. Hier hat Mohammed gewirkt, hier ist sein Grab.

Rechte Seite: Am prunkvollen Mihrab in dieser Moschee drängen sich die Pilger zum Gebet, weil an dieser Stelle auch Mohammed gebetet hat.

sollte Jerusalem, das Zentrum der Judenheit, nicht mehr Orientierungspunkt des Gebets sein. Mohammed befahl seinen Anhängern, von nun an in Richtung Mekka zu beten. Die Kaaba sollte von nun an der Ort sein, dem sich alle Muslime beim Gebet zuwenden. So ist es bis auf den heutigen Tag geblieben.

In den Jahren 625–627 unternahmen die *Mekkaner* mehrere militärische Expeditionen gegen Medina. Manchmal gelang es ihnen, die Truppen des Propheten zu schlagen und Mohammed selbst zu verletzen. Aber Mohammed wußte mit Ausdauer und Geschicklichkeit auch diese Krise zu meistern, so daß den Angreifern aus Mekka ein voller Erfolg nicht beschieden war.

Wichtig war die Entwicklung, die Mohammed in Medina nahm. Wenn er vor der Hidschra vor allem der eschatologische Prophet, der leidende Asket und der von Gottes Offenbarung Ergriffene war, so wurde er nun in seinem letzten Jahrzehnt der *Gesetzgeber* und *Staatsmann* des Islam. Die neue Situation machte ihn zum Kämpfer, zum Taktiker, zum Politiker. Allmählich konnte er jegliche Opposition gegen sich unterdrücken und sich eine bedingungslos gehorchende Gefolgschaft aufbauen. Sie sah in ihm ihren gottgewollten Leiter, dem sie unbedingt trauen konnte. Vor allem wurde er zum Initiator des »*Gemeindevertrags von Medina*«, in dem das Zusammenleben der rivalisierenden Bewohner geregelt wurde. Die Bevölkerung der Stadt bestand damals aus den einheimischen und aus Mekka zugewanderten Arabern, aus Juden und Christen. Alle Gruppen verpflichteten sich zu gegenseitiger Hilfe und zur Verteidigung der Stadt. Juden und Christen durften nach ihrem Glauben leben, waren aber steuerpflichtig. Sie erhielten Schutz, aber bei dem Verdacht auf Kollaboration mit den Feinden hörte die Toleranz auf. Dann konnte man gegen sie vorgehen. Mohammed selbst war der oberste Schiedsrichter. Diese Verfassung war ein Versuch, die Stammesrivalitäten in der Gemeinschaft auszuschalten und anstelle der Stammeszugehörigkeit den Islam zum Fundament der Gesellschaft zu machen. Sie wurde später zum Urbild der islamischen Gemeinschaft (→ S. 239).

So wurde der Islam in Medina zur *Institution* mit festgefügten Normen und Gesetzen. In dieser Zeit liegen die Ursprünge für die rechtlichen, gesellschaftlichen und politischen Strukturen der neuen Religion. In Medina hat Mohammed den Islam als Gemeinschaft begründet.

Chadidja, Aischa und Maria

Mohammed hat seine erste Frau *Chadidja* sehr geliebt. Ohne ihre Hilfe und ihr Verständnis wäre er nicht geworden, was er geworden ist. Bis zu ihrem Tod im Jahr 620 war sie seine einzige Frau. Aus dieser Ehe stammen zwei oder drei Jungen, die schon früh starben, und vier Mädchen. Unter ihnen war auch Fatima, die später Ali heiratete und Mutter früher Kalifen wurde. Chadidjas Tod hat Mohammed sehr erschüttert.

Vor seiner Emigration nach Jathrib heiratete er *Sauda*, eine ältere Witwe. Ihr vertraute er die Erziehung seiner Töchter an. In Mekka verlobte er sich

auch mit *Aischa*, der Tochter seines alten Freundes Abu Bakr. Sie war damals noch sehr jung und wurde von allen wegen ihrer außergewöhnlichen Schönheit sehr bewundert. In Medina wurde sie Mohammeds Lieblingsfrau. Dadurch gewann sie großen Einfluß, den sie auch im Harem des Propheten geschickt ausnutzte. Sie hatte wohl ein lockeres Mundwerk und war sehr schlagfertig. Als sie einmal Anlaß zu Eifersucht hatte, sagte sie zu Mohammed voller Ironie: »Gott wird sich beeilen, dir deine Wünsche zu erfüllen!« Ein andermal geriet die schöne Aischa selbst in den Verdacht der Untreue. Mohammed hatte sie auf ein militärisches Unternehmen mitgenommen. An einem Abend suchte Aischa ihr Halsband und blieb hinter dem Lager zurück. Ein junger Beduine fand sie angeblich schlafend und brachte sie am nächsten Morgen in das Lager zurück. Verdächtigungen kamen auf, Aischas Treue wurde bald in Zweifel gezogen, Spöttereien und Schmähworte machten die Runde. Aischa beteuerte unter Tränen ihre Unschuld. Aber selbst ihr Vater empfahl dem Propheten, sie zu verstoßen. Mohammed konnte sich nicht dazu entschließen. Zu sehr fühlte er sich Aischa verbunden. Lange wartete er auf eine Offenbarung, die sich schließlich einstellte (24,11 f). Die Verleumder erhielten 80 Peitschenhiebe. Aischa selbst wurde völlig rehabilitiert.

Mohammed hat mit insgesamt 13 Frauen in ehelicher Gemeinschaft gelebt. Eine von diesen war *Zainab*, die mit seinem Adoptivsohn Zaid verheiratet war. Als er sie eines Tages in Zaids Haus im Untergewand sah, war er auf der Stelle in sie verliebt. Zaid war sofort bereit, Zainab an Mohammed abzutreten. Der Prophet sträubte sich zunächst gegen eine Ehe, doch schließlich willigte er ein, zumal Zainab nur widerstrebend Zaid geheiratet hatte. Der Koran hat diese Geschichte ins Prinzipielle gewendet. Die Gläubigen sollen daraus lernen, daß es erlaubt ist, die Frau des Adoptivsohns zu heiraten.

Mohammed hatte auch eine christliche Nebenfrau, die den Namen *Maria* trug. Diese Koptin gebar dem Propheten als einzige Frau nach Chadidja einen Sohn, der allerdings schon mit 16 Monaten starb. Zufällig war am Todestag eine Sonnenfinsternis, die von einigen Muslimen als ein Trauerzeichen des Himmels gedeutet wurde. Mohammed lehnte eine solche Deutung entschieden ab. Er sagte, daß

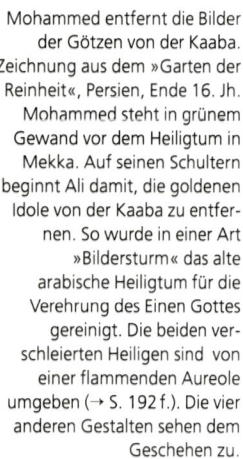

Mohammed entfernt die Bilder der Götzen von der Kaaba. Zeichnung aus dem »Garten der Reinheit«, Persien, Ende 16. Jh. Mohammed steht in grünem Gewand vor dem Heiligtum in Mekka. Auf seinen Schultern beginnt Ali damit, die goldenen Idole von der Kaaba zu entfernen. So wurde in einer Art »Bildersturm« das alte arabische Heiligtum für die Verehrung des Einen Gottes gereinigt. Die beiden verschleierten Heiligen sind von einer flammenden Aureole umgeben (→ S. 192 f.). Die vier anderen Gestalten sehen dem Geschehen zu.

sich die Sterne nicht verhüllen, um den Tod eines Menschen zu beklagen.

Man hat Mohammed oft den *Vorwurf* gemacht, daß er nach der Hidschra so *viele Ehen* eingegangen ist. Darin will man einen Beweis für seine ungezügelte Sinnlichkeit sehen. Vor allem nimmt man ihm übel, daß er sich selber Sonderrechte herausgenommen hat, die der Koran den anderen Gläubigen nicht zugesteht, wenn er die Zahl der Frauen für den Muslim auf vier begrenzt (4,3). Diese Vorwürfe sind nicht berechtigt. Damals war die Polygamie noch eine Selbstverständlichkeit. Ein Mann, der Macht und Ansehen hatte, besaß auch mehrere Frauen, ohne daß irgend jemand daran Anstoß nahm. Das mußte auch für Mohammed gelten. In diesem Punkt dachte und handelte er nicht anders als seine Zeitgenossen. Fest steht, daß er manche Frauen, deren Ehemänner im Kampf für den Islam gestorben waren, geheiratet hat, um ihnen Sicherheit und Schutz bei sich zu geben. Zeit seines Lebens blieb er aber auch für weibliche Reize empfänglich. Er soll einmal gesagt haben, daß ihn neben dem Gebet die Liebe zu einer Frau im Leben am glücklichsten gemacht hat. Die Unauflöslichkeit der Ehe hat er weder vorgelebt

noch dem Islam vorgeschrieben. In manchen Einzelpunkten hat er die Situation der Frau verbessert (→ S. 226 f.).

Mekka – Vollendung des Islam

Obwohl der Prophet vor der Hidschra in Mekka vielen Anfeindungen ausgesetzt war, blieb er der Stadt in Haß und Liebe verbunden. Sein ganzes Streben richtete sich darauf, von Medina nach Mekka zurückzukehren und die Stadt für den Islam zu erobern. In den ersten Jahren seines Aufenthalts in Medina sah es aber nicht so aus, als könne dieser Wunsch erfüllt werden. Im Jahr 624 zogen, wie schon gesagt, die Mekkaner gegen Medina, wurden aber bei Badr besiegt. Im folgenden Jahr kamen sie wieder. Diesmal war das Kriegsglück nicht auf Seiten der Muslime. Obwohl sie den Mekkanern zahlenmäßig überlegen waren, wurden nun sie bei *Uhud* (→ S. 197) besiegt. Fast jährlich kam es zu neuen blutigen Auseinandersetzungen, bis Mohammeds Klugheit einen *Waffenstillstand* mit seiner Heimatstadt erreichte. Im April 628 hatte er mit 1500 Gläubigen eine Wallfahrt unternommen. In Hudaikiya kam es zu einem Gespräch mit den Koraschiten aus Mekka. Mohammeds Anhänger stimmten für den Kampf. Aber er selbst bezwang seine Kampfeslust und verpflichtete sich in einem Vertrag dazu, nach Medina umzukehren und erst im folgenden Jahr zu einer Wallfahrt wieder zu erscheinen. Seine Anhänger, die sich diesmal den Mekkanern überlegen fühlten, verstanden diese Nachgiebigkeit nicht. Sie hätten lieber gekämpft und gesiegt. Aber Mohammeds Taktik gab ihm recht. Er wurde nun, nachdem er von

den Mekkanern einmal als Vertragspartner anerkannt war, auch für andere arabische Stämme bündnisfähig. So konnte er im März 629 in Mekka entsprechend dem Vertrag einen Frömmigkeitsbesuch machen. Er unternahm damals auch keine militärischen Anstrengungen, um die Stadt zu erobern. Das trug ihm große Sympathien ein. Viele Leute in Mekka nahmen den Islam an. Im Monat Ramadan nützte er die verbesserte psychologische Lage auch militärisch für sich aus. Mit 10 000 bewaffneten Gläu-

Der Engel Gabriel besucht Mohammed in der Nacht der Himmelfahrt. Indische Miniatur, 17./18. Jh. Nicht im Bett, sondern getrennt auf dem Boden schläft seine Lieblingsfrau Aischa, die von dem Geschehen nichts bemerkt. Ein reicher Baumbestand umgibt das kostbare Lager. Am Himmel warten Engel auf die himmlische Reise des Propheten (→ S. 205).

bigen zog er, den Waffenstillstand brechend, gegen Mekka und *eroberte* die Stadt. Er fand kaum Widerstand und konnte fast ohne Kampf und Blutvergießen in Mekka einziehen.

In Mekka ritt Mohammed auf einem Kamel zur *Kaaba* und ließ dort sofort alle Götterbilder zerstören. Er behandelte die Bewohner mit großer Milde. Nur einige Polytheisten wurden aus der gewährten Amnestie ausgenommen. Alsbald begab er sich auch an das Grab seiner ersten Frau Chadidja und betete dort.

Mit dem Sieg über Mekka hat der Prophet seinen bedeutendsten Erfolg erzielt. Sein Ansehen wuchs überall rasch, und viele arabische Stämme schlossen sich ihm an. Nun wurde er der unbestrittene Führer der arabischen Halbinsel. Auch kleinere Mißerfolge schmälerten seine Autorität nicht mehr. Der Islam wurde nun die *Religion der Araber.* Diese vernichteten allerorten ihre Götterbilder und übernahmen die neuen Pflichten, die der Prophet sie lehrte.

Im Jahr 631 organisierte Mohammed wiederum eine Wallfahrt von Medina nach Mekka. Sie sollte seine letzte Lebensstation, seine *Abschiedswallfahrt,* werden. Mit 90 000 Pilgern erschien er an der Kaaba und ließ die Riten befolgen, die er selbst festgelegt hatte und die bis heute für die Pilger gelten (→ S. 234 ff.). Am Fuß des Berges Arafat hielt er seine Abschiedspredigt. Er forderte die Araber auf, auch nach seinem Tod dem Islam ergeben zu bleiben. Die Einheit stellte er ihnen als hohes Gut vor Augen. Vor allem mahnte er sie, die Ehe würdig zu leben, niemanden zu betrügen und auf die Blutrache zu verzichten. Das wichtigste Motiv seiner Rede steht im Koran: »Heute habe ich euch vollendet euren Glauben und habe erfüllt an euch meine Gnade, und es ist mein Wille, daß der Islam euer Glaube ist (5,5).«

Einige Monate später wurde er in Medina krank. Mohammed *starb* am 8. Juni *632* in den Armen seiner Lieblingsfrau Aischa.

Kalligraphisches Koranblatt, Türkei. Es enthält den Vers: »Und wir sandten dich nur aus Barmherzigkeit für alle Welt« (21, 107).

Würdigung – Person und Werk

Wer eine Würdigung Mohammeds vornehmen will, muß sich klar machen, daß diese von Wertvorstellungen und Kriterien abhängt, die in der Regel nicht zu verallgemeinern sind. Ein Muslim beurteilt Mohammed anders als ein Christ, ein Psychologe anders als ein Religionshistoriker. Diese Beurteilungen können sich als unterschiedliche Perspektiven gegenseitig ergänzen, aber auch korrigieren.

Was der *Islam* von Mohammed hält, ist deshalb so wichtig, weil das Bild Mohammeds im Islam selbst ein bestimmender Faktor dieser Religion ist. Für den Islam ist Mohammed ein Mensch, dem keine göttliche Qualität zukommt. Nie standen Muslime in der Versuchung, ihren Stifter zu vergöttlichen. Aber Mohammed ist ein Mensch, der alle anderen Menschen überragt und darum für die Menschen zum Licht und Wegweiser ihres Lebens werden kann. Er ist das »Siegel der Propheten«, d. h. der Prophet, der das ganze vorherige Prophetentum der Bibel übertrifft. Er hat im Koran Gottes letztes Wort empfangen und den Islam der ganzen Welt geschenkt. Er selbst ist zur »Lampe der Rechtleitung« geworden.

Darüber hinaus ist Mohammed das Vorbild aller Muslime. Was er getan und gesagt hat, kann für jeden die Richtschnur eines gottgefälligen Lebens sein. Er ist ein »schönes Beispiel« (33,21), an dem sich alle Tugenden aufzeigen lassen, die auch die Muslime haben sollen: Frömmigkeit, Gerechtigkeit, Barmherzigkeit, Zuverlässigkeit, Großzügigkeit, Ehrlichkeit, Tapferkeit, Bescheidenheit, Langmut, Treue, Geduld, Verzicht, Freundschaft, Zufriedenheit, Familiensinn und Friedensliebe. Kein Schatten des Bösen fällt auf ihn. Seit alters her glauben viele Muslime, daß er frei von Sünde und Irrtum ist. Selbst seiner körperlichen Gestalt sprechen sie ungewöhnliche Anmut und Schönheit zu. Er ist in jeder Hinsicht das Idealbild eines Muslim.

In der Alltagsfrömmigkeit ist Mohammed manchmal wichtiger als der Koran, der nicht von allen Muslimen gelesen und verstanden wird. Es gibt sogar einen Reliquienkult um ihn. Wer Mohammed beleidigt, beleidigt den Islam und alle Muslime. Er begeht eine schwere Sünde, auf der noch heute in manchen islamischen Ländern die Todesstrafe

steht. Mohammed ist neben dem Koran zur zweiten Grundlage des Islam geworden.

Das Bild, das sich *Christen* von Mohammed gemacht haben, unterlag im Lauf der Geschichte erheblichen Schwankungen (→ S. 267). Im Mittelalter und lange darüber hinaus wurde er auf schlimme Weise verteufelt, ohne daß die Christenheit genauere historische Kenntnisse von ihm hatte. In einem verbreiteten Roman ist er ursprünglich ein Kardinal der Kirche, der den päpstlichen Stuhl anstrebt, aber dabei scheitert. Aus beleidigtem Stolz geht er nach Arabien, wo er den abscheulichen Islam gründet. So wurde Mohammed als Abtrünniger diffamiert. In religiöser Hinsicht sprach man ihm das Prophetentum ab. Sein Anspruch auf Offenbarung wurde als Lüge und Betrug gewertet, gelegentlich auch auf eine Epilepsie zurückgeführt. Mit dämonischen und magischen Mitteln habe er seine Umwelt getäuscht.

Man meinte, ihn auch in sittlicher Hinsicht tadeln zu müssen. Seine Zügellosigkeit zeige sich bei den vielen Frauengeschichten, die aus seiner Biographie bekannt sind. Ihm wird angelastet, daß er vor Gewalt nicht zurückgeschreckt sei, den Krieg in den Dienst seiner Sache genommen habe und zum Anstifter von Mord und Totschlag geworden sei.

Erst im Gefolge der Aufklärung wandelte sich das christliche Bild von Mohammed. Heute begreifen Christen, daß die alte Mohammed-Kritik falsch war. Sie versuchen nun, zu einer gerechteren Würdigung zu kommen und einzusehen, daß die moralischen Vorwürfe, wenn man die damaligen Maßstäbe anlegt, unberechtigt sind. Gewaltanwendung und Kriege im Dienst der Religion (→ S. 237) erregten zu Mohammeds Zeiten weder bei Freunden noch bei Feinden Anstoß. Auch in der christlichen Welt von damals waren sie an der Tagesordnung. Im

übrigen hat Mohammed gesagt, man solle Glaubensfragen nicht mit gewaltsamen Mitteln entscheiden (2,257). An diese Einsicht hat er sich selbst allerdings nicht konsequent gehalten.

Mohammed war kein Betrüger. Dagegen sprechen alle Quellen, die wir kennen. Er war persönlich glaubwürdig. Nie hätte er so viele ernste Anhänger gefunden, wenn er ein Scharlatan gewesen wäre. Daß er keine Wunder gewirkt hat und diese auch nicht wirken wollte, spricht nicht gegen ihn. Vor allem seine Gotteserfahrungen dürfen nicht verächtlich gemacht werden. Manche Theologen beginnen heute sogar darüber nachzudenken, ob nicht auch Christen Mohammeds Prophetentum anerkennen können.

Wer als *Historiker* Mohammed betrachtet, muß ihn zu den Großen der Weltgeschichte zählen. Der Begründer des Islam hat eine neue religiöse, politische und kulturelle Kraft in die Welt gebracht. Die Araber haben durch ihn eine neue Stellung in der Geschichte erlangt. Er überwand ihren Polytheismus und einigte sie in dem Glauben an den einen Gott. Im Koran gab er der arabischen Sprache eine neue Würde und Schönheit.

Gewiß hat sich Mohammed nicht von seinen Anfängen an als Stifter einer neuen Weltreligion verstanden. Zunächst wandte er sich in Mekka nur an seine arabischen Landsleute, denen er die Botschaft vom Einen Gott und seinem Gericht über die Bösen vermitteln wollte. In Medina fing er an, den Islam auszuweiten. Er versuchte auch Juden und Christen zu gewinnen. Nach seinem Tod haben die Muslime damit begonnen, den Islam den Nachbarvölkern und schließlich vielen Völkern der Erde zu bringen. Sie waren und sind davon überzeugt, daß dies im Sinne Mohammeds ist.

Legende – Ein überirdisches Licht

Wie von den anderen Großen in der Welt der Religion gibt es auch von Mohammed viele Legenden. Ihre Wahrheit liegt nicht im historischen Bereich. Aber Legenden nähern sich oft dem Geheimnis der Person mehr als Chroniken und Tatsachenberichte. Manchmal sind sie entstanden, um Wissenslücken auszufüllen. Wenn z. B. über Geburt und Jugend nichts oder nicht viel überliefert ist, dann erfindet

Mohammed trifft in Jerusalem sechs andere Propheten. Aus: »Das Buch der Himmelfahrt Mohammeds und das Gedächtnisbuch der Heiligen«, Türkei, 17. Jh. Mohammed, umgeben von prophetischer Flamme, kniet in der Mitte auf einem Teppich. Die anderen Propheten wenden sich ihm zu und hören auf ihn. Sie sind seine Vorläufer, während er als »Siegel der Propheten« die Offenbarung Gottes zum Abschluß gebracht hat (→ S. 186, 267).

die Legende Szenen, die ihre Gestalt in ein überirdisches Licht tauchen und so der Alltäglichkeit entziehen. So war es bei dem Buddha (→ S. 367 f.) und bei Jesus (→ S. 112, 114), so war es auch bei Mohammed.

Von Mohammed werden wunderbare Dinge schon aus der Zeit seiner *Empfängnis* erzählt. Damals stürzten die Throne der Könige und die Tiere jubelten. Stimmen vom Himmel kündeten den

Mohammed in der Legende

Jemand sagte zum Propheten: »Gib uns Nachricht von dir selbst.« Und er antwortete: »Abraham hat mich gerufen und der Sohn der Maria hat mich vorausgesagt, und als meine Mutter mich zur Welt brachte, ging ein Licht von mir aus, bei welchem sie die Paläste Syriens sehen konnte.« …

Als ich einmal hinter den Zelten war und Vieh weidete, kamen zwei Männer in weißem Kleid mit einem goldenen Becken, welches mit Schnee gefüllt war. Einer von ihnen ergriff mich und schnitt mir den Leib auf, nahm das Herz heraus und spaltete es und nahm einen schwarzen Klumpen heraus. Sie warfen ihn weg, wuschen mein Inneres und mein Herz mit jenem Schnee. Dann sagte einer zum anderen: »Wiege ihn gegen hundert von seinem Volk.« Und sie wogen mich, und ich war schwerer. Dann sagte er: »Wiege ihn gegen tausend.« Sie wogen mich und ich war schwerer. Da sprach er: »Laß ihn gehen. Wenn du ihn gegen sein ganzes Volk wiegst, so wird er es aufwiegen.«

Menschen neues Heil. Seine *Geburt* ist von paradiesischem Glanz umgeben. Engel singen sein Lob. Herrliche Lichtwunder machen darauf aufmerksam, daß er ein Großer ist. Mohammeds Vater strahlte bei seiner Zeugung, und ganz intensives Licht lag bei seiner Geburt über seiner Mutter. Das Licht, das von ihm ausging, warf keinen Schatten. Dieses »*Mohammed-Licht*« war das Erste, was Gott überhaupt schuf. Mohammed selbst sah sich in der Tradition der großen Propheten Abraham und Jesus. Sie haben ihn vorausgesagt.

Eine andere Legende erzählt, wie zwei Engel die Brust des Knaben öffneten, sein *Herz* herausnahmen und mit kühlem Schnee wuschen. Dabei entfernten sie die einzige dunkle Stelle des Herzens. So wurde er von jeglicher Unreinheit befreit. Er konnte nun zum reinen Künder von Gottes Offenbarung werden. Als er von den beiden auch noch gewogen wurde, war er so schwer, daß er sein ganzes Volk an Gewicht übertraf.

Im Anschluß an das Koranwort »Genaht ist die Stunde und gespalten der Mond (54,1)« entwickelte sich der Glaube, Mohammed habe bewirkt, daß der *Mond* sich in zwei Hälften teile, um die ungläubigen Koraschiten in Mekka von der Wahrheit seiner Lehre zu überzeugen. Ein König in Indien habe das Wunder gesehen und sei sofort Muslim geworden. *Tiere* und *Pflanzen* bezeugen, daß er Gottes Prophet ist. Sie warnten ihn vor Gefahren und boten ihm mannigfachen Schutz.

Mohammeds Himmelfahrt.
Miniatur aus dem Epos des
Dichters Nisami, das den Titel
trägt: »Die fünf Schätze«,
Persien, 1494/95.
Der Prophet sitzt auf seinem
Reittier Burak, das den Kopf
eines Engels hat. Viele Engel
umgeben ihn. Unten im Bild liegt
die Stadt Mekka mit ihren vielen
Kuppeln und Minaretten, in ihrer
Mitte die Kaaba. An der Stelle,
von der Mohammeds Himmel-
fahrt ausgig, erhebt sich heute
das schönste Bauwerk Jerusalems
die Omar-Moschee, die meist
»Felsendom« genannt wird
(→ S. 244).

Eine Legende erzählt in orientalischer Anschaulichkeit von Mohammeds *Himmelfahrt*. Der Engel
Gabriel führte den Propheten auf seinem Reittier
Burak in sieben verschiedene Himmel. Dort begeg-
nete er den großen Persönlichkeiten der Vergangenheit. Er traf mit Adam und Abraham, mit Josef, Mose und Jesus zusammen. Aus den Himmeln konnte
Mohammed für seine Gläubigen einen großen Er-

folg mitbringen. Sie brauchen nun nicht mehr, wie
eigentlich vorgesehen war, 50 Pflichtgebote zu erfüllen, sondern nur noch fünf (→ S. 230 f.). So macht
Mohammed den Muslimen das Leben leicht und
nimmt schwere Lasten von ihnen. Aus seinen
Schweißtropfen, die vom Himmel zur Erde fielen,
entstanden Rosen von wunderschönem Aussehen
und von süßem Duft.

Der Koran – Gottes Wort

Die endgültige Offenbarung

Der Koran ist das heilige Buch des Islam. Er ist die *Offenbarung Gottes*, die Mohammed durch den Engel Gabriel in Visionen zuteil wurde. Mit nichts anderem auf der Welt ist der Koran vergleichbar.

Viele islamische Theologen vertreten die Auffassung, der Koran sei von Ewigkeit her bei Gott gewesen. Dort hat er vor aller Zeit als »Urkoran« existiert (56,76–79; 85,21 f.). Er ist unerschaffen und ewig wie Gott selbst. In Mohammeds Tagen wurde er dem Propheten geoffenbart. Damals hat er in der arabischen Sprache gleichsam irdische Gestalt angenommen. Das, was man im Koran lesen kann, ist Gottes unerschaffenes Wort. Weil der Koran von Gott kommt, ist er frei von Irrtum und Widerspruch (4,84). Dem Propheten stand es nicht zu, ihn zu ändern (10,16). Erst recht darf kein anderer Mensch auch nur einen Buchstaben abwandeln. Wer gegen den Koran spricht, spricht gegen Gott. Er macht sich der Blasphemie schuldig.

Der Beginn der Offenbarung des Koran

Wir sandten ihn hernieder in der Nacht der Macht.
Weißt du, was ist die Nacht der Macht?
Die Nacht der Macht ist mehr, als was
in tausend Monden wird vollbracht.
Die Engel steigen nieder und der Geist in ihr,
auf ihres Herrn Geheiß, daß Alles sei bedacht.
Heil ist sie ganz und Friede, bis der Tag erwacht.

Sure 97(in der Übersetzung von Friedrich Rückert)

Wenn man nach der *christlichen Entsprechung* des Korans fragt, sollte man nicht zuerst an die *Bibel* denken, die zwar auch als Gottes Offenbarung gilt und darum den Menschen verläßliche Wege zum Heil zeigt. Aber nach der Auffassung der meisten christlichen Theologen ist sie Gottes- und Men-

---

Weg zur Rechtleitung

Das Buch ist eine Leitung und eine Barmherzigkeit für die Rechtschaffenen, die das Gebet verrichten und die Armenspende entrichten und fest ans Jenseits glauben. Diese sind in der Leitung ihres Herrn, und ihnen ergeht es wohl.

Sure 31, 2–4

---

schenwort in einem. Die Verfasser der vielen biblischen Bücher sind oftmals historisch bekannte Personen, deren Eigenart mit in ihre Schriften eingegangen ist. In der Bibel gibt es, unbeschadet ihrer göttlichen Inspiration, zeit- und weltbildbedingte Aussagen, die nicht für alle Zeiten gültig sind. Für Muslime wäre es undenkbar, den Koran als Menschenwort zu bezeichnen. Der Koran ist am ehesten mit *Jesus Christus* zu vergleichen, der für den christlichen Glauben auch von Ewigkeit her bei Gott war (»Präexistenz«). Auch in ihm gibt es nicht Irrtum und Sünde. Wenn im Mittelpunkt des Christentums eine Person steht, dann im Mittelpunkt des Islam ein Buch. Wenn das Christentum sich selbst von der Menschwerdung Gottes (»Inkarnation«, → S. 123) her versteht, so der Islam von der »Buchwerdung« (»Inlibration«) des Koran. Der Islam ist in erster Linie eine *Schriftreligion*. In keiner anderen Religion gibt es ein Buch, das eine solche Stellung hat wie der Koran im Islam.

Der Islam beschränkt indes Gottes Wort an die Menschheit nicht auf den Koran. Muslime glauben, daß Gott auch zu anderen Zeiten, an vielen Orten, zu anderen Personen und Völkern gesprochen hat. Weil Gott barmherzig ist, hat er sich seinen Geschöpfen immer wieder zugewandt. Am intensivsten hat er sich den Juden und Christen kundgetan. Das bezeugen deren heilige Schriften. Als »*Völker der Schrift*« sind sie vor anderen Völkern ausgezeichnet. Doch haben sie Gottes Offenbarung teilweise angetastet und verfälscht. Darum war eine letzte Offenbarung Gottes notwendig. Sie steht in der Tradition der Bibel, überbietet sie aber eindeutig. Der Koran ist die letzte, endgültige und unüberbietbare Offenbarung Gottes.

Oben: Prachthandschrift des Koran, 16. Jh.: Die ersten 5 Verse der Fatiha (→ S. 208).
Unten: Nedim Sönmez: Die Basmala »Im Namen Gottes, des Erbarmers, des Barmherzigen« (→ S. 209). Der in Deutschland lebende türkische Künstler hat diese Kalligraphie nach einer älteren Vorlage gestaltet.

Entstehung – Gestalt – Aufbau

Die Herkunft des Wortes »Koran« (arab.: »Qur'an«) ist umstritten. Wahrscheinlich geht es auf die semitische (syrisch, hebräisch?) Wurzel »qara« zurück, die soviel wie »lesen«, »rezitieren« bedeutet. »Koran« heißt demnach Lesung oder Rezitation. Heute nennt man die ganze heilige Schrift des Islam Koran, ursprünglich konnte jede einzelne Offenbarung so heißen.

Der Koran ist von großer Einheitlichkeit. An seinem Zustandekommen war nur *Mohammed* beteiligt. Als er zum Propheten berufen wurde und in der Höhle am Berg Hira Gottes erste Offenbarung empfing, lautete das erste Wort des Engels an ihn: »Lies!« (→ S. 194). Das Wort, das in den wenigen Berufungsworten mehrmals vorkommt, verweist wohl auf den ewigen Urkoran, in dem er lesen soll. Weil Gott gnädig ist, bringt er den Menschen zur Kenntnis, was diese nicht von sich aus wissen können. Was Mohammed bei vielen Gelegenheiten zuerst in Mekka, dann in Medina »gelesen« und »gehört« hat, ist im Koran aufgezeichnet. Die Offenbarungen, die er etwa vom Jahr 610 an bis zu seinem Tod im Jahr 632 empfing, sind hier gesammelt. In weniger als einem Vierteljahrhundert ist die Substanz des ganzen Buches entstanden. Mohammed selbst hat an Inhalt und Formulierung keinen Anteil. Er war nur das reine Medium, dessen sich Gott bediente. Dieses Medium hat den Koran nicht beeinflußt. Er trägt nicht die Handschrift Mohammeds.

Der Koran besteht aus 114 Kapiteln bzw. Abschnitten, die man »Suren« nennt. Die Herkunft auch dieses Wortes ist nicht ganz klar. Einige Forscher meinen, es komme aus dem Arabischen und übersetzen es mit »die den Menschen überwältigende Erhabenheit«. Die Suren sind in Verse (arab. »Ayat«; Sg. »Aya«: »Zeichen«, auch »Wunderzeichen«) eingeteilt. Insgesamt enthält der Koran 6236 Verse. Literarisch gesehen sind sie mit ihrem schönen Prosarhythmus der Dichtung zuzuzählen. Die *Anordnung* der 114 Suren ist nach islamischer Auffassung gottgewollt und folgt streng sachlichen Gesichtspunkten. Demnach wäre die zweite Sure schon Antwort auf die erste und auch ihre Fortsetzung. Auf Grund literarischer Beobachtungen ist eine andere Anordnung anzunehmen. Die Suren sind

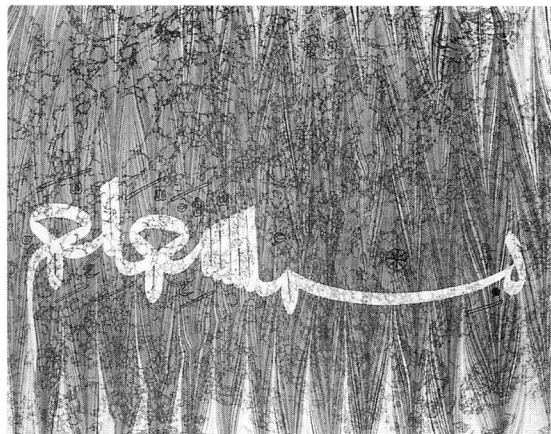

wohl nach dem Prinzip der abnehmenden Länge aneinandergereiht. Die längste Sure steht am Anfang, die kürzeste am Ende des Koran, wenn wir einmal von der ersten und den beiden letzten Suren (113, 114) absehen, in denen Gottes Schutz vor Unheil, Finsternis, Zauber und bösen Geistern erbeten wird. Sie dürften wegen dieses ausgefallenen Inhalts an den Schluß des Koran gerückt worden sein.

Am *Anfang* des Korans steht die »*Fatiha*«, d. h. die »Öffnende« oder die »Eröffnung«. Die erste Sure ist ein schlichtes Gebet, das bei Muslimen etwa die gleiche Bedeutung hat wie bei Christen das »Vaterunser« oder bei Juden das »Sch'ma Israel«. Von den Frommen wird es täglich gesprochen. Diese Sure enthält ein Lob des gütigen und barmherzigen Gottes und die Bitte, daß Gott den Betenden auf den rechten Weg leiten möge. Auch das Bekenntnis zu Gottes Gnade und der Hinweis auf sein Gericht fehlen nicht. Damit klingen in diesem Gebet Leitmotive des ganzen Koran an.

Den eigentlichen *Abschluß* des Koran bildet die 112. Sure mit ihrem Bekenntnis zur Einzigkeit Gottes. Mohammed hat einmal gesagt, diese Sure sei soviel wert wie ein Drittel des ganzen Koran. In dieser kurzen prägnanten Sure wird der christliche Glaube an die Dreifaltigkeit (→ S. 123, 265) abgelehnt, dem zufolge der Vater den Sohn zeugt und der Sohn vom Vater gezeugt wird.

Themen und Adressaten

Die Suren lassen sich in zwei Gruppen einteilen. Zur ersten gehören die in *Mekka* (610–622), zur zweiten die in *Medina* (622–632) entstandenen Suren. Grob betrachtet stehen die ältesten Suren aus Mekka eher am Schluß des Koran, während die jüngeren aus Medina eher am Anfang ihren Platz haben. In Mekka überwog die kurze, situationsbezogene, ekstatische Offenbarung, die oft mit Polemik und Gerichtsdrohung gegen das Unverständnis der Bewohner verbunden war. In Medina war Mohammed Herr der Stadt und der Anführer einer mächtiger werdenden Religion. Staatsmännische Überlegungen und religiöse Ordnungen, Rechtsfragen und praktische Bestimmungen treten nun in den Vordergrund. Mit zunehmender Länge verlieren die Suren etwas von ihrer Ursprünglichkeit und religiösen Kraft. In der Überschrift ist immer angegeben, ob die Sure in Mekka oder Medina entstanden ist.

Linke Seite: Engel, Persische Miniatur, 16. Jh.

Links: Besuch des Propheten im Himmel. In dem blühenden Garten treiben die schönen Huris ihr liebliches Spiel.
Unten: Besuch der Hölle. Ein schwarzer Teufel bewacht das Flammenmeer, in dem die Bösewichter ihre gerechten Strafen erleiden. Auf beiden Bildern reitet der Prophet auf seiner Stute Burak (→ S. 205). Er wird jeweils von dem Engel Gabriel begleitet. Zur Herkunft der Bilder: → S. 193, 204.

ham (14), Maria (19), Propheten (21), Wallfahrt (22), Licht (24), Engel (35), der Gläubige (40), Knien (45), Mohammed (47), Auferstehung (75), Mensch (76), der Höchste (87).

Alle Suren beginnen mit der gleichen Einleitungsformel: »Im Namen Gottes, des Erbarmers, des Barmherzigen«. Diesen Text nennt man nach seinen arabischen Worten die »*Basmala*«. Sie fehlt allein in der 9. Sure, die zum Krieg gegen die Ungläubigen aufruft. Hier unterbleibt die Anrufung von Gottes Barmherzigkeit und Güte.

Es ist nicht möglich, den reichen Inhalt des Koran auf kurze Formeln zu bringen. Aber fünf *Hauptthemen* lassen sich benennen: die Einzigkeit und Barmherzigkeit Gottes (1), die Pflichten der Muslime (2), biblische Themen und Gestalten wie Adam, Noach, Abraham, Jesus und Maria (3), Gericht, Hölle und Paradies (4), Mohammed (5).

Adressaten im Koran sind Mohammed, die Muslime, Juden und Christen. Bei der Aufforderung »Lies« spricht Gott durch den Engel zu Mohammed.

Alle Suren tragen *Überschriften*, in denen ein wichtiges Stichwort vorkommt, z. B.: Die Weiber (4), Reue (9), Jonas (10), Josef (aus Ägypten 12), Abra-

Mit »Sprich« redet Gott durch Mohammed zu den Gläubigen. Gott selbst spricht als »Ich«, »Wir« oder »Er«. »O Volk der Schrift« ist die Anrede für Juden und Christen.

Vom Wort zur Schrift

Mohammed hat die Offenbarungen Gottes nicht selbst aufgeschrieben. Wir wissen auch nicht, ob er Schüler mit der Aufzeichnung beauftragt hat. Seine Freunde bewahrten zuerst im Gedächtnis auf, was er gelehrt hatte. Manche von ihnen kannten wohl den ganzen Wortlaut all seiner Offenbarungen auswendig. Die meisten Offenbarungen Mohammeds sind also zunächst *mündlich tradiert* worden. Aber es ist auch wahrscheinlich, daß schon Mohammeds erste Anhänger von sich aus Worte des Propheten aufschrieben. Sie nahmen dazu Materialien wie Hammelfelle, Palmblätter, Steine oder Knochen. Beim Tod des Propheten gab es noch keine gültige schriftliche Fassung des Koran.

Über die Entstehung des *schriftlichen* Koran wissen wir einigermaßen Bescheid, ohne alle Einzelheiten zu kennen. In der islamischen Überlieferung hat die *Entstehungsgeschichte* mehrere Phasen. Als sich der Islam nach Mohammeds Tod rasch ausbreitete, fanden viele Freunde des Propheten, die den Koran noch auswendig gekannt hatten, in den Kämpfen den Tod. Darum war Mohammeds Nachfolger, der erste Kalif *Abu Bakr* (632–634) aus Mekka, besorgt, die Offenbarung könne verlorengehen. Er faßte den Plan, die Worte des Propheten aufzuschreiben. Der Adoptivsohn Mohammeds, *Zaid* (→ S. 199), erhielt den Auftrag, alle Überlieferungen zu sammeln und schriftlich festzulegen. Zaid stützte sich dabei vor allem auf die »Herzen der Männer« und sein eigenes Gedächtnis. So entstand die erste schriftliche Fassung des Koran. Sie sollte die Offenbarung vor dem Vergessen, vor Veränderung und Verfälschung schützen. Schon nach wenigen Jahren genügte diese Aufzeichnung nicht mehr, da andere Versionen in Umlauf gekommen waren, die auch Authentizität beanspruchten. So kam es öfter zu Meinungsverschiedenheiten und Streitigkeiten über den richtigen Koran und über einzelne Sätze und Worte.

Unter dem dritten Kalifen *Othman* (644–656) entstand die endgültige Fassung des Koran. Um die entstandenen Schwierigkeiten zu beseitigen, gab Othman im Jahr 653 einer Kommission von vier Leuten den Auftrag, den richtigen Text zu suchen und aufzuschreiben. Diese Redaktionsarbeit leitete wieder Zaid, der schon genannte Privatsekretär Mohammeds. Die älteste Fassung wurde berücksichtigt. So wurde schon 20 Jahre nach dem Tod des Propheten ein Text erstellt, der ein hohes Maß an Verläßlichkeit aufweist. Othman ließ alle anderen Fassungen vernichten und schenkte je eine Abschrift des neuen Textes den vier großen Zentren der damaligen islamischen Welt. Mekka und Medina (Arabien), Damaskus (Syrien) und Basra (Irak) hatten von da an die gleiche Koran-Fassung.

Diese *frühe Kodifizierung* des Koran hatte für den Islam günstige Auswirkungen. Er konnte sich schon in seinen Anfängen auf eine einheitliche und allgemein akzeptierte heilige Schrift stützen. Dadurch gewann der Islam ein hohes Maß an Geschlossenheit und Einheit.

Arabisch – Sprache und Schrift

Die Sprache des Koran ist dasjenige Arabisch, das zur Zeit Mohammeds die *Sprache der Dichter* war, die ihre Werke bei Festen und Feiern auf der arabischen Halbinsel vortrugen. Das Wort »arabisch« bezeichnete damals nur eine Sprache. »Arabisch« heißt: Sprache der Nomaden, der Steppenbewohner. Später nannten sich die Leute, die diese Sprache sprechen, selbst »Araber«. Die Sprache war das wichtigste Merkmal ihrer Verbundenheit.

Mohammed hat die Offenbarungen Gottes in der arabischen Sprache erhalten (12, 2; 26, 195). Dadurch hat das Arabische für den Islam eine besondere Qualität gewonnen. Es ist zu einer heiligen und sogar *»göttlichen«* Sprache geworden. Nur in ihr konnte Mohammed die Botschaft Gottes verkünden. Sie allein war in der Lage, alle Nuancen und Feinheiten der Offenbarung, die Tiefe und Schönheit von Gottes Wort, festzuhalten. Darum galt der Koran viele Jahrhunderte lang als *unübersetzbar*. Es war bis in das 20. Jahrhundert hinein verboten, den Koran in eine andere Sprache zu übersetzen, damit kein Deut von seinen Aussagen verfälscht werde. Etwaigen Übersetzungen gab man meist den arabischen Originaltext bei.

Erst im 20. Jahrhundert haben islamische Theologen *Koran-Übersetzungen* zugelassen und gefördert. Heute ist der Islam aus missionarischen Gründen an einer Verbreitung des Koran in den verschiedenen Sprachen interessiert. Inzwischen ist der Koran in *alle Weltsprachen* übersetzt.

Die Schreiber aller Jahrhunderte haben sich bemüht, die arabischen *Schriftzeichen* des Koran ausdrucksvoll zu gestalten. Bis lange ins 19. Jahrhundert hinein wurden die Korane in der Regel nicht gedruckt, sondern mit der Hand geschrieben. Darin drückt sich der Respekt vor dem heiligen Buch aus. Betrachtet man heute die alten Ausgaben, so ist man fasziniert von der Feinheit, die selbst die weniger aufwendigen Exemplare aufweisen. Erst recht findet man in den Ausgaben der Herrscherhäuser oder der großen Moscheen staunenswerte Buchstaben, die oft mit goldenen Punkten, farbigen Ornamenten, geometrischen Mustern und bunten Blumen verziert sind. Im Lauf der Zeit entwickelten sich die arabischen Buchstaben zu Schriftzeichen von großer Eleganz. Kaum eine andere Schrift der Welt hat eine solche ästhetische Ausstrahlung.

Der Weg zur Rechtleitung

Im Leben der Muslime spielt der Koran eine große Rolle. Er hat Dichter und Mystiker aller Zeiten zu wundervollen Werken inspiriert. Kinder werden schon früh angeleitet, Suren in arabischer Sprache auswendig zu lernen. Der Koran begleitet die Muslime durch ihr ganzes Leben. Er ist für sie eine *»feste Schnur«*, die zu Gott führt und auf den rechten Weg leitet. Im Alltag und bei besonderen Anlässen schenkt er guten Rat. In Zeiten der Freude und des Leids hat der Koran die richtigen Worte. Hier finden die Muslime auf alle Fragen des Lebens eine gute Antwort. Für Politik und Gesellschaft, für Wissenschaft und Kunst ist er die letzte Norm. Der Koran selbst erhebt diesen Anspruch: »Nichts haben wir in der Schrift übergangen (6,38)«.

Derjenige, der den ganzen Koran auswendig kennt, erhält den besonderen Ehrentitel eines *»Hafi«*, d. h. Bewahrer. In die höheren Kurse der islamischen Universitäten wird niemand zugelassen, der den Koran nicht auswendig widergeben kann. In vielen Zelten und Häusern hängen Koransprüche,

Der Wert des Koran

Einmal kam ein armer Mann zum Propheten, der eine arme Frau heiraten wollte. Der Prophet fragte ihn, ob er Besitz habe, um die Frau ernähren zu können. Der Mann mußte verneinen. Auch als er nach Hause ging, um nachzusehen, ob da etwas Geld oder wenigstens ein Eisenring vorhanden sei, fand er nichts. Er besaß nur einen erbärmlichen Mantel. Aber der war dem Propheten für eine Eheschließung nicht ausreichend, weil er nur einen von beiden wärmen konnte. Schon wollte der Mann traurig gehen, als Mohammed fragte: »Was weißt du vom Koran?« »Diese und jene Sure, und noch eine …«. Da sprach ihm der Prophet die Frau zu. Offensichtlich war dieser Schatz eine gute Grundlage für die Ehe.

aus den Hadith

Mädchen in einer Koranschule.

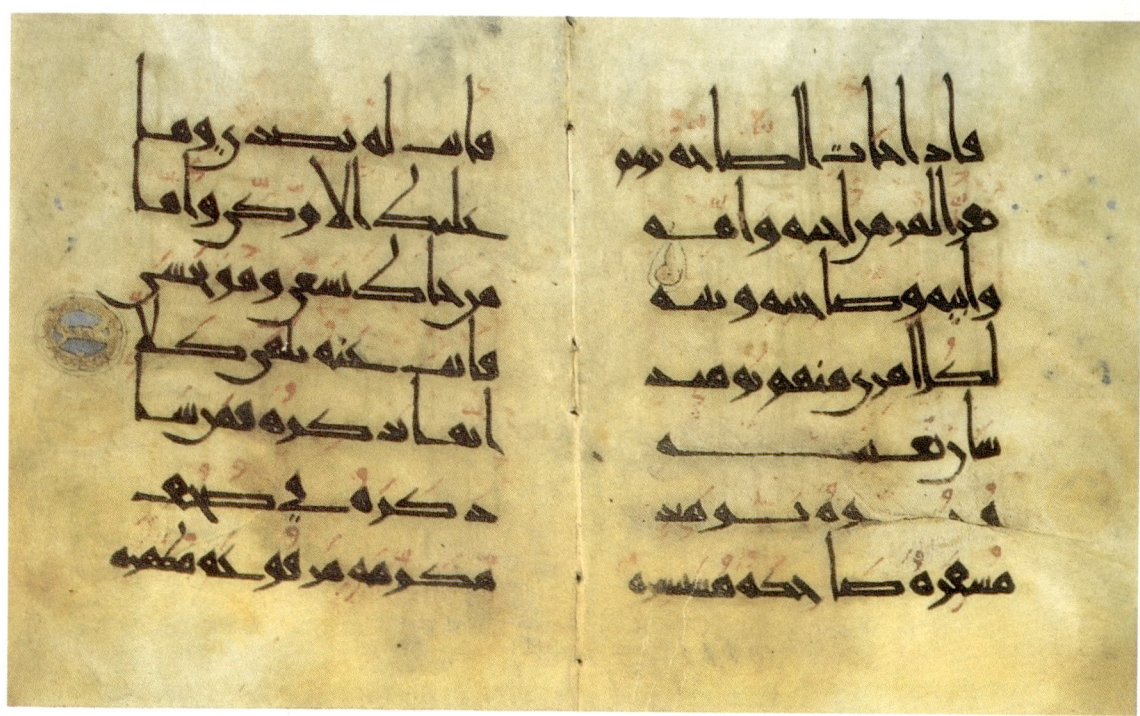

die kunstvoll geschrieben oder auf Kacheln gemalt sind. Sie haben die gleiche Funktion wie Gottes- und Heiligenbilder in anderen Religionen. Manchmal dienen diese Koransprüche auch magischen Praktiken. Man glaubt, daß böse Geister oder Plagen durch sie ferngehalten werden. Als Amulette findet man Koransprüche in Taxis, Eisenbahnen und auf Schiffen.

Wenn man heute in islamischen Ländern einen Koran *kauft*, spricht der Buchhändler oder Verkäufer zunächst nicht von einem festen Preis. Er »verschenkt« vielmehr den Koran, da Geld den Wert des Koran nicht aufwiegen kann. Allerdings wird mit Bestimmtheit ein Gegengeschenk, zumeist in der Form von Geld, erwartet. Leute, die nicht Gewähr dafür bieten, daß sie das gewünschte Exemplar ehrenhaft behandeln, bekommen von einem frommen Muslim keinen Koran, auch wenn sie noch soviel dafür bieten.

Koranseite in kufischer Schrift auf Pergament, Persien, um 1100.

Rechte Seite: Medrese (d.h. »Ort des Studierens«) Madir i-Schah, Isfahan. Medresen, Hochschulen der islamischen Welt, entwickelten sich in der Moschee, wo seit jeher Unterweisungen stattfanden. Später wurden sie zu eigenen Architekturtypen. Hier werden islamische Gelehrte ausgebildet.

Probleme der Auslegung

Die Auslegungsgeschichte des Koran ist so alt wie der Koran selbst. Sie ist in allen Jahrhunderten durch eine bleibenden Einstellung gekennzeichnet: *Ehrfurcht* vor dem heiligen Buch. Jede Form der *Kritik* am Koran war und ist ausgeschlossen. Zu allen Zeiten haben sich die muslimischen Gelehrten darum bemüht, den Inhalt des Koran genau zu verstehen, seine Sprache zu erfassen und den Sinn schwer verständlicher Verse zu erhellen. Manche Deutungen haben eher philologischen Charakter, andere dienen mehr praktisch-juristischen Zwecken. Es gab und gibt auch Versuche, die Theologie des Koran darzulegen.

Die islamischen Gelehrten haben verschiedene *Methoden* zur Interpretation des Koran entwickelt. Diese erlauben Rückschlüsse aus dem alten Text auf eine neue Zeit. So kann der Koran auch Antworten auf Fragen geben, die zu Mohammeds Zeiten noch nicht gestellt wurden. Theologische Schulen und vor allem die Rechtsschulen (→ S. 240 f.) haben in manchmal mehr konservativer, manchmal mehr liberaler Weise dem menschlichen *Verstand* neben dem Glauben eine gewisse Rolle bei der Deutung

des Koran zugesprochen. So erlaubt z. B. der »*Analo-giescchluß*« neue Entscheidungen. Danach gilt der Genuß von Whisky als verboten, weil im Koran der Genuß von Wein (Alkohol) verboten ist, obwohl von Whisky im Koran nirgends die Rede ist.

Manchmal hilft auch ein bißchen *List und Tücke* zur Interpretation. Als der König Ibn Saud das Telefon in Arabien einführen wollte, protestierten die muslimischen Theologen gegen diese unerhörte Neuerung. Das Telefon sei eine Sache des Teufels und mit dem Koran unvereinbar. Da ließ der König die Theologen in zwei Städte aufteilen und ans Telefon gehen. Er befahl zwei geistlichen Würdenträgern, von ihrer Stelle aus eine Sure in das Telefon zu sprechen. So konnte man an beiden Orten die Sure hören. Der König gewann den Kampf um das Telefon mit dem Hinweis, daß der Teufel keinen einzigen Koranvers aussprechen könne. Daher sei das Telefon nicht ein Werk des Teufels, sondern der Natur.

Da der Koran für die Muslime die wörtliche Offenbarung Gottes ist, die unabhängig von Raum und Zeit gilt, werden die historischen Umstände seiner Entstehung kaum berücksichtigt. Nicht einmal der Einfluß der Sprache, der Vorstellungen und des Glaubens Mohammeds auf den Koran wird untersucht. Bis heute haben islamische Theologen die *historisch-kritische Erforschung* des Koran entschieden abgelehnt. Wenn ein Muslim dennoch den Ko-

ran nach historischen oder literarischen Gesichtspunkten untersucht, muß er mit beruflichen Nachteilen, persönlichen Beschuldigungen und harten Gerichtsurteilen rechnen. Er kann von fundamentalistischen Kreisen dafür bedroht und sogar bestraft werden. In der wissenschaftlichen Erforschung des Koran sehen sie nichts als den Versuch des kleinen Menschen, sich über den großen Gott zu erheben. Wenn bislang intensive Koranforschungen durchgeführt wurden, so von solchen Gelehrten, die dem Islam selber nicht angehören. Männer wie Theodor Nöldecke, Julius Wellhausen, Ignaz Goldziher, Rudi Paret und Tilman Nagel haben wesentliche Einsichten über Entstehung, die ursprüngliche Intention und den Sinn vieler Suren und Verse gewonnen. Islamische Theologen sehen in diesen Forschungen mehrheitlich nur den Versuch, den Islam zu schwächen. Noch ist nicht zu erkennen, ob es zu einer modernen Form islamischer Korandeutung kommen wird oder ob die traditionelle Auslegungspraxis bestimmend bleibt.

Sunna und Hadith

Als wichtige Hauptquelle neben dem Koran gibt es im Islam die »*Sunna*«, d. h. Brauch und Gewohnheit. Sie ist im Koran verankert und stellt gleichsam einen Kommentar dar. Gegenstand der Sunna ist der Weg des Propheten Mohammed, der den Gläubigen die Anleitung zum richtigen Lebensweg gegeben hat und selbst zum Vorbild geworden ist.

Die Sunna gründet auf dem »*Hadith*«. Der einzelne Hadith ist eine Urkunde der islamischen Tradition. Die Sammlung, die man auch als ganze »Hadith« nennt, geht in ihren ältesten Stücken auf Freunde und Verwandte Mohammeds zurück. Sie enthält die Aussprüche Mohammeds, erzählt von seinen Taten, belehrt über seine Verordnungen. Auch von den ersten Anhängern Mohammeds ist hier die Rede. Mancher Hadith hat fast den Rang des Koran. In den Erzählungen wird Mohammed und seinem Gefolge auch manches Wort zugeschrieben, das historisch nicht verbürgt ist, aber dem Geist des Propheten gut entspricht. Hier sind auch schöne Legenden (→ S. 203 f.) überliefert. Die Worte Mohammeds, die Fragen der Naturwissenschaften betreffen, sind für den Islam nicht verbindlich.

Hadith – Sprüche

Der wahre Muslim ist derjenige, von dem kein Muslim weder Zunge noch Hand fürchten muß.

Der Prophet gab einem, der hören wollte, was das Beste im Islam sei, die Antwort: »Hungerleidenden zu essen geben, das Heil denen bringen, die man kennt, und auch denen, die man nicht kennt.«

Als Gott die Schöpfung vollendet hatte, schrieb er in das Buch, das bei ihm am himmlischen Thron aufbewahrt ist: »Meine Barmherzigkeit überwältigt meinen Zorn.«

Wer das Haupt einer Waise streichelt, erhält für jedes Haar, das seine Hand berührt, ein Licht am Tag der Auferstehung.

Jede Sache hat einen Schlüssel. Der Schlüssel zum Paradies ist die Liebe der Kleinen und Armen.

Gott – Der Glaube der Muslime

Allah

»*Allah*« ist das arabische Wort, das die Muslime gebrauchen, wenn sie von Gott sprechen. Von »Allah« reden und denken sie nur mit dem höchsten Respekt. Das Wort ist aus der Zusammensetzung der beiden Wörter »al« und »ilah« entstanden und bedeutet nichts anderes als »*der Gott*«. »Al« ist der Artikel. »Ilah«, d. h. Gott, ist verwandt mit der in der Hebräischen Bibel vorkommenden Gottesbezeichnung »El« und »Elohim«, die in Namen wie Elisabeth und Daniel weiterleben. »Allah« war schon zu Mohammeds Zeiten den Leuten von Mekka bekannt. Vielleicht haben die Mekkaner, die damals noch Polytheisten waren, ihren höchsten Gott so bezeichnet, wenn sie auch noch nicht die Vorstellung von einem einzigen Gott hatten. Dieser mekkanische Allah scheint keinen großen Einfluß auf das religiös-praktische Leben der Stadt gehabt zu haben. Noch heute haben auch mehrere Millionen arabisch sprechender Christen für Gott kein anderes Wort als »Allah«. In ihrer Bibel heißt es: »Im Anfang schuf Allah Himmel und Erde.«

Wenn *Nicht-Muslime* von »Allah« sprechen, entsteht leicht der Eindruck, Allah sei ein *Eigenname* Gottes, ähnlich wie Marduk, Zeus oder Jupiter. Dadurch erhält das Wort etwas Fremdes, Überholtes, das sich negativ von dem Wort »Gott« unterscheidet. In häufig bei uns vorkommenden Zusammenhängen wie »Allahs Schwert«, »Allah ist mit den Mächtigen« oder »Allahs Krieger« ist diese negative

> **Licht über Licht**
> Gott ist das Licht der Himmel und der Erde …
> Licht über Licht.
> Gott leitet zu seinem Licht, wen er will.
> *Sure 24, 35*

Kalligraphie in der Form eines Vogels. Der Text: »Im Namen Gottes, des Erbarmers, des Barmherzigen« (→ S. 209).

Perspektive unübersehbar, zumal wenn sie auch noch im militärischen Kontext vorkommt. Muslime können zu Recht erwarten, daß die Bezeichnung »Allah« mit Respekt verwandt wird. Besser ist es noch, bei der Darstellung des Islam von »Gott« und nicht von »Allah« zu reden, um unpassende Assoziationen zu vermeiden.

Der Einzige, der Schöpfer und der Barmherzige

Die wichtigste Aussage über Gott steht im Glaubensbekenntnis (→ S. 187) der Muslime: »Es gibt keine Gottheit außer dem einzigen Gott.« Gottes *Einzigkeit* ist für den Islam das religiöse Fundament. Neben ihm haben andere Götter keinen Platz. In seiner Einzigkeit ist Gott für den Menschen ein Geheimnis, das er nicht ergründen kann (2,2). Gott lebt als Einziger jenseits der Welt. Keine Religion betont Gottes *Transzendenz* so wie der Islam. Darin ist er eher einigen Großen der Religionsphilosophie als den meisten Religionen verwandt. Es besteht eine unübersteigbare Grenze zwischen Gott und der Welt.

Mit dem Bekenntnis zu Gottes Einzigkeit steht der Islam in der Tradition des jüdischen Gottesglaubens. Der kompromißlose islamische Monotheismus wendet sich gegen zwei religiöse Auffassungen. Er ist *Protest* gegen den arabischen *Polytheismus* und auch gegen andere Formen der Vielgötterei überall in der Welt. Er versteht sich auch als heftige Kritik an der christlichen *Trinitätslehre* (4,169; 112; → S. 208; 265). Um Mißverständnisse zu vermeiden, nennt der Islam Gott nicht »Vater«. Diese in der jüdischen und christlichen Tradition so beliebte Bezeichnung (→ S. 121 f.) beschwört für die Muslime die Gefahr herauf, dem Vater auch eine Mutter und ein Kind zuzuordnen.

Trotz der Einzigkeit Gottes schreibt der Islam Gott *viele Eigenschaften* zu. Der Muslim weiß von

diesen Eigenschaften nur, weil Gott selbst sie offenbart hat. Aus sich selbst heraus kann der Mensch von Gott nicht einmal in Bild und Gleichnis reden (16,76). Gott ist vor allem der *Schöpfer* des Himmels und der Erde. Der Mensch ist ein Geschöpf Gottes (→ S. 222 f.), das von Gott vor allen anderen Ge-

Auch Rosen und Nelken können Gott verherrlichen und den Glauben verkünden. In den Blütenblättern verstecken sich die vielen Namen Mohammeds (links oben) und die 99 Schönen Namen Gottes (rechts oben). Die Knospen (unten) erinnern an die ersten Gefährten des Propheten, denen schon zu Lebzeiten das Paradies verheißen wurde. So ist dieses Blumenblatt ein schmuckvolles Zeugnis des islamischen Glaubens. Miniatur, 1709.

Gottes schöpferisches Wort

Unser Wort zu einem Ding, so wie wir es wollen, ist nur, daß wir zu ihm sprechen: Sei! und so ist's.
Gott hat Macht über alle Dinge. Er hat euch aus den Leibern eurer Mütter hervorgebracht als Unwissende. Und er gab euch Gehör und Gesicht und Herzen, auf daß ihr dankbar seid.
Seht ihr nicht die Vögel, wie sie ihm untertan sind im Himmelsraum? Niemand hält sie in Händen außer Gott. Siehe, hierin ist wahrlich ein Zeichen für gläubige Leute.
Sure 16,42. 79-81

schöpfen ausgezeichnet ist. Durch sein Wort hat Gott alle Dinge ins Dasein gerufen. Weil das Universum Gottes Geschöpf ist, kann der Mensch im Universum auch Zeichen Gottes erkennen. Die Ordnung der Welt und die Harmonie der Schöpfung sind makellos. Für den, der darüber nachdenkt, sind sie Kunde von Gott. An einer bewegenden Stelle zeigt der Koran, wie Abraham zunächst von der Schönheit der Sterne, des Mondes und der Sonne so fasziniert ist, daß er sie für göttlich hält. Am Ende aber erkennt er, daß sie Geschöpfe sind und nur der Glaube an Gott selber berechtigt ist (6,75–79). Aus der schönen Schöpfung kann der Mensch mit seiner Vernunft auf den Schöpfer schließen, der die Welt in ihrer Schönheit erschaffen hat.

Unter den vielen Eigenschaften Gottes ragt seine *Barmherzigkeit* hervor. Sie wird schon in der Basmala (→ S. 209) genannt. Auch in vielen anderen Koranstellen und Gebeten ist vom barmherzigen Gott die Rede. Wenn man dem Islam polemisch gelegentlich ein rigoroses oder gar kriegerisches Gottesbild vorhält, wird dieser Glaube an den barmherzigen Gott völlig unterschlagen.

Nicht zuletzt auch in der Verheißung eines großartigen *Paradieses* sehen die Muslime Gottes Barmherzigkeit am Werk. In lebendiger Anschaulichkeit werden die Wonnen des Paradieses geschildert. Da gibt es die schönen Huris (Paradiesesmädchen), die nie altern, nie gebären und immer schön bleiben. Sie werden die Gläubigen nach dem Tod im Paradies bedienen. So hat der barmherzige Gott für seine Getreuen einen herrlichen Lohn eingesetzt. Die zu erwartenden Paradiesesfreuden werden im Koran sinnenhaft und farbenfroh, wenig spirituell und jenseitig beschrieben.

Die 99 Namen Gottes

Der Islam kennt 99 Eigenschaften Gottes. Es sind die »*schönsten Namen*« Gottes, von denen der Koran spricht. Fromme Muslime zitieren diese Namen anhand eines Rosenkranzes, der zumeist eine große und 33 kleine Perlen hat. Bei der großen Perle wird Gott ohne Namen, bei den kleinen Perlen mit seinen Namen angesprochen. Wer die 99 Namen kennt, kommt ins Paradies. Der 100. Name Gottes ist unaussprechlich. Ein paar Beispiele: Gott – der Erbarmer – der König – der Heilige – der Friede – der Mächtige und Prächtige – der Unterdrücker – der Schöpfer – der Vergebende – der Allweise – der Allhörende – der Allsehende – der Richter – der Gerechte – der Wohlwollende – der Langmütige – der Liebevolle – der Wahre und die Wahrheit – der Starke – der Unerschütterliche – der Schöpfer des Lebens – der Schöpfer des Todes – der Allmächtige – der Erste und der Letzte – der Eine und Einzige – der Sichtbare – der Verborgene – der Gütige – der Rächer – der Nachsichtige – das Licht – der Ewige – der auf den geraden Weg führt – der voller Geduld ist.

Abraham

Als die Nacht Abraham überschattete, sah er einen Stern. Er sprach: »Das ist mein Herr.« Als er aber unterging, sprach er: »Nicht liebe ich, was untergeht.« Und als Abraham den Mond aufgehen sah, sprach er: »Das ist mein Herr.« Und als er unterging, sprach er: »Wahrlich, wenn mich nicht mein Herr leitet, so bin ich einer der Irrenden.«

Und als Abraham die Sonne aufgehen sah, sprach er: »Das ist mein Herr; das ist das Größte.« Als sie jedoch unterging, sprach er: »O mein Volk, ich habe nichts mit euren Göttern zu schaffen. Siehe, ich wende mein Angesicht lauteren Glaubens zu dem, der Himmel und Erde erschaffen hat.«

Sure 6, 76–79

Das Paradies

Sie sind die (Allah) Nahegebrachten, in Gärten der Wonne …

Auf durchwobenen Polstern, sich lehnend auf ihnen einander gegenüber. Die Runde machen bei ihnen unsterbliche Knaben mit Humpen und Eimern und einem Becher von einem Born. Nicht sollen sie Kopfweh von ihm haben und nicht das Bewußtsein verlieren. Und Früchte, wie sie sich erlesen, und Fleisch von Geflügel, wie sie's begehren, und großäugige Huris gleich verborgenen Perlen als Lohn für ihr Tun. Sie hören kein Geschwätz darinnen und keine Anklage der Sünde; nur das Wort: »Frieden! Frieden!«

Sure 56, 11–12.15–25

In der islamischen *Mystik* (→ S. 251 ff.) werden die Namen Gottes auf tiefsinnige Weise gedeutet und betrachtet.

Es gibt auch islamische *Schulen*, die am liebsten auf die Aufzählung der 99 Namen Gottes verzichten. Ihnen genügt es, von dem Einen Gott allein zu sagen: Er ist.

Vorherbestimmung und Freiheit

Der Islam betont in besonderer Weise Gottes *Allmacht*. Gott schenkt das Leben und nimmt es wieder. Ihm bleibt nichts verborgen. Er bestimmt den Weg des Menschen. Gegen seinen Willen kann nichts geschehen. Alles ist von Ewigkeit her festgelegt. Viele Koranverse sagen, daß Gottes Wille die alleinige Ursache allen Geschehens ist. Die Lehre, die »Kadar«, d. h. »Vorherbestimmung« (lat.: »Prädestination«) heißt, stützt sich auf den Koran. Besonders der Unglaube wird oft auf Gott zurückgeführt. Vielleicht entspricht diese Kadar-Lehre der religiösen Neigung, alles auf Gott zu beziehen und von ihm her zu verstehen (→ S. 175). Vielleicht tröstete sich Mohammed so auch über die für ihn unfaßbare Tatsache hinweg, daß viele seiner Zeitgenossen in Mekka und Medina den Islam nicht angenommen haben. Die ersten Kalifen wußten diese Lehre zu schätzen. Wenn alles von Gott vorherbestimmt war, dann auch ihre Herrschaft. Auch später hat die Kadar-Lehre Herrschaft legitimiert. Bis heute bestimmt sie den Volksglauben. Viele Muslime leben mit der Einstellung, daß Gott ihr Leben ganz und gar lenkt. Vielleicht motiviert eine solche Einstellung nicht unbedingt zu aktiver Tat und zum Engagement für die Welt. Man sollte jedoch dabei nicht von »Fatalismus« (»Kismet«) reden, weil die Muslime nicht glauben, ihr Leben werde von einem blinden Schicksal (lat.: fatum) bestimmt. Sie wissen sich von der Lenkung Gottes abhängig.

Es gibt aber auch Stellen im Koran, die für die menschliche *Freiheit* sprechen. Oft wird betont, daß

Talismane

Gottes ist der Orient!
Gottes ist der Okzident!
Nord- und südliches Gelände
Ruht im Frieden seiner Hände.

Er, der einzige Gerechte,
Will für jedermann das Rechte.
Sei, von seinen hundert Namen,
Dieser hochgelobet! Amen.

Johann Wolfgang von Goethe,
Der westöstliche Divan

Kadar – Gottes Vorbestimmung

Wen Gott will, den leitet er irre, und wen Gott will, den führt er auf den rechten Pfad. Und wen Gott leiten will, dem weitet er seine Brust für den Islam, und wen er irreführen will, dem macht er die Brust knapp und eng, als wollte er den Himmel erklimmen. Also straft Gott die Ungläubigen.

Sure 6, 39.125

Nimmer trifft uns etwas anderes, als was Gott uns bestimmt.

Sure 9, 51

Das Böse und das Leiden

Wie alle monotheistischen Religionen so steht auch der Islam vor der bedrückenden Frage, was das *Böse* sei und woher es komme, wenn der gute Gott doch von Anfang an alles gut geschaffen habe. Ebenso belastend ist die Frage, welchen Sinn die vielen *Leiden* haben, die die Menschen ertragen müssen, wenn der allmächtige Gott sie doch verhindern kann. Judentum (→ S. 46 ff.) und Christentum (→ S. 127 f.) stellen sich diesen Problemen auf unterschiedliche Weise. Die Haltung des Islam zu diesen unabweisbaren Fragen ist noch einmal anders. Die Muslime glauben, diese Fragen Gott letztlich nicht stellen zu dürfen, da der *Mensch kein Recht* hat, von Gott Rechenschaft zu fordern. Der Protest des biblischen Ijob ist dem Koran fremd.

Das schließt nicht aus, daß der Islam eine Lehre vom Bösen entwickelt hat. Das Böse ist mit der Person des Teufels verbunden, der »*Iblis*« (vielleicht von griech. »Diabolos«) heißt. Von Anfang an war er der Widersacher Gottes und der Feind der Menschen (→ S. 222). Weil er die Erschaffung der Menschen ablehnte und sich weigerte, vor dem zuerst erschaffenen Adam niederzuknien, wurde er von Gott verflucht und aus dem Paradies vertrieben. Iblis erbat sich aber von Gott einen Aufschub der Verdammung bis zum letzten Gericht. Bis dahin darf er die Menschen, die nicht fest an Gott glauben, zum Bösen verführen. Seitdem flüstert er den Herzen der Menschen Böses ein. Am Ende der Zeiten wird Gott Iblis, alle Ungläubigen und Ungehorsamen in die Hölle verdammen. Ungehorsam und Hochmut sind Eigenschaften von Iblis. Er hat große Macht, ist aber auf keinen Fall Gott ähnlich oder gleichartig. Nur Gott allein hat alle Macht über die Welt und die Menschen. Was Iblis tut, tut er mit der Erlaubnis Gottes.

Auch der *Mensch* selber ist Ursache vieler böser Taten. Mit seiner Unbeständigkeit und Streitsucht, mit seiner Neigung zum Unrecht und seinen Lei-

---

Menschliche Verantwortung

Wer Übles erworben hat und wen seine Sünde umgibt, jene werden des Feuers (Hölle) Gefährten sein und werden ewig darin verweilen. Wer aber glaubt und das Rechte tut, die werden des Paradieses Gefährten sein und werden ewig darinnen verweilen.

Sure 2, 75

---

es nicht Gott ist, der die Menschen Böses tun läßt und ihr Herz verstockt, sondern daß sie selbst in ihrer Bosheit dafür verantwortlich sind. Wenn der Koran den Muslimen viele Gebote und Pflichten auferlegt, so ist dabei vorausgesetzt, daß sie diese in Freiheit erfüllen oder mißachten können.

So ist die Kadar-Lehre zwar tief im Islam verwurzelt, aber weder im Koran noch in der langen theologischen Tradition allein vorherrschend. Es gibt viele Schulen, die die Verantwortung und Freiheit des Menschen betonen. Eine befriedigende spekulative Lösung, wie göttliche Vorherbestimmung und menschliche Freiheit zu vereinbaren sind, ist nicht zu erkennen.

Linke Seite: Ägyptischer Papyrus mit den 99 Schönen Namen Gottes. Die 100 Felder umrahmen die Shahada, das Glaubensbekenntnis der Muslime (→ S. 231). Um bei 99 Namen zu bleiben, wurde einmal ein Name auf zwei Felder gezogen. Der hundertste Name Gottes bleibt für alle verborgen.

Muslime beim Kauf von Rosenkränzen, die auch als Souvenirs beliebt sind.

denschaften bringt er große Leiden über sich selbst und seine Mitmenschen. Dabei kennt der Islam keine Erbsünde, die von Adam und Eva aus auf alle Menschen übergeht und sie zu bösen Taten verleitet. Auch von der Schöpfung geht kein Anreiz zum Bösen aus, da die Schöpfung Gottes makellos ist. Das Böse und das Leiden gründen nicht in Störungen oder Mängeln dieser Welt. Gott allein bestimmt, ob Glück oder Unglück, Freude oder Leid, Gutes oder Böses über den Menschen kommt.

Das Leiden hat für die Menschen einen doppelten Sinn. Es ist oft *Strafe* Gottes für böse Taten und Sünden. Gott will, daß das Leiden den Menschen veranlaßt, vom Bösen zu lassen und auf den rechten Weg zurückzukehren. Manchmal ist das Leiden auch eine *Prüfung*, die Gott dem Menschen auferlegt. Wer Gottes Prüfung besteht, darf Gottes Huld im Diesseits und die Freuden des Paradieses im Jenseits erwarten. Auf keinen Fall steht den Menschen die Frage zu, warum Gott das Böse geschehen und die vielen Leiden über die Menschen kommen lasse. Er würde Gottes Antwort mit seinem kleinen Verstand nicht verstehen können. Das schließt nicht aus, daß der Muslim bisweilen aber erkennen kann, wie Gott mit Leid und Unglück am Ende Freude und Glück bewirkt.

Innerhalb des Islam ist diese Abwehr der Theodizee-Problematik konsequent. Ein Denken, das von der Bibel und von der Aufklärung her bestimmt ist, wird sich mit dieser Einstellung kaum abfinden. Es wird fragen, warum so oft Unschuldige und sogar Kinder qualvoll sterben, für die ihr Unglück weder Strafe noch Prüfung sein kann.

Keine Theodizee

Nicht wird er (Gott) befragt nach dem, was er tut.
Sure 21, 23

Und wahrlich, prüfen werden wir euch mit Furcht und Hunger und Verlust an Gut und Seelen und Früchten, aber Heil verkünde den Standhaften. Ihnen, die da, so ein Unheil sie trifft, sprechen: »Siehe, wir sind Gottes, und siehe, zu ihm kehren wir heim«. Segnungen über sie von ihrem Herrn und Barmherzigkeit. Und sie, sie sind die Geleiteten.
Sure 2, 150–152

Große Theologen

In der geistigen Welt des Islam gibt es *Denker*, die ihrer Religion nicht nur in gehorsamem Glauben zugetan waren, sondern die auch rationale Wege zu ihrem Verständnis suchten. Einige gehören zu den großen Gestalten der »Theologie« und »Philosophie«.

• Einer der bedeutendsten Philosophen des Mittelalters, vergleichbar nur mit so epochalen Gestalten wie dem christlichen Theologen Thomas von Aquin (→ S. 130 f.) und dem jüdischen Denker Maimonides (→ S. 36 f.), war *Avicenna* (980–1037). Sein arabischer Name lautet »Ibn Sina«. Man nennt ihn den »dritten Aristoteles« und den »Fürst unter den Philosophen«, weil er auf originelle Weise das Denken des Aristoteles entdeckt und erschlossen hat. Im Mittelalter war er in aller Munde. Seine Ideen wurden überall heftig diskutiert. Ein von ihm verfaßtes medizinisches Handbuch war 700 Jahre lang bis zum Beginn der modernen Medizin weithin in Gebrauch.

Seine Lebensgeschichte ist außerordentlich bewegt. Um 1020 war er Wesir (Minister) in der Türkei. Er wurde wegen Ungehorsam gegenüber dem Militär ins Gefängnis geworfen, doch als er den Emir auf wunderbare Weise heilte, wurde er freigelassen und durfte sein Amt wieder ausüben. Später kam er noch einmal ins Gefängnis, wo er sich intensiv seiner Schriftstellerei widmete. Als Sufi (→ S. 251 ff.) verkleidet, verließ Avicenna die Türkei und ging nach Persien. In Isfahan wurde er Günstling des Fürsten und begleitete diesen auf seinen Reisen und Feldzügen. Dabei entstanden hochgelehrte Werke über Astronomie, Mathematik und Musik. Als er sein Ende nahen fühlte, nahm er die rituellen Waschungen vor, ließ seine Sklaven frei, schenkte den Armen einen Teil seines Vermögens und rezitierte drei Tage lang den Koran, den er auswendig kannte. Er ließ sein Zimmer mit weißen Stoffen ausstatten. Der große Denker starb als ein frommer Muslim.

Mit seiner Philosophie geriet er in Gegensatz zur islamischen Orthodoxie, obwohl er redlich einen Brückenschlag zwischen Vernunft und Glauben versuchte. Für ihn ist Gott die höchste Erkenntnis und Liebe, aber auch die einzige und notwendige Ursache für alle Dinge, die aus ihm hervorströmen

(»Emanation«). Die Welt ist zwar geschaffen, besteht aber von Ewigkeit her in der Einheit mit Gott (»Monismus«). Von seinen Voraussetzungen aus wurde es schwer, die Freiheit des Menschen zu begründen. Die Seele bzw. der Geist des Menschen sind für ihn die letzten und tiefsten Stufen der göttlichen Hervorbringung. Dieser Hervorgang des Niederen aus dem Höheren ist nicht einmalig und zeitlich, sondern ewig. Durch moralische und geistige Läuterung kann der Geist wieder in Gott zurückkehren. Christliche und islamische Philosophen sahen in seiner Philosophie – vielleicht zu Unrecht – die göttliche Schöpfung, die menschliche Freiheit und die Individualität der Seele geleugnet oder gefährlich mißverstanden. Sie nahmen Avicenna auch übel, daß er die Auferweckung von den Toten nur allegorisch gelten lassen wollte. Tatsächlich hatte er keine Vorbehalte gegenüber seiner Religion. Er hat auf eine imponierende Weise versucht, sie mit seinem monistischen und emanatistischen Weltbild in Einklang zu bringen. In der späteren islamischen Philosophie wurde er mit Reserven betrachtet. Man akzeptierte nur einzelne Elemente seiner Philosophie, nicht aber das Konzept, weil es sich zu stark auf den »Heiden« Aristoteles stützte.

• *Al Ghazzali* (1058–1111), der größte mittelalterliche Theologe des Islam, war ein großer Mystiker. Man hat ihn den »Wiederbeleber der Religion« und den »Beweis des Islam« genannt. In seinen jungen Jahren war er Skeptiker, der sich vor allem für die

Philosophie und Jurisprudenz interessierte. Von seiner heftigen Glaubenskrise wurde er »durch ein Licht, das Gott ins Herz gelegt hat«, befreit. Er sah darin später dasselbe Licht, das auch zu unseren Erkenntnissen führt. Seine religiöse Gewißheit gründet sich auf die Erfahrung Gottes im Herzen. Als Lehrer war er sehr beliebt. Er kannte die verschiedenen Richtungen im Islam und setzte sich ihrem Einfluß aus. Darum konnte es ihm gelingen, die Mystik mit der Orthodoxie zu versöhnen. Er empfiehlt die Gottesliebe, wenn sie sich nicht über die Erkenntnis des Propheten stellt. Er akzeptiert die mystische Nähe Gottes, wenn sie Gottes Transzendenz unangetastet läßt. Er bejaht die mystische Sprache des Herzens, wenn sie auch die Pflichten des Islam beachtet. Seine Schriften haben den Islam bis heute stark beeinflußt. Eines seiner großen Werke trägt den Titel: »Die Erneuerung der religiösen Wissenschaften«.

Der Erste und der Letzte

Einmal wurde Al Ghazzali gefragt, wie Gott zugleich der Erste und der Letzte sein kann, während dies doch zwei entgegengesetzte Attribute sind. Er antwortete: »Er ist der Erste im Hinblick auf das Existierende, denn aus ihm ist der Reihe nach eines nach dem anderen hervorgegangen. Er ist ferner der Letzte, mit Rücksicht auf den Weg derer, die zu ihm gehen; denn diese steigen von Station zu Station immer weiter zu ihm empor, bis schließlich die Ankunft in jenem Bereich göttlicher Gegenwart stattfindet und dies dann das Ende der Reise bildet. Er ist demnach Letzter in Bezug auf die Anschauung, aber Erster in bezug auf die Existenz.«

Al Ghazzali, Über das Gottvertrauen

Zwei Gelehrte beten auf einem Gebetsteppich den Rosenkranz mit 99 Perlen, die den 99 Namen Gottes entsprechen. Indische Miniatur, 16./17. Jh.

Der Mensch – Deutung und Leben

Adam im Koran

Die uralte Frage »Was ist der Mensch?« ist auch für den Islam wichtig, weil von der Antwort abhängt, wie sich der Muslim selbst versteht und was er tun soll. Ein Grundverständnis der islamischen Anthropologie läßt sich an der Gestalt des *Adam* ablesen, wie er im Koran vorkommt (2,30–39; 20,115–127; 49,13 u.ö.). Dabei setzt der Koran viele Akzente anders als die Bibel (→ S. 136 ff.). Zusätzlich stützt er sich auf eine alte christliche Engellegende, die in der Bibel nicht vorkommt.

Mit der Bibel sieht der Koran in Adam und seiner namentlich nicht genannten Frau die ersten Geschöpfe und die Stellvertreter Gottes. In seinem Rang steht Adam deutlich *über den Engeln*. Gott mutete diesen sogar zu, sich vor den ersten Menschen zu beugen, damit sie erkennen, wer das höchste Wesen der Schöpfung ist. Alle Engel taten dies. Nur *Iblis* (→ S. 219), der Teufel, verweigerte den Niederfall. Die islamischen Mystiker haben gemeint, daß in dieser Ablehnung etwas Zwiespältiges liegt. Mit seiner Weigerung ist Iblis einerseits Gott gegenüber ungehorsam, weil er seine Anweisung mißachtet. Andererseits gehorcht er aber durch seine Weigerung einem anderen Gebot Gottes, das jeden Niederfall vor einem Geschöpf verbietet. So geschieht selbst in der Sünde des Iblis noch Gottes Wille. Später versucht Iblis immer wieder, den Menschen vom rechten Weg abzubringen.

Im *Paradies* erleben die Menschen eine Zeit des Glücks. Sie dürfen von den Früchten der Bäume essen, soviel sie wollen. Nur die Frucht eines Baumes ist ihnen verboten. Aber der Satan verführt sie und er, nicht Gott, vertreibt sie aus dem Paradies. Doch schon bald erweist sich Gott den Menschen gegenüber barmherzig. Er verzeiht Adam seine Schuld. Die Paradiesesgeschichte enthält zentrale Motive der islamischen Anthropologie: höchstes Geschöpf – Stellvertreter Gottes – Verführbarkeit – Sünde als Ungehorsam – Barmherzigkeit Gottes.

Der Mensch schwankt zwischen *Größe* und *Elend*. In seiner Gebrochenheit ist er ein Wesen der Krise. Aber er fällt nie aus der Hand Gottes.

Differenzen zur Bibel

Zwischen den Schöpfungserzählungen des Koran und der Bibel gibt es wichtige Unterschiede.

Eva wird im Koran nicht genannt. Das mag an der höheren Stellung des Mannes im Koran liegen (2,228; 4,38). Aber darum geht von Eva auch nicht die Sünde aus, so daß sie im Islam nicht zum Symbol der Verführerin werden kann.

Der Ungehorsam des Adam hat im Koran keine theologischen Konsequenzen. Er belastet nicht seine Nachkommen. Adams Schuld geht nicht auf sie über. Durch Adam ist die menschliche Natur nicht beschädigt oder verdorben worden. Der Gedanke der *Erbsünde* ist dem Koran und damit dem Islam fremd.

Deshalb entfällt für den Islam auch die Notwendigkeit der *Erlösung*. Eine Erneuerung der menschlichen Natur durch einen Erlöser, der die Schuld Adams aufhebt, lehnt der Islam ab. Er braucht keine Person, die zwischen Gott und den Menschen vermittelt und die Menschen Gott wieder nahe bringt. Eine Lehre wie die Christologie der christlichen Kirchen erübrigt sich für den Islam. Wenn der Koran von »Erlösung« oder »Heil« spricht, ist dies nie Befreiung von Schuld, sondern Errettung von konkreten Feinden oder Hilfe in Gefahr. Nach der Lehre des Koran kann jeder Mensch wie Adam nach seiner Sünde das Erbarmen Gottes finden.

Adam ist nicht *Bild Gottes* (→ S. 140). Für den Islam kann nichts und niemand Gott ähnlich sein. Das ist mit Gottes Einzigkeit und Transzendenz unvereinbar. »Nichts ist ihm gleich (4,29).«

Adam braucht sich nicht die *Erde untertan* zu machen, wie Gott es ihm in der Bibel aufträgt. Nach dem Koran hat Gott das schon für den Menschen besorgt (22,64).

Statthalter und Diener Gottes

Der Koran macht zwei grundsätzliche Aussagen über den Menschen. Er nennt ihn »halifa« (verwandt mit Kalif) und »abd« (in vielen Namen vorkommend, z. B. Abdulla).

Mit »*halifa*« (2,28) ist kein bestimmtes Amt bezeichnet, wie es die späteren Leiter der islamischen Gemeinschaft innehatten, sondern die Stellung des Menschen in der Welt. Der Mensch ist Stellvertreter oder Statthalter Gottes. Er muß seine Aufgaben gegenüber der Natur und den anderen Menschen wahrnehmen. Darum ist »*halifa*« ein besonderer Ehrentitel. Gott selbst hat diese Würde dem Menschen verliehen (17,72).

Andererseits ist der Mensch auch »*abd*«, d. h. Diener, Knecht oder sogar Sklave. Diese Bezeichnung ist für den Menschen angemessen, weil er Gottes Geschöpf ist. Sie ist auch ein Ehrentitel, weil der geschaffene Mensch gar nichts anderes sein kann. Seine vornehmste Aufgabe ist es, sich aus freien Stücken dem Willen Gottes auszuliefern und ihm absolut gehorsam zu sein. Der Gedanke, der Mensch könne autonom sein, d. h. sich selbst die Gesetze geben, die für sein Leben wichtig sind, ist dem Islam unerträglich.

Derselbe Mensch ist vor dem Schöpfer klein und vor der Schöpfung groß. Er kann der Schöpfung seinen Willen aufprägen und muß sich in allem dem Willen Gottes unterwerfen. *Hoheit* und *Niedrigkeit* des Menschen sind wie zwei Seiten einer Medaille zu verstehen.

Die positiv gewertete Niedrigkeit des Menschen ist nicht zu verwechseln mit der Schwäche, die offenkundig wird, wenn der Mensch sündigt. In der *Sünde* gerät der Mensch zu seinen gefährlichen Möglichkeiten. Die Sünde hat viele Facetten und wird unterschiedlich beschrieben.

Einmal heißt es, daß der Mensch beim Sündigen Gottes Gebot »*vergißt*« (20,114). Das klingt fast entschuldigend und bekundet, daß der Mensch eher schwach als verdorben ist. Eine kritische Sicht der Sünde liegt da vor, wo sie als »*Ungehorsam*« gegenüber Gott bezeichnet wird. Wenn der Mensch sündigt, lehnt er sich gegen Gott auf. Sünde ist Rebellion.

Die schlimmsten Sünden richten sich unmittelbar *gegen Gott*: Vielgötterei, Blasphemie und Unglaube. Sie verdienen die ewigen Höllenstrafen. Wenn man die vorgeschriebenen irdischen Strafen (→ S. 242 f.) hinnimmt, können diese Sünden auch getilgt werden. Die Sünden, die sich *gegen andere Menschen* richten, müssen wiedergutgemacht werden, wenn sie getilgt werden sollen. Zu den Hauptsünden zählen Verleumdung, Ehebruch, Unzucht, üble Nachrede, falsches Zeugnis, Geiz, Neid, Unmäßigkeit und Zorn. Immer hat der Muslim in seinem Leben die Chance, auf den Weg der Rechtleitung zurückzukehren und Gottes Erbarmen zu erfahren.

Stationen des Lebens

Das ganze Leben des Muslim wird vom Islam geprägt. Es gibt keinen Unterschied zwischen dem religiösen und profanen Bereich. Alle wichtigen Lebensstationen haben mit Gott zu tun.

Unmittelbar nach der Geburt wird dem kleinen *Kind* der Aufruf zum Gebet (→ S. 231) ins rechte Ohr und der Anfang eines anderen Gebetes ins linke Ohr geflüstert. Das erste Wort, das das neugeborene Kind hört, ist das Wort »Gott«. An seinem Lebensanfang steht die Aufforderung zum Lob Gottes. Nach sieben Tagen erhält das Kind seinen Namen. Der Name des Kindes soll aus der religiösen Tradition stammen. Die ganze Familie und die Freunde werden eingeladen, um Geburt und Namengebung mitzufeiern. Wenn das Kind etwa nach dem 4. Lebensjahr allmählich zu einem ersten Verständnis des Islam kommt, findet ein Familienfest statt, bei dem feierlich die »Basmala« (→ S. 209) gesprochen wird. Das Kind spricht die Verse nach und beginnt damit einen Lernprozeß, der nie im Leben ein Ende finden soll.

Zwischen dem 7. und 13. Lebensjahr werden die Jungen meist in einem feierlichen Rahmen beschnitten. Obwohl die *Beschneidung* im Koran nicht verpflichtend vorgeschrieben wird, gilt sie vielen Muslimen als ein Kennzeichen des Islam. Schon lange vor Mohammed war dieser Brauch in den arabischen Ländern verbreitet. Im Judentum (→ S. 63) ist sie ein strenges Gebot. In manchen islamischen Ländern, vor allem in Afrika, werden auch *Mädchen* beschnitten. Gegen diesen Brauch, der meist von regionalen und ethnischen Traditionen gefordert wird, sind erhebliche Einwände zu erheben, da die qualvolle Prozedur bei den Mädchen zu nicht unerheblichen körperlichen und seelischen Schäden führen kann. Selbst hohe islamische Rechtsgelehrte Ägyptens haben die Beschneidung der Mädchen 1996 kritisiert.

درازی قلبه جانها خم ابروی تو بود   رومی توسیمی دلان رومی دلم سوی ته

لكاز نسبت آن سیدزادمیکرد   كل قلبش از خاک سرکومی توبون

قسمه الملایکه کلهم اجمعین الا ابلیس که ازروی عجبی بیدار

استبکار نمود و در زین نفتا وبه سجود ریت

Adam, der erste Mensch, liegt
nackt im Parasiesesgarten. Engel
fallen vor ihm nieder, um ihm
Ehre zu erweisen. Daran wird
erkenntlich, daß der Mensch in
seinem Rang noch über den
Engeln steht (→ S. 136). Persische
Handschrift, 16. Jh.

Rechte Seite, links: Grabstein auf
einem muslimischen Friedhof in
Hyderabad, Indien.
Rechts: Mohammed wird bei
seinem Besuch im Himmel von
Engeln erwartet und in Empfang
genommen. Die Engel sind durch
70 000 Vorhänge von der
Herrlichkeit Gottes getrennt, ein
Symbol für den Glauben, daß
Gott letztlich unzugänglich ist.
Zur Herkunft des Bildes:
→ S. 193, 204.

Die *Heirat* gehört zu den Höhepunkten im Leben
der Muslime. Sie wird entsprechend den finanziellen Möglichkeiten der Familien mit Angehörigen,
Freunden und Nachbarn aufwendig begangen. Man
spart lange für die Tage der Hochzeit. Die Heirat ist
ein Segen Gottes für diese und die kommende Welt.
Die religiösen Zeremonien finden in der Moschee
statt, wobei der Imam in der Regel anwesend ist.
Zwei erwachsene Muslime sind Trauzeugen. Das
Versprechen, das die Brautleute sich geben, ist ein

ergreifender Beweis für die große Achtung des Islam
vor Ehe und Familie.

Die Muslime sollen das Leben lieben. Aber sie
dürfen den *Tod* nicht aus den Augen verlieren. Nach
der Tradition werden sie im Tod von einem Engel
abberufen. Engel stellen dem Verstorbenen drei Fragen: »Wer ist Gott?« (Allah), »Wer ist sein Prophet?«
(Mohammed) und »Was ist deine Religion?« (Islam).
Wer die richtigen Antworten gibt, hat es beim Warten auf die Auferstehung, die ins Paradies führt,

leichter. Voll Würde und Ernst sind die Riten bei der Sterbebegleitung und Bestattung. Wenn das Lebensende nahe ist, kommen die Angehörigen zusammen. Sie erinnern den Sterbenden an das Gute, das er im Leben empfangen hat und beten mit ihm für die Vergebung der Sünden. Der Sterbende soll das Glaubensbekenntnis sprechen. Wie sein erstes, so soll auch sein letztes Wort im Leben »Gott« lauten. Dabei soll er nach Möglichkeit in Richtung Mekka schauen.

Vor der *Bestattung* findet eine Totenwaschung statt. Der Leichnam wird in ein weißes Tuch gehüllt, wie es auch die Wallfahrer in Mekka (→ S. 234 f.) tra-

gen. Es ist ein Zeichen dafür, daß der Tote nun Gott geweiht ist. Oft findet in der Moschee eine Trauerfeier statt. Nach den Totengebeten soll die Bestattung rasch erfolgen. Am Grab werden die Basmala und andere Gebete gesprochen.

Die *Gräber* der Muslime werden nicht mit Blumen oder anderem Schmuck verziert. Lediglich eine schlichte Säule ist üblich. Sie ist wie der Tote nach Mekka gerichtet.

Ehe und Familie

Für den Islam ist die *Ehe* ein Vertrag, der in der Regel von dem Bräutigam und einem männlichen Vertreter der Braut geschlossen wird. Die Bestimmungen über die Mitgift, Erbangelegenheiten und Scheidung werden schriftlich festgelegt. Aber die Ehe ist nicht eine weltliche Sache. Die Familie gehört zu den Dingen, die Gott den Menschen geschenkt hat. Sie ist Zeichen der Barmherzigkeit Gottes mit den Menschen. Die Ehe erfüllt vor allem drei gute Zwecke.

• Sie ist der Ort, wo *Kinder* ins Leben gerufen und erzogen werden. Die Freude an der Nachkommenschaft hat hier ihren legitimen Platz.

• Sie ist der Ort der *Lebensgemeinschaft*. Hier leben die Eheleute mit ihren Kindern und häufig auch mit der Großfamilie in Freud und Leid zusammen. Keine andere Institution bestimmt so stark den Alltag der Muslime wie die Familie.

• Sie ist der Ort, wo die Freuden der *Sexualität* genossen werden dürfen. Geschlechtlichkeit ist ein besonderes Geschenk Gottes. Nur in der Ehe ist sie legitim. Die Ehe ist der goldene Mittelweg für die Sexualität. Weder generelle sexuelle Freiheit noch ängstliche Ablehnung der Sexualität ist für den Islam akzeptabel. Außerehelicher Geschlechtsverkehr, Unzucht, Prostitution und Homosexualität sind schwere Sünden. Für ein zölibatäres Leben hat der Islam kein Verständnis.

Die Familie im Islam hat noch weithin eine patriarchalische Struktur, die aus der altarabischen Zeit stammt und sich bis heute erhalten hat. Der *Mann* steht an der Spitze der Familie. Er vertritt sie im öffentlichen Leben und trifft die wichtigsten Entscheidungen. Viele Männer sehen sich allerdings in erster Linie als die Beschützer der Familie und sorgen gut für Frau und Kinder. Darin erfüllen sie den Willen Gottes.

Die *Frau* kommt durch die Ehe in der Regel in die Familie des Mannes. Hier hat die Neuvermählte oft zunächst manche Schwierigkeiten, zumal wenn Eltern und Geschwister des Mannes Vorbehalte ihr gegenüber haben. Erst wenn sie Mutter wird, vor allem wenn sie Söhne gebiert, findet sie größere Anerkennung. Die Großmutter hat oft eine einflußreiche Position in der Familie. Ihre eigenen Kinder, aber auch die jüngeren eingeheirateten Frauen zollen ihr einen hohen Respekt. Was die Großmutter sagt und meint, bestimmt das Familienklima in hohem Maß. Aufgabe der Frau ist es, eine liebenswerte Gattin, eine gute Mutter, eine tüchtige Hausfrau und eine verständnisvolle Erzieherin der Kinder zu sein. Auch für die religiöse Erziehung ist sie wichtig. Nach einem Wort Mohammeds liegt das Paradies zu Füßen der Mütter.

Die Rolle der Frau

Bei den *Arabern* war die Frau zur Zeit Mohammeds völlig rechtlos. Der Mann konnte sich beliebig viele Frauen nehmen und jede Frau ohne Angabe von Gründen verstoßen. Die Frau durfte kein eigenes Vermögen besitzen und war im Fall der Scheidung völlig mittellos. Der Vater durfte neugeborene Töchter töten.

Die Frauen

O ihr Menschen, fürchtet euren Herrn, der euch erschaffen hat aus einem Wesen und aus ihm seine Gattin erschuf und aus ihnen viele Männer und Frauen entstehen ließ … Gebt den Waisen ihr Vermögen und tauscht nicht euer Schlechtes gegen ihr Gutes ein; schlagt nicht ihr Hab und Gut zu eurem Besitz hinzu. Das ist ein großes Verbrechen. Wenn ihr fürchtet, gegen die Waisen nicht gerecht zu sein, so nehmt euch zu Frauen, die euch gut dünken: zwei oder drei oder vier. Wenn ihr aber fürchtet, ihnen gegenüber nicht gerecht zu sein, heiratet nur eine oder was eure Rechte an Sklavinnen besitzt. Auf diese Weise schützt ihr Euch vor Ungerechtigkeit.

Die Männer sind den Frauen überlegen wegen dessen, was Gott den einen vor den anderen gegeben hat, und weil sie von ihrem Geld (für die Frauen) zahlen. Die rechtschaffenen Frauen sind gehorsam und sorgsam in der Abwesenheit ihrer Gatten, wie Gott für sie sorgte. Diejenigen aber, für deren Widerspenstigkeit ihr fürchtet – warnt sie, verbannt sie in die Schlafgemächer und schlagt sie. Wenn sie euch gehorchen, so sucht keinen Weg gegen sie. Gott ist hoch und groß.

Sure 4, 1–3.38

Siehe, ich lasse nicht unbelohnt die Taten von euch verloren gehen, sei es, daß ein Mann oder eine Frau sie begangen hat. Die einen von euch sind doch Teil von den anderen.

Sure 3, 193

Mit dem Aufkommen des Islam hat sich für die Frau manches gebessert. Im *Koran* gibt es viele Verse, die mit großer *Hochachtung* von Frauen sprechen. Den größten Respekt findet Maria, die jungfräuliche Mutter Jesu, die im Koran mehrfach sympathisch erwähnt wird (3,31–44; 4,155 f; 23, 52, → S. 265 f.). Am Anfang der islamischen Geschichte sind manche tüchtige Frauen zu großem Ansehen gekommen. Chadidja (→ S. 199), die erste Frau Mohammeds, hat den Propheten seit seiner Berufung unterstützt, und Aischa, seine Lieblingsfrau, hat die Geschicke des Islam nach dem Tod des Propheten tatkräftig mitbestimmt.

In Einzelfragen hat der Koran die *Stellung der Frauen verbessert*. Neugeborene Mädchen dürfen nicht mehr ausgesetzt werden. Ein Mädchen soll nun nicht mehr gegen seinen Willen verheiratet werden. Nicht die Familie, sondern die Ehefrau erhält das Brautgeld, mit dem sie selbständig wirtschaften kann. Bei der Auflösung der Ehe steht der Frau eine ausreichende finanzielle Absicherung zu, damit sie unabhängig leben kann. Bei einer Scheidung kann sie das in die Ehe eingebrachte Vermögen wieder mitnehmen. Ihr Hab und Gut soll auch nach der Trennung ihr Eigentum bleiben. Eine Gütertrennung muß nicht ausdrücklich vereinbart werden. Der Ehemann muß für die Frau gut sorgen und ihr, wenn er stirbt, ein Erbe vermachen. Bei der Scheidung, die erlaubt, aber verabscheuungswürdig ist, muß der Mann bestimmte Wartezeiten einhalten, um festzustellen, ob eine Schwangerschaft vorliegt. In dieser Zeit muß der Mann die Frau korrekt behandeln. Wenn er seine Frau einseitig entläßt, wozu er das Recht hat, kann er die Entlassung widerrufen, wenn es zu einer Versöhnung der Eheleute kommt. Erst eine dreimal bestätigte Verstoßung der Ehefrau ist unwiderruflich.

Wir finden im Koran auch Bestimmungen, die für die Frau äußerst *belastend* sind. Zwar sagt der Koran nirgends, die Frauen hätten keine Seele. Aber er lehrt, daß die Männer nach Gottes Willen den Frauen überlegen sind (4,38). Sie haben den Vorrang vor den Frauen (2,228) von Gott erhalten. Wenn Frauen widerspenstig sind, sollen sie geschlagen werden (4,38). In Scheidungs- und Erbangelegenheiten sind die Frauen nicht gleichberechtigt. Sie können vom Mann verstoßen werden.

Der Koran hat die *Polygamie* nicht erstmals erlaubt, sondern die bestehende altarabische Polygamie begrenzt. Der Mann darf nun nur noch maximal vier Ehefrauen haben (4,3). Dies mag eine Konzession an die Männer gewesen sein, die für eine noch stärkere Einschränkung nicht vorbereitet waren. Auch wirtschaftliche Gründe werden für die Begrenzung gesprochen haben. Kaum ein Mann konnte mehr als 4 Frauen ernähren. Gegen die Monogamie sprach vor allem auch die Sorge für die unversorgten Witwen der gefallenen Soldaten, die so eine neue Chance für eine Ehe erhielten und damit in einen sozial besseren Status kamen. Die islamischen Gelehrten kommen heute häufig zu einer Ablehnung der Polygamie. Sie erklären, daß sie beim Propheten nur wegen seines besonderen Amtes zugelassen gewesen sei. Die Bedingungen, unter denen der Koran die Polygamie für die anderen Muslime zulasse, seien aber so schwer zu erfüllen, daß sie faktisch nie gegeben seien. Welcher Mann könne schon gegenüber mehreren Ehefrauen dieselbe Zuneigung und vollständige Gerechtigkeit aufbringen, wie es die 4. Sure fordert. Wenn dies aber überhaupt nicht oder zumindest heute nicht mehr möglich sei, werde das islamische Zugeständnis der Polygamie hinfällig. Um der Eheleute und der Kinder willen sei auch vom Islam her die Einehe zu fordern.

Die Stellung der Frau *verschlechterte sich* in den ersten Jahrhunderten nach Mohammeds Tod erheblich. Die Frau wurde mehr und mehr aus dem öffentlichen Leben verbannt und zu einem eigenen Lebensstil verpflichtet. Als Zeugin vor Gericht ist ihre Stimme nur halb soviel wert wie die des Mannes. Der Mann darf sich neben seinen Ehefrauen auch Konkubinen halten. Aus dieser Konzession entwickelte sich später der *Harem*.

Seit dem 19. Jahrhundert gibt es im Islam wichtige Ansätze zu einer *Reform*. Angesehene Theologen, Juristen und Literaten verlangen heute eine Neuorientierung. Die neuzeitliche Auffassung von der Gleichberechtigung der Frau und das Ideal des modernen Familientyps haben auch die islamischen Ehe- und Familienvorstellungen beeinflußt. Die Polygamie ist stark rückläufig. Nur in einigen islamischen Herrscherhäusern und da, wo das Nomadenleben noch besteht, gibt es sie auch heute noch ohne Einschränkung. Überall sonst erlauben schon die wirtschaftlichen Bedingungen die gleichzeitige Vielehe kaum mehr. Finanzielle Grenzen und Wohnraummangel verbieten es den meisten Muslimen, mit mehreren Frauen verheiratet zu sein. Viele islamische Staaten haben Ehegesetze erlassen, die die Polygamie einschränken. Länder wie Tunesien haben sie ganz verboten und mit Strafen belegt. Auch das Recht der Verstoßung der Frau, das sich noch mehr zum Nachteil der Frau entwickelt hat als die Polygamie, ist in vielen Ländern eingegrenzt oder aufgehoben worden. An die Stelle der willkürlichen Verstoßung tritt die geregelte Ehescheidung, wie sie ähnlich in westlichen Ländern üblich ist.

Schon seit vielen Jahrhunderten tragen islamische Frauen einen *Schleier* (»Tschador«). Sie folgen damit einem Rat des Koran. Der Schleier hat den religiösen Sinn, die Frau als Muslimin auszuweisen. Mit dem Schleier bekennt sich die Frau öffentlich zum Islam. Er bietet überdies Schutz vor unerwünschter Annäherung, der in manchem Stadtviertel oder in einer Tropenlandschaft sehr willkommen sein kann. In vielen Ländern, z. B. in der Türkei, wurde die Abschaffung dieses Brauchs als ein Fortschritt zur Emanzipation der Frau gefeiert. Tatsächlich war das Leben ohne Schleier häufig ein Stück konkreter Freiheit für die Frau. In den letzten Jahren wird der Schleier auch von emanzipierten Frauen wieder freiwillig getragen. Sie sehen darin ein Symbol für die Würde der Frau, mit dem sie ihr Bekenntnis zum Islam und ihren Abscheu vor der sexuellen Ausbeutung der Frau in der westlichen Welt zum Ausdruck bringen.

Heute nehmen die Frauen in vielen islamischen Ländern gute Plätze in der *Arbeitswelt* und in der *Wissenschaft* ein. Sie haben vielfach das aktive und passive Wahlrecht. Im politischen, wirtschaftlichen und kulturellen Leben werden sie zu einem gewichtigen Faktor. In manchen Demokratien sind muslimische Frauen an der Regierung beteiligt. Selbst als demokratisch gewählte Ministerpräsidentinnen sind islamische Frauen heute keine Ausnahme mehr.

Doch wo die *Scharia* (→ S. 240 ff.), d. h. das traditionelle islamische Recht, noch strikt angewandt wird, besteht die Benachteiligung der Frauen weiter. Scheidung, Verstoßung, fehlendes Sorgerecht für die Kinder, Beschneidung der Mädchen, mangelnde

Der Schleier

Und sprich zu den gläubigen Frauen, daß sie ihre Blicke niederschlagen und ihre Scham hüten und daß sie nicht ihre Reize zur Schau tragen, es sei denn, was außen ist, und daß sie ihren Schleier über ihren Busen schlagen und ihre Reize nur ihren Ehegatten zeigen oder ihren Vätern oder den Vätern ihrer Ehegatten oder ihren Söhnen oder den Söhnen ihrer Ehegatten oder ihren Brüdern oder den Söhnen ihrer Brüder oder den Söhnen ihrer Schwestern oder ihren Frauen oder denen, die ihre Rechte besitzen, oder ihren Dienern, die keinen Trieb haben, oder Kindern, welche die Blöße der Frauen nicht beachten.

Sure 24, 31

Ausbildung und schlechte soziale Stellung werden in diesen Ländern von vielen Frauen als ungerecht empfunden.

In der islamischen *Mystik* (→ S. 251 ff.) nehmen Frauen einen besonderen Platz ein. Durch alle Jahrhunderte bis in die Gegenwart hat es in Persien und

in der Türkei, in Indien und Pakistan mystisch begabte Frauen gegeben. Ihre Biographien erinnern an das Leben christlicher Heiliger. Ein Beispiel dafür ist die sympathische Rabia. Die Mystikerinnen haben wunderbare Gebete formuliert und sich Gott nahe gefühlt. Viele von ihnen haben sich für Kinder und Arme, für Waisen und Witwen eingesetzt. In ihrer eigenen Armut fühlten sie sich reich. Von ihnen stammen einfühlsame Texte der Gottesbegegnung. An einigen Stellen sagen islamische Mystiker sogar, daß die Frau Gott näher steht als der Mann und daß der Mann durch die Frau zu Gott gelangen soll.

Muslimische Frauen leben auf ganz unterschiedliche Weise.

Linke Seite: Eine verschleierte Frau aus Afghanistan. Der Schleier, der gewiß oft als lästig und einengend empfunden wird, bietet den Frauen auch manche Vorteile. Er schützt vor der Glut der südlichen Sonne und vor unangenehmen männlichen Blicken und Zudringlichkeiten. Er gibt auch die manchmal willkommene Chance, in der Stadt, im Bazar oder Kino unerkannt zu bleiben. Vor allem ist er ein religiöses Zeichen.

Oben links: Eine ägyptische Frau mit Kindern und Tragekorb auf dem Weg in die Stadt.
Oben rechts: Benazir Bhutto, Ministerpräsidentin von Pakistan, vor dem Bild ihres hingerichteten Vaters. Die Politikerin sucht für ihr Land einen Weg zwischen islamischer Tradition und neuzeitlicher Demokratie.
Unten: Frauen aus Kurdistan übernehmen die Feldarbeit, während die kurdischen Männer im Kampf stehen. Sie gehen, wie viele Frauen in den Dörfern, unverschleiert (→ S. 256 f.).

Die Pflichten der Muslime

Die fünf Säulen

Für den Islam gilt genau wie für das Judentum und Christentum, daß der Gottesglaube zwar die Grundlage der Religion ist, daß er aber unwirksam bleibt, wenn er nicht zur lebensbestimmenden Praxis wird. Die Pflichten, die sich aus dem Glauben ergeben, haben im Alltag dieselbe Bedeutung wie der Glaube selbst.

Im Koran finden sich *viele Anweisungen*. Die meisten haben eine lange Vorgeschichte. Sie sind auch aus dem Ethos der Bibel, aus dem Brauchtum der Araber, aus alten Rechtstraditionen bekannt. So darf der Muslim nicht morden, lügen und betrügen. Kinder müssen die Eltern achten und für sie im Alter sorgen. Die Sexualität hat einen hohen Wert, soll aber nur in der Ehe ausgeübt werden. Das Zinsnehmen ist verboten. Einbildung, Geiz und Zorn sind zu meiden. Auf Sauberkeit ist zu achten. Die Speisegesetze verbieten den Genuß von Schweinefleisch und Alkohol. Besonders dringend empfohlene Tugenden sind Nachsicht, Gerechtigkeit und Barmherzigkeit.

Die fünf Säulen des Islam – Glaubensbekenntnis, Gebet, Armensteuer, Fasten im Ramadan und Pilgerfahrt nach Mekka – können durch die fünf Finger einer Hand symbolisiert werden. Stein in einem Tor der Alhambra in Granada (→ S. 250).

Rechte Seite: Die Shahada, das islamische Glaubensbekenntnis, in der Form eines Dreiecks. Kalligraphisches Schmuckblatt, Persien.

Fünf Pflichten sind für den Islam kennzeichnend. Sie werden mehrfach im Koran genannt (2,177.183f.196). Als Weisungen Gottes gebührt ihnen besonderer Gehorsam. In ihnen realisieren die Muslime die Hingabe (»Islam«), die Gott von ihnen verlangt. Durch diese Pflichten fühlen sie sich keinesfalls geknechtet oder unfrei. Man nennt diese Pflichten die »Säulen« des Islam, weil sie den Islam tragen wie Säulen ein Haus:

* das *Glaubensbekenntnis* – arabisch: Shahada
* das *rituelle Gebet* – arabisch: Salat
* die *Almosensteuer* – arabisch: Zakat
* das *Fasten im Monat Ramadan* – arabisch: Saum
* die *Pilgerfahrt nach Mekka* – arabisch: Hadsch

Diese Pflichten sind in Arabien nicht erst seit Mohammed bekannt. Es gibt ältere vergleichbare Gepflogenheiten, von denen er Kenntnis haben konnte. Bekenntnis, Gebet, Armensteuer und Fasten waren wichtige Gebote der Juden und Christen, die Pilgerfahrt nach Mekka war ein altarabischer Brauch.

Die fünf Pflichten sind zunächst Pflichten des *einzelnen* Muslim. Sie begründen ein religiöses Individualethos. Aber sie haben auch *gemeinschaftsbildende Kraft*. Wo immer Muslime Gottes Einheit bekennen, gegen Mekka gewandt beten, von ihrem Hab und Gut den Armen einen Teil abgeben, im Ramadan fasten und nach Mekka pilgern, da ist der Islam auch als Gemeinschaft lebendig. Durch diese Praxis wird die »Umma« (→ S. 239 f.), die universale religiöse Gemeinschaft des Islam, konstituiert. Wer sich diesen Pflichten in der Öffentlichkeit entzieht, gehört nicht zur Gemeinschaft des Islam.

In der *modernen Industriegesellschaft* sind die fünf Pflichten schwer zu beachten. Manche Rechtsgelehrte und Herrscher des Islam versuchen deshalb, sie den modernen Zeiten anzupassen. Aber die meisten Muslime halten sie auch in der traditionellen Form für unaufgebbar, da es sich hier um unveränderbare Gottesgebote handelt. Ihre genaue Befolgung kann nach ihrer Meinung die Arbeitswelt und Technik humanisieren und die Gefahr verhindern, daß der Mensch Sklave der modernen Gesellschaft und ihrer Zwänge wird.

Salat – Das rituelle Gebet

Gott (Allah) ist am größten. Gott ist am größten.
Gott ist am größten. Gott ist am größten.
Ich bezeuge, daß es keine Gottheit
außer Gott gibt.
Ich bezeuge, daß es keine Gottheit
außer Gott gibt.
Ich bezeuge, daß Mohammed
der Gesandte Gottes ist.
Ich bezeuge, daß Mohammed
der Gesandte Gottes ist.
Auf zum Gebet! Auf zum Gebet!
Auf zum heilen Leben! Auf zum heilen Leben!
Gott ist am größten. Gott ist am größten.
Es gibt keine Gottheit außer Gott.
Es gibt keine Gottheit außer Gott.

Shahada – Das Glaubensbekenntnis

Muslime sprechen ihr Glaubensbekenntnis (→ S. 187) an jedem Tag und zeigen damit ihre Zugehörigkeit zum Islam. Ein Konvertit, der den Islam annehmen will, spricht die Shahada vor Zeugen aus, worüber diese eine Urkunde anfertigen und unterschreiben. Damit ist der Übertritt zum Islam rechtskräftig. Ein Muslim, der das Bekenntnis nicht mehr akzeptiert, wird aus der Gemeinschaft des Islam ausgestoßen. Auf öffentlichem Glaubensabfall steht die Todesstrafe. Sie wird zwar in vielen islamischen Ländern nicht mehr angewandt, kommt aber auch heute vor (→ S. 242).

Salat – Das rituelle Gebet

Zum rituellen Gebet werden die Muslime *fünfmal täglich* vom Muezzin (Gebetsrufer) auf dem Minarett aufgerufen

- am Morgen, wenn das Morgenrot erstrahlt
- am Mittag, wenn die Sonne ihren höchsten Stand erreicht hat
- am Nachmittag, wenn die Schatten größer sind als die Gegenstände oder Personen
- beim Sonnenuntergang, wenn die Sonne am Horizont versunken ist
- am Abend, zu Beginn der Nacht nach dem letzten Abendrot

Das Gebet erinnert den Muslim den ganzen Tag lang an Gott und die Gemeinschaft des Islam. Im Gebet sind alle Muslime, welchen Standes sie auch sind, gleich.

Äußerliche *Sauberkeit* ist beim Gebet unerläßlich. Weder der menschliche Körper noch die Kleidung dürfen unrein sein. Wenn man im Schlaf, durch Erbrechen oder Bluten unrein geworden ist, muß man eine rituelle Waschung vornehmen.

Für das Gebet sind ganz bestimmte *Haltungen* vorgeschrieben. Man zieht die Schuhe aus und stellt sich, wenn man nicht in einer Moschee ist, auf eine Matte oder einen Teppich. Beides muß völlig sauber und damit rituell rein sein. Das Gebet wird in Ausrichtung auf die Kaaba in Mekka gesprochen. Der Teppich, der sich aus einem Zelttuch entwickelt hat, macht auch in der Umgebung der Ungläubigen aus dem Boden »heiliges Land«. Er kann auf kleinstem Raum ausgebreitet werden und gibt so dem Muslim die Möglichkeit, überall da, wo er sich gerade befindet, sein Gebet zu sprechen.

Beim Anfang des Gebets steht der Muslim. Die Arme und Hände hängen herab. Sodann verneigt er sich tief, erhebt sich wieder und spricht dabei: »Gott hört auf den, der ihn preist.« Dann wirft er sich zum erstenmal auf den Teppich nieder, küßt den Boden, während die Stirn den Boden berührt und die Hände neben dem Kopf ausgebreitet sind. Das ist der Höhepunkt des Gebets. Nun richtet er sich halb auf, so daß er in eine kniend-sitzende Haltung kommt. Die Hände ruhen dabei auf den Schenkeln knapp über den Knien. Von da aus wirft er sich ein zweites Mal auf den Boden nieder, stellt sich sodann gerade auf und setzt sich nochmals auf seine Knie. Nun spricht er das Glaubensbekenntnis und ein Gebet auf den Propheten. Zum Abschluß wendet er sich, noch immer auf den Knien sitzend, nach rechts und nach links und sagt zu seinen Mitmenschen: »Auf euch seien das Heil und das Erbarmen Gottes.« Diese Folge von Gebeten und Gebärden wird je nach Gebetsstunde mehrfach wiederholt.

Das tägliche Gebet kann der Muslim da verrichten, wo er sich gerade befindet. Am Mittag des *Freitag*, dem wöchentlichen Feiertag des Islam, und an *Festen* soll er es nach Möglichkeit in der Moschee beten. Auch hier ist der Gebetsritus einfach. Der Imam, der Gemeindevorsteher, führt die vorgeschriebene Gebetsordnung vor, die Gläubigen machen es ihm nach. Musik und andere liturgische Mittel gibt es nicht. An den Gebeten in der Moschee nehmen nur Männer teil. Die Frauen bleiben gewöhnlich zu Hause und beten dort. Manche Erklärer deuten dies so, daß der Mann in der Moschee von der Frau nicht abgelenkt werden soll.

Auf Karawanenzügen in der Wüste oder bei der Arbeit des Bauern und Handwerkers lassen sich leicht Zeiten des Gebets finden. In der modernen Fabrik, im durchorganisierten Büro, auf der Großbaustelle oder im großen Geschäftshaus, in der Eisenbahn oder im Flugzeug wird der Muslim nicht die Zeit zum Gebet finden, die ihm die Tradition vorschreibt. Industrialisierte Gesellschaft und Gebetspflicht sind heute in einen *Konflikt* geraten.

Zakat – Die Almosensteuer

Das Wort »*Zakat*« ist mit einem Verb verwandt, das »reinigen« heißt. Es bezeichnet die Almosensteuer, die eine Abgabe vom Vermögen ist. Die Abgabe soll von Habsucht, Haß und Ungerechtigkeit reinigen. Die einzelnen islamischen Rechtsschulen streiten, wie hoch der zu zahlende Satz sein muß und auf

welche Güter die Abgabe entfallen soll. Manche Gelehrte verlangen den Zehnten, andere sogar ein Fünftel des Einkommens. Als Minimum sind vom Barvermögen $2\frac{1}{2}$ Prozent an bedürftige Mitmenschen zu zahlen. Die Steuer soll auch auf Vieh, Ackerfrüchte, Wertmetalle und Handelswaren erhoben werden. Wer 40 Schafe oder Kamele hat, soll eines davon abgeben.

Religiös gesehen hat die Almosensteuer eine doppelte Funktion. Einmal wird durch sie die *soziale Pflicht* gegenüber der islamischen Gemeinschaft erfüllt. Die Abgaben dienen zur Unterstützung der Armen, Witwen und Waisen, die einen von Gott

Ein Muslim bei der rituellen Fußwaschung, bevor er die Moschee betritt.

Rechte Seite: Muslime in Delhi beim gemeinsamen Gebet vor der Jama Masjid, einer der wichtigsten Moscheen in Indien.

Zakat – Almosensteuer
Die Almosen sind nur für die Armen
und Bedürftigen
und die, welche sich um sie bemühen,
und die, deren Herzen gewonnen sind,
und für die Gefangenen und die Schuldner …
(Das ist) eine Vorschrift von Gott (Allah);
siehe, Gott (Allah) ist wissend und weise.
Sure 9, 80

Saum – Das Fasten

O ihr, die ihr glaubt, vorgeschrieben ist euch
das Fasten,
wie es den Früheren vorgeschrieben war;
vielleicht werdet ihr gottesfürchtig.
Der Monat Ramadan,
in welchem der Koran herabgesandt wurde
als eine Leitung für die Menschen
und als Zeugnis der Leitung und
Unterscheidung –
Wer von euch den Mond sieht, der beginne das
Fasten in ihm.
Wer jedoch krank ist oder auf einer Reise,
der faste die gleiche Anzahl anderer Tage.
Gott wünscht es euch leicht und nicht
schwer zu machen.
Sure 2, 179.181

selbst erhobenen Anspruch auf diese Steuer haben. Zum anderen soll der Muslim durch sie lernen, sein *Herz* nicht an irdischen Besitz zu hängen, sondern für Gott zu öffnen.

Heute gibt es in manchen islamischen Ländern mit der Zakat Probleme, da von den Regierungen auch andere Steuern erhoben werden, die nicht im Koran vorgeschrieben sind. Trotzdem wird die Zakat von vielen Muslimen gezahlt. Die Zahlung erfolgt in der Regel einmal jährlich und wird vom Staat nicht kontrolliert. Für viele Muslime ist sie das Zeichen für eine gerechte islamische Wirtschafts- und Sozialordnung.

Saum – Fasten im Ramadan

Mohammed selbst hat gefastet. Er erhielt auch wichtige Anleitungen zum Fasten, die im Koran aufgezeichnet sind (2,179 ff. u. ö.).

Seit den Anfängen des Islam ist der neunte Mondmonat des Jahres, der *Ramadan*, die Zeit des Fastens. Vom Morgengrauen bis zum Sonnenuntergang dürfen die Muslime nichts essen und trinken. Sie sollen nicht einmal einen Tropfen Wasser zu sich

nehmen, was besonders in der südlichen Hitze einen schweren Verzicht bedeutet. Tagsüber ist Geschlechtsverkehr und Tabakgenuß verboten. Die meisten Muslime erfüllen ihre Fastenpflicht gewissenhaft. Alte und Kranke, Kinder und Schwangere sind vom Fasten dispensiert. Am Abend, wenn die Minarette ihr Licht einschalten, hat das Fasten ein Ende. Schon tagsüber wird eine üppige Mahlzeit vorbereitet. Beim Essen werden Koranverse gelesen. Reiche Muslime laden Arme zu dieser Mahlzeit ein. Eine festliche Stimmung liegt über dieser abendlichen Mahlzeit. Nach dem Essen geht man oft in die Moschee, um dort das Abendgebet zu sprechen. Am Ende des Ramadan feiern die Muslime drei Tage lang das Fest des Fastenbrechens (türk.: Bairamfest, → S. 247).

Das Fasten hat für die Muslime einen tiefen *Sinn*. Es erinnert sie an die erste Offenbarung, die Mohammed im Ramadan empfing. Sie danken Gott für seine Barmherzigkeit und für den Koran. Zugleich ist das Fasten ein Werk der Buße. Es übt sie darin, die Leidenschaften zu beherrschen, die Sinnlichkeit zu zügeln und Zorn, Haß, Neid und Eifersucht zu meiden. Heute wird auch der gesundheitliche Wert des Fastens gesehen. Die Gemeinschaft des Islam wird in diesem Monat erfahrbar.

Auch das Fastengebot stößt in der modernen Welt auf erhebliche *Schwierigkeiten*. Schwere körperliche Arbeiten in Fabriken, im Bergwerk oder im Verkehr werden durch das Fasten erheblich beeinträchtigt, wenn nicht gar unmöglich. Tragisch sind die vielen Unglücksfälle, die sich im Ramadan auch bei uns als Folge des Fastens ereignen. Die fastenden Muslime sind den Anstrengungen ihres Berufs nicht immer gewachsen, weil ihre Umwelt zu wenig Rücksicht auf sie nimmt.

Heute gibt es *Reformvorschläge*, nach denen für schwer arbeitende Männer und Frauen Erleichterungen zugelassen werden sollen. Auch medizinische Gründe sollen für eine Dispens stärker berücksichtigt werden. Das neue Selbstbewußtsein des Islam führt aber eher dazu, das Fasten strenger als bisher einzuhalten. Das Volk hält sich gern an diese Tradition. Die jahrhundertealte Praxis erfährt heute neue Zustimmung.

Hadsch – Die Wallfahrt nach Mekka

Einmal im Leben soll jeder Muslim im Wallfahrtsmonat Dhulhidscha, dem 12. Monat des islamischen Kalenders, nach Mekka pilgern und dort bei der Kaaba und an den anderen heiligen Stätten die vorgeschriebenen Riten vollziehen. Diese fünfte Säule ist die *Vollendung des religiösen Lebens*. Sie ist zwar keine unbedingte Pflicht, aber doch eine nachdrückliche Aufforderung an jeden Muslim. Arme und Kranke sind von diesem Gebot befreit. Es gilt auch nicht für Frauen.

Die Einrichtung geht auf *Mohammed* selbst zurück, der lange in Mekka gelebt und in Mekka seine Berufungsvision gehabt hat. Mekka war das Ziel seiner Abschiedswallfahrt. Für die Wallfahrt hat er alte arabische Bräuche (→ S. 191) übernommen, die-

Bei diesem Stein beginnt das Gebiet von Mekka. Die Inschrift: »Von hier aus seid ihr im Bereich der Freiheit und der Heiligkeit. Ihr steht nun unter dem Schutz Gottes.«

se aber vom Polytheismus befreit. Der Koran hat sie neu mit *Abraham* in Verbindung gebracht, der zusammen mit seinem Sohn Ismael die Grundmauern der Kaaba erbaut haben soll (2,121–123), als sie einmal in der Gegend waren. Die Wallfahrt bringt allen Pilgern den Islam in seinen Grunddaten nahe. Hier wird der Islam auch als Gemeinschaft erfahren, in der jeder Muslim, gleich welcher Nation oder Rasse er ist, gleichberechtigtes Mitglied sein kann. Ungläubigen ist das Betreten von Mekka unter Todesstrafe verboten.

Das *Ritual* an den heiligen Stätten ist genau festgelegt. Etwa 20 Kilometer vor Mekka säubern sich die Pilger und legen das Pilgergewand an. Zum Zeichen der universalen Gemeinschaft tragen alle Pilger die gleiche Kleidung, den Ihram, ein weißes saumloses Gewand aus einem einzigen Tuch. Niemand läßt sich während des Hadsch die Haare oder den Bart scheren. Auf der Straße nach Mekka hört man allerorten den Ruf »Labbaika«, d. h. »Hier bin ich, mein Gott, zu deinen Diensten.« Von nun geschieht fast alles wie von selbst. Die Pilger werden von dem Rhythmus der alten Riten gleichsam mitgerissen, bis sie vor der großen Moschee in Mekka stehen. Im Hof sehen sie schon die *Kaaba*. Siebenmal umschreiten sie das würfelförmige Heiligtum, dreimal schnell und viermal langsam. Einer der Höhepunkte der Wallfahrt ist erreicht, wenn der Pilger den *schwarzen Stein*, der sich in einer Ecke der Kaaba befindet, küssen oder wenigstens mit der Hand berühren kann. In diesem Augenblick bekennt er emphatisch, daß Gott Einer ist. Meist schließt sich unmittelbar danach die *»kleine Pilgerfahrt«* an. Sie erinnert an eine Geschichte von Ismael, einem Sohn Abrahams (Gen 21,14–20), in dem die Araber ihren Stammvater sehen. Ismaels Mutter Hagar suchte einmal, nachdem sie von Abraham verstoßen worden war, im Tal von Mekka verzweifelt nach Wasser für ihren verdurstenden Sohn. Auf ihr Gebet hin entsprang eine Quelle in der Nähe der Kaaba. Zum Andenken an die Wassersuche der Hagar läuft auch der Pilger siebenmal zwischen den Hügeln Safa und Marwa hin und her.

Am achten Tag findet die *»große Wallfahrt«* am Hügel der Gnade in der Ebene Arafat statt. Dort lagern sich die Pilger vom Mittag bis zur Abenddämmerung am Fuß des Hügels, auf dem Moham-

med seine Abschiedspredigt gehalten hat. Es heißt, daß sie sich hier »vor dem Angesicht Gottes« befinden. Damit ist der zweite Höhepunkt der Wallfahrt erreicht. Das Beten und Schauen gerade dieser Stunden prägt sich ihnen tief ein. Wer an dieser »großen Pilgerfahrt« nicht teilnimmt, hat den Sinn des ganzen Hadsch verfehlt.

Die Rückkehr nach Mekka führt über Mina. Auf dem Weg dorthin haben die Pilger kleine Steinchen gesammelt, mit denen sie hier die drei »*Satanssäulen*« bewerfen, an denen schon Abraham den Teufel mit Steinen vertrieben haben soll. Der Gang nach

Mina ist von Musik begleitet. Voll Jubel kommen die Pilger dort an, verbringen eine Nacht unter freiem Himmel und freuen sich dann darauf, daß ein Opfertier dargebracht wird, übrigens das einzige Opfer, das der Islam kennt. Für jeden Pilger wird ein Stück Kleinvieh oder für sieben Pilger zusammen ein großes Tier geschlachtet. Das *Festmahl* dauert drei Tage. Es erinnert an Abraham, der bereit war, Gott seinen Sohn Isaak zu opfern (37,100–110). Am Ende dürfen die Pilger das Pilgergewand wieder ablegen und sich Bart und Haare schneiden lassen. Sie besuchen noch einmal Mekka und machen, wie schon zu Beginn, einen siebenfachen Gang um die Kaaba. Am Brunnen der Hagar füllt jeder für die Rückreise heiliges Wasser in seine Flasche und tritt dann dankbar und beglückt die *Heimreise* an. Viele Pilger besuchen noch das Grab Mohammeds in *Medina*. Kaum eine andere Begebenheit im Leben kann einen Muslim mehr bewegen als diese Wallfahrt. Nun kann er sich voller Stolz den Ehrentitel »*Hadschi*« zulegen.

Schon immer sind von Mekka aus starke Impulse auf das Gemeinschaftsleben, auf Kultur und Mystik des Islam ausgegangen. Heute hat die Wallfahrt manchmal einen stark *politischen* Charakter. In Mekka stoßen Pilger aufeinander, die ganz unterschiedliche Auffassungen über den Islam und über islamische Politik haben. In Extremfällen ist es zu Mord und Totschlag gekommen. Die Gewalttaten richteten sich auch gegen das saudi-arabische Herrscherhaus, das als »Hüter der heiligen Stätten« wegen seiner konservativen Ausrichtung und wegen der engen Verbindung zu den USA in einigen islamischen Ländern nicht akzeptiert wird. Manche Pilger kommen mit neuen Ideen nach Hause. Sie sind nach der Wallfahrt bereit, in ihren Ländern an Reformen des Islam mitzuarbeiten oder sich sogar an Revolutionen zu beteiligen. Diese politischen Aspekte dürfen nicht übersehen lassen, daß die Wallfahrt nach Mekka auch heute für die meisten Muslime ein tiefes religiöses Erlebnis ist.

Oben: Ein Pilger in seinem Ihram, dem weißen saumlosen Gewand. Das Weiß des Gewandes ist ein Symbol seiner Hingabe an Gott. In einem solchen Gewand werden die Muslime auch bestattet.
Unten: Moderne Flugzeuge bringen die Pilger in die Nähe von Mekka.

Dschihad – Krieg und Frieden

Zu den *Vorurteilen*, die den Islam verzerrt sehen, zählt vor allem dies, der Islam sei eine kriegerische Religion und sein Gott (»Allah«) ein kriegerischer Gott. Zahllose Beispiele aus Geschichte und Gegenwart scheinen die Auffassung zu bestätigen, daß die Bereitschaft zur Gewalt dem Islam wesentlich innewohnt. Diesem Vorurteil ist schwer zu begegnen, weil die Aussagen des Koran, die Lehren der islamischen Schulen und die Praktiken der islamischen Herrscher sehr komplex sind. Nicht wenige Gewalttaten islamischer Fundamentalisten tragen heute zur Festigung des Vorurteils bei.

Zum Beweis für die Gewaltbereitschaft des Islam greift man vor allem auf den schon im Koran genannten Begriff des »Dschihad« zurück, der meist mit »heiliger Krieg« übersetzt wird, wobei unterstellt wird, die Muslime seien seit den Tagen Mohammeds verpflichtet, den Islam mit kriegerischen Mitteln zu verbreiten. Dabei ist »Dschihad« richtiger mit »*Bemühung*« oder »*Anstrengung*« auf dem Weg Gottes oder für die Sache Gottes zu übersetzen, wobei der Einsatz von Gut und Leben eingeschlossen ist. In dem Wort schwingen viele Bedeutungen mit, z. B. Förderung des Islam, Kampf gegen Ungläubige, Aufruhr gegen menschenunwürdige Zustände. Für viele Muslime ist »Dschihad« auch der Kampf des Menschen gegen seine eigenen Fehler und Schwächen. Nur im Extremfall ist er eine Verpflichtung zum Krieg für alle Muslime. In der Regel ist er das freiwillige Bemühen des einzelnen Muslim. Das Wort selbst kennt keinen Plural. Einen »Dschihad«, d. h. einen Krieg im völkerrechtlichen Sinn, kann man nicht erklären. Für »Krieg« hat die arabische Sprache ein anderes Wort.

Mohammed ist in Medina zu einem bewaffnetem Kampf gegen die angetreten, die sich dem Islam widersetzten (→ S. 197 f.). Einen solchen Kampf hat er als gutes Werk bezeichnet. Gelegentlich hat er sogar

Linke Seite: Mekka mit der Kaaba (→ S.184, 191).

Oben: Die Pilger erwarten am »Hügel der Gnade« in der Ebene Arafat den Sonnenuntergang. Auf diesem kleinen Berg stand Mohammed, als er im Jahr vor seinem Tod vor ca. 90 000 Pilgern seine berühmte Rede zur Abschiedswallfahrt (→ S. 202) hielt.
Unten: Die Ebene Arafat ist der größte Zeltplatz der Welt. Die Pilger wissen sich hier beim Beten »vor dem Angesicht Gottes«.

dazu aufgerufen, die Polytheisten zu erschlagen, wenn sie nicht bereuen (9,5). Ein Muslim, der in einem solchen Kampf fällt, kommt sofort ins Paradies. Auch die ersten Kalifen und spätere Herrscher des Islam haben zum Kampf aufgerufen und den Islam mit kriegerischen Mitteln verbreitet. Aber über diese unbestreitbaren Tatsachen darf man nicht vergessen, daß der Koran solche Kriege nie als »heilig« bezeichnet hat und daß der Dschihad nicht um jeden Preis zu führen ist. Er kommt vor allem als Abwehrreaktion in Frage, wenn die islamische Gemeinschaft bedroht wird (2,191–193). Zur Vernichtung oder Zwangsbekehrung ist er nicht vorgesehen. Ziel des Islam ist immer auch der *Frieden* und die Versöhnung der Menschen entsprechend dem Willen Gottes. Solange dieses Ziel nicht erreicht ist, müssen sich die Muslime bemühen, die Welt diesem Ziel näher zu bringen.

Das islamische Völkerrecht teilt die Welt in zwei Bereiche auf: das »*Gebiet des Islam*« (»Dar al Islam«) und das »*Gebiet des Krieges*« (»Dar al harb«). Das Gebiet des Islam ist der Staat Gottes. Hier gilt das islamische Gesetz und die islamische Gesellschaftsordnung. Im Gebiet des Krieges leben mehrheitlich die Nicht-Muslime. Hier gelten die Gesetze der Ungläubigen, die teilweise dem Koran widersprechen. Hier ist der von Gott gewollte Frieden noch keine Wirklichkeit. Die Muslime müssen Angriffe aus diesem Bereich auch mit Gewalt abwehren und sich dafür einsetzen, daß auch hier Gottes Gesetz zur Geltung

> ### Dschihad – Krieg und Anstrengung
> Und bekämpft für Gottes (Allahs) Sache
> diejenigen, die euch bekämpfen.
> Doch überschreitet das Maß nicht.
> Gott (Allah) liebt nicht die Maßlosen.
> Und erschlagt sie, wo immer ihr auf sie stoßt,
> und vertreibt sie von dort, von wo sie euch
> vertrieben haben.
> *Sure 2, 186–189*
>
> Wer das irdische Leben verkauft für das Jenseits,
> der soll kämpfen auf Gottes (Allahs) Weg.
> Und wer kämpft auf Gottes (Allahs) Weg,
> sterbe er oder siege er,
> wahrlich dem geben wir (im Jenseits)
> gewaltigen Lohn.
> *Sure 4, 76*

kommt. Dazu brauchen sie aber keine Gewalt anzuwenden. Auch Vertragsabschlüsse zwischen den beiden Bereichen sind erlaubt und üblich.

Die Lehre vom »Dschihad« kann *politisch mißbraucht* werden. Ideologisch verblendete Machthaber berufen sich gelegentlich darauf und rufen den »Dschihad« aus, um ihre eigenen politischen Interessen durchzusetzen. So wurde in unserer Zeit der Kampf gegen Israel, gegen den persischen Schah oder gegen die USA als »Dschihad« ausgerufen. Dabei wurden bei den Massen oft schreckliche Emotionen und Aggressionen freigesetzt. Terroristische und fundamentalistische Gruppierungen in arabischen Ländern setzen immer wieder einzelne Muslime zu Todeskommandos ein, indem sie ihnen suggerieren, einen »heiligen Krieg« zu führen. Eine solche politische Vereinnahmung der islamischen Dschihad-Lehre wird von vielen Muslimen abgelehnt. Heute mehren sich die Stimmen islamischer Gelehrter und Politiker, die den Islam in Übereinstimmung mit dem Völkerrecht sehen, den atomaren Krieg uneingeschränkt ablehnen und für eine dauerhafte Friedensordnung eintreten.

Dieser Münze ist das wohl älteste Bild mit dem »Schwert des Islam«, das im Dschihad gebraucht wird. Es wird von dem Omayaden-Kalifen Abd al-Malik (685-705) getragen (→ S. 248).

> ### Freiheit der Religion
> Es sei kein Zwang zum Glauben.
> *Sure 2, 257*

Gemeinschaft – Recht – Feste

»Die beste Gemeinschaft der Welt«

»*Umma*« ist das arabische Wort für die Weltgemeinschaft des Islam. Vielleicht geht das Wort auf »umm«, d. h. Mutter, zurück und bezeichnet alle, die wie bei einer Mutter liebevoll zusammen leben. Tatsächlich sind die Muslime davon überzeugt, daß für sie die Umma ihre Heimat ist wie für die Nomaden der Stamm und für die Seßhaften die Familie. Sie setzt Solidarität frei und schenkt Geborgenheit.

Ursprünglich war der *Islam* die Religion der *Araber*. Aber schon bald überschritt er die Begrenzung auf die arabische Welt. Seitdem versteht er sich als universale und *übernationale Gemeinschaft*. Zur Umma gehören Muslime aus aller Welt, ganz gleich welcher Nation, Rasse oder Kultur sie entstammen. Sie haben alle den gleichen Rang und die gleiche Würde. Schon der Koran stellt die Menschen der verschiedenen Sprachen und Hautfarben gleich. Hierin ist der Islam »Zeichen für die Welt« (30,21). Rassismus und Nationalismus sind mit dem Islam von seinem Grundverständnis her unvereinbar. Wo sich der Islam in der Gegenwart doch mit nationalistischen Tendenzen verbindet, haben politische Ideologien die Überhand gewonnen.

Die Gemeinschaft des Islam ist nicht identisch mit der Gemeinschaft aller Menschen. Zwar sind

> **Umma**
> Ihr seid die beste Gemeinschaft, die für die Menschen erstand.
> *Sure 3, 106*

alle Menschen Geschöpfe Gottes. Aber die Ungläubigen und Andersgläubigen sind nicht gleichberechtigt. Mit den Polytheisten, Atheisten und den vom Islam Abtrünnigen gibt es vom Grundsatz her keine Solidarität, wobei die Praxis oft toleranter ist. Mit den Juden und Christen gab es schon immer ein Stück Gemeinsamkeit, weil diese als »Leute der Schrift« einige Elemente des unverfälschten Glaubens aufbewahrt haben. Wo Juden und Christen unter islamischer Herrschaft lebten, waren sie zwar tributpflichtig, wurden aber in ihrer Eigenart toleriert und genossen in der Regel Schutz und Rechtssicherheit. Wenn es dennoch gelegentlich zu Verfolgungen kam, hatten diese meist nicht religiöse, sondern soziale und kulturelle Ursachen.

Kennzeichen der Umma

Das Leben in der Umma ist ganz auf *Gott* bezogen. Die »Fünf Säulen« und die anderen Pflichten der Muslime haben hier ihren Platz. Darüber hinaus gibt es andere wichtige Kennzeichen.

Die Umma ist *nicht*, wie die christliche Kirche, eine *Institution*, die zwischen Gott und den Muslimen vermittelt. Eine solche Vermittlungsinstanz lehnt der Islam ab. Darum gibt es auch kein Hirten- und Lehramt. Es gibt keine Ämter, die dem Priester- oder Bischofsamt vergleichbar wären. Liturgie und Sakramente kennt der Islam nicht. Jede Opferhandlung zur Versöhnung Gottes wird abgelehnt. Nur im Opferfest und während der Wallfahrt nach Mekka wird an das Opfer Abrahams erinnert. Nicht eine Taufe, sondern das Glaubensbekenntnis bewirkt die Aufnahme in den Islam. Die Vergebung der Sünden wird ohne sakramentalen Ritus allein von Gott geschenkt. Der Muslim steht immer allein vor Gott – ohne Mittler, aber nicht ohne die Gemeinschaft. In der Zugehörigkeit zur Umma erfüllt er als einzelner den Willen Gottes. In der Umma erfährt er, was andere Religionen »Heil« oder »Erlösung« nennen. Die Umma lebt im Herzen der Muslime. Sie macht die Gläubigen froh und dankbar.

Die Umma ist mehr als nur eine Religionsgemeinschaft. Sie ist auch ein *politisch-weltliches Gemeinwesen*. Eine Trennung von Religiösem und Profanem, von Geistlichem und Weltlichem ist dem Islam wesensfremd. Die Gemeinschaft des Islam lebt im vollen Licht der Öffentlichkeit. Kein Muslim kann seine Frömmigkeit nur im Innern ausüben und die Welt sich selbst überlassen. Ein Staat, der sich den Gesetzen Gottes entzieht oder eine grundsätzliche Trennung von religiösen und politischen Angelegenheiten vornimmt, ist für den Islam nicht akzeptabel.

Ein wichtiges Kennzeichen der Gemeinschaft ist die *Einheit*. Sie ist ein Gebot Gottes. Aber die Einheit der Gemeinschaft war und ist immer gefährdet. Schon die ursprüngliche Einheit der Menschheit am Anfang der Schöpfung hatte keinen langen Bestand. Vielgötterei und Unglaube spalteten die Menschheit. Die Propheten, die Gott als Mahner schickte, konnten die Uneinigkeit nicht aufheben. Selbst Mohammed ist dies nicht gelungen. Es fiel ihm sogar schwer, die Einheit in seiner Gemeinde zu wahren. Schon der Koran muß eindringlich vor verschiedenen Wegen und Richtungen warncn (6,154).

Für den Islam ist es ein theologisches Problem, daß es Unglaube und viele Religionen auf der Welt gibt. Diese verwirrende Vielfalt entspricht nicht dem Willen Gottes. Besonders schmerzlich ist die Tatsache, daß es selbst innerhalb des Islam die vom Koran geforderte Einheit nicht gibt. Die Pluralität der religiösen Richtungen und Schulen mag noch hinnehmbar sein. Aber völlig unannehmbar sind Kämpfe und sogar *Kriege zwischen Muslimen*. Daß Muslime Muslime töten, wie es in der Geschichte vorgekommen ist und auch in der Gegenwart nicht selten ist, läßt sich mit dem religiösen Selbstverständnis des Islam nicht vereinbaren. Es ist eine Perversion des Islam. Der Grund für die Aufspaltung liegt in der menschlichen Sünde, in Unglaube und Ungehorsam gegen Gott zuerst, aber auch in Selbstsucht, Habgier und Stolz.

Von besonderer Bedeutung für die Umma ist die Wahrung der *Gerechtigkeit*, die für alle Muslime verpflichtend ist. Das islamische Recht hat fixiert, wie die Gerechtigkeit im einzelnen praktiziert und wie ein Vergehen gegen die Gerechtigkeit geahndet werden soll.

Die Scharia – Recht und Gesetz

Die *Scharia* ist das islamische Recht. Die ursprüngliche Wortbedeutung wird manchmal so umschrieben: »der Weg, der zur Oase führt«. Wer der Scharia gehorsam ist, kommt aus den Gefahren der trockenen Wüste zur Oase, wo er lebendiges Wasser findet. Für manche islamische Theologen hat die Scharia ein überzeitliches Dasein (»*Präexistenz*«). Dementsprechend bemißt sich ihre Autorität und Unantastbarkeit.

Wichtigste Grundlage der Scharia ist der *Koran*. Er enthält die zentralen rechtlichen Bestimmungen, die das Leben in Familie, Gesellschaft und Staat regeln. Selbst die Grundsätze der Wirtschaft (Zinsverbot, Bankenwesen) und der internationalen Beziehungen werden von hier aus abgeleitet und begründet. Die Anordnungen des Koran kommen aus dem souveränen Willen Gottes und sind deshalb absolut verpflichtend. Nur Gott kennt alle Gesetze. Einige davon hat er geoffenbart. Weil sie Zeichen von Gottes Weisheit und Barmherzigkeit sind, soll der Mensch sie in verständigem Gehorsam erfüllen. Eine menschliche Legislative im strengen Sinn gibt es im Islam nicht. Alle Gesetze gehen auf Gott zurück. Neben den Bestimmungen des Koran sind Mohammeds Aussprüche und Gewohnheiten (»*Sunna*« und »*Hadith*«, → S. 214) die Hauptquellen der Scharia.

Darüber hinaus gibt es mehrere andere *Prinzipien*, die zur Rechtsfindung angewandt werden können: Konsens der Rechtsgelehrten (»Idschma«) – analoge Schlußverfahren – das eigene Urteil – Gewohnheitsrecht.

Die späteren Zeiten haben die Scharia weiterentwickelt. Wichtige Stationen der Entwicklung finden sich schon im 1. Jahrhundert nach Mohammed. Bei der konkreten Auslegung der göttlichen Gesetze kam es zu unterschiedlichen Auffassungen, aus denen sich schon in der frühen Geschichte des Islam *vier Rechtsschulen* entwickelten, die bis auf den heutigen Tag im sunnitischen Islam eine hohe Autorität genießen. Sie zeigen, daß der Islam eine gewisse Pluralität kennt und anerkennt, und sie erklären die unterschiedlichen Rechtsauffassungen, die heute in den islamischen Ländern anzutreffen sind. Sie alle gelten als orthodox. Jeder Muslim kann sich im Einzelfall auf die Rechtsschule berufen, die ihm am meisten zusagt.

• Die Schule der *Hanafiten* wurde von dem Perser Abu Hanifa (697–767) gegründet. Er gilt als der größte Imam, d. h. Rechtsgelehrte. Da er neben den Quellen des Glaubens dem persönlichen Urteil und dem menschlichen Verstand eine gewisse Bedeutung zuerkennt, gilt seine Schule als liberal, ohne daß sie lax wäre. Sie ist besonders in den nichtarabischen Ländern verbreitet, z. B. in der Türkei, in Pakistan, Afghanistan, Indien, China und Syrien.

• Die Schule der *Malikiten* wurde von Malik Ibn Anas (708/15–755) gegründet. Er hat das älteste Rechtsbuch des Islam geschrieben. In seinen Rechtsvorstellungen beruft er sich auf die ältesten Traditionen von Medina, wo er auch selbst lebte. Seine Schule versteht sich von daher als besondere Hüterin der prophetischen Tradition. Sie ist äußerst konservativ und wird für manche Erstarrung und Rückständigkeit verantwortlich gemacht. Heute ist sie vor allem in Nord- und Westafrika, im Sudan und in Kuwait verbreitet.

• Die Schule der *Schafiiten* geht auf Mohammed al-Schafii (767–820) aus dem Stamm der Koraschiten in Mekka zurück. Er versucht, einen Ausgleich zwischen der eher liberalen und konservativen Richtung zu erreichen. Die Übereinstimmung der Rechtsgelehrten wird für ihn zu einem wichtigen Ausgangspunkt der Rechtsprechung. Die Rechts-Schule der Schafiiten hat viele Anhänger gefunden. Sie sind in Syrien, Indonesien und vor allem in Ägypten an der für den Islam bedeutsamen Ahzar-Universität in Kairo einflußreich.

• Die Schule der *Hanbaliten* wurde von Ahmad Ibn Hanbal (780–855) gegründet. Er machte den Wortlaut des Koran zur maßgeblichen Grundlage des Rechts. Erst danach sind die anderen alten Überlieferungen zu berücksichtigen. Die Anwendung des eigenen Verstandes hielt er für problematisch. Sie könnte zu Willkür und Neuerung führen. Diese Schule ist besonders rigoros und traditionalistisch. Im Volk ist sie zeitweise sehr beliebt gewesen, weil sie Frömmigkeit und Recht eindrucksvoll miteinander verbindet. Sie bestimmt in Saudi-Arabien und in den anderen Golfstaaten die Rechtsfindung.

Zur Durchsetzung der Scharia gibt es mehrere *Ämter und Funktionen.*

• *Kalif* oder *Sultan* oder *Imam* werden je nach historischer Situation die Führer der islamischen Gemeinschaft genannt. Sie tragen Verantwortung für die Anwendung der Scharia im alltäglichen Leben. Seitdem es diese Ämter nicht mehr gibt, ist die einheitliche Anwendung der Scharia in der Öffentlichkeit schwierig geworden.

• Der *Idschma* ist die Übereinstimmung der Rechtsgelehrten, die bei einem neuen Fall zu entscheiden haben, wie er von der Scharia her zu beurteilen ist. Der Konsens, der einstimmig sein soll, hat höchste Geltung, er läßt sich aber aus organisatorischen und sachlichen Gründen nur schwer realisieren.

• Der *Mufti* ist ein Rechtsgelehrter, der Koran und Tradition befragt und daraus Entscheidungen für neue Situationen begründet und vorbereitet, z.B. wie das Fastengebot im Ramadan oder wie die Ehegesetze heute anzuwenden sind.

• Der *Kadi* ist der Richter, der in einem Streitfall zweier Parteien Recht und Gesetz auf den Einzelfall anwendet. Er leitet den Prozeß vor Gericht und fällt das Urteil. Für sein Urteil muß er sich auf glaubwürdige Zeugen stützen.

Um die Kaaba in Mekka sind die vier Rechtsschulen gruppiert – rechts die Hanafiten, oben die Malikiten, links die Hanbaliten, unten die Schafiiten. Keramikfliese, Türkei, 14. Jh. Die Gruppierung der Schulen um den zentralen Ort des Islam macht deutlich, daß sie alle trotz ihrer Verschiedenheit in gleicher Weise orthodox sind.

Die *Bedeutung* der Scharia für den Islam ist außerordentlich groß. Heute gibt es starke Tendenzen, das Recht überall da, wo es in der jüngeren Vergangenheit westeuropäische Ideen aufgenommen hat, wieder zu »entwestlichen« und die Scharia zur allein gültigen Rechtsgrundlage zu machen. Erst dann könne sich der Islam vollenden und seine Ziele erreichen, die ihm vom Koran her gesetzt seien. Alles Recht müsse von der Religion bestimmt werden. Diese Auffassung stößt aber im Islam selbst auf Widerspruch. Manche muslimische Gelehrte warnen davor, die Scharia zu verabsolutieren. Sie sei nicht schlechthin überzeitlich, sondern habe stets in der Geschichte Änderungen erfahren. Eine Anpassung an die jeweilige Zeit und Kultur habe immer stattgefunden. Sie sei erst recht heute nötig. So könne man z. B. nicht länger Christen und Juden in den islamischen Ländern nur als »Schutzbefohlene« ansehen, sondern müsse sie als gleichberechtigte Bürger akzeptieren. Ähnlich müßten auch die Rolle der Frau oder das Strafrecht neu definiert werden, auch wenn der Islam nicht alle Entartungserscheinungen des Westens mitmachen dürfe. Moderne islamische Denker, die diese liberalere Interpretation der Scharia vertreten, sind in manchen Ländern ihres Amtes enthoben und schwer bestraft, manchmal auch zum Tod verurteilt worden.

Ein Kadi schlichtet einen Streitfall zwischen Vater und Tochter.

Rechte Seite: Auspeitschung in Karachi (Pakistan).

Vergehen und Strafen

Der Koran nennt mehrere *Delikte*, die schwer *bestraft* werden sollen. Die Bestimmungen sind auch in die Scharia übergegangen.

Der öffentliche *Abfall vom Glauben* soll, wenn er zur Gefahr für die Gemeinschaft wird – das ist bei geheimer Apostasie wohl nicht der Fall – mit dem Tod bestraft werden. Für die, die ungläubig werden, gilt: »So ergreift sie und schlagt sie tot, wo immer ihr sie findet (4,91)«. Auf Religionsfreiheit dürfen sich Abtrünnige nicht berufen.

Mord kann, wenn er rechtskräftig festgestellt ist, von den Verwandten des Ermordeten mit dem Tod des Mörders geahndet werden. Sie müssen diese Strafe aber nicht vollziehen, sondern können auch eine Entschädigung fordern (2,173). Wenn sie auf die Todesstrafe verzichten, kann der Staat den Mörder in Haft nehmen. Sippenhaft soll es nicht geben.

Über *Abtreibung* sagt der Koran selbst nichts. In den Rechtsschulen wird sie vom 4. Monat der Schwangerschaft an verboten, weil nach alter Auffassung erst dann dem Kind die Seele eingehaucht wird. Erfolgt die Abtreibung später, kann eine Geldstrafe verhängt werden. Heute gewinnt die Auffassung an Boden, das Leben des Kindes sei von Anfang an zu schützen. Lediglich bei Lebensgefahr der Mutter ist eine Abtreibung erlaubt.

Unzucht und Ehebruch können, wenn sie zweifelsfrei durch mehrere Zeugen festgestellt sind, mit Auspeitschung oder mit dem Tod durch Steinigung (34,2) bestraft werden. Auch wer anderen verleumderisch Unzucht nachsagt, wird schwer bestraft (34,4).

Für einen *Diebstahl* soll die Hand abgeschlagen werden (5,42), wenn der Täter für seine Tat voll verantwortlich ist und nicht aus Not gehandelt hat.

Weingenuß (Alkohol) und Glücksspiele sind verboten (2,116; 5,92). Wer das Weinverbot übertritt, soll mit 40 Peitschenhieben rechnen.

Mohammed empfiehlt gegenüber dem reuigen Täter Milde und Verzeihung. Er stellt hohe Anforderungen an die Beweissicherung. Die *Rechtsschulen* lassen eine gewisse Pluralität der Strafen zu und erlauben den Richtern einen eigenen Ermessensspielraum. Diese können flexibel auf Einzelumstände eingehen, wenn sie nur nicht die Grundlagen des

Koran angreifen. *Heute* werden diese Strafen nicht immer und nicht mehr überall angewandt. Die Praxis ist allmählich weniger rigide geworden. In einigen Ländern sind die Strafen allerdings noch üblich. So wurden 1995 in Saudi-Arabien 200 Menschen öffentlich hingerichtet, zum großen Teil deshalb, weil sie vom Islam zu einer anderen Religion übergetreten waren. Die Strafen für Unzucht und Ehebruch werden bisweilen selbst noch in Deutschland in Privatjustiz von Verwandten der Täter vollzogen.

Auf dem Gebiet des Rechts besteht ein konfliktträchtiger Dissens zwischen Islam und westlicher Welt. Im Westen sieht man in der Scharia oft nur ein völlig veraltetes und mindestens teilweise inhumanes Rechtssystem, vor dem mit aller Entschiedenheit gewarnt wird. Es dürfe nicht so weit kommen, daß der Islam seine Rechtsvorstellungen durchsetzen könne. Das wäre das Ende eines liberalen Rechts, das die Freiheit und Würde des Menschen zu schützen versucht. In der Tat ist die Scharia mit den *Rechtsauffassungen der westliche Welt* streckenweise unvereinbar. Das gilt schon für das Grundverständnis des Rechts. Während die Scharia im Willen Gottes gründet und unveränderlich ist, beruht das west-

liche Recht auf demokratischer Grundlage und ist somit für Veränderungen weitgehend offen. Erst recht werden konkrete Tatbestände wie Glaubensabfall, Ehebruch/Unzucht/Homosexualität und Alkoholgenuß in der Scharia und im Westen unterschiedlich bewertet. Im westlichen Recht sind sie nicht (mehr) strafbar. Strafen wie Steinigung, Abschlagen von Händen und Füßen oder Auspeitschung sind im Westen mit dem Gedanken der Menschenwürde unvereinbar.

Für den Islam stellt sich *heute* dringlicher denn je die Frage, ob er seine Rechtsauffassung dem westlichen Rechtsdenken anpaßt, wie es moderne islamische Richtungen vorschlagen, oder ob er sich jeder Angleichung an westliches Recht widersetzt, wie es viele Rechtslehrer in den letzten Jahren im Zug der Wiedererstarkung des Islam verlangen.

Die Moschee – Der Gebetsraum

Der Versammlungsraum für das Gebet der Muslime ist die Moschee. Sie ist überall da zu finden, wo der Islam verbreitet ist. Das arabische Wort »Moschee« (von Mesdschid) heißt »Ort des Niederwer-

Der Islam hat großartige Bauwerke hervorgebracht.

Linke Seite: Der Felsendom in Jerusalem. Er wurde 691 von dem Omayaden-Kalif Abd al-Malik gebaut. Die Tradition verlegt an diese Stelle die Opferung des Isaak durch Abraham (→ S. 21) und die Himmelfahrt des Mohammed (→ S. 205). Er ist nach Mekka und Medina der heiligste Ort des Islam.

Oben: Die moderne Faisal-Moschee in Islamabad, Pakistan.
Unten links: Die Gebetsnische (Mihrab) in Medina. Von hier aus leitete Mohammed das Gebet der Muslime.
Unten rechts: Kanzel (Minbar) in einer Moschee in Istanbul.

Ein Muezzin ruft die Muslime von einem Minarett aus zum Gebet.
Ausschnitt aus einem Stahlstich, 19. Jh.

fens«. In der Moschee gibt es keinen Altar und kein Opfer. Sie ist für die Muslime auch kein Gotteshaus, in dem Gott auf besondere Weise nahe ist. Die Moschee ist vor allem der *Gebetsraum* für die Gläubigen. Hier beten sie, versammeln sich am Freitag oder an den Festen und hören die Predigt des Imam. Der *Imam* ist der Leiter der Gemeinde. Er muß alle Worte und Bewegungen beim Gebet genau kennen, damit er die Gläubigen nicht fehlleitet. Er hat keine Weihe und ist auch nicht Priester. Häufig wird der Imam von der Gemeinde angestellt und bezahlt. Er soll in einem guten Ruf stehen und solide Kenntnisse des Islam haben.

Die Moschee hat neben ihrer religiösen Bedeutung auch andere Funktionen. Sie ist *Versammlungsort*, an dem sich die Gemeinde bei wichtigen Anlässen trifft. Früher wurden hier Nachrichten bekanntgegeben und Entscheidungen für die Gemeinschaft besprochen und gefällt. Bis heute ist die Moschee ein Stück Öffentlichkeit. In ihr wird der Koran gelehrt, Gericht gehalten und über Geschäfte verhandelt. Sie ist am Ort der Mittelpunkt für Religion und Recht, Politik und Kultur.

Es gibt in der über tausendjährigen Geschichte der Moschee erhebliche Unterschiede in Bauauffassung und Stil. Die Differenzen zwischen einer kleinen türkischen Dorfmoschee und der prachtvollen Moschee Suleimans des Prächtigen in Istanbul sind gewaltig. Doch gibt es eine architektonische Grundfigur, die sich weitgehend in allen Moscheen durchhält. Vor allem zwei Bauelemente kehren durchgängig wieder: Mihrab und Minbar (Mimber). Der *Mihrab* ist eine runde Nische in der Wand, eine Miniaturapsis. Er gibt die Richtung (»Kibla«) nach Mekka an und zeigt den Betern, wohin sie sich orientieren müssen. In den ältesten Moscheen gab es noch keinen Mihrab. Mohammed selbst hatte eine Lanze in den Boden gestoßen, um die Betern die Richtung zu zeigen. Vielleicht ist der Mihrab eine Nachahmung der Thora-Nische, wie es diese in den orientalischen Synagogen gab. Der *Minbar* ist die Kanzel, die meist viele Stufen hat und mit einem spitzen Turm gekrönt ist. Der Imam besteigt zur Predigt eine der unteren Stufen. Die oberen Stufen werden nicht benutzt, da sie Mohammed vorbehalten sind, wenn er einmal wiederkommt. Einen Minbar gibt es nur in den größeren Moscheen, in denen der Freitagsgottesdienst stattfindet. In früheren Zeiten war der Minbar auch der Herrschaftssitz der Kalifen.

Ärmere Moscheen sind mit *Matten*, reichere mit *Teppichen* ausgelegt. Matten und Teppiche müssen unbedingt sauber und damit kultisch rein sein. Um jegliche Verunreinigung zu meiden, müssen alle, die die Moschee betreten, vor dem Eingangstor die Schuhe ausziehen. Nicht Schonung der Teppiche, sondern kultische Gründe sind dafür maßgebend. Der Boden muß rein sein, wenn die Muslime ihn beim Beten küssen.

Unmittelbar in der Nähe der großen Moscheen gehören zwei weitere Gebäude zum heiligen Bezirk. Der *Reinigungsbrunnen* – bisweilen auch in der Moschee – gibt dem Muslim Gelegenheit zu den vorgeschriebenen Waschungen vor dem Gebet. Besonders auffällig ist das *Minarett*, jener bleistiftartige spitze Turm, der zumeist von einer wunderbaren Eleganz ist. Vom Minarett aus ruft der *Muezzin* zum Gebet. Fünfmal am Tag erschallt sein Ruf (→ S. 231). Der Muezzin hat keine geistliche Würde, wird aber wegen seiner schönen Aufgabe hoch geschätzt. Zu Mohammeds Zeiten erfolgte der Gebetsruf in Medina noch vom Dach aus. Schon im 7. Jahrhundert errichtete man im syrisch-palästinischen Raum eigene Türme bei den Moscheen, die zum Gebetsruf praktisch waren, aber auch als Siegeszeichen des Islam angesehen werden sollten. Heute hört man von vielen Minaretts nicht mehr den originalen Ruf des Muezzin, sondern ein Tonband oder eine Schallplatte. Die lautstarke Art dieses technisch vermittelten Gebetsrufs ist wenig ansprechend.

Wegen des *Bilderverbots* fehlen in den Moscheen Plastiken, Malereien und Fresken mit figürlichen Darstellungen. Der Raum kann daher zuerst einen kühlen und nüchternen Eindruck machen, der allerdings sofort gemildert wird durch die herrlichen Farben der Teppiche und Kacheln, der Fenster und Wände. Als Elemente des Schmucks findet man *Koranverse*, die oft in wunderschöner Schrift aufgezeichnet sind, ferner blumenartige Dekors, abstrakte Malereien und Arabesken. Die muslimischen Künstler ahmen die Natur meist nicht nach, weil sie darin den lästerlichen Versuch sehen, das Werk Gottes kopieren zu wollen. Darum sind die Künstler andere Wege gegangen. Sie haben der islamischen Kunst einen unvergleichbaren Reichtum an kalligraphischen Zeichen, an abstrakten Formen und idealen Stilisierungen geschenkt.

Feste des Islam

Religion und Fest gehören eng zusammen. Viele Feste der Menschheit sind in Erinnerung an religiöse Begebenheiten entstanden. Am Festtag wird die Alltagswelt entgrenzt und auf die göttliche Welt hin transzendiert. Im Fest erfährt der Muslim die Nähe Gottes und die Gemeinschaft des Islam. Die Feste werden mit Freude und Feierlichkeit begangen.

• Am islamischen *Neujahrstag* denken die Muslime an die Hidschra (→ S. 196), d. h. an die Auswanderung Mohammeds von Mekka nach Medina.

• Der *Geburtstag des Propheten Mohammed* wird seit dem 10. Jahrhundert als Fest begangen. Vielleicht wurde dieses Fest als Entsprechung zum christlichen Weihnachten eingeführt.

• Die *Nacht des Aufstiegs* ist das Fest von Mohammeds Himmelfahrt, als der Engel Gabriel den Propheten von Jerusalem aus durch sieben Himmel führte (→ S. 205).

• In der *Nacht der Unschuld* wird im Himmel der Baum des Lebens geschüttelt, auf dessen Blättern die Namen aller Menschen stehen. Wessen Blatt herabfällt, der muß im selben Jahr sterben. An diesem Tag notiert sich Gott auch alle Taten der Menschen aus dem vergangenen Jahr.

• Zu Beginn des Fastenmonats Ramadan ist die *Nacht der Sichtung*. Wenn die Sichel des Neumonds zum erstenmal gesichtet wird, beginnt das große Fasten.

• Die *Nacht der Bestimmung* am 27. Tag des Ramadan ist die Nacht, in der Mohammed die erste Offenbarung Gottes empfing. In dieser Nacht beten die Muslime und lesen intensiv im Koran.

• Das *Fest des Fastenbrechens* (türk.: Bairamfest) steht am Ende des Ramadan. Die Freude ist groß. Die Muslime schicken sich Karten mit Glückwünschen. Die Männer tragen oft leuchtend weiße Gewänder. Man besucht und beschenkt sich gegenseitig. An diesem Tag können die Moscheen manchmal nicht alle Gläubigen fassen. Alte Auseinandersetzungen mit Bekannten werden beendet und ein versöhnlicher Neubeginn versucht. Die Armen werden mit Geschenken bedacht.

• Das *Opferfest*, das zwei bis drei Tage dauert, wird zur selben Zeit begangen, in der die Pilger in Mekka das große Opfer vollziehen (→ S. 235). Es erinnert an Abraham, der bereit war, seinen Sohn Isaak zu opfern. An diesem Tag wird ein Schaf, Rind oder Kamel geopfert, wobei man ein Drittel des Fleisches für sich behält und den Rest den Armen schenkt. Das Fest betont die Solidarität aller Muslime untereinander. Die beiden zuletzt genannten Feste gehören zum authentischen Islam. Sie stehen jeweils am Ende schwerer religiöser Pflichten. Sie beschließen das monatliche Fasten und die Pilgerfahrt nach Mekka für die Daheimgebliebenen auf symbolische Weise. Die anderen Feste sind den Gläubigen freigestellt, finden aber wegen ihrer Volkstümlichkeit großen Anklang.

• Der islamische Kalender ist ein reiner *Mondkalender*. Das Jahr enthält 12 Monate mit jeweils 29 oder 30 Tagen, ist also kürzer als das christliche Jahr. Die Zählung beginnt mit der Hidschra im Jahr 622. So entspricht z. B. das Jahr 1418 des islamischen Kalenders dem Jahr 1997/98 der christlichen Zeitrechnung.

Lebendige Vielfalt

Die Sunniten

Im Islam gibt es schon seit Mohammeds Zeiten unterschiedliche *Richtungen und Gruppierungen*. Bis ins 20. Jahrhundert hat die Vielfalt im Islam, der eigentlich die Einheit der Gläubigen stark betont, noch zugenommen. Dieser Pluralismus ist – positiv gesehen – ein Zeichen des geistigen Reichtums, und – negativ betrachtet – ein Zeichen fehlender Einigkeit. Manche Gruppen leben friedfertig nebeneinander, andere bekämpfen sich noch heute, auch mit Gewalt.

Mit ca. 90 Prozent Anteil bilden die *Sunniten* die mit Abstand größte Richtung im Islam. Sie nennen sich nach der »Sunna« (d. h. »Herkommen«, »Brauch«, → S. 214). Für sie ist die grundlegenden Bedeutung von Koran, Sunna und Hadith unstrittig. Da alle Muslime von sich glauben, nach der Sunna des Propheten zu leben, sind alle Muslime, auch die Schiiten, im weiteren Sinn des Wortes Sunniten.

Die große *Spaltung* des Islam, aus der die Sunniten und Schiiten hervorgegangen sind, erfolgte im Streit darüber, wie die Nachfolge Mohammeds zu regeln sei. Der Prophet selbst hatte dazu nichts Verbindliches gesagt, so daß nicht eindeutig zu entscheiden war, ob für seine Nachfolge leibliche Nachkommenschaft erforderlich war oder die Zugehörigkeit zum Stamm der Koraschiten aus Mekka genügte. Nach dem Tod des Propheten übernahm sein Schwiegervater Abu Bakr (632–634) als erster Kalif die Leitung der Gemeinde. Ihm folgten als zweiter und dritter Kalif Omar (634–644) und Othman (644–656), die glänzende militärische Erfolge hatten und den Islam bis nach Syrien, Ägypten und Persien brachten. Sie waren keine leiblichen Nachkommen Mohammeds. Mit der Ermordung Othmans schwand die Einheit der Gläubigen. Als vierter Nachfolger wurde 656 *Ali* (→ S. 195) gewählt, der Neffe Mohammeds und Gatte seiner jüngsten Tochter Fatima. Er erhob den Anspruch auf die Nachfolge Mohammeds für sich und seine Nachkommen. Darin berief er sich auf eine ihm persönlich gegebene Zusage des Propheten. In seinen beiden Söhnen Hasan und Husain , Enkel des Propheten, sah er die rechtmäßigen späteren Leiter der Gemeinde.

Gegen die *Schia* (d. h. »Partei«, »Gruppe«) Alis erhob sich *Muawiya*, der Statthalter in Syrien war und aus dem Haus der Omayaden in Mekka stammte. In der Schlacht von Siffin 657 standen sich beide Gruppen gegenüber. Als sich der Kampf zugunsten Alis neigte, ließ Muawiya auf die Lanzen seiner Soldaten Koranblätter spießen und erhob dabei die Forderung nach einem Ende des Bruderkriegs. Beide Seiten einigten sich auf ein Schiedsgericht, das 659 Muawiya zum vierten Kalifen bestimmte. Nun gab es zwei Anwärter für das höchste Amt. Alis Einfluß wurde bald geringer, zumal in der äußerst blutigen Schlacht viele Muslime durch seine Soldaten einen grausamen Tod gefunden hatten. Schließlich wurde Ali aus Rache dafür 661 vor der Moschee von Kufa (im heutigen Irak) mit einem vergifteten Schwert verwundet. Er starb kurz darauf an den Folgen dieses Attentats. In Mekka und Medina hatte er schon vorher allen Einfluß an Muawiya verloren, der die Dynastie der Omayaden (661–750) begründete. Ihr folgten in späteren Zeiten die Abbasiden (750–1258) und Osmanen (1326–1923).

Die Muslime, die die Rechtmäßigkeit der ersten Kalifen und ihrer Nachfolger – nicht alle waren später Koraschiten – anerkennen, sind die »Sunniten« im engeren Sinn.

Was bisher über Glaube und Ethos, über Umma und Scharia, über Feste und Bräuche gesagt wurde, gilt vor allem für den *sunnitischen Islam*. Die Sunniten wollen einen starken Staat und legen die Scharia traditionell und praktikabel aus. Sie halten sich für die eigentliche Orthodoxie im Islam, sind aber im allgemeinen tolerant. Ihren Mitgliedern lassen sie viel Freiheit, wenn nur das Minimalprogramm des Glaubens beachtet wird. Sie haben andere islamische Gruppen fast nie exkommuniziert, es sei denn, diese hätten selbst die Trennung gewünscht.

Die Schiiten

Die Schiiten sind heute die *zweitgrößte Gruppe* im Islam. Sie haben unter den Gläubigen einen Anteil von ca. 10 Prozent, dies entspricht ca. 100 Millionen Mitgliedern.

Am Anfang der Schia steht *Ali*, den Mohammed noch selbst in die inneren Geheimnisse des Koran eingeweiht haben soll. Schon zu seinen Lebzeiten wurde Ali als Held gefeiert. Nach seinem Tod wurde er zum Heiligen, dem über 1000 Wunder nachgesagt wurden. Die Schia (»Partei«) Alis ließ sich durch seinen Tod nicht entmutigen. Sie setzte ihre Hoffnung auf seine Söhne Hasan und Husain, die Enkel des Propheten waren. *Hasan*, ein Genußmensch, der an die 200 Frauen geheiratet und verstoßen hatte, wurde im Irak zum Kalifen ausgerufen, interessierte

Oben: Ali tötet einen Gegner mit dem Schwert, Holzschnitt, 19. Jh. Von Ali, dem Vetter und Schwiegersohn Mohammeds, nimmt die Schia ihren Anfang. Er war der erste Imam.
Links: Schrein des 8. Imam und anderer schiitischer Persönlichkeiten, Maschhad, nördliches Persien.

sich aber nicht für das Amt. Bei den Schiiten wird er trotzdem verehrt. Sein jüngerer Bruder *Husain* wurde zur wichtigsten Gestalt der Schia. An Ansehen übertrifft er selbst Ali. Husain versuchte noch einmal vergeblich, die Macht in Mekka für sich zu gewinnen, unterlag aber Yazid, dem zweiten Omayadenherrscher. Dessen Soldaten richteten in Kufa unter den Schiiten ein Blutbad an und töteten 680 in der blutigen *Schlacht von Kerbela* Husain und seine Anhänger. Husain wurde zum großen Märtyrer der Schiiten. Das Aschurafest zur Erinnerung an seinen Tod ist für die Schiiten ein großer Passionstag, an dem sie trauern und weinen. Manche geißeln sich an diesem Tag, um Buße dafür zu tun, daß sie Husain nicht geholfen haben. Viele Dichter haben das Leiden und den Tod Husains beklagt. Sein Tod bewirkt eine gewisse Leidensbereitschaft in der Schia. Bis heute beteiligen sich die Schiiten leidenschaftlich an Kämpfen gegen die Ungläubigen. Sie sehen darin die Fortsetzung des Kampfes, in dem Husain den Tod fand. Eine starke Sehnsucht nach Befreiung von den Mächten des Unglaubens und der Ungerechtigkeit ist in ihnen lebendig. Wenn sie dabei den Tod finden, werden sie selbst wie Husain zu Märtyrern. Im Lauf der Geschichte waren die Schiiten nur selten an der politischen Macht beteiligt. Meist standen sie auf der Seite der Leidenden und Unterdrückten. Bisweilen wurden sie als Ketzer angesehen.

Hand, die Böses abwehren soll. Auf ihr stehen die Namen von Mohammed, Fatima, Ali, Hasan und Husain, also von den Personen, die den Schiiten besonders heilig sind (→ S. 230).

Rechte Seite, oben: Löwe, der kalligraphisch Ali ehrt. Wandschmuck, Türkei, 19. Jh. Der Text: »Im Namen des Löwen Gottes, des Antlitzes Gottes, des Siegreichen, Alis, des Sohnes von Abu Talib«. Unten: Das Grab Alis in der alten Moschee von Nadschaf, Irak, ist eine der beliebtesten Wallfahrtsstätten der Schiiten.

Ali und seine beiden Söhne sind in der Schia die ersten drei »*Imame*«, d. h. Führer der Gläubigen. Mit dem Titel »Imam« ist eine für die Schia typische Lehre verbunden. Danach hat ein Imam von Mohammed eine Lichtpartikel geerbt und ist durch diese im Besitz göttlichen Wissens. Er hat geheimnisvolle Kenntnisse von der Welt und von der Seele des Menschen. Seine sündenlose Vollkommenheit streift das Göttliche. Als religiöser Führer der Gemeinschaft hat er eine unfehlbare Autorität, auch wenn seine weltliche Macht gering ist.

Die Frage der Nachfolge führte auch bei den Schiiten zu einer *Spaltung* in verschiedene Richtungen. Die *Zayditen* nehmen 5, die *Ismailiten* 7 und die *Imamiten* 12 Imame an. Die Imamiten bilden die größte Gruppe, die heute vor allem im Iran und Irak, in Afghanistan und Pakistan verbreitet ist. Sie glauben, daß der 12. Imam im 9. Jahrhundert nicht gestorben ist, sondern entrückt wurde und als »*Mahdi*« (d. h. »der Rechtgeleitete«) wiederkommen wird. Dann wird er der Welt Gerechtigkeit bringen und die Spaltung des Islam aufheben. Seit der Entrückung des letzten Imams gibt es in der Schia kein rechtmäßiges Oberhaupt mehr.

In der neueren Geschichte sind die Schiiten durch ihren geistlichen Führer *Khomeini* (1902–1989) in den Blickpunkt der Welt getreten. Dieser war 1965 wegen seiner religiösen Opposition von Schah Reza Pahlewi gezwungen worden, das Land zu verlassen. Von Paris aus bekämpfte er den Schah weiter und trat mit den »Mullahs«, d. h. den islamischen Rechtsgelehrten, für eine islamische Gottesherrschaft im Land ein. In der islamischen Revolution vertrieb er 1979 den Schah aus Persien und gab dem Iran eine islamische Verfassung. Er betrieb eine radikale Islamisierung des Landes. Der Iran sollte nun von den Mullahs regiert werden. Bis zu seinem Tod nahm Khomeini diese Aufgabe weitgehend allein wahr. Als »Ayatollah« war er der Stellvertreter des noch entrückten 12. Imams. Damit übte er eine geistliche und politische Macht aus wie bislang niemand in der Schia. De facto war er der 12. Imam. Seine Entscheidungen waren zumeist militant (z. B. gegen die USA) und reaktionär (z. B. Einführung der Scharia und der Zwang zum Schleier für die Frauen). Vor Todesurteilen schreckte er nicht zurück. Jede Opposition wurde unbarmherzig unterdrückt. 1989

verkündete er gegen Salman Rushdie, den Autor der »Satanischen Verse« (→ S. 195), das Todesurteil. In einem Rechtsgutachten (»Fatwa«) wird erklärt, daß Rushdie wegen Blasphemie und Beleidigung des Islam die Todesstrafe verdient habe und jeder Muslim nun das Urteil vollstrecken könne. Außerdem wurde ein hohes Kopfgeld für seine Ermordung ausgesetzt. Dieses Urteil ist zu Recht in der westlichen Welt auf Empörung gestoßen, wenn auch nicht zu bestreiten ist, daß Rushdies Buch die religiösen Gefühle der Muslime sehr verletzt hat. – In allem nahm Khomeini die Autorität Gottes oder des Koran für sich in Anspruch. Sein Regiment wurde zum Motor eines islamischen Fundamentalismus weit über den Iran hinaus. Viele Muslime haben ihn abgelehnt und in ihm ein Verhängnis für den Islam gesehen. Sie warfen ihm vor, die Leidensbereitschaft und Erlösungshoffnung der Schiiten für die eigene religiöse Macht zu mißbrauchen und den Koran falsch auszulegen.

Der Sufismus –
Die Mystik des Islam

Der Islam wäre nicht angemessen verstanden, wenn man nur seinen Traditionsbezug oder nur die Scharia sähe. Immer auch hat er *mystische Strömungen* hervorgebracht, die bei aller Bejahung der Tradition auch neue Akzente setzten und unkonventionelle Wege gingen. Meist entstanden sie als Reaktion auf den Verfall der Sitten, die Erstarrung des Glaubens und die Verweltlichung des Lebens. Diese Gefahren stellten sich schon am Anfang der Geschichte des Islam ein, als die Heere des Propheten große militärische Erfolge erzielten und weite Gebiete für den Islam eroberten. Die Macht der islamischen Herrscher hat der religiösen Kraft des Islam nicht immer gutgetan. Sie nahmen oft eher die religiöse Sache in ihren Dienst, als daß sie der Religion dienten. Auch in den späteren Jahrhunderten konnten sich die Herrscher von einer solchen Haltung selten freimachen. Gegen die vielfachen Bedrohungen durch Veräußerlichung und Verkrustung, durch Verrechtlichung und durch das Pochen auf Orthodoxie erstand vielfältig eine Gegenbewegung, die den unbedingten Gehorsam gegenüber Gott reklamierte und Gott neu in den Mittelpunkt des Lebens zu setzen versuchte, wie es der Koran und der Prophet Mohammed gefordert hatten. Dieser mystische Grundzug, der immer wieder in einzelnen begnadeten Personen, in Orden und Gemeinschaften mit höchster Originalität durchgebrochen ist, macht deutlich, daß es im Islam letztlich um die Sache Gottes geht.

Diese Bewegung trägt den Sammelnamen »*Sufismus*«. Das Wort kommt von »Suf« (d. h. »Wolle«) und weist auf die ärmliche dunkle Wollkutte, die einzelne Asketen trugen. Schon dadurch unterschieden sich die einzelnen »Sufis« von den weltlichen und religiösen Herrschern mit ihren prächtigen Gewändern. Wichtiger aber war, daß die Mystiker ihre inneren Erfahrungen zum Mittelpunkt des Lebens machten und sich damit von den vorgegebenen Mächten und Ordnungen kritisch absetzten. Sie verstanden den Islam als die Chance, beständig vor dem Angesicht Gottes zu leben, ausdauernd und in einer unerhört neuen Sprache zu beten und das ganze alltägliche Handeln mit der Kraft des Herzens auf Gott zu beziehen.

Tanzende Derwische. Persische Miniatur aus einer Handschrift des Divans von Hafiz, 1490. Die Sufis sind die Mystiker des Islam. Sie suchen Wege, um unmittelbar zur Erkenntnis und Liebe Gottes zu kommen. Dabei setzen sie auf spontane persönliche Erfahrungen. In der Ekstase des Tanzes wissen sie sich Gott nahe. Darin haben sie Ähnlichkeit mit Bewegungen auch in anderen Religionen, z. B. mit den jüdischen Chassidim (→ S. 85) oder den tibetischen Buddhisten (→ S. 428 f.). Die Sufis auf dem Bild tanzen in paradiesischer Natur. Oben begrenzt ein kleiner Bach den Garten. Rechts spielen die Musikanten auf. In der Mitte tanzen die Derwische in verzücktem Wirbel. Einge sind unten in Ohnmacht gefallen und haben ihren Turban verloren.

Den Ausgangspunkt in der Entwicklung des Sufismus bildet in der Frühzeit die Furcht vor Gott und dem Weltgericht. Sie ist mit harter *Askese* und Weltentsagung verbunden. Doch schon bald treten an die Stelle dieses Rigorismus andere Formen. Vor allem *Erkenntnis* und *Liebe* werden zum beherrschenden Thema. Die Erkenntnis der Einheit und Einzigkeit Gottes (»tauhid«), oft auch die Erkenntnis von der Unerkennbarkeit Gottes werden angestrebt. Manchmal wird auch die *Vereinigung mit Gott* gesucht. Alle Mystiker wollen Gott nahe kommen, manche wollen sogar mit ihm eins werden, wenn dies nur mit Gottes Transzendenz vereinbar wäre.

Vielleicht wird bei einigen sogar ein Hang zum Pantheismus erkennbar.

Die *Wege* zu diesem Ziel sind nicht einheitlich. So werden die innere Armut vor dem reichen Gott (»fair«), die Bekämpfung des niederen Ichs (»nafs«), die Verleugnung des Selbst, die Einschränkung der Wünsche eingeübt. Bei einigen Mystikern enden alle Wege in der totalen Entwerdung (»fana«), in der das Selbst ausgelöscht wird und völlig in Gott versinkt. Alle diese Erfahrungen können als »Gottesliebe« verstanden werden. Sie schließt Rausch und Ekstase, das Gefühl der Nähe Gottes, aber auch die Enttäuschung über Gottes Ferne mit ein.

Halladsch am Galgen. Miniatur, 16. Jh. Halladsch ist der beunruhigendste Mystiker des Islam. Sein unkonventionelles Leben, seine poetischen Schriften und sein grausamer Tod haben großen Eindruck auf seine Zeitgenossen gemacht. Bis heute dauert seine Wirkung an. Weil er den Orthodoxen nicht geheuer war und den Mächtigen seiner Zeit gefährlich erschien, wurde er angeklagt und schrecklich gefoltert. Schließlich fand er den Tod am Galgen. Er zählt zu den großen Mystikern und Märtyrern des Islam und der Menschheit.

Der Anspruch der Sufis, Gott durch persönliche Erfahrungen erkennen zu können, brachte sie häufig in *Streit mit den orthodoxen Rechtsgelehrten.* Diese sahen in den Mystikern eine Gefahr für den Islam, weil sie von der traditionellen Koranauslegung abwichen, die Pflichten der Muslime anders akzentuierten und der Scharia nur eine untergeordnete Bedeutung beimaßen. Einzelne Mystiker wurden zu harten Strafen, selbst zu Verstümmelungen und grausamem Tod verurteilt. Diese Konflikte konnten nicht verhindern, daß die Sufis in manchen Zeiten außerordentlich volkstümlich waren und bei vielen Menschen große Sympathien fanden, zumal der Su-

fismus Elemente der Volksfrömmigkeit in sich aufnahm und in den nichtarabischen Ländern die Lebensgewohnheiten der Bewohner neu in den Islam einbezog.

Gestalten der Mystik

In der Mystik des Islam gibt es von Anfang an Frauen und Männer, die wegen ihres exemplarischen Lebens und ihrer unkonventionellen Anschauungen große Verehrung genießen.

• Eine sympathische Mystikerin ist *Rabia al-Adawiyya* (714–801) aus Basra. Der Name »Rabia« be-

رابعة العدوية

deutet »die Vierte«, was darauf hinweist, daß sie als viertes Kind in einer armen Familie zur Welt kam. Von ihrem Leben wissen wir nicht viel. Manche Legende rankt sich um ihren Namen. Sie wurde Sklavin, aber von ihrem reichen Herrn freigelassen. Mekka konnte sie damals als Frau noch besuchen. Einen Heiratsantrag wies sie ab, weil sie ganz Gott gehören wollte. Immer lebte sie in Armut, um für Gott frei werden zu können. Der Name »Rabia« bezeichnet noch heute im Arabischen eine fromme, liebenswürdige Frau.

Mit ihrem ganzen Leben zeigte sie, was reine Gottesliebe ist. Gottesliebe war das Thema, das Rabia in vielen Situationen und in schönen Bildern so durchbuchstabierte, daß auch der ungelehrte Muslim sie gut verstehen konnte. Mit ihrer tiefsinnigen Mystik begab sie sich auf einen neuen Weg, der gleich weit entfernt war von den damaligen Tendenzen zur Verweltlichung und den harten asketischen Strömungen, die den Glauben an das Jüngste Gericht durch strenge Bußübungen wachhalten wollten. Ihre Gottesliebe hatte die Frage nach Lohn und Strafe hinter sich gelassen.

• Der berühmteste und beunruhigendste Mystiker des Islam ist *Halladsch* (um 857–922), der in Süd-

الحسين بن منصور الحلاج

persien geboren wurde. Er machte weite Reisen, auf denen er nach Syrien, Zentralasien und Indien kam. In vielen Ländern fand er begeisterte Schüler, mit denen er eine intensive Korrespondenz führte. Er unterzog sich härtesten Kasteiungen. Ein Ausspruch hat ihn berühmt und zugleich berüchtigt gemacht:

Oben: Die Namen der Mystikerin Rabia al-Adawiyya und des Mystikers Husain ibn Mansur al-Halladsch in arabischer Schrift. Rechts: Viereckiges Sufi-Zeichen: Der Segen Mohammeds.

Gottesliebe

Einmal sah man Rabia in den Straßen von Basra mit einem Wassereimer in der einen und einer Fackel in der anderen Hand. Als man sie fragte, warum sie beides mit sich führe, antwortete sie, sie wolle mit dem Wasser die Hölle löschen und mit der Fackel das Paradies anzünden, damit niemand mehr Gott anbete aus Furcht vor der Hölle oder in der Hoffnung auf das Paradies, sondern nur noch um seiner ewigen Schönheit willen.

Ein andermal fragte man sie: »Woher bist du gekommen?« Sie antwortete: »Von jener Welt.« Und weiter wurde sie gefragt: »Wohin willst du gehen?« Die Antwort: »In jene Welt.« »Und was tust du in dieser Welt?« Sie antwortete: »Ich bin voll Bedauern.« Und weiter wollte man von ihr wissen: »Warum?« Ihre Antwort: »Ich esse das Brot dieser Welt und tue das Werk jener Welt.«

Einmal sagte sie etwas, das wie eine Definition der Gottesliebe klingt: »Liebe ist aus der Urewigkeit gekommen und geht in die Ewigkeit, und in den achtzigtausend Welten ist keiner, der einen Schluck von ihr trinkt und nicht zuletzt zu Gott geht, und daher kommt das Wort ʾEr liebt sie und sie lieben Ihn.«

Rabia, aus den Legenden

»Ich bin die absolute Wahrheit.« In einer anderen Übersetzung lautet der Satz: »Ich bin Gott.« Man würde diese Aussage verkennen, wenn man ihr Größenwahn oder Irrsinn unterstellte. Sie ist auch nicht pantheistische Mystik, sondern letzte Konsequenz einer ekstatischen Erfahrung, in der sich das »Ich« des Mystikers von Gott oder der Wahrheit, die einer der 99 Namen Gottes (→ S. 217 f.) ist, so überwältigt fühlt, daß er spüren kann, wie Gott oder die Wahrheit durch ihn spricht. Seine Gedichte sind die herrlichsten Zeugnisse einer mystischen Gottesliebe, die die arabische Literatur kennt. Vom ihm stammt das Gleichnis vom Falter, der in die Flamme fliegt, um mit dem Licht eins zu werden. Noch mehr als durch seine Gedichte hat er durch seinen Tod auf die Nachwelt gewirkt. Weil er durch politische Kontakte und durch seine verinnerlichte Auffassung der Religion den Regierenden gefährlich erschien, wurde er 913 ins Gefängnis geworfen, 922 auf grausame

Weise umgebracht. Auf dem Weg zum Galgen bewarf ihn der Pöbel mit Steinen. Dann schlug man ihm Hände und Füße ab, bevor er aufgehängt wurde. Sein Leichnam wurde verbrannt; die Asche trug man auf ein Minarett, damit der Wind sie verstreue. Die Gebete vor seinem Ende und die Worte bei seiner grauenhaften Hinrichtung zeigen ihn als einen Liebenden, der zum Leiden bereit ist und der auch im Sterben Gott wunderbar loben kann. So ist Halladsch zum Dichter und Märtyrer der Gottesliebe geworden.

• Die mystischen Ideen wurden auch in verschiedenen Orden aufgenommen und durch diese weit verbreitet. Bei uns sind die »tanzenden Derwische« (pers.: »Bettler«) bekannt geworden, die im 13. Jahrhundert in Anatolien erstmals auftraten und heute noch in Konya (Türkei) aktiv sind. Sie versetzen sich durch Tanz, Musik und Dichtung in religiöse Verzückung, um so Gott nahe zu kommen.

Gott und Ich

Ich bin der, den ich lieb'; Er, den ich liebe,
Ist ich – zwei Geister, doch in einem Leibe.
Und wenn du mich siehst, hast du Ihn gesehen,
Und wenn du Ihn siehst, siehest du uns beide!
…
Es hat mein Geist gemischt sich mit dem Deinen,
Wie Wein vermischt mit klarem Wasser sich.
Wenn etwas Dich berührt, rührt es auch mich an,
Denn immer bist und überall Du ich.
…
Wer Gott kennt, beschreibt Ihn nicht,
Und wer Ihn beschreibt, kennt Ihn nicht.
Halladsch

Auch heute noch ziehen friedliche Mystiker durch die Länder des Islam. Von ihnen geht eine große Ausstrahlung aus. Manchmal verkaufen sie Amulette und religiöse Utensilien oder bitten um ein Almosen. Sie sind nur für sich selbst auf der Suche nach Gott, ohne sich dabei an feste religiöse Regeln zu halten.

Islam heute und morgen

Renaissance im 20. Jahrhundert

Noch zu Beginn unseres Jahrhunderts schien der Islam seine religiöse und politische Kraft verloren zu haben. Die Kolonialpolitik der europäischen Großmächte hatte viele Länder, in denen der Islam vorherrschte, in Abhängigkeit gebracht. Sie gab den Muslimen ein Gefühl der kulturellen, politischen und religiösen Inferiorität. Als im Jahr 1924 die türkische Nationalversammlung auf die Initiative von Ministerpräsident Mustafa Kemal, der später

Das Poster feiert die neugewonnene Souveränität der Türkei im Jahr 1923. Eine unverschleierte Frau führt das Pferd des im Unabhängigkeitskrieg siegreichen Generals. Das Poster war damals ein Symbol für den Übergang vom religiösen zum säkularen Staat und Ausdruck der neu gewonnenen Freiheit für die Frauen.

»Atatürk« (d. h. »Vater der Türken«) genannt wurde, das Kalifat abschaffte, waren viele Beobachter der Meinung, damit sei das *Ende des Islam* nahe. Sie sahen in der Abschaffung des Kalifats die letzte Konsequenz einer Entwicklung, in welcher der Islam seine religiöse Ausstrahlung und seinen politischen Einfluß verloren hatte. In den vorangegangenen Zeiten hatte es für den Islam mehr Niederlagen als Siege, mehr Zeichen der Erstarrung als der Erneuerung gegeben. Am europäischen und amerikanischen Fortschritt in Wissenschaft und Technik war der Islam nicht beteiligt. Den Ansprüchen einer neuen Zeit schien der Islam nicht mehr gewachsen zu sein. Die Glanzzeiten der Religion Mohammeds lagen lange zurück.

Heute sehen wir, daß diese Prognosen falsch waren. Wir erleben einen Islam von großer *Dynamik und Lebenskraft.* Er ist ist zu einem wichtigen Faktor im religiösen Leben der Gegenwart und in der Weltpolitik geworden. An vielen Brennpunkten unserer Welt ist er präsent. Die großen islamischen Länder Ägypten, Marokko, Tunesien, Algerien, Irak, Pakistan, Indonesien u. a. sind von der europäischen Fremdherrschaft befreit. Starke Reformbewegungen haben an Boden gewonnen. In Nord- und Zentralafrika hat der Islam das Christentum weitgehend verdrängt. In Europa und Amerika gewinnt er an Boden. Die großen Ölvorräte in den arabischen Ländern geben dem Islam eine herausragende Stellung in der Weltwirtschaft.

In den letzten Jahren ist die islamische Politik vielerorts zu einer *Herausforderung* der Weltmächte geworden. Er stellt nicht nur die anderen Religionen, sondern auch die anderen politischen Grundüberzeugungen, die kulturellen Traditionen und die westlichen Vorstellungen von den Menschenrechten in Frage. Mit Amerika und Rußland, mit England und Frankreich, vor allem mit Israel kam es zu heftigen Auseinandersetzungen und Kriegen. In der Gegenwart kann der Islam wieder an seine großen Erfolge am Anfang seiner Geschichte anknüpfen und in viele neue Gebiete vordringen. Die *Renaissance* des Islam gehört zu den wichtigsten Daten der Geschichte des 20. Jahrhunderts.

Drei Richtungen

In der islamischen Welt kristallisieren sich zur Zeit drei Richtungen heraus.

Die erste sieht eine Möglichkeit im harmonischen Zuammenspiel des modernen technischen Lebens mit den Lehren des Islam vor, sofern man die islamischen Grundwerte als wesentlichen Bestandteil der Gesellschaft betrachtet.

Die zweite Richtung versucht, aus den negativen Erfahrungen der Vergangenheit Erkenntnisse zu ziehen, und strebt ein direktes islamisches Modell an, verbunden mit einer vollen Absage an das westliche sowie das östliche Modell.

Die dritte Alternative sieht einen sozialistischen Weg, der die wirtschaftliche Misere und sozialen Gegensätze überbrücken und lindern sollte.

Alle drei Richtungen haben aber einen primären Gedanken gemeinsam, nämlich, daß man das religiöse und kulturgeschichtliche Element des Islam und seine damit verbundenen Werte, die sich in vierzehn Jahrhunderten in den Gedanken der islamischen Menschen festsetzten, keinesfalls außer acht lassen kann.

Hamdy Mahmoud Azzam

Ursachen des Erfolgs

In den großen Erfolgen des Islam der Gegenwart sehen die Muslime eine Bestätigung für die Überlegenheit ihrer Religion. Für diesen *Erfolg* des Islam im 20. Jahrhundert gibt es gewichtige Gründe.

• Der Islam als jüngste der großen Religionen sieht die anderen monotheistischen Religionen als seine *Vorstufen* an. Jesus ist der Vorläufer Mohammeds, wie Mose der Vorläufer Jesu war. Das Judentum und Christentum enthalten in dieser Sicht keine Wahrheiten und Werte, die nicht ebenfalls und darüber hinaus in letzter Vollendung im Islam vorhanden sind und gelebt werden.

• Der entschiedene *Monotheismus* übt auf nachdenkliche Menschen eine große Faszination aus. Wo der Islam aber wie in Afrika auf Dämonenkult und Zauberei trifft, kann er sich anpassen und selbst diese Formen in sein religiöses Weltbild integrieren. Auf Amuletten und Fetischen erscheint dann der Name Allahs.

• Die *moralischen Forderungen* des Islam sind mit den fünf Säulen überschaubar und in der großen Gemeinschaft relativ leicht zu erfüllen. Man braucht nicht, wenn man Muslim wird, seine Frauen zu entlassen, wie es das Christentum fordert.

• Die Annahme des Islam bringt den Gläubigen in eine weltweit erfolgreiche *Gemeinschaft*, oft auch auf eine höhere Stufe der Kultur, und in eine mächtige politische Konstellation.

• Der Islam übt an der *westlichen Kultur* und am amerikanischen way of life eine *Kritik*, die für viele Menschen nachvollziehbar ist, wenn er auf Glaubensverfall und religiöse Krise, Orientierungslosigkeit und diffusen Pluralismus, Materialismus und moralischen Laxismus, Hedonismus und Relativismus, sexuelle Ausbeutung der Frau, Prostitution und

Verschleierte Frauen beim Geldzählen in einer Bank von Sana, Jemen. (→ S. 228 f.).

Abtreibung, Drogensucht und Alkoholismus, Gewalt und Kriminalität, neuerdings auch auf Aids hinweist. Auf die verhängnisvolle Wirkung westlicher Filme und Videos wird immer wieder empört aufmerksam gemacht.

• Der Islam versteht sich als eine Religion, die die *Zukunft* der Welt prägen und gestalten wird. Die Krise des Christentums vor allem in Europa soll den Weg für den Islam dorthin freimachen.

Fundamentalismus

Wenn heute Muslime irgendwo in der Welt Gewalttaten ausführen, ist bei uns sofort vom »islamischen Fundamentalismus« die Rede. Dabei ist gar nicht so klar, was der Begriff »*Fundamentalismus*« besagt.

Der *islamische Fundamentalismus* weist die Kennzeichen des auch in anderen Religionen verbreiteten Fundamentalismus (→ S. 455) auf, hat aber auch eigene Spielarten und Varianten. Er ist ursprünglich eine Erneuerungsbewegung, die ihre Anfänge in der ägyptischen Muslim-Bruderschaft hat, die 1928 gegründet wurde. Durch die islamische Revolution Khomeinis im Iran (→ S. 250) hat er in vielen Ländern großen Auftrieb erhalten. Es gibt viele Felder, wo der islamische Fundamentalismus in Erscheinung tritt, z. B. bei der Auslegung des Koran (→ S. 214), bei der Frauenfrage (→ S. 227 f.), bei der Anwendung der Scharia (→ S. 240 f.) und bei der Verhältnisbestimmung zum Christentum (→ S. 265 f.). Der islamische Fundamentalismus sträubt sich gegen die Neuinterpretation der Religion durch die moderne Vernunft. Jede Reform muß sich am wörtlich verstandenen Koran messen lassen. Entspricht sie ihm, hat sie Chancen, widerspricht sie ihm, wird sie verworfen. Die Scharia soll wieder das Gesetz in den islamischen Staaten sein. Der islamische Fundamentalismus kann sich nicht damit abfinden, daß Religion Privatsache ist und im öffentlichen Leben nicht die entscheidende Rolle spielt. Islam und Politik müssen für ihn eine Einheit bilden. Die mysti-

Frauen spielten 1979 in der islamischen Revolution, die sich gegen den Schah richtete und den Ayatollah Khomeini an die Macht brachte, eine entscheidende Rolle. Viele Frauen legten aus Protest gegen den Schah freiwillig den Schleier wieder an. Sie trugen entscheidend zur Re-islamisierung des Landes bei. Von der Revolution im Iran hat der islamische Fundamentalismus der Gegenwart auch in anderen Ländern einen großen Teil seiner Schubkraft erhalten.

Rechte Seite: Demonstrationen gegen die »Satanischen Verse« von Salman Rushdie in London. Der Roman löste in der islamischen Welt Entsetzen aus. Viele Muslime sehen in dem Werk eine unerträgliche Blasphemie. Als schreckliche Reaktion sprach Khomeini gegen Rushdie in einer »Fatwa« (Rechtsgutachten) das Todesurteil aus. Überall in der Welt kam es zu Protesten der Muslime gegen Rushdie. In der westlichen Welt und auch bei vielen Muslimen wurde diese Fatwa entschieden abgelehnt, weil sie die Freiheit des Wortes beeinträchtigt und die Menschenrechte verletzt (→ S. 195).

sche Tradition des Islam wird bei den Fundamentalisten dagegen meist vergessen.

Seine wichtigsten *Gegner* hat der Fundamentalismus *innerhalb des Islam* bei den Muslimen, die sich der Moderne nicht verschließen, und *außerhalb des Islam* in der westlichen Zivilisation Europas und Amerikas. Der Fundamentalismus fürchtet, daß die Säkularisierung und der Verfall der Sitten zum Exportartikel für den Islam werden könnten.

Der Kampf um die Ideen und Werte wird nicht selten zu einem *gewaltsamen Kampf* mit Waffen. Ideologisch knüpft der islamische Fundamentalismus an die großen Erfolge aus der Frühzeit des Islam an. In Palästina, Israel und Ägypten, in Algerien und Afghanistan, im Iran und Irak, in Frankreich und Amerika kämpfen Muslime mit radikalen Methoden, wenn auch auf Grund verschiedener historischer Konstellationen, für ihre Sache. An manchen Stellen der Welt sehen wir islamische Todeskommandos, terroristische Gruppen und fanatisierte Selbstmörder (»Märtyrer«) am Werk, die furchtbare Blutbäder anrichten. Der Großscheich der Kairoer Universität hat 1996 darauf hingewiesen, daß die Selbstmordkommandos nicht als Märtyrer gelten können. Ihr Kampf wird von radikalen islamischen Führern als »Dschihad« (→ S. 237 f.) gerechtfertigt, ohne daß dabei die strengen Regeln beachtet werden, die die islamischen Schulen für die Ausrufung eines Dschihad festgelegt haben.

Der aggressive Fundamentalismus richtet sich bisweilen auch gegen Muslime, die als abtrünnig gelten oder die sich für Ideen des Westens geöffnet haben. Sie müssen mit Berufsverbot, Verbannung und sogar Gefahr für Leib und Leben rechnen. – Diese extremen Tendenzen werden *von den meisten Muslimen abgelehnt.* Viele sehen in ihnen sogar eine Pervertierung ihrer Religion. Hier werde der Islam in den Dienst nationalistischer oder sozialistischer Ideologien genommen.

Die meisten *Ursachen* für den islamischen Fundamentalismus liegen nicht in der Religion selbst, sondern in politisch-sozialen Zuständen wie Unterdrückung und Armut, Demütigung und Ungerechtigkeit, Armut und Arbeitslosigkeit. Der Kampf gegen diese Zustände wird oft mit religiösen Motiven angeheizt, ohne daß die Täter eine solide Kenntnis des Islam hätten.

> ### Politischer Islam
> Wer heute den politischen Islam allein als Ausdruck einer einfachen Revolte gegen die westliche Hegemonie oder als Zeichen einer nostalgischen Sehnsucht nach der einstigen islamischen Größe deutet, verkennt die innerislamische Debatte. Der politische Islam fordert nicht mehr und nicht weniger als die westliche durch die islamische Führung der Welt abzulösen.
> *Bassam Tibi, Politologe an der Universität Göttingen*

Die unterschiedlichen Phänomene, die oft allzu einfach unter dem Begriff »Fundamentalismus« zusammengefaßt werden, sind eine Belastung für den Islam. Es besteht die Gefahr, daß der Begriff »Fundamentalismus« zum *Synonym* für den Islam wird. Da vorwiegend die negativen Erscheinungen des Islam in unseren Medien präsent sind und so auf einseitige Weise unser Bild vom Islam prägen, wird er zum Feindbild, das Angst und Abwehrreaktionen auslöst.

Damit geschieht dem Islam Unrecht. Die Gewalttaten einzelner Gruppen dürfen nicht zur Ablehnung einer Religion führen, die eine tiefe Gottesverehrung, Achtung vor dem Leben, eine wunderbare Mystik, eine Hochschätzung des Friedens und eine großartige Kultur hervorgebracht hat.

Menschenrechte und Demokratie

Die Einstellung des Islam zu den Menschenrechten und zur Demokratie ist nicht auf einen einfachen Nenner zu bringen.

Einerseits gibt es schon im Koran Stellen, die von der Würde des Menschen sprechen (→ S. 222). Darin liegt eine gute *Grundlage* für die *Menschenrechte*. Der Islam kennt das Recht auf Leben und Eigentum, auf Asyl und Hausfrieden, auf soziale Sicherheit und Schutz, auf Erwerb von Wissen und Erhalt der Gesundheit. Er lehnt gewaltsame Bekehrungen ab und fordert Taten zum Wohl der Armen und Schwachen. Ungerechtigkeit und Aggression sollen bekämpft werden. Verzeihung ist besser als Rache. Diskriminierung auf Grund von Hautfarbe oder Rasse ist nicht erlaubt.

Andererseits gibt es im Islam eine *Ablehnung der Menschenrechte* in der Form, wie sie im politischen Raum Europas und Amerikas entwickelt wurden. Für den Islam ist nicht der Mensch das Maß aller Dinge, sondern Gott. Die menschliche Würde kommt für den Islam allein von Gott. Sie ist am besten in der Gemeinschaft der Muslime geschützt. Für ausgeprägten Individualismus und Subjektivismus gibt es im Islam keinen Platz. Der Mensch muß Gott gehorsam sein und Gottes Gebote erfüllen. Diese stehen aber nicht nur in ihrer Begründung, sondern oft auch in ihrer konkreten Form im Gegensatz zu den von den Vereinten Nationen proklamierten Menschenrechten. Selbst in den islamischen Ländern, in denen die Scharia nicht gilt, gibt es meist keine Religions- und Meinungsfreiheit, keine Freiheit der Kunst und der Wissenschaft. Auch

die Rolle der Frau, das Ehe- und Scheidungsrecht entsprechen nicht den westlichen Standards der Menschenrechte. Die überaus harten Strafen, die von den islamischen Gerichten auch heute noch verhängt werden, erscheinen oft sogar als Verletzung der Menschenwürde.

In der Forderung nach Beachtung der Menschenrechte sehen viele Muslime eine neue Form des westlichen *Kulturimperialismus*. Der Westen wolle den Islam damit verfremden und seiner Identität berauben. Demgegenüber machen andere Muslime, die die Menschenrechte positiv beurteilen, darauf aufmerksam, daß eine Reform des Islam auch zu einer besseren rechtlichen Anerkennung der Ungläubigen und Andersgläubigen, der religiösen und ethnischen Minoritäten und vor allem der Frauen führen müsse. Sie warnen den Westen davor, aus falsch verstandener Toleranz auf Kritik an Menschenrechtsverletzungen in islamischen Ländern zu verzichten.

Problematisch ist für den Islam auch die *Demokratie*, die die Menschenrechte schützen soll und in der sich das Volk souverän selbst seine Gesetze gibt. Für den Islam gelten allein die Gesetze Gottes. Einige fundamentalistische Denker haben neuerdings den Begriff der »*Gottesherrschaft*« gebildet, der im

Parlamentssitzung in Islamabad, Pakistan. Das Demokratieverständnis des Islam ist nicht einheitlich, es unterscheidet sich in wichtigen Punkten auch von den westlichen Vorstellungen. Doch sollen nach dem Koran auch die Muslime »ihre Angelegenheiten durch Beratung miteinander erledigen« (42,36).

Koran nicht vorkommt. Sie soll die islamische Alternative zur westlichen Demokratie sein und das ganze öffentliche Leben bestimmen. Beide politischen Systeme schließen sich danach gegenseitig aus. Die göttliche Offenbarung läßt Volkssouveränität nicht zu, der Koran allein muß Grundgesetz und Verfassungsgrundlage sein, Gottes Gebote können nicht durch demokratisch verabschiedete Gesetze außer Kraft gesetzt werden. So bilden beide Systeme im politischen Raum einen Gegensatz. Sie können nicht nebeneinander Bestand haben. Tatsächlich haben viele islamische Staaten auch heute keine demokratische Grundstruktur. Allenfalls sind demokratische Ansätze zu beobachten.

Andere muslimische Gelehrte halten das Ideal der Muslimgemeinschaft mit der Demokratie für vereinbar. Der Koran empfiehlt die gegenseitige Beratung in wichtigen Fragen eindringlich (42,36–39). Daraus resultiert sogar die These, der Islam habe die Demokratie erfunden. Eine Demokratie im islamischen Sinn wäre aber gewiß in ihrem Selbstverständnis und in ihrer konkreten Erscheinungsform anders als die westlichen Demokratien. In ihr wären die Sakralisierung der Politik und die Politisierung der Religion nahe beieinander.

Daß Demokratie und Menschenrechte mit dem Islam nicht gänzlich unvereinbar sind, läßt sich an einigen großen Gestalten der Gegenwart ablesen. Zu den bedeutendsten Reformern des Islam, die das islamische Erbe mit dem europäischen Denken zu verbinden suchten, ist *Mohammed Iqbal* (1877–1938, → S. 189) zu zählen, der zugleich Politiker, Philosoph und Dichter war. Er stammt aus dem überwiegend von Muslimen bewohnten Gebiet Nordindiens, das nach seinem Tod 1947 Pakistan wurde. Bei seinen philosophischen und juristischen Studien in Deutschland und England hat er sich mit Goethe und Hegel, Nietzsche und Bergson befaßt. So hatte er einen ausgezeichneten Zugang zum Denken und Fühlen der westlichen Welt. Zugleich wurde er auch zu einem exzellenten Kenner der islamischen Mystik und der Dichtung seines Volkes. Er selbst hat viele Werke von hoher poetischer Qualität in seiner Heimatsprache Urdu und in Persisch verfaßt. In seinem wichtigsten Werk beschreibt er die Reise der Seele durch die Sphären des Himmels, wo er prachtvolle und furchterregende Engel trifft. Der Gedanke der Liebe ist für ihn in der islamischen Tradition tief verankert. Er beschrieb die Glanzzeiten des Islam, kritisierte seinen späteren starren Dogmatismus und setzte sich für eine zeitgemäße Reform ein, in der die dynamischen und humanen Kräfte des Islam wieder zur Geltung kommen sollten. Politisch bedeutsam wurde er seit 1930, als er in einer großen Rede erstmals eine Trennung Pakistans von Indien anregte. Er entwarf ein Konzept des neuen Staates, in dem alte islamische Ideen mit demokratischen Grundzügen verbunden waren. Für Menschen, die nicht dem Islam angehören, sollte in diesem Staat Platz sein. Er befürwortete Humanität, Toleranz und Demokratie. Wegen seines einflußreichen Wirkens wird er der »Vater Pakistans« genannt. Die Staatsgründung hat er nicht mehr erlebt.

Auch in anderen Ländern setzen sich Muslime für Demokratie und Menschenrechte ein. Oftmals ist dieses Engagement aber noch mit persönlichen Gefahren und beruflichen Risiken verbunden.

Zusammenprall der Zivilisationen?

Die Unterschiede zwischen der westlichen und islamischen Welt sind gerade in den Grundvorstellungen beträchtlich. Für den Westen sind Religionsfreiheit und private Religiosität, Schutz der individuellen Menschenrechte, Demokratie und Marktwirtschaft unverzichtbar, während sich der Islam auf Monotheismus, Koran und das Leben in der völkerübergreifenden Gemeinschaft (»Umma«) nach den Gesetzen Gottes stützt. Westliche Säkularisierung steht im Widerspruch zur stärker werdenden Islamisierung. Wird es zu einem Kampf der beiden Welten kommen? Wenn ja, welche Kraft wird sich als die stärkere erweisen?

In jüngster Zeit wird häufig die These diskutiert, daß die Zukunft von einer globalen Auseinandersetzung zwischen westlicher Welt und Islam bestimmt werde. Diese These gibt es in einer säkularen und einer islamischen Variante.

Die *westliche These*: Nach dem Zusammenbruch des Kommunismus tritt an die Stelle des alten Ost-West-Gegensatzes der neue Kampf zwischen säkularisierter Welt und Islam. Zwischen diesen beiden Polen wird die Zukunft der Welt entschieden. Sie sind die beiden einzigen noch übrig gebliebenen Machtblöcke in unserer Zeit. Dabei stehen Aufklärung gegen Fundamentalismus, Demokratie gegen Gottesherrschaft, Menschenrechte gegen Scharia, Autonomie gegen Heteronomie, Toleranz gegen Intoleranz. Diese These wurde vor allem von Samuel Huntington (Harvard 1993) aufgestellt. Sie kann sich auf manche Erscheinungen des gegenwärtigen Islam stützen. Doch darf sie nicht generalisiert werden. Auf keinen Fall kann man den Islam mit den hier benutzten Kategorien adäquat beschreiben. Auch innerhalb des Islam gibt es starke Kräfte, die für Frieden, Menschenrechte und Toleranz eintreten.

Die *islamische These*: Islamische Fundamentalisten rechnen ebenfalls einer zukünftigen Auseinandersetzung zwischen dem Islam und der westlichen Welt. Der Grund dafür liegt für sie in einer Verschwörung des Westens gegen den Islam. Sie hat eine lange Tradition. In den Kreuzzügen hat die Auseinandersetzung begonnen, im Kolonialismus wurde sie fortgesetzt, in dem Angriff der westlichen Kultur auf den Islam und im Zionismus findet sie einen neuen Höhepunkt. Der Westen und das mit ihm verbündete Israel sind die neue »Dschahiliya« (→ S. 191), d. h. die neue Welt der Unwissenheit und Finsternis. Dagegen muß sich der Islam mit allen Kräften wehren, wenn er sich selbst treu bleiben will.

Die These vom Zusammenprall der Zivilisationen kann auf zahlreiche Konflikte zwischen westlicher und islamischer Welt hinweisen, die den gegenwärtigen Frieden empfindlich stören. Sie werden als Vorstadium des zu erwartenden Zusammenpralls gedeutet. Doch ist die These insgesamt eher gefährlich, da sie von Zerrbildern des Westens und des Islam ausgeht. Sie baut Feindbilder auf und ruft unangemessene Reaktionen hervor. Die Gründe, die gegen diese Annahme sprechen, überwiegen. Heute ist von einer Solidarisierung der islamischen Länder gegen den Westen nichts zu spüren. Die islamischen Länder sind eher untereinander zerstritten. Überdies hat der Westen viele gute Beziehungen zu islamischen Ländern, die er keineswegs gefährden will.

Für die Zukunft wird es die Aufgabe einer verantwortlichen Politik auf beiden Seiten sein, Feindbilder abzubauen, Vorurteile zu beseitigen, die berechtigten Interessen aller Beteiligten zu berücksichti-

Die größte Moschee Europas wurde 1995 in Rom fertiggestellt.
Sie bietet Platz für 2000 Gläubige.

gen, um den Frieden für die Zukunft sicher zu machen. Wenn diese wichtige politische und religiöse Aufgabe gelingt, wird es nicht zu einem Zusammenstoß der Zivilisationen kommen.

Muslime in Deutschland

Zur Zeit (1996) leben in Deutschland etwa *2,5 Millionen* Muslime, von denen etwa 80 % Türken sind. Die Muslime gehören so unterschiedlichen Richtungen wie Sunniten, Schiiten und Alewiten an, die manchmal untereinander zerstritten sind. Der »Zentralrat der Muslime in Deutschland« ist keine Institution, die für alle Muslime sprechen kann. Die Hälfte aller Muslime besucht regelmäßig eine Moschee. Die ca. 1200 Moscheen sind oft ärmlich in leeren Gasthäusern, Kinos, Fabriken und Lagerräumen untergebracht. Es gibt nur relativ wenige neu gebaute Moscheen mit Minaretten. Der Ruf des Muezzin ist von da nicht öffentlich zu hören. Mit der Umwelt gibt es Konflikte, wenn der Neubau einer Moschee das Stadtbild oder die Wirkung einer nahegelegenen Kirche beeinträchtigt. In den meisten Fällen ist aber eine Einigung möglich.

Prinzipielle *Schwierigkeiten* mit der Ausübung ihrer Religion haben die Muslime nicht, weil das Grundgesetz die freie Ausübung der Religion zum Grundrecht erklärt hat. Dies wird von vielen Muslimen dankbar anerkannt. Doch gibt es eine verbrei-

tete Fremdenfeindlichkeit, unter der gerade die
Muslime zu leiden haben. Es gibt manche Schika-
nen im Alltag. Selbst Mord und Totschlag, Brand-
schatzung und Zerstörung sind zu beklagen. Einzelne Probleme entstehen, wenn sich deutsches Recht
und Scharia entgegenstehen. So fühlen sich Muslime diskriminiert, wenn sie die Tiere nicht nach
ihren Vorschriften schächten dürfen, wobei das Tier
ohne Betäubung ausblutet. Die islamischen Bestat-
tungsriten sind auf deutschen Friedhöfen nicht immer akzeptiert, so daß viele Muslime ihre Toten auf
eigenen Grundstücken beerdigen oder sie in ihre
Heimat überführen. Das fünfmalige tägliche Pflichtgebet ist vielen Muslimen hierzulande nicht möglich. Wenn islamische Mädchen mit ihren Kopf-
tüchern deutsche Schulen besuchen, werden sie
mitunter ausgelacht oder beleidigt. Das Fasten im
Ramadan ist für muslimische Arbeiter besonders
hart, weil die deutschen Arbeitsbedingungen auf
diese religiöse Pflicht keine Rücksicht nehmen. Die
Einführung eines muslimischen Religionsunter-
richts wirft schwierige rechtliche Fragen auf. Gegenüber den Koranschulen gibt es Vorbehalte, weil
sie mit Methoden arbeiten, die als obsolet gelten.

Unter den Muslimen in Deutschland gibt es nur
wenige aggressiv-fundamentalistische Gruppierungen, die den öffentlichen Frieden stören. Die meisten Muslime halten sich an die deutschen Gesetze.
Sie können erwarten, daß sie als friedliche Bürger
des Landes anerkannt werden, die nach ihren religiösen Vorstellungen leben möchten.

Ein großes Problem für den Islam in Deutschland ist die fortschreitende *Säkularisierung* des Lebens, die zu einem Schwund von Religion überhaupt führt. Davon sind viele muslimische Familien
betroffen. Wenn sich z. B. die älter werdenden Kinder unter dem Einfluß der Umwelt vom Islam abkehren und einen areligiösen westlichen Lebensstil
übernehmen, wenn sie sexuelle Freizügigkeit praktizieren und die wichtigsten islamischen Pflichten
nicht mehr erfüllen, sind Konflikte mit den Eltern
und der Verwandtschaft unausweichlich. Hier werden Einstellungen übernommen, die vom Koran her
nicht zu dulden sind und unter schwerer Strafe stehen. Sie bringen die Generationen gegeneinander
auf. Schon manche Eltern haben es zutiefst bereut,
überhaupt nach Deutschland gekommen zu sein.

Oben: Ein Muslim in Kreuzberg, dem großen Türkenviertel in Berlin,
zeigt einen in Deutschland gedruckten Koran.
Unten: Koranschule in Gelsenkirchen. Die Jungen und Mädchen
tragen den arabischen Koran in ihren Händen, den sie lesen und
verstehen lernen sollen.

Muslime und Christen

Ein schwieriges Verhältnis

Seit seinen Anfängen hat der Islam keine eindeutige Einstellung zum Christentum. Einerseits fühlt er sich dem Christentum überlegen, weil er die letzte Offenbarung Gottes (→ S. 186) ist. Andererseits erkennt er bei den Christen positive Momente an. Für diese Einstellungen kann sich der Islam auf seine Gründungsurkunde berufen. Im Koran selbst findet er ein geoffenbartes Wissen vom Christentum. Hier hat er eine verbindliche Lehre, die nicht zur Disposition steht. Demgegenüber kann die christliche Theologie nicht auf eine biblisch fundierte Islamlehre zurückgreifen. Das Christentum, das immer davon überzeugt war, es mit *Gottes letzter und endgültiger Offenbarung* zu tun zu haben, begriff erst langsam, mit welch unerhörtem Anspruch es vom Islam in Frage gestellt wurde. Die Christen sahen sich unvorbereitet einer Religion gegenüber, die sich als Überbietung des Christentums verstand. Was der Islam nun zu sein vorgab, machte das Christentum zur bloßen *Vorstufe* der höchsten Religion des Islam. Darin wiederholte sich ein Vorgang , den die Christen früher schon gegenüber dem Judentum vorexerziert hatten, als sie dieses zur Vorstufe des Christentums degradierten, die jüdischen Schriften »Altes Testament« nannten und sich jüdische Elemente so assimilierten, daß sich das Judentum theologisch enterbt vorkommen mußte. Was Christen selber erfolgreich mit den Juden gemacht hatten, versuchten nun die Muslime mit den Christen (→ S. 160 f.).

Oben: Kreuzfahrer belagern 1097/98 die muslimische Festung Antiochia. Miniatur aus der alten Chronik des Wilhelm von Tyros. In einer Verhandlung vor der Schlacht schlug ein christlicher Unterhändler dem Kommandeur der Stadt vor, sich taufen zu lassen. Dann könne er weiterhin Herrscher bleiben. Der entgegnete, die Christen sollten sich zu Allah und dem Propheten bekennen. So könnten sie Freiheit und Leben retten, wenn nicht, würde sie Tod und Sklaverei erwarten. In der für die Christen siegreichen Schlacht fanden viele Menschen auf beiden Seiten den Tod.
Unten: Akbar (1542-1605) war der erfolgreichste Herrscher der Moguln in Indien. Als Muslim war er um religiöse Toleranz bemüht. Er befaßte sich intensiv mit den verschiedenen Religionen. Das Bild zeigt ihn in einem Religionsgespräch, an dem auch zwei Jesuiten (in dunkler Kleidung) teilnehmen. Die meisten Jesuiten haben damals den Islam scharf angegriffen.

Der wichtigste theologische Grund für die gegenseitige Abneigung liegt in der Auffassung beider Religionen, die »einzig wahre«, »die allein richtige« Religion zu sein. In ihr habe sich Gott endgültig ausgesprochen. Mit diesem »*Absolutheitsanspruch*« stoßen beide Religionen hart aufeinander.

Daß beide Religionen mit ihrem hohen theologischen Anspruch auch von Anfang an in Eroberungskriegen und Kreuzzügen gegeneinander vorgingen, machte aus dem religiös-theologischen Konflikt auch eine *politische Feindschaft*, die aufs Ganze ging.

Aus der Theologie beider Religionen und aus den vielen, teilweise blutigen Auseinandersetzungen in der Geschichte resultiert bis heute ein schwieriges Verhältnis. Es ist noch nicht zu erkennen, wie die bestehenden Barrieren überwunden werden können.

Die islamische Sicht des Christentums

Der Koran behandelt oft Themen, die das Christentum betreffen. Vor allem die Suren 3, 4, 5, 19, 66 und 112 sind hier zu nennen.

Im Bild des Christentums gibt es eine Reihe positiver und *freundlicher Züge*, die wohl mit den guten Erfahrungen zu tun haben, die Mohammed in seiner Frühzeit mit Christen gemacht hat.

• Der Koran spricht mit großer Hochachtung von *Jesus* (»Isa«). Er ist ein bedeutender Prophet gewesen, der in der Geschichte Gottes mit den Menschen einen herausragenden Platz einnimmt. Mit den anderen Propheten Adam, Noach, Abraham und Mose gehört er zu den Vorläufern Mohammeds. Er ist Diener Gottes, rechtschaffen, Messias (wenn auch nicht im biblischen Sinn), Lehrer des Evangeliums, Ankündiger des Gerichts, Wundertäter. Er hat Tote erweckt und die Thora erfüllt. Am Ende hat Gott ihn zu sich erhöht (3,40–48).

• *Maria* (»Maryam«), die Mutter Jesu, ist die einzige Frau, die im Koran namentlich erwähnt wird. Von ihr ist immer in großer Ehrfurcht die Rede. Ihre Jungfräulichkeit wird nicht bezweifelt (3,31–41). Vom Koran her erklärt sich die große Verehrung, die Jesus und Maria in der islamischen Mystik und in der Volksfrömmigkeit bis heute finden.

• Das *heilige Buch der Christen* wird im Koran respektvoll erwähnt. Christen sind, ähnlich wie die Juden, als »Volk der Schrift« geachtet. Sie werden nicht mit den »Ungläubigen« gleichgestellt.

• Der Koran spricht anerkennend von vielen guten Christen, von *Heiligen und Mönchen* (5,85 u. ö.). Christen werden gerettet und kommen ins Paradies, wenn sie ihrem Glauben gemäß leben (57,27). Sie sind besonders dann gut, wenn sie sich zum Islam bekennen (3,58–64; 4,169).

Der Koran entwirft aber auch ein *negatives Bild* der Christen. Er übt heftige Kritik an der christlichen Lehre und am Leben der Christen.

• Die Lehre vom *dreifaltigen Gott* wird radikal abgelehnt (→ S. 208, 216). Vielleicht hat Mohammed den christlichen Glauben an den dreifaltigen Gott in einer verzerrten Form kennengelernt, wenn er dabei von Gott, Jesus und Maria spricht (5,116). Vielleicht haben die Christen damals aber auch von den drei göttlichen Personen wie von drei selbständigen Göttern gesprochen. Eine solche Gottesrede war für Mohammed unerträglich. Für den Islam hat Gott keinen Partner und kein Kind. Bis heute können Muslime nicht verstehen, daß das Christentum mit seinem Glauben an den dreifaltigen Gott die Einheit Gottes nicht preisgibt und den Monotheismus ohne jede Einschränkung vertritt. Ob der jahrhundertelange theologische Streit in dieser Frage einmal beendet werden kann, ist heute noch nicht absehbar.

• So sehr der Koran ein liebenswertes Bild von Jesus entwirft, so wenig läßt er den christlichen *Glauben an Jesus Christus* gelten. Mohammed ist der letzte Prophet Gottes, nicht Jesus. Erst recht bestreitet der Koran die Gottessohnschaft Jesu und die Menschwerdung Gottes. Schwer verständlich ist die Äußerung des Koran über den Tod Jesu am *Kreuz* (4,156 f.). Manche legen den Text so aus, als sei nicht Jesus am Kreuz gestorben, sondern ein anderer, der ihm ähnlich sah. Gott aber habe Jesus, ohne daß er gekreuzigt wurde, zu sich erhöht. Andere Interpreten sehen in dem Text keine Ablehnung der Kreuzi-

---

Jesus im Koran

O Volk der Schrift. Überschreitet nicht euren Glauben und sprecht von Gott nur die Wahrheit. Der Messias Jesus, der Sohn der Maria, ist der Gesandte Gottes und sein Wort, das er in Maria legte, und Geist von ihm. So glaubt an Gott und seinen Propheten (Mohammed) und sprecht nicht: »Drei«. Lasset davon ab, das ist gut für euch. Gott ist nur ein einziger Gott. Fern ist von ihm, daß er einen Sohn haben sollte. Nicht ist der Messias zu stolz, ein Diener Gottes (Allahs) zu sein.

Sure 4, 169f.

Und weil sie sagten: »Wir haben den Messias, Jesus, den Sohn Marias, den Gesandten Gottes getötet« – doch ermordeten sie ihn nicht und kreuzigten ihn nicht, sondern einen ihm ähnlichen – darum verfluchen wir sie. Siehe, diejenigen, die über ihn uneins sind, sind im Zweifel darüber. Sie wissen nichts von ihm, sondern folgen nur Meinungen; sie töteten ihn nicht in Wirklichkeit, sondern Gott erhöhte ihn zu sich. Und Gott ist mächtig und weise.

Sure 4, 156

gung Jesu. Wie immer der Text zu verstehen ist, keinesfalls hat der Tod Jesu für alle Menschen Gottes Heil bewirkt. Jesus ist nicht der Erlöser der Menschheit.

• Christen haben ihre *heiligen Schriften verfälscht*, so daß sie jetzt Dinge darin lesen, die mit der endgültigen Offenbarung Gottes nicht in Einklang zu bringen sind. Der Koran steht über dem Evangelium.

• Christen leben oft schlecht, vor allem, weil sie den Islam nicht annehmen und ihm gegenüber eine aggressive Einstellung haben (9,30–32). Ihre vielen *Bilder und Ikonen* verstoßen gegen das biblische Bilderverbot.

• Der Islam vermißt im Christentum eine Entsprechung zu seiner Scharia (→ S. 240), d. h. ein lebbares Gesetz. Die *Forderungen Jesu* zu Gewaltlosigkeit oder zur Unauflöslichkeit der Ehe erscheinen zu hoch, als daß sie von normalen Menschen eingehalten werden könnten.

In späteren Zeiten kamen andere Gründe für die negative Sicht des Christentums im Islam hinzu. Noch heute werden die Gefühle der Muslime aufgewühlt, wenn sie an die furchtbaren *Kreuzzüge* und an die *Vertreibung der Muslime aus Spanien* (1492) denken. Damals richteten christliche Heere Blutbäder unter den Muslimen an, die sich tief in deren kollektives Bewußtsein eingeprägt haben. In diesen Kriegen sehen die Muslime einen eklatanten Widerspruch zur Friedensbotschaft Jesu. Dem Christentum wird ferner seine Mitverantwortung für den *Kolonialismus* vorgeworfen, der viele islamische Gebiete unter europäische Fremdherrschaft brachte. Die politische Unterdrückung setzte die Muslime auch christlichen *Missionierungsversuchen* aus, durch die sich der Islam aufs äußerste gedemütigt fühlte.

Maria im Koran

Gedenke, da die Engel sprachen: »O Maria, siehe, Gott verkündet dir ein Wort von ihm; sein Name ist der Messias Jesus, der Sohn der Maria, angesehen auf Erden und im Jenseits und einer, der Gott nahe ist.«

Sie sprach: »Mein Herr, woher soll mir ein Sohn werden, wo mich kein Mann berührte?« Er sprach: »So schafft Gott (Allah), was er will; wenn er ein Ding beschlossen hat, spricht er nur zu ihm ›Sei‹ und es ist.«

Sure 3, 40.42

In der Gegenwart wird dem Christentum seine Ohnmacht gegenüber dem *modernen Geist* der Areligiosität und Amoralität vorgeworfen. Das Christentum selbst wird für diesen Verfall verantwortlich gemacht, weil es sich zu sehr an moderne Trends in Wissenschaft, Kultur und Politik angepaßt habe. Diese Schwäche des Christentums wird zugleich als eine Zukunftschance für den Islam verstanden.

Die christliche Sicht des Islam

Auch das Bild, das sich das Christentum vom Islam macht, ist in vielfacher Hinsicht belastet. Von Anfang an fiel es dem Christentum schwer, eine erträgliche Einstellung zu den Muslimen zu finden. Dafür gibt es theologische und historische Gründe.

Im theologischen Bereich mußte der Anspruch des Islam, die letzte von Gott geoffenbarte Religion zu sein, das Christentum empfindlich treffen, da es doch selber in dem Glauben lebt, die endgültige Offenbarung Gottes durch Jesus Christus empfangen zu haben. So sahen sich die Christen gezwungen, eine heftige Apologetik zu entwickeln.

• *Mohammeds Anspruch*, Gottes letzter Prophet, das »Siegel der Propheten«, gewesen zu sein, wurde radikal bestritten. Die Gründe, die für die Ausnahmestellung Jesu Christi sprechen, sind bei Mohammed nicht gegeben. Die Argumentationsfiguren: Mohammed hat keine Zeugen (Apostel, Jünger), die ihn bestätigen. Kein Prophet hat ihn schon früh angekündigt. Er hat keine Wunder gewirkt, die ihn als Gottgesandten legitimieren. Von ihm gibt es keine Weissagungen, die seine Glaubwürdigkeit beweisen. Er zeigt ein nur unzureichendes Wissen von der Bibel. Zentrale biblische Themen werden mißverstanden oder nicht erwähnt. Sein amoralisches Verhalten (Frauen, Gewalt) diskreditiert ihn (→ S. 197 f., 200). Im Vergleich mit Jesus zeigt sein Charakter erhebliche Schwächen. Weitere moralische Defekte, für die es keinerlei Anhaltspunkte gibt, werden ihm angedichtet (→ S. 203).

• Der Islam erscheint in entscheidenden theologischen Fragen mit dem Christentum unvereinbar: *Trinität, Menschwerdung Gottes, Erbsünde* und *Erlösung* (→ S. 222).

• Die *Moral* des Islam wird heftig kritisiert. Besondere Angriffsflächen bieten die islamischen Vorstellungen von »Dschihad« (→ S. 237 f.), von Polygamie und Auflösbarkeit der Ehe (→ S. 225 ff.).

Es gibt auch *historische Ereignisse*, die das beidseitige Verhältnis schwer belasten.

• Christen leiden bis heute unter dem Trauma, daß die *Heere des Propheten* schon bald nach Mohammeds Tod große Teile des christlichen Reiches eroberten. Schon früh gingen Städte wie Damaskus (635), Jerusalem (638), wichtige Länder wie Ägypten (640/41), Teile Nordafrikas (665) und Palästina verloren. Nur mühsam konnte Karl Martell 732 bei Poitiers den bis dahin unaufhaltsam

Linke Seite: Mohammed, der Prophet des Islam, und Mose, die wichtigste Gestalt des Judentums, begegnen sich im Himmel. Miniatur, 17. Jh. Das Bild weckt die Frage, warum sich beide Religionen nicht auch auf Erden freundlich begegnen.

Christus, Mosaik in der Südgalerie der Hagia Sophia, Istanbul, 13. Jh. Christus hält in der Linken das heilige Buch, die Rechte macht einen Segensgestus. Ursprünglich war die Hagia Sophia eine der bedeutendsten Kirchen der Christenheit. Als die Muslime die Stadt 1453 eroberten, machten sie aus der Kirche eine Moschee. Das alte Christusmosaik blieb dort erhalten. Es ist zum Symbol der schicksalhaften Geschichte beider Religionen geworden.

Das Katharinenkloster am Fuß des Berges Sinai (→ S. 27) ist ein Zeugnis christlich-islamischer Verständigung. Im Jahr 625 sollen Mönche des Klosters in Medina um Mohammeds Schutz gebeten haben. Bis heute wird im Kloster ein Dokument mit der Unterschrift Mohammeds gezeigt, das Schutz verspricht und den Mönchen Steuerfreiheit gewährt. Als die Muslime 641 die Sinaihalbinsel eroberten, blieb das Kloster unbehelligt. Im 11. Jh. wurde in der Klosteranlage eine kleine Moschee direkt neben der Klosterkirche erbaut. Beide Gebäude stehen bis heute einträchtig nebeneinander.

vorrückenden Islam stoppen. Im 9. Jahrhundert drangen die Sarazenen – so heißen nun die in Afrika und Spanien lebenden Muslime – in Italien ein, bedrohten 846 den Kirchenstaat und plünderten die Papstkirchen St. Peter und St. Paul vor den Mauern in *Rom*. Dies alles beunruhigte die Christenheit aufs äußerste.

• Ebenso wurden die Gefühle aufgewiegelt, als im Jahr 1009 El Hakim von Ägypten aus *Jerusalem* eroberte und die von Kaiser Konstantin 335 erbaute Grabeskirche zerstörte. Nun hatten solche »Ungläubige« *das Heilige Land* in ihren Besitz gebracht, die den Kampf gegen das Christentum fanatischer führten als ihre friedlicheren Vorgänger. Die Pilgerzüge der Christen wurden nicht mehr zu den heiligen Stätten zugelassen.

• Im Jahr 1453 eroberten die Osmanen, ein türkischer Stamm, *Konstantinopel* und versetzten dem altehrwürdigen byzantinischen Reich den Todesstoß. Die Hagia Sophia, eine der bedeutendsten Kirchen der Christenheit, wurde zur Moschee. Seitdem wird hier nicht mehr das Evangelium gelesen, sondern der Koran. Im Jahr 1683 konnten die Türken sogar bis nach *Wien* vordringen, wo ihr Vormarsch mühsam von christlichen Heeren unter dem Kommando des Prinzen Eugen gestoppt wurde.

• In der Neuzeit sieht sich das Christentum durch die *Missionstätigkeit des Islam* stark beeinträchtigt. Die Missionare des Propheten gewannen im 20. Jahrhundert erheblich mehr Menschen für sich als die Missionare unter dem Zeichen des Kreuzes. Den Christen gelangen in islamischen Gebieten nahezu keine Missionserfolge, während der Islam in viele christliche Regionen eindringen konnte.

• In einigen islamischen Ländern ist heute die *Situation für Christen* sehr schwierig. Die Konzentration auf die *Scharia* versetzt Christen dort in Angst und Schrecken. Sie haben nicht die Möglichkeit, nach ihren eigenen Vorstellungen zu leben. Vor Benachteiligungen und ungerechten Verurteilungen sind sie nicht sicher. Der Bau christlicher Kirchen wird nicht gestattet. Vor Gericht sollen Christen nicht mehr aussagen dürfen. Viele christliche Schulen sind in den letzten Jahren geschlossen worden. Die beruflichen Chancen sind für Christen stark eingeschränkt. Die Rechtsstellung einer christlichen Frau, die mit einem Muslim verheiratet ist, ist auf dem Gebiet der Kindererziehung, der Religionsausübung und der Scheidung extrem ungünstig. Gerade diese konkreten Probleme der Gegenwart belasten das islamisch-christliche Verhältnis außerordentlich.

Annäherungen

In beiden Religionen gibt es verantwortungsbewußte Leute, die bestrebt sind, im *Dialog* eine Verbesserung in den Beziehungen zu erreichen, Zerrbilder und Vorurteile abzubauen, alte Wunden zu heilen und eine bessere Kenntnis und Wertschätzung zu erreichen. Aber weder der Islam noch das Christentum werden gerade ihre entscheidenden theologischen Überzeugungen, die sie in der Offenbarung Gottes begründet sehen, aufgeben wollen. Sie werden weder die Vernunft noch eine demokratische Mehrheit als neutrale Instanz anerkennen, die über letzte Fragen entscheiden darf. Darum melden sich in beiden Religionen auch Gegner zu Wort, die vom Dialog eine Relativierung ihrer wichtigsten Ansprüche befürchten.

Trotz dieser grundsätzlichen Schwierigkeiten gibt es seit wenigen Jahrzehnten erste *Schritte aufeinander zu.* In vielen Städten Deutschlands bemühen sich christlich-islamische Vereinigungen um ein besseres gegenseitiges Verständnis. Sie versuchen, Konflikte vor Ort zu verhindern oder zu entschärfen. Manchmal stellen Kirchengemeinden den Muslimen ihre Kirchen zum Gebet zur Verfügung. Religionswissenschaftler, Pädagogen und Publizisten sind dabei, ein verläßlicheres Bild vom Islam oder Christentum herzustellen. Die Bücher für den christlichen Religionsunterricht wurden weitgehend von alten Zerrbildern befreit. In manchen europäischen Ländern gibt es schon gemeinsame islamisch-christliche Projekte und Aktivitäten vor allem auf sozialem Gebiet.

Schwieriger ist das Bemühen um ein genuin *theologisches Neuverständnis*, das die unterschiedlichen Lehren in den Blick nimmt. Die christliche Theologie des Islam hat schon erste Schritte getan, während die islamische Theologie des Christentums noch weitgehend traditionell und apologetisch ist. Einzelne Versuche islamischer Gelehrter stoßen eher auf Mißtrauen und Ablehnung. So stehen beide Religionen erst am Anfang einer Arbeit, deren Ergebnisse zur Zeit ebenso wenig absehbar sind wie ihre Akzeptanz in den beiden Religionen. Noch schwieriger wird die Aufgabe, wenn man bedenkt, daß auch das Judentum in diese theologische Neuinterpretation einbezogen sein muß. Wichtige theologi-

> ### Das 2. Vatikanische Konzil
>
> Mit Hochachtung betrachtet die Kirche auch die Muslime, die den alleinigen Gott anbeten, den lebendigen und in sich seienden, barmherzigen und allmächtigen, den Schöpfer Himmels und der Erde, der zu den Menschen gesprochen hat. Sie mühen sich, auch seinen verborgenen Ratschlüssen sich mit ganzer Seele zu unterwerfen … Da es jedoch im Lauf der Jahrhunderte zu manchen Zwistigkeiten und Feindschaften zwischen Christen und Muslimen kam, ermahnt die Heilige Synode alle, das Vergangene beiseite zu lassen, sich aufrichtig um gegenseitiges Verstehen zu bemühen und gemeinsam einzutreten für Schutz und Förderung der sozialen Gerechtigkeit, der sittlichen Güter und nicht zuletzt des Friedens und der Freiheit für alle Menschen.
>
> *Erklärung über das Verhältnis zu den nichtchristlichen Religionen (1965)*

sche *Anknüpfungspunkte* könnten der gemeinsame Monotheismus, die Rückbesinnung auf Abraham, Mose und Jesus, die Bedeutung von Gebet und religiösen Pflichten, die Achtung vor dem Leben, der Kampf gegen Verfallserscheinungen der Moderne sein.

In den *Kirchen der Reformation* gibt es erhebliche theologische und praktische Anstrengungen. Der Ökumenische Rat der Kirchen (→ S. 178) war schon oft ein Forum des wechselseitigen Dialogs. Auch die *katholische Kirche* bemüht sich seit dem 2. Vatikanischen Konzil um bessere Beziehungen zum Islam. Der »Päpstliche Rat für den interreligiösen Dialog« und verschiedene islamische Organisationen wie die »Muslimische Weltliga« und der »Muslimische Weltkongreß« gehen aufeinander zu. Ein gemeinsames Komitee will alle anstehenden Fragen besprechen. In Rom konnte sogar mit Zustimmung des Vatikans eine große Moschee errichtet werden (→ S. 262), während der Bau einer christlichen Kirche in Mekka noch nicht möglich ist.

Für die *Zukunft der Menschheit* wird sehr viel davon abhängen, wie sich die beiden größten Religionen der Welt zueinander verhalten. Ohne ihr friedliches Miteinander wird es keine Gerechtigkeit und keinen Frieden auf Erden geben.

Hinduismus

Ein Komplex von Religionen

Der Name

Die Religion Indiens, die wir meist pauschal »Hinduismus« nennen, gehört als *ostasiatische Religion* zu einem anderen Religionstyp als Judentum, Christentum und Islam. Während diese in Vorderasien (Israel und Arabien) entstandenen großen *monotheistischen Religionen* unter sich viele strukturelle

Ähnlichkeiten in Lebenspraxis und Lehre aufweisen, unterscheiden sie sich von den ostasiatischen Religionen in zentralen Punkten. Die elementaren Vorstellungen von Gott, Welt und Mensch sind hier auffällig anders. Sie weichen auch erheblich von den Grundannahmen unseres alltäglichen Denkens ab. In der Andersartigkeit der in Indien entstandenen Religionen liegt es begründet, daß ein gegenseitiges Verständnis schwer ist, auch wenn der gute Wille dazu vorhanden ist.

Vom Hinduismus geht auf den europäischen Betrachter heute eine *ambivalente Wirkung* aus. Es gibt einerseits ein Überlegenheitsgefühl, weil sich hier viele religiöse und soziale Phänomene zeigen, die mit neuzeitlicher Rationalität unvereinbar erscheinen, wenn man an bunte Götterbilder, blutige Tieropfer, asketische Wandermönche oder archaische Tempelriten denkt. Andererseits übt der Hinduismus eine große Faszination aus, die viele Menschen motiviert, sich intensiv mit ihm zu befassen oder sogar nach Indien zu gehen, um dort einen sinnvollen Lebensweg zu suchen. Sie sind von der tiefen Spiritualität und Mystik der Hindus ebenso beeindruckt wie von der Ausstrahlungskraft ihrer großen religiösen Lehrer. Vor allem die Toleranz dieser Religion und die Ablehnung jeden Absolutheitsanspruchs finden weithin Zustimmung.

Wenn im Konzert der Weltreligionen vom »Hinduismus« die Rede ist, entsteht leicht der Eindruck, man spreche von einer einheitlichen Religion, die ausschließlich in Indien verbreitet sei. Dabei ist das, was wir »Hinduismus« nennen, ein Komplex von unterschiedlichen Religionen.

Die Worte *»Hindu«* und *»Hinduismus«* sind sprachlich mit dem Flußnamen »Sindhu« (Sanskrit) bzw. »Hindu« (persisch) verwandt, den man seit der Zeit der alten Griechen auch »Indos« nennt. Nach ihm heißt später erst die Landschaft um den Fluß und dann allmählich auch der ganze Subkontinent »Indien«. Als sich seit dem 11. Jahrhundert der Islam hier ausbreitete, nannten die Muslime alle Inder, die nicht Christen oder Juden waren, »Hindus«, d. h. Indus-Leute. Sie wollten damit die indischen Religionen vom Islam abgrenzen. Seit dem 16. Jahrhundert

---

Auf der Suche nach sich selbst

Einst traf ich in einem bengalischen Dorf zwei Asketen einer religiösen Gruppe. »Könnt ihr mir sagen, worin das Besondere eurer Religion besteht?« Nach einigem Zögern antwortete der eine: »Es ist schwer, das zu erklären.«

Der andere sagte: »Nein, es ist ganz einfach. Wir halten dafür, daß wir zuerst unsere eigene Seele kennenlernen müssen, unter der Leitung eines geistlichen Lehrers, und wenn wir das getan haben, können wir ihn, der die höchste Seele ist, in uns finden.«

»Warum predigt ihr nicht allen Menschen auf der Welt eure Lehre?« fragte ich.

»Wer durstig ist, wird schon von selbst zum Fluß kommen«, war seine Antwort.

»Aber wie ist es damit, findet ihr, daß dies geschieht? Kommen sie von selbst?«

Der Mann lächelte milde, und ohne den leisesten Hauch von Ungeduld oder Besorgnis erwiderte er zuversichtlich:

»Sie müssen kommen, alle, bis zum letzten.«

Ja, er hatte recht, dieser schlichte Asket aus unserem bengalischen Dorf. Der Mensch ist in der Tat immer auf der Suche nach etwas, das ihm mehr bedeutet als Nahrung und Kleidung. Er ist auf der Suche nach sich selbst.

Rabindranath Tagore (1861–1941), Brahmane, Dichter, Reformer, Nobelpreis 1913

Benares ist für alle Hindus ein heiliger Ort. Ein Bad im Ganges ist ein gutes Werk, das von aller Schuld reinigt. Täglich steigen schon vor Sonnenaufgang viele Menschen in den Fluß, tauchen in das Wasser, erheben die Hände zum Himmel und schauen voll Verehrung zur aufgehenden Sonne. Hier fühlen sie sich dem göttlichen Bereich des Lebens nahe (→ S. 335).

nannten christliche Missionare und europäische Reisende die Inder abschätzig »Heiden«. Erst als diese Bezeichnung seit der englischen Kolonialzeit im 19. Jahrhundert nicht mehr durchgängig akzeptiert wurde, setzte sich der Begriff »Hinduismus« weitgehend durch. Auch die Inder selbst übernahmen ihn nun, weil er ohne Abwertung auf Land und Leute Bezug nimmt.

Manchmal verwendet man den Begriff »Hinduismus« sehr weit und bezieht ihn auch auf die älteste uns bekannte Form indischer Religion, die mit der Einwanderung der Arier irgendwann im 2. vorchristlichen Jahrtausend begann. Viele Religionswissenschaftler nennen diese Zeit auch »Brahmanismus« (nach den Brahmanen = Priestern) oder »Vedismus« (nach den Veden = ältesten Schriften). »Hinduismus« im engeren Sinn wäre dann die Religion Indiens seit dem 9.–11. Jahrhundert n. Chr., jener Zeit also, in der die heiligen Schriften Indiens zum Abschluß gekommen sind.

Wenn die Hindus ihre Religion selbst bezeichnen, greifen sie auf einen alten, traditionsreichen Begriff zurück, der »Dharma« lautet. »Dharma« kommt von einem indischen Wort, das »haben«, »erhalten«, »tragen«, »zusammenhalten«, »integrieren« bedeutet und mit »Sitte«, »Recht«, »Wahrheit«, »Ordnung«, »Gesetz«, »Pflicht« übersetzt werden kann. Die Inder sprechen oft auch von dem »Sanatana Dharma« (d. h. »ewiges Gesetz«, »ewige Ordnung«). Dies ist ihr eigentlicher Begriff für »Religion«. Sie verstehen darunter die ewige Ordnung der Welt, die Kräfte, die das Werden, Vergehen und Wiederentstehen des Alls bewirken. Es ist ein Begriff, der auch alle ethischen Pflichten und die Rechte des einzelnen und der Gemeinschaft umschließt. Die »Wahrheit« der Dinge und die »Gesetze« für Dinge und Menschen entsprechen sich. Sein und Sollen haben miteinander zu tun. Die Sterne und die Flüs-

Links: Der sogenannte »Priesterkönig« aus Mohenju-Daro, ca. 2500–2300 v. Chr., ist ein eindrucksvolles Zeugnis für die hohe Kultur, die es in Indien schon vor dem Eindringen der Arier gab.
Rechts: In vorarischer Zeit war in Indien auch die Verehrung der Muttergottheit verbreitet. Die Mutter war als Schöpferin und Beschützerin des Lebens und als Symbol der Fruchtbarkeit heilig. Die Statuette stammt aus dem 3. Jh. v. Chr., also aus relativ später Zeit.

se, der Herrscher, das Freudenmädchen und der Bettler haben ihren je eigenen Dharma, dem sie als ihrem Gesetz folgen müssen. Auch die Lebensordnung der Kasten wird als »Dharma« bezeichnet. Der »Dharma« ist mehr als nur Religion. Er ist auch Philosophie, Tradition, soziales System und umfaßt die ganze Lebenswelt.

Große Pluralität

Alle Religionen bergen eine große Vielfalt in sich. Je älter sie sind, um so mehr Lehren und Richtungen haben sie entwickelt. Aber in keiner Religion ist die *Pluralität* so groß wie im Hinduismus. Darum ist es schwer, ein auch nur annähernd zutreffendes Bild von ihm zu zeichnen. Zu unterschiedlich sind die religiösen Erfahrungen, die hier lebendig sind. Es sind Erfahrungen einer mehr als dreitausendjährigen Geschichte, und es sind die Erfahrungen eines großen Kontinents, wo sich verschiedenartige Lebensstile und Kulturen entwickeln konnten. Historische und geographische Besonderheiten haben in der Religion, die wir »Hinduismus« nennen, ihren Niederschlag gefunden. Verschiedene Religionen sind in ihm zusammengeflossen. Im Grund ist der Hinduismus ein *Kollektiv aus vielen Hindu-Religionen*. Er hat Anteil an der alten Religion der Hindu-Kultur aus der Zeit vor dem Eindringen der aus Europa und Vorderasien kommenden Arier (ca. 2300–1750 v. Chr.) und an der arischen Religion der Veden, an der monotheistischen Religion der Vishnu-Anhänger und an dem Shakti-Kult, in dessen Mitte eine weibliche Gottheit steht. Es gibt in ihm eine tiefsinnige Mystik und eine bunte Volksfrömmigkeit. Das alles gehört zum Hinduismus und prägt sein Erscheinungsbild. Das Profil dieser einzelnen Religionen ist oft ausgeprägter und klarer als das des Hinduismus im ganzen, der manchmal eher gestaltlos erscheint.

Am Hinduismus kann man fast *alle Phänomene* studieren, die in der Religion überhaupt vorkommen. Er ist wie ein großes lebendiges Museum, in dem sich alte und junge, elementare und komplexe, primitive und vergeistigte, schreckliche und faszinierende Züge von Religion finden. Alles, was hier einmal Eingang gefunden hat, bleibt auch erhalten. Manches ist nicht immer offen zu sehen, weil es in den Magazinen lagert. Aber irgendwann kann es wieder zur Ansicht kommen.

Anders als die meisten anderen Religionen sieht der Hinduismus diese Vielfalt nicht als etwas Negatives. Sie soll nicht zugunsten einer größeren Einheit aufgehoben und überwunden werden. Gerade die großen Hindu-Lehrer haben diese Pluralität immer geschätzt. Für sie ist die eine Wahrheit nur auf verschiedenen Wegen zugänglich, und das letzte Geheimnis der Welt zeigt sich nur in unterschiedlichen Bildern und Formen. Die verschiedenen religiösen Erfahrungen der Menschen haben ihr eigenes Recht und werden bejaht. Ein paar Beispiele für die Pluralität des Hinduismus:

• Im Hinduismus gibt es *kaum ein Zusammengehörigkeitsgefühl*. Die Hindus fühlen sich eher ihrer eigenen religiösen Gruppe als dem übergreifenden Hinduismus verbunden. In ihrer religiösen Gruppe vollzieht sich ihre religiöse Lebenspraxis, ohne daß ihnen der Gedanke an die große Einheit der Hindu-Religion viel bedeutet. Das Bewußtsein, einer großen Religion anzugehören, ist kaum verbreitet. Es beginnt sich erst in diesem Jahrhundert stärker zu entfalten, weil engagierte Hindus erst jetzt den Schatz der großen Traditionen und der religiösen Werte Indiens neu entdecken.

• Der Hinduismus kennt *keine Institution*, die mit der christliche Kirche vergleichbar wäre. Nirgends gibt es einen institutionellen Rahmen, in dem religiöse, juristische oder organisatorische Probleme verhandelt und einheitlich gelöst werden. Auch Mission betreibt der Hinduismus nicht, wenn man von wenigen Ausnahmen (→ S. 343) absieht. Seine Wahrheit kann nicht missionarisch verbreitet werden. Hindu kann man eigentlich nur sein, wenn man aus einem der vielen Völker Indiens stammt und einer Kaste angehört. Eine Institution, die zur Erlösung nötig wäre, gibt es nicht, weil jeder Hindu sich selbst auf die Suche nach einem Lehrer (»Guru«) aufmachen und dann allein einen Weg zur Erlösung finden muß. Keine Institution kann ihm dabei helfen. Von daher kommt ein starker Zug zum religiösen Individualismus in den Hinduismus.

• Im Hinduismus gibt es *keine einheitliche Gottesvorstellung*. Im Alltagsleben der frommen Hindus und in den religiösen Schulen haben ganz unterschiedliche Formen der Theologie Platz. Viele Hin-

dus sehen die Welt von zahllosen Göttern beeinflußt. Bunte Formen des Polytheismus bestimmen
die religiöse Szene Indiens bis auf den heutigen Tag.
Andere Inder verehren von den vielen Gottheiten
nur die, denen sie besonders vertrauen. Nicht wenige sind davon überzeugt, daß es nur einen Gott gibt,
der entweder als lebendige Person oder als unper-
sönlicher Urgrund der Dinge verehrt wird. Es gibt
sogar orthodoxe Richtungen, die die Existenz eines
oder mehrerer Götter bestreiten und atheistisch
sind, ohne areligiös zu sein, weil sie andere wichtige
Komponenten der Hindu-Religion akzeptieren. Der
Hinduismus kann dies alles verkraften. Er scheint
aus dieser Vielfalt geradezu seine Lebensenergie zu
gewinnen.

• Im Hinduismus gibt es kein für alle gültiges *Glaubensbekenntnis* und keine allgemeinverbindliche
Lehre. Unterschiedliche und widersprüchliche Lehren haben hier Platz.

• Auffällig ist die Fähigkeit des Hinduismus, Gedanken und Rituale anderer Religionen aufzunehmen. Seine *Assimilationskraft* übertrifft die anderer
Religionen bei weitem. Schon in der Ursprungspha-
se im 2. Jahrtausend v. Chr. gab es große Vermi-
schungsprozesse zwischen der alten Religion der
Einheimischen und den religiösen Vorstellungen
der nach Indien eindringenden *Arier*. Als im 6. Jahrhundert v. Chr. der *Buddha* in Indien predigte und
sich gegen die herrschende Religion der Brahmanen
wandte, wußten sich die indischen Priester nach an-
fänglichen Mißerfolgen so zu wehren, daß sie den
Buddha einfach in die Schar ihrer Götter einordne-
ten und einige seiner Lehren übernahmen. Die Methode hatte den Erfolg, daß der Buddhismus in seinem eigenen Ursprungsland nur wenig Einfluß gewinnen konnte und schließlich sogar vollends aus
Indien verdrängt wurde. Der Hinduismus hielt ihn
erfolgreich aus Indien fern. Sein Anteil an der indischen Bevölkerung liegt heute bei nur 0,7 Prozent.
Als der *Islam* seit dem 11. Jahrhundert in Indien stark
wurde, versuchten manche Brahmanen, aus dem Islam eine Hindu-Sekte zu machen und Mohammed
in die Reihe der heiligen Männer zu versetzen, die
auch Hindus verehren können. Diesmal war der Erfolg allerdings eher auf Seiten des Islam, der in Indi-
en festen Fuß fassen konnte. Heute sind immerhin
11,4 Prozent der Inder Muslime. Die Spannungen

zwischen beiden Religionen dauern bis in die Gegenwart an. Auch dem *Christentum* gegenüber gab
es ähnliche Tendenzen. Einzelne indische Lehrer bekannten sich zur Bergpredigt Jesu und zeigten hohe
Achtung vor seiner Lehre und vor seinem Leben.
Selbst die Menschwerdung Jesu konnten sie akzeptieren und in die Reihe der vielen Menschwerdun-
gen ihrer Gottheiten einordnen, von denen die heiligen Schriften Indiens erzählen.

Diese Assimilationskraft ist für den Hinduismus typisch. Man hat sie »Hinduisierung« oder auch nach
den für diese Prozesse verantwortlichen Priestern
»Brahmanisierung« genannt. Sie ist, wenn man sie
positiv wertet, ein Zeichen dafür, daß die Hindus anderen religiösen Einstellungen und Werten gegenüber offen sind und sich diese selbst zu eigen ma-

Der Banianbaum ist zum Symbol des Hinduismus geworden, weil er ein
hohes Alter erreicht, sich aus einem reichen Wurzelwerk nährt, viele
Stämme und Zweige hat. Er lebt davon, daß alte Äste absterben und
neue sich entwickeln.

chen können. Andererseits kann man darin auch die Tendenz erkennen, das Fremde dadurch aufzulösen, daß man es zum Eigenen macht. So kann man sich seinem Anspruch entziehen und die Gefahren bannen, die von ihm ausgehen. In der Tat hat der Hinduismus oft auch Riten, Lehren und Praktiken wieder abgestoßen, wenn sie sich im Alltag nicht mehr bewährten.

• Im Hinduismus gibt es *keinen Stifter*. Der Ursprung der indischen Religion liegt im Dunkel der Geschichte. An ihrem Anfang steht keine für uns erkennbare Person, und wir brauchen auch nicht anzunehmen, daß es eine solche je gegeben hat. Judentum und Christentum, Islam und Buddhismus verdanken ihr Dasein großen religiösen Gestalten. Von Mose und Jesus, Mohammed und dem Buddha haben diese Religionen ein unverwechselbares Pofil erhalten, das sich über den langen Zeitraum ihrer Geschichte erhalten hat. Wenn der Hinduismus keinen solchen Stifter hat, kann er auch nicht die einheitliche Struktur haben, die von einer solchen Person ausgeht. Auch dies ist ein Grund für sein überaus plurales Erscheinungsbild.

• Man kann den Hinduismus mit dem indischen *Banianbaum* vergleichen, der von seinen schweren Zweigen Luftwurzeln zum Boden schickt, wo sie in die Erde eindringen und Wurzeln schlagen. Von dort aus entwickeln sie sich zu neuen Stämmen, die dem alten Baum helfen, seine Last zu tragen. Sie geben ihm frische Nahrung und neuen Halt. Auf diese Weise kann der Banianbaum ein hohes Alter erreichen. Mit seinem breiten Wuchs ähnelt er eher einem kleinen Hain als einem einzelnen Baum. Auch der Hinduismus hat viele Zweige und Wurzeln, von denen er lebt. Während ein Ast sich neu entwickelt, stirbt ein anderer ab. Ganz alte und ganz junge Teile gehören zu seinem Bestand. Immer entfaltet diese alte Religion neue Kraft, ohne ihr Alter zu verleugnen.

Meditation am Ufer eines Flusses. Wenn der Inder das Wasser mit seinen unzähligen Spiegelungen, mit dem Reichtum seines Lebens, mit seinem unaufhaltsamen Dahinströmen und mit seinem anderen Ufer betrachtet, entdeckt er Grundgesetze der Welt und des menschlichen Lebens.

Rechte Seite: Eine große Menschenmenge überquert den Ganges. Das Bild ist ein Symbol des menschlichen Lebens, das auch immer auf der Fahrt zu anderen Ufern ist.

Momente der Einheit

Wie beim Banianbaum muß es auch beim Hinduismus trotz vieler unterschiedlicher Elemente eine letzte Einheit geben. Ohne eine solche Einheit könnten wir den Hinduismus nicht mit einem einheitlichen Namen bezeichnen. In der Tat haben Hindus selbst und auch europäische Religionswissenschaftler immer wieder danach gesucht. Zwar gibt es keine allseits befriedigende Antwort auf diese Frage, weil keine Antwort für alle Hindu-Gruppie-

---

Wer ist ein Hindu?

Jeder, der nach der Wahrheit strebt
durch Studium und Nachdenken,
durch Reinheit seines Lebens und Verhaltens
und durch Hingabe an hohe Ideale,
jeder, der glaubt, daß Religion nicht auf Autorität
beruht, sondern auf Erfahrung,
ist ein Hindu.

Sarvepalli Radhakrishnan (1888–1975), Philosoph, Staatspräsident von Indien

rungen ganz paßt. Aber die Versuche zeigen wenigstens die Richtung an. Drei Möglichkeiten seien hier angedeutet.

• Eine Charakterisierung stammt aus der Hindu-Orthodoxie, für die der Hinduismus vor allem *religiöse Praxis und Ritual* ist. Alle Kasten haben ihre je eigenen Pflichten. Wo sie erfüllt werden, ist der Hinduismus mit seinem ewigen Gesetz gegenwärtig. Dazu gehört z. B. für die Brahmanen täglich ein reinigendes Bad und die Rezitation der Veden am Morgen, Mittag und Abend. Alkohol und Drogen sind untersagt. Fleisch, besonders Rindfleisch, dürfen sie nicht essen. Ihre Speisen sollen sie sich von einem Nicht-Hindu oder von einem Hindu aus einer niedrigen Kaste zubereiten lassen. Ein strenges Gesetz legt ihnen auf, nur innerhalb ihrer Kaste zu heiraten. Für ihre Toten bringen sie Opfer dar. Alle diese Rituale haben für die Brahmanen einen tiefen Sinn; in den anderen Kasten gibt es andere Pflichten. Sie sind ihr Dharma, und alle zusammen bestimmen das Gesicht des Hinduismus bis auf den heutigen Tag. – Diese Charakterisierung entspricht gut dem alltäglichen Bild des Hinduismus, ohne seine religiösen Ideen zu berücksichtigen. Damit läuft sie Gefahr, an der Oberfläche zu bleiben.

• Andere sehen das Wesen des Hinduismus in großen Ideen: Würde des Lebens – Harmonie mit der Natur – Einheit der Menschheit – Geist der Versöhnung – Toleranz der Religionen. Viele Hindus bekennen sich stolz zu diesen Prinzipien, die in den heiligen Schriften und in den Lehren der modernen Reformer entwickelt werden. – Hier wird ein gutes Bild vom Hinduismus entworfen. Nur ist diese Beschreibung nicht durchgängig zutreffend. Bei den Hindus gibt es nicht nur den Geist der Versöhnung, sondern auch den Ungeist der Gewalt und des Hasses. Die Einheit der Menschheit läßt sich nur schwer mit indischem Kastengeist und sozialer Ungerechtigkeit vereinbaren. Zudem werden die anderen Religionen nicht in allen Richtungen des Hinduismus als gleichwertig anerkannt. Im übrigen haben sich heute auch andere Religionen die genannten Ideen zu eigen gemacht, ohne sie schon hinreichend zu realisieren. Sie umreißen eher das Programm einer modernen humanen Philosophie und eines in die Zukunft weisenden Weltethos als das des konkreten Hinduismus.

> **Ein Bekenntnis zum Hinduismus**
>
> Ich heiße mich einen Hindu, weil ich an die Veden, die Upanishaden, die Puranas und an all das glaube, was unter dem Namen der heiligen Bücher der Hindus inbegriffen ist, deshalb auch an die Avataras (d.h. die göttlichen Herabkünfte, Inkarnationen) und an die Wiedergeburt.
>
> Ich glaube an den Varnashrama Dharma (das Gesetz der Kasten und Lebensstadien), und zwar nach meiner Meinung in streng vedischem, nicht aber dem heute üblichen äußerlichen Sinn. Ich glaube an die Beschützung der Kuh, der ich eine viel umfassendere Bedeutung zumesse, als dies gewöhnlich geschieht.
>
> Ich bin nicht gegen die Bilderverehrung.
>
> *Mahatma Gandhi (→ S. 344 f.)*

• Es gibt einen dritten Versuch, der nicht in der Aufzählung von Riten oder in der Proklamation großer Ideen besteht. Er arbeitet das eigene Profil des Hinduismus besser heraus. *Mahatma Gandhi* hat ihm, vielleicht in Anlehnung an jüdische und christ-

liche Vorbilder, die für einen Hindu ungewöhnliche Form eines Glaubensbekenntnisses gegeben. In dieser Kurzformel des Glaubens nennt Gandhi sechs wichtige Merkmale des Hinduismus:

(1) die heiligen Hindu-Schriften als verbindliche Grundlage der Religion

(2) der Glaube, daß Gottheiten vom Himmel herabgestiegen und zu den Menschen auf die Erde gekommen sind

(3) die Wiedergeburt der Menschen. Sie beruht für Gandhi, ohne daß er dies hier ausdrücklich erwähnt, auf dem Gedanken, daß alles Geschehen dem Kreislauf von Werden und Vergehen (Samsara) unterworfen ist und daß jede Tat (Karma), alle Gedanken und Gefühle, von bleibender Bedeutung über den Tod hinaus sind

(4) das Kastenwesen in einem nicht diskriminierenden Sinn

(5) die heilige Kuh als Symbol der guten Natur

(6) die Verehrung von heiligen Bildern.

Diese Merkmale sind für den Hinduismus wesentlich und charakterisieren ihn auf unverwechselbare Art und Weise. Sie umfassen sowohl die höchsten Ideen als auch Elemente aus der alltäglichen Lebenspraxis.

Heutige Verbreitung

Der Hinduismus mitsamt seinen vielen einzelnen Religionen nimmt in der Statistik der großen Religionen den dritten Platz ein. Mehr Anhänger haben gegenwärtig in der Welt nur das Christentum und der Islam. Die Angaben über die Zahl der Hindus heute schwanken zwischen 700 Millionen und 850 Millionen. Der richtige Wert liegt vermutlich zwischen diesen beiden Angaben bei ca. 750 Millionen Anhängern.

Das hauptsächliche Verbreitungsgebiet ist *Indien*, wo der Anteil der Hindus an der Gesamtbevölkerung 83 % beträgt. Die anderen Religionsgemeinschaften in Indien haben etwa folgenden Anteil: Islam 11,4 %, Christentum 2,5 %, Sikhs 2 %, Buddhisten 0,7 %, Jainas 0,5 %, die übrigen 0,4 %.

Neben Indien ist der Hinduismus auch *in anderen Ländern* verbreitet, wobei er in den Nachbarländern eine alte Tradition hat, während er nach Europa, Amerika und Afrika erst in der Neuzeit durch das Wirken indischer Missionare gekommen ist, die sich nicht mehr an den generellen Missionsverzicht des Hinduismus gehalten haben. Vor allem in den asiatischen Ländern hat sich der Hinduismus oft mit dem Buddhismus und den volkstümlichen Religionen vermischt.

Prozentual am stärksten vertreten ist der Hinduismus in Nepal (ca. 18 Millionen) und Bali (ca. 2,5 Millionen), wo ihm etwa 90 % der Bevölkerung angehören. In Sri Lanka leben etwa 2,6 Millionen hinduistische Tamilen (16 % der Bevölkerung), die sich seit Jahren in blutiger Auseinandersetzung mit der buddhistischen Mehrheit der Insel befinden.

Ca. 12 Millionen Hindus leben in Bangladesch (12 %), 3,5 Millionen in Indonesien (2 %). Die 2 Millionen Hindus in Pakistan (1,5 %) fühlen sich in diesem islamischen Land nicht gleichberechtigt. In Südafrika beträgt der Anteil der Hindus an der Bevölkerung ca. 700 000 Menschen, in den USA etwa 300 000. In Europa stellen die Hindus in Großbritannien mit ca. 300 000 Anhängern das größte Kontingent, während ihre Zahl in Deutschland mit ca. 30 000 sehr gering ist.

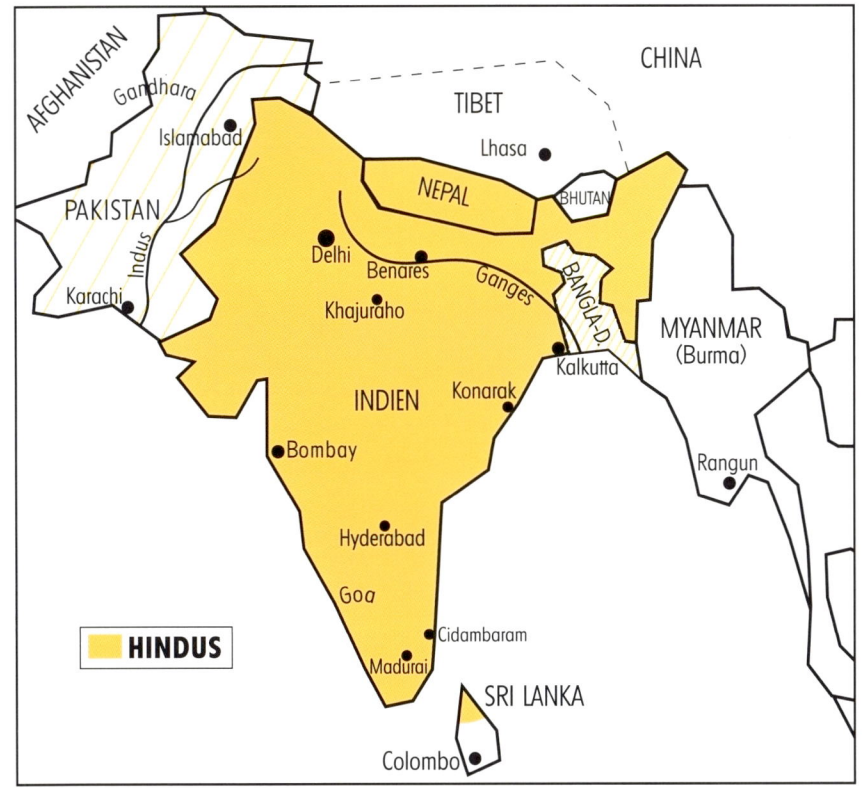

Linke Seite: Indische Gesichter: Kinder am Rand einer Großstadt, ein älteres Paar aus einem Dorf, eine junge Frau in farbenprächtigem Gewand.

Heilige Schriften

Shruti und Smirti

Die Hindus teilen ihre heiligen Schriften in zwei Gruppen ein: Shruti und Smirti.

• «Shruti« heißt »Hören«. Diesen Schriften kommt die höchste Autorität zu. Ihre Worte waren ursprünglich nicht geschrieben, sondern sie wurden von heiligen Sehern und Weisen (»Rishis«) »gehört«. Während sie in tiefer Versenkung waren, wurden ihnen von göttlichen Mächten heilige Geheimnisse geoffenbart. Sie selbst haben diese Texte nur aufgenommen und weiter vermittelt. Shruti ist also die Offenbarung des Hinduismus und die sich davon ableitende Tradition. Sie ist göttliches Wort und unumstößliches Wissen. Zu dieser Gruppe von Schriften gehören die Veden, die Brahmanas und die Upanishaden.

• »Smirti« heißt »Erinnerung«. Diese Literatur hat nicht göttlichen, sondern menschlichen Ursprung. Sie leitet sich von Shruti her. Dichter und Heilige haben sie geschaffen. Smirti ist die auf menschlicher Erinnerung fußende Tradition. Zu ihr gehören u. a. die beiden indischen Nationalepen Mahabharata (mit der Bhagavadgita) und Ramayana sowie die Puranas und die alten Gesetzesbücher.

Die heiligen Schriften sind in »Sanskrit« (von samskrta = geheiligt) verfaßt, also in der indogermanischen Sprache jener Völkerstämme, die in der Mitte des 2. Jahrtausends v. Chr. von Europa und Vorderasien aus nach Indien einwanderten. Die Leute nannten sich »Arier«, was ursprünglich die »Gastfreien« bedeutet. Mit dieser Selbstbezeichnung wollten sie wohl auf ihre eigene Gastfreundschaft gegenüber Fremden hinweisen, die sie bei anderen Völkern vermißten. »Arier« ist also ein Name, der Ethos und Menschlichkeit für sich beansprucht. Andererseits waren die Arier keineswegs nur friedlie-

bend. Sie machten der einheimischen, seit dem 3. Jahrtausend v. Chr. bestehenden Kultur im Indus-Gebiet ein Ende, wobei sie wichtige Züge dieser Kultur auch übernahmen. Als hellhäutige Herrscher setzten sie sich von der dunkelhäutigen Urbevölkerung ab. Sie nannten diese geringschätzig »stumpfnäsig« und schufen mit ihren Abgrenzungen die ersten Ansätze zum indischen Kastenwesen.

Sanskrit wurde zur heiligen Sprache des Hinduismus. Wenn die Hindu-Religion im Lauf der Geschichte andere ethnische und religiöse Gruppen zuerst vereinnahmte und später auch integrierte, erhielten diese allmählich das Recht, an den alten Hindu-Riten teilzunehmen. Dabei mußten sie auch das Sanskrit als religiöse Sprache übernehmen. Dieser Prozeß der »Sanskritisierung« hat das religiöse und soziale Leben Indiens ähnlich intensiv bestimmt wie das Latein, das in Europa lange Kult- und Kultursprache war.

Die heiligen Schriften des Hinduismus sind in einem viele Jahrhunderte umfassenden Zeitraum entstanden. Sie wurden nie von einer religiösen Zentralinstanz »kanonisiert«, d. h. zu einem offiziellen Katalog der heiligen Schriften zusammengestellt. Die Brahmanen haben diesen Büchern ihr Ansehen verschafft. Wer sich von der alten Tradition löst und diese Schriften nicht mehr anerkennt, wie es z. B. der Buddha getan hat, der gehört nicht mehr zum Hinduismus.

Drei Schriftplättchen, die durch einen Ring verbunden sind. Südindien, 9. Jh. n. Chr. Der Sanskrit-Text ist in alten Schriftzeichen geschrieben.

Die Veden

Man nennt die alten Lieder der Hindu-Religion die »Veden«. Der Name leitet sich von »Veda« (d. h. »Wissen«) ab. Die ältesten Texte, zugleich die frühesten Dokumente der indogermanischen Sprachgruppe, stammen aus der Zeit um 1500 v. Chr., die jüngsten werden um 700 bis 500 v. Chr. angesetzt. Ehe man sie aufschrieb, wurden sie lange mündlich tradiert.

Die Lieder sind Zeugnisse von der Religiosität der Arier. Ihre Priester und Seher empfingen nach oft tagelangem Warten in einer Erleuchtung die göttliche Offenbarung. Der göttliche Text wurde wie ein kostbares Geheimnis gehütet und durfte nur Eingeweihten preisgegeben werden. Mit der Zeit konnten nur die *Brahmanen* darüber verfügen. Sie allein wußten den genauen Wortlaut der Texte und legten entsprechend die Einzelheiten aller Rituale fest, die den Göttern genehm waren. Jedes Wort und jedes Zeichen mußte in den heiligen Handlungen richtig sein. Es war selbst dann zu beachten, wenn man es nicht verstand. Schon eine kleine Abweichung konnte den Erfolg des Gebets und des Rituals zunichte machen. Die damals niedrigste Kaste, die nichtarischen Shudras (→ S. 324), waren von den Riten ausgeschlossen, und wenn ein Shudra einmal ein vedisches Lied unerlaubterweise mit angehört hatte, so goß man ihm zur Strafe flüssiges Blei in die Ohren. Die Veden waren ein Wissen, das den Brahmanen Macht verlieh.

In den Veden findet sich das *Wissen* der damaligen Zeit. Sie bilden eine letztlich nicht auflösbare Einheit von Religion und Naturerfahrung, von Magie, Mythos und Ethos. Hier sehen wir die Götter am Werk. Wir hören uralte *Mythen*, die in der Annahme erzählt werden, daß das, was früher einmal geschah, sich heute wieder ereignet. In jedem Gewitter wiederholt sich z. B. der vorzeitliche Kampf des göttlichen Indra mit der Schlange, durch den er das fruchtbare Wasser des Himmels auf die Erde gebracht hat.

Die Veden lassen auch schon Vorstellungen von einer moralischen Ordnung und von *ethischen Gesetzen* erkennen. Sie tun dies nicht in abstrakter Lehre, sondern im Wort des Mythos und der Gottesanrufung. Hinter ihrer bunten Oberfläche kann man manchmal schon das Suchen nach einem *letzten Urgrund* und dem sittlichen Gesetz der Welt entdecken. Gerade damit haben die Veden die Religiosität des späteren Hinduismus angeregt.

Insgesamt gibt es vier Sammlungen der Veden:
- Der *Rigveda* ist mit 1028 Hymnen der wichtigste Teil. Er ist die älteste Quelle für die Gottesvorstellungen und Mythen der arischen Religion. Viele Lieder sind voll Lebensfreude und ermuntern zu Tanz und Spiel. Der Wunsch nach Unsterblichkeit ist hier noch nicht so stark wie der Wunsch nach einem lan-

---

Veden – Der Ursprung der Welt

Weder Nichtsein noch Sein war damals; nicht war der Luftraum noch der Himmel darüber. Was strich hin und her? Wo? In wessen Obhut? Was war das unergründliche tiefe Wasser?

Weder Tod noch Leben war damals; nicht gab es ein Anzeichen von Tag und Nacht. Es atmete nach seinem Eigengesetz ohne Windzug da ein Einziges. Etwas anderes als dieses war nicht vorhanden.

Im Anfang war Finsternis in Finsternis versteckt; das All war kennzeichenlose Flut. Der Lebenskeim, der von der Leere eingeschlossen war, wurde durch die Macht seines heißen Dranges geboren.

Über dieses kam am Anfang das Liebesverlangen, was des Denkens erster Same war. – Die Dichter, im Herzen forschend, machten durch Nachdenken die Nabelschnur des Seins (den Ursprung) ausfindig. Quer hindurch ward ihre Richtschnur gespannt. Gab es denn ein Unten? Gab es denn ein Oben? Existierten Besamer? Existierten Schwangerschaften? Waren Eigenkräfte (männliche Prinzipien) später, Hingabe (das weibliche Prinzip) früher (oder umgekehrt)?

Wer weiß es gewiß, wer kann es hier verkünden, woher diese Schöpfung entstanden, woher sie kam? Die Götter (kamen) erst nachher durch die Schöpfung dieser (Welt). Wer weiß es, woher sie geworden (»gekeimt«) ist?

Woraus diese Schöpfung sich entwickelt hat, ob er sie gemacht hat oder nicht – der der Aufseher dieser Welt im höchsten Himmel ist, der allein weiß es, es sei denn, daß auch er es nicht weiß.

Rigveda (X 129)

gen Leben in dieser Welt. Die heiligste Strophe des Rigveda ist an den Sonnengott gerichtet. Sie heißt Gayatri-Mantra. Die meisten Hindus beten es auch heute täglich. Es ist bei ihnen beliebt wie bei den Christen das »Vaterunser«. Die hohe poetische Qualität vieler Lieder des Rigveda erinnert an die biblischen Psalmen.

• Die zweite Gruppe heißt *Samaveda* (d. h. »Veda der Melodien«). Er ist nicht so originell, weil hier im wesentlichen nur einige Lieder des Rigveda anders angeordnet sind. Aus praktischen Gründen sind sie in die Reihenfolge gebracht worden, wie sie von den Priestern beim Opfer gesungen wurden.

• Die dritte Gruppe, der *Yajurveda* (d. h.«Veda der Formeln«), enthält Prosatexte und viele kurze Mantras, die für die Opfer wichtig waren. Hier finden sich z. B. die für die damalige Zeit so wichtigen Anweisungen zur Einsetzung des Königs oder zur Errichtung eines Feueraltars.

• Schließlich gibt es noch den *Atharveda* (d. h. »Veda der Zaubersprüche«), die jüngste Sammlung von 731 Liedern. Er ist deshalb so wertvoll, weil er viele Ideen überliefert, die in den anderen Veden nicht vorkommen. Hier erfahren wir mehr über die weltliche und geistige Welt der alten indischen Kultur. Auffällig sind die vielen Zaubersprüche und Beschwörungen. So werden z. B. zwei Flüsse beschworen, ein Stiergespann aus Wassernot zu retten. Ein andermal sollen magische Worte Kühe aus einer Schlucht herauslocken, in der sie sich verirrt haben. Neben Wettersegen, Verfluchung von Dämonen und Verwünschung von Feinden gibt es hier z. B. auch Anweisungen für die Kunst des Liebens. Gerade hier ist das Spektrum der Gebete breit: für eine erfolgreiche Niederkunft – um sich die Liebe einer Frau zu sichern – Liebeszauber – gegen eine Rivalin – um Fruchtbarkeit – zur Wiedererlangung der männlichen Potenz – gegen Eifersucht – um einen Gatten zu finden – um die Liebe eines Mannes zu erhalten. Die Probleme der Liebe und des Zusammenseins von Frau und Mann waren offensichtlich auch in alten Zeiten von herausragender Bedeutung.

Das Gayatri-Mantra
Laßt uns meditieren über die Herrlichkeit des göttlichen Lichts. Es möge unseren Geist erleuchten.

Die »*Brahmanas*« (d. h. »gelehrte Erörterungen«) bilden eine weitere Gruppe heiliger Texte, die sich an die Veden anschließen. Ihre Entstehungszeit liegt um 1000 v. Chr. Sie befassen sich mit Priestertum, Opferkult und Ritual, also den eher äußerlichen Seiten der Religion.

Die »*Puranas*« sind Erzählungen, die die Veden ergänzen. Hier finden wir alte Legenden, bunte Göttergeschichten, mythologische und kosmologische Texte, auch Ausführungen zu Medizin und Astrologie. Sie sind um 400 n. Chr. entstanden und werden in Indien bis heute verehrt.

Heute sind die Veden als heiliges Ursprungswort zwar immer noch in hohem Ansehen, aber es gibt außer den Brahmanen nur wenige Leute in Indien, die die Veden noch wirklich kennen. Gandhi hat sich ausdrücklich zu ihnen bekannt. Im alltäglichen religiösen Leben der Hindus spielen sie keine große Rolle mehr.

Die Upanishaden

In den Upanishaden gibt es eine Erzählung, die eine wesentliche *Veränderung* in der Geschichte der indischen Religion festhält. Sie markiert den Beginn einer Zeit, wo die religiösen Meister Indiens nicht mehr nur in anthropomorphen Bildern von den lebensnahen Göttern sprechen, sondern über das Geheimnis Gottes meditieren, das sich letztlich allen Bildern entzieht.

In dieser Erzählung erscheint bei einem Meister (»Guru«) ein enttäuschter Schüler, der alle Veden auswendig gelernt hat, darin aber für sich keinen Nutzen erkennen kann. Das Wesen aller Dinge und den Sinn seines eigenen Selbst hat er dabei nicht kennengelernt. Er meint, nur mit dieser Kenntnis seine letzten Fragen beantworten und Kummer und Leid besiegen zu können. Nun bittet er den Meister, ihm zu helfen. Eigentlich hätte er mit der Kenntnis der Veden im Besitz der göttlichen Offenbarung sein müssen. Es gab ja nichts Höheres als diese alten Göttersprüche. Aber der Schüler blieb mit diesem Wissen leer. Er hatte nun gehört, daß es ein tieferes Wissen gibt, das alles Leid besiegt. Darum bittet er den Lehrer, ihn in diese Kenntnis einzuführen. Dieser bestätigt ihm: »Alles, was du bisher gelernt hast, ist nur Name.«

ใหญ่ได้ ๔. ไยชน ม้ายิบรก ๕๐ คู่

Surya, der Sonnengott, fährt mit zwei Ehefrauen in einem Sonnenwagen, der von seinem Wagenlenker Aruna, der Morgenröte, geführt wird. Ein Pferd zieht den goldenen Wagen. Der rote Hintergrund erscheint selbst wie die Sonne.
Aus einer ca. 35 m großen Handschrift des Trai Phum, Thonburi, 1776. Surya zählt zu den vedischen Göttern (→ S. 309) und ist mit Varuna und Mitra verwandt. Er war mit mehreren Frauen verheiratet; die Ehen waren nicht immer glücklich. Seine Zwillinge Yama und Yami waren die ersten Menschen. Aus ihnen wurde später der Todesgott und eine Flußgöttin. Surya ist heute für die Hindus nur noch ein Sternengott.

In der Zeit ab etwa 800 v. Chr. begannen die Veden ihre Lebensbedeutung zu verlieren. Ihre Hymnen und Mythen, ihre Zaubersprüche und Rituale konnten die Fragen nicht mehr beantworten, die sich auf das Innere des Menschen, auf sein Selbst, bezogen. Genau dieser Wechsel zu diesen *neuen Fragen* kennzeichnet den Übergang von den Veden zu den Upanishaden. Es ist der Weg von einem facettenreichen, dem Leben zugewandten Optimismus zu einer tiefen Resignation und unabweisbaren Melancholie, vor deren Hintergrund sich auch die Gottesfrage anders stellt. Die Upanishaden wenden sich nicht mehr an Priester oder Seher, vielmehr sind ihre Adressaten die fragenden und suchenden Menschen.

Die Upanishaden bilden den Abschluß der vedischen Literatur. Sie sind kein einheitliches Werk, sondern eine Sammlung von *Lehrtexten*, die sich in Alter, Thematik, Länge und Grundauffassung zum Teil wesentlich unterscheiden. Viele indische Meister müssen an ihrem Zustandekommen beteiligt gewesen sein. Entstanden sind die ältesten Upanishaden etwa um 800 v. Chr., also in derselben Zeit, in der in Israel die großen Propheten wie Amos, Hosea und Jesaja mit ihren gewaltigen Verkündigungen auftraten. Die jüngsten Upanishaden sind um 400 v. Chr. verfaßt worden, also schon nach dem Auftreten des Buddha und zur Zeit der großen Philosophen Griechenlands, die das Denken Europas grundgelegt haben.

Das Bild von Menschen, die auf dem weiten Meer fahren, kann zum Bild menschlicher Existenz werden, wenn die Fragen nach dem Unendlichen und Endlichen, vom Zusammenhang des Menschen mit dem Urgrund und von den Zielen des Lebens aufkommen. Das sich stets ändernde und doch gleichbleibende Verhältnis von Meer und Welle macht auf andere Weise nachdenklich. Es sind Fragen, die die indischen Weisen schon früh gestellt haben. Die Upanishaden legen davon Zeugnis ab.

Das Wort »*Upanishaden*« kommt von dem Altindischen upa + ni + sad und bedeutet: »sich nahe bei jemandem niedersetzen«. Es wird von der Haltung eines Schülers gegenüber seinem Lehrer gebraucht. Dabei gewinnt es auch die Bedeutung »sich in Ehrfurcht nahen«, »verehren«. In den Upanishaden wird die »Verehrung« nicht mehr einer Gottheit zuteil, sondern einem Lehrer und dem tiefsinnigen Wissen, das er dem Schüler erschließt.

Die Lehrer der Upanishaden sind nicht mehr Priester, sondern Weise. Sie hören nicht mehr unmittelbar auf göttliche Offenbarungsworte, sondern

---

Tat tuam asi

Einst schickte Aruni seinen zwölfjährigen Sohn Shvetaketu in die Welt, wo er das Brahman studieren sollte. Der Sohn blieb zwölf Jahre in der Fremde und kehrte dann hochfahrenden Sinnes zurück. Der Vater war enttäuscht und fragte seinen Sohn, ob er keine Meister gefunden habe, bei denen er lernen konnte, das Ungehörte zu hören, das Ungedachte zu denken und das Unerkannte zu erkennen. Der Sohn war verwundert und verneinte die Frage. Er bat den Vater, ihn in dieses Wissen einzuführen.

Der Vater ließ ihn eine Feige holen und forderte ihn auf, die Feige zu teilen und immer wieder zu teilen. Zuerst sah der Sohn einen Teil der Feige, dann die Körner, schließlich feinste kleine Einheiten und dann nichts mehr. Da belehrte ihn der Vater: »Aus diesem Feinsten, das du nicht mehr wahrnehmen kannst, ist der ganze Feigenbaum entstanden. Diese feinste Substanz ist das Selbst, der Ursprung der ganzen Welt. Das ist das Wirkliche, das ist Atman, das bist du (tat tuam asi)!«

Danach ließ der Vater den Sohn Salz ins Meer schütten und verlangte von ihm, das Salz wieder zurückzubringen. Der Sohn fand das Meer zwar salzig, aber er konnte das Salz nicht sehen und erst recht nicht vom Meereswasser trennen. Es war überall da und doch nicht wahrnehmbar. Da sprach der Vater: »Du siehst kein Seiendes hier, und doch ist es darin. Was diese feinste Substanz ist, die ganze Welt enthält es als ihr Selbst. Das ist das Wirkliche, das ist Atman, das bist du (tat tuam asi)!«

aus den Upanishaden

vertiefen sich selbst in die Geheimnisse der Welt. Hinter aller äußeren Realität entdecken sie eine Wirklichkeit, die absoluten Charakter hat. Damit vollziehen sie einen Schritt, dem in der griechischen Philosophie die *Metaphysik* entspricht, d. h. Bezugnahme auf eine Wirklichkeit, die hinter der Physis (d. h. der äußeren Natur) liegt. Ihre Erkenntnis hat drei Dimensionen:

• Die neu entdeckte Wirklichkeit wird von den indischen Weisen mit dem Wort »Brahman« bezeichnet, das in den Veden Gebet, heiliges Wissen und sogar auch Zauberformel bedeutet. Nun wird es zum Grundwort des Hinduismus und gewinnt in den Upanishaden den tieferen Sinn: Quelle allen Seins, alles durchdringende Kraft, schöpferischer Ursprung. Es ist am ehesten das, was wir das Göttliche oder das Absolute nennen.

• Die zweite große Entdeckung der Upanishaden ist das »Atman« (verwandt mit »atmen«): die Innenwelt, das Selbst, die Seele. Beide – Brahman und Atman – werden in vielen Variationen beschrieben und gedeutet.

• Am Ende kommen die Lehrer zu der für die damalige Zeit völlig neuen Einsicht, daß Brahman und Atman eins sind. Anders ausgedrückt heißt das: Die Welt ist Gott, und Gott ist meine Seele, und Gott und die Seele sind in allen Dingen gegenwärtig. Theologie, Psychologie und Kosmologie sind nun eng aufeinander bezogen. Sie werden letztlich eins. Wenn der Mensch in sich hineinschaut und hinter allem Wechsel der Erscheinungen sein Selbst erkennt, das mit der absoluten Wirklichkeit identisch ist, kann er sagen: »tat tuam asi«, d. h. »Das bist du selbst«.

Es gibt in den Upanishaden eine Erzählung von *Aruni* und seinem Sohn *Shvetaketu*, die auf einfache Weise zeigt, wie man diese Erkenntnis gewinnen kann. Da erfährt Shvetaketu von Aruni am Beispiel einer Feige oder des Salzes im Meer, daß das Atman als letztes Prinzip alles durchdringt (»Immanenz«) und zugleich alles übersteigt (»Transzendenz«). Alle sichtbaren Gestalten der Welt sind nur flüchtig, sie sind wechselnde Formen des Ur-Einen, Unveränderlichen, das allem zugrunde liegt.

Diese Einsicht ist nicht primär Ausdruck einer auf Einheit dringenden Theorie. Sie ist vielmehr eine Antwort auf die Frage nach dem Sinn des menschlichen Lebens. Wenn Brahman und Atman identisch

---

Gebet

Vom Nichtsein führe mich zum Sein,
von der Finsternis führe mich zum Licht,
vom Tod führe mich zur Unsterblichkeit.

Gebet aus den Upanishaden

---

sind, braucht der Mensch *vor dem Tod keine Angst* mehr zu haben. Dann wechselt er im Tod nur seine Form. Er verliert zwar sein Bewußtsein und lebt auch nicht mehr in seiner bisherigen Gestalt weiter, aber im Tod liegt keine radikale Zerstörung. Er ist ein neues Einswerden mit dem Brahman, ein Übergang von dem »Nichtsein« dieses Lebens zu dem »Sein« des Lebens nach dem Tod. Die tiefsinnigen Gedanken gehen oft in ergreifende Gebete über, die auch in anderen Religionen gebetet werden könnten.

Aus dieser Lehre ergibt sich auch eine *neue Ethik*. Ihre beiden Grundbegriffe sind Erkenntnis und Entsagung. Nur die meditative *Erkenntnis* von Atman und Brahman ist wichtig, weil sie allein die Weisheit schenkt, auf die es letztlich ankommt. Und nur *Entsagung* verhindert, daß sich der Mensch vom bunten Leben beeindrucken und dadurch vom Wesentlichen ablenken läßt. Darum darf sich der Mensch, wenn er Erlösung von Leid und Tod anstrebt, nicht an die vordergründige Welt des Scheins verlieren. Geboten ist der Kampf gegen alle Begierden, die nur auf die Welt gerichtet sind. Nur wer sich aus allen sozialen und psychischen Bindungen löst, kann zum letzten Ziel gelangen.

Die Upanishaden haben auf die Entwicklung des indischen Denkens und des Hinduismus den *allergrößten Einfluß* gehabt. Ihre Entdeckung von Brahman und Atman, ihre Vorstellung von »Karma« (»Lohn der Taten«, → S. 297 f.), von »Samsara« (»Kreislauf aller Dinge«, → S. 296 f.) und von »Moksha« (»Erlösung«, → S. 300 ff.) werden in allen Schulen weiter diskutiert. Das Bemühen, das Leid zu überwinden, ist auch vom Buddhismus aufgegriffen worden. Selbst auf die deutsche Philosophie haben die Upanishaden eingewirkt. Arthur Schopenhauer hat sie als einen Höhepunkt menschlicher Weisheit verehrt und viele ihrer Einsichten in sein Denken aufgenommen. Sie gehören mit ihrer Spiritualität und Mystik zu den großen heiligen Schriften der Menschheit.

Ramayana und Mahabharata

Weitaus volkstümlicher als die Upanishaden sind die beiden großen indischen Epen Ramayana und Mahabharata. Diese großen Erzählungen haben auf die religiösen Vorstellungen des Volkes stark eingewirkt. In den Dörfern werden sie von Berufserzählern vorgetragen, und oft dienen sie als Vorlage für breitangelegte Filmprojekte, die sich in Indien großen Zulaufs erfreuen. In Rundfunk und Fernsehen sind sie stets präsent. Wenn sie bei religiösen Festen von den Brahmanen vorgelesen werden, finden sie bei den meist leseunkundigen Zuhörern große Aufmerksamkeit. Die Erzählungen sind so etwas wie eine narrative Theologie und Ethik Indiens. Sie halten den Hindus die göttliche Welt und den gültigen Sittenkodex vor Augen.

• Das *Ramayana*, ursprünglich ein Werk des Sehers Valmiki, entstand um 500 v. Chr. und erhielt seine gegenwärtige Fassung mit seinen sieben Büchern etwa zwischen 300 und 200 v. Chr. Hier ist die Lebensgeschichte des Prinzen Rama und seiner Gattin Sita erzählt. Dieser edle Königssohn gewinnt in ritterlichem Wettkampf die schöne und tugendsame Jungfrau Sita zur Frau. Die erste Zeit leben beide

Rama, der Held aus dem Ramayana, und seine Gemahlin Sita.

Rechte Seite: Kampf zwischen dem Affen- und Bärenheer Ramas (links) und dem Dämonenheer Ravanas (rechts). Episode aus dem Ramayana. Indische Miniatur, um 1820. Rechts sitzt der zehnköpfige Ravana in seinem Kampfwagen, der von 4 Pferden gezogen wird. Mit seinen 18 Armen verschießt er Pfeile. Seine Soldaten haben Tierköpfe. Steine und Baumstämme fliegen durch die Luft. Rechts hinter dem Affenheer sitzt der blauhäutige Rama und beobachtet den Kampf. Er wird bald Ravana besiegen und Sita befreien.

glücklich miteinander. Aber böse Hofintrigen machen dem Glück ein Ende. Die beiden werden verbannt und müssen vierzehn Jahre in einem dunklen Wald leben. Dort erhalten sie nützliche Belehrungen von Brahmanen und Einsiedlern. Doch auch Gefahren und Versuchungen kommen auf sie zu. So will die Schwester des mächtigen Dämonenkönigs Ravana von Ceylon den Rama verführen. Aber sie hat keinen Erfolg, weil Rama seiner Frau treu ist. Daraufhin entführt Ravana Sita in sein Reich. Rama ist über diesen Verlust untröstlich. Mit Hilfe des in Indien so beliebten Affengottes Hanuman kann er sie in Ceylon aufspüren. Schließlich kommt es zu einer Schlacht zwischen den Heeren des Rama und des Ravana, die Rama gewinnt, weil Hanumans Affen eine lebendige Hängebrücke über das Meer von Indien nach Ceylon bilden, so daß die Soldaten des Rama in das Reich des Ravana eindringen können. Sita wird befreit. Aber nun muß Rama Sita verstoßen, weil sie lange im Haus eines anderen Mannes gewohnt hat. Er tut dies voll Trauer und Würde. Doch von ihrer Unschuld ist er nicht ganz überzeugt. Da wirft sich Sita auf einen Scheiterhaufen. Das Feuer verzehrt sie nicht, weil der Feuergott Agni um ihre Unschuld weiß. Rama nimmt sie wieder zu sich, und beide kehren in ihr Reich zurück, wo Rama feierlich zum König gekrönt wird. Er wird zum Idealbild des gerechten Herrschers. Das Volk aber zweifelt weiter an Sitas Unschuld, so daß Rama sie nicht mehr bei sich behalten will. Er läßt sie an einen einsamen Ort bringen, wo sie Zwillingen das Leben schenkt. Als diese herangewachsen sind, erkennt Rama sie als seine Söhne an. Da ruft Sita die Erde an, sie möge sie zum Beweis ihrer Unschuld verschlingen. Die Erde nimmt Sita auf, und bald darauf dankt Rama zugunsten seiner Söhne ab.

Die Inder lieben diese Geschichte sehr. Sie bewundern die Tapferkeit und Ehre Ramas und die Treue und Verläßlichkeit Sitas. Hier erfahren sie anschaulich, daß Glück und Unglück im Leben nahe beieinander liegen. In jeder Familie sagt die Mutter der Tochter bei der Hochzeit: »Sei wie Sita«. Dem Bösewicht Ravana gab man in den letzten Jahren oft das Aussehen politischer Feinde, so z. B. der Herrscher von Pakistan oder China.

• Das viel umfangreichere Versepos *Mahabharata*, das vom großen Kampf der Nachkommen des Bha-

rata erzählt, hat einen jahrhundertelangen Entstehungsprozeß durchgemacht. Das monumentale Werk enthält ganz disparate Textkomplexe. Die endgültige Redaktion erfolgte wohl im 3. oder 2. Jahrhundert v. Chr., aber auch spätere Einschübe waren noch möglich. Vielleicht hat die Erzählung einen historischen Kern. Die große Schlacht, von der erzählt wird, kann im 10. Jahrhundert v. Chr. in Nordindien stattgefunden haben. Dieser legendäre Kampf zwischen den verwandten Fürstendynastien der Kauravas (Kurus) und Pandavas (Pandas), endet schließlich in einem furchtbaren Blutbad. Die vielen Episoden, Gleichnisse und Fabeln des Werkes vermitteln anschaulich wichtige indische Wertvorstellungen, wobei vor allem vom Dharma (→ S. 273 f.) der Krieger die Rede ist.

• Ein Anhang zum Mahabharata ist das *Harivamsha,* das einen alten Schöpfungsbericht enthält und vor allem von den in Indien so gern gehörten Liebesaffären des göttlichen Krishna (→ S. 310 f.) mit den irdischen Hirtenmädchen erzählt.

Bhagavadgita

Der wichtigste Teil des Mahabharata ist die in Indien zweifellos am meisten geliebte Erzählung mit dem Titel »*Bhagavadgita*«, die oft liebevoll auch nur »Gita« genannt wird. Sie ist mit ihrem geringen Umfang von nur 700 Versen in das 6. Buch des 100 000 Verse fassenden Großepos eingeschaltet und kann auch ohne den Kontext selbständig verstanden werden. Viele Inder lernen sie auswendig, um die Substanz ihrer Religion stets gegenwärtig zu haben. Für sie ist die Bhagavadgita die genuine Lehre des göttlichen Krishna. Hier hat er sein Vermächtnis hinterlassen. Darum wird sie von vielen auch zur »Shruti«, d. h. zur göttlichen Offenbarung, gezählt.

Das *Wort* leitet sich ab von »bhaga«, d. h. »einer, der am guten Geschick Anteil gibt«, und »gita«, d. h. »gesungen«. Wir dürfen darunter den »Gesang Gottes« verstehen. Für die Wissenschaft ist bislang weder Entstehungszeit noch Verfasserschaft genau bestimmbar. Meistens nimmt man für die *Datierung*

des Gedichts das 3. oder 2. Jahrhundert v. Chr.
an, obwohl die frühesten Belege für den Text erst im
7. Jahrhundert n. Chr. im Kommentar des Shankara
(→ S. 290 ff.) nachweisbar sind.

Auch die Bhagavadgita erzählt von der großen
Schlacht der Pandavas und Kauravas. Sie setzt damit
ein, daß sich beide Heere vor dem entscheidenden
Kampf gegenüberstehen. Alles wartet auf den Beginn. Da bittet Arjuna, der Führer der Pandavas,
seinen Wagenlenker, er möge ihn zwischen die beiden Schlachtreihen führen, damit er sich einen
Überblick über die Situation verschaffen könne. Der
Wagenlenker, niemand anders als der Gott Krishna,
erfüllt ihm den Wunsch. Als nun Arjuna im feindli-
chen Heer zahlreiche Verwandte und Freunde erkennt, überkommt ihn so heftiges Mitleid, daß er
nicht mehr zum Kampf gegen die Kauravas antreten
will. Er hält es für Frevel, Ahnen, Söhne und Enkel
blutig zu bekämpfen. Damit werde die heilige Sat-
zung der Tradition verletzt. Lieber will er sich besiegen lassen als eine solche Schuld auf sich zu laden.
Er teilt seine Bedenken dem Wagenlenker mit, sieht
sich von diesem aber nicht bestätigt. Vielmehr beschuldigt Krishna den Arjuna der Schwäche und des
Kleinmuts. Er solle und müsse den Kampf beginnen.
Wenn er den Tod lieber Menschen bedaure, so sei
diese Einstellung nicht berechtigt. Denn der Tod sei

für keinen Menschen das endgültige Ende. Es gebe
eine Wiedergeburt in einem neuen Leben, und wenn
der Leib auch vergehe, so bleibe doch die Seele, das
Selbst des Menschen, im Wechsel von Leben und
Tod erhalten. So spornt Krishna den Arjuna zur Tat
an. Sein *Dharma* ist es, Krieg zu führen, und dem
darf er sich auf keinen Fall entziehen. Tatsächlich
nimmt Arjuna nun den Kampf auf, in dem die meisten Männer fallen.

Was die Bhagavadgita so faszinierend macht,
sind die vielen Lehren, die Krishna hier vorträgt.
In ihnen offenbart er dem Arjuna die *Grundwahrheiten* von Gott und Mensch, Welt und Erlösung,
Leben und Tod, Seele und Wiedergeburt, Erkenntnis
und Liebe. Vor allem zeigt Krishna in einer großartigen Vision seine göttliche Gestalt und gibt sich
als der höchste Gott zu erkennen, der Arjuna nahe
ist und ihm einen guten Lebensweg eröffnet
(→ S. 310 f.). Wenn man die Erzählung dagegen nur
an dem Maßstab der Gewaltlosigkeit mißt, der später auch in Indien hohe Anerkennung gefunden hat
(→ S. 294; 345), wird man enttäuscht sein, daß aus-
gerechnet der Gott dem Menschen seine Bereitschaft zum Gewaltverzicht ausredet. Hier wirkt sich
die Vorstellung vom »Dharma« (→ S. 273 f.) aus, der
vorgibt, was zu tun ist. Vielleicht kann man diesen
Zug der Erzählung auch allegorisch als Kampf gegen
alles Böse verstehen.

**Die oberste Erkenntnis –
Überwindung der Wiedergeburt**

Der Gnädigste (Krishna) sagte: Das Höchste will
ich, weiterhin, verkünden, unter allen Erkenntnissen die oberste Erkenntnis; alle Schweigeasketen,
die sie kennen, sind aus dieser Welt zur höchsten
Vollendung gegangen. Indem sie sich auf diese Erkenntnis stützten, sind sie mir gleichgeworden;
selbst bei einer Weltenschöpfung werden sie nicht
geboren, und beim Weltuntergang haben sie
nichts zu leiden.

Bhagavadgita (XIV 1)

Krishna und Arjuna. Kalkstein, 5./6. Jh. n. Chr. Szene aus dem
Mahabharata. Der sitzende Gott trägt auf dem Kopf eine Krone, in den
Händen eine Keule, ein Rad und ein Muschelgehäuse – letztere sind
Zeichen für Glück und Segen. Hinter ihm steht Arjuna mit Bogen und
Pfeil, die Intelligenz und Treffsicherheit, auch Willenskraft und Weisheit
signalisieren.

Die großen Lehrsysteme

Die ältesten heiligen Schriften Indiens sprechen fast immer die Sprache der Poesie. In Legenden und Mythen, in Lehrgedichten und Epen, in Mantras und Liedern lassen sie ihre heilige Botschaft vernehmen. Das ist sicher kein Zufall. Offensichtlich können die Dichter besonders gut das Heilige zum Ausdruck bringen. Aber im historischen Verlauf einer Religion treten immer auch Gelehrte und Philosophen auf, denen es wichtig ist, in der religiösen Dichtung eine Ordnung zu finden und die altehrwürdigen Aussagen in einen systematischen Zusammenhang zu bringen. Dabei wird oft Spontaneität durch Präzision, Bildhaftigkeit durch Begrifflichkeit, Schönheit durch Klarheit ersetzt. Das ist in den monotheistischen Religionen so gewesen. Das gilt auch für die großen Religionen Ostasiens.

Im Hinduismus gibt es *sechs* zum Teil sehr alte *Lehrsysteme*, die eine Zusammenschau der wichtigsten Lehren und Praktiken anstreben. Sie stellen eine der großen Integrationsleistungen der Brahmanen dar. Alle gelten als orthodox, weil sie wenigstens formal die Autorität der Veden anerkennen. Dabei stimmen sie durchaus nicht in allen zentralen Punkten überein. Im Indischen heißen diese Lehrsysteme »Darshanas«. Der Begriff »Darshana« leitet sich von der Wurzel »sehen« ab und bedeutet »Sicht«, »Vision«, »Perspektive«, »Ansicht«. Jedes Darshana versucht, Welt und Mensch in den Blick zu bekommen und Wege zur Erlösung aufzuzeigen. Einige Darshanas verdanken großen Lehrern wie Shankara oder Ramanuja ihren Rang, deren Gedanken bis heute lebendig geblieben sind. In mancher Hinsicht sind die Darshanas der europäischen Philosophie und Theologie verwandt, die sich auch immer aufs neue um ein Verständnis der Welt und des Menschen bemüht haben. Aber die Darshanas stützen sich dabei im Unterschied zu diesen mehr auf Intuition als auf Reflexion. Die sechs Darshanas können hier nur in einigen wenigen Grundzügen vorgestellt werden:

• *Mimansa* (d. h. »Erörterung der heiligen Veden«): Die Opfer und Rituale der Veden werden untersucht. Ihre Autorität ist unantastbar. Intuition und Überlegungen der Vernunft führen zu der richtigen Interpretation dieser heiligen Worte.

• *Vedanta* (d. h. »Betrachtung über das Ende der Veden«): Die Upanishaden gewinnen an Bedeutung. Die neue Lehre von Brahman wird entwickelt. Sie ist hier in erster Linie ein monistisches System, nach der alles, vor allem auch die Seele (Atman), aus dem ewigen Urgrund (Brahman) kommt und letztlich damit eins ist.

• *Sankhya* (d. h. »Zahl« bzw. »Zählung«): Beschrieben werden Entstehung und Aufbau der vielen Welten und Seelen aus dem einen Urprinzip. Das dualistische System betont den Unterschied zwischen Materie und Seele. In der Erkenntnis dieser Differenz wird ein Erlösungsweg gesehen. In manchen Teilen handelt es sich hier auch ein um ein atheistisches System der Welterklärung, da es von den Göttern nicht spricht. Es ist aber auf keinen Fall ein areligiöses System, weil es zentrale Grundannahmen des Hinduismus, z. B. von der Erlösung, teilt.

• *Yoga* (von »yuj« , d. h. »anbinden«, »anjochen«, »unterjochen«): Er ist eine praktische Ergänzung zu den anderen eher lehrhaften Systemen. Gemeint ist ursprünglich der Prozeß des Anjochens von Körper und Geist an das Göttliche. Durch Anspannung und Training von Leib und Seele sollen alle körperlichen Hemmungen des Geistes auf dem Weg zur erlösenden Erkenntnis beseitigt werden. Wer alle innerweltliche Vielfalt zurückläßt, kann mit dem Urgrund der Welt eins werden. Dazu dienen äußere und innere Disziplin und die Befolgung der ethischen Gebote. Frühe Ansätze zur Yogalehre finden sich schon in den Upanishaden und in der Bhagavadgita.

Die wichtigste Schrift ist der Yoga-Sutra des Patanjali aus dem 2./3. Jahrhundert n. Chr. Sie formuliert die 8 Stufen des klassischen Yoga: Selbstbeherrschung (1), innerliche und äußere Reinheit sowie Zufriedenheit (2), angenehme und entspannte Sitzhaltung (3), Atemkontrolle beim Ein- und Ausatmen (4), Kontrolle aller Sinne, die nur möglich wird, wenn der Geist bei sich ist (5), Konzentration des Geistes auf eine bestimmte Stelle, z. B. auf ein Gottesbild, eine Lotosblume oder die eigene Nasenspitze (6), das kontinuierliche und gleichmäßige Kreisen des Geistes um dasselbe Objekt (7), geistliche Versenkung, Meditation (8). Wer diese letzte Stufe erreicht hat, versinkt in einen nicht ungefährlichen Trancezustand, der ihm die höchste Weisheit ver-

---

Yoga

Yoga besteht in einer Hemmung der Bewegungsflüsse des Denkorgans.

Dann (d.h. bei erfolgreicher Yoga-Übung) erreicht der Einzelgeist, daß er in seiner eigenen (wahren) Natur verharrt.

Denn im anderen Fall nimmt er (scheinbar) die Natur der Bewegungsflüsse an.

...

Konzentration, Meditation und Versenkung bilden zusammen die All-Zucht.

Wenn die Allzucht erreicht ist, geht das Licht der Erkenntnis auf.

Bei dem, welcher die absolute Verschiedenheit zwischen seiner geistigen Seele und dem feinstofflichen Denkorgan einsieht, schwindet die falsche Vorstellung, daß (der Körper und das Denkorgan) sein Ich sei.

Patanjali, Yoga-Sutra

---

mittelt (»Samadhi«). Sie ist manchmal mit der Erkenntnis früherer und zukünftiger Existenzen, fremder Sprachen und mit dem Gefühl der Nähe zum Brahman verbunden. Sie beendet auch die Illusion von der Eigenständigkeit des »Ich«. Große Meister wie der Buddha oder Ramakrishna haben diese Stufe erreicht.

• *Nyaya* (d. h. »Lehre«): Hier werden die Regeln des Denkens und Erkennens untersucht. Das System ist eine Art Logik und Erkenntnistheorie.

• *Vaisheshika* (d. h. »Lehre über die Dinge in unserer Welt«): Die atomistische Naturphilosophie geht auf Distanz zu den alten heiligen Büchern, wenn deren Autorität auch nicht grundsätzlich angetastet wird.

Nach *Carvaka*, ihrem angeblichen Gründer, nennt sich eine materialistische Schule, die an allen religiösen und idealistischen Konzepten Indiens scharfe Kritik übt. Sie läßt nur die vier Elemente Erde, Wasser, Feuer und Luft als letzte Wirklichkeit gelten, leugnet alles Göttliche und Absolute, spottet über die Brahmanen und deren Rituale, hält an der Realität des Ich fest und empfiehlt eine hemmungslos hedonistische Lebensweise. Hier hat sich ein antireligiöser Zynismus entwickelt, wie er in der westlichen Moderne bekannt ist.

Shankara und Ramanuja – Große Lehrer

Als der größte indische Philosoph gilt *Shankara* (788–820 n.Chr.), den manche wegen seiner unübertroffenen Weisheit für eine Inkarnation des Gottes Shiva ansehen. Sein Name, ein Attribut Shivas, bedeutet »Heilbringer«. Wie bei anderen großen Gestalten der Religionsgeschichte knüpfen sich auch an sein Leben manche Legenden, die die Hochschätzung für diesen Mann zum Ausdruck bringen. Seine Mutter soll lange kinderlos gewesen, dann aber ohne Zutun ihres Gatten schwanger geworden sein. Sie wollte ihn schon früh verheiraten und damit verhindern, daß er Asket und Mönch wurde. Einmal wurde er in einem Fluß von einem Krokodil gepackt und bat die am Ufer stehende Mutter, im Angesicht des Todes seinem Wunsch zuzustimmen, damit er gut sterben könne. Die Mutter tat es. Shankara wurde gerettet, und die Mutter mußte nun bei ihrer Zustimmung bleiben. Alsbald verließ er die Heimat und machte sich auf die Pilgerschaft. Er lebte asketisch, kam zu tüchtigen Lehrern und wurde nach intensiven Studien der heiligen Schriften zum Mönch geweiht. In Benares, wo viele ausgezeichnete Brahmanen lebten, verfaßte er bedeutende Schriften. Er liebte es, sich im geistigen Wettstreit mit den Großen seiner Zeit zu messen. Dabei galt bisweilen die Abmachung, daß der Sieger die Lebensform des anderen zu übernehmen habe. So konnte er einmal einen berühmten König schlagen, so daß dieser ein Asket werden mußte. Im anderen Fall hätte Shankara sein Mönchsleben aufgeben müssen, was für ihn unvorstellbar war. Als er einmal mit einer Frau über Fragen der Liebe stritt, bat er um eine Unterbrechung des Dialogs, weil er in Liebesdingen keine Erfahrung hatte. Sie wurde ihm für einige Wochen zugestanden. Auf wunderbare Weise gelang es ihm, seine Seele in den Leib eines soeben verstorbenen Königs zu bringen. Die Untertanen waren froh, ihren totgeglaubten König so rasch wiederzusehen. Shankara konnte nun im Leib des Königs mit dessen hundert Frauen die Freuden der Liebe kennenlernen und genießen. Daß er dann den Disput gewann, versteht sich von selbst. Lange durchzog er Indien, um seine Lehre zu verbreiten. Dabei fand er nicht nur Zustimmung. Es kam auch immer wieder zu heftigen Auseinandersetzungen mit anderen Mönchen, die seine Lehre ablehnten. Er baute Tempel und gründete Klöster. Wenn seine Lebensdaten richtig sind, starb er im jungen Alter von nur 32 Jahren. Vielleicht hat man damals als Geburtsdatum aber das Jahr seiner geistigen Geburt, d. h. seiner Mönchsweihe angegeben. Dann wäre er etwa 50 Jahre alt geworden.

Seine *Lehre* ist bewundernswert. Sie stellt eine ungewöhnlich tiefsinnige Interpretation der alten heiligen Schriften dar. Er selbst wollte nur ihren genuinen Sinn erschließen. In Wirklichkeit hat er ganz bestimmte spirituelle Ansätze der Veden und mehr noch der Upanishaden herausgearbeitet und zu einem neuartigen Lehrsystem entwickelt, das vor allem im Vedanta vorliegt. Einflüsse des Buddhismus sind bei ihm unverkennbar festzustellen. Mit seinem Werk gehört Shankara zu den großen Mystikern der Menschheit.

Zwei Begriffe seiner Lehre sind für die weitere Diskussion in Indien von herausragender Bedeu-

---

Der Schein der Welt

Aus Nichtwissen erwächst das All.
Erkenntnis bringt es zum Verschwinden.
Die Gier allein nährt sein Entstehen,
Wer dieses weiß, kann Erlösung finden.

Der blauen Farbe in dem Himmelsraum,
Dem Dieb, für den man nachts den Pfosten hält,
Dem Trugbild, das man in der Wüste sieht, –
All diesem gleicht die unwirkliche Welt.

Im Strick erkennt man fälschlich eine Schlange,
Solange man ihn sieht in falschem Licht,
Wer richtig prüft, der findet keine Schlange, –
Die Vielheit existiert für Weise nicht.

Die gier- und haßerfüllte Welt
Ist nur ein Alpdruck in der Nacht,
Ihr Dasein wird zu leerem Schein,
Wenn man aus diesem Traum erwacht.

Wer frei von Werk das Heiligtum des Selbst
Errungen hat, jenseits von Raum und Zeit,
Für den verschwindet jeder Gegensatz,
Er kennt das All und hat Unsterblichkeit.

Shankara, Strophen aus seinen Lehrgedichten

---

tung geworden: »*Advaita*«, d. h. »Nicht-Zweiheit«, und »*Maya*«, d. h. »Illusion über die Welt«. Für Shankara gibt es nur den all-einen Geist. Das Brahman und das Atman sind nicht zu unterscheiden. Das Selbst, d. h. das Atman, oder – anders ausgedrückt – die Seele als das Ewige in allen Lebewesen, ist dasselbe wie das Brahman. Es gibt daher nur ein einziges Selbst. Die Nicht-Zweiheit (»Advaita«) ist das Wesen der Wirklichkeit. Wenn das Brahman vielen Hindus auch als der Schöpfer der Welt und als Ursprung der Offenbarung erscheint, so kann es sich bei dieser traditionellen Aussage nur um ein vorletztes Verständnis handeln. Letztlich hat das Brahman keine Eigenschaften und bleibt unbestimmbar. Man kann von ihm keine Aussagen machen. Es ist leer und ohne alle Qualitäten.

Überlegungen wie diese erinnern an die negative Theologie Europas, die auch der Auffassung ist, man könne von Gott nur sagen, was er nicht ist, nicht aber, was er ist. Sie nähern sich auch dem europäischen Monismus, der nur eine Grundsubstanz der Wirklichkeit akzeptiert, und dem Pantheismus, der alle Wirklichkeit für die Wirklichkeit Gottes hält. Die Gedanken Shankaras sind aber nicht so philosophisch-spekulativ gemeint, wie wir das von europäischen Denkern kennen. Bei Shankara handelt es sich eher um meditative Mystik im Angesicht der einzigen namenlosen Wirklichkeit. Vor ihr muß alles Reden verstummen.

Gegen dieses radikale Grundverständnis von der Nicht-Zweiheit aller Wirklichkeit steht aber die unleugbare Tatsache, daß wir diese Einheit nicht wahrnehmen und statt dessen viele Wahrnehmungen und Vorstellungen von der Welt und von uns selbst haben. Wir sehen die Welt und auch uns selbst in tausend wechselnden Gestalten. Sie bestimmen weitgehend unser Leben und unsere Gefühle. Nach Shankara müssen wir allmählich erkennen, daß diese Vorstellungen trügerische Illusion (»Maya«) sind. Wie ein Schleier liegt Maya über der Wirklichkeit und verdeckt ihre wahre Gestalt. Die Welt und die Menschen sind letztlich nur Schein, hervorgerufen durch das Spiel (»Lila«) des Göttlichen.

Zweiheit gibt es nur da, wo Unwissen ist. Obwohl wir mit dem Brahman immer schon identisch sind, fehlt uns die entsprechende Einsicht. Nur in der Suche nach Wahrheit und in der Entsagung von der Welt und ihrem trügerischen Schein können wir diese Erkenntnis gewinnen. Ohne eine letzte Anstrengung müssen wir in unserer Täuschung verharren. Solange können wir auch nicht frei sein. Erst wenn wir den Schleier der Maya durchschaut haben und uns mit dem Brahman eins wissen, kann unser Ich, das wir als individuelles Selbst erleben, mit dem Brahman verschmelzen. Das ist der Zustand der Erlösung.

Wenn die Lehre Shankaras auch viele Anhänger fand, so konnte sie sich doch nicht als die einzig gültige durchsetzen. Andere große Lehrer machten bei allem Respekt vor Shankara Einwände geltend, die aus der Tradition und auch aus Einsichten der Erfahrung kamen. Hier ist vor allem *Ramanuja* (um 1100 n. Chr.) zu nennen, der ebenfalls zu den imponierenden Gestalten des Hinduismus zählt. Auch seine Schriften gehören zu den großen theologischen Werken der Menschheit. Er wurde in einer Brahmanenfamilie geboren, die zu den Vishnu-Anhängern (→ S. 314 ff.) gehörte. Als ein Guru ihm die Lehren Shankaras nahebringen wollte, kam es zu einem Konflikt. Ramanuja verließ seinen Lehrer und wurde Priester in einem Vishnu-Tempel. Seine Ehe war unglücklich, so daß er sich von seiner Frau trennte. Nun wurde er Asket und sammelte viele Schüler um sich. Damals entstanden seine Werke, die er auch auf großen Reisen propagierte. Er fand viele Anhänger, die ihn wegen seiner Menschlichkeit und Gelehrsamkeit bewunderten. Aber er mußte auch Verfolgungen durch einen fanatischen Shi-

Vishnu, Bronze, Pakistan, 7. Jh. n. Chr. Diese älteste bisher bekannte Darstellung des Gottes in Bronze zeigt Vishnu mit drei Köpfen und vier Armen, Zeichen für seine übermenschliche Macht und seine tiefe Einsicht. Er trägt eine große Krone und hat einen sonst nicht üblichen Schnurrbart. Auf den Schultern sitzen ein Eber und ein Löwe. Beide Tiere waren die Erscheinungsformen (»Avataras«, → S. 314), die er annahm, als er vom Himmel herabkam, um den Menschen zu helfen. In den beiden vorderen Händen hält er eine Lotosblume, ein altes Glückssymbol (→ S. 389) und ein Muschelgehäuse, Fruchtbarkeitssymbol und Waffe zugleich, die Vishnu im Kampf gegen Dämonen benutzt. Die linke untere Hand ruht auf dem radförmigen Nimbus eines Zwerges. Der Zwerg ist vielleicht die Personifikation des Rades selbst, ein Sonnensymbol für den ewigen Kreislauf (→ S. 296). Zwischen den Füßen tritt die Erdgöttin aus einer Lotosblüte hervor. Bei Ramanuja wird Vishnu später zum höchsten personalen Gott.

Rechte Seite: Ein Jaina-Heiliger im Lotossitz. Messing mit Einlagen, 8. Jh. Die wunderbar vergeistigte Figur ist nackt und hat als Glückszeichen einen kleinen Rhombus auf der Brust. Dadurch unterscheidet sie sich von den sonst ähnlichen Buddha-Figuren.

va-Anhänger erleiden und ins Exil gehen. Nach dessen Tod konnte er wieder an seine frühere Lehrstätte zurückkehren, wo er hochbetagt starb.

Über Ramanuja gibt es viele Erzählungen, die an unsere Heiligenlegenden erinnern. Danach versuchte man öfter, ihn zu töten, aber immer wurde er durch Wunder gerettet. Er entdeckte verborgene Götterbilder und konnte Tempel, die die Shiva-Anhänger den Vishnu-Leuten entrissen hatten, wiedererobern. Die Erzählungen erwecken den Eindruck, als habe der Gott Vishnu selbst die Richtigkeit seiner Lehre bestätigt.

Auch die Lehre Ramanujas hat sich tief in das religiöse Denken Indiens eingeprägt. Unverkennbar sind die Einflüsse, die von Shankara ausgehen, unverkennbar ist aber auch die Kritik, die er an Shankara übt.

Ramanuja vertritt eine abgemilderte, *weniger radikale Nicht-Zweiheit-Lehre.* Brahman und die Welt sind für ihn zwar eins, aber zwischen beiden bestehen doch letzte unaufhebbare Unterschiede. Die Welt kommt vom Brahman, und insofern sind beide eins, aber sie hat ihre eigene Realität, und insofern sind sie verschieden. Die Welt ist nicht wie bei Shankara nur »Maya«, Schein und Illusion. Insgesamt gibt es drei Realitäten: Gott und die Seele und die Materie. Seele und Materie sind völlig von Gott abhängig und von ihm nicht zu trennen. Aber weder die Seele noch die Materie sind mit Gott völlig identisch. Letztlich kann die Seele darum auch nicht nach dem Tod in Gott eingehen und mit ihm eins werden wie ein Tropfen mit dem Ozean. Gott bewahrt ihr gegenüber immer seine eigene Identität. Die Seele kann selbst nicht Brahman werden. Dafür ist der Unterschied zwischen Gott und der Seele zu groß.

Diese Lehre hängt bei Ramanuja mit einer *personalen Gottesvorstellung* zusammen. Für ihn ist Vishnu der höchste Gott. Vishnu ist das Brahman mit persönlichem Antlitz. Ramanuja verehrt ihn und fühlt sich von ihm gehalten. Durch gutes Handeln (»Karma«), durch das Mühen um rechte Erkenntnis (»Jaina«) und vor allem durch liebende Hingabe (»Bhakti«) kann sich der Mensch Gott nähern und zur Erlösung kommen. Aber alles, was der Mensch tut, kann er nur durch die Gnade Gottes tun. Ramanuja ist der große Anreger der indischen Bhakti-Bewegung geworden, die ihre religiösen Grundideen vor allem aus der Bhagavadgita und aus dem Vishnu-Glauben bezieht (→ S. 302 f.).

Bei Ramanuja finden wir manche Anklänge an die Theologie des Christentums. Er glaubt an einen persönlichen Gott und wahrt in einer Art Theismus den unüberwindbaren Unterschied zwischen Gott und Mensch. Erlösung findet der Fromme vor allem auf dem Weg der Liebe. Am Ende wird er seine persönliche Eigenart auch nach dem Tod beibehalten können.

Shankara und Ramanuja

Nach unserem Ermessen ist die Entdeckung von Shankara und Ramanuja für die heutige christliche Theologie ebenso wichtig, wie es die Eingliederung von Platon und Aristoteles in früheren Zeiten war.

Raimundo Panikkar, christlicher Theologe in Indien

Mahavira und der Jainismus

Die größte Reformbewegung neben dem Buddhismus war im Altertum der *Jainismus*. Die Bewegung wird nach dem Ehrennamen »Jina« (d. h. »Sieger«, »Weltüberwinder«) genannt, den ihr Gründer *Mahavira* erhielt. Dieser wurde um 480 oder 370 v. Chr. als Prinz in Indien geboren, sagte sich nach dem Tod der Eltern von Besitz und Macht los, wurde Asket und erlangte nach zwölf Jahren die große Erleuchtung. Er konnte viele Schüler um sich sammeln, entwickelte auf großen Wanderungen eine reiche Lehrtätigkeit und starb mit 72 Jahren den selbst gewählten Hungertod.

Zu den Anhängern gehören nicht nur Mönche, sondern erstmals in Indien auch Nonnen und viele Laien. Mönche und Nonnen sind an die fünf großen *Gelübde* gebunden: kein Töten und Zufügen von Leid (1), keine Lüge (2), kein Diebstahl (3), keine Sexualität (4), kein Besitz (5). Ähnliche Gebote gelten auch für die Mönche des Buddha (→ S. 405).

Die Anhänger glauben, daß wir in einer schlechten Weltenperiode leben, die durch den Verfall der Sitten und die Mißachtung der heiligen Lehren verdorben wurde. Durch Meditation und harte Askese kann die Seele aus dem Weltenkreislauf befreit wer-

Mahaviras Weltentsagung, Miniaturmalerei aus einer Handschrift, 15. Jh. Oben links sitzt Mahavira auf seinem Thron. Er ist reich gekleidet. Vor ihm steht auf einem Tisch eine Schale mit Geld und Edelsteinen, in der schon eine Lücke klafft. Mahavira hält zwei Männern einen Edelstein entgegen. Sie eilen herbei, um die Kostbarkeit im Empfang zu nehmen. Darunter erscheint im rechten Teil des Bildes Mahavira als Asket auf einem kleinen Teppich. Er schneidet sich die Haare ab, ist nur noch mit einem Hüfttuch bekleidet und ruft mit der Linken die Erde zum Zeugen an (→ S. 376). Ein rotblühender Baum verneigt sich ehrfürchtig vor ihm. Links neben ihm sitzt der Götterkönig Shakra, auf dessen Händen das verpackte Pilgerkleid für den Mönch liegt. Mit zwei anderen Händen hält der Gott eine Waffe und eine Bettelbüchse. Er hat einen dunkelblauen Nimbus. Das ganze Szenario erinnert an den Lebensweg des Buddha (→ S. 372).

den. Sie gelangt zu den Höhen des Universums und dort in einen Zustand der Seligkeit. Einen Schöpfer- und Erlösergott braucht es dazu nicht.

Mahavira lehrte, daß nicht nur die Menschen, sondern auch alle Tiere eine *Seele* haben, die im Körper wie in einem Gefängnis lebt. Darum darf man kein Tier töten. Das Essen muß streng vegetarisch sein. Die Mönche sollen darauf achten, daß sie beim Gehen nicht einmal Insekten verletzen. Sie tragen Mundbinden, um das Verschlucken auch nur einer Mücke zu vermeiden. Das Töten selbst des kleinsten Tieres ist großes Unrecht. In ihm kann die Seele eines ehemaligen Menschen leben. Letztes ethisches Prinzip ist für den Jainismus *»Ahimsa«*

(d. h. »Gewaltlosigkeit«). Damit ist eine heftige Kritik an den Veden und an den blutigen Opfern der Brahmanen ausgesprochen. Darum gehört der Jainismus auch nicht mehr im strengen Sinn zum Hinduismus. Er fand trotzdem in Indien großen Anklang. Viele Herrscher haben ihn gefördert. Heute zählt man an die drei Millionen Anhänger, die etwa 0,5 Prozent der Gesamtbevölkerung Indiens ausmachen. Gandhi (→ S. 344 f.) hat von den Jainas wichtige Anregungen erhalten. Mit ihrer Ethik der Gewaltlosigkeit, der Achtung vor den Tieren und dem Vegetarismus finden sie heute erhöhte Aufmerksamkeit, weil man hier Einstellungen vorgebildet sieht, die als anregend erlebt werden.

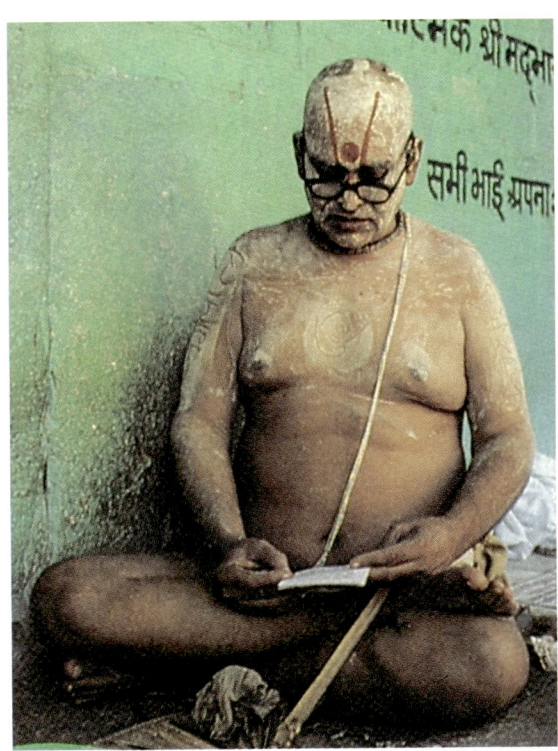

Oben links: Parshva, einer der
24 »Furtbereiter« (Thirthankaras)
im Jainismus. Er ist von seinen
Schutzhelferinnen umgeben.
Man erkennt ihn an der Mönchs-
kappe, die wie eine Spitzen-
verzierung aus Schlangen
aussieht. Die Jainas verehren
keine Götter. Ihre »Furtbereiter«
haben gleichsam eine Furt durch
den Strom der Wiedergeburten
gefunden. Gewaltlosigkeit hat sie
erlöst. Ihr wichtigstes Gebot: Du
sollst nicht töten.
Oben rechts: Die nackten
»Luftgekleideten« halten sich für
die konsequentesten Jünger
Mahaviras.
Links: Pilger auf dem Weg zu
einem Wallfahrtsort der Jainas.

Welt und Mensch

Samsara – Der ewige Kreislauf

Für den Hinduismus besteht die *Welt* von Ewigkeit her. Sie hat keinen Anfang und kein Ende. Vor allem ist sie nicht einmalig. Unendlich oft ist sie neu entstanden und unendlich oft ist sie auch wieder vergangen. Sie wird stets entstehen und immer wieder vergehen. In einem *ewigen Zyklus* dreht sich die Welt. Ihr Symbol ist das ständig sich bewegende Rad, das immer wieder an seinem Ausgangspunkt beginnt, dann zu ihm zurückkehrt und ihn dann wieder verläßt, ohne daß dieser Prozeß je zum Stillstand kommt. Die Welt in ihrer ständigen Bewegung ist wie der äußere Rand dieses Rades, seine ruhende, unveränderliche Achse ist das ewige Brahman. – Der ewige Kreislauf der Welt heißt im Indischen »*Samsara*«. Das Wort leitet sich von »sam« (d. h. »herum«) und »sar« (d. h. »gehen«, »sich bewegen«, auch »kreisen«) ab.

Vielleicht ist in diese Auffassung von der Welt ein Stück Naturbetrachtung eingegangen. Auch in der Natur läßt sich eine ständige Wiederkehr beobachten. Tag folgt auf Nacht, Winter auf Sommer, Ernte auf Saat, Tod auf Leben. Es gibt für den Hinduismus in dieser Welt aber nicht nur die unendliche kreisende Bewegung. Es gibt in diesem Kreislauf auch ein einziges bleibendes Moment. Es ist die immerwährende Ordnung (»*Dharma*« → S. 273 f.), nach der sich alle Welten bewegen.

Der Ursprung dieser Lehre von Samsara liegt für uns im Dunkel. In den Veden finden wir keine Hinweise darauf. Möglicherweise läßt sie sich aber

Ein mythologisches Bild für den Anfang eines neuen Weltzeitalters. Vishnu liegt auf der Weltenschlange. Aus seinem Nabel entspringt Brahma auf einem Lotos. Daneben Lakshmi, die Gemahlin Vishnus. Die anderen Figuren repräsentieren Heiliges und Böses. Beides gehört von Anfang an zur Welt.

Rechte Seite: Rad aus dem Surya-Tempel in Konarak, 13. Jh. n. Chr. (→ S. 283). Den Sonnentempel sollten 24 Räder symbolisch zum Rollen bringen. Das Rad (»Chakra«) ist im Hinduismus ursprünglich ein Sonnensymbol. Rad und Sonne versinnbildlichen Entstehen und Vergehen in dem ewig wiederkehrenden Kreislauf, in dem Geburt und Tod immer wieder aufeinander folgen (»Samsara«). Im Buddhismus ist das Rad zum Symbol der Lehre des Buddha geworden (→ S. 378).

schon von der vorarischen Religion Indiens ableiten und ist von da aus in die Upanishaden gelangt. Dort wird sie noch wie ein großes Geheimnis angesehen, das nicht für die Öffentlichkeit bestimmt ist. In den späteren Schriften, z. B. in der Bhagavadgita, wird die Vorstellung von Samsara ganz selbstverständlich vorausgesetzt. Seit langem gehört sie zum »*Grunddogma*« fast aller Hindu-Gruppen. Mit der Lehre von Samsara ist eines der wenigen unverwechselbaren Merkmale des Hinduismus genannt.

In die Vorstellung vom ewigen Kreislauf des Werdens und Vergehens wurden im Lauf der Zeit alte *Schöpfungsmythen* einbezogen. So wird einmal erzählt, daß eine Gottheit Himmel und Erde auseinanderstemmt, die Gestirne am Himmel befestigt und die Erde ähnlich bildet und ordnet wie der biblische Gott. Darüber hinaus finden wir mancherlei Versuche, die jeweiligen Zeitabläufe einzuteilen und zu berechnen. Es gibt z. B. die Vorstellung, daß der keineswegs besonders ranghohe Gott Brahma, der nicht mit dem Brahman verwechselt werden darf, die Welt wie ein Ei ausbrütet und periodisch aus sich hervorgehen läßt, ohne daß er selbst die letzte Ursache dieses Prozesses wäre. Ein Tag Brahmas (»Kalpa«) umfaßt 4320 Millionen Erdenjahre, seine Nacht ist ebenso lang. Das Brahma-Jahr dauert 360 solcher Tage und Nächte. Die ganze *Dauer des Weltalls* währt 100 Götterjahre. Nach diesen unvorstellbar vielen Milliarden Weltenjahren kommt das Ende, wenn Brahma die Welt wieder verschlingt, sie eine unendlich lange Zeit ruhen läßt, bis er sie wieder aus sich zu neuem Leben erweckt. Jeder Brahma-Tag wird in 14 große Perioden, jede dieser 14 Perioden in 71 Weltalter (»Mahayugas«) eingeteilt, die jeweils wiederum aus 4 Zeitabschnitten (»Yuga«) bestehen. Die Yugas sind von unterschiedlicher Länge und Qualität. Am Anfang steht das längste und beste, eine Art goldenes Zeitalter (»Krita«), am Ende, nach dem silbernen (»Treta«) und kupfernen (»Dvapara«), kommt das kürzeste und schlechteste (»Kali«), das nach dem kriegerischen Eisen benannt wird. Die *jetzige Menschheit* lebt in einem schlechten Kali-Yuga, in dem Güte, Gerechtigkeit und auch das Glück schwach sind und viele Katastrophen das Leben bedrohen. Vor allem der moralische Verfall zeigt, daß sich unser Zeitalter einem apokalyptischen Ende nähert. Darum ist in nicht allzu ferner Zukunft mit seinem Ende zu rechnen. Dann beginnt wieder ein neues Zeitalter.

Die großen Zahlen haben nicht die Bedeutung wie das *Zeitgefühl*, das sich dahinter verbirgt. Der Hindu sieht sich in der Unendlichkeit von Raum und Zeit. Sein Leben wiederholt nur, was unzählige andere Menschen auch erlebt haben. Staunend steht er vor dem Reichtum der Welt, in der die Götter in ewigem Spiel neue Welten und neue Zeiten heraufführen.

Karma – Lohn der Taten

Die Lehre von Samsara hängt eng zusammen mit der Vorstellung von »*Karma*«. Das Wort bedeutet »Tat«, »Handlung«, »Werk«. Die Inder bezeichnen mit »Karma« vor allem das, was aus dem Tun resultiert. Es ist die Folge und der *Lohn der Taten*. Auch dieser Zentralbegriff des Hinduismus hat in den verschiedenen Richtungen des Hinduismus einen unterschiedlichen Sinn. Der Gedanke ist erstmals in den Upanishaden nachweisbar.

Für den Hindu ist eine Tat kein isoliertes Faktum im Spektrum der Zeit. Jede Tat hat *Ursachen*, die ihr vorangehen, und *Wirkungen*, die nach der Tat weiterbestehen. Die Wirkungen bilden ein neues Sein, das selbst wieder Ursache von neuen Wirkungen wird. Jede Tat ist zugleich Wirkung von früheren Ursachen und Ursache von späteren Wirkungen. Was ein Mensch jetzt ist und tut, hat seinen Anlaß in früheren Taten und bleibt nicht ohne Folgen für seine Zukunft. Dieser durchgängige Zusammenhang

ist nicht auf das gegenwärtige Leben begrenzt, sondern erstreckt sich auf den ganzen Weltenkreislauf. Er reicht beim Menschen von dem Leben vor dem jetzigen Leben bis in das Leben nach dem jetzigen Leben. Das Karma ist eine Art psychischer Substanz, die der Mensch schon mit der Geburt übernimmt, im Leben umformt und beim Tod weitergibt. Sein Leib und seine Seele, auch die Lebensumstände, die er bei der Geburt vorfindet, sind Folge aus einem früheren Leben und Lohn früherer Taten. Was er beim Tod weitergibt, wird ein nächstes Leben bestimmen.

Das Karma gleicht einem Konto, auf das ständig eingezahlt und von dem ständig abgehoben wird. Es kann wachsen und vergehen, eine gute und böse Fassung annehmen, sich positiv oder negativ auswirken. Jedes Tun produziert ein Karma, das entweder verdienstvoll oder nicht verdienstvoll ist. Vom Karma hängt es ab, wie es dem Menschen *in diesem Leben* ergeht. Es bestimmt die Art seines Körpers, die Dauer seines Lebens und seine emotionale und geistige Verfaßtheit. Vor allem bestimmt das Karma, wie der Mensch wiedergeboren wird und wie er die *Erlösung* erlangt.

Nicht richtig wäre es, das Karma als eine durchgängige Kausalität ansehen, die den Menschen in jeder Hinsicht bestimmt und ihm keine *Willensfreiheit* läßt. Eine solche Konsequenz zieht das indische Denken zumeist nicht. Für die meisten Schulen ist

das Karma das Produkt der freien Entscheidungen des Menschen und darum vom Menschen beeinflußbar. Opfer und Askese, Erkenntnis und Meditation, Hingabe und Ehrfurcht wirken positiv auf das Karma ein, während Ichsucht, Begierde, Trägheit und Unwissenheit das Karma verschlechtern. Der Mensch ist für sein Karma verantwortlich. Es ist der Lohn für seine vergangenen Taten.

Allerdings kann der Karma-Gedanke auch dazu führen, Menschen in die *Passivität* und Resignation zu führen und sie zu aktivem Handeln unfähig zu machen. Manchmal trägt er zu einer Passivität der Inder bei, die selbst menschenunwürdige Situationen mit dem Hinweis ertragen, dies sei ihr Karma, das sie nicht ändern können. Ihr Leben sei das Ergebnis längst vergangener Handlungen. Was einer jetzt sei, Brahmane oder Krieger, Kaufmann oder Ausgestoßener, Armer oder Reicher, das sei er auf Grund früherer Handlungen geworden. Demgegenüber betonen andere Hindus, daß der Karma-Gedanke kein Motiv für Resignation sein dürfe. Er könne dem Menschen einerseits seinen gegenwärtigen Zustand plausibel erklären, biete ihm aber andererseits auch ein wirkungsvolles Motiv, sich für seine Zukunft um ein gutes Karma zu bemühen.

Wiedergeburt

Wenn die Welt sich in einem ewigen Kreislauf bewegt (»Samsara«) und wenn alle Taten bleibende Wirkungen haben (»Karma«), hat der Prozeß des Lebens mit dem Tod kein Ende. Der Handlungszusammenhang drängt zu immer neuen Existenzen. Das bedeutet für den Menschen, daß er nach dem Tod in ein neues Dasein kommt. Es gibt für ihn die *Wiedergeburt* (»Reinkarnation«).

Auch die Lehre von der Wiedergeburt kommt in den von den Ariern beeinflußten Veden noch nicht vor. Sie ist erst in den Upanishaden greifbar, die vielleicht auf alte vorarische Gedanken zurückweisen. Im Volksglauben Indiens spielt sie eine große Rolle. Oft ist sie realistisch ausgeschmückt. Dann werden z. B. die Stadien, die die Seele zwischen dem Tod und der Wiedergeburt durchläuft, detailliert ausgemalt. Danach steigen die Seelen manchmal für eine Zeitlang in ein *Paradies* oder in eine *Hölle*. Oder sie befinden sich in einem unerfreulichen Zwischenreich,

aus dem sie nur durch Opfer der Lebenden befreit werden können. Oder sie steigen in den Bereich des Mondes, wo sie die Früchte ihrer guten Taten solange genießen können, bis sie aufgezehrt sind, um dann wieder zur Erde zurückzukehren.

Die Lehre von der Wiedergeburt hat eine *moralische Dimension*. Die ethische Qualität der menschlichen Taten ist für die Qualität der Wiedergeburt ausschlaggebend. Der Mensch kann ein edles oder gemeines, ein reines oder unreines Karma ansammeln. Entsprechend wird seine Wiedergeburt sein. Alte Gesetzbücher schreiben den Zusammenhang bestimmter Taten mit der Wiedergeburt genau fest. Es hängt allein von den Taten ab, ob der Mensch in die Daseinsform eines göttlichen Wesens oder eines Menschen oder eines Tieres eingeht, ob er begabt oder unbegabt ist, ob er viel leiden muß oder nicht. Manchmal sind die Angaben in den Gesetzbüchern ganz genau. Demnach wird eine Stechfliege, wer Honig gestohlen hat, ein Geier, wer Fleisch, ein Aussätziger, wer Kleider und ein Hund, wer Süßigkeiten unrechtmäßig zu sich genommen hat. Mit den Elenden braucht man im Grunde kein Mitleid zu haben. Sie haben ihr Elend selbst verschuldet, und sie wissen das auch selbst, wenn sie ehrlich mit sich sind. Es liegt in ihrer Hand, daß es ihnen im nächsten Leben besser geht. Die Glücklichen und Mächtigen aber dürfen ihr Glück und ihre Macht ruhig genießen, ohne Skrupel haben zu müssen. Wenn sie ihrem Dharma nicht folgen, werden sie es in einem späteren Leben büßen müssen. Ihr gegenwärtiges Glück ist keine Garantie für ein zukünftiges.

Shiva Nataraja im kosmischen Tanz, Bronze, 9.-12. Jh. n. Chr. In Shiva sind viele Gegensätze vereint. Er gilt als Schöpfer und Erhalter der Welt, als Erlöser und Zerstörer zugleich. Hier wird er als göttlicher Tänzer im Flammenbogen dargestellt. In seligem Tanz erschafft er die Welt. Der Flammenbogen zeigt, daß sich die Welt wie in einem Rad (→ S. 297) dreht, daß sie unaufhörlich ins Dasein tritt und immer wieder von Flammen zerstört wird. Die Welt ist dem ewigen Kreislauf (»Samsara«) unterworfen.
Shiva hat vier Hände – Zeichen seiner göttlichen Macht. Mit dem Klang der Trommel (oben links) ruft er die Schöpfung ins Dasein, mit dem Feuer (oben rechts) zerstört er sie wieder. Die beiden vorderen Hände zeigen den Gestus des Bewahrens und Schützens.
Mit dem rechten Fuß hält er den bösen Zwerg Muyakala nieder, der ein Symbol der Unwissenheit und Selbstsucht ist. Der linke Fuß, vom Tanz bewegt, verheißt Erlösung.

Karma und Wiedergeburt

Wer auf die Güter anderer sinnt, wer auf schlechte Taten denkt und wer der Unwahrheit nachhängt, der wird von einer Mutter der niedrigsten Kaste geboren.

Wer den Geist kennt, rein und maßvoll ist, Buße übt, die Sinne zügelt, Tugend ausübt, die Kenntnis der Veden besitzt, dieser mit der Qualität der Wahrheit Begabte wird als Gott geboren.

Wer an nicht guter Tätigkeit Freude hat, unbeständig ist, vieles beginnt, an den sinnlichen Gegenständen hängt, dieser mit der Qualität der Leidenschaften Begabte wird, wenn er gestorben ist, als Mensch wiedergeboren.

Der schläfrige, grausam handelnde, gierige, Gott leugnende, bettelnde, unbesonnene, verbotenem Lebenswandel Ergebene, dieser mit der Qualität der Finsternis Begabte wird als Tier wiedergeboren.

aus dem alten Gesetzbuch des Yajnavalkya

Die philosophisch orientierten Schulsysteme haben eine eher vergeistigte Form der Wiedergeburt gelehrt. Danach wird nicht ein konkretes Ich wiedergeboren, sondern ein feingeistiger Körper (»Jiva«), der das Karma speichert. Er löst sich beim Tod vom Ich ab und verbindet sich bei der neuen Geburt mit einem neuen Menschen. Diese feine Substanz verändert sich ständig. Verändert wandert sie durch alle Zeiten.

Der große *Vorteil der Lehre* von Samsara, Karma und Wiedergeburt liegt für die Hindus darin, daß sie auf gerechte Weise die Ungleichheit der Menschen erklären kann. Diese Verschiedenheit ist nicht blinder Zufall, der für den Menschen unbeherrschbar ist und ihn in eine letzte Verzweiflung führen kann. Sie geht auch nicht auf einen allmächtigen Gott zurück, der sie bewirkt oder zumindest nicht verhindert hat. Im religiösen Kontext des Hinduismus stellt sich gar nicht erst die Frage, wie der gute Gott das Leid und Unglück seiner Geschöpfe zulassen kann. Für die Hindus müßte ein allmächtiger Gott grausam und ungerecht sein, der den Menschen so unterschiedliche Schicksale zumutet. Die quälende Theodizeefrage, die für das Judentum (→ S. 46 ff.) und Christentum (→ S. 127 ff.) letztlich unbeantwortet

bleibt, scheint für den Hinduismus kein Problem zu sein (→ S. 321). Aber am Ende bleibt doch die Frage, warum die Welt so eingerichtet ist, daß die Menschen immer wieder schuldig werden und ihre Schuld in unendlich vielen Wiederverkörperungen büßen müssen.

Doch hat diese Lehre auch einen großen *Nachteil*. Es ist unbefriedigend für die Menschen, daß sie in einem ewigen Zyklus der Welten leben müssen, in dem sie immer wieder und für alle Zeiten leiden und sterben müssen. Damit nehmen auch die negativen Faktoren des Daseins kein Ende. Nie hören für die Menschen Sorgen und Ekel, Angst und Not, Unglück und Tod auf. Manche Upanishaden verstehen die Welt als ein Konglomerat überriechender Unreinheiten, als einen Zustand der Vereiterung und des Verfalls. Nur die Begierde und der Lebensdurst des Menschen sehen das nicht. Daran liegt es letztlich, daß der Mensch Sklave dieses grauenhaften ewigen Prozesses bleibt.

Schon früh ist daher in der Hindu-Religion die Frage gestellt worden, ob es eine Erlösung aus diesem ewigen Prozeß geben kann. Sie müßte darin bestehen, daß man dem Kreislauf von Werden und Vergehen entrinnen kann. Die Antwort auf diese Frage ist ein eindeutiges Ja.

Moksha – Erlösung

Im Hinduismus ist die Sehnsucht nach Erlösung außerordentlich lebendig. Dieses Grundmotiv hat im Lauf der Jahrtausende viele Gesichter gehabt, aber es blieb stets das bestimmende Element. Im Sanskrit heißt Erlösung »*Moksha*« (oder »Mukti«). Das Wort leitet sich von »muc« her, was »befreien« und »erlösen« bedeutet. Es wird ausschließlich in einer religiösen Bedeutung verwandt.

Schon die *Veden* fragen, was es mit dem Tod auf sich habe. Ihre Antwort gleicht der Antwort anderer Religionen. Sie nehmen an, daß sich im Tod die Seele vom Leib trenne und entweder in das Paradies zu den Göttern oder in einen dunklen Schlund, eine Art Hölle, eingehe. Die Sehnsucht nach Erlösung ist hier noch nicht besonders ausgeprägt.

Neu stellt sich die Frage nach Erlösung erst auf dem Hintergrund der Lehre von Samsara und Karma. Wenn es eine ewige Wiederkehr der Welt gibt,

gibt es auch für die Menschen eine ewige Wiederkehr, und das bedeutet für sie auch eine immerwährende Wiederkehr des Leidens. Die *Upanishaden* stellen zum erstenmal die quälende Frage, wie eine Befreiung aus diesem ewigen Prozeß möglich ist. Seitdem ist diese Frage aus der indischen Religion und Philosophie nicht mehr wegzudenken. Die Weisen Indiens haben unterschiedliche Wege zur Erlösung gewiesen, die sich nicht widersprechen und sich in der Lebenspraxis sehr wohl ergänzen können. Vor allem *drei Wege* sind in der Tradition entfaltet worden: Erlösung auf dem Weg der Erkenntnis (1), auf dem Weg des Handelns (2) und auf dem Weg der Gottesliebe (3).

• Der höchste Weg zur Erlösung ist für viele Inder der *Weg der Erkenntnis* (»Jaina-Marga«). Dabei ist mit »*Jaina*« auf keinen Fall ein nur rationales oder gar technisches Wissen gemeint, das man sich leicht aneignen kann, wenn man nur genügend intelligent ist. Vielwisserei und hohe IQ-Werte führen nicht zur Erlösung. Die Erlösung bringende Erkenntnis kann nur in einem langen, mühevollen Prozeß geistiger Konzentration und Meditation gewonnen werden. Voraussetzung dazu ist das Bemühen, sich von Begierde, Reichtum und Macht zu lösen. Nur wer den eigenen Trieben mißtraut und ihrem Gaukelspiel nicht verfällt, wer nicht nach Besitz strebt und seinen Körper beherrscht, kann die Unwissenheit überwinden, die für die Schule Shankaras (→ S. 291 f.) darin besteht, sich Illusionen über die Wirklichkeit zu machen und ihre einzelnen Gegenstände und Lebewesen als wirklich anzusehen. Die Einsicht, daß die Welt, so wie sie uns erscheint, Sinnentrug (»Maya«) ist, muß der Anfang der Erkenntnis sein. Am Ende steht ein völliger Wandel unseres alltäglichen Bewußtseins, der die Voraussetzung für die Erlösung ist.

Worin besteht die erlösende Erkenntnis? Die Upanishaden beantworten die Frage mit der Lehre von Brahman und Atman (→ S. 285). Nur wer alle Lebewesen in seinem Selbst (»Atman«) und sein Selbst in allen Lebewesen erkennt, vor dem wird sich auch das Eine und Absolute (»Brahman«) nicht verbergen. Die höchste Form der Erkenntnis ist das »tat tuam asi« (»Das bist du«), d. h. die Erkenntnis, daß Atman und Brahman identisch sind. Nur sie trägt den Menschen aus der schlechten Wirklichkeit des

Scheins hinaus. Wer sie gewonnen hat, hat Distanz zur Welt gefunden. Er braucht nicht mehr in den Kreislauf von Werden und Vergehen einzugehen, weil er mit dem Ewig-Unveränderlichen eins geworden ist. Er hat die Erlösung erlangt.

Wie die Erlösung erfahren wird, darüber gibt es unterschiedliche Lehren. Für Weise wie Shankara hat der Mensch dann kein Bewußtsein mehr. Sein Selbst geht nach dem Tod im absoluten Sein auf, sein Dasein hat ein unwiderrufliches Ende. Es geht ihm wie dem Salz, das ins Meer geworfen wird und das nicht mehr von dem Wasser getrennt werden kann. Nach Ramanuja und seiner Schule bleibt dem Menschen im Zustand der Erlösung ein Stück seines Selbst erhalten, so daß er die Erlösung als Lust und Heiterkeit genießen kann. Erlösung vernichtet nicht die Existenz und das Bewußtsein des Menschen. Das Absolute bzw. Gott selbst und die Seele sind sich nahe, ohne völlig ineinander aufzugehen.

Der Weg der Erkenntnis hat den Nachteil, daß er nur sehr schwer zu gehen ist. Denn es genügt nicht, bloß das »tat tuam asi« zu sprechen. Diese Erkenntnis ist nur dann wirksam, wenn sie das Bewußtsein des Menschen voll ergreift und verändert. Nur wenigen ist dieser schwierige Weg möglich.

• Der *Weg des Handelns* (»Karma-Marga«) ist einfacher als der Weg der Erkenntnis. Erkenntnis mag oberstes Ziel bleiben, kann aber durch gute Werke vorbereitet und auch ersetzt werden. Opfer, Riten und Mantras, Entsagung und Askese beeinflussen auch das *Karma* und haben erlösende Wirkung. Wer die alten Lieder singt und die Gebete der heiligen Schriften anhört oder spricht, auch wenn er ihren Sinn nicht versteht, verrichtet gute Taten und ist damit auf dem Weg zur Erlösung.

In der Bhagavadgita zeigt Krishna großes Verständnis für die Verehrer der Götter und Spender der Opfer. Sie kommen der Erlösung näher, auch wenn sie noch nicht vollständig aus dem Kreislauf des Werdens und Vergehens befreit werden. Diejenigen aber, die dem göttlichen Krishna Blatt und Blüte, Frucht und Wasser spenden, die ihm opfern und sich für ihn kasteien, können vom Bann des Karma frei werden. Eine völlige Weltverneinung und Weltentsagung ist nun nicht mehr nötig. Die Menschen können auch in der Welt Wege zur Erlösung finden.

Der Alltag vieler Inder (→ S. 328 f.) ist bis auf den heutigen Tag von Opfer, Ritual und magischem Wort erfüllt. Jeder Tag, fast jede Stunde und jede Handlung ist in ein Netz religiöser Bestimmungen eingespannt. Bei Geburt, Hochzeit und Tod, am Morgen, Mittag und Abend, im Frühjahr, Herbst, Sommer und Winter sind je eigene Zeremonien zu beachten. Der Tod am Gangesfluß in Benares oder an anderen heiligen Orten hat erlösende Wirkung. Selbst Magie und Esoterik sind für viele Inder Versuche, die Erlösung zu gewinnen oder ihr wenigstens näher zu kommen.

Schon in der Bhagavadgita werden auch gute Werke und soziales Engagement für die Mitmenschen zu den Taten gezählt, die zur Erlösung führen.

• Der *Weg der Gottesliebe* (»Bhakti-Marga«) wird erstmals in der Bhagavadgita aufgezeigt. Zwar erkennt diese Schrift auch den Weg der Erkenntnis und des Handelns an und gibt damit ein gutes Beispiel für die Toleranz des Hinduismus. Aber sie weiß einen Weg, der noch besser ist und der mit »*Bhakti*« bezeichnet wird. Bhakti kommt von einem Wortstamm, der »teilen«, »zuteilen« und vor allem auch »liebend dienen« bedeutet. Das Wort »Bhakti« hat einen vielfachen Sinn. Die Inder meinen damit Hingabe an Gott, Liebe zu Gott, Anhänglichkeit, Verehrung, liebevolle Zuneigung, aber auch die Liebe Gottes zu den Menschen. Der Weg der Gottesliebe steht jedermann offen. Menschen aus allen Kasten und sogar Kastenlose, Reiche und Arme, Gebildete und Ungebildete können ihn gehen. Sie dürfen darauf vertrauen, daß ihre Zuwendung zu Gott von Gott erwidert wird. Diese wechselseitige Liebe überwindet auf andere Weise, als es Erkenntnis und Opfer tun, die Differenz von Seele (»Atman«) und Unendlichem (»Brahman«). Durch Bhakti wird für den einzelnen Menschen die Gottesferne aufgehoben. Der Weg des Bhakti ist leicht, aber auch er fordert vom Menschen eine Anstrengung seines Herzens und seiner inneren Kräfte.

Einmal fragt Arjuna in der Bhagavadgita seinen Wagenlenker Krishna, wer die bessere Andacht hat: der-

jenige, der sich ganz in das Geheimnis des Unvergänglichen versenkt, wie es die Upanishaden empfehlen, oder wer in Liebe an Gott denkt. Die Antwort Krishnas ist einfach und eindeutig. Wer sein Herz Gott zuwendet, ihn ununterbrochen verehrt und ihm im Glauben fromm zugetan ist, der hat die bessere Andacht. Er wird ebenso aus dem Meer des Wechsels von Geburt und Tod gerettet wie der, der sich in tiefer Erkenntnis oder in harter Askese übt. Durch den Weg der Gottesliebe wird der Mensch mit Gott vereint. Sie ist hier der Königsweg der Erlösung. In der indischen Antike, im Mittelalter und in der Neuzeit hat es mächtige Reformbewegungen gegeben, die die Bhakti-Mystik zu leben versuchten. Von hier gingen starke Impulse gegen die Ritualisierung im Hinduismus und für eine religiöse Erneuerung aus. Diese Liebesmystik war oft auch ein gesellschaftlicher Protest, weil sie gegen das Kastenwesen stand. So haben diese Bewegungen in Indien starke Kräfte der Menschlichkeit geweckt. Auch heute ist diese sympathische Form des Hinduismus sehr populär. Aber auch hier gibt es verschiedene Richtungen, die sich zum Teil heftig befehden und damit gegen ihre eigene Grundidee verstoßen.

Die Bilder veranschaulichen die drei Wege der Erlösung: den Weg der Erkenntnis und Meditation, den Weg des Handelns und der guten Werke, den Weg der Gottesliebe und der liebevollen Zuwendung.

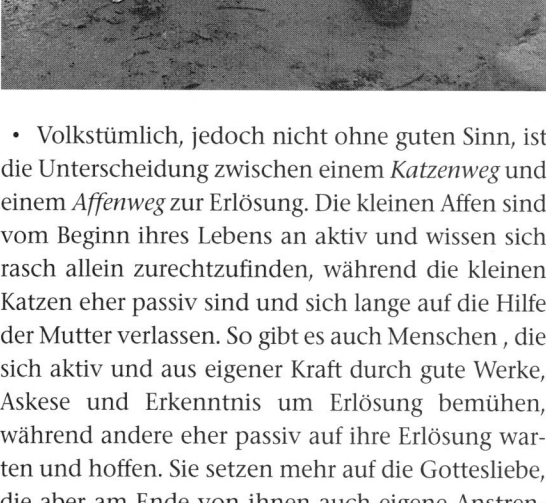

• Volkstümlich, jedoch nicht ohne guten Sinn, ist die Unterscheidung zwischen einem *Katzenweg* und einem *Affenweg* zur Erlösung. Die kleinen Affen sind vom Beginn ihres Lebens an aktiv und wissen sich rasch allein zurechtzufinden, während die kleinen Katzen eher passiv sind und sich lange auf die Hilfe der Mutter verlassen. So gibt es auch Menschen , die sich aktiv und aus eigener Kraft durch gute Werke, Askese und Erkenntnis um Erlösung bemühen, während andere eher passiv auf ihre Erlösung warten und hoffen. Sie setzen mehr auf die Gottesliebe, die aber am Ende von ihnen auch eigene Anstrengung verlangt.

Die vier Lebensstadien

Wir dürfen uns nicht vorstellen, daß nur der Gedanke an die Erlösung das alltägliche Leben der Hindus bestimmt. Die weltlichen Dinge fordern hier wie überall ihr Recht. Für die Inder ist es wie für alle Menschen wichtig, zu essen und zu trinken, zu arbeiten und zu ruhen, zu lieben und zu feiern. All diese Dinge sind zwar immer in die religiöse Dimension eingebunden, werden aber auch in ihrer Alltäglichkeit erlebt.

Bhakti – Hingabe

Krishna spricht zu Arjuna
Derselbe bin ich in allen Geschöpfen;
niemand ist mir hassenswert und niemand lieb;
die aber mir in Hingabe (»Bhakti«) ergeben sind,
die sind in mir, und ich bin auch in ihnen.
Wenn einer, und wäre seine Lebensweise auch
sehr schlecht, mir anhängt, ohne irgendeinem
anderen anzuhängen, so soll man ihn für einen
Guten halten; denn er hat recht entschieden.
Rasch wird er zu einem solchen,
der mit der Grundordnung (»Dharma«) in Einklang
steht; zu ewigem Frieden geht er.
Oh Arjuna, sei es gewahr:
Wer mir anhängt, der geht nicht unter.
Denn wer sich, oh Arjuna, auf mich gründet,
und sei er auch von schlechter Abstammung,
die Frauen, die Vaishyas, ebenso die Shudras,
selbst diese gelangen zum letzten Ziel.
Wieviel denn mehr die lauteren Brahmanen,
desgleichen königliche Seher, die mir anhängen!
Bist du in diese unbeständige, glücklose Welt
geraten, so hänge wenigstens mir an!
Bhagavadgita (IX 28–32)

Die Brahmanen haben Vorstellungen über den Ablauf des ganzen Lebens entwickelt. Danach gibt es eine Stufenordnung des Lebens, in dessen jeweiligen Phasen unterschiedliche Werte verwirklicht werden können. Sie führt von einfachen Anforderungen über die Standespflichten bis zur Vollendung. »Dharma« und »Moksha« sind leitende religiöse Ideen dieser Ordnung. Insgesamt gibt es *vier Lebensstadien* (»*Ashramas*«), die die Männer der drei oberen Kasten (»Varnashrama-Dharma«) durchlaufen sollen. Sie gelten nicht für Kastenlose und auch nicht für Frauen. Die Frauen sollen wohl dem Mann in seinem jeweiligen Lebensabschnitt an der Seite stehen.

• Der Hindu ist zunächst *Schüler* (»Brahmacharin«), der die heiligen Schriften studieren muß. Am Anfang dieser ersten Stufe steht ein Aufnahmeritus, bei dem der Schüler eine heilige Schnur erhält. Die Kastenregeln, die für Essen, Trinken und Ehe wichtig sind, gehören zum Pensum dieser Phase. In dieser Zeit muß der Schüler diszipliniert und völlig enthaltsam leben.

• Daran schließt sich mit der Ehe die Stufe des *Familienvaters* und Haushaltsvorstands (»Grihastha«) an. Hier kommen Sexualität und der Drang nach Macht und Einfluß zu ihrem Recht. Aufgabe ist es nun, Söhne zu zeugen, Reichtum zu erwerben, Gastfreundschaft zu pflegen und andere von dem erworbenen Besitz zu unterstützen. Die Pflichten und Aufgaben der Eheleute haben in dieser Phase große Bedeutung (→ S. 305 ff.).

• Wenn der Familienvater alt geworden ist, die Kinder versorgt sind und der erste Enkel geboren wird, soll er sich mit seiner Frau zurückziehen. Früher wurde er oft *Waldbewohner* (»Vanaprastha«), heute zieht er sich meist im Haus zurück. Jetzt kann er für sich und mit seiner Frau das tun, was bislang im Leben vernachlässigt wurde. Beide sollen anspruchslos leben, Opfer darbringen, über die heiligen Schriften meditieren und vor allem das eigene Leben bedenken.

• Diese Stufe leitet über zu der vierten Lebensphase des umherirrenden *Asketen* (»Sannyasin«), der auf alles verzichtet, nichts mehr besitzt, nun völlig allein ist und nur noch vom Betteln lebt. Er kümmert sich auch um das Wohl seiner Mitmenschen und schenkt ihnen Anteil an seiner Lebenserfahrung. Seine Gedanken kreisen vor allem um Atman und Brahman. Durch intensive Meditation versucht er, die endgültige Befreiung aus dem ewigen Kreislauf der Welt zu erlangen und auf diese Weise zur Erlösung zu kommen.

Ganz gewiß folgen nur wenige Hindus diesem von der Tradition empfohlenen Lebensweg ganz. Die meisten kommen nicht über das zweite Stadium hinaus, und das vierte ist auch nicht obligatorisch. Aber die vier Ashramas behalten dennoch ihren Sinn. Sie zeigen dem Hindu idealtypisch, wie sein Leben verlaufen soll.

In dieser Lebensordnung kommen *zwei diesseitige Grundwerte* vor, die allen Hindus wichtig sind. Sie spielen für ihr alltägliches Leben eine große Rolle.

• Da ist einmal »*Artha*«, d. h. »Wohlstand«, »Besitz«, »Vermögen«. Das Bemühen um den Lebensunterhalt, auch um Reichtum und Einfluß, gilt in den entsprechenden Kasten und Lebenstadien als legitim. Der Erfolg auf diesem Gebiet wird oft als Folge des Karma-Gesetzes, d. h. als Lohn vergangener Taten, angesehen.

Ein Sannyasin ist ein Asket, der in seinem letzten Lebensabschnitt zurückgezogen lebt, um so die Erlösung zu finden.

- Da ist zum andern »*Kama*«, d. h. »Begierde«, »Verlangen«. Sinnlichkeit, erotische Lust und sexuelle Befriedigung haben auch in Indien einen hohen Stellenwert. Selbst manche Götter wie Krishna führen mit schönen Hirtinnen ein ausgesprochen intensives Liebesleben (→ S. 310 f.). Darum dürfen auch die natürlichen Anlagen des Menschen zu ihrem Recht kommen. Auf vielen Bildern wird die Liebe zwischen Mann und Frau verherrlicht. Kunstvolle Statuen zeigen oftmals einen Gott mit seiner Partnerin in verzücktem Liebesakt. Ganze Tempel sind nur mit erotischen Figuren geschmückt. Zudem gibt es in Indien eine bemerkenswerte erotische Literatur. In dem weltbekannten »Kamasutra« , einem »Leitfaden der Erotik«, der aus dem 4. Jahrhundert n. Chr. stammt, führt der Verfasser Vatsyayana Mallanaga seine vielfältigen Anregungen zu erotischer Verführung letztlich auf göttliche Offenbarung zurück. Zwischen Liebesspiel und Gottesverehrung gibt es hier keine Kluft. Sexualität ist hier ein Weg, mit der göttlichen Welt eins zu werden. Darum gehört sie in den religiösen Bereich. Für uns ist es merkwürdig, daß der Verfasser selbst sein Leben lang zölibatär und asketisch gelebt haben soll.

Dieser positiven Wertung von »Kama« steht allerdings eine andere starke Tradition entgegen, die auf die Überwindung und Beseitigung des Kama zielt, damit der Mensch seine Erlösung finden kann. Viele alte Yoga-Methoden (→ S. 289 f.) haben hier ihren Platz. Heute ist die *Sexualmoral* in Indien sehr streng. Männer und Frauen dürfen sich öffentlich nicht küssen, und erst recht sind Szenen mit sexuellem Inhalt in Film, Fernsehen und Presse ausgeschlossen. Voreheliche Beziehungen sind streng untersagt. Das Mädchen soll als Jungfrau in die Ehe gehen. Auch der Mann soll vor der Hochzeit keine sexuellen Beziehungen unterhalten. Überall ist eine gewisse Prüderie zu beobachten, die seit der muslimischen und vor allem auch seit der englischen Herrschaft aufgekommen ist. Die Engländer brachten die puritanischen Maßstäbe des Viktorianischen Zeitalters ins Land. Nun werden die Liebesabenteuer des göttlichen Krishna gern allegorisch als Liebe Gottes zur menschlichen Seele gedeutet. Beispielhaft für viele ist das Verhalten des Gottes Shiva, der den Liebesgott Kama verbrannte, als dieser ihn während einer Meditation störte.

Mann und Frau

Die *Familie* gehört zu den alten Institutionen Indiens. Eine ihrer Grundregeln schreibt vor, daß sich Mann und Frau respektvoll behandeln und alles für das Wohl der Kinder tun. Nicht weniger ist es Aufgabe der Eheleute, die traditionellen Pflichten gegenüber den Eltern, Ahnen und Göttern zu erfüllen. Sie müssen für ihre alten Eltern sorgen, den Ahnen die ihnen zustehenden Opfer bringen und die Verehrung der häuslichen Götter besorgen. Das physische Leben, der soziale Bestand und die religiöse Tradition sollen durch die Ehe erhalten werden.

In einem wunderschönen *Hochzeitsritus* werden die Aufgaben einer guten Ehefrau aufgezählt. Während die Braut bei der Trauung sieben heilige Schritte um ein heiliges Feuer macht, deutet der Bräutigam den Sinn jedes Schritts für die Ehe und Familie. Sie tut den ersten Schritt für die Nahrung, den zweiten für die Stärke, den dritten für den Reichtum, den vierten für das Glück, den fünften für die Kinder, den sechsten für die Jahreszeiten und den siebten für die Liebe zum Gatten. Dann bittet der Bräutigam die Braut um Treue und um viele Söhne. Von Töchtern ist nicht die Rede. Das Ziel der Ehe besteht darin, daß Mann und Frau miteinander glücklich werden.

Trotzdem sind die *Rollen von Mann und Frau* unterschiedlich gewichtet. Eine Frau muß nach der Eheschließung ihre eigene Familie verlassen und in das Haus des Mannes ziehen. Dort stößt sie oft auf Vorbehalte und Ablehnung. Sie bekommt hier viel Arbeit, so daß sie abends oft völlig erschöpft ist. Sie muß den Haushalt pflegen, putzen und waschen, auf dem Feld helfen, für das Vieh sorgen, spinnen und weben, Lasten schleppen und Brennholz sammeln. Sie darf nichts tun, was dem Mann mißfällt. Immer ist sie an das Haus gebunden, wo sie nicht nur ihrem Mann, sondern auch den Schwiegereltern und sogar ihren eigenen Söhnen gehorchen muß. Wenn sie ihrem Mann stets in absoluter Treue verbunden bleibt, wird sie mit ihm in der anderen Welt vereint leben dürfen. Ihr Leitbild als Gattin ist Sita (→ S. 286).

Die Ehe ist monogam und die *Ehescheidung* verpönt. Der Mann soll, wenn seine Frau gestorben ist oder die Ehe kinderlos bleibt, neu heiraten. So will es sein Dharma. Die Frau aber darf nicht mehr heiraten. So will es ihr Dharma. Ihr Leben verläuft nach dem Tod des Mannes oder nach der Trennung von ihm oft in trostloser Einsamkeit und Trauer.

Früher gab es in Indien vor allem in den Kriegerkasten den Brauch, daß sich eine Witwe zusammen mit ihrem toten Mann bei dessen Bestattung freiwillig auf dem Scheiterhaufen verbrennen ließ. Die *Witwenverbrennung* (»*Sati*«) galt als verdienstvoll. Sie ist nach Sati, der Gattin Shivas, benannt, die sich nach einer alten Erzählung selbst ins Feuer geworfen hat, weil sie darüber aufgebracht war, daß ihr Gatte Shiva von den Göttern mißachtet wurde. Die Frauen, die so dem Beispiel der Göttin folgten, wurden bisweilen wie Heilige verehrt. Nicht immer hatten die Frauen für ihre Tat religiöse Gründe. Manchmal haben sie sich auch verbrennen lassen, weil sie sich nach dem Tod ihres Mannes von ihrem weiteren Leben nichts Gutes mehr erhofften. Gelegentlich gab es auch sozialen Druck, der sie in diesen Tod zwang. Allerdings war die Witwenverbrennung niemals die Regel. Die Engländer haben den Brauch 1829 verboten. Doch kommt es auch heute noch vor, daß sich eine Witwe verbrennen läßt.

Mann und Frau

Der Mann, dessen Heirat mit den üblichen Gebeten gefeiert worden ist, sorgt zu gelegener Zeit und überhaupt in dieser und in der anderen Welt für das Glück seiner Frau.

Selbst einen unwürdigen, ausschweifenden, wertlosen Mann soll eine tugendhafte Frau stets wie einen Gott verehren. Weil uns Welten, Unendlichkeit und Erreichung des Himmels durch Sohn, Enkel und Urenkel zuteil werden, deshalb muß man die Frauen ehren und wohl bewachen.

Der Vater soll sie schützen als Mädchen, der Gatte als Verheiratete, die Söhne aber im Alter; wenn diese fehlen, ihre Verwandten; niemals soll die Frau von sich selbst abhängen.

aus dem alten indischen Gesetzbuch des Manu

In den Familien gilt es heute immer noch als Unglück, eine *Tochter* zu bekommen. Ein Vater, der nur Töchter hat, kann seines Lebens nicht mehr froh werden. Abtreibungen werden vor allem an Mädchen vorgenommen, da sie unerwünscht sind und für sie später, wenn sie heiraten, eine große Mitgift

aufzubringen ist. Die Tatsache, daß Indien als eines der wenigen Länder der Welt einen hohen Männerüberschuß hat, beweist, daß solche Abtreibungen überaus häufig sind. Vielen Vätern erscheint es am besten, die Töchter früh zu verheiraten. So kann man die Sorge um sie rasch loswerden. Die höchst fragwürdigen *Kinderehen* sind daher in Indien an der Tagesordnung. Das Durchschnittsalter der Mädchen bei der Hochzeit liegt heute unter 15 Jahren. Auch die *Prostitution* junger Mädchen ist sehr verbreitet. Gelegentlich werden sie in Tempeln für ihre Aufgabe als »Dienerinnen Gottes« geweiht und kommen dann in die Bordelle. In Orten wie Kalkutta kann man sie sogar zur Entjungferung auf Auktionen ersteigern. Der Preis ist im allgemeinen nicht hoch. *Söhne* sind dagegen als Kinder sehr willkommen. Sie kosten später bei ihrer Eheschließung kein

Geld und tragen zum Ansehen der Familie bei. Nur ein Sohn kann beim Tod des Vaters für diesen die vorgeschriebenen Sterberiten ausführen.

Im Hinduismus gibt es – darin ist er mit den anderen Religionen vergleichbar – *keine Gleichberechtigung der Frau* im modernen westlichen Sinn. Erst seit kurzem sehen wir auch hier erste Ansätze zu einer Emanzipation der Frau. Heute können schon einige wenige Frauen ins Parlament einziehen oder sogar auch, wie Indira Gandhi, Ministerpräsidentin werden. Voraussetzung dafür ist allerdings, daß sie aus privilegierten Familien kommen. Töchter aus reichen Familien dürfen an den Hochschulen und im Ausland studieren. Im ganzen findet die Frauenbewegung keinen starken Anklang. Für die meisten indischen Frauen ist es noch undenkbar, ihre traditionelle Rolle zu verlassen, die so stark in der Hindu-Religion verwurzelt ist. Von dieser Religion erhalten sie die entscheidenden Muster, wie sie leben, empfinden und ihr Dasein deuten können. Darum wird man in vielen Fällen auch da mit ihrer inneren Zustimmung rechnen dürfen, wo Frauen des Westens für sich andere Lebensformen fordern.

Linke Seite: Die Verführung eines Asketen durch zwei Frauen. Miniaturmalerei, um 1635. Das heitere Bild gibt eine Szene aus dem Ramayana (→ S. 286) wieder. Es spottet über die allzu strenge Askese.

Oben: Rati, Gemahlin von Kama, dem Gott der Liebe, auf einer Gans. Links: Zärtliches Liebespaar, Elfenbein, 17. Jh. n. Chr. Die Freude der Liebe ist für viele Hindus eine Erfahrung des Göttlichen. Die Liebesvereinigung symbolisiert für sie die Einheit des Menschen mit Gott.

Gott – Der Eine und seine vielen Erscheinungen

Die indische Stufenleiter

Für die Hindus ist die ganze Welt von *Gott und Göttern* erfüllt. Überall erleben sie Manifestationen des Göttlichen. Alles, was im eigenen Dasein, im Leben der Menschen, in der Natur oder in der Welt wichtig ist, gehört zum göttlichen Bereich. In allem sehen sie einzelne Götter oder den Einen Gott oder auch das unpersönliche Göttliche am Werk. Darin unterscheiden sie sich von den Gläubigen der großen monotheistischen Weltreligionen, die in dem Bekenntnis übereinstimmen, daß Gott Einer ist und neben ihm andere Götter keinen Platz haben. Ein gleiches Bekenntnis wäre dem Hinduismus nicht möglich. Vor allem in zwei Grundzügen unterscheidet sich seine Gotteslehre von diesen Religionen fundamental.

Die unabänderliche Ordnung der Welt mit dem *ewigen Weltgesetz* (»Dharma Sanatana«) vom ewigen *Kreislauf der Welten* (»Samsara«) und vom *Lohn der Taten* (Karma) ist nicht von Gott oder bestimmten Göttern geschaffen. Sie ist auch für die meisten Hindus nicht mit dem Göttlichen identisch. Vielmehr geht sie selbst dem Dasein der Götter voraus. Auch die Götter gehören in diesen Prozeß des ewigen Kreislaufs. Auch Götter werden, vergehen und werden wieder. So ist diese Lehre für den Hinduismus fundamentaler als die Theologie.

Der Hinduismus ist ein Pantheon, in dem viele Gottheiten wohnen. Er akzeptiert eine große *Mannigfaltigkeit von Gottesvorstellungen*. Die Zahl der Götter ist so groß, daß kein Mensch sie zählen kann. Manche sprechen von 330 Millionen Göttern. Es sind große und kleine, berühmte und unbekannte Wesen. Da gibt es Dorfgötter in Form bemalter Natursteine und Lokalgöttinnen, denen heute noch Hühner geopfert werden. Erscheinungen der Natur wie die Sonne und wie Flüsse haben göttliche Qualität und werden in ergreifenden Zeremonien verehrt. Der Glaube an Geister, Gespenster und Dämonen spielt im Alltag eine wichtige Rolle. Aber es gibt auch die großen göttlichen Gestalten wie Vishnu

> ### Stufen der Gotteserkenntnis
>
> Der Hinduismus unterscheidet Vorstellungen von Gott nicht als richtig oder falsch und nimmt nicht eine bestimmte Idee als Muster und Vorbild für die gesamte Menschheit. Vielmehr erkennt er die Tatsache an, daß die Menschheit ihr Ziel Gott auf verschiedenen Stufen und verschiedenen Wegen sucht, und er empfindet mit einer jeden Stufe Sympathie.
>
> Der gleiche Gott offenbart sich auf der einen Stufe als Macht, auf einer anderen als Persönlichkeit, auf einer weiteren als allumfassender Geist … Der Hindu sieht in dem verwirrenden Polytheismus der Massen und in dem unnachgiebigen Monotheismus der Kasten die Offenbarungen einer und derselben Kraft auf verschiedenen Ebenen.
>
> Der Hinduismus besteht darauf, daß wir uns langsam hocharbeiten und unsere Gotteserkenntnis bewähren. »Die Verehrer des Absoluten stehen im Rang zuhöchst, danach kommen die Anbeter des persönlichen Gottes, danach die Diener der Offenbarungen wie Rama, Krishna und Buddha. Unter diesen stehen die, welche Ahnen, Gottheiten und Weise anbeten, und darunter die Anbeter niederer Kräfte und Geister.«
>
> *Sarvepalli Radhakrishnan (1888–1975),*
> *indischer Staatspräsident*

und Shiva, in deren Namen sich der eine persönliche Gott offenbart. Auch weibliche Gottheiten wie Kali und Shakti haben viele Anhänger. In theologischen Spekulationen und mystischen Bildern erscheint Gott auch als der letzte Urgrund der Welt, als das Eine und Absolute. Geisterglaube und Naturreligion, Polytheismus, Monotheismus und Pantheismus sind in Indien in gleicher Weise Wege zum göttlichen Licht. Ganz unterschiedliche Lehren von Gottes Transzendenz (»Weltüberlegenheit« und »Jenseitigkeit«) und Immanenz (»Einverwobenheit Gottes in die Welt«), sind für den Hinduismus charakteristisch. Die meisten Hindus sehen in ihrem theologischen Pluralismus einen Beweis für ihren religiösen Reichtum und ihre religiöse Toleranz.

Es gab in Indien immer auch Menschen, die die göttliche Autorität der heiligen Schriften und selbst die Existenz von Göttern oder Göttlichem leugneten. Die Zahl der *Atheisten* wird heute unter dem Einfluß westlicher Ideen größer.

Indra, Agni und Soma

Die Veden (→ S. 281 f.), die ältesten heiligen Schriften der Inder, kennen viele Götter (»Devatas«, verwandt mit lat. »divinus«, d. h. »göttlich« und »deus«, d. h. »Gott«). Sonne und Mond, Himmel und Erde, Morgenröte und Nacht, Winde, Luft und Feuer werden als göttliche Wesen angerufen. Abstraktere Göttergestalten, z. B. ein Herr der Geschöpfe, und Alltagsgeräte wie Opfermesser, Mörser und Trommeln haben bisweilen Devata-Charakter. Ein paar Beispiele aus der lebendigen Götterwelt der Veden:
• *Indra* wird in den Veden am häufigsten angerufen. Über 250 Lieder sind an ihn gerichtet. Ursprünglich ist er ein Wettergott, der sich später als der stärkste unter den Göttern durchsetzt. In einem kosmischen Kampf der Vorzeit hat er einen gefährlichen Drachen getötet. Man ruft seine Hilfe gegen die Feinde an. Weil er unbesiegbar ist, wird er zum Ideal der arischen Krieger.
• *Agni* (verwandt mit lat. »ignis«), der Feuergott, fährt mit seinem Blitz in die Opfergaben, setzt aber auch Wälder und Felder in Brand. Manchmal nimmt er eine schreckliche Gestalt an, in der er die Leichen bei der Bestattung und alle, die die heiligen Riten stören, verbrennt. In seiner Person verbindet sich der Himmel mit der Erde. Er allein unter den Göttern ist unsterblich, weil er wie das Feuer immer Nahrung findet, die ihm neue Lebenskraft gibt. Er allein schenkt den Menschen Unsterblichkeit.
• *Varuna* war lange der höchste Herrscher, verlor aber seine Oberhoheit an Indra. Er ordnet den Lauf der Natur und bestimmt den Wechsel der Jahreszeiten. Mit seiner Schlinge bestraft er die Sünder und schickt ihnen Lähmung und Wassersucht. Er wird auch zur Vergebung der Sünden angerufen.
• *Surya* verkörpert die Sonne (› S. 283).
• *Mitra* ist ein anderer Sonnengott. Sein Name ist mit dem des persischen Gottes Mithras verwandt,

> **Lied an Indra**
> Ein Herrscher bist du, gewaltig und hehr,
> Ein Vertilger der Feinde, dem niemand gleicht,
> Besiegt und erschlagen wird nimmermehr,
> Wem du in Gnaden dich zugeneigt.
> Ein Stammesfürst, der das Heil uns schafft,
> Der den Drachen tötet, den Feind bezwingt,
> Geh uns, Indra, voran, ein Stier an Kraft,
> der die Furcht verscheucht und den Soma trinkt.
>
> *Rigveda (X 152)*

dessen Kultgemeinde noch für das frühe Christentum eine starke Konkurrenz war. Der sympathische Mitra ist bei den Ariern der Beschützer der Verträge und der Gesellschaft.
• *Soma* ist die göttliche Verkörperung einer Pflanze gleichen Namens, deren Saft Rauschzustände hervorruft und bei den Gottesdiensten häufig als Trankopfer verwendet wird. Der Somasaft stärkt die Götter, inspiriert die Dichter und versetzt die Menschen in Ekstasen. Das Getränk verleiht Unsterblichkeit.
• *Nirriti* ist eine böse Göttin. Sie bringt Unheil und Vernichtung. Manchmal haben die Priester alle Frauen mit dieser Göttin identifiziert.

Die vedischen Hymnen an die Götter werden noch heute von den Brahmanen dem Volk vorgetragen, ohne daß Indra und Agni, Varuna und Soma im Glauben der Hindus noch eine Rolle spielen. Andere Gottheiten sind an deren Stelle getreten.

Links: Indra, der höchste der vedischen Götter, auf seinem Elefanten. Die beiden Schwerter zeigen, daß er ein Kriegsgott ist.
Rechts: Agni, Gott des Feuers. Sein Haar besteht aus Feuerflammen. In der Rechten hält er eine Gebetskette.

Krishna – Der persönliche Gott

Die *Bhagavadgita* (→ S. 287 f.) stellt einen weiteren Höhepunkt in der Gottesauffassung des Hinduismus dar. Sie erzählt in einer faszinierenden Bildsprache von einem persönlichen Gott, der auch all die anderen göttlichen Manifestationen in sich aufgenommen hat, die die indische Tradition bis dahin kannte. Gott ist auch in der Bhagavadgita vielgestaltig wie die Götterwelt der Veden. Er ist auch hier die letzte unergründliche Wirklichkeit, das Brahman der Upanishaden. Alle Vorstellungen werden in typisch indischer Toleranz in das neue Gottesbild integriert. Aber nun ist Gott in einer Deutlichkeit, die

---

Krishnas göttliche Gestalt

Die Vision Arjunas

Oh Gott, ich sehe in deinem Körper
die Götter alle und Scharen verschiedener Wesen,
Brahma, den Herrn, auf seinem Lotosthrone,
und alle Seher und himmlischen Schlangenwesen.
Ich sehe deine Gestalt endlos in alle Richtungen
mit zahllosen Armen, Leibern, Mündern, Augen;
kein Ende, keine Mitte schaue ich,
erst recht nicht deinen Anfang,
oh du Allherrscher, Allgestaltiger.
Ich schaue dich mit Krone, Keule, Diskus,
ein Glutbündel, nach allen Seiten leuchtend,
rundherum schwer anzuschaun,
unermeßlich, das flammende Leuchten von
Feuer und Sonne.
Du bist das Unwandelbare, die eine Silbe,
von allem, das man wissen kann, das Höchste.
Du bist die höchste Wohnstatt dieses Alls,
bist unveränderlich, Hüter der ewigen Ordnung,
du bist der Ewige, die Geistperson, so glaub ich.
Ohne Anfang, Mitte und Ende,
von unendlicher Kraft,
mit endlosen Armen,
die Sonne, den Mond als die Augen,
so schaue ich dich,
dein Mund ein loderndes Opferfeuer,
der du dies all mit deiner Glut erhitzt.
Du allein erfüllst den weiten Raum
hier zwischen Himmel und Erde,
und alle Himmelsrichtungen.

Bhagavadgita (XI,14–19)

Krishna (Hari) und Radha – die Liebenden

In lieblicher Laube ruhen sie beide,
Radha und Hari in kostbarem Kleide,
durch die Herbstnacht leuchtet
des Vollmonds Pracht.

Der Dunkle umschlingt die goldige Schlanke
Wie der Wolkenflor des Blitzes Ranke
Verdunkelnd umfängt in gewitternder Nacht.

Sie prangen im Scharlach- und Safrangewande,
Ihre Herzen stehen in loderndem Brande,
Es weht die Luft süß duftend und kühl.

Auf Blättern und Blumen liegen die Schönen;
Er spricht zu ihr in den süßesten Tönen,
Sie wehrt ihn ab in schamhaftem Spiel.

Entzückt berührt er wieder und wieder
Ihre Brust, ihre Perlenkette, ihr Mieder.
Mit schüchternem »Nicht doch«
zurück sie ihn hält.

So lieblich spielt der Erhabene, Hohe,
In Umarmungen glüht seiner Leidenschaft Lohe,
Und der Strom seiner Liebe läutert die Welt.

Harivans (1522–1587),
Brahmane, Verehrer Radhas

---

bislang eher geahnt wurde, vor allem *Person und Herr*, der sich den Menschen liebevoll zuwendet. Sein großes Thema ist »Bhakti« im doppelten Sinn, d. h. die Liebe Gottes zu den Menschen und die Liebe der Menschen zu Gott. Arjuna, der Held der Erzählung, erlebt diesen Gott in *Krishna*. Einmal bittet der König den Gott, er möge sich ihm in seiner göttlichen Gestalt zeigen. Er wolle ihn in seiner Gottheit schauen. Krishna, eine Herabkunft (»Avatara«, → S. 314 ff.) des Gottes Vishnu, erfüllt diesen Wunsch gern und verleiht dem Arjuna ein göttliches Auge, damit er ihn sehen kann. Damit wird Arjuna eine Erfahrung zuteil, die selbst die Götter selten oder nie machen dürfen. Mit geneigtem Haupt und gefalteten Händen schaut er den göttlichen Krishna. Er sieht ihn in einem unvorstellbar reichen Bild, das in der ganzen Religionsgeschichte seinesgleichen sucht. Alle Götter und das Brahman sind mit Krishna verbunden. Er hat viele Gesichter, Arme und Beine und ist ohne Anfang und Ende. Seine Augen sind

wie Mond und Sonne, und in seinem Mund loht eine Opferflamme. Auf seinem Haupt glänzt eine Krone, in seiner Hand hält er eine furchtbare Keule. Das ewige Gesetz ist in seiner Hand. Seher, Heilige und Weise verehren ihn. Er ist größer als das Brahman, und das Dasein der anderen Götter hat erst mit ihm begonnen. Dem Allmächtigen und Allgewaltigen wird Ehre von Ewigkeit zu Ewigkeit zuteil.

Von Krishna weiß die Tradition auch anderes zu erzählen. Sein Name bedeutet »der Dunkle«. Auf den Bildern wird er immer mit blauschwarzer Hautfarbe gezeigt. Er ist auch ein großer *Herzensbrecher*. Schönen Hirtinnen stellte er gern nach. Seine größte Liebe galt der wunderschönen Radha, die von den einen als seine abgöttisch Geliebte, von den anderen als seine ehrbare Gattin gepriesen wird. In der Vereinigung von Krishna und Radha sehen die Hindus die glückliche Verbindung von göttlichem Kosmos und irdischer Natur. Wie dem göttlichen Charmeur im Lauf der Geschichte immer neue Abenteu-

er und Spiele zugewachsen sind, so wird er auch in Zukunft für weitere Überraschungen gut sein. Für viele Inder ist er neben Shiva die faszinierendste göttliche Gestalt.

Das Brahman

In den *Upanishaden* (→ S. 282 ff.) wurde zum erstenmal die Götterwelt Indiens in Frage gestellt. Ihre bunte Vielfalt genügte dem Nachdenken nicht mehr. Die einzelnen Götter verloren ihre Glaubwür-

Krishna und die schönen Hirtinnen (»Gopis«), Illustration, 18. Jh.
Die Hindus erzählen sich manche Liebesabenteuer des
charmanten Gottes mit den Hirtinnen des Landes.
Einmal kam er hinzu, als sie in einem Fluß badeten.
Sie wähnten sich unbeobachtet. Der Schelm raubte
ihnen die Kleider, die sie am Ufer abgelegt hatten, und nahm sie
mit auf einen Baum, von wo aus er die Schönen beobachtete.
Die Kleider gab er nicht eher zurück, bis sie nackt vor ihm standen.
Er war entzückt, aber sie waren es auch.

digkeit. Es begann ein großes Meditieren über den letzten Grund der Welt und des menschlichen Daseins. Dabei wurden ganz neue Erfahrungen mit dem Göttlichen gemacht. Vor allem die Lehre vom Brahman wurde neu entwickelt. Sie faszinierte die nachdenklichen Hindus und erhielt im Lauf der Zeit viele Facetten. Von ihr gingen starke Impulse auf die späteren indischen Schulen und auch auf die Reformbewegungen der Gegenwart aus.

Mit einer bewundernswerten geistigen Kraft wird das Brahman als Quelle allen Seins, als schöpferisches Prinzip, als die Welt durchdringende Energie entdeckt. Als unergründlicher Weltgrund hat es alle Erscheinungen aus sich entlassen. Alle Dinge und Lebewesen verdanken dem Brahman ihr Dasein. Es wird mit dem Göttlichen oder dem Absoluten gleichgesetzt. Ein von den Upanishaden häufig gebrauchtes Bild für das Brahman ist der Ozean, der Leben in sich birgt, unendlich weit ist und unvorstellbar starke Kraft hat. Den größten Teil des Ozeans können wir mit unseren Augen nicht sehen und mit unseren Sinnen nicht wahrnehmen. Seine Tiefe bleibt uns für immer unergründlich, seine Dimensionen und seinen Reichtum können wir nur ahnen.

Im Nachdenken über das Brahman entdecken die Weisen ganz verschiedene Grundzüge. So sehr es auch das letzte, aller Wirklichkeit zugrundeliegende Prinzip ist, so wenig einheitlich sind die Bestimmungen, die sich von ihm machen lassen. Manche

---

Brahman

Wahrlich, diese Welt war am Anfang Brahman,
dieses wußte allein sich selbst.
Und es erkannte: »Ich bin Brahman!«
Dadurch ward es zu diesem Weltall.
Und wer immer von den Göttern dieses inne ward,
der ward eben zu demselbigen;
und ebenso von den Dichtern und
von den Menschen …
Und auch heutzutage,
wer also eben dieses erkennt:
»Ich bin Brahman!«
der wird zu diesem Weltall;
und auch die Götter haben nicht die Macht,
zu bewirken, daß er es nicht wird.

aus den Upanishaden

Atman und Brahman

Der Atman ist die Brücke,
die die beiden Welten auseinanderhält.
Weder Tag noch Nacht
überschreiten diese Brücke,
weder Alter, noch Tod noch Leiden,
weder gute Tat noch böse Tat
überschreiten diese Brücke …
Wenn man sie überschreitet,
wird die Nacht hell wie der Tag,
denn die Welt des Brahman ist immer erleuchtet …
der Verklärte erhebt sich aus seinem Körper,
er erreicht das höchste Licht,
und erscheint in seiner eigenen Form.
Dieser ist das Selbst, das Unsterbliche, Furchtlose,
er ist das Brahman.
Wahrlich, der Name dieses Brahman
ist die Wahrheit.

aus den Upanishaden

Upanishaden und in ihrem Gefolge so große Denker wie *Shankara* (→ S. 290 ff.) identifizieren im letzten alles mit dem einen Brahman. Die ganze Welt ist ein einziges göttliches Sein. »Vater« kann man zu diesem Brahman nicht sagen. Wenn die Seele des Menschen (»Atman«) in einer letzten unaufhebbaren Einheit mit dem Brahman identisch geworden ist, hat sie das Ziel der Erlösung erreicht.

Andere Lehrer der Upanishaden und der späteren Zeit, unter ihnen besonders *Ramanuja* (→ S. 292 f.) entdecken an der letzten Wirklichkeit persönliche Züge. Sie wenden sich gegen die radikale Lehre von der All-Einheit bzw. Nicht-Zweiheit, weil sie dem Brahman seine eigene Qualität belassen wollen, die sich von der der anderen Dinge, auch von der menschlichen Seele, wesentlich unterscheidet. Gott und die Welt sind zwei verschiedene Wirklichkeiten, wenn die Welt in ihrem Sein auch von Gott ganz abhängt. Brahman ist für Ramanuja nicht ein letztes, anonymes Prinzip, sondern ein persönlicher Gott. Er ist Herr und König aller Dinge, der innere Lenker der Welt. Als der Allerhöchste hat er Macht über alles Vergängliche und Unvergängliche. Er schenkt eine Erlösung, in der die persönliche Eigenart des Menschen nicht völlig in Gott aufgeht, sondern erhalten bleibt.

Eine göttliche Dreigestalt

Im Pantheon des Hinduismus leben viele Götter. Immer wieder gab es Versuche, zwischen ihnen eine *Rangordnung* aufzustellen oder ihr gegenseitiges Verhältnis zu bestimmen. Sie leben z. B. im Verhältnis Mutter-Vater-Kind oder Mann-Frau miteinander. Manche Götter waren einmal stark, haben aber dann an Ansehen verloren, während andere an ihre Stelle traten. Die göttliche Rangordnung des Hinduismus hat keine Ewigkeitsgeltung. Die jeweiligen Zuordnungen spiegeln den Einfluß, die Rivalitäten und Kompromisse der verschiedenen religiösen Richtungen wider.

In der Tradition gibt es seit langem eine Art Dreifaltigkeit (»*Trimurti*«), in der *Brahma, Vishnu* und *Shiva* die drei göttlichen Gestalten sind. Sie werden auf heiligen Bildern oft in einer einzigen Gestalt mit drei Gesichtern dargestellt. Viele Hindus sehen in den drei Göttern nichts anderes als drei Erscheinungsformen der einen Gottheit. Die Deutung, Brahma sei der Schöpfer, Vishnu der Erhalter und Shiva der Zerstörer des Lebens ist weit verbreitet, aber sie kann kaum den Anspruch erheben, originär zu sein. Sie kommt eher aus einem gewissen Hang zur Systematik als aus einem Verständnis für die genuine Hindu-Theologie. Schöpfung, Erhaltung und Zerstörung gehören für die Hindus zusammen und kommen daher nicht von drei einzelnen Göttern. Sie sind das Werk einer einzigen Gottheit. Wer diese Gottheit ist, darüber streiten sich die verschiedenen Richtungen. Die Anhänger Vishnus sehen darin Vishnu, die Anhänger Shivas Shiva, wieder andere denken an ihre Gottheiten.

Brahma hat heute keine große Anhängerschaft mehr. Er ist zwar nach alter Lehre der Herr aller Dinge, auch der Schöpfer der Götter. Aber seine göttlichen Kinder haben ihm den Rang abgelaufen. Alte Legenden erzählen, wie es zu seiner Entmachtung kam. Einmal erschien Shiva in Gestalt einer Lichtsäule bzw. eines feurigen Linga (männliches Glied) zwischen ihm und Vishnu. Er zwang beide Götter, ihn zu verehren. Auf diese Weise wurde Shiva der höchste Gott. Heute gibt es in Indien kaum noch einen Tempel zu Brahmas Ehren. Immerhin spielt er in der Zeitenrechnung noch eine gewisse Rolle (→ S. 296).

Oben: Trimurti, Relief von der Insel Elephanta, 7. Jh. n. Chr.
Die Dreigestalt wird auch »Mahadeva« (»die große Gottheit«) genannt.
Unten: Brahma, Schiefer, Bengalen, 12. Jh. n. Chr.
Der dreiköpfige Schöpfergott sitzt lässig auf einem Lotos.
Sein dicker Bauch resultiert aus den Opfern, die man ihm bringt.

Vishnu und Lakshmi

Vishnu ist ein Gott, der sich sozusagen von kleinsten Anfängen, die in den Veden erkennbar sind, zum höchsten Gott für viele Inder entwickelt hat. Als solcher wird er heute von einer großen Gemeinschaft verehrt. In der Bhagavadgita, wo er als Krish-

Ein Vishnu-Priester mit den senkrechten weißen Streifen auf der Stirn (→ S. 317).

Rechte Seite: Vishnu, Hängebild, Nepal, um 1680. Das Bild ist wie ein Lehrbuch der Vishnu-Ikonographie. Es enthält an den beiden Rändern in den 12 Gestalten die wichtigsten Erscheinungsformen des vielgestaltigen Gottes.
In der Mitte des Bildes steht der Gott unter dem Schirm einer siebenköpfigen Schlange, links unten hält er eine Muschel, oben eine Lotosblume, rechts oben einen Diskus, rechts unten eine Keule – Symbole für Fruchtbarkeit, Glück und Macht.
Links neben ihm die vierarmige Göttin Shri mit Wassertopf, Buch, Lotos und Spiegel, rechts sein Fabeltier, der Adler Garuda, ein sechsarmiges Zwitterwesen aus Vogel und Mensch. Er trägt u. a. Gebetskette, Topf und Vishnu-Banner. In der Spitze des Architekturbogens erscheint ein Löwenkopf, Symbol für Sonne, Zeit und Tod, sowie das schlangenartige Seeungeheuer »Makara«, das die alles verschlingende Zeit symbolisiert.
Oben die 10 Herabkünfte Vishnus als Fisch, Schildkröte, Eber, Mannlöwe, Zwerg, Rama mit der Axt, Rama, Krishna, Buddha und Kalki. Zwei dunkle Kämpfer auf dem Dach und acht Schlangengeister im Wasser unten wehren böse Kräfte ab.
Das Bild ist in der Welt des tibetischen Buddhismus (→ S. 425 ff.) entstanden und zeigt, wie stark die Götterwelt der Hindus in den Buddhismus eingedrungen ist (»Hinduisierung«).

na auf die Erde herabsteigt, und in der Lehre des gelehrten Brahmanen Ramanuja hat er große Bedeutung. Vishnu verkörpert eine *Gottheit der Güte*, des Lichtes und der Wahrheit. Aber auch Schalkhaftigkeit ist ihm nicht fremd. Er steht in seiner ausgeglichenen Art den Menschen nahe und hält die Welt im Innersten zusammen. Seine Anhänger hoffen, nach dem Tod in seinem Reich wohnen zu können. Sie verehren ihn unter 1008 Namen und schenken ihm Blumen und Früchte. Tieropfer mag er nicht. Oft wird er mit einem Diskus oder Rad mit sechs Speichen dargestellt. Es sind Symbole der Kraft, des Geistes und der Unendlichkeit.

Von Zeit zu Zeit steigt er in irdischer Gestalt auf die Welt hernieder, um den Guten seine Hilfe zu bringen, die Bösen zu bestrafen und die gestörte Ordnung (»Dharma«) wiederherzustellen. *Zehn Herabkünfte* (»Avataras«) werden in den Legenden erzählt und von Künstlern immer wieder dargestellt. Dabei nahm er die Gestalt von Tieren und Menschen an. Als Fisch (1) bewahrte er den indischen »Noach« vor den tödlichen Wassern einer Sintflut. In der Gestalt einer Schildkröte (2) rettete er die Welt, als er in der Tiefe des Meeres die wankende Welt auf seinem Panzer als Fundament auf sich nahm. Er bewahrte die Erde als Eber (3) vor schrecklichen Dämonen. Den frommen Sohn eines bösen Dämonenkönigs schützte er vor dem sicheren Tod, indem er als Mannlöwe (4) den Vater in Stücke riß. Als Zwerg (5) durchmaß er in drei Schritten die ganze Welt und setzte so einen stolzen König in Erstaunen. Er war Rama mit der Axt (6), der gegen die Kaste der Krieger kämpfte, als diese in der Kastenordnung an die oberste Stelle der Brahmanen rücken und so das ewig gültige Gesetz außer Kraft setzen wollten. Er wurde Rama, der Held (7), von dem das große Epos »Ramayana« (→ S. 286) erzählt, und der wunderbare Krishna (8), der im Mittelpunkt des Harivamsha und der Bhagavadgita (→ S. 287 f.) steht. Selbst in dem großen Buddha (9), der den Hinduismus hinter sich ließ, hat sich Vishnu auf die Welt herabgelassen, dabei Mitleid mit den Tieren gezeigt und die blutigen Opfer abgeschafft. Die letzte Herabkunft als Kalki (10) steht noch für die Zukunft aus. Dann wird Vishnu wie ein indischer Messias die Bösen bestrafen, die Guten belohnen und die Welt zerstören, damit eine bessere Welt kommen kann.

Vishnu umarmt seine Gemahlin Lakshmi. Unten links: Das Lieblingstier Shivas ist der Stier Nandi. Überall wird er im Land verehrt und mit Blumen geschmückt. Unten rechts: Der Linga (Phallus) Shivas. Auf dem Glied ist sein Kopf zu sehen. Stier und Linga sind Symbole schöpferischer Kraft und Fruchtbarkeit.

Eine Gemahlin Vishnus ist *Lakshmi,* die Göttin der Erde, des Glücks und der Schönheit. Beide werden oft in herzlicher Umarmung dargestellt. Sie ist die beliebteste Göttin der Hindus.

Die Vishnuiten bilden heute die größte Gruppe im Hinduismus.

Shiva

Shiva hat weder die ausgeglichene Art Vishnus noch kümmert er sich um die große Ordnung der Welt. Er ist ein *Gott voller Extreme,* der mit seinen Spannungen auf die Welt einwirkt und deren Ordnung eher durcheinanderwirbelt, als daß er sie festigte. Auch Shiva ist religionsgeschichtlich gesehen ein Komplex vieler indischer Gottheiten. Uralte vorarische und arische Gestalten leben in ihm ebenso weiter wie Gotteserfahrungen späterer Zeiten. In seiner Erscheinung sammeln sich die vielfachen inneren Widersprüche der Menschen. Seinem Wesen sind die dunklen Seiten der menschlichen Psyche nicht fern. Shiva ist eine schillernde und zugleich faszinierende Gottheit. Sein Name bedeutet »freundlich« und »wohlwollend«, aber er hat auch ganz andere Eigenschaften, auf die seine 1008 Namen hinweisen. Oft gehen Schrecken, Zerstörung und Tod von ihm aus. Er kann grausam und eifersüchtig sein. Von ihm kommt der fruchtbare Regen, aber er sendet auch furchtbare Überschwemmungen und Hagelschauer. Er ist der Ursprung der Welt, aber er bewirkt auch ihre Zerstörung, um die Voraussetzung für einen neuen Ursprung zu schaffen.

Sein *Äußeres* ist schauerlich. Bisweilen begleiten ihn Scharen von Toten und heulenden Hunden. Totenschädel hängen an ihm herum, und er ist von Schlangen umwunden. Man kann ihn auf Friedhöfen oder Schlachtfeldern tanzen sehen. Sein Körper ist von Asche beschmutzt und sein Haar völlig verdreckt. Er hat ein drittes Auge, mit dem er alles zerstört, was er damit ansieht. Sein Phallus (»Linga«) hat ungeahnte Lebenskraft. Nicht umsonst ist dieser allein oder in Verbindung mit dem weiblichen Schoß (»Yoni«) seiner Mitgöttin Shakti zu seinem Symbol geworden, das man überall in Indien verehrt und an dem die Frauen um Fruchtbarkeit beten. Er ist Asket und verkörpert die Yogakraft (→ S. 289 f.), die die Bindungen des Menschen an die Welt auflöst. Man kann ihn um Weisheit bitten. Darum ist er auch der Gott der Asketen und Weisen. Gewiß steht Vishnu seinen Anhängern mit seinem freundlichen Wesen näher. Aber auch Shiva will seine vielen, von ihm begeisterten Verehrer aus dem ewigen Kreislauf der Welten befreien und ihnen Erlösung (»Moksha«) schenken. Sie besteht nicht in einem unpersönlichen Aufgehen in das Brahman, sondern in einem individuellen Weiterleben.

Die widersprüchlichen Eigenschaften Shivas bilden für die Hindus kein Problem. Sie zeigen, daß sich die göttliche Welt nicht in klare Begriffe einordnen läßt und im letzten für Menschen unverstanden

An Shiva

O Herr, ich wußte früher selbst noch nichts von mir,
Nur meinem Leib wandt' ich meine Liebe zu.
Ich hatte nicht erkannt, daß ich bin eins mit dir,
und daß der Tor fragt: Wer bin ich und wer bist du?

Herr, du bist selbst der Himmel und die Erde.
Luft, Wasser, Blume, Sandel, Nacht und Tag.
Du bist die Opfergabe auf dem Herde,
Bist alles, Herr. Wo ist, was ich dir opfern mag?

Lalla (14. Jh.), Dichterin, Shiva-Anhängerin

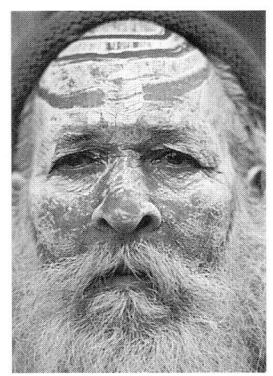

Links: Shiva als nackter Bettler, Holzrelief, 19. Jh. Alte Legenden erzählen, daß Shiva einmal in der Gestalt eines nackten Asketen in der Welt umherzog. Auf seiner Wanderung wollte er die auf ihre Keuschheit stolzen Frauen der Einsiedler prüfen. Als diese den schönen Jüngling sahen, waren sie sofort betört. Die Bilder wissen von 7 Stadien der Verführung, die beim Blick beginnen und mit dem Herablassen der Kleider enden. Hier steht neben Shiva eine Frau mit heruntergelassenem Kleid und verzücktem Ausdruck. Shiva ist mit Perlenketten geschmückt. Er hat eine Schlange um sich gewunden. In seinen Händen trägt er Trommel, Bettelschale und Dreizack. Neben ihm steht ein Zwerg mit einer Schale voller Früchten.

Oben: Anhänger Shivas, erkennbar an den drei waagerechten weißen Streifen und einem roten Punkt auf der Stirn (→ S. 314).

bleibt. An Shiva kann man die beiden Pole der Religion wahrnehmen, die man das »Faszinosum« (d. h. das Begeisternde) und das »Tremendum« (d. h. das Furchterregende) genannt hat. Sie lassen sich auch auf vielen Shiva-Bildern gut erkennen. Beliebt ist die Darstellung, die ihn als göttlichen *Tänzer* (→ S. 298) zeigt, der tanzend die Schöpfung ins Dasein ruft. Die ganze Welt ist sein heiteres Spiel. Im Tanz gerät er in wilde Ekstase und zerstört sie wieder.

Die *Shivaiten* sehen in den wechselnden Gestalten und vielfältigen Attributen Shivas nicht nur einen persönlichen Gott mit originellem Profil. Er kann für sie auch das unpersönliche Brahman sein, das mit allen Dingen zugleich identisch und von ihnen verschieden ist. Die jeweiligen Auffassungen der volkstümlichen Mythologie und der philosophierenden Theologie und Mystik sind für sie durchaus miteinander vereinbar.

Die Shivaiten bilden heute nach den Vishnuiten die zweitgrößte Gemeinde in Indien. Manchmal leben beide Gruppen in friedlicher, manchmal auch nur in unfriedlicher Koexistenz nebeneinander.

Links: Die Göttin Kali. Sie hat 20 Arme und trägt eine Kette aus Menschenschädeln. Von den Hindus wird sie gefürchtet und geliebt.
Rechts: Ein Mann in der Maske der Göttin Kali.

Shakti – Kali

»Shakti« heißt »Kraft« oder »Potenz«. Es ist ein weibliches Wort und meint all die unbegrenzten Eigenschaften, über die der Gott verfügt. Shiva ist ohne »Shakti«, sein weibliches Pendant, nicht denkbar. Sie ist seine schöpferische Kraft. Viele Aufgaben auf dem Weg zur Erlösung erledigt der Gott nur mit seiner Shakti gemeinsam. Sie werden oft zusammen abgebildet, manchmal in einer hermaphroditischen Gestalt mit halb männlichen und halb weiblichen Körperformen. Shiva wird sogar als der Gott bezeichnet, »dessen Hälfte weiblich ist«. Shakti läßt erkennen, daß im Hinduismus das Göttliche nicht einseitig in männlicher Gestalt erfahren wird. Die Polarität von Männlichem und Weiblichem kommt mit Shakti zum Ausdruck.

In Shakti leben Erinnerungen an vorvedische Zeiten fort, in denen die Mutter Erde als Schoß aller Fruchtbarkeit verehrt wurde. Viele lokale Stammes- und Muttergöttinnen haben in Shakti Aufnahme gefunden. Ihre prunkvollen Feste setzen die Gläubigen auch heute in Ekstase. Mit ihrem freundlichen und zarten Wesen heißt Shakti auch Sati oder Parvati , in ihrer schrecklichen Gestalt Kali (d. h. »die Schwarze«) oder Durga (d. h. »die Unzugängliche«).

Kali ist unter den Göttinnen Indiens weithin bekannt. Sie ist ehrfurchtgebietend und grausam zugleich. In ihrer urwüchsigen Kraft ist sie selbst Shiva überlegen. Sie tanzt auf ihm herum, während er reglos wie ein Leichnam unter ihr liegt. Als schwarzhäutige Gefährtin Shivas verkörpert sie dessen dunkle Seite. Ihr Anblick muß jeden erschrecken. Oft hat sie einen bluttriefenden Mund und langes ungeordnetes Haar. Ihr unförmiger Leib ist mit Leichenteilen versehen, in ihren Händen trägt sie einen abgeschlagenen Kopf und ein blutiges Schwert. Ihre Opfer zerstückelt sie und trinkt deren Blut. Sie bringt Kriege und Seuchen, Überschwemmungen und Erdbeben über das Land. Von dieser furchtbaren Manifestation des Göttlichen erwarten die Hindus nicht nur alles Gute, sondern schlechthin alles. Die Anhänger Kalis sind in früheren Jahrhunderten brandschatzend und mordend durch das Land gezogen, um mit Menschenopfern den Blutdurst der Göttin zu stillen. Für viele Inder verbirgt sich hinter dem grausamen Antlitz der Kali aber auch eine gute mütterliche Gottheit, bei der man Geborgenheit finden kann. Auch in dieser Göttin sind die Widersprüche unserer Welt vereint. Sie gibt Leben und Tod, sie schafft und zerstört. Sie gebietet über das Unglück und zeigt den Weg zum Heil. Schönes und Scheußliches, Heiliges und Schmutziges sind vor ihr gleich, weil all diese Extreme auch zu unserer Welt gehören. Dieser Göttin ist nichts Menschliches und nichts Weltliches fremd. Welt und Mensch sind mit all ihren Erscheinungen in ihr aufgehoben.

Gute und böse Geister

Das religiöse Leben vieler Hindus wird im Alltag oft von kleinen Göttern, von guten Geistern und bösen Dämonen bestimmt. Man will sich ihrer Hilfe versichern oder die Gefahren, die sie mit sich bringen, abwehren. Dazu muß man die richtigen Praktiken kennen. Aberglaube und Esoterik, Magie und Zauber sind in Indien weit verbreitet. Auch der Animismus reicht aus alten Zeiten bis in die Gegenwart hinein. Flüsse und Berge, Wälder und Felder haben ihre eigenen Gottheiten. Dörfer und Häuser, Wege und Stege stehen unter dem Schutz oder der Bedrohung von Geistern, die für ihre Leistung die entspre-

> ### Gesetz – Prinzip – Wahrheit
> Gott ist nicht eine Persönlichkeit.
> Er ist das unbewegliche, lebendige Gesetz.
> Dieses Gesetz ändert sich nicht, es ist ewig.
> Es ist nicht ein persönlicher Gott, der sich mit den in Bewegung befindlichen Umständen wandelt.
> Gott ist ein ewiges Prinzip.
> Deshalb habe ich gesagt: Die Wahrheit ist Gott.
> *Mahatma Gandhi (→ S. 344 f.)*

chenden Gaben erwarten. Es gibt *Pockengöttinnen* und *Pflanzengötter*, auf deren Ansprüche einzugehen sich sehr empfiehlt. Viele Bus- und Autofahrer opfern dem Bild des elefantenförmigen *Ganesha* auf dem Altärchen am Straßenrand ein paar kleine Münzen, um sicher zu fahren und andere Menschen nicht in Gefahr zu bringen. Sie wissen, daß sich die Spende auszahlt. Überall herrscht Angst vor *Gespenstern*. Manche sind blutrünstig und treiben nachts ein böses Spiel. Wer sich vor ihnen nicht vorsieht, kann seine Überraschungen erleben. Die *Yakshas*, geheimnisvolle männliche Wesen, bringen meist Glück. Um sicher zu gehen, hat man ihnen in den Dörfern unter alten Bäumen kleine Altäre errichtet, die gern mit Blumen und Blättern geschmückt werden. Oft sind sie auch auf den Türrahmen innerhalb der Häuser als schöne Jünglinge zu sehen. Ähnlich verhalten sich viele Hindus gegenüber den *Yakshis*, den weiblichen Partnern der Yakshas. Von ihrer Lebenskraft erhoffen sie sich gute Ernten und Schutz vor Krankheiten bei Mensch und Tier. Die *Geister der Verstorbenen* erwarten von den Angehörigen korrekte Beachtung des Begräbnisrituals. In manchen Gegenden gibt man ihnen Wasser und Kuchen, damit sie für ihre weite Reise in die andere Welt gut versorgt sind. Das ganze Leben erscheint vielen in das Treiben guter und böser Geister verwoben.

Vielarmige Geister an der Wand eines Hauses. Die schwarzen Figuren sind mit Blumengirlanden, Kronen, Ketten und Tüchern reich geschmückt. Man erwartet von ihnen Schutz und Hilfe. Daß über den Gestalten ein Hemd zum Trocknen hängt, stört niemanden. Die göttliche und die profane Welt gehören zusammen. Überall gibt es Berührungspunkte. In Stadt und Land stößt man auf Bilder und Statuen guter und böser Geister.

Das Kastenwesen

Religiöse Gesellschaftsstruktur

Die Zugehörigkeit zu einer *Kaste* macht den Hindu erst zum Hindu. Den Glauben an das ewige Weltgesetz oder an die Veden kann man auch ohne Kastenzugehörigkeit annehmen. Hindu kann man dadurch in der Regel nicht werden. Hindu ist man von Geburt an, durch die man einer bestimmten Kaste zugehört. Darum können in der Regel – Ausnahmen sind möglich – Einzelpersonen nicht in den Hinduismus eintreten. Mit dem Kastenwesen hat der Hinduismus eine Gesellschaftsordnung, für die sich in den anderen großen Religionen keine Parallele finden läßt. Man kann im Kastenwesen das typischste Merkmal des Hinduismus sehen. Hier liegt ein eindeutiges Kriterium vor, wenn man bei einer der vielen indischen Religionen entscheiden soll, ob sie noch zum Hinduismus zählen oder nicht.

Das Wort »*Kaste*« kommt von dem lateinischen Wort »castus«, d. h. »rein«, »keusch«. Als die Portugiesen im 16. Jahrhundert nach Indien kamen, bezeichneten sie die dort lebenden Gruppen als »Kasten«, weil diese sich besonders durch ihre Reinheitsvorschriften bei der Wahl eines Ehepartners und beim Essen voneinander unterschieden. Die indische Selbstbezeichnung für die unterschiedlichen Gruppen, »*Jati*« (d. h. »geboren«), weist darauf hin, daß man zu seiner Kaste von Geburt an gehört. Das ganze Kastenwesen heißt im Sanskrit »*Varnashrama*«, ein Wort, das sich von »Varna«, »Farbe«, später auch »Kaste«, herleitet. Möglicherweise haben sich die hellhäutigen arischen Eroberer schon früh von den dunkelhäutigen Ureinwohnern des Landes abgesondert und auf Grund ihrer Hautfarbe eine Trennung durchgesetzt. Hier könnte schon eine frühe Form der Apartheidpolitik vorliegen, die für die Arier vor allem den Zweck hatte, in einer neuen Umwelt gegenüber der alteingesessenen Bevölkerung die eigene religiöse und ethnische Identität zu schützen. Durch das Kastenwesen hat der Hinduismus bis heute eine höchst differenzierte Binnenstrukturierung.

Ursprünglich kennt der Hinduismus nur *vier Kasten* (»Varnas«), nämlich

- die *Brahmanen*: Priester, Kenner und Lehrer der heiligen Schriften
- die *Kshatriyas*: Krieger, Könige, Fürsten, Adelige
- die *Vaishyas*: Ackerbauern, Viehzüchter, Handwerker, Handelsleute
- die *Shudras*: Diener, Arbeiter, Sklaven

Diese Vierteilung ist eher eine idealtypische als eine reale Beschreibung der indischen Sozialordnung. Sie dürfte es in dieser klaren Form nie gegeben haben. Im Lauf der Jahrhunderte haben sich zahllose *Unterkasten* (»Jatis«) gebildet, die nur mühsam den vier Kasten zugeordnet werden können. Man schätzt, daß es heute in Indien 3000 bis 4000 Kasten gibt. Unterhalb der vier Kasten lebt noch eine starke Gruppe, die keinem Varna mehr angehört und damit aus dem etablierten Gesellschaftssystem herausfällt. Es sind die out-casts, die *Unberührbaren*, die merkwürdigerweise auch selbst noch viele Unterkasten gebildet haben.

Für den Hindu ist es von allerhöchster Bedeutung, welcher Kaste er angehört. Die Kastenordnung bestimmt seine gesellschaftliche Stellung und den Rhythmus seines Lebens. Das zeigen die *drei Regeln*, die für das Kastenwesen kennzeichnend sind.

- Die *Trennung* (1): Die Zugehörigkeit zu einer Kaste trennt von den anderen Kasten. Man darf nur innerhalb der eigenen Kaste heiraten (Endogamie) und nur mit Kastenangehörigen zusammen essen, weil nur so die Reinheit der Kaste gewahrt bleibt. Meist sind heute die Wohnviertel der Städte nach Kasten aufgeteilt. Auch in den Dörfern leben die drei oberen Kasten in der Regel im Zentrum, die Shudras am Rand, die Kastenlosen außerhalb der Ortschaft in eigenen elenden Siedlungen.
- Die *Spezialisierung* (2): Die Arbeiten, die einer verrichten darf, hängen allein von der Kaste ab. Jeder muß sich an die speziellen Berufsmöglichkeiten seiner Kaste halten. Eine freie Berufswahl außerhalb der Kaste ist nicht möglich.
- Der *soziale Rang* (3): Das Sozialprestige eines Menschen hängt von seiner Kaste ab. Ein Brahmane steht auf der höchsten Stufe der indischen Hierarchie, ein Shudra auf der niedrigsten, die Kastenlosen befinden sich ganz außerhalb dieser Ordnung.

Brahmanen – Götter oder Schurken?

Zweierlei Arten Götter gibt es:
die (eigentlichen) Götter
und die eifrig studierenden, gelehrten Brahmanen;
diese sind die menschlichen Götter.
Mit Opfergaben erfreut man die Götter,
mit Opferlohn die Menschengötter,
die eifrig studierenden Brahmanen.
Beide (Arten von) Göttern verleihen dem
Opfernden Wohlbefinden.

aus den Brahmanas (→ S. 282)

Nichts anderes sind die Spenden an die Ahnen
als ein Erwerbsquell unserer Brahmanen.
Die die Veden ausgesonnen haben,
Nachtschleicher sind es, Schurken, Possenreißer.

aus den Darshanas (→ S. 289)

Die *Vermischung* der Kasten gilt als unsühnbarer Frevel. Viele Hindus glauben, daß die Katastrophe der Endzeit bevorsteht, wenn die Kastenschranken nicht mehr beachtet werden. Wenn sich Brahmanenfrauen mit Männern niedriger Kasten oder gar mit Kastenlosen einlassen, wenn Shudras sich gegenüber höheren Kasten als Herren aufspielen, dann geht der Weltenlauf seinem Ende entgegen.

Wenn man diese Sozialordnung mit unseren Augen betrachtet, wird man gewichtige *Einwände* gegen sie erheben wollen. Sie beachtet weder die Gleichheit aller Menschen noch das Recht auf Selbstbestimmung, wie es in unserer politischen und religiösen Ethik festgeschrieben ist. Ohne jeden Zweifel hat dieses System viel Ungerechtigkeit fixiert. Aber man muß sich hüten, es nur mit den eigenen Maßstäbe zu messen, weil man dann Gefahr läuft, den Stellenwert der Kastenordnung für den Hinduismus nicht zu erkennen.

Es ist notwendig, auch die *Einstellung der Hindus* selbst zur Kenntnis zu nehmen.

• Die meisten Hindus ertragen ihre Kastenzugehörigkeit mit größtem Gleichmut. Sie sehen in der Kastenordnung mehr als ein soziales System, das alsbald aufgelöst werden müßte. Es hat eine *religiöse Strukturierung*, die dem ewigen Gesetz der Welt (»Dharma«) entspricht und darum nicht angetastet werden kann. Man darf weder Gott noch die Götter

dafür verantwortlich machen. Die Zugehörigkeit zu einer bestimmten Kaste oder auch zu der Gruppe der Unberührbaren ist deshalb nicht ungerecht, weil sie der Lohn der Taten aus einem vergangenen Leben ist. Wer heute als Brahmane lebt, hat sich diese gute Kastenzugehörigkeit früher verdient und darf sie darum guten Gewissens genießen. Wer heute als Unberührbarer sein Dasein fristet, ist in seiner vorigen Existenz schuldig geworden, so daß er nun für seine früheren Taten bestraft wird. Die soziale Ungleichheit hat religiös-ethische Gründe. Sie erscheint den meisten Hindus deshalb nicht unerträglich, weil sie hoffen können, daß sich ihr Los nach diesem Leben in einer neuen Wiedergeburt zum Besseren wendet. Von der Kastenzugehörigkeit hängt weder der ethische Standard noch die Erlösung des Menschen ab. In jeder Kaste kann man sein Lebensziel erreichen und verfehlen. Darin hat die höhere Kaste der niederen nichts voraus. Im übrigen ist die Kastenordnung keine ewige unwandelbare Ordnung. Es gab einmal eine kastenlose Zeit, und es wird sie wieder geben. Durch die bösen Taten der Menschen kam sie zustande, und nach der Wiederkehr einer neuen Welt braucht sie nicht von neuem zu entstehen, wenn die Menschen dann nur gut handeln. Der jetzige Weltenlauf ist aber erst einmal durch das Kastenwesen bestimmt.

• Der Vielfalt der Kasten entspricht eine Vielfalt der Aufgaben und eine *Vielfalt des Ethos*. Für jede Kaste gibt es spezifische Pflichten. Insofern ist die indische Kastenmoral nicht universal, sondern partikular. Eine Handlung, die innerhalb einer Kaste geboten ist, kann in einer anderen Kaste verboten sein. Ein Brahmane darf vieles nicht essen, was einem Krieger oder Handwerker durchaus erlaubt ist. Eine Kurtisane erfüllt ihre Pflicht, wenn sie ihre Gunst ohne Ansehen der Person verschenkt und zu einem hohen Kshatriya nicht liebenswürdiger ist als zu einem niedrigen Shudra. Das ist ihr Dharma, während eine solche Handlung einer Brahmanenfrau strikt untersagt ist. Das Freudenmädchen hat genauso ein eigenes Ethos und damit eine eigene Würde wie die Gattin des Priesters. Die Dharma-Lehre ist eine Hilfe für die Hindus, mit den Härten des Kastenlebens fertig zu werden. Sie gibt jedem die Möglichkeit, auf seine Weise richtig zu handeln und zu einem erfüllten Leben zu kommen.

• Das Kastenwesen hat manche positive Auswirkungen, die man bei uns oft nicht sieht. Die *soziale Funktion* der Kasten besteht darin, daß für alle Mitglieder gesorgt werden muß. Die Kaste ist die indische Solidargemeinschaft, die den Alten, Kranken und Arbeitslosen das Existenzminimum sichert. Ohne die Kasten fiele die indische Gesellschaft in ein soziales Chaos, da der Staat kaum in der Lage ist, die entsprechenden Leistungen aufzubringen. Heute wissen wir wieder mehr zu schätzen, daß durch die indische Kastenordnung die ethnische und kulturelle Identität vieler kleinerer Gruppen in Indien erhalten geblieben ist. Sie sind nicht durch Vermischung in größeren Verbänden aufgesogen worden.

Die vier Hauptkasten

• Die oberste Kaste bilden die *Brahmanen*. Ihr Name bedeutet »besessen von Brahman«, also von jenem letzten Prinzip, auf das alle Wirklichkeit zurückgeht. Sie sind ursprünglich Priester, die das ererbte Recht haben, die religiösen Zeremonien und die Opferriten durchzuführen. Da den Menschen die heiligen Opfer zur Beeinflussung der Götter früher sehr wichtig erschienen, die Kenntnis der Opferformeln aber den Brahmanen vorbehalten war, hatten diese einen großen Einfluß. Oft waren sie sehr gefürchtet, und zu manchen Zeiten galten sie sogar selbst als Götter. Man glaubte, daß das, was sie ankündigten, auch eintreffe. Ihr Fluch ist bis heute ein großes Unglück für die Betroffenen. Als die Bedeutung der Opfer abnahm, kamen auf die Brahmanen andere Aufgaben zu, so das Studium der heiligen Schriften, die Lehre der alten Tradition und die Kenntnis der Sanskrit-Sprache. Man findet unter den Brahmanen aller Zeiten gelehrte Kenner der Religion, der Geschichte und der Grammatik. Ohne das Wissen und das gute Gedächtnis der Brahmanen wäre die mündliche Überlieferung der heiligen Schriften nicht möglich gewesen. Ihren Lebensunterhalt sollen sie sich nicht selbst verdienen. Jede auf Erwerb ausgehende Tätigkeit verunreinigt sie. Das, was sie zum Leben brauchen, soll ihnen von den Angehörigen der anderen Kasten geschenkt werden.

Die vier Hauptkasten.

Linke Seite: Brahmanen vor
einem Tempel.

Oben links: Ein Vaishya, hier ein
Händler mit Tonwaren.
Oben rechts: Shudras bei der
Wäsche im Fluß, beim Auf-
hängen und beim Schleppen.
Links: Eheschließung von
Kshatriyas - Fürsten, Adelige,
Krieger.

Diese können sich so Verdienste für den Himmel bzw. für eine gute Wiedergeburt erwerben. Aber diese Idealvorstellung wurde nicht immer realisiert. Wenn die Zahl der Brahmanen zu groß oder ihr Ansehen geschwächt war, mußten sie auch Erwerbstätigkeiten übernehmen. Das war immer ein Zeichen für das Schwinden ihres Einflusses. Heute sind viele Brahmanen berufstätig, weil sie sonst ihren Lebensunterhalt nicht bestreiten könnten.

Den Rechten der Brahmanen stehen viele Pflichten gegenüber (→ S. 277). In kultischen Dingen müssen sie strenge Disziplin wahren. Sie dürfen sich nicht verunreinigen und müssen viele Reinhaltungsgesetze beachten. Straßenkehrer oder Witwen sollten sie nicht anschauen, weil von diesen Personen Unheil ausgeht. Der Genuß von Fleisch ist ihnen verboten. Der Tageslauf der Brahmanen ist vom Morgen bis zum Abend in eine strenge Ordnung eingebunden. Sie müssen mit dem rechten Fuß zuerst aufstehen, ganz bestimmte Gebete und Mantras sprechen, rituelle Atemübungen machen und vorgeschriebene Bäder nehmen.

Die große Kaste der Brahmanen ist seit langem in hunderte Unterkasten aufgeteilt, die sich nach Herkunft, Reichtum, Einfluß und Ansehen sehr unterscheiden. Heute vollziehen die Brahmanen häufig für die Oberschicht die religiösen Riten bei Geburt, Hochzeit und Beerdigung.

• Die zweite Kaste bilden die *Kshatriyas*, die Fürsten, Adligen und Krieger. Auch sie genießen hohes Ansehen. Sie müssen die Gesellschaft schützen und dabei folgende Aufgaben erfüllen: Kämpfe gegen die äußeren Feinde, Aufrechterhaltung der inneren Ordnung, Sorge für das Recht, Strafgewalt. Für sie gilt das Hindu-Ideal der Gewaltlosigkeit nicht, wie es schon für König Arjuna in der Bhagavadgita (→ S. 288) nicht galt. Die Kshatriyas sind die Hüter der Kastenordnung. Was den Brahmanen untersagt ist, z. B. Fleischgenuß und Jagdvergügen, ist ihnen erlaubt. Ihren Unterhalt durften sie früher von dem bestreiten, was sie erbeutet und gewaltsam an sich genommen hatten.

• Die *Vaishyas* sind Bauern, Viehzüchter und Handwerker. Sie treiben auch Handel und verleihen Geld. Ihre Aufgabe ist es, die wirtschaftlich notwendigen Aufgaben für die Gesellschaft zu tun. Unter den Vaishyas sind viele reiche Leute. Die meisten

tun ihre täglichen Pflichten, ohne damit große Schätze anzuhäufen.

Die Angehörigen der drei oberen Kasten nennen sich die »Zweimalgeborenen«. Am Ende der Pubertät erhalten sie eine heilige Schnur, die sie von nun an tragen sollen. Durch dieses Initiationsritual werden sie gleichsam zum zweitenmal geboren. Von jetzt an dürfen sie die heiligen Schriften lesen. Der Brauch erinnert an die christliche Taufe, die auch eine Art »Wiedergeburt« darstellt.

• Nicht zu den »Zweimalgeborenen« zählen die *Shudras*, die Mitglieder der vierten Klasse. Sie dürfen die Veden und andere heilige Schriften nicht lesen. Ihre Aufgabe besteht darin, die niedrigen Dienste zu verrichten und ihre Arbeitskraft in den Dienst der Gesellschaft zu stellen. Ihnen fehlt das Wissen der Brahmanen, der Einfluß der Kshatriyas und der Reichtum der Vaishyas. Sie sind z. B. Gärtner, Fischer, Hirten, Töpfer, Weber, Gerber. Es kommt nicht selten vor, daß auch Shudras großen Reichtum erwerben und sogar Brahmanen als Diener oder Koch anstellen. Viele strenge Vorschriften, die für die Angehörigen anderer Kasten gelten, brauchen von den Shudras nicht eingehalten zu werden. Sie dürfen alles essen und trinken, sind jedoch auch an strenge Heiratsregeln gebunden.

Die Unberührbaren

Schätzungsweise 140 Millionen Inder, etwa jeder sechste Bewohner des Landes, gehören keiner Kaste an. Sie leben zwar in über 1000 eigenen Kasten und Unterkasten, aber ihre Sozialform gilt praktisch als kastenlos. Als *Außenseiter* der Gesellschaft leben sie fast immer in unvorstellbarer wirtschaftlicher *Armut* und sind kultisch *unrein*. Schon zu alten Zeiten waren die Nichthindus und die vagabundierenden Fremden kastenlos. Auch die Angehörigen unterworfener und besiegter Stämme zählten zu dieser Gruppe. Dasselbe Los teilten später auch diejenigen, die aus einer Kaste ausgestoßen wurden und die aus unrechtmäßigen Mischehen hervorgegangen waren, etwa die Kinder, die ein Brahmane mit einer Frau aus einer niederen Kaste hatte.

In den alten Texten werden sie als »*Chandalas*« bezeichnet, was nichts anderes heißt als »die Niedrigsten unter den Niedrigen«. Die Angehörigen einer dieser niedrigen Kasten heißen »*Parias*« (d. h. »Trommler«). Manchmal wird dieser Name bei uns zu Unrecht auf alle Kastenlosen übertragen und als Synonym für sie gebraucht. Weil es zu keiner Berührung mit anderen Indern kommen darf, heißen sie auch die »*Unberührbaren*«. In vielen Fällen gilt es schon als Frevel, wenn ein Kastenloser einen andern Inder auch nur anschaut. Allein seine Anwesenheit genügt bisweilen, einen Brahmanen zu verunreinigen.

Die Unberührbaren dürfen nur die *Tätigkeiten* ausführen, die andere nicht tun wollen oder tun dürfen, weil sie sich dadurch beflecken würden. Sie sind Metzger, Straßenkehrer, Lederarbeiter, Leichenwäscher, Totengräber und Abortreiniger. Für viele orthodoxe Hindus stehen sie auf einer Stufe mit Hunden und unreinen Tieren. Man darf sie ohne Skrupel quälen. Auf den Bahnhöfen und Straßenbahnstationen haben sie solange zu warten, bis alle anderen einen Platz gefunden haben. In der Eisenbahn räumen sie stumm das Abteil, wenn ein Brahmane in der Nähe ist. Es wird sogar von ihnen erwartet, daß sie den Zug verlassen, selbst wenn sie Kinder bei sich haben und es schon Nacht ist. Dann müssen sie eben auf dem Bahnhof bis zum nächsten Zug am nächsten Tag warten.

Nicht einmal der Trost der *Religion* wird ihnen zuteil. Sie dürfen die heiligen Schriften nicht lesen, und in früheren Zeiten durften sie auch die Tempel nicht betreten. Ihre Unreinheit ist nicht ein nur ein hygienischer, sondern ein religiöser Zustand. Kein Reinigungsritual, kein Wasser und kein Gebet kann sie davon befreien. Sie müssen ihr Dasein als Schuld aus früherem Dasein ansehen. So gibt es für sie weder Mitleid von anderen noch Grund zur Selbstachtung.

Manche Mythen und Legenden bekunden allerdings, daß das System *nicht gottgewollt* ist. Es habe sich schicksalhaft schon viel zu lange erhalten und müsse alsbald seinem Ende zugeführt werden. Vor allem betrügerische Ambitionen der Brahmanen werden für die Konsolidierung des Systems verantwortlich gemacht. Viele Kastenlose sehen sich nur noch als Ausgebeutete. Sie halten sich selbst für Brüder der Brahmanen und für die besseren Menschen. Die modernen *Reformversuche* knüpfen daran an, daß das Kastenwesen mit seinen erniedrigenden Formen nicht zum Grundbestand des Hinduismus gehöre. Sie erinnern an alte Traditionen, die lehren, daß alle Menschen Kinder Gottes sind. Wenn sie aber alle einen Vater haben, kann und darf es keine Kasten geben. Damit rufen die Reformer aber den heftigen Widerstand der orthodoxen Hindus auf den Plan. Sie sehen darin einen Angriff auf die Grundlehren von Samsara, Karma und Dharma. Es ist noch nicht abzusehen, ob sich in Zukunft die reformerischen Lehren durchsetzen oder ob die orthodoxen Traditionen stärker sind, die das Kastenwesen stützen.

Die Ursprünge

Die Ursprünge des Kastenwesens liegen für uns im Dunkel. Wir wissen nicht, wann und zu welchem Zweck sie eingeführt worden ist. Die *Theorien über die Ursprünge* des Kastenwesens unterscheiden sich dadurch, daß sie entweder auf religiöse oder politische, wirtschaftliche oder ethnische Ursachen hinweisen. Sie schließen sich gegenseitig nicht aus. Ver-

Zu den Aufgaben der Unberührbaren gehört das Verbrennen der Leichen. Diese Arbeit ist den Angehörigen der vier Kasten untersagt, weil sie unrein macht.

mutlich haben alle genannten Faktoren Anteil an der Kastenstruktur des Hinduismus.

• Die *religiöse Begründung* ist die des orthodoxen Hinduismus. Sie stützt sich auf die Veden. Danach sind die Kasten am Anfang der Zeit aus den Körperteilen des höchsten Wesens entstanden und haben von daher ihre unterschiedliche Wertung. Der Brahmane (Priester) war der Mund dieses Gottes, der Kshatriya (Fürst) ist aus dessen Armen entstanden, seine Schenkel wurden zu den Vaishyas (Volk) und seine Füße zu den Shudras (Sklaven). Diese uralte mythologische Vorstellung spiegelt die damalige Gesellschaftsordnung wider und legitimiert sie zugleich. Weil die Kastenordnung von Anfang an besteht und göttlich ist, darf sie nicht angetastet werden. In späteren Zeiten hat sich mehr der andere religiös-ethische Gedanke durchgesetzt, daß die jeweilige Kastenzugehörigkeit durch das Karma zu erklären ist.

• Die *politische Begründung* bezieht sich auf die allmähliche Vorherrschaft der Arier gegenüber den Einheimischen (→ S. 280). Demnach liegt der Ursprung der drei oberen Klassen bei den Ariern. Ihre Priester, Krieger und Bauern setzten sich von der Urbevölkerung ab. Durch Heiratsverbot suchten sie ihre Eigenart in einer neuen Welt zu wahren, in der sie zahlenmäßig zunächst unterlegen waren. Die Einheimischen mußten Arbeiter und Sklaven stellen, die allmählich zur vierten Kaste wurden.

• Noch einmal anders, aber verwandt mit der vorigen ist die *wirtschaftliche Erklärung*. Danach liegt

---

Die Erschaffung der Kasten

Die Welt war finsterartig, unwahrnehmbar, ohne Merkmale, unerschließbar, unerkennbar, gleichsam im Schlaf überall.

Da geschah es, daß der durch sich Seiende, Heilige, Unoffenbare ... in Erscheinung trat, die Finsternis verscheuchend ...

Er meditierte und beschloß, aus seinem Leibe die mannigfachen Geschöpfe zu schaffen ...

Um Ordnung in den Welten zu schaffen, ließ er aus seinem Mund den Brahmanen, aus seinem Arm den Kshatriya, aus seinem Schenkel den Vaishya, aus seinen Füßen den Shudra hervorgehen.

aus dem Rigveda (→ S. 281)

---

der Ursprung des Kastensystems in der Arbeitsteilung von Priestern und Kriegern, von Handwerkern/Bauern und Sklaven/Knechten.

• Für zahlreiche Unterkasten gilt die *ethnische Erklärung*, die zu Recht darauf hinweist, daß viele Volksgruppen und Stämme, die irgendwann in den Hinduismus aufgenommen oder von ihm absorbiert wurden, dort als Unterkasten weiterleben konnten. Sie brauchten dort zumindest nicht alle ihre Sitten, Riten und Mythen aufgeben. Manchmal wurden auch Familien und Berufsgruppen zu neuen Kasten. Darum haben sich in den Kasten so viele religiöse und ethnische Gruppen erhalten.

Geschichte und Gegenwart

Die lange *Geschichte* des Kastenwesens ist in vielen Einzelheiten noch nicht erforscht. Deutlichere Züge der Kastenordnung sind für uns erst etwa ab dem 4. Jahrhundert v. Chr. erkennbar. Anstelle einer Chronologie seien hier nur Grundzüge angedeutet.

• Nie war dieses soziale System unwandelbar und starr. Es hat sich immer den Gegebenheiten der Zeit angepaßt und dadurch oftmals soziale Stabilität bewirkt. Ohne große *Flexibilität* hätte es die Jahrhunderte nicht überleben können.

• Die Kastenordnung ist in vielen Epochen nicht unangefochten akzeptiert worden. Häufig gab es Rivalitäten und *Kämpfe um die Vorherrschaft*, insbesondere zwischen den Brahmanen und Kshatriyas. Tatsächlich standen diese zeitweilig an der Spitze des Kastensystems. Vishnu selbst mußte in seiner sechsten Herabkunft (→ S. 314) in solche Kämpfe eingreifen und den Brahmanen ihren obersten Rang gegenüber den kriegerischen Fürsten sichern. Auch die zu wirtschaftlicher Macht gelangten Vaishyas ordneten sich nicht immer in die Kastenhierarchie ein. Ihr Reichtum erlaubte es ihnen oft, sich dem Einfluß der Brahmanen zu entziehen.

• In manchen Epochen der indischen Geschichte wurde das Kastenwesen völlig *in Frage gestellt*. Hier ist vor allem auf das Beispiel des *Buddha* (→ S. 407) hinzuweisen, der mit seinem Weg zur Leidüberwindung und Erleuchtung das brahmanische Opfersystem überflüssig machte. Zwar sprach er sich nicht wie ein Sozialreformer direkt gegen das Kastenwesen aus, aber in seiner Gemeinde und unter dem

Einfluß seiner Lehre verlor es entscheidend an Bedeutung. Im Gefolge davon gab es auch im Hinduismus Versuche, die Gleichheit aller Menschen zu proklamieren und damit das Kastenwesen zu kritisieren. Vor allem die *Bhakti-Bewegungen* (→ S. 302) des indischen Mittelalters nahmen Menschen aus allen Kasten auf und lehrten, daß auch Angehörige der niederen Kasten Erlösung finden könnten.

• In der Neuzeit finden wir auch unter dem Einfluß der europäischen Aufklärungsideen in verstärktem Maß politische Tendenzen zur *Liberalisierung*. Als einen modernen Reformversuch muß man die indische *Verfassung von 1947* werten, die die Kastenordnung für das politisch-soziale Leben abgeschafft hat. Seitdem sitzen Kastenlose in den Ministerien und Parlamenten. Dennoch ist den entsprechenden Gesetzen noch kein durchschlagender Erfolg beschieden gewesen. Was Jahrhunderte bestimmend war, haftet in den Vorstellungen und Verhaltensmustern der Menschen so tief, daß es sich nicht so rasch durch Dekrete beseitigen läßt. Viele orthodoxe Hindus stehen noch immer in Opposition zur indischen Verfassung, weil sie das Kastensystem ignoriert. Sie meinen, das Kastenwesen sei ein integrierender Bestandteil des Hinduismus und könne deshalb im politischen Bereich nicht ausgeklammert werden.

In unserem Jahrhundert gab es viele Versuche zur Reform des Kastenwesens. Vor allem *Bhimrao Ramji Ambedkar* (1893–1956), der selbst zu den Unberührbaren gehörte, hat sich als Anwalt und Politiker tatkräftig für die Verbesserung ihrer Rechte eingesetzt. Seine eigenen Erfahrungen als Kastenloser kamen ihm dabei zugute. Er war der erste Unberührbare, der studieren konnte. An der Ausarbeitung der indischen Verfassung war er als Minister maßgeblich beteiligt. Ihm vor allem ist die rechtlich-politische Gleichstellung der Kastenlosen zu verdanken. Später kam er allerdings zu der Auffassung, das indische Kastenwesen sei nicht reformierbar. Die Besserstellung der Kastenlosen werde mehr aus wirtschaftlichen als aus religiösen Gründen verhindert. Darum lehnte er den Hinduismus als Religion ab und trat 1956 zum Buddhismus über (→ S. 437 f.). Ihm folgten in den fünfziger Jahren an die vier Millionen Unberührbare. Diese Entwicklung hat sich später nicht fortgesetzt. Zu einem entscheidenden Durchbruch der Reform ist es nicht gekommen.

Auch *Gandhi* (→ S. 344 f.) gehört in die Reihe der Reformer. Er hat zwar das Kastenwesen nicht strikt abgelehnt und sich für eine Kastenordnung im Sinn der Veden ausgesprochen. Darin war er konservativer Hindu. Aber die Unzahl der Kasten, die diskriminierenden Heiratsregeln und die überflüssigen Speisetabus hat er bekämpft. Vor allem setzte er sich für die Gleichberechtigung und Aufwertung der vielen Inder ein, die als Unberührbare keiner der vier Kasten angehören und darum in einem Zustand permanenter Erniedrigung und Verunreinigung leben. Ostentativ und fromm zugleich nannte er sie »*Kinder Gottes*« (»Harijans«, d. h. »Kinder Haris, Vishnus«) und nahm auch ein Mädchen aus dieser verachteten Gruppe in seine Familie auf. Einmal sagte er , daß er nicht wiedergeboren werden wolle, aber wenn die Wiedergeburt unvermeidbar sei, wolle er als Unberührbarer wiedergeboren werden, um ihre Leiden und Sorgen zu teilen. Er wolle dann danach streben, sie aus ihrer unwürdigen Lage zu befreien. Seit Gandhi werden die Probleme klarer gesehen, aber auch ihm gelang noch kein nachhaltiger Erfolg.

• Für orthodoxe Hindus zählen bis heute die Angehörigen anderer Religionen, also auch Christen und Muslime, zu den Kastenlosen. Das hat Auswirkungen auf den Umgang mit ihnen. So dürfen diese nicht berührt werden, weil sie sich nicht an die Reinheitspflichten halten, die für alle Kastenangehörigen gelten. Zwar verweigern die meisten Hindus ihnen heute beim Gruß nicht mehr die Hand. Aber sie müssen sich eigentlich nach der Berührung die Hand waschen, um wieder rein zu werden.

• Im *heutigen Indien* ist die Kastenordnung in eine fundamentale *Krise* geraten. Die politischen und wirtschaftlichen Verhältnisse gehen über alte Traditionen hinweg. Tatsächlich ist das Kastenwesen, das in einer agrarisch-feudalen Gesellschaft entstanden ist, mit einer modernen Industriegesellschaft und Demokratie nicht mehr vereinbar. Aus dem Konflikt der alten Kastenordnung mit den Erfordernissen des heutigen ökonomischen und politisch-sozialen Lebens entstehen schwerwiegende Probleme. Wenn die Kastenordnung aber trotz vieler Kritiken ihre große Bedeutung behalten hat, so liegt das auch daran, daß es bislang nicht gelungen ist, an ihre Stelle ein anderes System zu setzen, das ihre religiösen und sozialen Aufgaben übernehmen kann.

Die Allgegenwart der Religion

Alltag

Für die Hindus ist die Religion die alles beherr-schende Kraft im Leben. Der ganze Alltag und das ganze Leben werden von der Religion in einem Maß bestimmt, wir wir uns das kaum mehr vorstellen können. Eine Trennung von profanem und religiösen Bereich gibt es im Hinduismus nicht. Alle *Lebensabschnitte* (»Ashramas«) haben eine eigene religiöse Prägung (→ S. 303 ff.).

Wenn ein Hindu *morgens* vor sein Haus tritt, begrüßt er zunächst die Sonne mit dem Gayatri-Mantra (→ S. 282). Sie ist für ihn das sichtbare Zeichen für Geist und Leben, ein Symbol, das die göttliche Welt am schönsten offenbar macht. Die Hände hat der Beter dabei vor der Brust gefaltet. Nach Möglichkeit spricht er die heiligen Worte an einem Fluß oder Teich, sonst hat er einen Krug mit reinem Wasser in seiner Nähe. Mit dem Wasser besprengt er sich und die vier Himmelsrichtungen. So reinigt er sich schon am Morgen von seinen Verfehlungen und wird eins mit der göttlichen Natur. Der Tag beginnt festlich mit einem Lobpreis der Schöpfung und des Schöpfers. Wasser und Licht, Ursymbole des Hinduismus wie auch anderer Religionen, werden dabei wie selbstverständlich einbezogen. Auch der *Abend* ist eine Zeit zum Beten. Wenn die Arbeit des Tages getan ist und Ruhe einkehrt, erinnert sich der Hindu im Kreis seiner Familie an die Götter oder an Gott. Vor allem in den höheren Kasten endet der Tag mit Gebeten und mit dem Erzählen der alten Mythen und Legenden. Beim Aufgang der Sonne und bei ihrem Untergang fühlt sich der Hindu an Gott und die Götter erinnert und nimmt dies zum Anlaß, sich selbst innerlich zu sammeln.

Die Religion der Hindus lebt vor allem im *Haus* und im Kreis der Familie. Sie ist viel mehr der Mittelpunkt des religiösen Lebens als ein Tempel oder als eine Gemeinde. In jedem Haus gibt es Bilder und kleine Figuren in einem Andachtswinkel für die Gottheiten, denen sich die Familie besonders verbunden weiß. Zu seinen Göttern hat der Hindu eine nicht unsympathische Einstellung. Er fühlt sich ihnen gegenüber nicht so sehr als sündiger Mensch, nicht als gehorsamer Diener oder nichtswürdiges Wesen. Er tritt den Göttern als *Gastgeber* entgegen. Ihre bunten Bilder werden täglich liebevoll begrüßt, sie werden mit kleinen Gebeten angesprochen, heilige Texte werden ihnen vorgelesen, ihnen wird geopfert, sie werden gereinigt, sie erhalten Wasser und Süßigkeiten, sie werden mit duftenden Ölen gesalbt und eingerieben. Blumen und Blüten, Weihrauch und brennendes Licht sollen sie erfreuen. So bekommen sie wie liebe Gäste alles, was ihnen guttut. Natürlich geschieht das ganze tägliche *Ritual* in der Erwartung, daß sich auch die Götter erkenntlich zeigen und dem Gastgeber das geben, was dieser braucht. In der Gegenwart verlieren die alten Bräuche an Bedeutung, weil die moderne Lebenswelt den Menschen keine Zeit mehr dafür läßt und den Sinn für die alten Traditionen stark mindert.

Zur *Natur* haben die Hindus ein anderes Verhältnis als die Europäer. Sie sehen in ihr nicht in erster Linie ein Feld für wissenschaftliche Erforschung, ein Reservoir von Rohstoffen oder eine Stätte der Erholung. Die Natur ist in Indien ein *göttlicher Bereich*. Flüsse, Bäume und Berge sind heilig, weil sie von den Göttern kommen und wieder zu ihnen führen. In der Schönheit einer Blume oder in der Einfachheit eines Blattes leuchtet die Herrlichkeit göttlicher Schöpferkraft auf. Lebensmittel wie Reis, Butter oder Früchte sind für den Hindu nicht in erster Linie agrarische Produkte, die man zum Essen braucht und mit denen man Geld verdienen kann. Sie sind göttliche Geschenke für den Menschen und können darum als menschliche Geschenke den Göttern dargebracht werden. Die ganze Welt ist für den Hindu wie ein Sakrament, das die Verborgenheit Gottes aufleuchten läßt. Eine solche Einstellung zur Natur kann nachdenklich machen, wenn man an unseren Umgang mit dem, was wir fast abschätzig »Umwelt« nennen, denkt.

Gegenstände des täglichen Gebrauchs, die von Menschen hergestellt worden sind, werden durch Symbolhandlungen geheiligt. Der Automechaniker nimmt am Morgen Schraubenzieher und Zange zur Stirn, drückt sie an sich und segnet sie. Ähnlich verfährt die Hausfrau mit ihren Löffeln und die Wäscherin mit ihrem Bügeleisen. In den Geschäften Indiens geben brennende Weihrauchstäbchen dem Raum einen eigentümlichen Duft. Manchmal hält der Besitzer sie an die Schränke, damit ihr Duft auch auf die Waren übergehen kann. Selbst das Geld in der Kasse wird nicht vergessen. Alles, was die Hindus zum Leben brauchen, ist heilig.

Weit verbreitet ist der Glaube an die *Sterne*. In den meisten Familien, auch bei Akademikern, werden die wichtigen Fragen des Lebens durch die Astrologie beantwortet. Das Horoskop spielt bei der Suche nach einem Ehepartner, bei dem richtigen Zeitpunkt für ein Unternehmen, bei dem Bau eines Hauses eine nicht zu unterschätzende Rolle. Wenn etwas nicht gelingt, hat das für viele Hindus in der falschen Einschätzung der Sternenkonstellation seinen Grund.

Linke Seite: Kleiner Hausschrein in dem Haus eines Dorfvorstehers. Die Bilder der Gottheiten – Bronzen und Plaketten – sind in der Wandnische aufgestellt. Darüber schwebt ein buntes Pfauenbüschel zu Ehren einer Lokalgottheit.

Blick auf den Hausschrein eines Bauern. Die Steine und Bronzen repräsentieren die Göttin Durga (Kali) und den Elefantengott Ganesha (→ S. 330), kleinere Gottheiten, einen Vorfahren und vor allem die Götter des Clans. Die Familie verehrt den Altar. Der Hausvater besprengt ihn täglich mit Wasser und schenkt den Göttern Reis und Zucker.

Bilder

Der Hinduismus hat wie kaum eine andere Religion im Lauf seiner Geschichte eine reiche *Bilderwelt* hervorgebracht. Wir bewundern die ausdrucksstarken Gottesbilder an großartigen Tempeln, und wir staunen über die reich ausgebildete Tradition der Malerei. In den großen Museen der Welt nehmen die vielgestaltigen indischen Plastiken einen hervorragenden Platz ein. Viele Bilder sind zugleich Zeugnisse einer großen Religion und eines hohen Kunstsinns. Für die Inder erzählen die Bilder vom Leben der Götter, sie illustrieren die heiligen Legenden, Mythen und Epen, sie sind Hilfe zur Meditation, und sie zeigen als Mandalas Wege zum Verständnis der heiligen Wahrheiten.

Wichtige *Typen der Götterbilder* sind die Götterdreiheit von Brahma, Vishnu und Shiva, der dreiköpfige Brahma, Shiva als Linga oder als Tänzer (→ S. 313; 316; 298). Auch die Liebesabenteuer Krishnas mit den Hirtinnen haben die Künstler immer wieder angeregt (→ S. 311). Viele Götter werden mit ihrer göttlichen Partnerin (»Shakti«) in seliger Vereinigung gezeigt. Die erotische Komponente hat in der religiösen Kunst einen hohen Stellenwert. Andere Gottheiten schauen furchterregend drein, um die Bösen von ihrem Tun abzuschrecken. Die Hauptstationen unseres gegenwärtigen Weltzeitalters von den guten Anfängen bis zur letzten Katastrophe sind beliebte Themen des religiösen Bildes.

Für Menschen, die das Göttliche als Brahman ohne Anschaulichkeit und ohne Attribut verehren, sind Bilder des Göttlichen nicht möglich. Deshalb lehnen manche Hindus jede Bilderverehrung ab. Sie halten Bilder für gefährlich, weil das Göttliche durch sie nicht repräsentiert werden kann und der Mensch durch sie zum Götzendienst veranlaßt wird. Ihre Einstellung läßt an das jüdische *Bilderverbot* (→ S. 42 f.) am Anfang des Dekalogs denken, das auch vom Islam übernommen und immer eingehalten wurde. Reformer wie Gandhi haben die *Bilder-*

Oben: Ein Bettler (»Sadhu«) mit Nationalfähnchen Indiens, Götterbildern und Zimbeln.
Rechts: Der Elefantengott Ganesha in einer grell-bunten Darstellung. Ähnliche Götterbilder sind überall verbreitet. Der dickbäuchige Ganesha ist die beliebteste indische Gottheit. Er ist ein Gott der Weisheit, den man vor allen wichtigen Ereignissen anruft und dem man stets verläßliche Hilfe zutraut.

verehrung nicht abgelehnt. Sie wußten, daß ein so unanschauliches, abstrakt wirkendes Gottesverständnis den meisten Menschen nicht entspricht. Für viele sind die Bilder eine wichtige Hilfe, um zum Göttlichen Zugang zu finden. Dabei wissen die meisten Hindus, daß die Bilder nicht die Götter selbst sind, sondern Symbole, die auf sie verweisen. Bilder machen die göttliche Wirklichkeit transparent.

Oft ist das Gottesbild für Hindus allerdings mehr als nur ein Symbol. Wenn es in einer heiligen Zeremonie mit heiligem Atem geweiht wurde, kann es beim Gottesdienst im realistischen Sinn Gott selbst präsent sein lassen. Ihm nähern sich die Hindus mit besonderer Hingabe. Im Bild begegnen sie dann ihrem Gott und seinem göttlichen Atem. Daß eine solche weitverbreitete Praxis auch ihre bedenklichen Seiten hat, haben die Reformer des Hinduismus deutlich gesehen.

Es gibt noch eine andere negative Seite der Bilderverehrung. Die vielen grellbunten *Farbdrucke* mit den populären Göttern und Göttinnen in jedem Haus, in allen Fabriken, in den meisten Autos und Bussen lassen die religiösen Bilder zur Massenware verkommen. Als billige Poster und Plakate überall feilgeboten bestimmen sie oft die Vorstellung vom Göttlichen beim Volk.

Tempel

In Indien gibt es hunderttausende Tempel. Überall in den Städten und Dörfern, an Flüssen und auf Bergen, in Wäldern und an schönen Orten haben die Hindus ihren Göttern ehrwürdige Bauten errichtet. Manchmal sind die Tempel nur kleine Hütten, die aus bescheidenem Material errichtet sind. Manchmal finden wir auch herrliche Tempelbezirke und sogar ganze Tempelstädte wie Khajurao und Madurai, für die man in Europa Vergleichbares kaum findet. Zwischen diesen beiden Extremen gibt es eine Unzahl verschiedener Tempelformen.

In den alten Zeiten der Veden hatten die Arier noch keine Tempel. Die Opfer wurden damals auf Altären in der freien *Natur* dargebracht. Erst in der Zeit nach den Upanishaden wurden die ersten *Tempel* errichtet. Sie haben manche Symbolik des vedischen Opferaltars übernommen. In späteren Zeiten haben die Tempel oft den Grundriß eines Mandala,

Frauen drängen sich zu dem großen »Tempel der Liebe« in Khajurao, einem kleinen Dorf in Zentralindien. Dort entstand im 9.-12. Jh. eine Tempelstadt mit ganz ungewöhnlichen Bauwerken und Skulpturen. Zu den Festen kommen noch heute viele Hindus hierhin. Manche Kenner halten Khajurao für den Höhepunkt indischer Baukunst.

das die Gestalt der Welt darstellt. Jeder Teil des Tempels muß genau der *Struktur der Welt* mit ihren vier Himmelsrichtungen entsprechen. Oft bildet ein Tempel auch den mythologischen *Berg Meru* nach, den die Götter zum Mittelpunkt der Welt gemacht haben. Von den ganz alten Tempeln, die aus wenig beständigem Material gebaut waren, sind nur wenige erhalten. Viele alte Tempel wurden seit dem 11. Jahrhundert von den Muslimen zerstört, weil sie diese Gebäude für verabscheuungswürdige Stätten des Götzendienstes hielten.

Der Tempel ist nicht wie die jüdische Synagoge, die christliche Kirche und die islamische Moschee Versammlungsort für die Gläubigen. Die Tempel sind in erster Linie die *Wohnungen der Götter*. In ihnen haben die Götterbilder ihre Heimat. Das Hauptbild befindet sich im Mittelpunkt. Von ihm geht die große göttliche Energie in den Tempel und in die Welt aus. Das Bild ist in den reicheren Tempeln mit vielen Kostbarkeiten versehen. Es wird von den Frommen liebevoll mit Blumen, Blättern und Gir-

Skulpturenschmuck an einem »Tempel der Liebe« in Khajurao. Die Künstler haben zahllose Liebespaare und Frauengestalten an den Tempeln angebracht, die die Freuden der Sinnlichkeit genießen.

Rechte Seite: Blick auf einen von vier Tempelbauten in Cidambaram, Südindien, fertiggestellt 1272. An der Stelle eines uralten Shiva-Heiligtums entstand seit dem 10. Jh. eine großartige Tempelstadt.

landen geschmückt. Die Architektur ist gewöhnlich auf den Platz des Bildes konzentriert. Das Haupttor liegt im Osten, damit der erste Sonnenstrahl am Morgen das Bild treffen kann. Die Architekten bereiten sich oft durch wochenlanges Fasten auf ihre Arbeit vor. Die Einweihung des Tempels ist ein festlicher Akt, der nach alten Riten prunkvoll begangen wird.

Im Tempel gibt es in der Regel *keine festen Gottesdienstzeiten* und keine Gemeinschaftsfeiern. Die Hindus kommen *einzeln* in den Tempel, und zwar zu der Zeit, die ihnen richtig erscheint. Jeder verehrt das Götterbild auf seine Weise. Der eine übt sich hier in Meditation, der andere tanzt und musiziert, wieder ein anderer betet und singt mit lauter Stimme. Die Kinder spielen und scherzen, manche Leute machen im Tempel sogar einträgliche Geschäfte. Einen Tag, der dem Sabbat oder Sonntag entspricht, gibt es nicht. So ist die Atmosphäre im Tempel mit Ausnahme der Festtage nahezu immer gleich. An jedem Tag und zu jeder Stunde kann man Gott verehren. Nur an großen Festtagen finden in den Tempeln Gottesdienste statt. Alle Künste tragen dazu bei, den Gottesdienst zu verschönern. Architektur und Musik, Malerei und Plastik, Dichtung und Tanz haben Anteil an dem heiligen Spiel, das Geist, Gemüt und alle Sinne gleichermaßen anspricht.

In Südindien wird das Schlangenfest mit großer Beteiligung gefeiert. Vor allem auf dem Land ist das Fest um die Kobra beliebt. Hier wird während einer Prozession eine Kobra auf einem Schiffswagen durch das Dorf gefahren.

Feste

Wie es heilige Orte gibt, so auch *heilige Zeiten*. Es sind die Feste, an denen die Götter in besonderer Weise verehrt werden. Das Andenken an ihre Taten und Wunder wird im Fest gefeiert. Gottesverehrung und Festlichkeit des Lebens gehören untrennbar zusammen.

Die Tradition schreibt den richtigen Zeitpunkt für die heiligen *Feste* vor. Sie bestimmen den Rhythmus des Jahres. Es gibt mehr Feste als der Jahreskalender Tage hat. Über tausend Hindu-Feste sind bekannt. Viele Hindus nehmen nicht nur an den Festen ihrer Götter teil, sondern auch an vielen anderen. Vishnuiten feiern die Feste Shivas und Shivaiten auch die Feste Vishnus mit. Sie tun dies, weil sie Freude daran haben und glauben, daß die Beteiligung an den Festen verdienstvoll ist.

Es gibt in Indien große und kleine Feste, solche, die nur regionale Bedeutung haben und andere, die in ganz Indien verbreitet sind. Zu den *großen Festen* zu Ehren von Vishnu und Krishna, von Shiva und Ganesha kommen unzählige Menschen zusammen.

Alles, was die Gläubigen aufbieten können, wird bereitgestellt, um das Fest aus der Eintönigkeit des Alltags herauszuheben. Die Menschen kampieren in der Nähe der Göttertempel, wo sie Lagerfeuer anzünden, an denen sie kochen, singen und tanzen. Wenn die große Festprozession beginnt, in der das Götterbild auf einem bunten Wagen gefahren wird, ist die Begeisterung unbeschreiblich. Priester und Laien, Alte und Junge, Gesunde und Kranke machen mit, um Anteil am göttlichen Segen zu erlangen. Oft werden auch Elefanten, Affen und Pferde im Zug mitgeführt. Wer den Zug nicht begleiten kann, schaut ihn wenigstens an. Manche Feste dauern eine ganze Woche.

• Da gibt es z. B. »Divali«, das Lichtfest zu Ehren von Vishnu und Lakshmi, das den Jahreslauf beschließt. Die stimmungsvolle Feier beginnt in der Abenddämmerung einer Vollmondnacht (Oktober/November). In der Dunkelheit leuchten Tausende von kleinen Öllämpchen auf. Alle Häuser in der Stadt und auf dem Land sind mit Lichtern geschmückt. Die Straßen bilden herrliche Lichterbahnen. In den Städten werden unzählige Feuerwerks-

Benares

Keine Stadt ist den Hindus so heilig wie *Benares* (abgewandelt von dem alten Namen »Varanasi«), kein Fluß göttlicher als der *Ganges*. Für die Inder ist er wie alle Flüsse weiblicher Natur. Sie nennen ihn »Ganga«, d. h. »die schnell Fließende«, oder auch liebevoll »Mutter Ganga«. Eine alte Legende erzählt, daß Ganga ursprünglich vom Himmel gekommen ist, als die Menschen unter einer großen Trockenheit litten. Shiva ist es zu verdanken, daß sie die Erde bei ihrem Aufprall nicht zerstörte. Er fing sie mit seinen Haaren auf und gab ihr eine ruhige Bewegung. Nun konnte sie den Menschen nützlich sein.

Die *Geschichte* der Stadt reicht bis in die Zeiten der Arier zurück. Schon im 2. Jahrtausend v. Chr. gab es hier Opferstätten. Der Buddha hat sich hier gern aufgehalten und eine seiner großen Lehrreden gehalten (→ S. 378). Gelehrte wie Shankara (→ S. 290 ff.) haben in Benares gewirkt. Im Lauf der Zeit ist hier eine Stadt gewachsen, die wie in einem Prisma alle Facetten des Hinduismus zeigt. Licht und Schatten sind hier so nahe beieinander wie in kei-

körper in die Luft geschossen. Stimmungsvoller ist das Fest an den schönen Stellen der Natur. Die Berge und Seen, die Bäume und Bildstöcke sind wunderbar beleuchtet. Zauberhaft wird das Fest an den Flüssen begangen. Da setzt man die Lichter auf kleine Flöße und Holzstämme, damit sie allmählich flußabwärts treiben. Stundenlang schaut man ihnen nach, bis sie endlich im Dunkel verlöschen. Die kleinen Lampen sollen die Dämonen vertreiben. Jungen und Mädchen zünden Lichter an, damit sie im folgenden Jahr Glück in der Liebe haben und einen guten Ehepartner finden.

• »*Holi*«, ursprünglich ein Fruchtbarkeitsfest, ist dem Krishna, seinen Hirtenmädchen und der Liebe geweiht (→ S. 310 f.). An diesem ausgelassenen Fest werden die normalen Verhaltensregeln außer Kraft gesetzt. Die strengen Sitten des Alltags gelten nicht. Da darf man anzügliche Lieder singen, erotische Spiele veranstalten, über Feuerstellen springen und rote Farbe als Symbol des Blutes verspritzen. Mancherorts werden die Götterbilder geschaukelt. Die Menschen tauschen Geschenke aus und wünschen sich gegenseitig Glück.

Oben links: Ein reich geschmückter Prunkwagen aus einer Prozession bei einem Tempelfest.
Oben: Eine Frau bringt in Benares der Göttin Ganga ein Blumenopfer dar. Die Farben und Düfte der Blumen haben rituelle Bedeutung. Götterbilder, Menschen und auch die Toten werden mit Blumen geschmückt. In die Luft geworfene Blüten symbolisieren die Befreiung der Seele vom Körper.

nem anderen Ort Indiens. Man zählt hier noch heute über 1500 Tempel, in denen alle indischen Götter
einen Platz haben. Sie wohnen mit ihren Bildern in
Bauten von größtem künstlerischen Wert, aber auch
in bescheidenen und grellbunten Hütten.

Jährlich strömen in Benares *hunderttausende
Menschen* zusammen. Es ist kein einheitliches Volk,
das man hier antrifft: Männer, die durch lebenslan-
ge Askese zu Heiligen geworden sind (»Sadhus«),
Mönche und Nonnen, die einen langen entsagungs-
vollen Fußmarsch hinter sich haben, Fromme, Neu-
gierige, Suchende, Abenteurer, üble Geschäftemacher, kleine Gauner und große Betrüger. Selbst kriminelle Elemente betreiben hier ihr Unwesen. Man
weiß nicht, was einen am meisten irritiert: ein roher
Aberglaube, die schamlose Ausbeutung der Pilger,
die Masse der Drogensüchtigen oder die unvorstellbare Armut in den Elendsquartieren. Aber trotzdem
kann man Benares Respekt und Ehrfurcht nicht versagen. Man trifft hier viele Menschen von tiefem
Glauben und großer Weisheit. Die Schönheit der
Natur, die Herrlichkeit der Tempel, die Qualität der
wissenschaftlichen Hochschulen und vor allem die

> **Ganges**
>
> Gesegnet ist der Ganges.
> Wer an ihn denkt, befreit sich von Sünden.
> Wer ihn sieht, steigt auf zu Vishnus Paradies.
> Wer ihn trinkt, wird eins mit Gott.
>
> *aus den Puranas, (→ S. 282)*

Zeugnisse echter Frömmigkeit machen die Stadt am
Ganges zu einem der großen religiösen Orte der
Menschheit.

Schon am frühen *Morgen*, noch bevor die *Sonne*
aufgegangen ist, begeben sich Tausende von Menschen an das Ufer des *Ganges*, um an den Badetrep-
pen (»Ghats«) in den Fluß zu steigen. Das Wasser des
Flusses reinigt von aller Schuld. Man sieht Alte und
Kranke, die sich von der Waschung Gesundheit erhoffen, und Pilger, die endlich am Ziel ihrer Sehnsucht angekommen sind. Am Ganges bekommen
alle Gebete und Lieder eine besondere Intensität.
Wenn die Frommen im Wasser stehen und unter-
tauchen, dann die Hände zum Himmel erheben und
das Wasser über den Kopf gießen, ist alle Mühsal der

Die Flußgöttin Ganga,
Terrakotta, 5. Jh. n. Chr.
Die Göttin reitet auf einem
Makara, einem mythischen
Seeungeheuer aus Fisch und
Drachen, das die Zeit symbolisiert
(→ S. 315). Sie hält einen Krug
(Füllhorn) mit Lotosblumen und
Blättern – ein Hinweis auf die
Kraft und Schönheit ihres
Wassers. Die Gestalt ist voll, ein
wenig derb und im ganzen sehr
lebendig. Sie zeigt typische Züge
der Gupta-Kunst (→ S. 387 f.)

Scheiterhaufen für eine Leichenverbrennung. Man glaubt, daß der Weg eines Asketen durch den Rauch des Feuers über Mond und Sonne zum Brahman gelangt. Dort findet er dauerhafte Ruhe. Andere Menschen steigen mit dem Rauch in die Nacht auf, gelangen ins Schattenreich, dann zum Mond und kommen über Wolken und Regen auf die Erde zurück, wo sie in die Nahrung eingehen und so zur Wiedergeburt gelangen.

Pilgerfahrt vergessen. Viele geraten in Ekstase und fühlen sich dem Himmel nahe.

Benares ist nicht nur Ziel irgendeiner Wallfahrt. Viele Hindus haben den Wunsch, daß die Stadt am Ganges die Endstation ihres Lebens wird. Wenn sie merken, daß ihr *Tod* naht, kommen sie hierhin. Wer hier stirbt, der hat entweder die Erlösung vom bösen Kreislauf erreicht oder er kommt in die Herrlichkeit des Himmels, wo er so lange bleiben darf, bis er in einem guten Leib und in einer hohen Kaste wiedergeboren wird.

Der Tod ist in Benares zum alltäglichen Schauspiel geworden. Überall in der Stadt begegnet man den Leichenzügen. Am Ufer des Flusses gibt es einen großen Verbrennungsplatz, von dem ständig Rauchschwaden und Feuerflammen aufsteigen. Die Leichen der Männer sind mit weißen, die der Frauen mit roten Tüchern eingehüllt. Sie liegen zunächst mit den Füßen im Wasser, bis ihre *Verbrennung* an der Reihe ist. Dann kommen die Kulis, nur Unberührbare, ziehen die Leiche aus dem Wasser und legen sie auf den Scheiterhaufen. Das Holz wird mit Butter begossen. Angehörige oder Priester finden sich nicht dazu ein. Denn der Tod ist etwas Unreines. So vollzieht sich die Verbrennung ohne Feierlichkeit und ohne Trost für die Zurückgebliebenen. Es ist wohl üblich, daß sich der Sohn des Toten an

der Zeremonie beteiligt. Dreimal geht er mit einer brennenden Fackel um den Scheiterhaufen und zündet ihn dann an. Sofort züngeln die Flammen auf und verbrennen das Gewand des Toten und seine Gebeine. Niemand erweist dem Geschehen besondere Aufmerksamkeit. In unmittelbarer Nähe sitzen feilschend und lärmend die Geschäftemacher. Ist der Stoß niedergebrannt, so streut der Unberührbare die Aschenreste in den heiligen Fluß. Das Leben hat in Benares an der Ganga ein Ende gefunden. Es ist ein Ende, wie es sich ein Hindu nur wünschen kann.

Der Schutz der Kuh

Schon in den Veden wird der *Kuh* eine himmlische Herkunft zugeschrieben. Sie genoß schon damals eine hohe Verehrung, war aber noch nicht unantastbar. Das Fleisch unfruchtbarer Tiere und Kälber durfte bei besonderen Anlässen gegessen werden. Bei der Bestattung wickelte man einen männlichen Leichnam in die Haut einer Kuh, damit er in ihrem schützenden und wiederbelebenden Kraftfeld bleiben konnte. Eine Kuh sollte auch den Verstorbenen über den Todesfluß geleiten, der das Reich des Lebens von dem des Todes trennt. Brahmanen wurden für den Gottesdienst mit einer Kuh

Heilige Kühe in einer Stadt vor einer Apotheke. Sie sind im Straßenbild der indischen Städte keine Seltenheit. Ihre Milch erscheint manchen Hindus gesünder als die üblichen Medikamente.

Rechte Seite: Die heilige Silbe »OM«.

entlohnt. Im Szenario der Götter waren auch Kühe vertreten. Sie waren Garanten des Wachstums und Wohlstands. Seit dem Mahabharata gilt die Kuh als heilig und darf nicht mehr geschlachtet werden.

Schutz der Kuh

Im Mittelpunkt des Hinduismus steht der Schutz der Kuh. Für mich ist der Schutz der Kuh eine der wunderbarsten Erscheinungen in der menschlichen Entwicklung. Er führt den Menschen über seine eigene Spezies hinaus. Für mich bedeutet die Kuh die gesamte nichtmenschliche Schöpfung. Durch die Kuh ergeht an den Menschen der Auftrag, seine Einheit mit allem, was lebt, zu verwirklichen. Es ist für mich klar, warum die Kuh für diese Apotheose gewählt wurde. In Indien ist die Kuh der beste Freund, sie war das Füllhorn. Sie gab nicht nur Milch, sie machte die Landwirtschaft erst möglich. Die Kuh ist ein Gedicht des Mitleids. Man kann Mitleid an dem freundlichen Tier lernen. In Indien ist sie die Mutter von Millionen. Schutz der Kuh heißt Schutz der ganzen stummen Kreatur Gottes. Dies ist das Geschenk des Hinduismus an die Welt. Und der Hinduismus wird leben, solange es Hindus gibt, die die Kuh beschützen.

Mahatma Gandhi (→ S. 344 f.)

Auch heute sehen die Inder in der Kuh ein *Symbol des Lebens*. Die Kuh spendet die kostbare Milch und gilt als die Nährmutter der Menschen. Als Zugtier hilft sie dem Bauern beim Pflügen der Felder. Für die Landwirtschaft ist sie unentbehrlich. Ihr Kot ist bester Dung für den Acker. Die getrockneten Kuhfladen sind ein begehrter Brennstoff. Aber der Hindu sieht in der Kuh mehr als nur ein nützliches Tier. Sie ist ein Wesen, das Ehrfurcht verdient.

Der Hindu weiß, daß er sein Leben der Natur verdankt, deren Schöpferkraft er in der Kuh achtet. Würde er die Verehrung der Kuh aufgeben, so würde er sich selbst von der Tiefendimension seines Lebens abschneiden. Verachtung der Kuh ist Frevel an der göttlichen Ordnung der Welt und Beginn jeder Unmenschlichkeit. Vielleicht beginnen wir in Europa angesichts unseres zerstörerischen Umgangs mit der Natur und mit den Tieren zu ahnen, daß der Schutz der Kuh in Indien eine tiefe religiöse Ehrfurcht vor der Natur begründet, die dazu beiträgt, die eigenen Lebensgrundlagen zu achten und zu schützen.

Den Hindu stört es darum auch nicht, daß er der Kuh zuliebe *Unbequemlichkeiten* auf sich nehmen muß. Gelassen wartet er in der Großstadt, wenn eine Kuh die Straßenbahn blockiert. Autofahrer nehmen Umwege in Kauf, wenn eine Kuh auf der Fahrbahn liegt. Reiche Hindus opfern viel Geld, damit alte und kranke Tiere in eigenen Heimen versorgt werden können. Das schließt nicht aus, daß sich die meisten Hindus mit einem Fußtritt zu wehren wissen, wenn eine Kuh dem Kaufladen oder Gemüsestand zu nahe kommt. Doch dulden sie es nicht, daß ein Tier ernstlich verletzt wird.

In Indien gibt es heute auch heftige *Kritik* an der Verehrung der Kuh. Man will die Belästigungen, die von den vielen im Land umherstreunenden Tieren ausgehen, nicht mehr klaglos hinnehmen. Wichtiger noch ist das Argument, daß der Schutz der Kuh das arme Indien jährlich viel Geld kostet. Aber solch rationale Argumente können die meisten Hindus kaum überzeugen. Sie glauben mit Gandhi, daß es den Hinduismus so lange geben wird, wie Hindus die Kuh schützen.

»OM«

Im religiösen Leben Indiens spielen Mantras eine große Rolle. Ein »*Mantra*« ist eine heilige Silbe oder ein übernatürlicher Spruch, das Meditation, Gefühl und Denken anregt. Oftmals hat es im Wortlaut keinen bestimmbaren Sinn. Es verleiht aber übernatürliche Kraft. Wegen seines göttlichen Ursprungs wird es als Hilfe zur Entfaltung der eigenen inneren Fähigkeiten hoch geschätzt. Es enthält eine heilige Wahrheit und gibt Anteil an der göttlichen Schöpfungskraft. In seinem Wortklang schwingt die göttliche Welt mit. Schon in den Veden liegen viele Mantras vor. Heute teilt in der Regel ein Guru seinem Schüler am Ende einer langen Lehrzeit ein Mantra mit, das nur für ihn persönlich bestimmt ist. Die geheime Formel kann sein Bewußtsein verändern und ihn auf seinem Lebensweg begleiten. Mantras sind sehr unterschiedlich. Es soll an die siebzig Millionen ursprüngliche Mantras geben, von denen noch viele andere abgeleitet werden. Bei manchen handelt es sich um an die Götter gerichtete Gebete, andere sind mystische Konzentrationen, wieder andere auch nur magische Zauberformeln. Selbst Buddhisten (→ S. 429) benutzen Mantras, um überirdische Kräfte zu erlangen.

Das bekannteste und höchste Mantra ist »*OM*« (richtiger in der Umschrift »AUM«), das im Indischen aus den drei Buchstaben a-u-m zusammenge-

setzt ist. Viele Hindus beten es täglich und meditieren über diese heilige Silbe. Jeder Buchstabe spielt dabei eine Rolle. Bei der Betrachtung beginnt man bei dem »a« mit dem Einatmen, wodurch man sich für alles Gegenwärtige öffnet. Das Ausatmen bei dem »u« bedeutet Hingabe an das Göttliche. Das »m« versetzt in die Stille und bringt die Fülle der Welt nahe. Das Wort ist im persönlichen Gespräch Tabu. Es hat keine profane Bedeutung, ist aber die konzentrierteste Kurzformel für den ganzen Hinduismus. Es bezeichnet den Odem des Mundes und die Strahlkraft der Sonne. Der Atem als Prinzip des Ich und die Sonne als die Lebenskraft des Universums sind in dem Wort eins. Die Vielfalt unserer Welt ist in »OM« ebenso vorhanden wie die ihr zugrunde liegende Einheit. »OM« ist selbst das Universum und das Universum ist »OM«. In »OM« fallen auf mystische Weise die drei Zeitdimensionen Vergangenheit, Gegenwart und Zukunft zusammen. Mit »OM« wird die göttliche Dreigestalt von Brahma, Vishnu und Shiva angesprochen und das Absolute bzw. das Göttliche bezeichnet. »OM« bildet den Anfang und das Ende vieler religiöser Texte. Jede Rezitation der Veden beginnt mit diesem heiligen Wort. Wer »OM« nur häufig genug spricht und bedenkt, kann seinen tiefen Sinn erfassen und für sich die befreiende Erlösung finden.

OM

Wer unentwegt den OM-Laut murmelt
– er sei selbst unrein oder rein –
Wird wie das Lotosblatt von Wasser
Nicht mehr befleckt von Sündenpein.

Gorakhnath, Dichter des 13. Jahrhunderts,
als Heiliger und Inkarnation Vishnus verehrt

Reformen der Gegenwart

Erneuerungsbewegungen der Vergangenheit

Wer die *Geschichte der Reformen* des Hinduismus schreiben will, muß die ganze Geschichte des Hinduismus schreiben. Soweit wir die Geschichte dieser pluriformen Religion überblicken können, sehen wir Männer am Werk, die mit neuen Ideen dem Hinduismus einen neuen Geist einzuhauchen versuchen. In den *Upanishaden* können wir schon Kräfte der Erneuerung gegenüber den Veden erkennen. Was der *Buddha* im 6. Jahrhundert v. Chr. gelehrt hat, ist Kritik an der Religion der Brahmanen und zugleich ein Weg, auf dem alte Elemente der indischen Religion zu einem neuen Grundverständnis von Welt und Mensch umgedeutet werden. Ähnliches ist von *Mahavira* (→ S. 293 f.) zu sagen, auf den der Jainismus zurückgeht. Der Buddha und Mahavira, diese beiden großen Gestalten der Religionsgeschichte, stehen am Anfang von zwei neuen Religionen, die sich mehr oder weniger weit vom alten Hinduismus wegbewegt haben. Reformerische Kräfte, die im Hinduismus geblieben sind und ihm damals und oft auch in späteren Zeiten zugute gekommen sind, gehen auch von der *Bhakti-Bewegung* (→ S. 302) aus, die den Gedanken der liebevollen Zuwendung zu Gott und zu allen Lebewesen emphatisch predigt. Diese Künder der Gottesliebe haben schon vor Jahrhunderten scharfe Kritik an der Geringschätzung der Frau und der Kastenlosen geübt. Ihre Motivation kommt nicht aus einem sozialreformerischen Impuls, sondern aus einem Geist der Frömmigkeit und Liebe, der alle Unterschiede wegwischt.

Seit dem *19. Jahrhundert* haben sich die nun noch zahlreicher werdenden Reformbewegungen insofern geändert, als sie vor allem Auseinandersetzung mit dem *Christentum* und dem *europäischen Denken* wurden. Schon am Ende des 18. Jahrhunderts begann der Einfluß Englands auf Indien, der dann seit 1858 beherrschend wurde, als die englische Krone die Regierungsgewalt in Indien übernahm. Was die Engländer und die christlichen Missionare in Indien antrafen, erfüllte sie mit Entsetzen.

Eine Religion, die das Kastenwesen stützte und die Aussonderung der Unberührbaren aus der Gesellschaft religiös begründete, die Kinderehe, Tempelprostitution und Witwenverbrennung zuließ, die Fetischismus und Polytheismus propagierte, mußte sich heftige Kritik gefallen lassen. Sie bestärkte in den ausländischen Kolonialherren und Missionaren den Glauben an die Überlegenheit der westlichen Kultur und des Christentums.

Vor allem die indische Ober- und Mittelschicht war nun den Ideen des Westens ausgesetzt. Ihre Reaktion war höchst unterschiedlich. Viele Inder nahmen die neuen westlichen Vorstellungen begeistert und bisweilen auch unkritisch auf, andere lehnten sie ebenso entschieden ab. Bewunderung und Haß hielten sich die Waage. Die indischen *Reformbewegungen* suchten einen Mittelweg zwischen Anpassung und Ablehnung. Sie stellten die Frage, ob westliche und christliche Leitideen mit den großen Traditionen der Hindu-Religion vereinbar seien und ob sie mit der indischen Lebensart verbunden werden könnten.

Große Reformer

Unter den vielen religiösen Reformern Indiens sind einige, die weltweit bekannt geworden sind. Ihnen ist es zu verdanken, daß bei vielen Menschen in aller Welt ein besseres Bild vom Hinduismus entstehen konnte.

• Starke Kräfte der Reform gingen von *Ramakrishna* (1836–1886) aus. Er führte ein heiliges Leben und war durchdrungen von dem Glauben an den Hinduismus. Dabei war er für alle Religionen und für alle Menschen offen. Bevor er Mönch wurde, lautete sein Name Gadhar Chatterji. Er kam in Bengalen zur Welt. Schon als Fünfjähriger hatte er seine erste Entrückung, als er unter schwarzem Himmel weiße Kraniche fliegen sah. Damals war er stundenlang ohnmächtig, aber dabei von einer tiefen Freude erfüllt. Mit neun Jahren wurde er in die Gemeinschaft der Brahmanen aufgenommen. Das Fest schloß mit einem Mißklang, weil er ein von einer Shudra bereitetes Essen zu sich nahm. Er wußte, daß

Viele Wege zu Gott

Du siehst viele Sterne bei Nacht am Himmel, aber findest sie nicht, wenn die Sonne aufgeht. Kannst du darum sagen, daß es keine Sterne am Tageshimmel gibt? Darum, o Mensch, wenn du in den Tagen deiner Unwissenheit den Allmächtigen nicht schaust, sage nicht, es gebe keinen Gott.

Wie ein und dieselbe Substanz, z. B. Wasser, von verschiedenen Menschen verschieden benannt wird – einer nennt es Wasser, ein anderer vari, ein dritter aqua, wieder ein anderer pani –, so wird der Eine, der Sein, Denken und Wonne ist, von den einen als Gott, von den anderen als Allah, von den anderen als Hari (Vishnu) und wieder von anderen als Brahman angerufen.

Wie das Eis, das doch nur aus Wasser besteht, eine Zeitlang im Wasser bleibt und dann darin verschmilzt, ebenso ist der persönliche Gott nur ein Teil des Unpersönlichen. Er entsteht aus dem Unpersönlichen, bleibt dort und geht schließlich darin ein und verschwindet. Wie man mittels einer Leiter oder eines Bambusstabes oder einer Treppe oder eines Seiles auf das Dach eines Hauses gelangen kann, ebenso verschieden sind die Wege und Mittel, Gott zu erreichen, und jede Religion in der Welt zeigt einen dieser Wege.

Ramakrishna (1836–1886)

er damit gegen die Kastenordnung verstieß, wollte aber ein der Frau gegebenes Versprechen nicht brechen. Mit 20 Jahren wurde er Priester im Kali-Tempel von Dakshinesvar nahe bei Kalkutta. Dort verfiel er der Göttin Kali in heftiger, nicht erotischer Liebe, wobei er ungewöhnliche Visionen hatte und in Trancezustände geriet. Tagelang war er leblos, so daß die Verantwortlichen diesen »Narren der Göttin« schon vom Tempeldienst ausschließen wollten. Nach einer kurzen Entfernung vom Tempel durfte er zurückkehren. Er wurde mit einem fünfjährigen Mädchen verheiratet. Diese Ehe wurde nicht vollzogen, weil er sich an ein Keuschheitsgelübde gebunden wußte. Sein Gattin wurde ihm später eine gute Helferin. Immer wieder hatte er ekstatische Zustände. Sie wechselten mit Phasen innerer Leere und tiefer Depression ab. Aber er erfuhr auch eine große Erleuchtung, für die er der Göttin Kali dankbar war. Eine Asketin zeigte ihm mit Hilfe von Tantras, dunklen unorthodoxen Schriften des frühen Hinduismus, einen Weg, seine inneren Schwankungen unter Kontrolle zu bringen. Noch wichtiger war für ihn, daß ihn ein Mönch in die Upanishaden einführte. Er wurde selbst Mönch und verfiel in eine tiefe Entrückung (»Nirvikalpa-Samadhi«, → S. 289 f.). Aus dieser höchsten Form der »Überbewußtheit« kehren viele nicht mehr zum Leben zurück. Ramakrishna überstand die gefährlichste aller Ekstasen und durchschaute nun die Zweiheit von Gott und Welt als Illusion (»Maya«). Er fühlte sich eins mit dem als unpersönlich erfahrenen Göttlichen und konzentrierte nun sein Leben auf das absolut eine Brahman.

Ramakrishna, einer der großen Reformer des Hinduismus, hier im Lotossitz. In den Augen vieler Inder ist er eine Herabkunft des Göttlichen, eine Erscheinungsform des Krishna. Auch in den anderen Religionen hat er viel Sympathie gefunden.

Neue Visionen der göttliche Mutter Kali und anderer Göttinnen hinderten ihn daran, diesen Zustand zu verabsolutieren. Allmählich glaubte er, daß man Gott sowohl als unpersönliches Es wie auch als persönliches Du erfahren kann. Beide Wege sind für ihn gleich bedeutsam. Später wurden auch der Islam (1864) und das Christentum (1874) für ihn zum intensiven Erlebnis. Er hatte Visionen Mohammeds und Jesu, mit dem er sich völlig eins fühlte. Jesus wird für ihn zum Symbol der Liebe schlechthin. Er kann in ihm auch eine Herabkunft Gottes (»Avatara«, → S. 314) sehen, ohne ihm jedoch die Einzigartigkeit zuzugestehen, die das Christentum ihm zuschreibt. Auch das Christentum und der Islam sind Wege zur Gotteserkenntnis. Immer mehr ist er von dem Gedanken durchdrungen, daß die Gottheiten der verschiedenen Religionen nichts anderes als Manifestationen des einen Gottes sind. Die Religionen sind für ihn gleichberechtigte »Leitern zu Gott«. Kali, Krishna, Buddha, Jesus und Allah sind nur unterschiedliche Ausdrucksformen der einen göttlichen Wirklichkeit. Darum sind Konversionen überflüssig, und eine Synthese aller Religionen ist nicht notwendig.

In seinen letzten Lebensjahren kamen viele Menschen zu ihm, die religiöse Fragen hatten oder Gott suchten. Als ein Heiliger war er für sie Vorbild, als ein Weiser wußte er guten Rat. 1886 starb er an Kehlkopfkrebs. Manche Hindus sehen in ihm eine göttliche Herabkunft (»Avatara«). Er gehört zu den großen Mystikern und geistlichen Lehrern der Menschheit.

• Nach dem Tod Ramakrishnas übernahm *Vivekananda* (1862–1902) die Leitung der Gemeinde. Dieser hatte an englischen Schulen in Kalkutta das europäische Bildungssystem kennengelernt und dort mehr vom Positivismus als vom Hinduismus gehört. Er hieß, bevor er Mönch (»Swami«) wurde, Narendranath Datta. Bei dem ersten Treffen mit Ramakrishna 1881 in Dakshinesvar kam es nicht sogleich zu einem gegenseitigen Verständnis. Der junge Student wehrte sich zuerst gegen die Faszination

Vivekananda, der wichtigste Schüler Ramakrishnas, fand in seinem Lehrer einen glänzenden Verstand, ein offenes Herz und den Zusammenklang aller guten religiösen Vorstellungen Indiens. Er hat das Erbe seines Lehrers hervorragend verwaltet.

des Lehrers, und Ramakrishna, der auf der Stelle von Narendranath begeistert war, erwartete, daß er seinen Stolz ablegte. Tatsächlich ging er eine Zeitlang als Bettler in ein Armenviertel. Hier entwickelte er sein Verständnis für die Notleidenden. 1884 wurde er endgültig Schüler von Ramakrishna. Er lernte die Vedanta-Philosophie Shankaras (→ S. 290 f.) mit dem Gedanken von der Alleinheit des Absoluten als Höhepunkt des Hinduismus kennen. Allmählich entwickelte sich eine so ungewöhnliche Vertrautheit zwischen beiden, daß Vivekananda beim Tod seines Lehrers mit dessen Geist völlig eins wurde. Er setzte das Werk Ramakrishnas mit Tatkraft und Ideenreichtum fort. Aber er zog auch als Bettelmönch mit Stab und Schale barfuß von Tempel zu Tempel und übte sich dabei in harter Askese.

Vivekananda wurde mit einem Schlag weltberühmt, als er bei der ersten Sitzung des Weltparlaments der Religionen 1893 in Chicago auftrat. Hier fand er sich ein, obwohl er keine offizielle Einladung hatte. Bei

Annahme, nicht Ausschließung

Wenn es eine ideale Religion für alle gäbe, dann müßte sie so groß und umfassend sein, daß sie allen Menschen auf Erden ihre geistige Nahrung geben könnte. Unsere Losung sei daher »Annahme«, nicht »Ausschließung«. Ich nehme alle Religionen an und verehre Gott mit ihrer Hilfe, in welcher Form sie auch immer dies tun mögen. Ich gehe in die Moscheen der Muslime und knie vor dem Kruzifix in der christlichen Kirche. Ich nehme im buddhistischen Tempel meine Zuflucht zu dem Buddha und seiner Lehre. Ich gehe in den Wald und meditiere mit dem Hindu, der dort das Licht zu sehen sucht, das das Herz von allem erleuchtet.

Aber ich will nicht nur dies tun, sondern ich werde mein Herz offen halten für alles, was noch in Zukunft kommen wird. Ist denn Gottes Buch abgeschlossen? Bibel, Veden und Koran und alle anderen heiligen Bücher sind nur Seiten aus diesem Buch. Eine unendliche Zahl von Seiten ist bisher noch nicht umgeblättert worden. Verehrung allen Propheten der Vergangenheit, allen großen Männern der Gegenwart und allen, die in Zukunft noch kommen werden.

Vivekananda (1862–1902)

der Eröffnung der Tagung fiel er schon auf, weil er in seinem orangefarbenen Mönchsgewand gekommen war und einen gelben Turban trug. Vor seiner ersten Rede hatte er gewaltiges Lampenfieber. Doch sie wurde zu einem großen Erfolg. Mit leidenschaftlicher Überzeugungskraft stellte er sich selbst als Mitglied des ältesten Mönchsordens der Welt und den Hinduismus als Mutter aller Religionen vor. Im Geist Ramakrishnas entwickelte er vor dem Parlament die These: »Wir erkennen alle Religionen als wahr an.« Damit verbunden war der Aufruf zu gegenseitiger Toleranz und eine heftige Kritik am Christentum, dem er vorwarf, großen Reichtum angehäuft zu haben und seine Erfolge dem Einsatz von Gewalt zu verdanken. Der Eindruck seiner Rede war überwältigend. Er erhielt stehende Ovationen. Über Nacht war der Hinduismus auch im Westen interessant geworden.

Vivekananda selbst wurde bei seiner Rückkehr in Indien gefeiert wie kaum je ein Mönch vor ihm. Ihm gelang es, seinen indischen Landsleuten wieder ein Gefühl für die Größe des Hinduismus zu geben. Zugleich versuchte er, ihnen deutlich zu machen, daß sie auch vom Westen Anregungen übernehmen müßten. Nur durch die Naturwissenschaften und die Technologie, das Arbeitsethos und die wirtschaftliche Produktivität lasse sich die Armut Indiens wirkungsvoll bekämpfen. Ansätze für diese Ideen fand er in der indischen Tradition, z. B. in den Bhakti-Bewegungen.

Vivekananda verband in seiner Person indische Spiritualität und westlichen Pragmatismus. Viele sehen in ihm einen modernen indischen Heiligen.

• Vivekananda war auch der Gründer der *Ramakrishna-Mission*. Dieser Mönchsorden unterscheidet sich in wichtigen Punkten von den traditionellen Orden Indiens. Die Mönche müssen ein solides Studium absolvieren und dabei die Religion und Philosophie Indiens genau kennenlernen. Ferner widmet sich der Orden sozialen und kulturellen Aufgaben. Die Mönche leiten Schulen, Waisenhäuser und Krankenstationen. An Brennpunkten der Not sind sie als Helfer zu finden. Schließlich übernehmen sie eine Aufgabe, die dem Hinduismus bislang fremd war: Sie betreiben Mission. Ihren Gründer haben sie zur Kultfigur gemacht, die oft auf kitschigen Bildern und in sentimentalen Biographien glorifiziert wird. Zentren ihrer Arbeit gibt es in den USA, in England und in vielen asiatischen Ländern. Der Einfluß dieser Institution ist dort nicht unbeträchtlich, während die Niederlassungen in Deutschland kaum auf Interesse stoßen. In orthodoxen Kreisen des Hinduismus findet diese neohinduistische Bewegung wenig Sympathie. Dort akzeptiert man keine Mission, weil ein Hindu nur der sein kann, der in eine Kaste des Hinduismus hineingeboren wird. Ein Übertritt zum Hinduismus ist demzufolge eigentlich nicht möglich.

• Von der Vitalität des Hinduismus im Westen zeugt ein *Hindu-Tempel*, der 1995 in *London* nach alten Riten eingeweiht wurde. Es ist ein Bau von solcher Größe, wie ihn der Hinduismus seit über 100 Jahren nicht mehr hervorgebracht hat. Zahlreiche Inder haben ihre Kräfte für den Bau unentgeltlich zur Verfügung gestellt. Er ist ausschließlich aus Spenden und Wohltätigkeitsaktionen finanziert worden.

Das Spinnrad wurde für Gandhi nicht nur zum politischen Symbol des Widerstands gegen die Einfuhr von Textilien aus England. Es hatte für ihn auch religiöse Bedeutung: »Das Spinnen wird mir immer wichtiger. Mir scheint, als wenn ich dabei Tag um Tag den Ärmsten der Armen und damit Gott näher komme. Diese vier Stunden sind für mich der wertvollste Teil des Tages … Wenn ich in der Gita, im Koran oder das Ramayana lese, dann schweift der Geist ab. Aber wenn ich das Spinnrad drehe oder mit dem Krempelbogen hantiere, bleibt der Geist fixiert.«

Religion und Politik

Zu den großen Reformern des Hinduismus im 20. Jahrhundert gehört auch Mohandas Karamchand *Gandhi* (1869–1948), der sich in seinem ganzen Leben von Grundideen seiner Religion leiten ließ. Auf das gesellschaftliche und politische Leben hat er wie kaum ein anderer Inder eingewirkt.

Gandhi wurde 1869 in Westindien als Sohn eines hohen Beamten und dessen vierter tieffrommen Frau geboren. Schon mit 13 Jahren wurde er mit Kasturbai verheiratet. Zum Studium der Rechtswissenschaften ging er nach London, wo er zunächst Zugang zum englischen Gesellschaftsleben suchte. Schon bald richtete sich sein Interesse auf die alten Hindu-Traditionen. Er studierte die Bhagavadgita und entdeckte die Bibel. Von 1893 bis 1915 lebte er in Südafrika, wo er erstmals politisch aktiv wurde. Hier setzte er sich gegen die Diskriminierung seiner Landsleute zur Wehr und kämpfte erfolgreich gegen die englischen Kolonialherren für das Wahlrecht und die Gleichberechtigung der im Land lebenden Inder. In dieser Zeit beschäftigte er sich intensiv mit philosophischen und religiösen Fragen und führte einen Briefwechsel mit dem russischen Dichter Tolstoi über Probleme der Gewaltlosigkeit. 1915 kehrte er in seine Heimat zurück.

Für sein weiteres Leben setzte er sich vor allem zwei Ziele: die menschenwürdige *Integration der Un-* *berührbaren* in die indische Gesellschaft und die *Unabhängigkeit Indiens* von der englischen Kolonialmacht. Auf diesem Weg, der nicht nur durch Erfolge gekennzeichnet war, hatte Gandhi viele Widerstände zu überwinden. Sowohl die Engländer wie orthodoxe Hindu-Kreise stellten sich ihm entgegen. In seinem Kampf, den er immer gewaltlos führte, entwickelte er viel Phantasie und Ideenreichtum, so daß er schon in den zwanziger Jahren der bekannteste indische Politiker war. Er verstand auch, das Volk mitzureißen. Manche seiner Aktionen sind weltberühmt geworden, so der *Salzmarsch* aus dem Jahr 1930, der sich gegen die Einführung einer neuen Salzsteuer durch den britischen Vizekönig richtete. Er zog damals mit vielen Menschen zum Meer und kostete dort nach einem Gebet salzhaltiges Wasser. Diese Symbolhandlung wurde überall als Protest und Widerstand gegen die Steuer verstanden. Sie hatte zur Folge, daß sich viele Inder das Salz selbst besorgten und so die Steuer unwirksam machten. Das *Spinnrad* wurde durch Gandhi zum Symbol des Widerstands gegen die Engländer. Das Heimspinnen drosselte den Import billiger Textilien aus England und verminderte die Arbeitslosigkeit vieler Inder. Ziviler Ungehorsam, Gewaltlosigkeit und aufsehenerregende Fastenaktionen waren Mittel zur Erreichung seiner politischen Ziele. Tatsächlich gewann Indien 1947 seine staatliche Unabhängigkeit von England. Auch danach setzte sich Gandhi tatkräftig für seine Ziele ein. Damals eskalierten die Auseinandersetzungen zwischen *Hindus und Muslimen*. Massaker aus pseudoreligiösen Motiven forderten das Leben tausender Unschuldiger. Gandhi ging selbst in die gefährdete Region und konnte in den Dörfern eine erträgliche Atmosphäre herstellen. Doch sein politisches Ziel der Einigung und Einheit Indiens erreichte er nicht. Die Engländer setzten 1947 die Teilung des Landes in einen Hindu-Staat Indien und einen Islam-Staat Pakistan durch. Das hatte zur Folge, daß Millionen von Menschen ihre Heimat verlassen mußten und unzählige Hindus und Muslime Opfer des Hasses wurden. Mit seinen Versöhnungsversuchen machte sich Gandhi auf beiden Seiten Feinde. Die Muslime beschuldigten ihn, die Staatsgründung Pakistans verhindern zu wollen, radikale Hindus beargwöhnten sein Verständnis für die Muslime. Nach seinem letzten Fasten, das die streitenden Religionen zur Besinnung bringen sollte, wurde er am 30. 1. 1948 von einem fanatischen Hindu namens Ghoze erschossen. Sein *Tod* löste bei nicht wenigen Hindus Freudenfeiern aus, aber die meisten Inder waren entsetzt. Sie hatten in ihm, den sie auch »*Mahatma*«, d. h. »große Seele«, nannten, ihren Vater verloren. Sein tragisches Ende zerstörte viele Hoffnungen.

Gandhi fühlte sich nicht als ein religiöser Mensch im allgemeinen, sondern als ein orthodoxer Hindu. Sein »*Bekenntnis zum Hinduismus*« (→ S. 277) enthält alle wesentlichen Elemente der Religion Indiens. Er konnte die Politik nicht von der Religion trennen. Aus der Religion entnahm er die Maßstäbe für sein Handeln. Doch nahmen Kreise, die sich für besonders orthodox hielten, auch vielfältigen Anstoß an seinem Tun. Sie verübelten ihm seine Haltung zu den Unberührbaren und sahen darin einen schwerwiegenden Verstoß gegen die Kastenordnung. Sein Einsatz für die Muslime kostete ihn schließlich das Leben.

Gandhi hat sich auch von großen Ideen *anderer Religionen* beeinflussen lassen. Er hat den strengen Monotheismus des Islam und den Geist der Bergpredigt Jesu in sein Lebenskonzept integriert. Jesus war für ihn einer der größten Propheten und Lehrer der Menschheit (→ S. 354). Seine Lehre und sein Tod bewegten ihn tief. Er konnte ihn »Sohn Gottes« nennen, aber nicht in dem einzigartigen Sinn, wie es Christen tun. Alle religiösen Ideen waren für Gandhi dem Wechsel unterworfen, Gott allein war für ihn unwandelbar. Niemanden versuchte er zu bekehren. Er betete dafür, daß die Muslime bessere Muslime, die Christen bessere Christen und die Hindus bessere Hindus würden. Diese drei Religionen waren für ihn gleich wahr. Aber der Hinduismus entsprach seinem inneren Wesen am meisten.

Es sind wenige *Ideen*, die diesen großen Menschen prägen. An erster Stelle ist »*Satyagraha*« (von »Satya«, d. h. »Wahrheit«, und »Agraha«, d. h. »Festigkeit«) zu nennen. Das Beharren auf der Wahrheit schließt Festigkeit gegenüber Widerständen und Verständnis für die Gegner ein. Gandhi hat sich stets bemüht, diejenigen, gegen die er kämpfen mußte, nicht zu verletzen und ihnen eine Chance zur Änderung ihrer Haltung zu geben. Eng damit verwandt ist »*Ahimsa*« (d. h. »Gewaltlosigkeit«). Diese Idee kommt nicht aus Schwäche und Feigheit. Man kann sie nur realisieren, wenn man innerlich stark ist. Sie reicht von der gewaltfreien Zivilcourage im Einzelfall bis zum gewaltlosen Widerstand gegen politische Systeme. Die Wurzeln von Ahimsa hat Gandhi im Jainismus (→ S. 293 ff.), in der Bergpredigt Jesu und in der Lehre Tolstois gefunden. Keiner vor ihm hat so wie er versucht, diese Idee in die politische Praxis umzusetzen.

In seinem persönlichen Leben wurden zwei alte Tugenden von neuem aktuell. Sie waren ihm Mittel der Selbstzucht, die er zu leben versuchte, die aber nicht für alle gelten sollten. »*Svadeshi*«, seine erste Tugend, bedeutet Anspruchslosigkeit und Beschränkung auf das Notwendige. Er wollte innerlich frei von allem Besitzstreben und von aller Gier sein. Darum kleidete er sich ganz einfach und trug oft nur einen weißen Schurz. Jeden Fleisch- und Alkoholkonsum vermied er. Er hat auch keinerlei Besitz angehäuft und bei seinem Tod nichts hinterlassen. »*Brahmacarya*«, seine zweite Tugend, bedeutet geschlechtliche Enthaltsamkeit. Er war zwar verheiratet, legte aber schon 1906 mit Zustimmung seiner Frau das Gelübde völliger Keuschheit ab.

Mit Gandhi hat der Hinduismus in unserem Jahrhundert eine Gestalt hervorgebracht, die weit über Indien hinaus Anerkennung und Sympathie gefunden hat, auch wenn er nicht alle seine großen Ziele erreichen konnte.

Heutige Probleme

Die heutigen Probleme Indiens sind weitgehend auch die Probleme des Hinduismus. Die modernen Entwicklungen des Landes stehen oft im Gegensatz zu den alten religiösen Traditionen. Manche *neohinduistischen Reformkräfte* suchen nach neuen Wegen. Wo aber die Angst vor diesen Entwicklungen groß ist und irrational wird, entstehen verschiedene Formen eines religiösen *Fundamentalismus*, der alle Erneuerungsversuche als Säkularisierungstendenzen ablehnt und oft sogar mit physischer Gewalt gegen sie vorgeht. Meistens geht es dabei um folgende Probleme:

Die juristische und politische Abschaffung der *Kastenordnung* (→ S. 320 ff.) durch die indische Verfassung genügt nicht, wenn sie nicht auch von der Religion unterstützt und bejaht wird. Eine solche Entwicklung ist trotz einiger Reformansätze im Neohinduismus noch nicht erkennbar. Solange hier nicht entscheidende Schritte getan werden, sind die Benachteiligungen der »Unberührbaren« nicht zu beseitigen, da die Religion das Verhalten der meisten Inder mehr bestimmt als die Verfassung.

Die *Situation der Frau* (→ S. 305 ff.) liegt noch sehr im argen. Es wird noch vieler Anstrengungen bedürfen, um die Lebensrechte der jungen Mädchen und der Frauen auch nur einigermaßen zu gewährlei-

sten. Eine Gleichberechtigung von Mann und Frau ist heute sicher noch eine Utopie. Die Reformansätze, die es in der Geschichte des Hinduismus gegeben hat, müßten für unsere Gegenwart neu wirksam gemacht werden.

Das *Elend im Land* ist noch unvorstellbar groß. Der Hunger ist nicht endgültig besiegt, auch wenn sich die Ernährungssituation in den letzten Jahren verbessert hat. Die Kindersterblichkeit ist immer noch hoch. Das Wachstum der Bevölkerung ist besorgniserregend. Die Rate der Analphabeten liegt bei knapp zwei Drittel der Bevölkerung. Überall leiden Menschen daran, daß sie keine Arbeit finden können. Zur wirksamen Bekämpfung vieler Krankheiten fehlen Ärzte, Krankenhäuser und Medikamente. Um all diese Probleme einer Lösung auch nur näher zu bringen, müßte das soziale Engagement der Hindus erheblich stärker werden, als es heute ist.

Ein lebendiges Interesse des orthodoxen Hinduismus an der *Demokratie* ist nicht zu beobachten. Viele Hindus stehen dieser Staatsform eher feindlich gegenüber, weil sie grundsätzliche Merkmale der Religion nicht oder zu wenig beachtet. Andererseits tragen die politischen Parteien mit ihrer Korruption und Inkompetenz dazu bei, das Desinteresse vieler Hindus an der Demokratie zu stärken.

Die Neubesinnung auf die Grundwerte des Hinduismus, die mit Recht zu einer neuen Hochschät-

In den indischen Städten prallen oft die alten religiösen Traditionen mit modernen Lebensformen zusammen. Tempel und Warenhaus, Lendenschurz und Auto leben nebeneinander, ohne daß eine gelungene Synthese erkennbar würde. Niemand weiß, ob sie überhaupt möglich ist. Diese Problematik teilt der Hinduismus mit den anderen großen Religionen der Welt.

Rechte Seite: Indischer Asket auf einem Motorroller. Die Farben passen gut zueinander.

zung der Religion Indiens geführt hat, kennt als Kehrseite auch ein Wiedererstarken des indischen *Nationalismus*. Damit verbunden ist eine Geringschätzung anderer Lebensformen und anderer Religionen. Maßgebliche Kreise der indischen Religion sind nicht selten daran beteiligt. Ein energischer Protest dagegen ist von ihnen kaum einmal zu hören.

Obwohl der Hinduismus von seiner Lehre her ein grundsätzliches Verständnis für Toleranz zeigt, entwickelt er heute wie schon in der Vergangenheit bedenkliche Formen der *Intoleranz*. Sie besteht in besonders scharfer Form gegenüber dem Islam. Dabei spielen alte Verletzungen durch die Muslime immer noch eine große Rolle. Die furchtbaren Ausschreitungen bei der Gründung des islamischen Staates *Pakistan* im Jahr 1947, die mit über einer Million Toten zum blutigsten Religionskrieg des 20. Jahrhunderts wurden, wirken bis heute nach. Die alte Feindschaft ist in den letzten Jahren zum Anlaß neuer Gewalttätigkeiten gegenüber den Muslimen und ihren Moscheen geworden. So haben fanatische Hindu-Fundamentalisten 1992 eine berühmte Moschee in Ayodhya zerstört. Brahmanen und Asketen waren maßgeblich daran beteiligt. Immer wieder kommt es von beiden Seiten zu schrecklichen Bluttaten, Plündereien und Vertreibungen. Diese Verbrechen tragen zum Glaubwürdigkeitsverlust von Hinduismus und Islam in hohem Maß bei.

In *Sri Lanka* (ehemals Ceylon) tobt seit den achtziger Jahren ein grausamer Krieg zwischen hinduistischen Tamilen und buddhistischen Singhalesen. Beide Seiten kämpfen mit unerhörter Grausamkeit. Niemand kennt die Zahl der Opfer. Der Gedanke der Gewaltlosigkeit, den Gandhi so vorbildlich gelehrt und gelebt hat, ist in Indien weithin unwirksam geworden. Damit hat das Land den moralischen Kredit, den Gandhi für Indien erworben hatte, weitgehend verspielt.

Begegnung mit dem Westen

Noch vor wenigen Jahrzehnten war der Hinduismus fast ausschließlich die *Religion Indiens*. Die Fremden außerhalb von Indien, für die man sich wenig interessierte, waren eine Art »Heiden« oder »Barbaren«. Sie wurden »*Mlecchas*« genannt, d. h. Leute, mit denen man nicht in Berührung kommen darf. Weil sie die heilige Sprache Sanskrit nicht kannten, hießen sie auch die »Stotternden«. Den Brahmanen war es verboten, Indien zu verlassen. Eine Mission und ein Anspruch auf Erlösung konnte es für die Menschen jenseits der Grenzen Indiens nicht geben.

Diese Selbstbegrenzung auf Indien ist im Hinduismus erst in unserem Jahrhundert fragwürdig geworden. Seitdem Vivekananda ihn für die *USA* und für *Europa* interessant machte und einen eigenen Missionsorden gründete, kann man Hindu auch durch Entscheidung und Gesinnung werden, ohne in eine indische Kaste hineingeboren zu sein. Seine Lehre wurde für andere Hindu-Gruppen maßgeblich, die seitdem den Hinduismus in Europa und Amerika propagieren und für ihn missionieren.

Umgekehrt ist auch im *Westen* ein großes Interesse an den fernöstlichen Religionen entstanden. Ein Komplex unterschiedlicher Motive hat zu dieser Einstellung geführt. Viele Menschen, die vom Christentum enttäuscht sind, suchen neue Wege der Spiritualität. Andere gehen mit Neugier und großen Erwartungen auf eine Religion zu, die bei uns erst seit dem 19. Jahrhundert durch großartige wissenschaftliche Forschungen genauer bekannt wurde. Auch die Faszination des Fremden und die Lust am Abenteuer spielen eine Rolle. Reiseberichte, Filme und Artikel in den Illustrierten haben daran einen nicht geringen Anteil. So ist ein gewisser Kontakt zwischen Ost und West entstanden.

Seit einigen Jahrzehnten interessieren sich hier viele Menschen für »Yoga« (→ S. 289 f.). Es sind wohl Hunderttausende, die regelmäßig Yoga-Übungen machen. Sie suchen dabei Entspannung von der Hektik des Alltags und vom Streß des Berufs. Von den Übungen erwarten sie Erneuerung ihres Wohlbefindens und eine Steigerung der vitalen und geistigen Kräfte. Manchmal kommen sie durch Yogaübungen der Welt des Hinduismus nahe und erweitern so ihr Gottes-, Welt- und Menschenbild. Meistens ist aber Yoga hierzulande zu einer bloßen Entspannungstechnik geworden, die sich von den religiösen Fundamenten des Hinduismus gelöst hat. Wer nicht an Samsara, Karma und Moksha glaubt und seinen Körper nicht nur als eine vorübergehende flüchtige Erscheinung ansieht, dem muß Yoga letztlich fremd bleiben. Dort ist Yoga der Weg zur Erlösung aus dem Kreislauf der Geburten. Hier ist Yoga ein Weg zu Selbsterfahrung, Gesundheit und Leistungssteigerung.

In den sechziger Jahren machten sich »Hippies«, meist junge Leute, scharenweise nach Indien auf, um in einer anderen Welt ein heiteres und erfülltes Leben führen zu können. Sie suchten Liebe statt Gewalt, Frieden statt Krieg, Muße statt Arbeit. Oft gingen sie in einen »Ashram«, d. h. eine Begegnungsstätte, wo sie von einem indischen *Guru* ihr *Mantra* erhielten und etwas über ihren Lebenssinn zu erfahren und wahre Gemeinschaft zu finden hofften. Diese schwärmerischen Erwartungen ließen sich schon deshalb kaum erfüllen, weil die Begeisterten die Sprache des Landes nicht verstanden und keinen soliden Zugang zur Religion, Geschichte und Kultur Indiens hatten. Nicht anders ist die *Guru-Bewegung* zu sehen. Sie fand spektakuläre Beachtung, als die Beatles ihren Guru in Maharishi Mahesh Yogi fanden. Seitdem gibt es einen intensiven Guru-Tourismus. Indische Gurus mit exotischem Aussehen kommen nach Europa, um hier den Hinduismus bekannt zu machen, aber auch um viel Geld zu verdienen. Umgekehrt gehen europäische Sinnsucher nach Indien, um bei einem Guru zu lernen und zu bezahlen. Das alles hat mit den großen Gurus des Hinduismus wenig zu tun. Gurus sind da die Meister, die ihre Schüler durch heilige Lebens-

führung und tiefe Kenntnis der religiösen Tradition in den Hinduismus einführen. Darum wird in seriösen Kreisen Indiens vor falschen Gurus nachdrücklich gewarnt.

Zu einem gewissen Bekanntheitsgrad kamen seit den siebziger Jahren die »Hare Krishna Mönche«, die sich mit kahlgeschorenem Kopf in ihren safrangelben Gewändern auf den Straßen unserer Städte zeigten und stundenlang ihr Mantra »Hare Krishna, Hare Hare, Hare Rama« sangen. Ihr Begründer war Bhaktivedanta Svami Prabhupada (1896–1977), der 1965 in die USA ging und dort zum Zweck der Mission die »Internationale Gesellschaft für Krishna-Bewußtsein« gründete, die kurz darauf auch in Europa tätig wurde. Die Mönche, die zölibatär und vegetarisch leben, tragen das wie eine Stimmgabel aussehende Vishnu-Zeichen auf ihrer Stirn. Sie wollen die religiösen Lehren Indiens, vor allem auch die Bhagavadgita, hierzulande bekannt machen und Anhänger für den Hinduismus gewinnen. Bislang waren ihre Erfolge eher bescheiden, obwohl sie über erhebliche finanzielle Mittel zur Werbung verfügen. In Indien finden sie mehr und mehr auch in orthodoxen Kreisen Anerkennung.

Daneben gibt es mehrere *andere Gruppierungen*, die Hindu-Lehren propagieren und für Hindu-Praktiken werben. Die bekanntesten sind die Osho-Bewegung, die früher »Bhagvan« hieß, die »Transzendentale Meditation« (TM) und »Ananda Marga«. Viele Gruppen, an deren Spitze Gurus mit fremdartigen Namen (Shivananada, Muktananda u. a.) stehen, sind bei uns auf der Suche nach Anhängern. In Indien ist die Einstellung zu solchen Gruppen kontrovers. Man sieht in ihnen entweder Künder der ewigen Wahrheit oder üble Geschäftemacher, die den Hinduismus verfälschen.

Eine seriöse Form des Gesprächs zwischen Hinduismus und westlicher Welt findet auf *akademischer Basis* statt. Es gibt bei uns tüchtige Wissenschaftler, die sich eine hohe Kompetenz in Lehre und Geschichte des Hinduismus erworben haben und die mit indischen Freunden in regem geistigen Austausch stehen. Ein solcher Kontakt, der sich auf gegenseitigen Respekt gründet, ohne daß er die Lebenspraxis der anderen Seite einfach übernehmen will, baut die besten Brücken zu einem gegenseitigen Verständnis.

Hinduismus und Christentum

Das Christentum in Indien

Die ersten Spuren des Christentums in Indien führen weit in die Vergangenheit zurück. Nach einer alten Überlieferung kam der *Apostel Thomas* nach Indien und gründete in Madras die erste Christengemeinde. Bis heute leben die nicht gerade zahlreichen Thomas-Christen in Malabar. Die erste historisch gesicherte Begegnung zwischen Christentum und Hinduismus erfolgte nach 1492, als Vasco da Gama den Seeweg von Europa nach Indien entdeckte und dort landete. Seitdem kamen zahlreiche *Missionare* vor allem aus dem Franziskaner- und Dominikanerorden ins Land, die eine Christianisierung Indiens anstrebten. Sie waren voll Glaubenseifer und zugleich voll Abenteurerlust. In ihren Methoden waren sie nach unseren heutigen Maßstäben nicht wählerisch. Es kam nicht selten vor, daß sie Hindu-Tempel zerstörten und den Besitz von Hindus konfiszierten. Konvertiten wurden erhebliche Vorteile eingeräumt. Der Hinduismus mit seinen Göttern, Sitten und Kasten galt vielen von ihnen als finsteres Heidentum. Das Studium seiner Schriften und Bräuche war Christen verboten.

Wichtige Änderungen in der Missionsarbeit wurden von einigen Jesuiten angebahnt. Im Jahr 1542 kam *Franz Xaver* (1506–1552), ein Mitbegründer des Jesuitenordens, nach Indien. Er war ein Mann von großer Dynamik, der das Land erkundete, die fremde Sprache lernte und die Riten und Zeremonien der Hindus studierte. Rastlos durcheilte er große Gebiete Indiens. Er begab sich in arme Fischerdörfer, wo er manchmal mit einer kleinen Glocke am Meeresstrand bimmelte, um die Bewohner auf sich aufmerksam zu machen. Dann sprach er sie mit einer auswendig gelernten Predigt recht und schlecht in ihrer Sprache an. Tausende Inder wurden von ihm getauft, so daß ihn oft abends sein Arm vom Spenden des Sakraments schmerzte. Die Einheimischen waren meist nach kurzer Belehrung zum Empfang der Taufe bereit, weil ihnen eine gute Botschaft und ein paar kleine Vorteile in Aussicht gestellt wurden. Oft sprach Franz Xaver auch Aussätzige und Unreine an, die im Land sonst keine

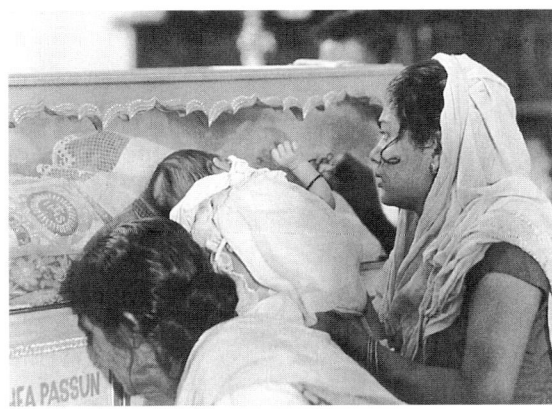

Rechte hatten. Mit ihm kam eine soziale Komponente in die Mission.

Noch wichtiger wurden die Versuche seines Ordensbruders *Roberto de Nobili* (1577–1656). Er las die heiligen Schriften Indiens und wurde rasch zu einem der besten Kenner der indischen Religion und Sprache. Mit der Zeit fühlte er sich selbst wie ein Brahmane. Er kleidete sich in orangefarbene Gewänder, klebte sich das Brahmanenzeichen auf die Stirn, lebte vegetarisch und schor sich das Haar. Wenn er einem Kastenlosen die Kommunion reichte, achtete er darauf, ihn nicht zu berühren, weil er wußte, daß er sich sonst alle Sympathien selbst der getauften Brahmanen verscherzt hätte. Er war da-

Oben: Schrein des Franz Xaver in Goa, Südindien.
Der Mitbegründer des Jesuitenordens war intensiv an den Missionierungsversuchen in Indien beteiligt.
Unten: Eine christliche Inderin bringt ihr Kind zum Grab des Heiligen.

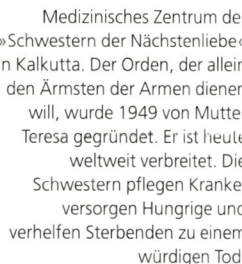

Medizinisches Zentrum der »Schwestern der Nächstenliebe« in Kalkutta. Der Orden, der allein den Ärmsten der Armen dienen will, wurde 1949 von Mutter Teresa gegründet. Er ist heute weltweit verbreitet. Die Schwestern pflegen Kranke, versorgen Hungrige und verhelfen Sterbenden zu einem würdigen Tod.

Rechte Seite: Die albanische Ordensfrau war zuerst als Lehrerin in Indien tätig. Sie erhielt 1979 den Friedensnobelpreis. Manche Hindus sehen in ihr eine gute Verkörperung der dunklen Göttin Kali.

von überzeugt, daß es bei den Hindus wahre Gottesverehrung gebe und das Christentum viele Bräuche der Hindus übernehmen könne, ohne seine eigene Identität zu verlieren. Seine Methode der »Akkomodation«, d. h. der Anpassung der christlichen Gedankenwelt an die indischen Landessitten, war zugleich taktisch bestimmt. Er wollte damit Hindus für die Kirche gewinnen. Bei vielen gebildeten Indern fand er Anerkennung. So kam es zu einer fruchtbaren Begegnung, die eine gute Entwicklung für die Zukunft versprach. Doch wurden seine Experimente in Rom beim Papst verdächtigt und diffamiert. Man unterstellte ihm, christliche Essentials

Christliche Anerkennung

So erforschen im Hinduismus die Menschen das göttliche Geheimnis und bringen es in einem unerschöpflichen Reichtum von Mythen und in tiefdringenden philosophischen Versuchen zum Ausdruck und suchen durch asketische Lebensformen oder tiefe Meditation oder liebend-vertrauende Zuflucht zu Gott Befreiung von der Enge und Beschränktheit unserer Lage.

Das 2. Vatikanische Konzil (1962–1965)

preiszugeben. Es entstand eine lange, grundsätzliche Auseinandersetzung (»Ritenstreit«) um den richtigen Weg der Mission, an dessen Ende seine Methode vom Papst verboten wurde. Vorerst war nur noch eine Missionsarbeit erlaubt, die in Sprache, Lehre und Brauchtum ganz auf römischen bzw. europäischen Vorstellungen fußte.

Als die britische Krone 1858 die Oberhoheit in Indien übernahm, kamen viele *englische Missionare* ins Land. Sie wurden oft als Komplizen der Kolonialherren angesehen. Die Verflechtung von Mission und Fremdherrschaft hat dem Christentum sehr geschadet. Zu einem Glaubwürdigkeitsverlust des Christentums führte auch die Konkurrenz der verschiedenen christlichen Konfessionen, die sich im Land gegenseitig befehdeten.

Seit Beginn des 20. Jahrhunderts gab es wieder verständnisvollere Einstellungen zur Religion Indiens. Nun versuchten einzelne Christen, darunter auch Missionare verschiedener Konfessionen, aufs neue mit Indern ins *Gespräch* zu kommen und ihre religiöse Welt zu verstehen. Doch häufig gab es Rückschläge. Als Papst Pius XI. sich 1931 weigerte, Gandhi bei einem Rombesuch zu empfangen, war das eine Brüskierung Indiens und des Hinduismus.

Zwei Ereignisse in der zweiten Hälfte dieses Jahrhunderts haben eine erste Annäherung zwischen katholischer Kirche und Hinduismus angebahnt. Im Jahr 1964 kam *Papst Paul VI.* nach Indien und zollte dabei dem Hinduismus seine Anerkennung, als er von der Güte, Demut und Geduld der Kinder dieses Landes sprach, auf das große Beispiel Gandhis hinwies und die spirituellen Ideale Indiens würdigte. Das *2. Vatikanische Konzil* hat 1965 in seiner Erklärung über das Verhältnis der Kirche zu den nichtchristlichen Religionen über den Hinduismus gute Worte gefunden.

Die offiziellen Annäherungsversuche werden begleitet durch die *Präsenz der Christen* im Land. Auch heute bemühen sich viele christliche Priester und Ordensschwestern, unter ihnen zahlreiche indische Männer und Frauen, in täglicher Kleinarbeit selbstlos um eine Darstellung des Christlichen in Indien. Dafür ist die albanische Ordensfrau Mutter Teresa in Kalkutta nur ein Beispiel, dem leicht viele andere hinzugefügt werden könnten. Diese Christen wollen schon längst nicht mehr »Heiden« vor der ewigen Verdammnis retten oder die Macht der Kirche stärken. Bei ihnen werden Kranke geheilt, Kinder unterwiesen, alleinerziehende Mütter für ihre Aufgaben vorbereitet, Handwerker ausgebildet, Verstoßene aufgenommen, Kastenlose als gleichberechtigte Menschen anerkannt. Sie teilen mit den Hungernden ihren Reis, ertragen Hitze und Kälte mit den Einheimischen und leiden mit den Armen und Geächteten. Oft findet ihre Arbeit unter unvorstellbaren sozialen, hygienischen und kulturellen Bedingungen statt. Wer je ihr Tun in indischen Städten und Dörfern beobachtet hat, wird die christliche Mission von heute in Indien nicht pauschal verurteilen.

Heute leben nur ca. *20 Millionen Christen* im Land, das sind 2,4 % der Gesamtbevölkerung. Davon sind etwa 12 Millionen Katholiken, unter den übrigen Christen überwiegen die Anglikaner.

Daß das Christentum trotz jahrhundertelanger Bemühungen wenig Ausstrahlungskraft entwickelt hat, liegt an der *Vitalität des Hinduismus* selbst. Er hat sich schon immer anderen Religionen gegenüber als höchst lebensfähig erwiesen. Weder der Buddhismus noch der Islam konnten ihm sonderlich gefährlich werden. Das mußte auch das Christentum erfahren. Dafür seien hier drei Gründe genannt:

Grenzen des Verstehens

Ein Christ wird den Hinduismus nie ›verstehen‹, wenn er nicht zum Hinduismus bekehrt ist. Und nie wird ein Hindu das Christentum begreifen, außer er werde ein Christ. Welche der beiden Religionen ist imstande, eine solche Umarmung auszuhalten?

Raimundo Panikkar, christlicher Theologe in Indien

• Die große *Anpassungsfähigkeit* des Hinduismus macht ihn gegen andere Religionen weithin immun. Immer wieder hat er es verstanden, wesentliche Momente der anderen Religionen bei sich zu integrieren und sie so zu »hinduisieren«.

• Auch seine große *Vielfalt* spielt eine Rolle, die von magischen Praktiken über eine bunte Volksfrömmigkeit und einen lebendigen Gottesglauben bis zur Mystik reicht. Sie hat für jeden etwas. Da können andere Religionen wenig Neues aufbieten.

• Am wichtigsten ist wohl seine strenge *Intoleranz*. Ein Hindu, der Christ wird, verläßt alles, was ihm bisher Lebensinhalt war. Er wird aus seiner Kaste verstoßen und gesellschaftlich und religiös den Unberührbaren gleichgeachtet.

Fragen an den Hinduismus

Christen müssen heute vorbehaltlos anerkennen, daß der Hinduismus im Lauf der Zeit einen großen *spirituellen Reichtum* entwickelt hat. Die vielen Wege der Gotteserkenntnis und die tiefsinnigen Erlösungslehren, die Idee der Gewaltlosigkeit und Toleranz, die Anregungen zu Gebet und Meditation gehören zu den bedeutsamsten religiösen Zeugnissen der Menschheit. Von der Ehrfurcht der Hindus vor Natur und Kosmos können Christen lernen. Die großen Gestalten des Hinduismus, darunter Heilige und Mystiker, Asketen und Philosophen haben eine Ausstrahlungskraft bis in die Mitte des Christentums.

Ein *Vergleich* zwischen Christentum und Hinduismus läßt aber auch erhebliche Differenzen zutage getreten.

• Die Lehre vom Kreislauf der *Welten* (»Samsara«) und von der Wiederkehr der *Geschichte* ist für den Hinduismus fundamental und bestimmt das Lebensgefühl und das Denken der Hindus völlig. Christen glauben im Unterschied zu den Hindus, daß die Welt die einmalige Schöpfung Gottes ist. Darum ist sie von ihrem Wesen her gut. Ihre Geschichte ist einmalig. Sie bewegt sich linear wie ein Pfeil von einem Anfang zu einem Ende, und nicht zyklisch wie ein Kreis, dessen Lauf sich stets wiederholt. Wie ihr Anfang, so wird auch ihr Ende von Gott bestimmt. Wann dieses Ende kommen wird, entzieht sich menschlichem Wissen.

• Die indische Lehre von der *Wiedergeburt* des Menschen und vom Lohn der Taten (»Karma«) erklärt den Hindus, daß ihr Lebensschicksal und ihre Kastenzugehörigkeit der gerechte Lohn für ihre vergangenen Taten ist. Darin liegt für Hindus der gute Sinn dieser Auffassung. Für Christen ist jeder Mensch einmalig (»*Individuum*«, »*Person*«, → S. 141) in der Welt. Er kann mit seinen Werken letztlich nicht über sein Leben und über seine soziale Stellung in der Welt entscheiden, wohl aber darüber, ob er nach seinem Tod Gott auf ewig nahe ist oder nicht. Sein Lohn der Taten liegt im Jenseits, nicht im Diesseits.

• Der Reichtum des indischen *Gottesglaubens* ist faszinierend. Christen können viel von der tiefsinnigen Mystik und der naturverbundenen Frömmig-keit der Hindus lernen. Trotzdem machen Christen in Übereinstimmung mit manchen Hindus auch auf einige Probleme aufmerksam. Sie liegen an den Extremen der Hindu-Theologie. Die eine Seite: Der weit verbreitete Fetischismus und bunte Polytheismus wird der Gottesidee nicht gerecht. Man mag sie tolerieren, solange Menschen sich davon nicht lösen können. Aber sie lassen sich theologisch wohl nicht rechtfertigen. Die andere Seite: Das unpersönliche göttliche Brahman, das kein Attribut und Gesicht hat, muß als tiefsinniger theologischer Gedanke gewürdigt werden, sich beim Reden von Gott aller unvermeidbaren Anthropomorphismen bewußt zu sein. Es wirft die Frage auf, ob das höchste Sein letztlich ein »Es« ist oder ob Gott ein persönliches Gesicht hat. Gott wird dem Menschen immer ein Geheimnis bleiben; darum sind diese Fragen letztlich unentscheidbar. Aber das Christentum stimmt am ehesten mit den Formen des indischen Gottesglaubens überein, die Gott im Bild der liebenden Person anerkennen und verehren.

• *Welt und Mensch* sind für Christen weder völlig identisch mit Gott, wie es die indische Alleinheitslehre meint, noch von ihm radikal verschieden, wie es der indische Dualismus sieht. Gott hat die Welt und den Menschen am Anfang der Zeit aus dem Nichts gerufen. Als Schöpfung sind sie mit Gott verwandt, ohne mit ihm identisch zu sein.

• Der Hinduismus versteht sich als eine Religion zur *Erlösung* des Menschen. Er will letzte Antworten auf die Fragen geben, die sich uns aus unserem Leben, Leiden und Sterben stellen. In seiner Lehre von der Erlösung (→ S. 300 ff.) weist er eine reiche Vielfalt auf. Er kennt drei unterschiedliche Wege zur Erlösung: Handeln und Werke (1), Erkenntnis und Erfahrung (2), Hingabe und Liebe (3). Er weiß von dem Affen- und Katzenweg (→ S. 303). Alle diese Wege können sich in der Realität des Suchens vielfach kreuzen. In ihrer Grundstruktur enthalten sie Elemente, die auch der christliche Glaube als unverzichtbar ansieht. Beide Religionen wissen von der Verantwortung des Menschen für die eigene Erlösung (»Selbsterlösung«), aber auch von seiner Angewiesenheit auf die Hilfe und Gnade Gottes (»Fremderlösung«). Das Ziel der Erlösung liegt in beiden Religionen nicht weit auseinander. Während die Hindus den endgültigen Ausstieg aus dem ewigen

Kreislauf der Wiedergeburten anstreben, um mit dem unpersönlichen Brahman eins zu werden oder dem persönlichen Gott nahe zu sein, erwarten Christen von ihrer Erlösung die Vergebung ihrer Schuld, die Aufhebung des Leids und ein ewiges Leben in der Gemeinschaft mit Gott. Bei aller weltbildbedingten Verschiedenheit der Erlösungslehren kommen beide Religionen darin überein, daß sie für den Menschen ein Ende seines Leidens und seiner Schuld in einem Zustand des Glücks erhoffen, der nicht mehr verlorengehen kann.

• Der Hinduismus kennt viele göttliche *Erlöser.* Die ergreifendste Gestalt ist *Krishna,* wie er sich in der Bhagavadgita offenbart. Krishna ist vom Himmel herabgestiegen und hat menschliche Gestalt angenommen (»Avatara«). Er ist die achte unter mehreren göttlichen Herabkünften. So gehört er in ein großes mythologisches Panorama und ist nicht der alleinige Vermittler Gottes zur Welt. Demgegenüber ist für den christlichen Glauben *Jesus Christus,* der im vollen Licht der Geschichte steht, als Mensch die einmalige Verkörperung Gottes auf Erden. Seine Menschwerdung ist ohne Parallele, weil sich in ihm Gott endgültig und vollständig ausspricht.

• Das *Kastenwesen,* die religiös begründete Ungleichheit der Menschen, widerspricht der biblischen Grundauffassung von der Gleichheit und Würde aller Menschen. Darum können Christen dieses System nicht akzeptieren. In ihrem Protest gegen das Kastenwesen haben sie viele Bundesgenossen auch im Hinduismus selbst. Allerdings müssen sich Christen auch sagen lassen, daß sie selbst in ihrer Geschichte oft von diesem anthropologischen Grundaxiom abgewichen sind und die Gleichheit von Freien und Sklaven, Frauen und Männern, Christen und Juden, Indianern und Spaniern mißachtet haben. Die christliche Welt kennt Kastenordnungen eigener Art bis heute.

• Der Gedanke von der *Gleichheit aller Religionen,* der im Reformhinduismus vertreten wird, ist nicht ganz so selbstverständlich richtig, wie es auf den ersten Blick scheint. Alle Religionen für gleichberechtigt zu erklären, macht blind für die Einsicht, daß eine Religion auch den Blick auf das Göttliche verstellen kann, daß sie statt Freiheit Angst bewirken und Menschen für unbillige Zwecke ausnützen kann. Bei der Beurteilung der Religionen werden Hindus und

Christen gewiß erheblich mehr Toleranz beweisen müssen als in der Vergangenheit. Aber der Maßstab von Liebe und Menschenwürde, von Freiheit und Gerechtigkeit erscheint unverzichtbar. Wo Religionen dagegen verstoßen, verlieren sie ihren Anspruch auf Gleichberechtigung und Anerkennung.

• Vorwürfe wegen der Ungleichheit der *Frau* in der indischen Gesellschaft, wegen eines neu aufkommenden *Fundamentalismus,* wegen einer orthodoxen *Intoleranz,* wegen einer neuen *Gewaltbereitschaft* sind gewiß berechtigt, dürfen aber nicht dafür blind machen, daß es vergleichbare Erscheinungen in beiden Religionen gibt.

Indische Christen entdecken heute aus ihrer Begegnung mit dem Hinduismus an der Christusgestalt neue Dimensionen. Sie sehen Christus mehr in kosmischer Perspektive. Er ist das Alpha und das Omega der Welt. Seine Spiritualität erscheint ihnen in vielen Punkten mit indischer Religiosität verwandt. Die Lehre von seiner Präexistenz und Inkarnation findet in Indien mehr Verständnis als das Bemühen um die einmalige Lebensgeschichte Jesu. Von Christus aus suchen sie Wege zur Versöhnung der Weltreligionen. Das Bild zeigt eine viergestaltige Christusfigur im Lotossitz in einem Ashram in Nordindien. Die Gestalt ist sichtlich von indischen Traditionen geprägt (→ S. 313, 374).

Fragen an das Christentum

Auch der Hinduismus stellt kritische Fragen an das Christentum. Das war schon in der Vergangenheit so und ist in der Gegenwart nicht anders geworden.

• Im Hinduismus gibt es *keine einheitliche Stellungnahme* zum Christentum. Harte Kritik und sympathisches Verständnis bestehen nebeneinander. Orthodoxe Hindus sehen in den Christen »Mlecchas«, d. h. Leute, mit denen man nicht in Berührung kommen darf. Alle Nichthindus sind für diese Orthodoxen unrein. Diese intolerante Ablehnung läßt sich durch eine lange Tradition begründen. Völlig entgegengesetzt ist die Einstellung der modernen Reformer wie Ramakrishna oder Gandhi, die alle Religionen achten und in ihnen nur verschiedene Wege zu Gott sehen. Auch diese tolerante Einstellung hat in Indien eine lange Tradition. Sie ist schon in der Bhagavadgita zu finden.

• Am meisten kritisieren die Hindus den *Absolutheitsanspruch* des Christentums, wenn er so radikal vertreten wird, als gebe es außerhalb der Kirche kein Heil. Dies ist für sie eine unerträglich intolerante Haltung, die dem gegenseitigen Verständnis und dem Frieden abträglich ist.

• Die christliche *Mission* sieht sich einem *dreifachen Vorwurf* ausgesetzt: Die Missionare hätten häufig lieblos und sogar gewaltsam gehandelt (1). Sie hätten versucht, Menschen, die in einer völlig anderen Tradition aufgewachsen sind, von ihren Wurzeln abzuschneiden und ihnen fremde Formen überzustülpen (2). Zu oft habe die Mission die Interessen der Kolonialherren vertreten und sich mit deren Überheblichkeit identifiziert (3). Viele Inder erkennen aber auch dankbar an, daß die christliche Kritik an primitiven religiösen Lebensformen und am Kastenwesen, die Beseitigung der Witwenverbrennung und die Ächtung der Kinderehe, der Ausbau von Schulen und Krankenhäusern für Indien notwendig und berechtigt war. Der Gedanke der

Seit einigen Jahren gibt es nicht mehr nur europäische Christen in Indien, sondern auch indische Christen in Europa. Ein indischer Priester in Deutschland unterweist Kinder an einem Taufbecken.

Rechte Seite: Junge Hindus am Meer.

Nächstenliebe, der auch der indischen Tradition nicht fremd ist, könne nicht eindringlich genug von allen Religionen verkündet und in gemeinsamer Anstrengung verwirklicht werden.

• Viele Hindus zeigen eine tiefe Verehrung für *Jesus*. Er ist für sie vor allem der großartige Verkün-

---

Jesus – einer der größten Propheten

Meine Zuneigung zu Jesus ist wirklich groß. Seine Lehre, seine Einsicht und sein Opfertod bewegen mich zur Verehrung. Aber ich muß die orthodoxe Lehre, daß Jesus eine Inkarnation Gottes im feststehenden Sinne des Wortes gewesen oder daß er der einzige Sohn Gottes ist, ablehnen ... Sein Opfertod ist Vorbild und Beispiel für uns. Jeder von uns muß sich um seines Heiles willen kreuzigen lassen ... Ich kann die Einschränkungen nicht gutheißen, die der Bergpredigt gegenüber geltend gemacht werden. Ich finde im Neuen Testament keine Rechtfertigung des Krieges. In meinen Augen ist Jesus einer der größten Propheten und Lehrer, die der Welt je gegeben wurden.

Mahatma Gandhi (1869–1948)

der der Bergpredigt und der mutige Mann, der mit seiner Lehre von Liebe und Gewaltlosigkeit selbst ein Opfer der Gewalt geworden ist. Sie fragen sich aber, warum die menschenfreundliche Lehre Jesu bei *Christen* so unwirksam geblieben ist. Jesus passe darum nicht zu ihnen, letztlich gehöre er doch *Asien*, dem Ursprungskontinent aller großen Religionen.

• Für die *Kirche* zeigen die Hindus wenig Verständnis. Ihren theologischen Sinn und erst recht ihre historische Gestalt lehnen sie ab. Der Hinduismus, der selbst nicht institutionell verfaßt ist, der keine feste Liturgie, keine regelmäßigen Gemeindegottesdienste, kein Kirchenrecht, keine Hierarchie und kein einheitliches Dogma kennt, sieht in der Kirche eine Verfremdung von Religion durch Institution, Organisation und Kult.

• Die Kritik des Hinduismus am Christentum läßt sich in dem Vorwurf zusammenfassen, daß die christlich-abendländische Welt nur *wenig Sinn für Religion und Spiritualität* entwickelt habe. Hier sei der Sinn für das Göttliche und Heilige zunehmend verdrängt und vergessen worden. An die Stelle seien Politik, Recht, Wirtschaft, Wissenschaft und Technik getreten.

• Die guten Ansätze zu einem verständnisvollen *Dialog* zwischen Hindus und Christen, die es heute gibt, müssen nach Auffassung vieler Hindus entschieden weiterentwickelt werden, damit beide Religionen in der Zukunft ihre wichtigen Aufgaben erfüllen können. Sie werden mehr als bisher den Menschen Wege zum Licht zeigen müssen. Wenn dies gelingt, werden die Menschen auch Wege zueinander finden.

Buddhismus

Eine andere Welt

Die erste universale Religion

Der Buddhismus ist nicht die älteste aller Weltreligionen. Judentum und Hinduismus können auf eine längere Geschichte zurückblicken. Aber im Unterschied zu diesen beiden Religionen, die weitgehend an die Zugehörigkeit zu einem einzigen Volk, zu Juden und Indern, gebunden sind, ist der Buddhismus eine Religion, die sich an alle Menschen wendet. Er ist die *erste universale Religion* der Menschheit. Die Buddhisten weisen selbstbewußt darauf hin, daß sie der Religion angehören, die älter ist als die beiden anderen universalen Religionen, die im Westen Asiens entstanden sind. Das Christentum ist 500 und der Islam erst mehr als 1000 Jahre später entstanden.

Die Geschichte des Buddhismus beginnt vor *2500 Jahren* in Indien, also zu einer Zeit, als in China Konfuzius eine neue Kultur begründete, in Israel die großen Propheten das Wort Gottes verkündeten und in Griechenland die ersten Philosophen eine unabsehbare Geschichte des Denkens begannen. Damals scharte sich eine Gemeinde von Asketen und Mönchen um die Person eines adeligen Inders, der mit 29 Jahren der Welt entsagt hatte und im Bewußtsein, daß alle Wirklichkeit leidvoll sei, auf die Suche nach Heil und Erlösung gegangen war. Er fand eine Antwort auf sein Streben in einer wunderbaren Erleuchtung, die ihm den Namen »Buddha« brachte. Die Gleichgesinnten, die sich um ihn scharten, bildeten den Kern einer neuen Religion, die bis heute an Ausstrahlungskraft nichts verloren hat. Sie brachte unzählige Menschen auf einen guten Lebensweg und war ihnen eine wirksame Kraft zur Bewältigung ihres Lebens.

Die Buddhisten sind stolz darauf, daß sich ihre Religion *ohne Gewaltanwendung* ausgebreitet hat und daß es in ihrer Geschichte so gut wie keine heiligen Kriege, Inquisitionen und blutige Verfolgungen anderer Religionen gegeben hat.

Es ist umstritten, ob man den Buddhismus überhaupt als eine *Religion* bezeichnen kann, weil die Gottesfrage zumindest in seinen frühen Formen nicht so im Zentrum steht wie in den anderen Religionen. Im Unterschied zu diesen ist der Buddhismus auch kein Glaubenssystem, das ein bestimmtes Bekenntnis fordert. Er appelliert an die Einsicht der Menschen und ist davon überzeugt, daß seine grundlegenden Wahrheiten unserer Lebenserfahrung entsprechen und vernünftiger Betrachtung zugänglich sind. Manche westlichen Kenner halten darum zumindest den ursprünglichen Buddhismus eher für eine *Philosophie* als für eine Religion. Gegen diese Annahme spricht allerdings, daß der Buddhismus im allgemeinen von theoretischen Überlegungen, erst recht von metaphysischen Spekulationen nicht viel hält. Alle philosophischen Versuche, die großen Rätsel des Lebens zu lösen, hat der Buddha abgelehnt. Andere Beobachter sehen im Buddhismus eher eine *Ethik*, die einen praktischen Lebensweg weist, oder eine *Psychologie*, die Einsichten über das Innere des Menschen vermittelt. All diese Beschreibungen mögen ihr begrenztes Recht haben.

Die vorangehende Doppelseite zeigt das Südportal des Stupa von Sanci in Zentralindien. Er erhebt sich über einem älteren Vorgänger, den der Kaiser Ashoka (→ S. 410) an dieser alten Pilgerstätte schon um 250 v. Chr. gestiftet hatte. Hier ist die spätere eindrucksvolle Anlage im 2./1. Jh. v. Chr. entstanden. Sie ist auch heute das Ziel vieler Pilger. Das Bild zeigt das Südtor mit Löwenkapitellen und waagerechten Balken, auf denen Szenen aus dem Leben des Buddha eingearbeitet sind. Dahinter ruht der Stupa mit seinem steinernen Schirm. Ein Stupa ist ein buddhistischer Kultbau. Seine Form geht zurück auf eine Gedenkstätte, in der zuerst die Überreste des Buddha selbst (→ S. 384), später auch die Reliquien anderer buddhistischer Persönlichkeiten aufbewahrt wurden. Noch heute ist leicht zu erkennen, daß sich der Stupa aus einem Erdhügel entwickelt hat. Das Wort selbst bedeutet »Haarschopf« und weist so auf seine hügelige Form hin. Aus den ursprünglich einfachen Hügeln sind schon in den ersten Jahrhunderten der buddhistischen Geschichte großartige Bauten entstanden. Sie heißen in Sri Lanka »Dagoba« (d.h. »Gefäß, das die Welt enthält«) und in China/Japan »Pagode« (d.h. »Buddha-Turm«). Der Stupa ist oft, wie hier in Sanci, ein massiver halbkugelförmiger Steinbau, den man nicht betreten kann. Die Kostbarkeiten, die er birgt, sind unzugänglich. Für die Buddhisten ist ein Stupa von hohem Symbolwert. Er ist nicht nur Reliquienschrein und Erinnerungsmal, sondern auch zeichenhaftes Bild für den wahren Körper des Buddha (→ S. 384 ff.), der oben in seiner Spitze in das Nirwana weist. Er versinnbildet auch die Lehre (»Dharma«, → S. 390) des Buddha. Für den Buddhisten ist das Verweilen vor dem Stupa, das Eintreten durch die offenen Tore, ein Rundgang um das unzugängliche Zentrum, ein Blick nach oben ein religiöses Ereignis. Es erinnert ihn an den Buddha, seine Lehre und den Weg der Erlösung. Andere Stupas: → S. 387, 394, 399, 427, 428 und 436.

Rechts: Ein Mönch studiert in einem Kloster die heiligen Sutras.

Achsenzeit

In der Achsenzeit (zwischen 800 und 200 v. Christus) drängt sich Außerordentliches zusammen. In China leben Konfutius und Laotse, entstanden alle Richtungen der chinesischen Philosophie …; in Indien entstanden die Upanishaden, lebte Buddha, wurden alle philosophischen Möglichkeiten bis zur Skepsis und bis zum Materialismus, bis zur Sophistik und zum Nihilismus, wie in China, entwickelt; in Iran lehrte Zarathustra das fordernde Weltbild des Kampfes zwischen Gut und Böse; in Palästina traten die Propheten auf, von Elija über Jesaja und Jeremia bis zu Deutero-Jesaja; Griechenland sah Homer, die Philosophen Parmenides, Heraklit, Plato, die Tragiker, Thukydides und Archimedes. Alles, was durch solche Namen nur angedeutet ist, erwuchs in diesen wenigen Jahrhunderten annähernd gleichzeitig in China, Indien und dem Abendland, ohne daß sie gegenseitig voneinander wußten. Das Neue dieses Zeitalters ist überall, daß der Mensch sich des Seins im Ganzen, seiner selbst und seiner Grenzen bewußt wird. Er erfährt die Furchtbarkeit der Welt und die eigene Ohnmacht. Er stellt radikale Fragen, drängt vor dem Abgrund auf Befreiung und Erlösung … In diesem Zeitalter wurden die Weltreligionen geschaffen, aus denen die Menschen bis heute leben.

Karl Jaspers (1883–1969), Philosoph

Zu verallgemeinern sind sie nicht. Ob man den Buddhismus eine Religion nennen kann, hängt davon ab, wie man Religion definiert (→ S. 448) und ob man von vorneherein darauf achtet, daß die Definition auch den Buddhismus umfaßt. Wenn man in der Religion vor allem einen *Weg zur Erlösung* sieht, dann ist der Buddhismus auch in seiner ältesten Form eine bemerkenswerte Religion. Sie führt den Menschen letztlich zwar nicht zu Gott oder zu göttlichen Kräften, aber sie weist einen praktischen Weg zur Überwindung des Leids und damit zur Erlösung des Menschen. Am Ende steht die Befreiung von sich selbst, da für den Buddhismus das Selbst mit seinem vielfältigen Verlangen die Quelle allen Schmerzes und Leides ist. Darin liegt ein tiefgreifender Unterschied zu modernen westlichen Anschauungen, die die Selbstverwirklichung oder Ichstärkung in den Vordergrund stellen.

Ein gründlicher *Zugang* zum Buddhismus ist nicht leicht, weil der räumliche und zeitliche Abstand, der uns von ihm trennt, gewaltig ist. Noch schwieriger wird das Verstehen dadurch, daß er von einem Grundverständnis von Welt, Mensch und Gott ausgeht, das sich radikal von unserem unterscheidet. Selbst wenn man sich intensiv mit ihm be-

Eine buddhistische Kurzformel

Wirke nichts, das böse ist.
Hänge nicht an Leben und Tod.
Erbarme dich aller Lebewesen.
Ehre, was über dir ist.
Sei gnädig zu den Unteren.
Hasse nicht, verlange nicht,
Laß nichts an deinem Herzen haften.
Trage Leid um nichts.
Dann wirst du selbst der Buddha sein.
Suche ihn nirgends anders.

Ein Zen-Meister

faßt, wird man bald an Grenzen des Verständnisses stoßen, weil die täglich erfahrene Lebenswelt nicht mit den Grundauffassungen des Buddhismus übereinstimmt.

Die indische Umwelt

Der Buddhismus ist in dem heutigen nepalesisch-indischen Gebiet entstanden, das im Norden vom *Himalaja-Gebirge* und im Süden vom *Ganges-Fluß* begrenzt wird. Dieser Raum erstreckt sich als ein etwa 50 Kilometer breiter Landstreifen von der hohen Bergwelt bis in die Niederungen des Flußtales. Buschwälder und Sümpfe bestimmen das Landschaftsbild. Die Bewohner lebten damals nicht nur in kleinen Dörfern, sondern durchaus schon in ansehnlichen Städten. Sie ernährten sich vor allem von dem Reis, den der urbar gemachte Boden hergab.

In den Städten der Region gab es schon zu den Zeiten des Buddha eine bemerkenswerte *Kultur*. Zahlreiche Ausgrabungen legen Zeugnis von der Qualität der damaligen Architektur und Kunst ab. Hier beherrschte man die Anfänge der Mathematik sowie Lesen und Schreiben. Wenn es auch noch keine Schulen gab, so konnte man doch zu Meistern in die Lehre gehen, die die Anfangsgründe der Religion und Philosophie, der Musik und der Literatur lehrten. Diese Lehrer zogen meist im Land umher und scharten Schüler um sich.

Die *politische Herrschaft* lag in den Händen der Arier (→ S. 280), die schon im 2. vorchristlichen Jahrtausend nach Indien gekommen waren. Sie hatten die dunkelhäutigen Urbewohner des Landes unterworfen und ein hierarchisches Kastenwesen (→ S. 320 ff.) eingeführt. Das Staatswesen wurde von ihnen gut organisiert. Doch waren die kleinen politischen Einheiten oft untereinander uneins, so daß viele Königreiche und Fürstentümer entstanden waren, die sich gegenseitig heftig bekämpften. In den oberen Kasten gab es großen Reichtum, der vornehmlich durch Handel erworben wurde. Selbst die Geldwirtschaft war schon bekannt. Den Alltag der führenden Kasten bestimmten oft Rationalität und Skepsis.

Die *Religion* der Gegend, die man später »Hinduismus« nennen wird, stand seit Jahrhunderten in der Verantwortung der Brahmanen. Sie bildeten die höchste Priesterkaste, die allein die »Veden«, die ältesten heiligen Schriften Indiens, kannte und authentisch interpretieren durfte. Die Brahmanen bestimmten die religiösen Rituale und führten die Opfer durch, mit denen man sich die Gunst der Götter zu sichern suchte. Jedoch war ihr Einfluß damals schon im Schwinden begriffen. Es gab Zweifel an der Wirksamkeit ihrer Religionspraktiken. Die vielen Schicksalsschläge, der Zerfall der politischen Ordnung und der Wandel der Werte führten gerade bei den nachdenklichen Indern zu einer tiefen Resignation, wie wir in den »Upanishaden« erfahren. In dieser Situation wurde der Glaube an die endlosen Wiedergeburten offenbar zur Belastung. Er wurde zur Sorge vor der ständigen Wiederholung des leidvollen Lebens und zur Angst vor dem immer neuen Tod. Die Gebete und Riten der Brahmanen bedeuteten da keine Hilfe mehr. Viele Inder, die sich von dem religiösen Monopol der Brahmanen abgesetzt hatten, verließen ihre Familien und versuchten, als Mönche oder Asketen dem Religions- und Kulturbetrieb zu entgehen. Sie entsagten allem Besitz, lebten ehelos, zogen von Ort zu Ort und bettelten sich ihren Lebensunterhalt zusammen. Neue Formen des Fastens, Atmens, Schlafens und Wachens wurden erprobt. Allerlei Methoden sollten zum Heil führen. Manche verstümmelten ihren Körper, um zu sich zu kommen oder die Gunst der Götter zu erlangen. Die Zeit des Umbruchs führte überall zu der Frage, ob und wie man Erlösung von dem Leiden erlangen könne. Viele Antworten wurden damals von einzelnen Brahmanen und Asketen, von kleinen Mönchsgruppen und von geistlichen Bewegungen diskutiert. Die ganze Bewegung war spontan und ohne jede Organisation. Immerhin gab es ein paar Schulen, die von bedeutenden Lehrern geleitet wurden. Einer von ihnen war Mahavira (→ S. 293 f.), der Begründer der Jaina-Bewegung.

Die wichtigste Antwort gab damals der *Buddhismus*. Er wurde zu einer großen *Reformbewegung* gegen die Religion der Brahmanen mit ihren Privilegien, Riten und Opfern, gegen überzogene Formen der Askese, gegen unkontrollierbare Spekulationen, gegen den Hedonismus seiner Zeit. Er stellte eine neue Form von Erlösung in Aussicht, die weder auf einem bestimmten Götterglauben beruhte noch durch religiöse Praktiken zu erlangen war. Wer diese Erlösung erlangen wollte, mußte sich selbst auf den Weg machen und die Befreiung vom Leid in eigener Regie suchen. Der Buddha konnte dazu nur Anregungen geben. Er selbst war zur Erlösung nicht notwendig.

Heilige Schriften

Den wichtigsten Zugang zum Buddhismus erschließen seine alten heiligen Texte. Sie erlauben eine Rekonstruktion des Lebens und der Lehre des Buddha und seiner Gemeinde.

Nach einer alten Überlieferung erfolgte die erste Zusammenfassung der Reden des *Buddha* vier Monate nach seinem Tod auf dem 1. buddhistischen Konzil 483 v. Chr. in Rajagaha. Damals machte der greise Mönch *Ananda* (→ S. 402), der Lieblingsjünger des Buddha, einen nachhaltigen Eindruck, weil er vor 500 Mönchen alle Reden des Buddha auswendig vortrug. Ein anderer Mönch legte die Ordensregeln des Buddha dar. Jeder der anwesenden Mönche hatte die Möglichkeit zur Ergänzung und Korrektur. Schweigen bedeutete Zustimmung. Die nun gebilligten Texte wurden nicht aufgeschrieben, sondern gruppenweise von den Mönchen auswendig

gelernt. Das war die Geburtsstunde einer langen Überlieferung, die zunächst ohne Schriften auskam und sich auf die mündliche Lehrverkündigung verließ. Auch die beiden folgenden Konzilien in Vaishali (um 383 v. Chr., → S. 409) und Patna (253 v. Chr.) beschäftigten sich mit der Überlieferung.

In den ersten Jahrhunderten nach dem Tod des Buddha entstand so eine reiche *mündliche Tradition*, zu der auch Lehren gehörten, die nicht auf den Buddha selbst, sondern auf andere Mönche zurückgingen. Bewußte Fälschungen brauchen wir nicht anzunehmen. Sie wären damals von den Mönchen nicht akzeptiert worden. Wohl mögen sich Erzählungen neu herausgebildet haben, die zu der Überlieferung des Buddha paßten und sie in seinem Geist ergänzten.

Die erste systematische *Niederschrift*, die im 1. Jahrhundert v. Chr. in Sri Lanka (Ceylon) erfolgte, ist der »*Pali-Kanon*«. »Pali« bezeichnet einen alten indischen Dialekt, der mit dem »Sanskrit« (→ S. 280) verwandt ist. Wahrscheinlich hat der Buddha diese

Oben: Alter buddhistischer Buchtyp: Handschrift aus Tibet. Die länglichen Papierstreifen sind auf beiden Seiten beschrieben und oft auch mit Bildern versehen. Sie werden zwischen zwei Holzdeckeln festgehalten.
Links: Buddhistische Bibliothek mit Holzregalen, in denen die Bücher gelagert werden. Hier sind die Papierstreifen zwischen den Holzdeckeln mit Seidentüchern umwickelt. Die Überlieferung der alten Texte ist für den Buddhismus immer eine wichtige religiöse Aufgabe gewesen. Dabei haben sich die Mönche, ähnlich wie diejenigen im Abendland, große Verdienste erworben.

Sprache nicht gesprochen, so daß wir im Pali-Kanon nicht seine eigenen Worte vor uns haben. Von allen heiligen Texten genießt er das höchste Ansehen. Das Theravada (→ S. 408 ff.), die älteste Richtung des Buddhismus, läßt nur ihn gelten. Bis heute ist das Pali die Sprache des Theravada geblieben. Aber auch die späteren Richtungen des Buddhismus haben diese Tradition berücksichtigt. Der Pali-Kanon wurde häufig abgeschrieben und kommentiert. Eine Gesamtausgabe, die am Ende des 19. Jahrhunderts besorgt wurde, umfaßt 39 Bände in siamesischen Schriftzeichen.

Der Pali-Kanon besteht aus drei Teilen, die »Körbe« genannt werden, weil früher die auf Palmblätter geschriebenen Texte in Körben gesammelt wurden. Er heißt im Sanskrit »Tripitaka«, in der Palisprache »Tipitaka« (d. h. »Dreikorb«). Die drei Teile heißen:
• Der *Korb der Ordensdisziplin* (»Vinayana-Pitika«), in dem Regeln für das Mönchsleben festgelegt sind. Hier finden sich auch Anweisungen für Nonnen und Laien, die sich auf Kleidung, Essen, Wohnen und Gesundheit beziehen. Alle Regeln werden auf den Buddha zurückgeführt.
• Der *Korb der Lehrreden des Buddha* (»Sutra-Pitika«) mit fünf Sammlungen (»Nikayas«) der alten Lehrreden des Buddha und seiner Mönche. Diese »Sutras« sind die Grundlage für die Geschichte seines Lebens und seiner Lehre. Sie beginnen meistens mit dem auf Ananda bezogenen Satz: »So habe ich gehört ...« oder mit dem Wort: »Also sprach der Erhabene ...«
• Der *Korb der Lehrbegriffe* (»Abhidharma-Pitika«) mit den dogmatischen und theoretischen Lehren des Buddha und seiner Schüler. Dieser erste Versuch einer systematischen Zusammenfassung des Buddhismus wurde zur Grundlage der buddhistischen »Philosophie«, die allerdings nicht theoretische Intentionen hat, sondern im Dienst der Erlösungslehre steht.

Später entstanden in den Mönchsgemeinden neue Texte, die nicht mehr zum heiligen Kanon gehören, aber dennoch große Aufmerksamkeit ge-

funden haben. Das Gespräch des buddhistischen Mönchs Nagasena mit dem griechischen König Milinda (»*Milindapanha*«) aus dem 1. Jahrhundert n. Chr. faßt die frühbuddhistischen Auffassungen gut zusammen (→ S. 386).

Insgesamt stellen die heiligen Texte des Buddhismus eine umfangreiche Bibliothek dar, deren Bestände kein Mensch auch nur ansatzweise überblicken kann. Sie weisen ganz unterschiedliche literarische Arten auf, sind in verschiedenen alten Sprachen wie Pali, Sanskrit, Chinesisch und Tibetisch aufgeschrieben und in einem Zeitraum entstanden, der mehr als 1000 Jahre umfaßt. Die ältesten erhaltenen buddhistischen Manuskripte wurden 1996 in der Britischen Bibliothek in London entdeckt. Der Fund stellt eine Sensation dar. Die Texte sollen aus dem 1./2. Jahrhundert n. Chr. stammen. Für den Buddhismus fließen die Quellen noch reichlicher als für die anderen großen Religionen. Seine umfangreiche Literatur ist bislang nur unvollständig erforscht worden.

Noch später wandte sich das *Mahayana* (d. h. »Das große Fahrzeug«, → S. 412 ff.) gegen die eher spekulativ-ontologischen Betrachtungen des 3. Korbes im Pali-Kanon. Es entwickelte neue heilige Schriften, die den Eindruck hervorriefen, auf wiederentdeckten Sutras des Buddha zu beruhen, die die Mahayana-Lehre rechtfertigen sollten. Wichtige Legenden über den Buddha finden wir in den beiden Schriften des Mahayana »*Mahavastu*« (d. h. »Das Buch der großen Begebenheiten«, Endredaktion etwa 4. Jh. n. Chr.) und »*Lalitavistera*« (d. h. »Ausführliche Erzählung vom Spiel des Buddha«, Endredaktion 4./5. Jh. n. Chr.). Diese Schrift sieht das Erdenleben des Buddha als das Spiel eines himmlischen Wesens an.

Zu den ältesten noch erhaltenen Büchern zählt ein Sutra aus dem Jahr 868 n. Chr. Während der Text in mehrere Holztafeln geschnitten war, wurde das Bild, das den lehrenden Buddha zeigt, in nur eine Tafel geschnitten.

Für den europäischen Leser ist die Lektüre der Schriften oft mühsam. Sie erschließen ihren Reichtum erst nach langer geistiger Anstrengung. Die vielen Wiederholungen erwecken leicht den Eindruck der *Monotonie*. Dem Buddhisten bieten die Wiederholungen Anlaß zur *Meditation*.

Kenntnisnahme im Westen

Der Buddhismus ist sehr spät in der westlichen Welt bekannt geworden. Bis in die Neuzeit hinein hatte man hier nur fragmentarische oder falsche Vorstellungen von ihm, obwohl es schon frühe Kontakte gab (→ S. 439). Erst im 19. Jahrhundert lernte man, ihn vom Hinduismus zu unterscheiden. Solange das *Christentum* als die einzig wahre Religion angesehen wurde, galt der Buddhismus wie die anderen Religionen als *finsteres Heidentum*. Einigermaßen verläßliche Erkenntnisse lagen nicht vor.

Die *negativen Bewertungen* des Buddhismus wurden zuerst sogar von den *Wissenschaften* übernommen, die sich seit Beginn des 19. Jahrhunderts mit dem Buddhismus befaßten. Es gab Forscher, die die Historizität des Buddha bestritten, in seiner Biographie nichts anderes als einen alten Mythos erkennen wollten und ihn zur mythologischen Gestalt oder zum Symbol astronomischer Daten machten. Auch als die unseriösen Zweifel an seiner Geschichtlichkeit ausgeräumt waren, dauerte die negative Bewertung noch lange an. Man hielt die Lehre des Buddha für weltfremd und unbegründet, für langatmig und dunkel. Im Vergleich zur europäischen Philosophie stellte man ihr ein schlechtes Zeugnis aus. Oft wurde dem Buddha mangelndes soziales Engagement vorgeworfen. Seine Weltverneinung stand in krassem Gegensatz zu westlicher Weltbemächtigung, sein Pessimismus widersprach westlichem Optimismus. Buddhistische Passivität wurde mit westlicher Aktivität kontrastiert. Von den Segnungen der Aufklärung sah man den Buddhismus weit entfernt. In diesen negativen Urteilen erkennen wir heute unschwer eine europäische Überheblichkeit, die dem politischen Kolonialismus entspricht. Das völlig unbegründete Überlegenheitsgefühl machte für eine Religion blind, die fast genau so alt ist wie das Erste Testament und die frühen griechischen Philosophen.

Es war ein überaus religionskritischer Philosoph, der zu einer *positiven Wertung* des Buddhismus beitrug. *Arthur Schopenhauer* (1788–1860), der sich zu seiner Zeit noch mit einem eher unzureichenden Kenntnisstand des Buddhismus begnügen mußte, entdeckte voll Bewunderung in der Lehre des Buddha wesentliche Elemente, die auch seiner Philosophie entsprachen. Allmählich entwickelte sich auch eine *Wissenschaft*, die die herausragende Bedeutung des Buddhismus erkannte. In Deutschland, England und in den USA entstanden Quelleneditionen, Forschungsarbeiten und Darstellungen, die an Niveau, Sachlichkeit und Verständnis gewannen. Hervorragende Gelehrte erschlossen erstmals die Welt des Buddhismus. Bedeutsame wissenschaftliche und religiöse Gesellschaften in der angelsächsischen Welt und in Deutschland fördern seitdem Interesse, Kenntnis und Wertschätzung. Heute ist bei uns eine eher positive Voreingenommenheit für den Buddhismus verbreitet. Sie steht in der Gefahr, die Schwierigkeiten im Umgang mit dem Buddhismus zu verkennen und ihn für einen Weg anzusehen, auf dem sich leicht der Sinn des Lebens finden läßt.

Heutige Verbreitung

Wie die anderen großen Religionen hat auch der Buddhismus im Verlauf seiner langen Geschichte viele *Wandlungsprozesse* durchgemacht und unterschiedliche Formen entwickelt. Ursprünglich war er eine Religion für Mönche im nördlichen Indien. In der Gegenwart bietet er längst nicht mehr ein so einheitliches Bild wie am Anfang seiner Geschichte. Heute ist er in vielen Ländern Ostasiens die geliebte Religion der kleinen Leute. In der modernen hochtechnisierten Welt Asiens wird er von nachdenklichen Menschen geschätzt. In den USA und in Europa kann er zunehmend westlich geprägte Menschen ansprechen.

Wie bei den anderen Religionen sind auch beim Buddhismus genaue Angaben über die Zahl der Mitglieder nicht möglich. Den meisten Buddhisten liegt nichts an solchen Zahlen. Wir dürfen aber davon ausgehen, daß der Buddhismus nach dem Christentum, Islam und Hinduismus die viertgrößte Religion der Welt ist. Solide Schätzungen schreiben ihm heute (1996) über *330 Millionen Anhänger* zu. Sie gehören verschiedenen Richtungen an, die »Fahrzeuge« (→ S. 408) genannt werden, weil die Menschen durch sie und mit ihrer Hilfe gleichsam wie mit einem Fahrzeug zu ihrem endgültigen Lebensziel gelangen

• 120 Millionen zählen zum »Kleinen Fahrzeug« (Hinayana)

• 180 Millionen zählen zum »Großen Fahrzeug« (Mahayana)

• 30 Millionen zählen zum »Diamantenen Fahrzeug« (Vajrayana)

In folgenden *Ländern* ist der Buddhismus die dominierende Religion: Sri Lanka (Ceylon), Burma, Thailand (Siam), Laos, Kambodscha, Tibet, Bhutan.

Neben anderen Religionen ist der Buddhismus stark vertreten in Japan, China, Mongolei, Korea, Mandschurei, Vietnam, Malaysia, Singapur.

Kleinere buddhistische Gruppierungen leben in Indien und Nepal, in Rußland und der Gemeinschaft unabhängiger Staaten (GUS), in den USA, in Deutschland, in Großbritannien und in anderen europäischen Ländern.

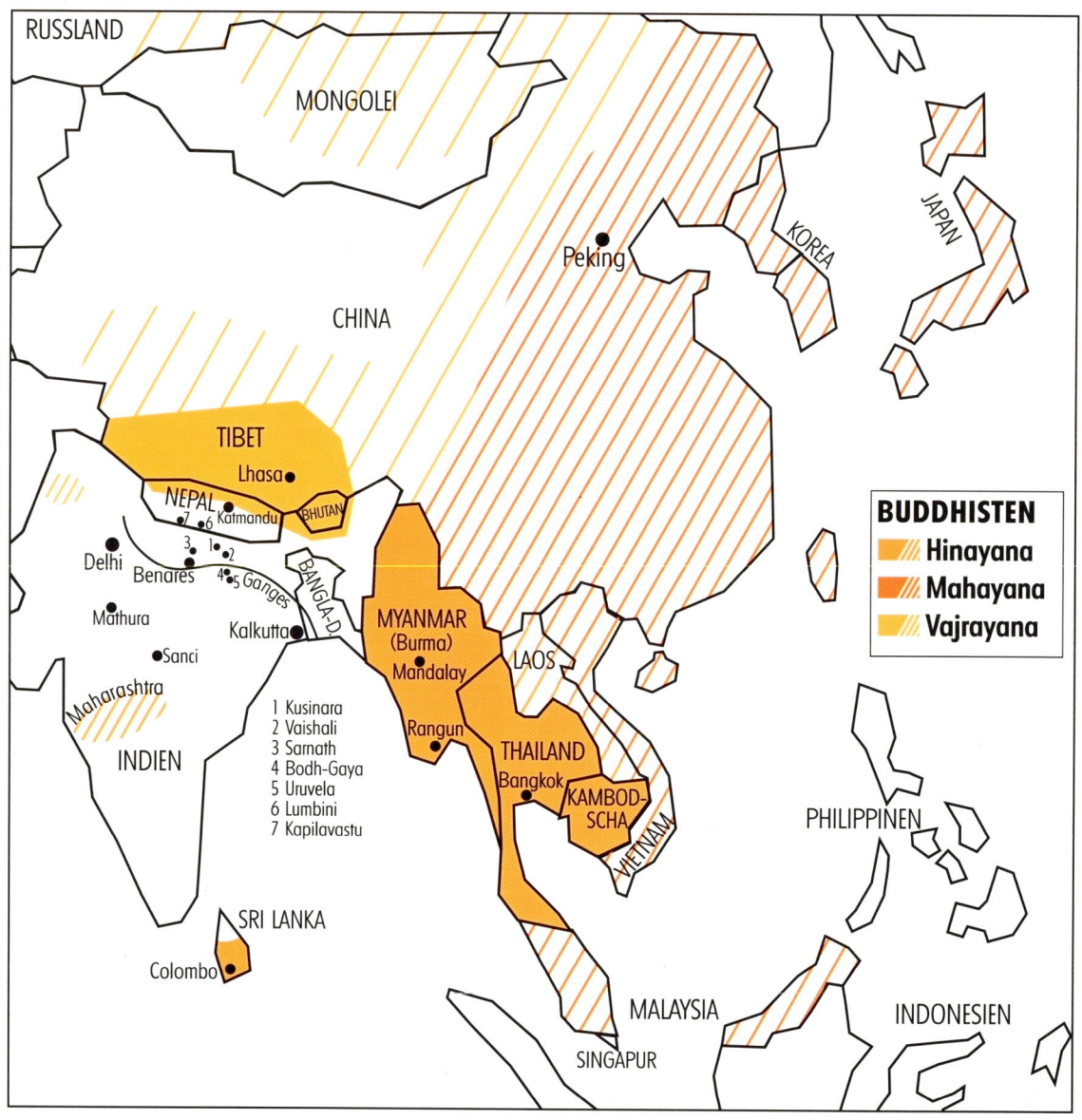

Der Buddha

Geschichte – Lehre – Legende

Die historische Person, von der der Buddhismus im 6. Jahrhundert v. Chr. seinen Ausgangspunkt genommen hat, heißt *Gautama Siddhartha*. Wie keine andere Gestalt Ostasiens hat er durch sein Vorbild und seine Lehre gewirkt. Er hat das religiöse Leben der Menschheit in einem Maß angeregt, reformiert und bereichert wie kaum jemand sonst. In dieser Hinsicht ist er nur mit Mose, Jesus und Mohammed zu vergleichen.

Während seines Lebens hat er keinen Biographen gefunden. Von ihm gibt es *keine historisch getreue Lebensbeschreibung*, die sich auf Augenzeugen stützen kann. Aus seiner Zeit sind keine Schriften oder andere Dokumente über ihn erhalten, die als historische Quellen angesehen werden könnten. Die meisten Mönche, die ihm gefolgt waren, hatten nicht das geringste Interesse an seiner Biographie. Der Buddha war für sie der erleuchtete Lehrer, der dazu verhalf, daß sie selbst zu der richtigen Lebenspraxis gelangen konnten. Seine Geschichte war für sie unwichtig, weil es ihm ja gerade darum ging, die Vergänglichkeit des Daseins zu überwinden. Den Lebenslauf des Buddha zu kennen, stellte für sie keinen besonderen Wert dar. Alles kam auf die Einsicht an, die der Buddha gewonnen hatte, nichts auf ihn selbst. Seine Mönche konnten sich auch nicht mit dem befassen, was in der abendländischen Tradition »Person« oder »Individuum« heißt, weil der Buddhismus diese Begriffe völlig anders interpretiert (→ S. 396 f.). Auf der Grundlage der indischen Anthropologie konnte das Verlangen nach einer Biographie oder Historie des Buddha zunächst nicht aufkommen.

Trotzdem wissen wir relativ viel von der historischen Gestalt des Gautama Siddhartha. Wir können wichtige *Stationen seines Lebens* rekonstruieren und haben gesicherte Erkenntnisse über manche Details. Seine Anhänger waren von ihm so fasziniert, daß sie nicht nur seine Lehre verkündeten, sondern gleichsam nebenbei auch das weitererzählten, was sie von ihm wußten. Fast absichtslos flossen auch Einzelheiten in ihre Erzählungen ein, die historisch von

Wert sind. Auf diese Weise sind auch biographische Daten für die Nachwelt erhalten geblieben. Diese Traditionen sind in den Pali-Kanon und in die anderen alten Schriften des Buddhismus gelangt. Über die historische Verläßlichkeit der Aussagen wird man im einzelnen streiten können. Sie ist generell weder zu bejahen noch zu verneinen. Aber wenn wir die Texte historisch-kritisch lesen, kommen wir zu verläßlichen Kenntnissen über sein Leben, seine Lehre, seine Anhänger und Freunde, seine letzten Tage, seinen Tod und seine Bestattung.

In späteren Zeiten wandelte sich im Buddhismus das Verständnis seiner Person und seiner Lehre. Stand zunächst nur seine Lehre, nicht aber seine Person im Zentrum des Interesses, so wurde nun auch seine Person wichtig. Er erscheint nun nicht mehr nur als der Erleuchtete, der keine Ansprüche mit seiner Person verbindet, sondern er entwickelt sich zu einer transzendenten Gestalt, die alle irdischen Wesen überragt. Die Schriften, die jetzt entstehen, statten ihn mit überirdischen Zügen aus. Fromme *Legenden* erzählen wunderbare und erstaunliche Begebenheiten aus seinem Leben. Man darf diese Legenden nicht einfach mit dem Argument abweisen, sie seien unhistorisch. Oft stellen die Legenden tiefsinniger, als es alle Reportagen könnten, den geistigen Rang des Buddha heraus. Ohne sie ist eine spirituelle Biographie des Buddha kaum mehr möglich. Vor allem zwei Schwerpunkte werden in den Legenden erkennbar: Der Buddha ist den Weg seiner Lehre selbst gegangen (1). Sein Leben und seine Lehre stehen in übergeschichtlichen, kosmischen und himmlischen Zusammenhängen (2).

Da die Buddha-Legenden für die Buddhisten eine ähnlich große Bedeutung haben wie die historischen Begebenheiten, darf keine Darstellung des Buddha auf sie verzichten.

Es ist zu vermuten, daß die historische Gestalt des Buddha in *Zukunft* im Buddhismus eine Aufwertung finden wird, wenn der Dialog mit der westlichen Welt und dem Christentum intensiviert wird, weil dort das historische Bewußtsein zur unverzichtbaren Grundlage jeder geistigen Auseinandersetzung gehört.

Ewige Wiederkehr – Zeitlicher Anfang

Die genaue *Lebenszeit* des Buddha ist umstritten, da die alten Quellen unterschiedliche Datierungen zulassen. Fest steht nur, daß er 80 Jahre alt wurde. Nach einer Berechnung lebte er etwa von 624–544 v. Chr, nach einer anderen etwa von 563–483 (alternativ 566–486). Die westliche Forschung hält die jüngere Datierung eher für richtig. Einige Forscher sind sogar geneigt, die Chronologie noch später anzusetzen.

Der Gründer des Buddhismus hat viele *Namen*. Die historische Gestalt heißt nach seiner Familie »Gautama«. Seine Eltern gaben ihm den Namen »*Siddhartha*« (d. h. »Einer, der seine Aufgabe vollendet hat«). Oft heißt er auch »Gautama Siddhartha«. Seine Freunde sprechen ihn später mit dem Titel »*Bhagavan*« (d. h. »Herr« oder »Erhabener«) an. Er selbst nennt sich »*Thatagata*« (d. h. »Der wie seine Vorgänger zur Wahrheit Gekommene«). In den alten Texten wird er auch »*Shakyamuni*« (d. h. »Weiser aus dem Volk der Shakya«) genannt, weil seine Familie zum Stamm der »Shakya« gehörte. Zu diesem Stamm zählten damals an die 20 000 Leute, die in 10 Dörfern des Himalaja-Vorlandes lebten. Wichtige

Wunderbare Empfängnis

Es war Frühling, die schönste der Jahreszeiten. Die Bäume standen in reichem Blätterschmuck, die herrlichsten Blüten zierten sie in Überfülle. Kälte, Hitze, Dunkelheit und Staub waren vergangen. Junger, weicher Rasen bedeckte den Boden.

Da ließ sich der Herr der drei Welten, der von allen Wesen verehrte Bodhisattva, nach genauer Prüfung, zur richtigen Zeit aus dem Himmel herab … Klar und bei vollem Bewußtsein ging er, als ein junger weißer Elefant mit sechs Stoßzähnen, zur rechten Seite in den Leib seiner Mutter ein, als diese gerade Fasttage hielt. Sein Kopf war purpurfarben, die Reihe der Zähne blitzte wie Gold, und er war mit allen Körperteilen wie Gliedern wohlversehen und von vollkommenen Organen. Im Mutterleib aber lag er immer auf der rechten und nie auf der linken Seite. Die Königin Maya war beseligt auf ihrem Lager eingeschlafen und träumte… Nie vorher hatte sie etwas so Schönes gesehen und gehört, nie ähnliche Wonne empfunden. Es war ein Gefühl körperlichen Glücks und gleichzeitiger Beseligung des Gemüts, das wie in tiefste Versenkung entrückt war.

Legende aus dem Lalitavistara (→ S. 362)

Die Empfängnis des Buddha, Schieferrelief, Gandhara, Pakistan, 3. Jh. n. Chr. Alte Legenden erzählen, daß seine Mutter Maya (d.h. »Illusion«, → S. 418) im Traum erlebte, wie der Bodhisattva in der Gestalt eines weißen Elefanten in sie eintrat.

Rechte Seite: Die Geburt des Buddha, Schieferrelief, Gandhara, 2. Jh. n. Chr. Auch die Geburt des Buddha verlief auf wunderbare Weise. Während seine Mutter Maya unter einem Baum stand und zu den Zweigen griff, trat das Kind aus ihrer rechten Seite hervor. Indra (→ S. 309), der König der Götter, nimmt es entgegen und kleidet es in ein kostbares Gewand. Rechts steht Mahapajapati, die Schwester der Maya, die den Knaben nach dem Tod der Mutter großzog.

religiöse Ehrentitel sind »*Bodhisattva*« (d. h. »der zur Buddhaschaft Bestimmte«, → S. 413 f.) und vor allem »*Buddha*« (d. h. »der Erwachte«). Den ersten Titel trägt er vor, den zweiten seit seiner Erleuchtung. Beide Bezeichnungen sind nicht Namen, sondern Wesensbeschreibungen. Die für das Wort »Buddha« häufig zu hörende Übersetzung »der Erleuchtete« ist nicht ganz zutreffend. Richtiger ist die Übersetzung »der Erwachte«. Er ist seit seiner Erleuchtung der, der aus dem Dunkel der Unwissenheit erwacht ist. Dieser Titel, der nicht allein dem historischen Gautama Siddhartha zusteht, sondern jedem, der die Erleuchtung und das Nirwana erreicht hat, ist allerdings so zum Kennzeichen dieses Mannes geworden, daß man ihn meistens einfach »Buddha« nennt. Richtiger noch heißt der Begründer des Buddhismus »der Buddha«. Der Artikel zeigt an, daß es sich um einen religiösen Titel und nicht um einen Namen handelt.

In Kapilavastu im heutigen Nepal führte sein *Vater Suddhodana* im Stadtparlament den Vorsitz. Wahrscheinlich war er ein adliger Großgrundbesitzer, der sein Gebiet relativ selbständig verwalten konnte, wenn er nur seine Unabhängigkeit von dem mächtigen Königreich Kosala nicht zu weit trieb, das weiter westlich und südlich in Indien lag. Seine Familie ernährte er vor allem vom Reisbau. Materielle Not wird die Familie kaum gekannt haben, wenn sie auch gelegentlich von Mißernten, Krankheiten und anderen Wechselfällen des Lebens heimgesucht wurde. Die Legende macht aus dem Vater einen mächtigen König, Siddhartha selbst zum angesehenen Königssohn. Sie will mit diesen Angaben wohl den Kontrast zwischen dem ursprünglichen Reichtum und dem späteren Verzicht besonders groß machen.

Viele alte Erzählungen setzen voraus, daß der Buddha eine himmlische Präexistenz hat. Als ein *Bodhisattva* (→ S. 413 f.), ein Anwärter auf die Buddhaschaft, stieg er vom Himmel auf die Erde. Seine Inkarnation war kein einmaliges Ereignis. Sie wird sich später genau so wiederholen, wenn wieder ein Bodhisattva in die Welt kommt. Als die Zeit dafür reif war, daß er auf die Welt kommen sollte, versammelten sich die Götter im Himmel und rieten dem Bodhisattva, den neuen Weltengang anzutreten. Zum Ort seiner irdischen Existenz wählte er sich den schönen Rosenapfelbaumkontinent (die Erde) und

auf diesem das Land Indien, weil dort alle Buddhas aufzutreten pflegen. Er wollte in die Kaste der Fürsten, Adeligen und Krieger (Kshatriyas, → S. 324) hineingeboren werden, weil diese damals in höchstem Ansehen stand.

Seine *Mutter* wurde die in Indien lebende *Maya*, die in ihren früheren Existenzen hunderttausend Weltalter hindurch alle Vollkommenheiten erworben und immer alle Gebote gehalten hatte. Damals hatte sie nur noch die zehn Monate der Schwangerschaft und sieben weitere Tage zu leben, so daß sie gerade in jenem Alter war, das die Mutter eines Bodhisattva immer haben muß.

Maya, die bei der Niederkunft schon über 40 Jahre alt gewesen sein soll, hat nach den alten Legenden den Knaben auf wunderbare Weise empfangen. Sie fastete und hatte ein Keuschheitsgelübde abgelegt, so daß niemand auf den Gedanken kommen konnte, Suddhodana sei der Vater des Knaben. Im Frühlingsmonat Mai ließ sich der Bodhisattva vom Himmel herab und ging *in Gestalt eines weißen Elefanten* in den Leib seiner Mutter ein.

Der Bodhisattva steigt vom Himmel auf die Erde. Wandmalerei in Bangkok, Ende 18. Jh. Der zukünftige Buddha steigt hier auf einer dreifachen Treppe aus der Götterstadt auf die Erde herab. Viele Götter begleiten ihn, so Brahma, der über ihm den Schutzschirm hält, und der grünfarbige Indra. Der Buddha selbst ist mit einem einfachen Mönchsgewand bekleidet. Auf seinem Kopf leuchtet der Ushnida (→ S.389), während seine Füße auf einer Lotosblume stehen. Die dunkle Welt unten freut sich auf sein Kommen. Zu seinen Ehren blühen die Blumen und erklingen gute Melodien.

Rechte Seite: Der Bodhisattva auf seiner zweiten Ausfahrt. Seiden-malerei, China, 9.–10. Jh. Er reitet, begleitet von seinem Diener, durch das Stadttor und sieht zum erstenmal in seinem Leben einen Kranken, der unter einem Baum liegt. Das Erlebnis hat ihn tief erschüttert.

Der Glanz des Ereignisses drang selbst bis in die Hölle (→ S. 299), wo ihre Insassen Hoffnung auf Erlösung schöpften. – Von einer Jungfrauengeburt ist nicht die Rede. Maya war eine verheiratete Frau. Die Tradition hebt mit dieser Erzählung in erster Linie die moralische und geistige Reinheit der Mutter bei der Empfängnis des Buddha hervor.

Maya wollte ihr Kind in ihrem Elternhaus zur Welt bringen und machte sich deshalb auf den Weg von Kapilavastu nach Devadaha. Unterwegs kam die Stunde der *Geburt*. In einem schönen Hain mit vielen blühenden Salabäumen nahe dem Dorf *Lumbini* im heutigen Nepal wurde das Kind geboren. Der Ort ist für die Buddhisten der kosmische Mittelpunkt der Welt. Unter dem Tempel von Lumbini wurde 1995 ein alter Stein mit einer Inschrift gefunden, der den genauen Geburtsort des Buddha markiert. Auf alten Darstellungen steht die Mutter bei der Geburt und hält sich an einem Zweig fest, während der Knabe aus ihrer rechten Hüfte austritt. Diener bringen sie mit dem Kind nach Kapilavastu

zurück, wo sie nach sieben Tagen stirbt. Obwohl ihr alle Vollkommenheiten zugeschrieben werden, wird sie im Buddhismus nicht wie eine Gottesmutter verehrt.

Nach ihrem Tod zog ihre Schwester *Mahapajapati,* eine andere Gemahlin ihres Mannes Suddhodana, den Knaben mit großer Liebe auf. Diese hatte noch einen Sohn und eine Tochter, so daß Gautama Siddhartha mit zwei Halbgeschwistern aufwuchs. Mahapajapati wurde später die erste Nonne im Gefolge des Buddha (→ S. 406).

Alte Legenden erzählen, daß sich bei der Geburt des Bodhisattva viele *Wunder* ereignet haben. Der *Seher Asita* fand sich ein und pries sich glücklich, noch vor seinem Tod den künftigen Erlöser erblickt zu haben. Zugleich trauerte er darüber, das ganze Wirken des Buddha nicht mehr erleben zu können. Nach einer anderen Überlieferung prophezeite Asita, daß der Knabe entweder ein bedeutender Weltenherrscher werde, wenn er auf den Thron seines Vaters komme, oder daß er Welterleuchter werde, wenn er sich eines Tages aufmache, als Mönch und Asket zu leben. Diese Weissagungen Asitas beunruhigten den Vater sehr. Denn er wünschte sich, daß sein Sohn ihm in der Herrschaft folge und nicht Mönch werde. Darum tat der Vater alles, um den Sohn zu verwöhnen und ihn an das aristokratische Leben zu gewöhnen. Nach einer anderen Legende besuchte der Knabe einmal mit seinen Eltern einen Tempel. Bei seinem Eintritt erhoben sich alle unbeseelten *Götterbilder* von ihren Plätzen, zeigten sich in ihrer wirklichen Gestalt und fielen dem Knaben zu Füßen. Sie priesen ihn als einen, der weit über den Himmlischen steht. Erzählt wird auch, daß die größten *Gelehrten* der damaligen Zeit die Weisheit des Knaben bestaunten.

Lebenslust im Überfluß

Der junge Siddhartha erhielt vom achten Lebensjahr an eine vorzügliche *Ausbildung*. Er sollte alles lernen, was Adlige damals lernen durften. Schon früh setzte er seine Lehrer in Erstaunen, weil er das indische Alphabet kannte und zu jedem Buchstaben einen Vers wußte, der später in seiner Lehre wichtig wurde. Auch konnte er überaus trefflich lesen. Es gibt allerdings keine Erwähnung, daß er in seinem späteren Leben irgend etwas gelesen oder geschrieben hätte. Auch im Reiten und Bogenschießen, Fechten und Ringen wurde er ausgebildet. In diesen kriegerischen Disziplinen war sein Eifer eher gering. So kam es, daß sein späterer Schwiegervater von ihm erst den Nachweis seiner Tüchtigkeit auf diesem Gebiet verlangte, bevor er ihm seine Tochter Yasodara zur Frau gab. Die Legende macht ihn aber auch hier zum Besten. Sie erzählt, daß er in

all diesen Disziplinen zuerst seine Altersgenossen, später auch seine Lehrer übertraf.

So weit wie möglich wurde das Leid aus seinem Leben ferngehalten. Was es an *Luxus* gab, wandte der Vater auf, um den Knaben dem weltlichen Leben zu erhalten. Er wohnte in drei prächtigen Palästen und hatte viele Diener. Ein Harem mit schönen Tänzerinnen stand ihm zur Verfügung. In legendarischer Übertreibung ist von 84 000 Frauen die Rede. Mit sechzehn Jahren heiratete er die gleichaltrige wunderschöne Prinzessin *Yasodara*. Nun war der Vater endgültig davon überzeugt, daß nichts mehr Siddhartha dazu bringen könne, die Welt mit all ihrer Pracht zu verlassen.

Die große Lebenskrise

Doch der Vater hatte sich getäuscht. Der Sohn ließ sich auf Dauer nicht vom Luxus beeindrucken. Er geriet in eine tiefe *Lebenskrise*, weil sich ihm Fragen aufdrängten, auf die ihm niemand Antwort gab. Manchmal begann er, darüber nachzudenken, ob und wie er der Welt entfliehen könne. Ganz genau ist nicht mehr auszumachen, was das entscheidende Motiv für seine Weltflucht war. In der alten Überlieferung gibt es mehrere Erklärungen.

Verwöhnte Jugend

Ich war verwöhnt, sehr verwöhnt. Ich salbte mich nur mit Benares-Sandel und kleidete mich nur in Benares-Tuch. Bei Tag und Nacht wurde ein weißer Sonnenschirm über mich gehalten. Ich hatte einen Palast für den Winter, einen für den Sommer und einen für die Regenzeit. In den vier Monaten der Regenzeit verließ ich den Palast überhaupt nicht und war von weiblichen Musikanten umgeben.

aus den Reden des Buddha im Pali-Kanon (→ S. 362)

Der Prinz Siddhartha, umgeben von vielen Konkubinen. Nagarjunakonda, Bangladesch, 2./3. Jh. n. Chr. Bevor Siddhartha aus der Welt floh und zur Erleuchtung kam, lebte er in großem Reichtum. Er war verwöhnt und kannte die Freuden des Lebens, so daß er später wußte, wovon er sich lossagte. Hier sitzt er zusammen mit schönen Gespielinnen in seinem Lustgarten. Er überragt alle an Körpergröße. Aus dem Fluß zu seinen Füßen (links unten) wirft ihm eine Frau eine Girlande zu.

Nach der ältesten Erzählung entdeckte der Vater eines Tages mit großer Sorge bei seinem Sohn die Absicht, das Elternhaus zu verlassen und Asket zu werden. Um dies zu verhindern, schickte er den Prinzen aufs Land, damit er sich dort um die Felder kümmere. Dort hatte er ein erschütterndes Erlebnis. Er sah, wie sich Menschen und Tiere auf den Äckern abquälten und von der Arbeit schrecklich zerschunden waren. Sofort entließ er die Feldarbeiter und befreite die Ochsen aus ihrem Joch. Er selbst setzte sich unter einen Jambubaum (Rosenapfelbaum) und begann zu meditieren. Hier erlebte er die erste Stufe der *Meditation*. Lange blieb er unter dem Baum sitzen. Damals ereignete sich ein *Schattenwunder*. Obwohl die Sonne im Lauf des Tages weiterzog, blieb der Schatten des Baumes auf ihm ruhen. Als er nicht nach Hause kam, war der Vater beunruhigt und machte sich auf die Suche nach ihm. Er fand ihn meditierend unter dem wunderbaren Schatten des Baumes. Nach dieser Legende löste vor allem die Meditation, die später in seinem Leben eine so große Rolle spielen sollte, den Abschied vom Vaterhaus aus.

Bekannter, wenn auch jünger ist die Erzählung von den *vier Ausfahrten* des Bodhisattva. Danach fuhr er einmal in seinem Wagen aus der Stadt Kapilavastu in die Parkanlagen der Umgebung. Dort

traf er auf einen abgezehrten *Greis*, der sich auf einen abgenutzten Stab stützte und an allen Gliedern zitterte. Sein Anblick schockierte ihn, da er an Haaren und Zähnen, an Händen und Füßen die Zeichen der Vergänglichkeit bemerkte. Da fragte der Bodhisattva seinen Wagenlenker, was es mit dieser jammervollen Gestalt auf sich habe. Vor allem wollte er wissen, ob dessen Los nur ihn betreffe oder ob es alle Leute angehe. Der Wagenlenker belehrte ihn, daß das Alter nicht eine Eigenschaft einer bestimmten Familie oder eines bestimmten Landes sei. Es treffe jeden Menschen. Für keinen gebe es eine Ausnahme. Das erschütterte den Erhabenen sehr. Sogleich gab er den Befehl zur Rückfahrt. Er wurde die Frage nicht mehr los, was ihm Spiele und Liebesvergnügungen noch bedeuten sollten, wenn das Alter auch von ihm Besitz ergreifen werde.

Auf der zweiten Ausfahrt traf der Bodhisattva auf einen *Kranken*, der unter starken Schmerzen litt. Wieder belehrte ihn sein Wagenlenker, daß alle Menschen dem Gesetz der Krankheit unterworfen sind und niemand jeder Krankheit entkommen kann. Wieder löste diese Einsicht in ihm eine tiefe innere Bewegung aus.

Auf der dritten Ausfahrt schließlich sah er einen *Toten*. Er erfuhr, daß dieser seine Familie nie mehr sehen könne. Er habe die Welt verlassen und eine andere Welt erreicht. Nun war die Erschütterung des Bodhisattva noch größer. Er fragte sich, ob man Alter, Krankheit und Tod auf ewig ausgesetzt sei oder ob es einen Ausweg gebe.

Bei der vierten Ausfahrt sah er einen *Mönch*, der nur eine Bettelschale besaß und ein einfaches braunrotes Gewand trug, aber eine edle Haltung an den Tag legte und würdevoll aussah. Auf die Frage, wer dieser sei, erklärte ihm der Wagenlenker, daß dies ein Asket sei, der aus der Heimat in die Heimatlosigkeit gezogen sei, um Ruhe für sein Inneres zu finden und von aller Leidenschaft und von jedem Haß frei zu werden. Darauf gründe sich sein Heil. So hoffe er auf ein seliges Leben in Wonne und Unsterblichkeit. Diese Antwort machte den Bodhisattva sehr nachdenklich. Er kehrte mit seinem Wagen zum viertenmal in die Stadt zurück.

Der historische Kern dieser altehrwürdigen Erzählung, die so keine Historizität beanspruchen kann, liegt wohl darin, daß Gautama Siddhartha in eine tiefe Lebenskrise geriet, in der ihm sein eigenes Leben und das Leben überhaupt zum Problem wurde. Die Legende faßt zusammen, wie der Bodhisattva durch die Begegnung mit Alter, Krankheit und Tod einen seelischen Schock erlitt und zu der Einsicht in den leidvollen Charakter des Daseins kam, die später zur Grundlage seiner Lehre wurde. Bei der letzten Ausfahrt erkannte er an der Gestalt des Bettelmönchs auch den Weg, der zur Überwindung des Leids zu beschreiten ist.

Flucht aus der Welt

Als Gautama Siddhartha 29 Jahre alt war, stand sein Entschluß fest, die Welt zu verlassen. Eine relativ späte Überlieferung hat seine Flucht von dem väterlichen Gut dramatisch gestaltet, wenn sie erzählt, daß dem Erhabenen gerade in der Nacht, als er »aus dem Haus in die Hauslosigkeit« zog, ein *Sohn* geboren wurde. Er nannte ihn »*Rahula*« (d. h. »Fessel«), weil er wußte, daß dieser Sohn ihn an die Familie fesseln konnte. Ehe er fortging, wollte er seinen Sohn noch einmal sehen. So eilte er denn in die Kammer, in der die Mutter mit dem Neugeborenen schlief. Er wagte es nicht, die kleine Hand zu berühren, weil er den Schlaf des Kindes nicht stören

wollte. Aber er nahm sich vor, später zurückzukehren und nach seinem Sohn zu sehen. Das hat er nach seiner Erleuchtung auch getan.

Die Familie kann kaum davon begeistert gewesen sein, daß er sein Zuhause verließ. Der Vater hat den Weggang sehr mißbilligt. Auch seine attraktive Gattin wird enttäuscht gewesen sein, weil sie als eine verlassene Frau in der damaligen Zeit auf eine neue Ehe nicht mehr hoffen durfte. Die buddhistische Tradition sah in diesem Schritt eine Notwendigkeit. Damit entsprach Gautama Siddhartha nur seiner Bestimmung. Für den Lebensunterhalt von Frau und Sohn war in der wohlhabenden Großfamilie gesorgt.

Schweigend verließ Gautama Siddhartha das väterliche Gut. Nur sein getreuer Pferdeknecht begleitete ihn. Die Götter versetzten seine Familie und die ganze Stadt in tiefen Schlaf. Er selbst wickelte seinem Pferd Lappen um die Hufe, damit man ihn nicht hörte. Ein Gott öffnete ihm das Tor der Stadt. Bei seinem Auszug bebte die Erde, herrlicher Glanz ging ihm voraus und überstrahlte die Welt. Zuerst ritt er in einen nahen Wald. Dort schnitt er sich seine langen *Haare* ab und tauschte seine kostbaren Gewänder gegen die damals übliche *Kleidung der Bettler* aus. Seitdem trug er nur noch das ärmliche gelbbraune oder orangefarbene Tuch. Beim Abschied vom Pferdeknecht übergab er diesem seine letzten Habseligkeiten und beauftragte ihn, die Familie zu trösten und seinen Besuch für später anzukündigen.

Der strenge Asket

Nun begann für Gautama eine *schwere Zeit*, die sechs Jahre dauerte, bis er endlich zur Erleuchtung kam. Er war getrieben von dem Problem des Leids, das ihn mitten in seinem scheinbar so glücklichen Leben erfaßt hatte. Er fühlte an sich selbst bedrängend, wie sehr der Mensch der Vergänglichkeit ausgesetzt ist, und er suchte, unterstützt von einer mystischen Sehnsucht, nach einem Weg, dem Leiden zu entkommen.

Gautama Siddhartha ging für die erste Zeit zu dem Brahmanen *Alara Kalama* in die *Lehre*, um dessen Yogapraxis kennenzulernen, die er auch rasch beherrschte. Aber hier fand er nicht, was er suchte.

Darum ging er fort und traf nun auf *Rudraka Rama-putra,* einen anderen Lehrer, der ihm aber mit seinen Meditationsmethoden, Yogapraktiken und Trance-übungen auch nicht weiterhelfen konnte. Die Wege der beiden, die sich möglicherweise an den Upani-shaden orientierten, schienen ihm in Sackgassen zu führen (→ S. 360). Sie gaben ihm weder Frieden noch Weisheit, erst recht führten sie nicht zum Nir-wana. Bestenfalls waren sie Stufen zum Ziel, nicht aber das Ziel selbst. Enttäuscht verließ er die Lehrer schon nach einem Jahr.

Nun war Gautama entschlossen, die Erlösung auf einem anderen Weg zu suchen. Er glaubte, nur durch *strengste Askese* sein Heil finden zu können.

Der Bodhisattva verabschiedet sich von seiner schlafenden Frau und von seinem neugeborenen Sohn. Sein Knecht wartet schon mit einem Pferd auf ihn. Dann verläßt er reitend seinen Palast. Himmlische Wesen tragen sein Pferd, damit die Wächter nicht geweckt werden Burma, 19. Jh.

Rechte Seite: Der Asket Gautama. Schiefer, Gandhara, 3. Jh. n. Chr. Vor seiner Erleuchtung fastete Gautama sechs Jahre so streng, daß er bis zum Skelett abmagerte. Er sah aus wie ein lebendiger Leichnam.

Darum begann er eine Lebensphase der äußersten Rücksichtslosigkeit gegen sich selbst. Sie spielte sich in *Uruvela,* dem heutigen *Bodh-Gaya* (ca. 200 km südöstlich von Benares, → S. 409) ab. Die Gegend gefiel ihm. Die klaren Flüsse mit ihren grünen Ufern, die dichten Wälder und die gepflegten Dörfer veran-laßten ihn, sechs Jahre lang zu bleiben. Leicht konn-te er sich dort in die Einsamkeit zurückziehen und sich die Almosen erbetteln, die er für seinen Unter-halt brauchte. Anfangs geriet der Einsame nachts in große Angst, wenn auch nur eine Gazelle oder ein Pfau in seine Nähe kamen. Auch die Entbehrungen machten ihm zu schaffen, da er an eine so harte Lebensweise nicht gewöhnt war. Damals fand er auch seine ersten Schüler. Fünf Mönche schlossen sich ihm an. In dieser Zeit legte er sich überaus harte Kasteiungen auf. Er aß und trank kaum etwas, machte gefährliche Atemübungen, setzte sich schutzlos der grausamen Hitze aus, legte sich auf Dornen schlafen und wusch und pflegte sich nicht mehr. So wollte er die Erleuchtung erzwingen. Alle noch so harten Mühen halfen aber nichts. Sie verliehen ihm nicht einmal magische Kräfte. Das Gegenteil von dem, was er suchte, trat ein. Er sah aus wie ein lebendiger Leichnam, mager wie ein Skelett, seine Augen waren hohl, die Rippen konnte man zählen. Am Ende war er so ausgemergelt, daß er in Lebensgefahr geriet, ohne die Erleuchtung gefunden zu haben. Selbst die Götter machten sich ernsthafte Sorgen um ihn, und seine Mutter Maya nahm wieder irdische Gestalt an, um ihn von seiner gefährlichen Askese abzubringen. Schließlich erkannte er, daß diese Selbstkasteiung *nicht der richtige Weg* zur Erlösung war. Irgendwo fand er ein rotes Leichentuch, mit dem er sich bekleidete. Erstmals wusch er sich wieder in einem Teich, um sich von aller Unreinheit zu befreien. Sujata, die sympathische Tochter des Dorfältesten, brachte ihm eine Schale Reis. Er gab das Fasten auf und nahm wieder Nahrung zu sich, um mit neuen Kräften an sein Ziel zu kommen.

Nun versuchte Gautama, auf einem *spirituellen Weg* zum Heil zu gelangen. Es konnte nur ein »mittlerer Weg« zwischen übertriebenem Luxus und harter Askese sein. Beide Extreme hatte er selbst zur Genüge kennengelernt – das erste in seiner Jugend, das zweite nach seinem Auszug in die Heimatlosigkeit. Der Abschied von den asketischen Torturen mißfiel den fünf Mönchen. Sie kritisierten seine Umkehr und warfen ihm vor, das geistige Ringen aufgegeben und sich der Schwelgerei zugewandt zu haben. Weil sie mit einem abtrünnigen Asketen nichts zu tun haben wollten, ließen sie ihn im Stich und gingen nach Benares. Gautama, nun wieder allein, erinnerte sich, daß er in seiner Jugend einmal im kühlen Schatten eines Rosenapfelbaums meditierend die erste Stufe der Versenkung erreicht hatte. Damals war er für eine Weile frei von Lüsten und unheilvollen Regungen gewesen. Vielleicht war die *Meditation* die richtige Methode, die zur Erleuchtung führen konnte.

Die Nacht der Erleuchtung

Nachdem Gautama einen Pappelfeigenbaum in Uruvela in der Nähe des Flusses siebenmal umschritten und sich mit kostbarem Gras einen Sitz bereitet hatte, ließ er sich unter dem Baum nieder. Die Legenden wissen, daß es der Ort war, wo auch die früheren Bodhisattvas ihre Erleuchtung gewonnen

hatten. Er legte ein Gelübde ab, sich nicht eher zu erheben, als bis er sein Ziel erlangt hatte. Andernfalls wollte er hier sterben. Täglich übte er sich darin, völlig unbeweglich zu sitzen und all seine Gedanken auf die Erleuchtung zu konzentrieren. Er merkte bald, daß er auf dem richtigen Weg war.

In der ersten Vollmondnacht des Monats Mai, als er wieder im Lotossitz unter dem Feigenbaum saß, wurde ihm plötzlich zuteil, worum er sich schon sieben Jahre bemüht hatte. Er erlangte die höchste und vollkommene *Erleuchtung* (»bodhi«). Durch sie erreichte er das *Nirwana*. Er selbst wurde zum »*Buddha*«. Die Erleuchtung war für ihn nicht das Ergebnis eines langen Trainings, sondern ein Durchbruch, der ihm unverhofft geschenkt wurde. Dabei gewann er Einsichten, die alle seine Erwartungen übertrafen. Das Dunkel seines Inneren wurde mit einemmal von einem unfaßlichen Licht aufgehoben.

Es ist nicht möglich, die Tiefendimension jenes Erlebens auch nur annähernd so wiederzugeben, daß man schließlich darüber Bescheid weiß. Um

den Gehalt des neugewonnenen Wissens zu beschreiben, müßte man einen ähnlichen Weg gehen, wie ihn der Erhabene gegangen ist. Jedenfalls ging der vollkommenen Erleuchtung von Uruvela ein mühsamer Prozeß voran, der von ihm verlangte, aller Lebenslust zu entsagen, sich von den unreinen Strebungen zu befreien, in der Abgeschiedenheit zu leben und sich mit Überlegung, Erfahrung und Nachdenken ganz auf die eigene Innerlichkeit zu konzentrieren. Damals richtete er seine Gedanken nicht einmal mehr auf die Götter oder die himmlischen Sphären, sondern nur noch auf den Tod und die Wiedergeburt in der Welt der Erscheinungen.

Erst als ihm das gelungen war, wurde er von der inneren Ruhe erfüllt, die die Voraussetzung für die *vier Stufen der Versenkung* in vier Nachtwachen war. In den drei ersten Nachtwachen erhielt er Antwort auf seine bedrückenden Lebensfragen. In der Morgenröte schließlich kam er zu seiner Erleuchtung.

• In der ersten Nachtwache erinnert er sich an *seine früheren Existenzen*, an zwei, drei, ... vier, ... fünf, ... zehn, ... zwanzig, ... dreißig, ... fünfzig, ... hundert, ... tausend, ... hunderttausend Existenzen. Er erinnert sich an vergangene Weltalter, an ihre Zerstörung und Erneuerung. Er sieht, wie er selbst früher in Menschen und Tieren lebte, welchen Namen er trug, wie er Glück und Leid erfuhr, starb, wiedergeboren wurde.

• In der zweiten Nachtwache kommt er zur Erkenntnis von *Leben, Tod und Wiederkehr aller Wesen.* Er sieht niedere und hohe, schöne und häßliche, wohlwandelnde und übelwandelnde Erscheinungen. Er sieht Gestalten, die wegen ihrer Bosheit verdammt werden und in die Hölle kommen, und andere, die wegen ihrer guten Taten den Heilsweg finden und in den Himmel gelangen. Alle diese Gestalten sieht er in der Vergangenheit und Zukunft, in ihrem ewigen Kommen und Gehen.

• In der dritten Nachtwache kommt er zu einer tiefgründigen *Kenntnis des Leidens.* Hier erkennt er erstmals »die vier edlen Wahrheiten« (→ S. 391 ff.) vom Leiden, von der Entstehung des Leids, von der Aufhebung des Leids, vom Weg, der zur Aufhebung des Leids führt. Mit dieser Erkenntnis weiß er sich endlich *erlöst.* Er macht für sich die unabweisbare Erfahrung: Vernichtet sind Geburt, Tod und Wiederkehr. Es gibt keine Rückkehr zu dieser Welt.

Die vierte Nachtwache

Derart gelangte der Bodhisattva in der letzten Wache der Nacht, zu der Zeit, als die Morgenröte sich zeigte und die Nacht dem Schlafe am günstigsten war, zur allerhöchsten vollkommenen Erleuchtung und erreichte das dreifache Wissen:

Die Erinnerung an die früheren Geburten, die Einsicht in die Zukunft und den Einblick in die Entstehung und Vernichtung des Leidens.

Da sprachen die Götter: »Streut Blumen herab, Verehrte, der Erhabene ist zur Erleuchtung erwacht!«

aus dem Pali-Kanon (→ S. 362)

• In der letzten Nachtwache gelangt er zur *Erleuchtung*, die ihm die Vergangenheit und Zukunft erschließt und Einsicht in die Herkunft und in die Überwindung des Leids schenkt.

Manche sehen in dem alten Bericht über die Nacht der Erleuchtung von Uruvela eine Legende, die eindrucksvoll die späteren Grundlehren des Buddha in eine einzige Erfahrung zusammenträgt. Tatsächlich läßt sich die *Historizität* des Ereignisses nicht mit Gewißheit darlegen. Aber man darf doch annehmen, daß wir hier die Erinnerung an ein wirkliches Geschehen vor uns haben, das sich möglicherweise in einer anderen Weise und in einer anderen zeitlichen Abfolge ereignet hat. Der Bericht über die Erleuchtung ist eine ehrwürdige Komposition, die in einer Verkündigungssprache abgefaßt wurde und durch die lange Tradierung geadelt ist. Er gibt auf anschauliche und prägnante Weise einen Einblick in die fundamentalen Lehren des Buddha. Die *Tradition* von der Nacht der Erleuchtung ist ein Datum der Geschichte geworden – und eines der großen und wesentlichen der Menschheit.

Buddha, Schiefer, Gandhara, 3.-5. Jh. Er sitzt konzentriert und ruhig während der langen Meditation, die ihm die Erleuchtung bringt. Seitdem trägt er den Namen »Buddha« (d. h. »der Erwachte«). Sein Haupt ist von einem großen Nimbus umgeben. Wichtige Kennzeichen (→ S. 387 ff.): der Haarauswuchs (»Ushnida«), der Punkt zwischen den Augen (»Urna«), die Handhaltung (»Mudra«) der Meditation, bei der die Hände im Schoß übereinanderliegen, wobei die rechte Hand oben ist. Das Mönchsgewand zeigt einen edlen Faltenwurf. Er thront auf einem mit Gras und Blättern bedeckten Sockel, auf dem 6 andere Budddhas in der gleichen Haltung sitzen. Eine vergeistigte Gestalt voll großer Würde.

Die Erleuchtung des Buddha war die *Geburts-stunde des Buddhismus*. Die Nacht der Erleuchtung wurde zum höchsten buddhistischen Fest, die Pappel, die »Baum der Erleuchtung« (»Bodhi-Baum«) genannt wird, zum heiligen Baum des Buddhismus. Wie in anderen großen Religionen hat sich auch im Buddhismus ein Grunddatum in der Stille und im Dunkel der Nacht ereignet. In der heiligen Nacht der Christenheit wurde Jesus, der Gottessohn, in Betlehem geboren. In der heiligen Nacht des Islam erhielt Mohammed, der Prophet, in Mekka die erste Offenbarung Gottes.

Widerstand und Versuchung

Für die Zeit vor und nach der Erleuchtung interessieren sich auch die *Legenden*. Sie schreiben dem Buddha nun ungewöhnliche Fähigkeiten zu. Vor allem liegt seit seiner Erleuchtung ein herrlicher Glorienschein oder eine strahlende Aura um ihn.

In der Gestalt des *Mara* trifft der Buddha auf seinen wichtigsten Widersacher. Mara ist der Böse schlechthin. Dieser teuflische Versucher des Buddha ist – mythologisch betrachtet – ein mächtiger Gott, der Herr der Hölle. Psychologisch gesehen ist er das Prinzip des Lebenswillens, den der Buddha überwinden will. Er ist so schön und verführerisch wie nur ein Teufel sein kann. Mit allen Mitteln versucht er,

dem Buddha seine neue Einsicht streitig machen. Dafür ein paar Beispiele:

• Eine *Dämonenheer* von schrecklichen Monstren steht in seinem Dienst. Fratzenhafte Gestalten, schreckenerregende Mißgeburten, ekelhafte Mixturen von Mensch und Tier, faulige Wesen, teuflische Horden, lüsterne Wesen gehorchen ihm. Diese schreckliche Schar schickt Mara gegen den Buddha. Alle diese Ungeheuer greifen den Meditierenden mit mörderischen Waffen an. Doch der ganze Kampfeslärm bringt den Buddha nicht aus der Ruhe. Er bleibt in seiner Versenkung. Die gegen ihn geschleuderten Geschosse prallen an seinem Glorienschein ab und werden hier zu den schönsten Blumen. So wird der Angriff der Unterwelt zu einer Huldigung für ihn.

• Ein andermal schickt Mara seine *drei liebreizenden Töchter*, die den Buddha mit ihrer körperlichen Schönheit und ihrem erotischen Flair verführen sollen. Die Töchter sind »Sehnsucht« (Lebensdurst), »Freude« (Lebenslust) und »Begierde« (Lüsternheit). Alle ihre Reize spielen sie aus. Sie wissen mit dem Mund zu lächeln, mit den Augen herauszufordern, mit der Gestalt zu locken. Aber der Erhabene schaut die schönen Mädchen nicht einmal an. Sie können ihn nicht aus der Ruhe bringen. Mit einem einzigen Wimpernschlag macht er sie zu alten, häßlichen, runzeligen Weibern. Spätere Legenden empfanden dieses Schicksal der drei Mädchen als zu hart. Sie geben ihnen die Chance zu aufrichtiger Reue und dem Buddha die Möglichkeit, ihre frühere Schönheit wiederherzustellen.

• Einmal versucht Mara dem Buddha einzureden, daß er als armer Mönch kein Anrecht auf den Boden hat, auf dem er sitzend meditiert. Er soll den Ort verlassen und damit seine Berufung aufgeben. Der Buddha antwortet ihm nur, daß die *Erde*, die Mutter aller Wesen, sein Zeuge ist, daß er im Lauf seiner früheren Lebensformen immer wieder Macht und Besitz für die Erlösung geopfert und darum den Anspruch auf ein Stück Erde erworben hat. Bei diesen Worten berührt er mit den Fingerspitzen der rechten Hand die Erde. Auf sein Wort und seine Berührung hin erscheint die Erde aus ihrem tiefen Reich, begrüßt ihn und erklärt, daß er als geistlicher Lehrer auch leben müsse und darum zu Recht das Stück Erdboden für sich in Anspruch nehme. Sie selbst wolle für ihn bürgen.

• Einmal meditiert der Buddha nahe bei einem Teich, in dem der *Schlangenkönig Mucilinda* lebt. Da kommt ein furchtbarer Sturm auf, Blitz und Donner erschallen, kräftige Regengüsse kommen nieder. Schon gerät der meditierende Buddha in Gefahr, von dem furchtbaren *Unwetter* verschlungen zu werden. Aber der Schlangenkönig selbst kommt ihm zu Hilfe. Er kriecht unter seinen Sitz und bewahrt ihn vor Nässe. Mit seinen sieben Köpfe bildet er ein sicheres Dach, unter dem der Buddha trotz aller Stürme weiter meditieren kann.

• Am härtesten stellt Mara den Erhabenen auf die Probe, als er ihm rät, sofort ins *Nirwana* einzugehen. Er habe nun das Ziel seiner Erkenntnis erreicht. Ein weiterer Aufenthalt in der leidvollen Welt könne ihm nichts mehr bringen. An dieser Stelle zögert der Buddha für einen Augenblick. Er fragt sich, ob er sein bisheriges Leben weiterführen soll. Kann es für ihn noch anderes als Ermüdung und Qual bringen? Doch rasch ringt er sich zu einem Entschluß durch.

Linke Seite: Maras Angriff, Palmblatt-Miniatur, 12. Jh. Um den Buddha, der hier unter einem bunten Bodhi-Baum sitzt, von seinem Weg abzubringen, schickt Mara, der Herrscher im Reich des Bösen, Dämonen. Die komisch wirkenden Gestalten, die viel Lärm machen, haben aber keine Chance. Der Buddha verbleibt in seiner Meditation. Mit seiner rechten Hand ruft er die Erde an. Er erweist sich gegenüber allen Versuchungen als überlegen.

Oben links: Der Buddha sitzt auf dem Schlangenkönig, der ihn mit seinen sieben Köpfen vor einem Unwetter schützt. Sandstein, Ayutthaya, Thailand, 12. Jh.
Rechts: Der Buddha vollbringt die beiden Wunder (»Zwillinge«) des Feuers und Wassers. Schiefer, Gandhara, 3. Jh. Feuerstrahlen kommen aus seinen Schultern, aus seinen Fußsohlen entströmt ein Regenguß. Dabei schwebt er in den Lüften. In seiner Rechten zeigt er das Rad der Lehre. So erweist er sich den Gesetzen der Welt überlegen.

Er erkennt, daß seine Erleuchtung nicht ihm allein gehört. Auch andere Menschen sollen an seiner Erfahrung Anteil nehmen können. Er will nicht ein Buddha für sich, sondern ein Buddha für andere sein. Darum verzichtet er vorerst auf seinen Eingang ins Nirwana. Wieder wird Mara besiegt. Wieder bleibt ihm nichts anderes übrig, als sich wütend zurückzuziehen. In einer anderen Version der Legende ist sogar die Intervention des Gottes *Brahma* nötig, um den Erleuchteten davon abzuhalten, sofort ins Nirwana einzugehen. Der Gott fordert ihn auf, an die vielen zu denken, die verlorengehen, wenn er ihnen nicht den Weg zum Heil zeigt.

Alle diese Legenden haben einen *tiefen Sinn.* Einige weisen möglicherweise auf äußere Widerstände und innere Kämpfe des Buddha hin. Sie zeigen den Mönchen, die ihm folgen, daß sie auf ihrem Weg starken Versuchungen ausgesetzt sind, diese aber siegreich bestehen können, wenn sie auf das Vorbild des Buddha schauen. Andere Legenden machen die große Harmonie zwischen der Natur und der Lehre des Buddha deutlich.

Das Rad der Lehre

Der Buddha – so können wir den Fürstensohn aus Kapilavastu seit der Erleuchtung nennen – bleibt noch vier Wochen in Uruvela. In diesen Wochen formt er die Grundzüge seiner Lehre. Dann bricht er in Richtung Benares auf. Dort trifft er die *fünf Mönche* wieder, mit denen er sich so lange gemeinsam in harter Askese geübt hatte. Beim ersten Wiedersehen sind sie ihm gegenüber zuerst skeptisch. Aber je mehr sie ihn erleben, um so mehr erkennen sie, daß er ein völlig Verwandelter ist. Sie begreifen, daß sie den Buddha vor sich haben, und bitten ihn, er möge sie über seine großen Einsichten belehren. Im *Gazellenhain Isipatana* von Benares hält der Buddha ihnen seine erste Predigt. Er verkündet den Mönchen die vier edlen Wahrheiten vom Leid (→ S. 391 ff.) und den edlen achtfachen Pfad von der Aufhebung des Leids (→ S. 394 f.). Sie sind die ersten, die die Grundlagen des Buddhismus kennenlernen. Sie hören von seinem Konzept der

---

> **Das Rad der Lehre**
>
> Wenn der Erhabene die vier edlen Wahrheiten predigt, wenn unter seinen Zuhörern Menschen sind, die es verstehen, dann dreht der Erhabene das Rad der Lehre.
>
> Unter den Mönchen und Brahmanen, den Göttern und den Menschen gibt es auf der Welt niemanden, der es in Bewegung setzen könnte. Das ist so, weil die vier edlen Wahrheiten mit Kraft, mit Anstrengung gepflegt werden müssen.
>
> *aus der ersten Predigt des Buddha in Benares*

Erlösung, das ein spirituelles Programm und ein praktischer Weg in einem ist. Ihnen wird aufgegangen sein, wie eng hier Einsicht und Gebot zusammenhängen. Darum kann sie der Buddha zu den ersten Gliedern seiner Gemeinschaft (»Sangha«) machen. Er weiht sie zu seinen Mönchen.

Mit der Predigt von Benares setzt der Buddha das *»Rad der Lehre«* erstmals in Bewegung. Jetzt ist der Anfang der Erlösung auch für andere Menschen ge-

Das Rad der Lehre, das der Buddha nach seiner Erleuchtung in Gang setzte. Es hat acht Speichen – Hinweis auf den achtfachen edlen Pfad. Im Hinduismus hat das Rad einen anderen Symbolwert (→ S. 297).

macht. Das Rad ist zum Symbol des Buddhismus geworden. Sein äußerer Kreis erinnert an die Bewegung der Welt, sein Mittelpunkt an die Ruhe, die die Lehre schenkt. Es hat acht Speichen, die auf den edlen achtfachen Pfad verweisen. Sie stellen die Verbindung vom äußeren Rand zum inneren Zentrum her. Sie führen von der unruhigen Welt zur Stille der Erleuchtung. Nach späterer buddhistischer Auffassung wurde das Rad der Lehre zum zweitenmal im Mahayana (→ S. 412 f.) und zum drittenmal in unserer Zeit durch die Frauen (→ S. 437) in Bewegung gesetzt. Jedesmal geht es um einen grundlegenden Neubeginn.

Der große Lehrer

Als der Erhabene in Uruvela die vollkommene Erleuchtung hatte, war er 36 Jahre alt. Bis zu seinem endgültigen Verlöschen im Alter von 80 Jahren zog er lehrend von Ort zu Ort durch das nördliche Gebiet des heutigen Indien. Dieser *längste Lebensabschnitt* des Buddha ist für das Verständnis seiner Lehre und seiner Gemeinschaft von großer Bedeutung. Die *Quellenlage* ist für diese Zeit nicht gerade günstig. Die damaligen Ereignisse lassen sich kaum mehr in einen verläßlichen historischen Zusammenhang stellen. Oftmals gibt es nur lokale Traditionen, die keine chronologischen Angaben machen. So ist jede fortlaufende Darstellung dieser Phase unmöglich. Wir können nur den Alltag dieser 44 Jahre einigermaßen rekonstruieren.

In diesem Lebensabschnitt wurde der Erhabene der *große Lehrer*, der in vielen Predigten und Reden seine Botschaft entfaltete. Anders als die Brahmanen, deren uralte Sakralsprache den meisten Zeitgenossen unverständlich war, sprach er in der Landessprache, so daß er von den Zuhörern leicht verstanden werden konnte. Die Klarheit seiner Gedankenführung, die Bildhaftigkeit seiner Reden, die Anschaulichkeit seiner Gleichnisse verfehlten ihre Wirkung nicht. Alles, was er sagte, ließ sich auf nachvollziehbare Erfahrungen zurückführen. Kein Rigorismus war an ihm zu entdecken. Güte und Milde, tiefes Verständnis und respektvolle Toleranz zeichneten ihn aus. Auch Humor und Schlagfertigkeit standen ihm zu Gebote. Seinen Mönchen mutete er allerdings ganz ungewöhnliche Gedanken zu.

In den Reden vor ihnen zeigte er in mehr abstrakttheoretischen Überlegungen den hohen geistigen Anspruch seiner Lehre.

Seine *Persönlichkeit* muß faszinierend gewesen sein. Er konnte hart und asketisch leben, aber er scheute sich auch nicht, Einladungen zu prunkvollen Gastmählern anzunehmen und sich öffentlich ehren zu lassen. Er hatte, anders als die meisten anderen Bettelmönche seiner Zeit, ein gepflegtes Äußeres und war zu all seinen Mitmenschen, auch zu den Frauen, von überaus großer Höflichkeit. Sein Rat war sehr geschätzt. Er gewann viele Anhänger, die gleich ihm Mönche wurden und in seiner Gemeinschaft blieben. Aber er machte auch auf viele andere Menschen, die nicht Mönche werden wollten oder konnten, großen Eindruck.

In dieser Zeit liegen auch die Anfänge seines neuen *Ordens* (→ S. 402 ff.). Ihm traten schon bald nicht nur einzelne Mönche, sondern ganze Schulen mit ihren Lehrern und Schülern bei. Die Tradition spricht davon, daß sich ihm allmählich drei- bis fünftausend Mönche anschlossen. Wenn diese Zahl auch zu hoch ist, so dürfen wir doch annehmen, daß eine stattliche Schar mit ihm unterwegs war. Alle, die zu ihm kamen, forderte er auf, gleich ihm aus Mitleid mit den Menschen auf Wanderschaft zu gehen, um sie in der neuen Lehre zu unterweisen. Dabei sollten die Mönche selbst tugendhaft leben und auf die Zuhörer keinen Druck ausüben. So begann die *Mission* des Buddhismus.

Aus der großen Schar der Mönche mußten sich im damaligen Indien einige Probleme ergeben. Wie konnten die vielen Mönche *verpflegt* werden? Gewiß – sie gingen morgens mit ihrer Bettelschale aus, traten mit gesenktem Haupt vor die Menschen und erwarteten schweigend etwas Reis oder ein Almosen. Aber eine so große Bettelschar mußte die Opferbereitschaft in den Dörfern und Städten überfordern. Und wie konnten die vielen Mönche *untergebracht* werden? Das indische Klima macht eine ganzjährige Wanderung unmöglich. Kälte und vor allem die monatelangen Monsunregengüsse zwangen die Asketen, etwa für ein Vierteljahr Zuflucht in Dörfern und Häusern zu suchen. Auch der Buddha selbst mußte dann an einer Stelle festes Quartier beziehen. Diese Probleme wären unlösbar gewesen, wenn dem Buddha nicht großzügig Geschenke von

Ein reicher Kaufmann legt dem Buddha ein Almosen in die Bettelschale, Handschrift, Burma, 19. Jh. Hinter dem Buddha, mit Ushnida und auf dem Lotos, stehen seine Mönche, die ebenfalls eine Gabe erwarten. Das Bild will nicht nur die Vergangenheit vergegenwärtigen. Es sagt den Laien auch, was sie für die Mönche tun sollen. Bis heute ist es üblich, daß sich nicht die Mönche bei den Spendern, sondern die Spender bei den Mönchen dafür bedanken, daß sie ihnen etwas geben dürfen. So haben sie die Chance für ein gutes Werk erhalten.

Königen, Fürsten, reichen Kaufleuten und wohlhabenden Frauen gemacht worden wären. Mächtige und Reiche sahen es als eine Ehre an, ihn aufnehmen zu dürfen und für seine Mönche sorgen zu können. Mehrere Könige stellten ihm Gärten, Haine, Parkanlagen und Gebäude zur Verfügung, wo die Schar des Buddha auch länger bleiben konnte und versorgt wurde. Diese Orte sind die Keimzellen der späteren Klöster geworden. Die großzügigen Geber zählen zu den ersten Heiligen des Buddhismus. Eine namentliche Erwähnung verdient der König *Bimbisara,* den der Buddha auf der Wanderschaft im Reich Magadha (im heutigen Bihar) kennengelernt hatte. Mit ihm schloß er eine dauerhafte Freundschaft. Der König schenkte ihm einen Bambushain, der zum liebsten Aufenthalt des Buddha wurde. Immer hat der König die Mönchsbewegung tatkräftig unterstützt, bis sein eigener Sohn ihn einsperren und qualvoll verhungern ließ, um selbst an die Macht zu kommen.

Nicht selten kamen gerade auch reiche Männer, die gleich dem Buddha selbst Antwort auf die letzten Lebensfragen suchten, in sein Gefolge. Als einer der ersten schloß sich ihm *Yasa,* der Sohn eines vermögenden Kaufmanns, an. Er hatte bisher mit seinen Frauen in großem Prunk im Elternhaus gewohnt, war aber depressiv geworden, weil er sein Leben im Reichtum als sinnlos empfand. Als der Buddha ihn

zu sich rief, ließ er seine mit Edelsteinen besetzten Schuhe liegen und überquerte den Fluß, an dessen anderem Ufer der Buddha weilte. Dort suchte er Zuflucht bei ihm. Dieser nahm ihn sofort als Mönch auf. Seine Eltern und seine Ehefrau wurden Laienanhänger des Buddha. Sie haben die Gemeinschaft immer kräftig gefördert. Yasa selbst wurde zu einem Heiligen. Die Tradition kennt viele ähnliche Beispiele.

Einmal soll die reiche *Kurtisane Ambapali* den Buddha und seine Jünger zu einem üppigen Gelage in ihrem Mangowald eingeladen haben. Sie nahmen diese Einladung gern an, weil sie in dem Gewerbe der Gastgeberin kein Problem sahen. Alle genossen das üppige Mahl und die Kultur ihrer Gastlichkeit. Am Schluß schenkte Ambapali dem Buddha den ganzen Wald. Er dankte mit einer schönen Predigt. Sie wurde später Nonne und verfaßte herrliche geistliche Lieder.

Die *Brahmanen* hatten keine einheitliche Einstellung zu dem Buddha. Viele von ihnen waren und blieben seine *Gegner,* weil er ihre Hochschätzung der Veden nicht teilte, ihre rituellen Praktiken nicht akzeptierte, ihre blutigen Opfer für die Götter ablehnte, an die Sündenvergebung durch ihre Waschungen nicht glaubte und ihren Heilsversprechungen mißtraute. Doch gelang es ihm, auch Brahmanen für seine Lehre zu gewinnen. Aus brahmanischen Familien stammten Sariputta und Moggallana (→ S. 403), die zu seinen bedeutendsten *Jüngern* wurden.

Eine Legende erzählt, daß bei Uruvela an die tausend brahmanische Walderemiten lebten, die einem Feuerritus anhingen. Ihre geistliche Leitung lag bei den drei Brahmanenbrüdern *Kassapa*. Sie luden den Buddha kurz nach dessen Erleuchtung ein, den Winter mit ihnen zu verbringen. Er nahm die Einladung an und wirkte unter ihnen große Wunder. Einmal besiegte er eine gefährliche Schlange, die mit ihrem Feuer das Dach des Brahmanenhauses in Flammen setzte. Ein andermal konnte er über einen trockenen Weg wandeln, obwohl die Regengüsse das Land um ihn herum völlig unter Wasser gesetzt hatten. Selbst die Götter stiegen vom Himmel hernieder, um seiner Predigt zu lauschen. Nur die drei Brüder Kassapa ließen sich zunächst nicht beeindrucken. Erst als der Erhabene sie mit großem Ernst darauf aufmerksam machte, daß sie nicht heilig seien und den Weg zur Erlösung nicht zeigen könnten, neigten sie sich vor ihm und baten um die Aufnahme in die Schar seiner Anhänger. In einer Predigt ging er auf ihre Feuerbräuche ein und kam vom Löschen eines Brandes auf das Löschen von Gier, Haß und Verblendung zu sprechen. Mit den drei Kassapa gewann er kritische Männer für seine Gemeinschaft. Durch sie fand er Zugang auch zu anderen Brahmanen.

Bei der *Bevölkerung* war eine unterschiedliche Resonanz spürbar. Viele Leute fanden die neue Lehre sympathisch, weil sie nicht so extrem war wie andere mönchische Richtungen dieser Zeit. Der »mittlere Weg« entsprach am ehesten ihrem Empfinden. Die meisten Mönche des Buddha waren beim Betteln unaufdringlich und sahen auch nicht so heruntergekommen aus wie andere Asketen. Niemand wurde von der Erlösung ausgeschlossen, nur weil er Laie war. Vor allem ging von dem Buddha selbst eine unbeschreibliche Faszination aus. Andererseits gab es im Volk regelrechten Unwillen über die vielen Übertritte angesehener junger Männer. Deren Entschluß, Mönch zu werden, fand nicht überall Zustimmung. So beklagten sich die *Frauen* bitter, daß der Asket Gautama gekommen sei, Kinderlosigkeit und Witwentum, Ehelosigkeit und Lustverzicht zu bringen. Gelegentlich ist allerdings der eine oder an-dere Mönch seinem Asketentum untreu geworden und hat wegen der Liebe zu einer Frau den Orden verlassen, übrigens ohne dafür von der Gemeinde geächtet zu werden. Zuweilen sorgte sich der Buddha wegen seiner Mönche, weil diese beim täglichen Almosengang mit verführerischen Mädchen Kontakt bekamen, die nur ein Hüfttuch trugen und den Mönchen eindeutige Avancen machten.

Der Buddha verlor die eigene *Familie* nicht aus dem Blickfeld. Das Verhältnis zu seinem Vater *Suddhodana* blieb lange gespannt, weil dieser seinen Sohn lieber als Herrscher und Nachfolger gesehen hätte. Als der Buddha einmal nach Hause zurückkehrte, war der Vater über das ärmliche Aussehen seines Sohnes entsetzt und verweigerte ihm die letzte Anerkennung. Damals verlor Suddhodana auch noch seinen Enkel *Rahula*, den Sohn des Erhabenen, weil sich dieser dem Vater anschloß. So gab es in der Familie keinen Nachfolger mehr. Im Orden bildete Rahula die Novizen aus und war für andere das Vorbild eines heiligen Mönchs. Er starb noch vor seinem Vater. Wahrscheinlich war er den Strapazen des Mönchseins nicht gewachsen. – Als Suddhodana auf dem Totenbett lag, eilte der Buddha wieder zu ihm, stand ihm mit allen Kräften bei und erreichte, daß er nun endlich seine Lehre annahm. Erst jetzt waren Vater und Sohn ganz versöhnt. – Über seine Frau *Yasodara* fließt die Überlieferung spärlich. Bei seinem Besuch zu Hause soll sie ihn nur geschäftstüchtig nach dem Erbteil für Rahula gefragt haben. Nirgends wird erwähnt, daß sie den Weg ihres Gatten gutgeheißen hat. Vielleicht hat sie sich nie damit abgefunden, von ihm verlassen worden zu sein. – Den Kontakt mit seiner Mutter *Maya* stellt die Legende her, wenn sie den Erhabenen zu ihr in den Himmel aufsteigen läßt, wo er sie über seine tiefe Einsicht belehrt, so daß sie nicht mehr in den Kreislauf der Geburten eintreten muß. Sie wurde von ihrem eigenen Sohn erlöst.

In den ältesten Überlieferungen finden wir noch eine gewisse Zurückhaltung gegenüber *Wundern und Mirakeln* des Buddha. Das mag mit der Einstellung des Buddha zu tun haben, der einmal, als er zu einem Wunder aufgefordert wurde, dieses Ansinnen entschieden ablehnte. Er meinte, daß Wunder auch von Gauklern und Betrügern gewirkt würden. Das wirkliche Wunder bestehe darin, sich selbst und die anderen so zu läutern, daß daraus Erkenntnis und Erlösung entstehen könnten. Die Reserve des Buddha gegenüber Wundern wurde in seiner Gemeinde auf Dauer nicht durchgehalten. Die späteren Schriften quellen geradezu über von Berichten über seltsame Wunder und merkwürdige Mirakel. Der Buddha kann nun fliegen und sich so schnell fortbewegen, daß ihn auch der schnellste Reiter nicht erreicht. Alle Intrigen gegen ihn durchschaut er mit großer innerer Gelassenheit. Wo man in einem Dorf besorgt einen Brunnen mit Gras zustopft, damit seine Mönche nicht das ganze kostbare Wasser wegtrinken, läßt er das Gras aus dem Brunnen springen, so daß alle Mönche genug zu trinken bekommen. Immer wieder reist er durch alle 33 Himmel. Mit den Göttern hat er regen Kontakt. Sie besuchen ihn gern und lauschen aufmerksam seiner Predigt.

Das endgültige Verlöschen

Über die letzten Monate des Buddha, über seinen Abschied und den Eingang ins Nirwana ist die Quellenlage besser. Der »*Sutra vom endgültigen Verlöschen*« ist ein altehrwürdiger Text im Pali-Kanon, der viele Erinnerungen an das irdische Ende des Ehrwürdigen aufbewahrt hat. In seiner geistigen Qualität ist er mit den Gesprächen des Sokrates vor seinem Tod, die bei Platon aufgeschrieben sind, oder mit den Abschiedsreden Jesu aus dem Johannes-Evangelium zu vergleichen. Von Anfang an sprechen die Buddhisten nicht vom »Tod« des Buddha, sondern von seinem »endgültigen Verlöschen«. Wer dem Tod verfällt, bleibt im Kreislauf der Dinge und kommt zur Wiedergeburt. Der Erhabene dagegen ist wie eine Kerze endgültig verlöscht. Eine große Wehmut liegt über dem Text, aber zugleich auch die unumstößliche Gewißheit, daß der Buddha sein letztes Ziel erreicht hat. Beispielhaft wie sein Leben ist auch sein Verlöschen. Gerade von seinen letzten Stunden geht ein Licht aus, das nicht geringer leuchtet als seine Lehre.

Im Alter von 80 Jahren kommt der Buddha noch einmal zum *Ganges*, dem großen Fluß Indiens. Die Menge bereitet ihm einen begeisterten Empfang. Die Leute ahnen wohl, daß sie ihn zum letztenmal sehen. *Er überquert den Fluß*, um an das andere Ufer

zu gelangen. In dieser Symbolhandlung wird der Ganges zum Bild des Leidensstromes und der irdischen Existenz. Indem der Buddha ihn überschreitet, zeigt er, daß er durch seine Einsicht das Leiden und den Tod überwindet.

Für eine Weile bleibt er in dem Dorf Beluva, weil die Regenzeit ihn an der weiteren Wanderung hindert. Hier wird er zum erstenmal in seinem Leben ernstlich *krank*. Seine heftigen Schmerzen erträgt er klaglos und voll Würde. Noch will er nicht endgültig Abschied nehmen. Nicht der Lebensdrang ist es, der ihn bestimmt, dem Ende jetzt noch aus dem Weg zu gehen, sondern die Sorge um seine Mönche. Er möchte erst noch zu ihnen sprechen. Tatsächlich wird er gesund und kann seine Bettelgänge wieder aufnehmen.

In seiner Begleitung ist jetzt stets sein Vetter *Ananda* (→ S. 402 f.), der wohl sein Lieblingsmönch ist. Daß der Buddha in dieser Zeit noch nicht vom Leben Abschied nehmen will, zeigt sein dreifach ausgesprochener Wunsch, Ananda solle ihn bitten, im Leben zu bleiben. Womöglich fühlt er sich stark genug, seine Lebensenergien noch einmal zu aktivieren. Doch Ananda versteht diesen Wunsch nicht recht und unterläßt die Bitte. Da erscheint dem Buddha noch einmal der legendäre böse *Mara*, der ihm wieder wie nach der großen Erleuchtung rät, ins Nirwana einzugehen, weil er doch nun sein Werk vollendet habe. Diesmal wehrt der Buddha nicht mehr ab. Als Ananda ihn verspätet bittet, sein Leben fortzusetzen, fühlt er sich an das Wort gebunden, das er Mara gegeben hat.

In dieser Zeit macht sich Ananda große Sorgen um die Zukunft der Gemeinschaft und fragt den Buddha nach seinem Testament. Vor allem solle er sagen, wer nach seinem Tod die *Nachfolge* in der Gemeinschaft übernehmen soll. Aber der Buddha weigert sich, einen Nachfolger bestellen. Er hat die Lehre offen gelehrt und keine Wahrheit zurückgehalten. Ein letztes Testament hat er nicht. Nachdrücklich beschwört er Ananda, daß die Mönche sich selbst Licht und Zuflucht sein müssen. An ihm sollen sie nicht hängen. Nur die *Lehre* soll ihr Gesetz sein. Kein Lehrer, nicht einmal der Buddha selbst, steht über der Autorität der Lehre.

Noch einmal macht sich der Buddha nach der Regenzeit auf. Nach sechs Tagen kommen sie in den

---

Vor dem endgültigen Verlöschen

Ich bin gebrechlich geworden, ein Greis, von hohem Alter, ich habe die Spanne des Lebens durchmessen, bin hochbetagt, ein Achtzigjähriger, ein langes Alter ward mir zuteil. Wie ein alter Karren, der unter Schwierigkeiten weiterfährt, so bewegt sich auch mein Körper nur noch unter Schwierigkeiten weiter …

Verharrt nun, ihr Mönche, und seid euch selbst zur Leuchte, euch selbst zur Zuflucht. Habt sonst keine andere Zuflucht. Die Lehre diene euch zur Leuchte, die Lehre sei euch Zuflucht…

Genug, Ananda, du sollst nicht weinen und nicht klagen. Habe ich nicht schon vorher verkündet, daß alles Liebe und Freudvolle sich wandelt, sich von uns trennt und anders wird? Wie sollte hier möglich sein, daß das, was geboren, geworden, bedingt und zur Vernichtung bestimmt ist, nicht vergeht?

Lange Zeit hast du mich mit liebevollem Tun, liebevollem Wort und liebevollem Sinn, freundlich, auf angenehme Weise, unverändert und ohne Ende umsorgt. Verdienste hast du dir erworben, Ananda. Bald wirst du frei von allen schlechten Trieben sein.

aus dem Sutra
vom endgültigen Verlöschen

---

kleinen Ort Pava, wo einige Jahre später Mahavira (→ S. 293 f.) sterben wird. Dort ist er zu Gast bei dem *Schmied Cunda*, einem treuen Anhänger der neuen Lehre. Dieser läßt in seinem großen Garten eine üppige Mahlzeit auftragen. Viele köstliche Speisen werden gereicht. Höhepunkt des Festessens ist ein saftiger Schweinebraten. Sobald der Buddha davon kostet, wird es ihm furchtbar übel. Er zieht sich eine schwere *Vergiftung* zu, die zu blutigen Durchfällen führt. Vielleicht bricht auch die eben erst überwundene Krankheit aufs neue aus. Wieder trägt er geduldig seine Schmerzen und ermahnt seine Jünger, dem freundlichen Gastgeber nur ja nichts vorzuwerfen.

Zum letztenmal setzt er seinen Weg fort. Er möchte den Ort *Kusinara* erreichen, um dort zu sterben. Auf dem Weg verlassen ihn häufig die Kräfte, so daß er sich immer wieder ausruhen muß. Er nimmt noch einmal in einem Fluß ein Bad und erreicht mit letzter Kraft Kusinara. Mühsam schleppt er sich bis an den Stadtrand und bittet dann Ananda, ihm zwischen zwei Salabäumen ein Bett aufzustellen. Die Legende schmückt die *letzte Stunde* ergreifend aus. Die Bäume beginnen zu blühen und ihre herrlichen Blüten bedecken den Leib des Vollendeten. Vom Himmel fallen Blumen herab und senken sich auf seinen Umgebung nieder. Überirdische Musik erklingt. Die ganze Natur will den Buddha in seiner letzten Stunde ehren. Aber der Buddha weiß auch in dieser Situation, wie er noch besser geehrt werden kann. Er erinnert an alle, die in ihrem Leben entsprechend der Lehre gehandelt haben. Diese sind es, die ihn angemessen ehren.

Da wird *Ananda* vom Schmerz überwältigt und beginnt zu *weinen*. Eigentlich hätte er als verständnisvoller Jünger des Buddha diese innere Regung nicht zulassen dürfen. Und wirklich fordert der Buddha ihn auf, damit aufzuhören und nicht mehr zu klagen. Das Gesetz, nach dem alles dem Wandel unterworfen sei und zur Vernichtung komme, sei nicht aufzuheben. Es geschehe, was geschehen müsse. Aber er dankt in diesem Augenblick auch seinem sympathischen Jünger für die beständige Hilfe und sagt ihm voraus, daß er zu großer Heiligkeit kommen werde.

Da taucht plötzlich ein *Wandermönch* auf, der von allerlei Zweifeln geplagt war und sich einer falschen Lehre verschrieben hatte. Ananda will ihn nicht mehr zu dem Buddha lassen, doch dieser läßt es sich auch jetzt nicht nehmen, mit dem jungen Mann zu reden. Er kann seine Zweifel beseitigen und gewinnt ihn für seinen Orden.

In seiner *Abschiedsrede* legt er den Mönchen noch einmal dar, was sie studieren, üben und vollenden sollen. Seine letzten Worte fassen seine ganze Lehre zusammen, wenn er sie an die Einsicht vom bedingten Entstehen (→ S. 396 f.) und an seinen Weg zur Erlösung erinnert.

Die letzten Worte des Buddha

Jetzt, ihr Mönche, sage ich euch:
Alles, was entstanden ist, muß vergehen.
Unermüdlich sollt ihr euch bemühen.

aus dem Sutra
vom endgültigen Verlöschen

Dann versank der Buddha in eine tiefe *Meditation*, aus der er nicht mehr zurückkehrte. Er durchlief alle Tiefen mystischer Versenkung, bis er zu dem Stadium kam, wo kein Gedanke mehr Platz hat und das Bewußtsein vergeht. Mitten in dieser Versenkung, die ihm das endgültige Verlöschen brachte, ging er in das endgültige Nirwana ein, das auch *Pari-Nirwana* heißt (→ S. 398). Er war an dem Ziel, das er immer gesucht hatte. Dies geschah, wie bei seiner Erleuchtung, am ersten Vollmondtag des Monats Mai, am Ende der dritten Nachtwache, noch bevor der Tag dämmerte.

Das *Leichenbegängnis* war voll großer Pracht. Die Mönche und die Bewohner von Kusinara taten alles, um ihm die letzte Ehre zu erweisen. Sie schmückten den Ort mit Blumen und Girlanden, tanzten und sangen, kamen zu Totenmählern zusammen. Sein Leichnam wurde in kostbare Tücher gehüllt und in einen Sarg gelegt. Der Scheiterhaufen, den man aus duftendem Holz errichtet hatte, war so hoch, daß es Mühe machte, den Sarg auf ihn zu heben. Sieben Tage nach seinem Hinscheiden wurde die sterbliche Hülle des Buddha unter großer Anteilnahme vieler Menschen verbrannt.

Nach den Trauerzeremonien entstand ein heftiger Streit mehrerer Städte um die Reliquien. Beinahe wäre es sogar zu einem *Krieg* gekommen. Sieben Herrscher marschierten gegen die Stadt Kusinara und schlossen sie ein, weil die Bewohner die Asche und die wenigen Knochen, die die Flammen übriggelassen hatten, nicht herausgeben wollten. Erst als der weise Brahmane Drona alle daran erinnerte, wie wenig ein blutiger Streit zu der versöhnlichen Lehre des Buddha paßt, einigte man sich friedlich. Weil ein Teil der Überreste in Kusinara bleiben sollte, eine weitere Stadt noch ihre Ansprüche geltend machen konnte und Drona sich selbst die Urne zusprach, gibt es insgesamt zehn Reliquien des Buddha. Sie wurden nach damaligem Brauch in Erdhügel gelegt. Später wurden hier die großartigen Tempelanlagen errichtet, die wir »*Stupas*« nennen. Sie sind zu bedeutenden Wallfahrtsorten des Buddhismus geworden. Archäologen haben 1898 in seiner Vaterstadt Kapilavastu und 1958 in Vaishali in den dortigen Stupas Aschenurnen gefunden, deren Inschriften besagen, daß es sich um Reliquien des erhabenen Buddha handelt.

Der dreifache Körper

Unter den Buddhisten gibt es höchst verschiedene Einstellungen zum Buddha. Ihre »*Buddhologie*« ist keineswegs einheitlich. Die ältesten Richtungen sahen in ihm den großen Lehrer, dessen geschichtliche Gestalt vergänglich war und die darum keine religiöse Verehrung beanspruchen kann. Spätere Zeiten haben ihn zu einem übermenschlichen und sogar himmlischen Wesen gesteigert, dem Verehrung gebührt. Viele Buddhisten hängen der »*Drei-Körper-Lehre*« (»Trikaya«) an, deren Anfänge schon im Theravada liegen und die im Mahayana und Vajrayana (→ S. 426) voll entwickelt wurde.

• Der materielle *Erscheinungs- oder Verwandlungskörper* des Buddha gehört dem Gautama Siddhartha, der vor 2500 Jahren in Indien lebte. Es ist der irdische Leib des konkreten Menschen, des »historischen Buddha«, der dem Elend des Lebens ausge-

setzt war. Dieser Körper ist für den Buddhismus von geringer Bedeutung. Mit seiner Vergänglichkeit verdient er kaum Interesse.

• Von grundlegender Bedeutung für den Buddhismus ist das geistige Prinzip, das der *Dharma-Körper* genannt wird. Dieser immaterielle Leib ist das Absolute schlechthin, eine gleichzeitig immanente und transzendente Wirklichkeit, die ewig und unzerstörbar ist. Er ist die alles bestimmende Weltordnung, die in der Lehre (»Dharma«) des Buddha offenbar und in Worte gefaßt wird. Dieser Leib ist allüberwindend, allwissend, von jedem Makel frei. Kein Gott ist ihm ebenbürtig. Von ihm lassen sich keine Kennzeichen angeben, nicht einmal in der Negation kann man angemessen von ihm reden. Er ist das letzte Prinzip der Einheit. Der Dharma-Körper wird auch die »*Buddha-Natur*« genannt. Von ihr bezieht jeder Buddha, sei er transzendent oder auf der Erde, die Fähigkeit zur Erkenntnis der wahren Lehre.

• Der *Körper der Wonne oder Entzückungskörper* kommt den transzendenten Buddhas zu, die in den jenseitigen Paradiesen leben und sich liebevoll um die Erlösung der Menschen kümmern (→ S. 413 f.). Ihr Wonnekörper ist überirdisch-feinstofflich und kann deshalb nicht von den Sinnesorganen, sondern nur von dem geistigen Auge in spiritueller Schau wahrgenommen werden. Die transzendenten Buddhas sind unterschiedliche Erscheinungen der einen Buddha-Natur. Zu ihnen kann man beten, weil sie noch nicht ins Nirwana eingegangen sind. Für den Volksglauben sind sie göttliche Himmelswesen. Ein Körper der Wonne hat sich unter dem irdischen Erscheinungskörper des Gautama Siddhartha verborgen. Er hat aus dem vergänglichen Menschen, der vor 2500 Jahren lebte, die unbestrittene Autorität gemacht. In ihm ist die Buddha-Natur auf eine besondere, aber nicht einmalige Art in Erscheinung getreten. Sein verklärter Körper, der sein wah-

Liegender Buddha, Steinplastik, Polonnaruwa, Sri Lanka, um 1200.
Die fast 14 m lange Steinplastik zeigt, wie der Buddha ins Nirwana eingeht. Die Figur liegt in einem Park, der Ruhe und Beschaulichkeit ausstrahlt. Sie gehört zu einem Felsentempel, von dem nur noch Reste erhalten sind. Das Antlitz des Buddha ist in sich gekehrt, edel, gelassen. Der Erleuchtete hat sein Ziel erreicht. Er liegt auf der rechten Seite, angetan mit einem feinen Gewand, das glanz- und farblos geworden sein soll, als sein Leib im Nirwana zu strahlen begann. Die Figur hat ein paar kanonische Merkmale: die Haarlöckchen, die langen Ohren, die großen Hände und Füße, das Mönchsgewand (→ S. 387 f.).

res Wesen ausdrückt, ist gleichsam die Brücke zwischen transzendentem Buddha-Prinzip und der historischen Gestalt. Er verbindet die unaussprechbare Absolutheit der Ewigkeit mit der Relativität der Geschichte in Raum und Zeit.

Das Buddha-Bild

Aus der Zeit des historischen Buddha ist kein Bild erhalten, das den Anspruch erheben könnte, sein authentisches Portrait zu sein. Nur spätere Legenden wissen von einer lebensgroßen Sandelholzstatue und von zwei Bildern, die zu seinen Lebzeiten entstanden sein sollen. Demnach hat ein Maler ein Bild nach seinem Spiegelbild im Wasser, ein anderer nach den Strahlen, die von ihm auf ein Gewand fielen, angefertigt. Die erste Phase des Buddhismus kennzeichnet *Bilderlosigkeit.* Damit hat man einmal den Wunsch des Buddha selbst respektiert, der es abgelehnt haben soll, abgebildet zu werden. Vor allem aber erschien es den Mönchen der ersten Zeit sinnlos, den ins Nirwana Verlöschten bildhaft in seiner irdischen Existenz zu fixieren, wo er doch selbst im Nirwana von aller anschaulichen Gestalt und Körperlichkeit frei war. Bilder mußten die Aufmerksamkeit von der allein wichtigen Lehre auf den Lehrer lenken, der für sich selbst keine Wichtigkeit beansprucht hatte.

Die ersten Bilder, die Jahrhunderte später entstanden, waren noch keine Buddha-Bilder, sondern *Symbole,* z. B. das Rad der Lehre für die erste Predigt, der Baum der Erleuchtung, ein leerer Thron unter diesem Baum, eine Leiter, auf der er zum Himmel gestiegen ist, ein Stupa als Ort seiner Reliquien und auch einmal ein Fußabdruck des Buddha. Diese Symbole legen den Betrachter nicht auf ein bestimmtes Buddha-Bild fest, erinnern aber an wichtige Stationen seines Lebens und seiner Lehre.

Als sich im religiösen Leben ein Wandel in der Auffassung des Buddha bemerkbar machte, konnte sich die Bilderlosigkeit nicht länger halten. Der Buddha trat mit der Zeit nicht mehr so stark hinter seiner Lehre zurück, sondern gewann auch selbst eine religiöse Bedeutung. Er wurde zu einem göttlichen Wesen, das von seinen Anhängern angerufen und verehrt wurde. So entstanden im 2. nachchristlichen Jahrhundert die ersten figürlichen *Buddha-Bilder.* Sie zeigen ihn als göttliches Wesen voll überirdischer Schönheit und Kraft. Wir sehen ihn stehend als Weltenherrscher, sitzend auf dem Lotos als Lehrer, liegend beim Eingang in das Nirwana. Die vielen wunderbaren Begebenheiten, von denen inzwischen die Legenden erzählen, werden nun auch im Stein dargestellt.

Der Ursprung der buddhistischen Bilderwelt liegt gleichzeitig in Gandhara und Mathura. Die vielen erhaltenen Kleinplastiken aus *Gandhara* (etwa 2.–6. Jh. n. Chr.) sind weitgehend in der realistischen Formensprache der griechisch-römischen Kunst gestaltet. Wer sie zum erstenmal sieht, ist leicht versucht, im Buddha-Bild von Gandhara einen griechischen Apollon zu sehen. Offensichtlich konnte man sich in Gandhara den hellenistischen Vorbildern nicht entziehen. Sie waren die Vorausset-

---

Buddha – Nirwana – Dharma

»Die Schüler des Herrn müssen, solange sie leben, den Buddha als ihre Kraftquelle und als ihren Bestimmungsort ansehen.«

»Sehr gut, verehrter Nagasena. Aber gibt es einen Buddha?«

»Ja, euer Majestät, es gibt einen Buddha.«

»Doch kann man, verehrter Nagasena, auf den Buddha hier oder dort hinweisen?«

»Der Herr hat das Nirwana erreicht in dem Nirwana-Bereich, in dem es keinen Überrest von Daseinsfaktoren gibt. Man kann daher nicht auf den Buddha hier oder dort hinweisen.«

»Führe dafür ein Gleichnis an.«

»Wenn eine Flamme über einem großen brennenden Feuer ausgeht, kann man dann auf die Flamme hier oder dort hinweisen?«

»Nein, verehrter Herr. Jene Flamme hat zu sein aufgehört, sie ist verschwunden.«

»Ebenso, euer Majestät, hat der Herr das Nirwana erreicht. Der Herr ist heimgegangen. Man kann nicht auf ihn hier oder dort hinweisen. Jedoch kann man auf den Herrn weisen durch seinen Dharma-Leib; denn der Dharma wurde von dem Herrn gelehrt.«

aus dem Gespräch des Königs Milinda
mit dem Mönch Nagasena (→ S. 362)

zung für einen höchst kreativen Beginn einer selbständigen buddhistischen Kunst. Die Buddha-Bilder aus *Mathura* (2.–6. Jh. n. Chr.) lassen mehr indische Einflüsse erkennen. Sie stehen in Konkurrenz zu den Götterbildern des Hinduismus und sind Versuche, die Gestalt des Buddha gegenüber den Hindu-Gottheiten zur Geltung zu bringen. Schon in dieser ersten Zeit erreicht die buddhistische Kunst einen Höhepunkt. Eine weitere Steigerung des Kunstsinns finden wir in der Buddha-Plastik aus der Zeit der Gupta-Herrscher (320–550/650). Kennzeichnend für den *Gupta-Stil* ist die Synthese von religiöser Kraft und klassischer Form. Man hat bei vielen Werken dieser Zeit den Eindruck, daß hier der »Körper der Wonne« darstellbar geworden ist. Abgeklärte Ruhe, anmutige Würde und überirdischer Glanz liegen auf diesen Bildern. Sie haben die *spätere Entwicklung* der buddhistischen Kunst entscheidend beeinflußt.

Als sich der Buddhismus über *Südostasien* ausbreitete, hat das Buddha-Bild in den einzelnen Regionen und bei den verschiedenen Völkern jeweils eine spezifische Ausprägung gefunden. Wichtige Typen bildeten sich in Indien, Sri Lanka, Nepal, Tibet, Thailand, Burma, Kambodscha, Java, China und Japan heraus. Wir finden überlebensgroße Steinplastiken, die aus hohen Felsen herausgeschlagen sind, und herrliche Bronzefiguren in den Tempeln. Es gibt kleine Figuren aus Messing und Holz für die Häuser und Altäre, farbenfrohe Bilder auf Stoff (»Thankas«) und Papier, Fresken in Höhlen und Klöstern, vor allem auch geheimnisvolle Mandalas (→ S. 429 ff.), die zu intensiver Betrachtung einladen. Auf Zeiten großer schöpferischer Kraft folgten auch Zeiten der Erstarrung, in der die Buddhabilder zu Stereotypen wurden. In neuerer Zeit werden billige Buddha-Bilder in Fülle produziert, die Käufer auf dem westlichen Markt ansprechen sollen. Lachende, dickleibige Buddhas werden mit Vorliebe feilgeboten. In diesen geistlosen Gebilden ist nichts mehr von der ursprünglichen Würde und Schönheit des Buddha-Bildes erhalten geblieben. Demgegenüber sind die ernsthaften Versuche buddhistischer Künstler der *Gegenwart* bei uns noch weitgehend unbekannt.

Im Lauf der Zeit hat sich ein Kanon von bestimmten Zeichen entwickelt, die für die Darstel-

lung des Buddha in Plastik und Malerei maßgeblich wurden. Sie gehen vor allem auf die *32 Merkmale* zurück, die die Buddhologie dem »Körper der Wonne« zugeschrieben hat.

Die *Körperformen* des Buddha sind in den Werken der Kunst meistens von vollendeter Proportion. Die Schultern sind breit, die Hüften schmal. Die Arme reichen bei stehenden Figuren bis an die Knie. Auf seinem *Gesicht* liegt meist majestätische Anmut und Ruhe. Das *Lächeln*, das nicht auf allen Figuren vorkommt, ist ein Zeichen dafür, daß er das Leiden überwunden hat. Die *Ohren* mit den überlangen Ohrläppchen erklären sich aus dem schweren

Es hat lange gedauert, bis Buddhisten Bilder des Buddha anfertigten. Damit respektierten sie den Wunsch des Buddha und zeigten, daß ihnen der Weg zur Erlösung wichtiger war als der, der diesen Weg gewiesen hatte. Bevor die ersten Buddha-Bilder aufkamen, entstanden nur Symbole, die auf den Buddha und seine Lehre aufmerksam machten: der Baum der Erleuchtung, der leere Thron, der an ihn erinnert, seine Fußabdrücke, das Rad der Lehre, der Stupa (→ S. 358), die Leiter, die zum Himmel führt.

Schmuck, den die indischen Herrscher an den Ohren trugen. Sie erinnern an den Reichtum, den der Erhabene in seiner Jugendzeit genoß. Die *Urna* ist ein Punkt, eine Wölbung oder ein Strahl auf der Stirn zwischen den Augenbrauen. Die Legende sieht darin eine wollige Locke, die einer Jasminblüte, einer Lotosblume, dem Mond oder einer Eisblume ähnelt. Aus dieser Stelle strahlt das Licht der Weisheit in alle Welt. Darum ist sie bisweilen mit einem Kristall oder Edelstein besetzt. Bei Yogaübungen konzentriert sich der Betrachter auf diese Stelle, weil er an dem unsichtbaren Mittelpunkt der Stirn eine besondere psychische oder geistige Kraft vermutet. Gelegentlich wird die Urna wohl kaum zu Recht als drittes Auge, als Auge der Weisheit, gedeutet. Der *Ushnida*, ein Kopfauswuchs über dem Haar, der je nach Zeit und Stil rund, konisch, spitz oder flammenförmig sein kann, erinnert an die Erleuchtung des Buddha. Er vor allem ist zum Erkennungszeichen eines Buddha-Bildes geworden.

Die *Haare*, oft wulstförmig oder knotenartig zusammengefaßt, bestehen meist nur aus kurzen geringelten Löckchen, ein Hinweis darauf, daß sich der Buddha die Haare abschneiden ließ, als er Asket wurde. Die *Mudra* ist die Handhaltung des Buddha-Bildes. An ihr läßt sich eindeutig erkennen, in welchem Zustand sich der Buddha befindet. Liegen die Hände entspannt auf den Knien, kennzeichnen sie den Buddha in Meditationshaltung. Die Hand mit erhobenen Finger und nach vorn gerichteter Handfläche bedeutet Abwendung der Furcht. Barmherzige Wunscherfüllung drückt die mit dem Handrücken nach unten gestreckte linke Hand aus. Weitere Mudras zeigen ihn bei der Lehre, bei der Erleuchtung, oder bei der Anrufung der Erde (→ S. 376). Andere Kennzeichen sind der *Nimbus* bzw. Glorienschein, der seine Heiligkeit und Göttlichkeit zum Ausdruck bringt und das *Rad* der Lehre auf Händen und Füßen. Die meisten Buddha-Bilder zeigen den Erhabenen mit verschränkten Beinen im *Lotossitz* auf einer Lotosblume. Die Lotosblume ist als Symbol deshalb so beliebt, weil sie aus den dunklen Tiefen des Gewässers ans Licht drängt und dort alle ihre Pracht entfaltet. Darin ist sie ein Bild für die Lehre des Buddha, die die Dunkelheit des Lebens überwindet und einen Weg zum Licht zeigt (→ S. 429).

Lotosblume

So wie eine blaue, rote oder weiße Lotosblume,
obwohl im Wasser geboren,
im Wasser aufgewachsen,
unbeschmutzt vom Wasser
auf seiner Oberfläche steht,
wenn sie aus ihm herauswächst,
ebenso bleibe ich von der Welt unbeschmutzt,
obwohl ich in der Welt geboren,
in der Welt aufgewachsen bin,
ich, der ich die Welt überwunden habe.

Worte des Buddha

Vom 2. Jh. n. Chr. an entstehen teils unter hellenistischem, teils unter indischem Einfluß die ersten Buddha-Bilder. Sie haben sofort eine außerordentlich hohe Qualität. Bedeutende Stilrichtungen sind mit den Ortsnamen Gandhara (Afghanistan) und Mathura (Zentralindien) sowie mit dem Namen der Gupta-Herrscher verbunden.
Linke Seite, links: Der Bodhisattva. Die antikisierende Figur trägt den reichen Schmuck des Prinzen und weist mit Ushnida und Urna schon wichtige Merkmale des Buddha auf. Gandhara, 2.-3. Jh. Andere Beispiele: S. 366 f., 374, 377.
Oben: Stehender Buddha mit Nimbus, Sandstein, Gupta, ca. 5. Jh. – ein Beispiel klassischer Vollendung und Harmonie. Auffallend ist der kunstvoll verzierte Glorienschein und das zart drapierte Mönchsgewand.
Unten: Sitzender Buddha, Sandstein, Mathura, 1. Jh. n. Chr. Der eher grob wirkende Buddha sitzt wie ein mächtiger Herrscher auf einem von drei Löwen getragenen Sockel. Seine Rechte, in der das Rad der Lehre eingeprägt ist, zeigt die Geste (»Mudra«) der Schutzverheißung. Der Ushnida ist hier ein gewundener Haarschopf, wahrscheinlich eine Modefrisur der Zeit. Zwischen den Augen ist die Urna. Über dem Buddha schweben Wesen, die Blumen streuen.

Lotosblumen. Ihr Symbolgehalt hat mit der Lehre des Buddha viel zu tun.

Die Lehre

Der Buddha und der Dharma

In der ersten Zeit war nicht der Buddha, sondern der *Dharma* (d. h. die Lehre) für den Buddhismus am wichtigsten. Kurz vor seinem Verlöschen ins Nirwana hat der Buddha seinen Lieblingsmönch Ananda und die anderen Mönche noch darauf hingewiesen, daß er selbst keine Beachtung verdiene. Sie sollten sich allein um die Lehre bemühen. Sein ganzes Leben lang war er bemüht, den Dharma zu vermitteln. Dabei mußte er ihn auch vor *Mißverständnissen* schützen. Was ist der Dharma?

• Der Dharma ist *kein Lerngegenstand*, den man sich in einer Schule oder in einem Kurs wie ein Unterrichtsfach aneignen kann. Er vergrößert nicht unser enzyklopädisches Wissen oder den Umfang der Kenntnisse, die wir zum alltäglichen Leben in unserer Welt brauchen. Heutige Buddhisten betonen, daß er aber auch nicht den Wissenschaften widerspricht, sondern in einem harmonischen Verhältnis zu diesen steht.

• Der Dharma ist *kein religiöser Glaube*, der sich auf göttliche Offenbarung stützt und unsere rationale Sicht der Welt durch eine eigene Gewißheit ergänzt. Er ist nicht Gottes Wort und geht nicht auf ein solches Wort zurück. Mit religiösen Dogmen will er nichts zu tun haben. Weder durch prophetische Vermittlung noch durch heilige Verkündigung kommt er zustande. Von einem magischen oder esoterischen Geheimwissen ist er weit entfernt.

• Der Dharma ist *kein spekulatives Wissen*, das aufgrund philosophischer Reflexionen gewonnen wird. Vor allem ist er *keine Metaphysik*, die sich letzte Fragen stellt, auf die sich keine sicheren Antworten geben lassen. Diese Einschätzung macht eine Begebenheit deutlich, die in alten Texten erzählt wird. Da kam eines Tages ein Mönch zum Buddha und fragte diesen mit verhaltenem Vorwurf, warum er denn gerade die tiefsten Fragen unbeantwortet lasse. Als Beispiele solch übergangener Fragestellungen nannte

Der Mahabodhi-Tempel zu Bodh-Gaya nahe bei Uruvela, Baubeginn 1. Jh. n. Chr, spätere Ergänzungen und Restaurierungen. Der Tempel liegt an der Stelle, an der der Buddha die große Erleuchtung (»Mahabodhi«) hatte, die zur Grundlage seiner Lehre wurde (→ S. 373).

er: Ist die Welt ewig oder nicht? Ist sie unendlich oder endlich? Was ist das Leben? Was ist der Leib? Ist ein Vollendeter nach dem Tod jenseits des Leibes oder nicht? Wir würden heute vielleicht noch die Frage nach der Existenz und dem Wesen Gottes hinzufügen. Die Antwort des Buddha ist kennzeichnend für seine Bewertung spekulativ-metaphysischen Wissens. Was es wert ist, zeigt er in einem Gleichnis auf. Er erzählt von einem Mann, der von einem mit Gift bestrichenen Pfeil getroffen wurde. Seine Freunde bemühen sich um einen Arzt, der ihn vielleicht noch retten kann. Der Mann aber will den giftigen Pfeil nicht aus seinem Körper ziehen, bis er weiß, ob der Schütze, der ihn getroffen hat, ein Brahmane, ein Krieger, ein Kaufmann oder ein Angehöriger der vierten Kaste ist. Bevor dieser tödlich Verletzte das alles in Erfahrung gebracht hätte, würde er wohl gestorben sein. So ähnlich, meint der Buddha, sind diejenigen, die sich mit langwierigen Spekulationen befassen, die zu keiner Antwort führen, dar-

> ### Der Dharma
>
> Wer die Lehre sieht, sieht mich.
>
> Wie das große Meer nur den einen Geschmack des Salzes hat, so hat der Dharma nur den einen Geschmack der Erlösung.
>
> *Worte des Buddha*

über aber die einzig heilsame Lehre nicht wahrnehmen. Mit Sicherheit kannte der Buddha die unterschiedlichen Antworten, die die Brahmanen und Asketen auf diese Fragen gaben. Aber er selbst hielt nicht viel von derlei Spekulationen, da sie keinen Fortschritt zum Heil und keinen Weg zum inneren Frieden zeigten.

Was aber ist der Dharma? Der Dharma kennt nur ein Ziel: Heil, Errettung, Erlösung. Um dieses Eine zu gewinnen, müssen alle Kräfte des Geistes und Herzens angestrengt werden. Dann wird sich zeigen, daß die Lehre aufs beste unseren menschlichen Erfahrungen und unserer Vernunft entspricht. Darum führt sie zu einer tiefen und sicheren Überzeugung.

Der Buddha hat seine Lehre niemandem aufgedrängt. Wer davon nichts wissen wollte, wurde nicht diskreditiert. Er verlangte keinen Glauben, keine Hingabe, keine Nachfolge, keinen Gehorsam. Wer der Lehre folgte, mußte es *aus eigenem Antrieb* tun. Wer die Lehre vollkommen in sich aufnahm, konnte am Ende ins Nirwana verlöschen. Wer der Lehre ernsthaft, aber auf weniger vollkommene Weise folgte, durfte mit einer besseren Wiedergeburt

in einem späteren Leben rechnen. Wer nur wenige Aspekte beachtete, vermehrte sein Glück in diesem Leben. Wer sich um sie überhaupt nicht bemühte, war in diesem Leben noch nicht reif für sie.

Schon in der frühen buddhistischen Zeit war der *Buddha* nicht mehr nur der Wegweiser zur Lehre, der selbst hinter der Lehre zurücktrat. Er wurde als »Erwachter« und »Erleuchteter« mit einem »Körper der Wonne« (→ S. 385 f.) selbst *Gegenstand der Lehre*. Nun kommt der Dharma ganz von ihm. Selbst die Götter bedürfen seiner Lehre und werden durch die Lehre bereichert.

Die vier edlen Wahrheiten

Am Anfang der Lehre des Buddha steht nicht die Frage nach Gott, nicht die Frage nach der Welt, nicht die Frage nach dem Menschen, nicht die Frage nach dem ethischen Handeln, nicht die Frage nach der Liebe, nicht die Frage nach der Wahrheit, nicht die Frage nach der sozialen Gerechtigkeit. Diese Fragen bilden den Ausgangspunkt großer Religionen, bedeutender Philosophien und mächtiger sozialer Bewegungen. Der Buddha setzt in tiefer Betroffenheit bei einer anderen Frage an. Das *Leiden* aller Wesen steht am Anfang und im Mittelpunkt seines Denkens. In seiner ersten Predigt, mit der er das Rad der Lehre in Bewegung setzte, hat er als Kern seiner Lehre »*die vier edlen Wahrheiten vom Leid*« formuliert.

• Die *erste edle Wahrheit* besagt, daß *alles Dasein Leid* (»Dukha«) ist. Mit dieser ersten Aussage soll nicht geleugnet werden, daß es im Leben Freude,

> ### Die vier edlen Wahrheiten
>
> Wahrlich, ihr Mönche, das ist die edle Wahrheit vom Leiden: Geburt ist leidvoll, Krankheit ist leidvoll, der Tod ist leidvoll, mit Unlieben vereint, von Lieben getrennt sein ist leidvoll, nicht erlangen, was man begehrt, ist leidvoll, kurz die fünf Gruppen von Daseinsfaktoren, die das Hängen an der Welt verursachen, sind leidvoll.
>
> Dies, ihr Mönche, ist die edle Wahrheit vom Entstehen des Leidens: Es ist der Durst, welcher zur Wiedergeburt führt, der vereint mit Freude und Begehren sich hier und dort an diesem ergötzt, der Durst nach dem Werden, der Durst nach dem Entwerden.
>
> Dies, ihr Mönche, ist die edle Wahrheit von dem Vergehen des Leides: Jenes Vergehen durch das restlose Aufgeben der Leidenschaft; die Entsagung, das Verlassen, das Freiwerden, das sich Abwenden von dem Durst.
>
> Dies, ihr Mönche, ist die edle Wahrheit vom Wege, der zur Vernichtung des Leides führt: Es ist der achtteilige Pfad, der da heißt: rechte Ansicht, rechtes Wollen, rechte Rede, rechtes Handeln, rechtes Leben, rechte Anstrengung, rechte Achtsamkeit, rechte Meditation.
>
> *aus der ersten Predigt des Buddha in Benares (→ S. 378)*

Lust und angenehme Erfahrungen gibt. Aber das uns zugängliche Glück ist immer begrenzt, nie von Dauer. Es entspricht nicht dem Anspruch, den wir an das Glück letztlich stellen. Wir leben mit Trauer, Schmerz, Enttäuschung, Gram und Verzweiflung. Das ganze Leben bringt Leiden mit sich. Darum gilt diese erste Wahrheit nicht nur für gelegentliche Situationen des Lebens, sondern für das Leben schlechthin. Generell gilt: Das Leiden ist der Grundzustand unseres Lebens. Alles Leben ist Leid.

• Die *zweite edle Wahrheit* bezieht sich auf den *Ursprung des Leidens.* Das Leiden wird hier nicht durch ein Prinzip des Bösen oder durch einen personalen Teufel erklärt. Es kommt auch nicht aus einer Ursünde oder aus der freien Entscheidung des Menschen. Für den Buddha hat das Leiden einen anderen Ursprung. Der Lebensdurst bewirkt das Leiden. Gier und Haß, Unwissenheit und Verblendung sind wie ein Gift, das sich auf jede Tat legt. Sie bewirken ein böses Karma (→ S. 297), das zur Fortsetzung des elenden, ewig andauernden Lebensprozesses führt. So treibt der Durst die Wesen in den ewigen Kreislauf von Werden und Vergehen (»Samsara«, → S. 296). Solange sich der Kreislauf des Lebens bewegt, nehmen die Qualen des Daseins kein Ende. Der »Durst

auf Lust« zeigt sich am stärksten in der Habsucht und in der sexuellen Begierde. Diese beiden Formen der Gier schließen den Wunsch nach Genuß und Besitz ein, enden aber immer wieder im Leiden, weil sie von Enttäuschung und Verlust eingeholt werden.

• Die *dritte edle Wahrheit* weiß von der *Aufhebung des Leids.* Diese Wahrheit, die sich zwingend aus den beiden ersten Wahrheiten ergibt, ist die Erlösungsbotschaft des Buddhismus. Sie besagt, daß es ein Ende des Leidens gibt. Dazu muß man seine Quelle, den Lebensdurst, vernichten, der ein Karma bewirkt, das immer wieder den Eintritt in den unheilvollen Kreislauf des Lebens zur Folge hat. Wer die Erlösung erlangen will, muß auch die Unwissenheit überwinden, die die Leidhaftigkeit alles Daseins nicht durchschaut. Durch die Auslöschung von Lebensdurst und Unwissenheit wird ein neuer Eintritt in den ewigen Kreislauf verhindert.

• Die *vierte edle Wahrheit* zeigt den *Weg zur Aufhebung des Leids.* Es ist der »achtteilige Pfad«, ein »mittlerer Weg« zwischen gieriger Lust und asketischer Härte.

Der Buddha geht bei der Verkündigung der vier edlen Wahrheiten wie ein *Arzt* vor, der zunächst die Symptome (1) beschreibt und dann eine Diagnose

---

Das Lebensrad, Wandmalerei in einem tibetischen Kloster, 19./20. Jh. Das »Lebensrad«, das oft dargestellt wird, ist eine Art Bilderbuch der Buddha-Lehre. Es geht auf den Buddha selbst zurück. In der Nacht vor seiner Erleuchtung sah er den ewigen Kreislauf des Werdens und Vergehens. Er entdeckte auch das Gesetz, durch das das Leid verursacht wird, und den Weg, durch den das Leiden überwunden werden kann. Es ist das zwölfgliedrige »Gesetz der Entstehung in Abhängigkeit« (→ S.396 f.). Auf diesem »Lebensrad« ist der ganze Zusammenhang dargestellt. Auch wer nicht lesen kann, kann ihn hier verstehen. Mara, die Personifikation des Bösen, hält oben das Lebensrad fest im Griff. Sein dunkles Haupt mit den vielen Totenschädeln flößt Angst ein.
Das Lebensrad selbst erscheint wie sein geöffneter Bauch. Im äußeren hellen Kreis sind die 12 Glieder dieser Kette dargestellt. Sie beginnt oben rechts mit einer blinden Greisin, einer Allegorie der Unwissenheit, und führt über mehrere Zwischenstufen am Ende oben links zu den drei letzten Gliedern: Empfängnis (liegendes Paar), Geburt (Frau auf Lager) und Tod (Mann, der die Leiche in einem weißen Tuch auf dem Rücken trägt, um sie den Tieren vorzuwerfen). In den 6 größeren Abschnitten zwischen den Kreisen sind die 6 Daseinsbereiche dargestellt, in denen sich die Wiedergeburt ereignen kann, je nachdem,

ob man ein gutes oder böses Karma (→ S. 297) angesammelt hat. Die gute Wiedergeburt ist in der oberen Kreishälfte angezeigt: die relativ glückliche Welt der Götter (oben), die gefährliche Welt des Kampfes der Titanen (rechts) und die friedliche Welt der Menschen (links). In der unteren Kreishälfte sind die schlechten Wiedergeburten zu sehen: die Welt der Tiere (rechts), die kalte und heiße Hölle mit ihren Qualen (ganz unten) und das Reich der Totengeister und Gespenster (links). In allen 6 Bereichen ist auch der Buddha zu finden. In immer anderer Gestalt macht er auf seine Lehre und Hilfe aufmerksam. Der Aufenthalt an diesen Orten muß für die Anwesenden nicht von Dauer sein. Sie bewegen sich im Kreis um das innerste Zentrum, das die drei Grundübel allegorisch darstellt: die Gier als Hahn, den Haß als Schlange und die Verblendung als Schwein. Am Ende bleiben dem Menschen in dem darumliegenden Kreis nur zwei Möglichkeiten. In dem dunklen Teil rechts stürzt der Nackte so tief, daß er zum Schluß ein Tier ist. Der helle Teil links führt den Menschen über drei Stufen schließlich zur Buddhaschaft (oben).
Das Lebensrad ist für den Betrachter wie ein Spiegel, in dem er sich selbst erkennen kann. Zugleich ist es ein Appell, sein Leben an der Lehre des Buddha auszurichten.

(2) versucht, die auf die Ursache der Krankheit ein geht. Es folgt schließlich eine Therapie (3), die zeigt, was zur Beseitigung der Krankheit getan werden muß und welche Medikamente (4) Heilung versprechen. Es ist möglich, daß der Buddha die Kunst der damaligen Ärzte bewundert und sie als Modell für seine Lehre genommen hat.

Der achtteilige Pfad

Man kann die Weisungen des achtteiligen Pfades nur mit Einschränkung als Gebote ansehen. Der Buddha gebietet niemandem und bestraft keinen, der diesen Pfad nicht geht. Der Pfad ist lediglich die richtige *Antwort auf das Weltgesetz* von Karma und Samsara, das jedem Wesen die Folgen seiner Taten zuweist und darin »straft« und »belohnt«. Wer diesem unheilvollen Weltgesetz entgehen will, muß sich auf diesen achtteiligen Weg machen. Wer diesen Pfad geht, hält sich von gefährlichen Extremen fern. Es ist ein *mittlerer Weg* zwischen zügellosem Hedonismus und ruinöser Askese. Auch darin zeigt sich die Weisheit des Buddha. Da es einem Laien kaum möglich ist, im alltäglichen Leben alle Stationen des Pfades zu gehen, richtet der Buddha sich vor allem an Mönche, die die Welt verlassen haben und den schweren Pfad leichter gehen können.

Keines der acht Glieder ist ritueller oder sakraler Natur. Der achtfache Pfad begründet keinen Gottesdienst, keinen Kult und keine Liturgie. Auch die Liebe hat hier keinen Ort. Sie würde das Karma eher stärken als schwächen. Die acht Regeln geben nicht Stationen an, die man einzeln ansteuern muß, um an das Ziel zu kommen. Sie beschreiben eher ein Miteinander als ein Nacheinander. Alle Regeln sind wichtig, keine darf vernachlässigt werden. Eine mögliche *Gliederung* unterscheidet drei Gruppen: Zuwendung zur Lehre, d. h. Anerkennung, daß diese den richtigen Weg weist (1–2); Sittlichkeit (3–5); Meditation, Hinführung und Ziel (6–8). Die buddhistischen Schulen lehren, was mit den einzelnen *Regeln* gemeint ist.

- (1) *Rechte Ansicht* ist die Erkenntnis und Anerkennung der vier edlen Wahrheiten. Sie umfaßt auch die Einsicht, daß das »Ich« keine eigene Substanz ist (→ S. 396 f.) und daß es kein dauerhaftes Glück im Leben gibt.

- (2) *Rechtes Wollen* macht Ernst mit der Einsicht und setzt sie um, indem sie Befreiung von Begierde und Haß anzielt, Wohlwollen gegenüber anderen praktiziert und Lebewesen nicht schädigt.

- (3) *Rechte Rede* meidet Lüge, Verleumdung, Schimpfen, unnützes Gerede und Klatsch. Sie regt andere zu heilsamem Tun an.

- (4) *Rechtes Handeln* unterläßt Töten, Stehlen und sexuelle Ausschweifung. Wer als Mönch gegen eines dieser drei Verbote verstößt, muß mit der Entlassung aus dem Orden rechnen.

- (5) *Rechtes Leben* bedeutet, einen Beruf auszuüben, der anderen keinen Nachteil bringt und ihnen kein Leid zufügt. Untersagt ist der Handel mit Waffen, Lebewesen, Fleisch, berauschenden Getränken und Gift. Buddhisten sollen nicht Schlächter, Metzger, Jäger, Fischer oder Henker werden. Berufe dieser Art werden in buddhistischen Ländern von Christen oder Muslimen ausgeübt. Sonst ist ein einträgliches Erwerbsleben nicht verpönt. Berufliche Tüchtigkeit

Der mittlere Weg – der achtteilige Pfad

Zwei gegensätzliche Verhaltensweisen gibt es, ihr Mönche, nach denen sich ein Asket, der der Welt entsagte, nicht richten soll. Welche zwei?

Die eine, die bei den Begierden sich der Lust und der Freude hingibt, die niedrige, von häßlicher Art, die dem gewöhnlichen Menschen angemessen, unedel, zu keinem Ziel führt.

Und es ist jene, die sich der Selbstpeinigung hingibt, die leidvolle, unedle, die keinen Zweck hat.

Diese beiden Gegensätze vermeidend führt der durch den Vollendeten offenbar gewordene mittlere Pfad, der Schau und Erkenntnis bewirkt, zur Ruhe, zum Wissen, zur Erleuchtung, zum Nirwana. Es ist der edle achtteilige Pfad: rechte Ansicht, rechtes Wollen, rechte Rede, rechtes Handeln, rechtes Leben, rechte Anstrengung, rechte Achtsamkeit, rechte Meditation.

aus der ersten Predigt des Buddha in Benares (→ S. 378)

und redlich gewonnenes Eigentum finden durchaus Anerkennung.

• (6) *Rechte Anstrengung* unterbindet die Gemütsregungen, die der Meditation entgegenstehen. Sie bemüht sich um Zügelung der Sinne, durch die das gefährliche Begehren angeregt wird. Wer seine Affekte beherrscht und dem Schönen und Häßlichen gegenüber gleichmütig wird, kommt der Meditation näher.

• (7) *Rechte Achtsamkeit*, die auch rechte Bewußtheit ist, bedeutet, den ganzen menschlichen Körper in seiner Zusammengesetztheit mit all seinen Eigenarten vom Scheitel bis zur Sohle wahrzunehmen. Alle menschlichen Funktionen wie Atmen, Gehen, Ruhen, Wahrnehmen, Fühlen, Sich-Erregen und Denken werden ins Bewußtsein gehoben, um sie zu disziplinieren und in die Zucht des Geistes zu bringen. Auch die Wahl des richtigen Zeitpunkts und die richtige Körperstellung ist für die Meditation von Bedeutung.

• (8) *Rechte Meditation* ist das Ziel des achtteiligen Pfades. Erst hier kommt es zur letzten Einsicht und Freiheit. Erst hier wird das Leiden überwunden. Um zur rechten Meditation zu kommen, haben die buddhistischen Schulen ein großes Repertoire von Methoden und Techniken entwickelt, die noch heute in den Klöstern eingeübt werden. Es gibt mehrere Stufen des Sich-Versenkens. Am Anfang steht ein Nachdenken, das von Gier und Lust frei ist. Hohe Stufen der Meditation sind das Erlebnis der Unendlichkeit des Bewußtseins und das Erlebnis der Nichtsheit aller Dinge (→ S. 418). Am äußersten Ende steht der Zustand der Tieftrance, in dem es weder Wahrnehmen noch Nicht-Wahrnehmen gibt. Auf dieser achten Stufe des Pfades erhält der Betrachtende einen Geschmack der Erlösung.

Linke Seite: Im Wildpark von Isipatana, heute Sarnath, hielt der Buddha seine erste Lehrrede. Die Ruine des Dhamek-Stupa, 5. Jh. n. Chr., zeigt den Ort an, wo er das Rad der Lehre in Bewegung setzte. Der Stupa erhebt sich über einem kleineren Vorgänger, den der Kaiser Ashoka dort im 3. Jh. v. Chr. errichten ließ (→ S. 410).

Mönch in Meditation. Das weltabgewandte Gesicht des Meditierenden zeigt, zu welcher Vergeistigung der achtteilige Pfad führen kann.

Leugnung des Ich –
Bedingtes Entstehen

Im Zusammenhang mit der Lehre vom Leid hat der Buddha eine andere Grundlehre entworfen, die man als *zweiten Pfeiler* des Buddhismus bezeichnen kann. Es ist die Lehre von den »fünf Daseinsfaktoren«, die den Menschen in seiner Eigenart bestimmen, und die Lehre vom »bedingten Entstehen« aller Dinge.

Was ist der Mensch? Die Antwort, die der Buddha auf diese Frage gegeben hat, besteht in der Aufzählung der *fünf Daseinsfaktoren* (»Skandhas«). Wie ein Karren aus seinen Teilen besteht, so besteht das komplexe Wesen Mensch aus fünf Daseinsgruppen. Sie definieren den Menschen vollständig. Es sind die folgenden:

• (1) Der *Körper* mit Knochen, Muskeln, Haut und Fleisch. Im Organismus sind die vier Elemente Erde, Wasser, Feuer und Luft enthalten.

• (2) Die *Empfindung* bzw. das Gefühl, das angenehm, unangenehm und neutral sein kann. Die Empfindung entsteht durch den Kontakt der Sinnesorgane mit der Außenwelt.

• (3) Die *Wahrnehmung*, die Farben, Töne, Gerüche, materielle und geistige Bilder aufnimmt.

• (4) Die *Willensregungen* bzw. Triebkräfte. Zu ihnen gehören Vorstellungen, Begierden und Sehnsüchte, die auf Erfüllung drängen. Wenn diese erfüllt werden, entsteht ein neues Karma, das die Art des neuen Lebens nach dem Tod bestimmt. Hier entscheidet sich, wie das neue Dasein im Kreislauf der Geburten aussieht. Insofern kommt dieser vierten Gruppe die herausragende Bedeutung für die zukünftige Existenz zu.

• (5) Das *Bewußtsein*, das die Empfindungen, Wahrnehmungen und Willensregungen aufnimmt und in das Licht des Verstandes überführt.

Das Entscheidende dieser Lehre besteht darin, daß diese fünf Daseinsfaktoren weder in sich selbst noch in ihrer Kombination für längere Zeit Bestand haben. Sie unterliegen einem ständigen Wechsel. Jede dieser fünf Gruppen ist unbeständig und rasch vergänglich. Darum ist auch der Mensch in seiner Komplexität unbeständig und rasch vergänglich. Er ist ein dauernd wechselnder Prozeß und keine dauerhafte Substanz. Man kann den Menschen daher

Das Gesetz der Entstehung in Abhängigkeit

Durch das Nichtwissen bedingt
sind die Triebkräfte,
durch die Triebkräfte bedingt
ist das Bewußtsein,
durch das Bewußtsein bedingt
ist Name und Gestalt,
durch Name und Gestalt bedingt
ist der Bereich der sechs Sinne,
durch den Bereich der sechs Sinne ist bedingt
die Berührung,
durch die Berührung bedingt ist das Gefühl,
durch das Gefühl bedingt ist der Lebensdurst,
durch den Lebensdurst bedingt
ist die Befriedigung der Sinne,
durch die Befriedigung der Sinne bedingt
ist die Empfängnis,
durch die Empfängnis die Geburt,
durch die Geburt ist bedingt Alter und Tod.
Es entstehen Kummer, Klagen, Leiden,
Verzweiflung und Ruhelosigkeit.
So kommt es zum Entstehen all dieses Leidens.
Durch restloses Dahinschwinden und durch das
Aufhören des Nichtwissens vergehen die
Triebkräfte, das Bewußtsein, Name und Gestalt,
der Bereich der sechs Sinne, die Berührung, das
Gefühl, der Lebensdurst,
die Befriedigung der Sinne,
die Empfängnis, die Geburt, Alter und Tod.
Es schwinden Leid, Klagen, Unglück,
Verzweiflung und Ruhelosigkeit.
So kommt es zum Aufhören all dieses Leidens.
aus den Lehrreden des Buddha

am ehesten mit den Wogen des Meeres vergleichen, die nie eine feste Form haben und sich beständig bewegen und ändern.

Das bedeutet, daß der Mensch nicht, wie in den biblischen Religionen und in der europäischen Philosophie, ein »*Ich*« ist, das sich im Wechsel der Erscheinungen durchhält. Der Buddha leugnet jede Ich-Substanz und damit jeden bleibenden Kern im Menschen. Es gibt kein Subjekt, das agiert und reagiert. Der Mensch ist ein Nicht-Selbst, bestenfalls eine rein empirische Person, nichts Wesenhaftes. Die ständig sich verändernden Daseinsfaktoren führen nur zu stets neuen Zuständen, die sich auch wieder rasch ändern. Damit stellt sich der Buddha in entschiedenen Gegensatz zu der indischen Lehre der Upanishaden, wonach es ein »Ich« (»Atman«, → S. 285) gibt, das mit dem letzten Weltprinzip (»Brahman«) identisch ist. Seine Lehre vom Menschen gipfelt in dem entgegengesetzten Begriff des »Anatman«, d. h. der Nichtsubstanzialität des Ich. Das bedeutet auch, daß der Mensch keine unsterbliche Seele hat. Alles an ihm ist vergänglich. Kein anderer Religionsstifter war so von der Vergänglichkeit des Menschen und aller Wesen durchdrungen wie der Buddha.

Die für den europäischen Leser kaum nachvollziehbare Ich-Leugnung hängt für den Buddha eng mit seiner *Lehre vom Leid* zusammen. Nur dann, wenn das Ich keine dauerhafte Realität ist, kann der Mensch seine Ich-Sucht verlieren, die die Voraussetzung alles Leids ist. Wäre das Ich ein beharrendes Selbst, das sich in der Vielfalt des Lebens gleichsam wie ein Kern durchhielte, so hätte der Mensch keine Aussicht, von diesem Ich loszukommen und Befreiung vom Leben und damit vom Leid zu finden. Wenn er seine Unwissenheit über das Ich durchschaut und zu der Einsicht kommt, daß es letztlich kein Ich gibt, das nicht Schein ist, wird er auch motiviert sein, seine Ich-Bezogenheit aufzugeben. Dies ist die notwendige Voraussetzung für die Überwindung des Leids. Erlösung bedeutet hier also nicht die Befreiung des Ich zu seiner wahren Gestalt, sondern Befreiung vom Schein des Ich.

Diese Lehre hängt eng mit der Lehre von dem »*bedingten Entstehen*« aller Dinge zusammen. Die Daseinsfaktoren haben keinen festen Bestand. Sie entstehen immer in Abhängigkeit von bedingenden Faktoren und lösen sich auch wieder auf. Darum ist alles von Grund auf bedingt. Darum ist alles von Grund auf vergänglich. Darum ist nichts von Grund auf beständig. Darum gibt es kein wirkliches Glück. Darum ist alles von Grund auf Leid. Dieser Konditionalnexus gilt für den Kreislauf aller Dinge. In den buddhistischen Schulen wird diese Lehre in einem zwölfgliedrigen »*Gesetz der Entstehung in Abhängigkeit*« formuliert und oft auf Bildern dargestellt (→ S. 392 f.). Der Buddha war überzeugt, daß niemand seine Lehre verstehen kann, der dieses Gesetz nicht versteht. Am Beginn des Gesetzes steht das Nicht-

wissen (1), aus dem Triebkräfte entstehen, die Karma bewirken (2). Sie führen über Berührung (6), Gefühl (7), Lebensdurst (8) und Befriedigung der Sinne (9) am Ende bis zu Empfängnis (10), Geburt (11), Alter und Tod (12). So entwickelt sich der Strom des Seins über die Existenzen in Vergangenheit, Gegenwart und Zukunft. Das Gesetz erklärt den Determinismus alles Geschehens. Es macht klar, warum es das Handeln gibt, aber kein Ich, das handelt. Es zeigt, warum das Leiden existiert, aber keine Person, die leidet. Wenn man das Gesetz rückwärts liest, also vom Tod ausgeht und endlich bis zum Nichtwissen vorstößt, erkennt man auch, wie man aus diesem ganzen verhängnisvollen Prozeß herauskommen kann. Um Alter und Tod (12) zu überwinden, muß man die Geburt (11) überwinden. Um die Geburt zu überwinden, muß man die Empfängnis (10) überwinden. Diese kann nur überwunden werden, wenn man auf die Befriedigung der Sinne (9) verzichtet und den Lebensdurst (8) in sich auslöscht. Am Ende kann man die das Karma bewirkenden Triebkräfte (2) nur besiegen, wenn man die Unwissenheit (1) in sich besiegt.

Das Nirwana

Nicht alles ist dem Gesetz der Entstehung in Abhängigkeit unterworfen. Nicht alles ist aus den Daseinsfaktoren zusammengesetzt. Nicht alles unterliegt dem ewigen Kreislauf von Werden und Vergehen. Wäre dies so, gäbe es keine Erlösung. Alles wäre unweigerlich in den ewigen Werdeprozeß, der ein ewiger Leidensprozeß ist, eingebunden. Es gäbe keinen Ausweg für alles Geborene, Gewordene, Geschaffene, Gestaltete. Nun aber gibt es einen Bereich, der ohne Entstehen und Vergehen ist. Er wird von dem Buddha mit dem uns schwer zugänglichen Begriff »*Nirwana*« bezeichnet. In ihm konzentriert sich seine Vorstellung von Erlösung.

Das *Sanskrit-Wort* »Nirwana« (Pali: »Nibbana«) heißt Verwehen, Verlöschen. Es kommt von »nir« (bzw. »nis«), d. h. aus, heraus; »wa«, d. h. wehen; »na« ist die Endung des Partizips Perfekt Passiv. Nirwana bedeutet also wörtlich etwa »*ausgeweht*«. Es wird vom Verlöschen eines Feuers oder einer Lampe gebraucht.

In der Lehre des Buddha hat das Wort eine doppelte Bedeutung.

• Wer in sich den Lebensdurst und die Begierde zerstört hat, wer zur Erkenntnis der Lehre und zur Erleuchtung gekommen ist, hat das Nirwana in diesem Leben, *das Nirwana der diesseitigen Ordnung,* schon verwirklicht. Es ist das vortodliche Nirwana, das noch einen Rest von Bedingtheit aufweist. Der Heilige, der dieses Nirwana erreicht hat, ist nicht daran gehindert, seine bisherige Existenz noch eine Zeitlang fortzusetzen. Seine fünf Daseinsgruppen bestehen noch weiter. Aber jetzt beunruhigt ihn nichts mehr. Er lebt auch bei Schmerz und Enttäuschung in völligem Gleichmut. Er ist erlöst, aber noch im Leib. Er muß das in früheren Existenzen bei sich angesammelte Karma noch aufbrauchen, kann daher auch noch Schmerz empfinden, Wahrnehmungen machen, Gefühle haben und Einsichten weitergeben. Aber er sammelt kein neues Karma mehr an, so daß es nach seinem Tod nicht zu neuer Wiedergeburt kommt. An der Lebensgeschichte des Buddha läßt sich ablesen, wie dieses vortodliche Nirwana aussieht. Er lebte seit seiner Erleuchtung bis zu seinem endgültigen Verlöschen noch 44 Jahre in diesem Zustand.

• Mit dem Tod geht der schon Erlöste in das endgültige, jenseitige, große, nachtodliche Nirwana ein, das auch als das *»Vollständige Erlöschen«,* als das *»Pari-Nirwana«* bezeichnet wird. In diesem Nirwana gibt es keine Daseinsfaktoren mehr. Hier herrscht auch nicht mehr das Gesetz der Entstehung in Abhängigkeit. Selbst der Schein des Ich ist aufgelöst. Es bleibt kein Rest von Bedingtheit. Wer in dieses Nirwana verlöscht ist, kann nicht mehr gefunden werden. Es ist sinnlos, zu ihm zu beten. Zu ihm gibt es keinen Kontakt mehr. Auch kann er selbst keinen Kontakt mehr mit anderen aufnehmen. Dabei ist diese Ausdrucksweise schon in sich fragwürdig. Sie setzt sprachlich immer noch die Existenz einer Person voraus. Gerade diese Annahme ist aber falsch. Sie geht nämlich von Vorstellungen aus, die für das Nirwana keine Gültigkeit mehr haben. Hier gibt es keine Person, kein Ich, keine Seele, keine Empfindung, keine Wahrnehmung, keine Willensregung, keine Freude, kein Leid. Der Buddha selbst durchlief, nachdem er seine letzten Worte gesprochen hatte (→ S. 384), mehrere Stufen der Versenkung und verlöschte dann aus der tiefen Meditation in das endgültige Nirwana.

Das Nirwana

Es gibt, ihr Mönche, einen Bereich,
wo weder Erde noch Feuer,
noch Wasser, noch Wind ist,
wo die Sphäre der Unendlichkeit des Raumes
und des Bewußtseins nicht mehr besteht.
Wo nicht irgend etwas mehr ist,
weder die Sphäre des Unterscheidens
noch die des Nichtunterscheidens,
nicht diese Welt noch die jenseitige Welt,
wo beide, Sonne und Mond, nicht mehr sind.
Dies erfahrt von uns, ihr Mönche:
Ich verkündige euch ein Nichtkommen und Gehen,
die Freiheit von der Wiedergeburt;
ein Nichtstillstehen und ein Nichtweitergehen.
Keinen Grund gibt es mehr
für das Sehnen nach dem Leben.
Dies ist das Ende des Leides.
aus den Lehrreden des Buddha

Die Menschen haben sich schon zu den Zeiten des Buddha für das Nirwana in ganz besonderer Weise interessiert. In seinen Lehrreden gibt es viele Hinweise darauf. Später wurde das Thema auch in den buddhistischen Schulen intensiv behandelt. Immer geht es um die Frage: Was ist das eigentlich – das Nirwana?

• Manche sehen in dem Nirwana *das absolute Nichts.* Ins Nirwana zu verlöschen bedeutet dann, zu verlöschen wie eine Flamme, zu vergehen wie ein Windhauch. Es bedeutet: keine Spuren zu hinterlassen. Im Nirwana gibt es keine Realität. Der Mensch im Nirwana ist im wörtlichen Sinn des Wortes »vernichtet«.

• Andere sehen im Gegensatz dazu im Nirwana die *höchste Realität,* einen Zustand der Transzendenz. In volkstümlicher Variante erinnert es an das *»Paradies«* oder den *»Himmel«.*

Beide Deutungen können nicht befriedigen, obwohl es scheint, daß man für beide alte Worte des Buddha anführen kann. Doch sind beide Deutungen *einseitig,* weil sich der Buddha nie in so eindeutigen Begriffen ausgesprochen hat. Die erste Deutung lehnt er ab, wenn er sich gegen den Vorwurf der Brahmanen wehrt, er sei ein Lehrer der Vernichtung und propagiere die Zerstörung des Menschen. Die-

Der Stupa ist hier ein Symbol für das endgültige Nirwana, das vom Kreislauf des Werdens und Vergehens befreit und Erlösung bedeutet. Zwei Schlangen winden sich um den Stupa. Die Elefanten, Sinnbilder für Macht, Herrschaft und Glück, knien vor dem Stupa nieder. Amaravati, 2. Jh. n. Chr.

sem Mißverständnis setzt er seine Lehre entgegen, in der es nur um das Leiden und die Aufhebung des Leids gehe. Die zweite Deutung lehnt er ab, wenn er alle Bestimmungen vom Nirwana fernhält.

Beide Deutungen stellen für manche Buddhisten *keinen Gegensatz* dar. Im Vergleich zu der Welt, in der wir leben, im Vergleich zu der uns zugänglichen Realität ist das Nirwana etwas völlig anderes. Wählt man diese Vergleichsperspektive, hat das Nirwana keine Realität. Es ist darum im Vergleich zu unserer Wirklichkeit ein »Nichts«. Dem entsprechen die vielen negativen Aussagen, die alle sagen, was das Nirwana nicht ist. Wir finden schon beim Buddha selbst eine geradezu »*negative Nirwanologie*«, wenn er lehrt, das Nirwana sei das Ende der Wiedergeburten, das Ende der Karma-Erzeugung, das Ende der Grundübel Haß, Gier und Verblendung, das Ende des Durstes, das Ende der fünf Daseinsfaktoren. Es ist ein Ungeborenes, Ungewordenes, Ungeschaffenes, Ungestaltetes. Seine wichtigste Aussage: das Nirwana ist das Ende des Leids. Sein wichtigstes Bild: das Nirwana ist wie die ausgelöschte Flamme.

Andererseits gibt es durchaus auch eine »*positive Nirwanologie*«, wenn dem Nirwana gute Attribute zugesprochen werden. Dies geschieht vor allem in der erbaulichen und poetischen Literatur. Schon die Grundbestimmung »Ende des Leids« kann negativ und positiv verstanden werden. Häufig benutzte positive Begriffe für das Nirwana sind: Ruhe, Glück, Frieden, Stille, Sicherheit, Segen, Hafen, kühle Höhle, Insel in den Fluten, das andere Ufer, höchste Freude, Reinheit, Wahrheit, Gesundheit, Befreiung, das Höchste, das Ewige, das Gute, Seligkeit. Diese

Ausdrücke sind nicht wörtlich, sondern im übertragenen Sinn zu verstehen. Die darin liegende dialektische Spannung mag ein Beispiel verdeutlichen. Als ein Mönch des Buddha gefragt wurde, ob das Nirwana als Glück bezeichnet werden könne, erwiderte dieser, gerade das sei das Glück, daß man dort keine Empfindungen habe. Die Dialektik besteht darin, daß das Nirwana nicht das Glück unserer Erfahrungen, wohl aber ein Glück jenseits dieser Erfahrungen ist. Auch alle anderen positiven Aussagen machen deutlich, daß der Buddha das Nirwana nicht als ein absolutes Nichts oder als die totale Leere verstanden hat. Das Nirwana ist die Realität der Erlösung, die sich allerdings grundlegend von der uns bekannten Realität unterscheidet und darum auch nicht einfach »Realität« genannt werden darf.

Alle *metaphysischen und religiösen Bestimmungen* sollte man von dem Nirwana fernhalten. Fragen, ob es einen Anfang oder ein Ende habe, ob es ewig oder nicht ewig ist, hat der Buddha immer abgewiesen. Darum ist das Nirwana nicht das letzte Prinzip wie das Brahman der Upanishaden. Es ist nicht der letzte Weltgrund, die erste Ursache, die Idee des Guten oder das Sein des Seienden der europäischen Philosophie. Es ist nicht das Jenseits der vielen Religionen, nicht das Paradies der Muslime und nicht das Ewige Leben der Christen. Auch verbindet sich mit dem Nirwana nicht der Gedanke an Gott, da für den Buddha selbst die Götter im ewigen Kreislauf leben und somit trotz ihrer Seligkeit noch nicht endgültig erlöst sind. Immerhin beschreibt der Buddha das Nirwana mit Begriffen, die von Juden, Christen und Muslimen auf Gott bezogen werden.

Der Neuzeit blieb es vorbehalten, die Nirwana-Vorstellung zu *säkularisieren*. So wurde in unserem Jahrhundert der Begriff des Nirwana manchmal politisch oder sozial instrumentalisiert. In dem buddhistischen Burma hat man ihn mit der Unabhängigkeit des Landes identifiziert. Kommunisten machten das Nirwana zu einem Äquivalent für die klassenlose Gesellschaft. In solchen Vereinnahmungen sind durchsichtige Interessen im Spiel. Sie können dem erhabenen Charakter der alten Nirwanalehre aber auf Dauer nichts anhaben.

Und Gott?

Zur Zeit des Buddha gab es in Indien viele unterschiedliche Auffassungen von Gott, Göttern und dem Absoluten. Die Gottesthematik spielte damals eine große Rolle (→ S. 308 ff.). Als Kind seiner Zeit hat der Buddha diese Lehren und Einstellungen gekannt. Für ihn ist die Gottesfrage *kein zentrales Thema*. Doch gibt es in seinen Predigten viele Äußerungen zur Gottesthematik. Sie lassen sich nicht auf eine einfache Formel bringen.

Unbestreitbar zieht er völlig unbefangen die *Götterwelt* seiner Zeit in seine Predigten ein. Viele Götter des damaligen Indien spielen bei ihm eine Rolle. Erst recht gibt es in den vielen Legenden, die nach seinem Tod über ihn in Umlauf kamen, ein reiches Götter-Szenario in himmlischen Welten. Wenn man die Predigten des Buddha liest und die Legenden über ihn hört, könnte man ihn und seine Lehre sogar für *polytheistisch* halten. Trotzdem wäre eine solche Charakterisierung des Buddha problematisch. Sie würde ihn mit einem Etikett versehen, das nicht zu ihm paßt. Die vielen Götter gehören nicht in den Grundbestand seiner Lehre. Dort haben sie keinen Ort. Sie schenken nicht die Befreiung vom Leid und sind erst recht nicht Ziel seines Weges. Sie sind eher die selbstverständlichen Requisiten, die zum damaligen Weltbild gehören wie Fluß und Berg, Baum und Blume. Dieses götterreiche Weltbild übernahm er als eine vorgegebene Wirklichkeit. Die Götter genießen beim Buddha nicht höchstes Ansehen. Zwar sind sie den Menschen überlegen, weil ihre Macht größer, ihre Seligkeit reicher und ihre Lebenszeit länger ist. Aber auch die Götter unterliegen dem ewigen Kreislauf des Werdens und Vergehens. Das

Gesetz der Entstehung in Abhängigkeit gilt auch für sie. Sie sind selbst in ihrer gegenwärtigen Gestalt nicht ewig und unvergänglich. Auch für sie kommt einmal die Zeit, wo sie nicht mehr so da sind, wie sie sind, oder wo sie im Nirwana verlöscht sein werden. Erst recht stehen die Götter deutlich unter dem Rang, den die Lehre des Buddha einnimmt. Auch für die Götter ist seine Lehre wesentlich und heilvoll. Nicht der Buddha hört auf Offenbarungen der Götter, sondern die Götter sind beglückt, wenn sie die Lehre des Erleuchteten vernehmen.

Neben dem weltbildbedingten Polytheismus gibt es beim Buddha *keinen Glauben an einen Gott*, der Herr der Welt und Schöpfer der Menschen wäre. Die Welt hat keinen Ursprung und braucht daher keinen Schöpfer. Sie entsteht und vergeht auf Grund des ewigen Weltgesetzes. Darum erübrigt sich die Frage nach dem Woher der Welt. Ebensowenig findet sich beim Buddha ein Gott, der am Ende der Zeiten die Menschen richtet und entsprechend ihren Taten in einem Himmel belohnt oder in einer Hölle bestraft. Das Leben selbst ist der Lohn der vergangenen Taten. Was man jetzt an Gutem oder Bösem tut, bestimmt die künftige Existenz. Auch ein Gott als Ziel des Lebens hat in der Lehre des Buddha keinen Platz. Er kennt keinen Gott, der *Person, Schöpfer, Richter, Gesetzgeber, Vater oder Offenbarer* wäre.

Der Buddha war auch *nicht Theist* im philosophischen Sinn, der an einen ewigen Gott glaubt, der der vergänglichen Welt als Bedingung ihrer Möglichkeit in Transzendenz gegenübersteht. Für einen reflexiv erschlossenen Gott, sei er personal oder apersonal, gibt es bei ihm keinen Ansatz.

Man hat darum oft gefragt, ob der Buddha *Atheist* war und seine Lehre atheistisch sei. Wenn Atheismus nichts anderes meint als Ablehnung eines religiösen Monotheismus oder Leugnung des philosophischen Theismus, dann kann man den ursprünglichen Buddhismus als »a-theistisch«, d. h. nicht-theistisch bezeichnen. Dies wäre allerdings ein anderer Atheismus als der neuzeitliche Atheismus, der in den letzten beiden Jahrhunderten in verschiedenen Facetten in Europa entwickelt wurde (→ S. 126 f.). Dieser moderne Atheismus ist im wesentlichen Kampfansage an den Theismus gewesen, während der Buddhismus einen solchen Kampf gegen den Gottesglauben nicht geführt hat. Darum weigern sich viele Buddhisten, den Buddha als einen Atheisten und den Buddhismus als atheistisch zu bezeichnen. Sie fühlen sich sogar im Innersten verletzt, wenn man sie als Atheisten charakterisiert. Für sie ist der Buddha mit den großen Religionen dem letzten Geheimnis der Wirklichkeit auf der Spur, so daß man ihn nicht »Atheist« nennen darf. Wie diese Religionen sucht er radikal Erleuchtung und Erlösung. Prädikate, die er dem Nirwana zuschreibt, gleichen den Aussagen, die die großen Religionen und Philosophien über Gott machen. Sein »A-Theismus« ist keineswegs radikale Bestreitung der Gottesidee, noch weniger ist er Gottlosigkeit oder gar Materialismus. Sein »A-Theismus« ist eher die Verweigerung jeder Gottesspekulation.

Der Buddha zeigt große *Toleranz* gegenüber jedem gelebten Gottesglauben. Seine Lehre kann in friedlicher Koexistenz mit den anderen Religionen leben. Religionen können wie die buddhistische Lehre Wege sein, die dem Menschen helfen, Haß, Gier und Verblendung in sich zu besiegen. Darum läßt der Buddha seinen Laienanhängern ihre Religion. Nur seine Mönche sollen sich nicht irgendwelchen Götter- oder Geisterkulten anschließen oder sich an religiösen Ritualen beteiligen. Ein Beispiel für seine Toleranz: Einmal nahm er den Upali, einen Anhänger des Mahavira aus der Religionsgemeinschaft der Jainas (→ S. 293 ff.), in seine Gemeinde auf. Upali wollte nun nach schlechter Konvertitenart sein Haus für die Mönche des Mahavira verschließen. Der Buddha aber forderte ihn auf, ihnen weiter Zutritt zu gewähren und ihnen weiter zu essen zu geben. Seine neue Lehre verlangte keinesfalls den Abbruch aller Beziehungen zu der früheren religiösen Lebensform.

Wir finden auch *religionskritische Äußerungen* beim Buddha. Wenn die Brahmanen den Göttern blutige Opfer bringen, so kann er darin keinen Sinn erkennen, da er jede Tötung von Leben für Unrecht hält. Auch unzureichende Gottesbilder kritisierte er. Wie *spöttisch* der Buddha mit den Göttern umgehen konnte, zeigt eine alte Erzählung, in der einer seiner Schüler wissen wollte, wo die Elemente Erde, Wasser, Feuer und Luft, also alle Dinge dieser Welt, endlich zu ihrem Ende kommen. Der Schüler kam in die Götterwelt, fragte viele Götter, bekam aber von keinem eine gescheite Antwort. Schließlich verwies man ihn an Brahma, den höchsten Gott. Mit diesem entwickelte sich ein respektloser Dialog. Die Antwort, die er bekam, war keine Antwort: »Ich bin der große Brahma, der Allmächtige, der keinem untergeben ist, dessen Auge alles sieht, der Wirkende, der Schöpfer, der höchste Herr, der Vater der Vergangenheit und Zukunft.« Diese bombastische Aufzählung der göttlichen Attribute gefiel dem Schüler nicht. Er brachte die Frage ein zweites Mal vor. Wieder mußte er sich das Imponiergehabe Brahmas gefallen lassen. Erst als er zum drittenmal dieselbe Frage an den höchsten Gott richtete, nahm dieser ihn beiseite, damit die anderen Götter ihn nicht hören konnten und von seiner Antwort desillusioniert würden: »Ich weiß auch nicht, wo die vier Elemente ihr Ende haben werden.« Mit dieser entwaffnenden Antwort zeigte der Buddha auf heitere Art, wie nichtssagend die Götter sind.

Spott spricht auch aus dem bekannten *Elefantengleichnis*, in dem der Buddha die brahmanischen Gottesgelehrten mit Blinden vergleicht, die einen Elefanten von allen Seiten betasten. Als die Blinden gefragt werden, wie der Elefant denn aussehe, gerieten sie in großen Streit, weil der eine den Elefanten für ein dickes Bein, der andere für einen zottigen Schwanz und ein dritter für einen Zahn aus Elfenbein hielt. Keiner wußte, wie der Elefant wirklich aussah. Aber jeder glaubte sich im Recht, weil er seine beschränkte Erfahrung verallgemeinerte. Ähnlich unzulänglich waren für den Buddha die verschiedenen Gottesauffassungen der Religion. Er konnte sogar noch schärfer werden. Ein Mensch, der auf die Gemeinschaft mit Gott hofft, war für ihn wie ein Mann, der behauptet, eine Frau zu lieben, die er nie gesehen hat und von der er nichts weiß.

Der spätere Buddhismus hat die distanzierte Haltung des Buddha zur Gottesfrage nicht beibehalten. Die Frage nach Gott gewann ein stärkeres Gewicht und verband sich mit der Erlösungslehre des Erhabenen. So entwickelte sich ein umfangreiches *buddhistisches Pantheon* und eine reiche Theologie. Die Götterfülle des Hinduismus lebte im Buddhismus wieder auf. Im Mahayana und Vajrayana wird dem Buddha Göttlichkeit, die er sich selbst nie zugesprochen hat, nun von seinen Gläubigen zugesprochen. Seine Bilder werden zu Bildern des Göttlichen (→ S. 419, 426 ff.).

Die Gemeinde

Die dreifache Zuflucht

Mit dem Wort von der dreifachen Zuflucht fanden die Menschen von alters her Aufnahme in die Gemeinschaft des Buddha. Schon in den ältesten Schriften kommt diese Formel vor. Die Buddhisten nennen sie das »dreifache Kleinod« (»Ti-ratana«), weil sie die drei kostbarsten Bestandteile des Buddhismus in prägnanter Form benennt: den Buddha (1), seine Lehre (2), die Gemeinde (3). Wichtig an dieser Aufnahmeformel ist der Gedanke der Zuflucht. Dreimal wird ausgesprochen, daß der Mensch im Buddhismus so etwas wie Asyl und Geborgenheit sucht.

Der Sangha, d. i. die Gemeinde, ist das dritte Kleinod des Buddhismus. Damit hat der Buddhismus auch einen *gesellschaftlichen Bezug* gewonnen. Er ist keineswegs eine Lehre, die sich nur an den einzelnen Menschen wendet, wiewohl der einzelne letztlich seinen Weg zur Erlösung allein finden muß. Wenn ihm der Sangha dabei behilflich sein kann, soll er sich dem Sangha anschließen.

Der Sangha im weiteren Sinn setzt sich aus *drei Gruppen* zusammen: den Mönchen (1), den Nonnen (2) und den Laien (3).

Die ersten Jünger

Schon kurz nach seiner Erleuchtung gewann der Buddha seine ersten Jünger. Zu seinen frühesten Anhängern gehören die fünf Mönche von Benares (→ S. 378), die drei Brüder Kassapa mit den 1000 brahmanischen Walderemiten (→ S. 381) und der reiche Jüngling Yasa mit seinen Familienangehörigen (→ S. 380). Sie alle zählen zu den Heiligen (»Arhats«) des Buddhismus. Aus seiner großen Jüngergemeinde ragen auch andere Gestalten hervor.

Das dreifache Kleinod

Ich nehme meine Zuflucht zum Buddha,
ich nehme meine Zuflucht zum Dharma (Lehre),
ich nehme meine Zuflucht zum Sangha (Gemeinde).

Formel für die Aufnahme in den Buddhismus

• *Ananda* (→ S. 382 f.), ein Vetter des Erhabenen, war dem Sangha zwei Jahre nach dessen Gründung beigetreten. Zuerst war er Laienanhänger des Buddha, erhielt aber nach zwanzigjähriger Gefolgschaft die Mönchsweihe. Stets lehnte er es ab, aus seiner Verwandtschaft mit dem Buddha Vorteile zu ziehen oder von ihm etwas anzunehmen. Er begleitete den Buddha auf seinen Wanderungen und wurde zu dessen persönlichem Leibdiener und Vertrauten. In seinen Händen lag die Sorge um das leibliche Wohl des Meisters. Er besorgte unauffällig die Dinge, die auch der weltentrückte Buddha zum Leben notwendig brauchte. In selbstloser Weise spülte er dessen Bettelschale, wusch sein Mönchsgewand, sorgte für das Nachtlager, hielt lästige Bewunderer ab und informierte ihn über die gerade wichtigen Dinge. Wenn der Buddha beim Reden müde wurde, forderte er oft Ananda zum Weiterreden auf. Der Jünger konnte stets von sich aus die Rede fortsetzen, weil er alle Worte, die der Buddha gelehrt hatte, in seinem sprichwörtlich guten Gedächtnis aufbewahrte. An-

Das dreifache Kleinod (»Ti-ratana«), Schiefer, Gandhara, 3. Jh. Die drei Räder bezeichnen den Buddha, seine Lehre (»Dharma«) und seine Gemeinde (»Sangha«). Das Bild faßt die wesentlichen Elemente des Buddhismus zusammen. Sie werden von den Buddhisten auch »Juwelen« und »Edelsteine« genannt.

anda hatte auch ein größeres Verständnis für Frauen, als es sonst bei den Mönchen üblich war. Darin übertraf er selbst den Buddha. Ohne seine Intervention wäre es nicht zur Gründung des weiblichen Ordens gekommen (→ S. 406). Dies hat man ihm im Sangha noch Jahre später zum Vorwurf gemacht. Öfter als selbst der Buddha hat er den Nonnen die Lehre liebevoll erklärt. Der Buddha sprach am Ende seines Lebens vornehmlich mit ihm. Vor dessen Verlöschen ins Nirwana zeigte Ananda ganz unbuddhistisch Tränen der Rührung und wurde deshalb von dem Sterbenden liebevoll zurechtgewiesen. Nach dem Ableben des Buddha gewann er in der Gemeinde eine hohe Autorität. Häufig wurde er gefragt, was der Buddha in dieser oder jener Sache gelehrt hatte. Wegen seiner persönlichen Heiligkeit war er bei den Mönchen geschätzt. Auf dem ersten buddhistischen Konzil (→ S. 361) trug der greise Ananda die Reden des Buddha aus dem Gedächtnis vor. So konnten sie verläßlich tradiert werden.

• *Devadatta*, ein Neffe des Buddha, entwickelte sich zu einem Konkurrenten des Buddha. Er war der Bösewicht unter den ersten Jüngern, weil er versuchte, die Leitung des Sangha an sich zu reißen und sich an die Stelle des damals 72 Jahre alten Buddha zu setzen. Als das nicht glückte, wollte er den Sangha spalten. Bei seinem Vorhaben schreckte er auch vor Gewalt nicht zurück. Die spätere Überlieferung hat ein völlig negatives Bild von ihm gezeichnet und ihm ein schreckliches Ende nachgesagt. Legenden erzählen von mehreren Mordversuchen, die aber alle mißglückten. Einmal sandte er Mörder gegen den Buddha aus, die aber in seiner Nähe von einem hellen Licht getroffen wurden, zu Boden stürzten und sich zum Buddha bekehrten. Ein andermal veranlaßte er einige Arbeiter, den Buddha durch den Sturz einer schweren Säule zu töten. Aber die Säule blieb auf wunderbare Weise zwischen zwei Felsen hängen und verletzte den Buddha nicht. Schließlich schickte Devadatta einen wilden Elefanten gegen den Buddha. Das Tier raste durch die Straßen des Ortes, tötete einen Wächter und versetzte alle Bewohner in Todesangst. Dem Erhabenen aber tat der Elefant nichts zuleide, ließ sich auf die Knie nieder und huldigte dem Buddha. Dieser streichelte dem Tier gütig die Stirn und erweckte den Toten zu neuem Leben. In diesen Legenden lebt wohl die Erinnerung an den Widerstand gegen den Buddha fort, den es im frühen Sangha gegeben haben muß.

• *Sariputta und Moggallana* standen an der Spitze der Mönchsgemeinde. Ursprünglich waren sie Brahmanen, die von einem der fünf Mönche, die zuerst zum Buddha gefunden hatten, für die neue Lehre gewonnen worden waren. Das »Gesetz der Entstehung in Abhängigkeit« (→ S. 396 f.) überzeugte sie auf der Stelle. Sie nahmen 250 andere Asketen aus ihrer bisherigen Brahmanenschule zum Buddha mit. Sariputta war vor allem von hoher philosophischer Intelligenz. Der Buddha ließ manche seiner Reden von ihm überarbeiten. Als Novizenmeister und als Ratgeber in schwierigen Situationen genoß er einen guten Ruf. Kranke Mönche pflegte er gern. Moggallana soll ungewöhnliche magische Kräfte gehabt haben, die er aber ruhen ließ, weil der Buddha davon nichts hielt. Wahrscheinlich wurde er von Räubern auf Veranlassung der Jaînas (→ S. 293 ff.) ermordet, weil er der Gemeinde des Mahavira so viele Mönche abspenstig gemacht hatte. Beide Jünger starben einige Monate vor dem Buddha. Sariputta wird im Mahayana, Moggallana im Vajrayana hoch verehrt.

Die Mönche

Der Buddha ist nicht der Begründer des Mönchtums. Diese Institution konnte zu seiner Zeit in Indien schon auf eine lange Geschichte zurückblicken. Aber er hat das Mönchtum um eine neue Form bereichert, die bis heute Bestand hat. Er selbst hat viele Jahrzehnte als heimatloser Bettelmönch gelebt und viele Mönche (»Bikkus«) in seine Nähe gezogen. Diese Gemeinschaft wurde zum buddhistischen Orden.

Im allgemeinen stand jedem der *Zutritt* zum Orden offen. Aber es gab doch charakteristische Einschränkungen. Schwerkranke und Kriminelle sowie Söhne, die die Zustimmung der Eltern nicht hatten, wurden nicht aufgenommen. Der Eintritt in den Orden hatte schon bald nach dem Ableben des Buddha zwei Phasen: die Weltflucht (1) und die Mönchsweihe (2). Zur *Weltflucht* wird man vom 8. Lebensjahr an zugelassen. Der Kandidat erklärt einem Mönch, daß er wie der Buddha aus dem Haus in die Hauslosigkeit ziehen will. Er legt das Mönchs-

gewand an, läßt sich Haare und Bart scheren, badet
und spricht dreimal die Formel von der dreifachen
Zuflucht zum Buddha, zum Dharma und zum Sangha. Als Schüler macht er bei geistlichen Lehrern ein
Noviziat durch. Die *Mönchsweihe* kann der Kandidat
vom 20. Lebensjahr an erhalten. Erst von jetzt ab ist
er volles Mitglied des Sangha. Das Ritual der Weihe
ist genau festgelegt. Vor zehn Mönchen bittet der
Kandidat mit Bettelschale und Mönchsgewand um
die Weihe. Der vorsitzende Mönch prüft, ob er frei
von allen Behinderungen ist, die Lehre kennt und
die Voraussetzungen für das Leben eines Mönchs erfüllt. Er nimmt ihn mit den Worten auf, die schon
der Buddha gebraucht hatte. Von nun an darf der
Mönch nicht gegen die vier großen Verbote verstoßen, die bei Nichtbeachtung zum Ausschluß (Exkommunikation) aus dem Orden führen können. Er
darf keinen Geschlechtsverkehr ausüben (1), sich
nicht in diebischer Absicht nehmen, was ihm nicht
gehört (2), kein Lebewesen töten, auch keinen
Wurm und keine Ameise (3), sich keine geistliche
Vollkommenheit anmaßen, um sich dadurch womöglich bei Laien Vorteile zu verschaffen (4).

Hinzu kommen mehr als 220 andere Regeln, die
nicht alle von der gleichen Wichtigkeit sind. Entscheidend sind »*Zehn Gebote*« für die Mönche, die
sich teilweise mit den vier Regeln überschneiden.
Diese zehn Gebote sind eine Konkretion dessen, was
der Buddha den »mittleren Weg« genannt hat, der
sich zwischen Luxus und asketischer Selbstquälerei
bewegt.

Es gibt auch Gebote, die von menschlicher Zuwendung und sogar von *Barmherzigkeit* wissen,
wenn sie auch nicht an oberster Stelle der Pflichten
stehen. Eine Weisung dieser Art geht auf den Buddha
selbst zurück, der einmal einen alten elenden
Mönch in seinem Kot und Urin liegen sah. Die anderen Mönche kümmerten sich nicht um ihn. Der
Buddha aber wusch ihn, säuberte sein Lager und

Oben: Buddhistische Mönche. Das Haar ist geschoren. Sie gehen bar-
fuß. Im Arm tragen sie eine Bettelschale (→ S. 380). Das Orange des
Gewandes ist die billige Rostfarbe, die daran erinnert, daß selbst das
Eisen vergänglich ist. – Während der Buddha seinen Mönchen für
Indien nur acht Bedarfsgegenstände zugestand, dürfen die Mönche un-
ter geänderten klimatischen Bedingungen mehr Dinge besitzen. Einige
davon sind auf einem tibetischen Bild (unten) zu sehen: Schuhe,
Sitzteppiche, 2 weiße Handtücher, Gewänder, Stab, Bettelschale, Filter.
Nicht gezeigt sind Rasiermesser, Nadel, Faden und Gürtel.

pflegte ihn. Seine Mönche forderte er zu gleichem Tun auf.

Der ganze Besitz des Mönchs besteht aus nur »*acht Bedarfsgegenständen*«. Es sind die Almosenschale, in der er sein tägliches Essen erbettelt (1), drei Roben, die aus einem Ober- und Untergewand sowie aus einem Mantel bestehen (2–4), ein Gürtel (5), ein Rasiermesser zur Schur der Haare (6), eine Nadel (7) und ein Sieb, mit dem er Insekten aus dem Wasser filtern kann, die er nicht töten und nicht trinken darf (8). Die Kleider sind in den billigsten Farben rot, orange, braun oder gelb gefärbt. Meistens sind sie von Laien geschenkt oder vom Mönch selbst aus Lumpen angefertigt. Schuhe werden nicht getragen.

Das *tägliche Leben* des Mönchs ist genau geregelt. Der Tag beginnt mit Meditationsübungen. Am Morgen nimmt der Mönch seine Bettelschale und zieht von Haus zu Haus, ohne darauf zu achten, wer dort wohnt. Mit gesenktem Blick bittet er um Speise. Frauen, die ihm etwas zu essen geben, schaut er nicht an. Er bedankt sich nicht, sondern die Geber bedanken sich, weil es für sie verdienstvoll ist, einen Mönch mit Nahrung zu versorgen. Kurz vor Mittag nimmt der Mönch in seinem Kloster die Mahlzeit allein zu sich. Danach gibt es Unterricht für die Schüler, Studium der Lehre, Meditationsübungen. Beim Sonnenuntergang kommen oft Leute aus der Umgebung, die Kontakt zu den Mönchen suchen.

Die zehn Gebote für die Mönche

1. Kein Leben zerstören
2. Keine Dinge nehmen, die nicht gegeben werden
3. Enthaltung von unkeuschem Wandel
4. Vermeidung von Lüge
5. Verbot von Rausch durch den Genuß berauschender Getränke
6. Verzicht auf alles Essen nach Mittag
7. Abstinenz von Tanz, Gesang, Musik und Schauspielen
8. Verzicht auf Körperschmuck durch Blumenkränze, Wohlgerüche, Schminke und Salben
9. Nichtbenutzung hoher und üppiger Betten
10. Kein Gold und Silber annehmen

aus dem Pali-Kanon (→ S. 362)

Den Buddha pflegen

Mönche, ihr habt nicht Vater und Mutter, die euch pflegen. Wenn ihr nicht einander pflegt, wer wird euch dann pflegen? Wer immer mich pflegen möchte, soll die Kranken pflegen.

Worte des Buddha

Bei Vollmond und Neumond versammeln sich die Mönche, um gemeinsam über die Ordensregeln zu sprechen. Sie nehmen sich auch gegenseitig die Beichte ab. Einige Feste, z. B. beim Ende der Regenzeit, werden feierlich begangen. Da werden die Mönche von Laien eingeladen und oft auch neu eingekleidet.

Kult und *Liturgie* werden von den Mönchen nicht zelebriert. Von Gottesdienst, religiösen Riten oder Gebeten ist bei der Weihe und in den Geboten für die Mönche keine Rede. Alles zielt auf die persönliche Heiligkeit und Befreiung vom Zyklus des Leidens. Erst recht verstehen sich die Mönche *nicht* in der Nachfolge der Brahmanen als *Priester*. Sie bringen keine Opfer dar und üben auch gegenüber den Laien keine priesterlichen Funktionen aus, abgesehen davon, daß sie ihnen gelegentlich eine Predigt halten.

Die Klöster sollen *keine hierarchische Spitze* haben. Zwar sind die Aufgaben im Kloster nicht für alle gleich, aber keine Aufgabe verleiht eine höhere Autorität gegenüber den anderen Mönchen. Nur der ältere Mönch hat einen gewissen Vorrang vor dem jüngeren, wobei das Alter der Mönchsweihe zugrunde gelegt wird.

Die Bindung an den Orden soll zwar für das ganze Leben währen. Aber ein *Austritt* ist möglich und erlaubt. Wer in die Welt zurückkehren will, weil er das harte Leben nicht erträgt oder weil er sich in eine Frau verliebt hat, kann ohne Diskriminierung scheiden. Der Orden hat keine Möglichkeit, eine solche Entscheidung zu verhindern, aber er übt auch keinen moralischen Druck aus. In Ländern wie Thailand und Burma hat sich die Sitte herausgebildet, daß junge Männer eine Weile als *Mönche auf Zeit* im Kloster leben. Dort können sie Erfahrungen machen, die für das ganze Leben wichtig sind. Dieser Brauch hat die Beziehungen zwischen Mönchen und Laien erheblich verbessert.

Frauen und Nonnen

Bevor der Erhabene seine Heimat verließ, kannte er keine Voreingenommenheit gegenüber den *Frauen*. Er war vermählt mit Yasodara und hatte viele andere schöne Mädchen als Gespielinnen um sich. Später hat der Buddha in der Frau eine Gefahr auf dem Weg zum Heil gesehen. Seinen Mönchen hat er jede Verbindung zu einer Frau streng untersagt. Sie sollten Frauen nach Möglichkeit nicht anschauen und nicht mit ihnen reden. Geschlechtsverkehr schloß aus dem Sangha aus. Die Frau erschien ihm wohl als das Wesen, das dem Leben in seiner ganzen Fülle besonders nahe steht. Damit war sie die größte Gefahr für seine Mönche und seine Lehre. Trotzdem gab es zahlreiche Kontakte zu Frauen. Viele von ihnen erwiesen sich als Verehrerinnen und Wohltäterinnen. Von der Kurtisane Ambapali (→ S. 380) ließ sich der Buddha sogar einen Park schenken.

Aus seiner negativen Einstellung gegenüber den Frauen erklärt sich, daß der Buddha sich lange gegen einen *Orden für Frauen* sträubte. *Nonnen* wollte er nicht in seinem Gefolge haben. Aber es gab auch praktische Gründe für seine Ablehnung. Er machte sich wohl Sorgen, wie es den Frauen außerhalb des Schutzraums der Familie ergehen würde. Vielleicht befürchtete er auch einen Ausbruch der Frauen aus ihrer sozialen Welt, weil sie mit ihrer Rolle in Familie und Gesellschaft nicht mehr zufrieden waren. Doch konnte der Buddha seinen Widerstand gegen einen Nonnenorden auf die Dauer nicht aufrechterhalten. Viele Frauen, fasziniert von ihm und seiner Lehre, forderten stürmisch das Recht auf

---

Die Frauen

»Herr, wie sollen wir uns gegenüber den Frauen verhalten?«

»Nicht ansehen, Ananda!«

»Wenn wir sie aber doch angeblickt haben, wie sollen wir uns dann verhalten?«

»Nicht anreden, Ananda!«

»Wer aber doch ins Gespräch gerät, wie soll er sich dann verhalten, Herr?«

»Der soll sich mit ernster Besonnenheit rüsten.«

aus dem Sutra vom endgültigen Verlöschen

---

einen ähnlichen Heilsweg, wie er ihn für Männer eröffnet hatte.

Den entscheidenden Durchbruch erzielte seine Amme *Mahapajapati* (→ S. 368) die ihn nach dem Tod seiner Mutter Maya großgezogen hatte. Sie näherte sich ihm ehrfurchtsvoll mit der Bitte, auch gemäß seiner Lehre leben zu dürfen. Der Buddha reagierte distanziert auf die Bitte seiner sympathischen Stiefmutter und änderte seine Einstellung auch nicht, als sie zum zweiten- und drittenmal die gleiche Bitte vortrug. Da schuf sie vollendete Tatsachen. Sie ließ sich die Haare abschneiden, zog ein asketisches Gewand an und gab mit einigen anderen Frauen allen Besitz auf. Als Ananda die greise Amme des Buddha so in Armut stehen sah, versuchte er den Buddha umzustimmen. Aber anfangs erreichte auch er nichts. Erst als er den Buddha etwas listig fragte, ob denn auch Frauen, die als Asketen lebten, Heil, Erlösung und das Nirwana gewinnen könnten, mußte dieser die Frage bejahen. Nun wies Ananda darauf hin, daß dieser Fall bei Mahapajapati vorliege. So sah sich denn der Buddha widerstrebend veranlaßt, auch einen *Orden* für Frauen zuzulassen. Er gab ihnen 8 wichtige *Regeln*, die allerdings seine Voreingenommenheit gegenüber Frauen deutlich erkennen lassen. In jeder Hinsicht sind die Nonnen den Mönchen untergeordnet. Sie müssen die Mönche ehrfürchtig grüßen, sich von ihren Sitzen erheben, wenn Mönche kommen, ihnen mit gefalteten Händen entgegengehen und ihnen vorschriftsmäßig huldigen. Mahapajapati nahm dennoch diese Regeln beglückt an.

Die Nonnen werden von den Mönchen geweiht, müssen sich aber, abgesehen von der Zeit, in der sie belehrt werden, von den Mönchen strikt fernhalten. Ihr Tagesrhythmus gleicht dem der Mönche. An Bedeutung und Zahl haben die Nonnen nie auch nur annähernd die der Mönche erreicht.

Später hat sich der Buddha Ananda gegenüber beklagt, daß er Frauen in den Orden aufgenommen habe. Ohne Frauen hätte seine Lehre 1000 Jahre bestehen können, jetzt aber werde sie nur 500 Jahre überdauern. Hierin hat sich der Buddha offensichtlich geirrt. Trotz der Aufnahme der Frauen besteht sein Sangha schon über 2500 Jahre.

Auch viele Mönche waren unzufrieden darüber, daß Frauen Nonnen werden konnten. Vielleicht sahen sie darin für ihren Zölibat eine zu große Versuchung. Ihnen ist zuzuschreiben, daß die alte buddhistische Literatur viele frauenfeindliche Äußerungen aufbewahrt und die eher positiven Äußerungen des Buddha über Frauen unterdrückt hat. Die Frauen werden in den alten Texten oft als verführerische Schlangen bezeichnet, die schmutzig, treulos und gierig sind.

Die Laien

Die *Laien* gehören nicht zum Kern des Sangha. Sie bilden den äußeren Freundeskreis der Gemeinde. Zwar suchen auch sie ihre Zuflucht beim Buddha, Dharma und Sangha, bleiben aber in der Welt. Sie benutzen noch die Güter dieser Welt, sollen aber versuchen, sich innerlich davon zu fernzuhalten. Auch für sie gelten bestimmte *Gebote*. Die ersten fünf der »Zehn Gebote« für die Mönche sollen auch sie halten: kein Leben töten (1), nicht stehlen (2), nicht unkeusch sein (3), nicht lügen (4), auf Rauschmittel verzichten (5). Überdies sollen sie die Mönche nach ihren Möglichkeiten unterstützen. Sie geben ihnen zu essen, gewähren Schlafstätten, schenken ihnen die Tücher für die Ordenskleidung, halten Medikamente für sie bereit. Durch ihre Freigebigkeit und Großzügigkeit erwerben sie sich ein gutes Karma für das künftige Leben. So sind Mönche und Laien gegenseitig aufeinander angewiesen.

Unter den Laien, die den Buddha unterstützten, waren von Anfang an Leute aus den *höheren Kasten*, also Könige und Fürsten, Adelige und Kaufleute. Die Wohlhabendsten von ihnen vermachten dem Buddha sogar Häuser, Wälder und Parks. Die meisten Laienanhänger des Buddha waren gesellschaftlich angesehen.

Ein besonderes Problem ist die Einstellung des Buddha zu den *niedrigen Kasten* und den *Kastenlosen*, zu denen im damaligen Indien viele Menschen gehörten. Arme und Niedrige folgten dem Buddha kaum. Shudras oder gar Kastenlose blieben unter seinen Mönchen die Ausnahme. Die Forderung nach Abschaffung oder Milderung des Kastenwesens hat der Buddha nicht erhoben. Außerhalb des Sanghas sah er das *Kastenwesen* als *naturgegeben* an, da es dem Karma-Gesetz voll entspricht. Es lag aber auch nicht in seinem Blickfeld, den Elenden nach-

> **Die vier Kasten und der Orden**
> Und so wie die großen Flüsse, wenn sie in den Ozean einmünden, den einstigen Namen und das Geschlecht hinter sich lassen und dafür die Bezeichnung »großer Ozean« erlangt haben, ebenso wahrlich, ihr Mönche, verlassen die vier Kasten, die Kshatriyas, die Brahmanen, die Vaishyas und die Shudras die einstigen Namen und Geschlechter, nachdem sie in der von dem Vollendeten verkündeten Lehre und Ordnung aus dem Haus in die Hauslosigkeit gezogen sind, und sie erlangen die Bezeichnung: die Mönche, die dem Buddha angehören.
> *aus den Lehrreden des Buddha*

zugehen, die noch ein anderes Leid trugen als das große Leid der Vergänglichkeit des Lebens. Um das Wohl der niederen Kasten oder Kastenlosen hat er sich nicht gekümmert. Im Grunde war der Buddha an Fragen des Kastenwesens nicht interessiert. Sozialreformerische oder gesellschaftspolitische Ambitionen hatte er nicht. Sie ergaben sich zunächst auch nicht aus seiner Lehre, die ganz auf die Befreiung aus dem Kreislauf des Lebens zielt.

Allerdings hat er indirekt doch *Impulse für die Abschaffung des Kastenwesens* gegeben. In seinem Orden waren die Kastenunterschiede aufgehoben. Alle Unterschiede, die in der Welt galten, waren für seine Mönche belanglos. Kasten wurden für die unwichtig, die der Lehre anhingen. Der Buddha bestritt vehement, daß der Wert eines Menschen von seiner Kastenzugehörigkeit abhänge. Den Hochmut der Brahmanen und Kshatriyas lehnte er ebenso ab wie das Minderwertigkeitsgefühl von Dienenden. Er konnte sogar gelegentlich das Kastenwesen als eine Verfallserscheinung kritisieren, weil er es für eine Erscheinung in der Welt hielt, die als ganze zu überwinden war. Diese Ansatzpunkte für eine Überwindung des Kastengeistes sind in der Folgezeit im Buddhismus weiterentwickelt worden. Gandhi hat den Buddha als Bundesgenossen gegen das Kastenunwesen angesehen. Im Jahr 1956 vollzog Bhimrao Ramji Ambedkar (→ S. 438), der langjährige Führer der indischen Kastenlosen, mit einem großen Gefolge von Unberührbaren den Übertritt vom Hinduismus zum Buddhismus.

Hinayana – Das kleine Fahrzeug

Drei Fahrzeuge

Als der Buddha starb, hinterließ er dem Sangha keinen Nachfolger und erst recht keine Instanz, die anstehende Fragen von sich aus entscheiden konnte. Von einer Hierarchie mit geistlichen Würdenträgern oder einem verbindlichen Lehramt hielt er nichts. Er war der Meinung, daß kein Mensch für den anderen festlegen könne, was für sein Heil und seine Erlösung wichtig ist. Die Befolgung der Lehre müsse eine persönliche Entscheidung sein. Sie dürfe von niemandem beeinflußt werden.

Weil der Buddhismus keine zentrale Leitungs- und Lehrinstanz hat, zerfiel der Sangha rasch in viele unterschiedliche *Gruppierungen und Positionen*. Selbst benachbarte Klöster gingen oft verschiedene Wege und dachten in wichtigen Dingen unterschiedlich. Das hat den Buddhismus im allgemeinen nicht gestört, da das ganze Bestreben auf Erreichung der Leidlosigkeit gerichtet ist. Die Wege zu diesem einen Ziel müssen nicht gleich sein.

Im Lauf der Geschichte haben sich im Buddhismus mehrere große Richtungen herausgebildet, die auch selbst nicht einheitlich geblieben sind, sondern wiederum aus verschiedenen Gruppierungen bestehen. Am bekanntesten, wenn auch nicht unproblematisch und vollständig, ist die Einteilung des Buddhismus in *drei* »Fahrzeuge«. Sie heißen:

- *Hinayana*, d. h. Kleines Fahrzeug
- *Mahayana*, d. h. Großes Fahrzeug
- *Vajrayana*, d. h. Diamantenes Fahrzeug

Diese große Richtungen werden »Fahrzeuge« genannt, weil sie wie Wagen oder Boote die Menschen an ihr Ziel bringen sollen. Im »Kleinen Fahrzeug« haben nur wenige Menschen, im »Großen Fahrzeug« viele Menschen Platz. Das »Diamantene Fahrzeug« hat seinen Namen von dem harten und kostbaren Edelstein (»Vajra«), der ein Symbol des tibetischen Buddhismus geworden ist. Die drei Fahrzeuge nehmen alle für sich in Anspruch, die Menschen zur Erlösung zu bringen.

Schon der Buddha selbst hatte seine Lehre einmal mit einem Fahrzeug (»Yana«) verglichen, das nur Mittel zum Zweck ist. In einem berühmten *Gleichnis* erzählt er von einem Mann, der ein *Floß* benutzt, um über einen großen Fluß zu kommen. Wenn er das jenseitige Ufer erreicht hat, braucht er das Floß nicht mehr. Da würde es nur sinnloser Ballast sein. So soll es auch mit der Lehre sein. Sie ist wie ein Floß notwendig, damit sich der Mensch aus seinen Alltagsbedingungen löst. Wenn der Mensch sein Ziel erreicht hat, schwindet die Bedeutung der Lehre.

Theravada – Die Lehre der Ältesten

Der *Name* »Hinayana«, d. h. »Kleines Fahrzeug«, war ursprünglich keine Selbstbezeichnung, sondern ein Spottname, den Vertreter des Mahayana aufbrachten. Sie verstanden das Wort »klein« negativ und wollten damit zum Ausdruck bringen, daß in diesem Fahrzeug nur wenige Menschen Platz finden und zu ihrer Rettung gelangen. Es sei elitär und zu stark nur auf Mönche bezogen. Für die meisten Menschen seien die Lehren dieses Fahrzeugs zu schwierig und seine Forderungen zu hoch. Die Anhänger dieser Richtung haben sich lange gegen die Bezeichnung »Hinayana« gewehrt und darin eine Herabsetzung ihrer Absichten gesehen. Inzwischen hat das Wort seine diskriminierende Bedeutung verloren und wird auch von seinen Anhängern gebraucht. Sie selbst bezeichnen ihre Richtung vor allem nach einer frühen buddhistischen Schule, die den Namen »*Theravada*«, d. h. »Lehre der Ältesten«, trägt. Ihre Anhänger sind die »*Theravadins*«, d. h. »die Befolger der alten Lehre«. Tatsächlich können sie darauf hinweisen, daß sie in ihren Lebensformen und Lehren den ursprünglichen Intentionen des Buddha am nächsten sind. In ihrem Mittelpunkt stehen die vier edlen Wahrheiten mit dem edlen achtteiligen Pfad sowie das Gesetz der Entstehung in Abhängigkeit. Diese Lehren werden von ihnen eher streng ausgelegt.

Auch der Theravada-Buddhismus ist nicht mehr mit dem Ur-Buddhismus identisch. Er ist eine frühe Richtung neben anderen. Schon unmittelbar nach dem Hinscheiden des Buddha standen die Mönche vor der Notwendigkeit, sich über komplizierte, aber

Felsenhöhle in der Nähe von Bodh-Gaya. Hier soll sich der Buddha vor seiner Erleuchtung mit den 5 Mönchen aufgehalten und der Askese gewidmet haben. Sie wurden seine Anhänger – gleichsam die ersten »Theravadins«, die Befolger der alten Lehre (→ S. 372).

Das Gleichnis vom Floß

Ein Wanderer sieht vor sich eine
große Wasserflut.
Das diesseitige Ufer ist
voll Gefahren und Schrecken,
das jenseitige sicher und gefahrlos.
Es ist kein Schiff da, das ihn hinüberbringt,
und keine Brücke, die die Flut überquert.
Da kommt ihm der Gedanke, daß er sich
aus Schilfgras, Holz, Zweigen und Blättern
ein Floß bauen könnte, um damit heil zum
anderen Ufer zu gelangen.
Was er denkt, führt er aus.
Als er drüben ist, denkt er:
Dieses Floß war mir sehr nützlich.
Ich will es tragen und mitnehmen,
wohin ich auch gehe.
Dieser Mann handelt nicht richtig.
Jetzt braucht er das Floß nicht mehr.
Es wird ihm sogar zur Last.
aus den Lehrreden des Buddha

wichtige Fragen zu verständigen. Dazu beriefen sie gelegentlich ein Konzil ein. Bis heute hat es sechs buddhistische Konzilien gegeben, davon fanden drei in den ersten Jahrhunderten nach dem Tod des Buddha statt, die beiden letzten 1871 und 1954–1956 in Burma (→ S. 410 f.). Das *erste Konzil* (→ S. 361) trat bereits vier Monate nach seinem Tod im Jahr 483 v. Chr. in Rajagaha zusammen. Damals wurden die Lehrreden und Ordensregeln des Buddha gesammelt und die Grundlage für den Pali-Kanon gelegt. Das *zweite Konzil* wurde rund 100 Jahre später etwa um 383 v. Chr. nach Vaishali einberufen. Hier sollten Mißbräuche des mönchischen Lebens beseitigt werden. Einige reformerische Gruppen wollten Erleichterungen für das mönchische Leben, lockerere Anwendungen der Ordensregeln und größere Heilschancen für die Laien. Dagegen wehrten sich an die 700 traditionalistische Mönche, die acht Monate lang die alten Buddhaworte rezitierten, um die Neuerungen zu verhindern. Nach langen Disputen entschied sich die Versammlung im Sinn der alten Tradition. Die siegreichen Orthodoxen

früh hatte er sich zum Buddhismus bekehrt und war ein Laienanhänger geworden. Zu Anfang führte er noch Kriege, doch dann wurde ihm bewußt, daß er damit gegen Grundprinzipien des Buddhismus verstieß und die Leiden für die Menschen vermehrte. In großen Edikten, die auf Felsen eingeschrieben wurden, bekannte er öffentlich seine Schuld. Er forderte nun alle auf, friedfertig zu leben. Obwohl er sich zum Buddhismus bekannte, förderte er als Kaiser alle Religionen. Er war davon überzeugt, daß seine persönliche religiöse Einstellung in der Politik nicht zum Schaden anderer führen dürfe. Auf den Sangha wirkte er ein, die gemeinsame Beichte der Mönche nicht abzuschaffen und unwürdige Mönche zu exkommunizieren. Er selbst bemühte sich so intensiv wie kein anderer um die Ausbreitung des Buddhismus, indem er Mönche zur Mission in die an Indien grenzenden Länder aussandte. Vor allem in Sri Lanka (Ceylon) hatte er damit Erfolg. Dort ist das Hinayana bis heute lebendig geblieben. Für den Buddhismus ist Ashoka der ideale Herrscher, der Grundgedanken des Buddha in die Politik umzusetzen versuchte und selbst vorbildhaft lebte.

nannten sich damals zum erstenmal die »Theravadins«, weil sie auf der alten Lehre bestanden. Ihre unterlegenen Widersacher, die sich als »Mahasanghikas«, d. h. »Vertreter der großen Gemeinde«, bezeichneten, nahmen die Beschlüsse des Konzils nicht an. Aus dieser frühen Spaltung entwickelten sich die beiden großen Richtungen des Hinayana und Mahayana. Das *dritte Konzil* tagte 253 v. Chr. in Pataliputra (Patna) in der Gangesebene. Auch hier ging es wieder um Mönchsregeln, Irrlehren und Textsammlungen. Auf diesem Konzil wurde mit dem Pali-Kanon (→ S. 362) der Kanon der heiligen Schriften endgültig festgelegt. Eine Biographie des Buddha wurde auch hier noch nicht zusammengestellt, da immer noch sein Wort für die Mönche größere Bedeutung hatte als sein Leben.

Dieses Konzil stand unter dem Patronat des Kaisers *Ashoka* (268–239 v. Chr.), der zu den bedeutendsten buddhistischen Persönlichkeiten der Geschichte zu zählen ist. Er herrschte von seiner Hauptstadt Pataliputra aus als Kaiser über ganz Nord-und Zentralindien. Niemals mehr gab es ein größeres Reich in der indischen Geschichte. Schon

Heutige Verbreitung – Heutige Probleme

Heute (1996) hat der Theravada-Buddhismus etwa 120 Millionen Anhänger. Er ist vor allem in Sri Lanka, Burma, Thailand, Laos, Kambodscha und Vietnam verbreitet.

In *Sri Lanka* gibt es seit dem 19. Jahrhundert starke Modernisierungsprozesse des Buddhismus. Gebildete Laien stellen seine Vereinbarkeit mit den neuzeitlichen Wissenschaften heraus. Mit dieser aufklärerischen Arbeit stoßen sie gelegentlich auf den Widerstand der traditionell geprägten Orthodoxie der Mönche. Seit 1973 stehen die buddhistischen Singhalesen in einer blutigen Auseinandersetzung mit den hinduistischen Tamilen, die den Norden der Insel für sich beanspruchen. Der Kampf hat schon viele Tausende Menschen das Leben gekostet.

Die Bedeutung *Burmas* (heute: »Myanmar«) für den Buddhismus wird bereits daraus ersichtlich, daß die beiden einzigen buddhistischen Konzilien der Neuzeit in diesem Land stattfanden. Das 5. Konzil gab 1871 in Mandalay die Anregung, den gesam-

Linke Seite: Ashoka-Säule, 3. Jh. v. Chr. Der Kaiser gehört zu den großen Förderern des Buddhismus. In seinen Edikten hat er dazu aufgefordert, auch die anderen Religionen zu achten. »Ehre gebührt einer fremden Glaubensgenossenschaft. Wer so handelt, ehrt die eigene Glaubensgenossenschaft.« Darin ist er ein früher Vorläufer moderner Toleranz.

Fest in Sri Lanka. Die Buddhisten feiern die Erinnerung an einen Besuch des Buddha auf der Insel. Hier legen die Gläubigen Blumen an einem Stupa nieder und zünden Weihrauchstäbchen an. Sri Lanka lebt in der Tradition des Hinayana.

ten Pali-Kanon auf 729 Marmortafeln einer Pagode einzumeißeln. Er ist dort auf dem größten steinernen Buch der Welt auch heute noch zu lesen. Das 6. Konzil in Rangun arbeitete 1954–1956 wieder an einer Revision der heiligen Schriften. Der Versuch, eine zentrale Institution des Buddhismus zu schaffen, scheiterte an dem Widerstand vieler Mönche. Zur Zeit wird der Buddhismus in Burma von einem brutalen Militärregime bedrängt. Die Mönche haben sich 1988 an die Spitze einer Demokratiebewegung gesetzt. In Untergrundklöstern üben sie sich nach dem Vorbild Gandhis im passiven Widerstand gegen die Generäle, die sich zynisch als Nachfolger alter buddhistischer Herrscher ausgeben. Tausende von Mönchen wurden in jüngster Zeit umgebracht.

In *Thailand* muß der König nach der Verfassung Buddhist sein. Er übt eine gewisse Macht über den Sangha aus, was dazu geführt hat, daß der dortige Buddhismus Zeichen der Erstarrung aufweist. Neuerdings gibt es unter den Mönchen ernsthafte Versuche zu einer demokratischen Reform des Sangha.

Der Buddhismus in *Kambodscha* hat durch das blutrünstige System der Roten Khmer, die 1975 un-

ter Pol Pot die Macht usurpierten, erheblichen Schaden erlitten. Fast alle 2400 Heiligtümer wurden zerstört, von 80 000 Mönchen wurden 50 000 ermordet, aus den buddhistischen Kambodschanern sollten politische Atheisten gemacht werden. Nach dem Sturz Pol Pots kam es zu einer Wiederbelebung des Buddhismus. Heute ist er wieder Staatsreligion.

In *Laos* ist der Buddhismus seit 1976/77 nicht mehr Staatsreligion. Damals wurde er in dieser Funktion zusammen mit der Monarchie abgeschafft. Auch in diesem Land haben die Buddhisten durch den Indochinakrieg viel gelitten.

Der Buddhismus in *Vietnam* geriet unter dem katholischen Diem-Regime (1954–1963) in die Schlagzeilen der ganzen Welt, weil sich damals der Bodhisattva Thich Quang Duc aus Protest gegen das Regime freiwillig öffentlich verbrannte und damit ein Zeichen für weitere Selbstverbrennungen buddhistischer Mönche gab. Seitdem die Kommunisten in Hanoi herrschen, verlangen sie, den Buddhismus mit Nationalismus und Sozialismus zu verbinden und in den Dienst der kommunistischen Partei zu stellen.

Mahayana – Das große Fahrzeug

Die große Alternative

Dem »*Hinayana*«, wie wir die ursprünglichen Formen des Buddhismus zusammenfassend nennen, fehlten wichtige Elemente, die das religiöse Gemüt Indiens damals suchte und wohl auch immer noch sucht. Weltentsagung und Ich-Verleugnung standen hier allzusehr im Mittelpunkt. Die Erlösung war nur durch außerordentlich mühsame Schritte zu gewinnen. Es fehlte ein Kult, der die entscheidenden Wahrheiten der Lehre auch in Symbolen und Riten sichtbar machte und vergegenwärtigte. Die Gottesfrage war stark in den Hintergrund getreten. Selbst der Buddha war nicht mehr ansprechbar, weil er ins Nirwana vergangen war. Eine Religion, die möglichst viele Menschen erfassen will, schien vielen Indern nicht so lehrhaft, so asketisch, so kultfeindlich, so gottfern sein zu dürfen, wie es das Hinayana ist.

Es ist daher nicht verwunderlich, daß auf der Grundlage des alten Buddhismus eine Alternative entstand, die diese Mängel stark empfand und deshalb zu beseitigen suchte. Sie nennt sich selbst »*Mahayana*«, d. h. »*Großes Fahrzeug*«. Dieses Fahrzeug will möglichst viele Menschen über den Ozean des Leidens fahren. Auf ihm finden nicht mehr in erster Linie nur Mönche Platz. Allen Menschen will es Schutz bei den gefährlichen Stürmen des Lebens bieten und sie an das andere Ufer der Erlösung bringen. Schon der Name ist ein schönes Bild für eine Religion, die nicht bloß eine Elite ansprechen will. Das »Große Fahrzeug« ist ein gütiges Fahrzeug, ein Bild der Gnade und des Mitleids mit allen Menschen.

Der Mahayana-Buddhismus ist nicht in einem für uns geschichtlich greifbaren Akt, der der Reformation vergleichbar wäre, entstanden. Er ist weder ein völliger Bruch mit dem frühen Buddhismus noch eine kontinuierliche Fortführung. Entscheidende Voraussetzungen des Buddhismus hat er übernommen, aber auch grundsätzliche Veränderungen vorgenommen, so daß man am besten von einer *neuen Entwicklung* im Buddhismus spricht. Zunächst ist er langsam und unauffällig gewachsen. Auf dem 2. buddhistischen Konzil (ca. 383 v. Chr.)

in Vaishali (→ S. 409) trat er schon in Erscheinung. Zu den ersten Neuerungen sind vor allem drei Elemente zu zählen: Lockerungen der Mönchsregeln (1), stärkere Heilschancen auch für Laien (2), größere Verehrung des Buddha und zugleich Beginn eines Kultes um seine Reliquien in den Stupas (3).

Die Anhänger des Großen Fahrzeugs sind davon überzeugt, daß das Mahayana nicht eine spätere Form des Buddhismus ist, sondern nur später in Erscheinung getreten ist. Sie leiten es unmittelbar vom *Buddha* selbst ab. Dieser habe die Lehre des Mahayana bereits Subhuti, einem seiner Schüler, mitgeteilt. Doch sei sie erst später entdeckt worden. Vor allem die Predigten des Buddha vor den Laien hätten schon alle Elemente enthalten, die im Mahayana eine große Rolle spielen. Das Hinayana stütze sich dagegen auf seine Reden vor den Mönchen. Das Mahayana ist davon überzeugt, gegenüber dem Hinayana die ganze Weite des Buddhismus darzustellen. Dagegen sieht das Hinayana im Mahayana eher eine Entstellung und Abweichung von der ursprünglichen Lehre des Buddha. Historisch gesehen ist dieser Rückbezug des Mahayana auf den Buddha kaum haltbar. Er wurde entwickelt, um dem Großen Fahrzeug gleiche Ursprünglichkeit zu sichern. Die Lehr- und Lebenspraxis des Buddha führt zunächst wohl eher zum Hinayana.

Im Mahayana wurden Lehren entwickelt, die es so beim Buddha noch nicht gegeben hat. Aber es ist doch bewundernswert, daß der Buddhismus mit dem Mahayana ein *bedeutsames Fahrzeug* entwickelt hat, in dem die wichtigen Intentionen des Buddha auf eine menschenfreundliche und gnädige Weise neu verwirklicht werden können. Wichtiger als alle historischen Legitimationen ist es, daß das Mahayana unendlich vielen Menschen die Buddha-Würde zugänglich gemacht hat. Das Mahayana, das nun nicht mehr so abstrakt-lehrhaft war, entwickelte einen bunten Kult, in dem Buddha-Gestalten, Tempel, Musik, Blumen, Erzählungen, Bilder und viele Heilige eine große Rolle spielen. Für die Gebildeten schuf es mit seiner grandiosen Philosophie der Leere (»Sunyata«) die Möglichkeit, die ganze Lehre des Buddha auf eine neue geistige Grundlage zu stellen.

Durch das Mahayana wurde das *Rad der Lehre* (→ S. 378 f.) gleichsam zum *zweitenmal* in Bewegung gesetzt. Mit seinen originellen Neuerungen hat es die Menschen so angesprochen, daß es zur *größten Richtung* im Buddhismus wurde. *Heute* leben seine ca. 180 Millionen Anhänger vor allem in Ostasien in Ländern wie Vietnam, China, Mongolei, Japan und Korea. Auch in der Gemeinschaft unabhängiger Staaten (GUS) gibt es Anhänger des Großen Fahrzeugs.

Bei aller Verschiedenheit zwischen Hinayana und Mahayana bleiben wichtige *Gemeinsamkeiten* bestehen, so daß beide Fahrzeuge zum »Buddhismus« zu zählen sind. Dazu gehören folgende Punkte: Das Dasein ist Leiden und bedarf der Erlösung (1). Es gibt einen Kreislauf der Welten, der von einem göttlichen Schöpfer unabhängig ist (2). Es gibt, bedingt durch das Karma, eine Wiedergeburt (3). Die Dinge der Welt haben keine eigene Beständigkeit oder Substanzialität (4). Das Ich befindet sich in ständigem Fluß und hat kein festes Dasein (5). Erlösung ist nur durch Auslöschung von Gier, Haß und Verblendung zu erzielen. Erleuchtung und Weisheit sind dabei unverzichtbar (6). Der Buddha, sei er historisch, transzendent oder absolut verstanden, spielt beim Erlösungsprozeß eine Rolle (7). Am endgültigen Ende allen Geschehens steht das Nirwana (8).

Im Lauf der Zeit wurden diese Gemeinsamkeiten aber unterschiedlich interpretiert. Aus den zunächst einzelnen Abweichungen wurde im Mahayana allmählich ein *neues System*, das alle Bereiche der gemeinsamen Lehre in einem neuen Licht sieht und viele Ergänzungen zu der alten Lehre anbringt. Wichtiger noch ist das *andere Lebensgefühl* des Mahayana, das sich sehr von dem des Hinayana unterscheidet. Es ist das tröstliche Empfinden, mit allem Lebendigen identisch zu sein und die Erlösung ohne große Anstrengung schon gewonnen zu haben oder leicht gewinnen zu können. Die Unterschiede in Lehre und Lebensgefühl führten manchmal zu Auseinandersetzungen zwischen den Mönchen beider Richtungen. Aber sie haben fast nie gewaltsam gegeneinander gekämpft. Oft haben sie sogar friedlich in ein und demselben Kloster gewohnt. Sie sahen die verschiedenen Lehren oft nur wie verschiedene Flöße an, die denselben Fluß überqueren (→ S. 408 f.).

Die Bodhisattvas und das Mitleid

Der Buddha gewinnt nun eine ganz neue Bedeutung. Schon immer mußte man sich fragen, ob ein ganz gewöhnlicher Mensch eine so universale Lehre verkünden und so vielen anderen Menschen den Weg zur Erlösung zeigen konnte. Als eine Figur, die ins Nirwana vergangen war, mochte er vielleicht einigen Mönchen genügen. Für die Bedürfnisse der vielen Menschen Indiens war diese Vorstellung unzureichend. Sie verlangten nach einem Gott, nach einem höchsten Wesen, nach einem Heiligen, nach einem Vorbild. Alle diese Vorstellungen sollten und konnten sich für sie im Bild des Buddha verbinden. Dieser Trend führte im Mahayana zu einer *neuen*

Ein Bodhisattva führt eine Frau ins Paradies. Rollbild, China, 10. Jh. Der gütige Bodhisattva Avalokiteshvara ist herrlich geschmückt. Sein Haupt umgibt eine Flammenaura. In den Händen trägt er eine Lotosblume und ein Weihrauchfaß. Herabfallende Blüten sind Segenswünsche. Er führt die auffällig modisch gekleidete Frau in das Reine Land der Erlösung. Ein trostvolles Mahayana-Bild, das möglicherweise am Sterbebett aufgestellt wurde.

Das unendliche Mitgefühl eines Bodhisattva

Ein Bodhisattva nimmt sich vor:
Ich nehme die Last alles Leidens auf mich,
dazu bin ich entschlossen,
und ich will es alles ertragen …
Darin folge ich nicht meinen eigenen Neigungen.
Ich habe doch das Gelübde getan, alle Wesen zu
erlösen. Alle Wesen muß ich befreien.
Die ganze Welt der Lebewesen muß ich erretten,
von den Schrecken der Geburt, des Alterns,
der Krankheit, des Todes und der Wiedergeburt,
von allen Arten von sittlichem Vergehen,
allen Leidenszuständen,
dem ganzen Kreislauf von Geburt und Tod …
Ich bin entschlossen, zahllose Äonen
in den verschiedenen elenden Zuständen
zu verharren;
und so will ich allen Wesen
zur Freiheit verhelfen, in allem Elend,
in welchem Weltsystem sie sich auch befinden …
Und warum?
Weil es gewiß besser ist, daß ich allein Schmerz
leide, als daß all diese Wesen in das
Elend kommen sollten.

aus einem Mahayana-Sutra

Buddhologie. Der Buddha war nun nicht mehr – oder besser noch nicht – unauffindbar im Nirwana verlöscht, sondern mit einem spirituellen »Körper der Wonne« (→ S. 385 f.) in die Freuden des Paradieses eingegangen. Vom Paradies aus war er auch einst auf die Welt gekommen, um alle Menschen zu erlösen. Göttliche Liebe und Mitleid mit den Menschen werden nun die Motive für sein universales Heilswerk.

Am auffälligsten unterscheidet sich das Mahayana vom Hinayana durch seine neue Auffassung vom *Bodhisattva* (→ S. 367), so daß man es auch »Bodhisattva-Buddhismus« nennt. Ein Bodhisattva (von: »bodhi«, d. h. »Erleuchtung«, »sattva«, d. h. »Wesen«) ist ein Wesen, das sich um Erleuchtung bemüht und, wenn es diese erlangt hat, nicht sofort ins Nirwana eingeht, sondern den Eingang in das nachtodliche Nirwana so lange aufschiebt, bis alle Wesen erlöst sind. Das Motiv der Bodhisattvas ist gänzlich selbstlos. Sie werden von Mitleid dazu angetrieben, auch alle anderen Wesen glücklich zu machen. Dieses Ziel

wäre für sie aber vom Nirwana aus nicht zu erreichen, weil sie von dort aus nicht mehr wirken könnten. Aus Erbarmen mit der leidenden Welt verzichten sie auf die sofortige eigene Erlösung. Wenn sie gestorben sind, gelangen sie in einen Himmel, von wo sie nach einer gewissen Zeit wieder auf die Erde herabsteigen. So setzen die Bodhisattvas dauernd ihr Heilswerk fort. In vielen Legenden erscheinen sie als liebenswerte und mächtige Nothelfer, die die Menschen aus Not und Bedrängnis befreien. Einer der wichtigsten Bodhisattvas war und ist der historische Gautama Siddhartha.

In alten Texten sprechen die Bodhisattvas ihr eigenes Wesen aus: Sie nehmen die Last aller Leiden auf sich. Ein Bodhisattva ist nicht nur bereit, Jahrmilliarden auf seine eigene Erlösung zu warten und bis dahin viel zu leiden, sondern auch seine Verdienste anderen zu schenken, damit sie so zu einem besseren Karma kommen und erlöst werden. In den Bodhisattvas findet das buddhistische Ideal des *Mitleids* mit allen Wesen seinen deutlichsten Ausdruck.

Es gibt Bodhisattvas auf Erden und im Himmel. Die Bodhisattvas auf Erden können Mönche und Laien, Männer und Frauen sein. Sie üben sich in allen Vollkommenheiten. Dazu gehören Freigebigkeit, Sittlichkeit, Nachsicht, Willenskraft, Konzentration und Weisheit. In großen historischen Persönlichkeiten, z. B. im Dalai Lama (→ S. 432 ff.) oder in B.R. Ambedkar (→ S. 438), in weisen Äbten oder gütigen Mönchen erkennen die Mahayana-Buddhisten Bodhisattvas.

Unter den vielen transzendenten Bodhisattvas im Himmel werden einige besonders verehrt. »Avalokiteshvara« ist der Herr, der gnädig auf die Welt blickt und von grenzenlosem Mitleid erfüllt ist. Er steigt selbst in die Höllen herab, um Menschen daraus zu befreien. Durch das Mantra »OM MANI PADME HUM« (→ S. 429) wird er angerufen. Zu ihm haben die Menschen unendliches Vertrauen. »Padmapani« hält den Lotos in der Hand. »Lokeshvara« ist der Herr der Welt. »Manjusri« ist von lieblicher Schönheit und großer Weisheit, »Manjughosa« heißt der mit der lieblichen Stimme. »Ksitigarbha« besagt, daß sein Mutterschoß die Erde ist. »Maitreya«, der Gütige oder Liebende, wartet im Himmel darauf, in der kommenden Weltperiode auf der Erde die verunreinigte Lehre wieder zu erneuern und ein leidfreies Reich zu errichten. Er ist die wichtigste Gestalt der buddhistischen Eschatologie. Aus Avalokiteshvara ist »Kuanyin«, die populärste Bodhisattva-Gestalt Chinas, geworden. Sie wird in Japan »Kannon« genannt. Ihr Name bedeutet »Diejenige, die aufmerksam auf die Stimme der Welt hört«. Ursprünglich war sie wohl eine männliche Gottheit, in der später Züge einer »Heiligen Mutter« vorherrschend wurden. Vielleicht konnten sich die Chinesen Mitleid und Barmherzigkeit leichter in weiblicher Personifikation vorstellen. So gibt es im Mahayana auch weibliche Gottheiten. Weil Kuanyin von grenzenlosem Mitgefühl und von unendlichem Erbarmen bestimmt ist, findet sie hohe Verehrung. Sie hilft in allen Notlagen und führt die Seelen zum Pa-

radies. Manchmal wird sie mit einer Lotosblume dargestellt. Mit einem Kind auf dem Arm und in ihrem weißen Kleid wird sie als »buddhistische Madonna« bezeichnet.

Mit dem neuen Glauben an den Buddha, die Buddhas und die Bodhisattvas hat im Mahayana auch die *Gottesthematik* eine neue Bedeutung gewonnen. Hier kann nun nicht mehr der leiseste Verdacht des Atheismus aufkommen. Mit der Bodhisattva-Lehre hielt sogar ein gewisser *Polytheismus* wieder Einzug in den Buddhismus. Das hing mit der buddhistischen Missionspraxis zusammen. Wenn die buddhistischen Mönche auf einheimische Gottes- und Göttervorstellungen stießen, konnten sie diese leicht als Bodhisattvas umdeuten. Mit Hilfe dieser Lehre brauchten die Völker nicht auf ihre Götter zu verzichten, wenn sie den Buddhismus annahmen. Auf diese Weise füllte sich der buddhistische Himmel mit einer Vielzahl von Göttern und Dämonen. So erklärt sich auch die Tatsache, daß der ursprünglich fast »atheistische« Buddhismus viele Götter verehrt. Das einfache Volk sieht in den Göttern reale übernatürliche Wesen, denen Gebet und Kult geschuldet werden, wenn man Hilfe von ihnen erwartet. Die Gebildeten deuten die vielen Götter als verschiedene Manifestationen ein und derselben Buddha-Natur. So können sie einen naiven Polytheismus für sich vermeiden.

Auch das *Ethos* hat im Mahayana-Buddhismus wichtige Änderungen erfahren. Der edle achtfache Pfad, der vom Buddha als Weg zur *Erlösung* empfohlen worden war, erschien nun für viele als zu schwer. Die meisten Menschen konnten die damit verbundene Askese und Konzentration kaum aufbringen. Sie waren zu schwach, ihr Heil auf dem Weg der Selbsterlösung zu finden. Wenn sie überhaupt eine Chance auf Erlösung hatten, durfte die Erlösung nicht von ihnen selbst abhängen. Sie mußte ihnen geschenkt werden. Da bot sich die Bodhisattva-Lehre als neue Erlösungslehre an. Wenn die Bodhisattvas so gütig sind, dann muß man ihnen auch Vertrauen schenken können. Im *Glauben* an sie darf

Sechzehnarmige Kuanyin, Porzellan, China, um 1800. Die Göttin sitzt auf einer Lotosblume über einem Lotosteich. In ihren Händen hält sie Glückssymbole. Die Vielarmigkeit zeigt, daß sie mächtig und hilfreich ist. Sie ist mit einer reichen Krone, vielen Ketten und Bändern geschmückt. Die Göttin ist in Ostasien sehr beliebt.

man auf ihre Gnade hoffen. Sie schenken den sündigen Menschen sogar ihr gutes Karma, damit alle Wesen gerettet werden können. In ihrem grenzenlosen Mitleid können sie Vorbild für die Menschen sein. »Karuna«, d. h. »Mitleid«, wird nun zur höchsten Tugend auch für die Menschen. Sie wird durch drei Stufen vorbereitet: Nicht-Schädigen bzw. Gewaltlosigkeit (»Ahimsa«), Wohlwollen (»Maitri«) und Geben (»Dana«). In dem Wort »Karuna« schwingt Erbarmen und gütige Zuwendung zu aller Kreatur mit. Tätiges Mitgefühl und Anteilnahme am Leiden anderer sollen das Leben bestimmen. Nun werden Gefühle und Leidenschaften nicht mehr nur negativ bewertet, und die Leidenschaften sind nur insoweit zu meiden, als sie aus Unbesonnenheit und Egoismus kommen. Niemandem wehe zu tun, wird im Mahayana zu einer Grundmaxime ethischen Handelns.

Das Mahayana liebt auch den religiösen *Kult* und die einfache *Volksfrömmigkeit*. Darin unterscheidet es sich von den alten Formen des Buddhismus, aber durchaus nicht mehr vom heutigen Hinayana, das auch in vielen Ländern seine ursprüngliche Strenge aufgegeben hat. Rituale und Zeremonien gewinnen an Bedeutung. Zahlreiche Feste werden zu Ehren des Buddha und der Bodhisattvas gefeiert. Aus den unpriesterlichen Mönchen des Anfangs werden nun Priester, die eine farbige Liturgie gestalten. Überall werden Tempel und Pagoden gebaut, die an manchen Orten eine außerordentlich hohe künstlerische Qualität aufweisen. Bunte Bilder, heilige Musik, fromme Gebete, erbauliche Lesungen sind die Elemente eines ausdrucksstarken heiligen Geschehens. Die Leute kommen gern in die Tempel, verneigen sich vor den Bildern und Statuen, falten die Hände zum Gebet, winden um die Figuren Girlanden oder schmücken sie mit Blumen, Goldplättchen, Papierfahnen und Glasperlen. Nicht selten werden die Buddhabilder mit Speisen und Getränken bewirtet. Wenn sie im Freien stehen, schützt man sie mit bunten Schirmen vor der Glut der Sonne. Weithin riecht man den Duft von Weihrauchkerzen, am Boden flackern kleine Öllämpchen, vielerorts schlägt man aus den Glocken und Gongs einen weit schallenden Klang.

In allen buddhistischen Ländern gibt es *Heilige*, die besonders verehrt werden. In dem zum Hinayana zählenden Burma sind es z. B. die 37 »Nats«, die

überall in Häusern und auf Straßen ihre Bilder und Gebetsecken haben. Sie bewachen die Pagoden des Buddha, führen Liebende zusammen, schenken Kindersegen, gewähren reiche Ernte, wehren böse Geister ab und schützen die Motorrad- und Busfahrer vor den Gefahren der Straßen. Diese Volksfrömmigkeit ist ein Zeichen lebendiger Religiosität. Sie kann der Gefahr von Veräußerlichung, Magie und Aberglaube nicht immer entgehen. Manche Buddhisten sehen sie als unvermeidliches Zugeständnis an die Masse, nicht aber als Heilsweg an.

Die Lehre vom *Nirwana* wird im Mahayana zurückgedrängt. Wie für die Bodhisattvas wird es auch für die Menschen zu einem Fernziel, das von andern Zielvorstellungen weitgehend überlagert wird. An seine Stelle tritt wieder der *Himmel*, der zwar nicht Endstation der Seligkeit ist, aber als wichtige Zwischenstation sehr geschätzt wird. Mehr als auf das Nirwana mit seinem endgültigen Ende richten sich die Sehnsüchte der Menschen auf die Freuden des Jenseits. Dieses ist selbst auch noch einmal unterteilt in vier Paradiese, über die jeweils ein besonders gütiger Bodhisattva herrscht. Es ist für den Gläubigen nicht unwichtig, in welches Paradies er kommt. Im Himmel kann er zwar nicht für alle Ewigkeit, aber doch für einen nahezu unendlich langen Zeitraum den Lohn seiner guten Taten oder seines Vertrauens auf den Buddha genießen. Hier kann er auch zu einer größeren Weisheit und Einsicht heranreifen. Da das Karma-Gesetz nicht aufgehoben ist, wird er wieder auf die Welt kommen, dann vielleicht wieder in ein Paradies eingehen und erst in einer unvorstellbar langen Zukunft endgültig im Nirwana verlöschen.

Nagarjuna und die Philosophie der Leere

Das Mahayana kann mit seiner verständlichen Lehre, menschenfreundlichen Ethik und farbigen Religiosität viele Menschen ansprechen. In einer geradezu gegenläufigen Bewegung hat es aber auch eine hochkarätige Philosophie hervorgebracht, die sich in ihren Gedanken noch weiter von der konkret erfahrenen Wirklichkeit entfernt, als es der Buddha schon in seiner Lehre getan hatte. Die Richtung geht in einer äußersten Konsequenz von der Vielfalt des

Die Lehre von der Leere

Als Schein, einem Traum, einem Luftschloß ähnlich sind Entstehen, Dasein und Zerfall aller Dinge zu erklären.
Erlösung resultiert aus der Vernichtung des Karma und der Unreinheit. Karma und Unreinheit gehen aus Vorstellungen hervor. Diese aus der Vielheit. Die Vielheit aber wird in der Leerheit aufgehoben.

Nagarjuna, großer Philosoph des Buddhismus

Lebens auf ein letztes völlig unsinniges Prinzip, das alles Dasein ausmacht. Mit der Lehre von der »*Sunyata*«, d. h. »Leere«, hat sich das Mahayana eine spekulativ-geistige Grundlage gegeben, die in ihrer Abstraktheit nur wenigen Menschen verständlich ist. Hier stellt sich das Denken dem grundsätzlichen Problem, wie sich im Rahmen der Samsara-Lehre die vielen Erscheinungen zum Absolut-Einen und wie sich der ewige Kreislauf des Werdens und Vergehens zum Nirwana bzw. zur Erlösung verhalten. Die Sunyata-Lehre erhebt den Anspruch, die Wirklichkeit umfassend verstehen zu können.

Der wichtigste Denker der Philosophie der Leere war *Nagarjuna*. In seiner Bedeutung ist er nur mit den größten europäischen Philosophen zu vergleichen. Die Überlieferung verbindet historische und legendarische Züge zu einer ungewöhnlichen Biographie. Danach war er zu Anfang des 2. Jahrhunderts n. Chr. in Südindien in einer Brahmanenfamilie zur Welt gekommen. Er erhielt den Namen Arjuna. Schon früh zeichnete er sich durch Scharfsinn aus. Er studierte die Veden und kannte magische Schriften. Als Jüngling, so will es die Legende, konnte Arjuna sich unsichtbar machen. Mit drei Freunden schlich er sich in einen Harem ein, wo sie sich mit den Frauen vergnügten. Doch die Sache flog auf. Seine Freunde wurden getötet, ihm selbst wurde gestattet, den Tod zu Lebzeiten zu wählen, d. h. Mönch zu werden. Er ging in ein Kloster, wo er innerhalb kürzester Zeit den ganzen Pali-Kanon studierte. Hier wurde er auch zum Mönch geweiht. Die alten Schriften gefielen ihm nicht. Darum verließ er bald das Kloster, um andere Texte des Buddha zu suchen. Eines Tages erhielt er in einem Schneegebirge von einem greisen Asketen einige Texte, die ihn die alte Lehre neu verstehen ließen. Als er sie durchgearbei-

tet hatte, nahm ihn der Schlangenkönig Naga zu sich in seinen Palast im Meer und zeigte ihm sieben kostbare Behälter mit bislang unbekannten Lehrreden des Buddha (»Sutras«). Drei Monate studierte er diesen Fund und und kehrte dann mit diesen Schriften auf die Erde zurück. Seitdem wird er »Nagarjuna« (Naga+Arjuna) genannt. Er war nun im Besitz von authentischen Schriften, die der Buddha selbst verborgen hatte, weil seine Schüler diese damals noch nicht begreifen konnten. Er hatte sie Wächtern übergeben, die sie solange aufbewahren sollten, bis einer kam, der sie verstand. So waren sie denn zu Naga gelangt. Mehr als 500 Jahre nach dem Tod des Buddha war es Nagarjuna, der die alte Lehre erstmals verstehen und verkünden konnte. Viele großartige Schriften stammen von ihm. Das Hauptwerk »Der mittlere Weg« wurde zur geistigen Grundlage des Mahayana. Seine Schüler haben diese Lehre weit verbreitet. Sie kam später auch nach Tibet, China und Japan. Sein Tod ist tragisch. Als einer seiner Schüler in einem Disput den Schüler einer anderen Richtung durch bessere Argumente besiegt hatte, verübte man ein Attentat auf Nagarjuna. Er wurde von Schwerthieben tödlich verwundet. Aber noch im Tod half er dem Mörder zu entkommen, indem er ihn in seine Gewänder kleidete. Seinen eigenen Schülern verbot er, dem Täter nachzujagen. Der Bericht über seinen Tod zeigt ihn als einen wahren

Links: Nagarjuna. Weil er seine Offenbarung von dem Schlangengott Naga erhalten hat, wird er mit Schlangenköpfen dargestellt.
Rechts: Das ursprünglich chinesische Zeichen bedeutet dort die Einheit der Gegensätze von Yin (aktiv, hart, männlich, hell) und Yang (passiv, weich, weiblich, dunkel). Im Buddhismus symbolisiert es die enge Verbindung und die Einheit von Samsara und Nirwana, d.h. Vergänglichkeit und Unvergänglichkeit. Dies sind auch die Themen des Nagarjuna gewesen.

Buddhisten. Seine letzten Worte enthalten die Quintessenz seiner Lehre.

Der alte Buddhismus hatte alle Dinge zwar als vergänglich angesehen, ihre Realität aber nicht grundsätzlich bestritten. Mochten auch die einzelnen Dinge rasch wieder vergehen und auf keinen Fall eine dauernde Existenz haben, so hatten sie doch wenigstens eine kurze und vergängliche Existenz. Das Mahayana geht mit Nagarjuna einen entscheidenden Schritt über diese alte Lehre hinaus, indem es hinter allen Dingen, auch hinter jedem Ich eine letzte *Leere* (»Sunyata«) entdeckt. Nun erscheint die ganze Welt als leer (»Sunya«) und nichtig. Alle positiven Behauptungen über sie führen zu inneren Widersprüchen. Wenn die Dinge aber leer sind, gibt es *kein Werden und Vergehen*. Damit aber haben sie die Natur des vollkommenen Nirwana, das in völliger Ruhe ohne jedes Werden und Vergehen besteht. Nun gibt es auch *keinen Dualismus* mehr zwischen unserer Welt und dem Nirwana. In ihrer Leere sind der Kreislauf der Welten und das Nirwana, die dem Buddha noch als äußerste Gegensätze erschienen, eins. Alle Wörter wie Seele, Lebewesen, Mensch, Person, Subjekt bezeichnen etwas Nicht-Existentes und Leeres. Das gilt in gleicher Weise für Grundbegriffe der Lehre des Buddha, wie Leiden, Ursache des Leidens, Aufhebung des Leidens, Bodhisattva und selbst Buddha. Dabei ist die Leere nicht ein letztes Prinzip, aus dem auf unerklärliche Weise die Dinge entstanden sind. Die Dinge selbst sind leer. Sie sind nicht geworden und werden nicht vergehen.

Diese Lehre ist nicht, wie ihr unterstellt wurde, ein Nihilismus, für den alles sinnlos ist. Sie ist im Gegensatz zu allem Nihilismus die Voraussetzung für die Erlösung. Denn wären die Dinge real, so hätten sie kein Ende. Dann wäre auch das Leid real und nicht aufhebbar. Nur die Leere ist die Garantie für seine Beendigung. Selbst diese Lehre kann der Weise

---

Die letzten Worte vor dem Tod
Alles ist leer.
Für den, der die höchste Erkenntnis besitzt,
gibt es keinen Freund und keinen Feind,
keinen Mörder und keinen Ermordeten.
Nagarjuna

---

noch wie ein überflüssiges Floß wegwerfen, wenn er am anderen Ufer der Erlösung angekommen ist.

Es ist allerdings zu fragen, wieso das Mahayana von Güte und Mitleid, von Karma und Samsara, von Bodhisattva und Buddha spricht, wenn alles leer und nichtig ist. Ist das Mitleid mit einem anderen Wesen Realität, oder ist es die Beziehung von niemandem zu niemandem? Manche Deuter benutzen Bilder für ihre Antwort. Die Welt ist für sie wie ein *Echo* oder ein *Traum* oder eine *Spiegelung*. Jeder, der ein Echo hört, weiß, daß es keine Stimme hat. Der aus dem Traum Erwachte erkennt die Nicht-Realität seiner Traumbilder. Was man im Spiegel sieht, hat kein eigenes Dasein. So leer ist auch die Welt. Logischem Denken werden diese Bilder nicht genügen, weil Echo, Traum und Spiegelbild von Realitäten abhängen und nur diesen ihre Existenz verdanken.

Nagarjuna beantwortet diese Frage mit der doppelten oder zweistufigen Wahrheit. Im praktischen Leben des Alltags gilt die *relative oder konventionelle Wahrheit*. Sie verwendet alle unsere Begriffe und setzt sie zueinander in Beziehung. Hier gelten die Erfahrungen, die wir machen, und die Gesetze, nach denen wir die Erscheinungen miteinander verknüpfen. Hier gibt es Mitleid und Güte, Leiden und Ursachen des Leidens. Hier gibt es auch den Wunsch nach Erlösung und Erleuchtung. Im Bereich der *höheren oder absoluten Wahrheit* wird erkannt, daß die Leere das einzige ist, das sich von allem aussagen läßt. Die Welt erweist sich als Schein (»*Maya*«). Selbst Erlösung, Buddhaschaft und Nirwana verlieren ihren Wert, weil sie letztlich Illusionen sind. Nur für Menschen, die noch in der Welt des Scheins leben, behalten sie ihre trügerische Bedeutsamkeit. Die absolute Wahrheit von der Leere ist die eigentliche Erleuchtung, die nur wenigen zugänglich ist. Wer sie gehabt hat, wird sich wieder der alltäglichen Welt zuwenden, in ihrer Relativität leben, Güte und Mitleid walten lassen und an die Erlösung glauben. Aber er wird die Nichtexistenz dieser Welt durchschaut und darin die Erlösung gefunden haben. In dieser Gratwanderung zwischen relativer und absoluter Wahrheit, zwischen Existenz und Nichtexistenz, zwischen den vielen Erscheinungen und der einzigen Leere liegt für das Mahayana der »*mittlere Weg*«, den der Buddha empfohlen und den Nagarjuna zum Thema seiner Hauptschrift gemacht hatte.

Buddha Amida, Bronze, Kamakura, Japan.
Das 12,75 m hohe Werk wurde 1252 von Ono Goroemon gegossen. Die Figur ist trotz ihrer Größe voll Harmonie und Majestät. Das 2,33 m hohe Gesicht strahlt überirdische Ruhe aus.
Wichtige Kennzeichen der Buddhafigur sind auch hier zu sehen: der Ushnida, die Haarlocken, die Urna zwischen den Augen, die langen Ohren, die Handhaltung der Meditation, der Lotossitz, die Lotosblume. Zu den Einzelheiten: → S. 387 f.
Vom Typ her handelt es sich hier um den »Amida«, d.h. »Unendliches Leben« oder »Unermeßliches Licht«. Er wird in der japanischen »Sekte des reinen Landes« verehrt. Amida, eine Manifestation der geistigen Buddha-Natur, ist besonders gütig. Er schenkt seine Gnade ohne menschliche Vorleistung. Wer an ihn glaubt und ihn anruft, wird im »Reinen Land der Seligkeit« wiedergeboren. Amida selbst geleitet seine Verehrer ins Paradies (→ S. 413). Dort werden auch Säufer, Diebe, Huren und Mörder gerettet. Täglich kommen zahlreiche Gläubige nach Kamakura, um dem Buddha Blumen oder Früchte zu bringen und um zu ihm zu beten.

Amida und das gläubige Vertrauen

Mit dem Amida-Buddhismus hat das Mahayana in *Japan* eine nochmals andere Variante der Bodhisattva-Religion hervorgebracht. In Amida verehren die Gläubigen eine göttliche Gestalt, die voller Güte und Barmherzigkeit ist und jeden Menschen, der sich ihr vertrauensvoll nähert, zum Heil führt. Hier hat der Buddhismus eine Form der *Fremderlösung* hervorgebracht, in der das Heil nicht mehr im Inneren gesucht, sondern von außen geschenkt wird.

Amida ist eine transzendente Buddhagestalt, die im Körper der Wonne (→ S. 385 f.) lebt. Der Name bedeutet »Unendliches Leben«. Er kann auch »Amitayus« und »Amithaba« (d. h. »Von unermeßlichem Glanz«) heißen. In einer früheren Existenz soll er als ein Mönch namens Dharmakara den Entschluß gefaßt haben, ein Buddha zu werden und ein reines Pa-

radies zu errichten, das den Namen »Land der Seligkeit« (»Sukhavati«) bekommen sollte. In 48 Gelüb-
den legte er vor einem anderen Buddha fest, zu welchen Taten er sich für die Menschen verpflichtet.
Die wichtigsten Versprechen beziehen sich auf das
Sterben und die Wiedergeburt im Paradies. Jeder, der
auf Amida vertraut, seinen Namen anruft und im
Herzen an ihn glaubt, soll in das Paradies gelangen.
Wer im Sterben an Amida denkt, den wird er selbst
in das Land der Seligkeit geleiten. Dort wird er die
Erleuchtung finden, die nach langen Paradiesesfreuden zum Nirwana führt.

Der *Kult des Amida* kam schon im 6. Jahrhundert
nach Japan. Eine starke Förderung erfuhr er durch
das Reformationserlebnis des Mönches Genku
(1133–1192). Dieser hatte nach seinem Eintritt in
ein Kloster nicht den erhofften inneren Frieden gefunden. Er quälte sich mit einem starken Sündenbe-
wußtsein, von dem er sich auch durch geistliche
Werke und theologische Studien nicht befreien
konnte. Schließlich stieß er auf einen Text, der ihn
innerlich verwandelte. Er las, daß er unfehlbar zum
Heil kommen könne, wenn er nur den Namen des
Amida beständig ausrufe. Von dieser Zeit an verehrte Genku nur noch den »Namu Amida Butsu«, d. h.
den »Namen des Amida Buddha«. Der Name wurde
in seiner Kurzformel »*Nembutsu*« zum erlösenden
Wort, das allein alles Heil bewirkt. Das fromme Sprechen dieses Wortes ersetzt jede Meditation und alle
Kulthandlungen. Der Mönch Genku nahm später
den Namen *Honen Shonin* an. Seine Bewegung, die
vornehmlich aus Laien bestand, trägt den Namen
»Jodo-Shu«, d. h. *Sekte des reinen Landes*«. Der Eingang ins »Reine Land« ist nicht der Lohn für gute Taten, sondern gnadenhaftes Geschenk für Glaube
und Vertrauen.

Noch konsequenter hat ein Schüler des Honen
mit Namen *Shinran Shonin* (1173–1262) die Selbsterlösung abgelehnt und alle Erlösung dem Glauben an
Amida zugeschrieben. Seine Gemeinschaft heißt
»Jodo-Shin-Shu«, d. h. »*Wahre Sekte des reinen Landes*«. Die Gläubigen brauchen das »Nembutsu«
nicht andauernd zu wiederholen. Eine einzige auf-
richtige Anrufung Amidas genügt, um in das Paradies zu kommen. Hier erlangte der einst so schwierige Buddhismus seine äußerste Vereinfachung. Jedem Gläubigen war hier die Möglichkeit gegeben,

auf ganz leichte Weise mit dem Buddha eins zu werden. Diese Reduktion auf den Glauben allein hatte
erhebliche Konsequenzen. Nun verlieren alte religiöse Regeln und Bräuche ihre Kraft. Alles, was der
Buddha einst von den Anhängern der Lehre gefordert hatte, wird überflüssig. Jede Askese und alle Gebote erübrigen sich. Schon Shinran lebte nicht mehr
zölibatär. Seitdem dürfen die Priester der »Wahren
Sekte des reinen Landes« heiraten. Oft vererben sie
ihre Tempel ihren Söhnen.

Das Urteil über diese heute größte Sekte Japans
ist gespalten. Was die einen als die große *Befreiung*
von der Last der Tradition ansehen, ist für andere eine gefährliche Anpassung an die Lebensgewohnheiten der Welt. Kritiker haben den Eindruck, daß hier
ein Buddhismus entstanden ist, der sich in seiner
Profillosigkeit nicht mehr von seiner Umwelt unterscheidet. Sie bemängeln, daß von ihm heute keine
starken religiösen Impulse mehr ausgehen.

Zen und die neuen Wege der Meditation

In einer liebenswürdigen Geschichte sieht der
Zen-Buddhismus seinen Ursprung. Danach kam der
Buddha, als er schon alt war, in das Reich des Königs
Bimbisara. Er setzte sich inmitten einer wunderschönen Gegend, deren Berge und Wälder, Quellen
und Blumen alle erfreuten, im Lotossitz nieder. Ein
helles Licht ging von ihm aus. Er schwieg länger als
gewöhnlich, so daß seine Jünger und die anderen
Umstehenden unruhig wurden. Manche fragten
sich, ob er nun schon zu alt für neue Unterweisungen sei. Andere erwarteten gerade jetzt eine ungewöhnliche Botschaft. Da nahm der Buddha eine
Blume aus dem Strauß, den man ihm geschenkt hatte und bewegte sie vorsichtig in seinen Händen. Er

---

Zen

Bevor du Zen studierst, sind Berge Berge
und Flüsse Flüsse.
Während du Zen studierst, sind Berge keine Berge
und Flüsse keine Flüsse mehr.
Hast du dann die Erleuchtung gewonnen,
sind Berge wieder Berge und Flüsse wieder Flüsse.
Ein Zen-Meister

schwieg weiter, aber er begann zu lächeln. Niemand verstand, was das sollte, ausgenommen sein Jünger *Kassapa*, der auch lächelte. Dann sagte der Buddha, er wolle nun den Schatz der Lehre, der aus den bisherigen Schriften und Reden nicht abzuleiten sei, dem Kassapa geben. Er solle diesen Schatz außerhalb des Lehrgebäudes mündlich weitergeben. – Kassapa gehörte zu den verständnisvollsten Jüngern des Buddha. Mit ihm verknüpft sich eine Tradition, die nicht durch Texte, sondern von »Herz zu Herz« und von »Geist zu Geist« weitergegeben wurde.

Der Zen-Buddhismus lehrt, daß die Erlösung durch eigene Kraft gewonnen werden müsse. Nur die Meditation sei der Weg, der zum Ziel führe. In seinen ältesten Formen hat der Zen-Buddhismus seine Wurzeln im indischen *Mahayana*. Er wendet sich schon früh gegen versteinertes Brauchtum und das Festhalten an dürren Schullehren. Die persönliche Erfahrung wird nun wichtiger als alle heiligen Sutras. Zu den Ahnen des Zen zählt auch Nagarjuna (→ S. 416 ff.), der größte buddhistische Philosoph. Im Lauf der Zeit hat sich die neue Richtung nach *China* ausgebreitet und dort viele Anregungen der Philosophie des Taoismus aufgenommen. Von China kam sie nach *Japan*, wo sie ein eigenes Profil gewann, das aber alles andere als einheitlich ist.

Der Name »Zen« ist die japanische Variante des chinesischen Wortes »Chan«. Er bedeutet »Versenkung«, »Meditation« und »Konzentration«. Was Zen ist, läßt sich schreibend kaum darstellen. Ein Zen-Axiom lautet: »Die wissen, reden nicht. Die reden, wissen nicht.« Vielleicht könnte eine leere Seite, ein einfacher Ton, ein Atemzug, ein Farbfleck oder eine Blume dem Betrachter das Geheimnis des Zen besser nahebringen als ein Text, wenn er sich nur diesen Dingen in einer intensiven Betrachtung hingäbe.

Wie immer man Zen betrachtet – es ist letztlich keine Religion, keine Theologie, keine Philosophie und keine Psychologie, wiewohl es von allem etwas hat. Es ist der Versuch, auf dem Weg der Selbsterfahrung zum Selbstverständnis und zu einem tieferen Verständnis aller Dinge zu kommen. Am Ende soll der Geist frei sein für die Erleuchtung (jap.: »Satori«). Dabei widersetzt sich Zen jeder rationalen Formulierung. Es ist auf Intuition angewiesen. Zen wird nicht durch Bücher, Worte oder Reden vermittelt. Unmittelbare Zuwendung zum eigenen Inneren ist erfor-

derlich, Aufgeschlossenheit für Geist und Leben unabdingbar. Nur durch die Betrachtung der eigenen Natur wird man verstehen, was Zen ist. Ob sich am Ende das Ergebnis gelohnt hat, kann nur der beurteilen, der sich dem mühsamen Prozeß unterzogen hat, der in einem Dreischritt von der Unwissenheit (1) über das Infragestellen (2) zur Einsicht (3) führt.

Als erster chinesischer Zen-Patriarch gilt der Mönch *Bodhidharma*, der im 5./6. Jahrhundert von Indien auswanderte und in China eine Meditationsschule gegründet haben soll. Manche zweifeln, ob er eine historische Figur ist. Er wird in den alten Schriften als wild aussehender Mönch beschrieben, der einen zottigen Bart, riesige Augen, dichte Augenbrauen und einen stechenden Blick hatte. Mit diesen Eigenschaften wird wohl nicht der Mönch, sondern Zen selbst symbolhaft beschrieben, das den Chinesen in dieser frühen Phase unheimlich war. In

Bodhidharma, der erste chinesische Zen-Patriarch, in Meditation. Zeichnung vom Zen-Meister Hakuin, 18. Jh. Die betont häßliche Darstellung will die Ansicht abwehren, die Zen-Meister seien besonders verehrungswürdig.

Kanton begab sich der grobschlächtige Bodhidhar- ma zum Kaiser, der ein frommer Buddhist war. Die- ser fragte den Mönch, welches Verdienst er mit der Förderung des Buddhismus gewonnen habe. Er er- wartete, daß seine guten Taten zu einem besseren Karma, zu einer guten Wiedergeburt und schließlich zum Nirwana führten. Aber Bodhidharma antworte- te unverschämt, der Kaiser habe überhaupt keine Verdienste erworben. Das erschütterte den Kaiser sehr, und so kam es zu keiner weiteren Annäherung. Bodhidharma zog sich in eine Höhle zurück, wo er neun Jahre lang unbeweglich und schweigend die Wand anstarrte. Alle Schüler wies er ab. Nur *Huiko* ließ sich nicht abschrecken. Eine alte Anekdote er- zählt, daß Huiko den störrischen Meister immer wieder um Belehrung bat, aber immer wieder abge- wiesen wurde. Schließlich hatte er eine furchtbare Idee. Er schnitt sich selbst den linken Arm ab und brachte ihn zu Bodhidharma, damit er sich endlich umdrehe und ihm Frieden gebe. Bodhidharma un- terbrach sein Schweigen und sagte ihm: »Ich habe dir Frieden geschenkt.« In demselben Augenblick

---

Condition humaine – Die Geschichte von dem Mann, der abstürzt

Ein Mann hängt über einem Abgrund und klam- mert sich an den dünnen Ast eines Baumes, der aus dem Felsen hervorwächst. Mit einiger Anstren- gung könnte er sich emporziehen; aber dort oben steht ein wilder Tiger, der faucht und die Zähne bleckt. Läßt er los, wird er einem anderen Tiger, der unten auf ihn wartet, vor die Krallen stürzen. Während er da hängt und sich den Kopf zerbricht, kommen zwei Mäuse herbei, eine weiße und eine schwarze, und beginnen den Ast anzunagen, sei- nen einzigen Halt.

Jeder, der Zen studiert, wird irgendwann in eine ähnliche Lage geraten. Er ist überzeugt, daß er et- was tun muß, etwas aufgeben. Er kann sich nicht weigern zu handeln, denn die Lage, in der er sich befindet, ist katastrophal. Aber was er auch tut, die Sache wird davon nicht besser. Und dieweil er zö- gert und verängstigt nachdenkt, nagen die Mäuse des »ja« und »nein«, des »dies« und »das«, des »gut« und »schlecht« weiter.

Erzählung aus einem japanischen Zen-Kloster

---

hatte Huiko seine Erleuchtung. Später wurde Huiko zu seinem Nachfolger. – Die Anekdote ist für Zen ty- pisch. Ihre Grundstruktur wird in vielen anderen Er- zählungen variiert. Da ist einer, der lange Erkenntnis sucht, ohne Erfolg zu haben. Er nimmt große Mühen auf sich und verzichtet auf vieles. In unserer Erzählung, die keine Historizität beanspruchen kann, opfert er den linken Arm, was nichts anderes bedeutet, als daß ihm die Erkenntnis wichtiger ist als selbst ein Teil des Körpers, den er zum Leben dringend braucht. Die Erkenntnis kommt schockar- tig, ganz plötzlich, sozusagen wie ein Blitz aus heite- rem Himmel. Sie ist rational nicht zu verstehen, weil sie sich kaum zwingend aus dem Wort des Bodhi- dharma ergibt. Sein Wort war nur der äußere Anlaß für die lange gesuchte Tiefenerkenntnis.

Heute gibt es in Japan *zwei Schulen* des Zen, die sich nicht so sehr im Ziel, wohl aber in den Metho- den unterscheiden. Zwischen beiden Schulen beste- hen gewisse Rivalitäten.

• *Rinzai* wurde 867 von dem chinesischen Groß- meister Lin-chi (jap.: Rinzai) gegründet und am En- de des 12. Jahrhunderts von Eisai (1141–1215) nach Japan eingeführt. Es bevorzugt eher drastische Me- thoden. Manchmal setzt es auf Schock und kräftige Aufregung, um innere Fixierungen, die durch lange Gewohnheiten entstanden sind, aufzureißen. Seine Folgen sind nicht immer heilsam, manchmal sogar fatal. In früherer Zeit war vor allem die Militärkaste an dieser Zen-Richtung interessiert. Später hatte sie ihre Anhänger in der Aristokratie. Von daher konnte

Rinzai das kulturelle Leben Japans außerordentlich stark beeinflussen.

• Die Anfänge von *Soto* liegen im China des 9. Jahrhunderts, von wo aus sie der Zen-Meister Dogen (1200–1253) nach Japan brachte. Soto ist ein sanftes Zen, das eher vorsichtig die »Buddha-Natur« in uns sucht, die uns zuerst weitgehend verborgen ist. Hier soll der Geist, der durch seine Leidenschaften aufgewühlt ist, eher beruhigt werden. Man schreitet langsam und tut alles ohne Hektik. Erst wenn Stille eingetreten ist, können die tiefen inneren Erfahrungen des Friedens gemacht werden. Soto hat seine Anhänger vor allem in der Provinz und ist weitaus volkstümlicher als Rinzai.

Die Zen-Meditation findet in der Regel in einem *Kloster* statt. In der Mitte der meist langen *Meditationshalle* steht ein Bild des Buddha oder des transzendenten Bodhisattva Manjusri (»Der von lieblicher Schönheit«, → S. 414), manchmal auch noch ein Blumenstrauß. Sonst gibt es keinen Schmuck. Die Fenster sind von lichtdurchlässigem Papier verdeckt. An den Wänden befinden sich Stufen oder Podien, manchmal auch Strohmatten und Kissen, auf denen man während der Meditation hockt. Oft werden in der Halle Weihrauchstäbchen angezündet. Die Buddhafigur, die edlen Proportionen der Halle, das gedämpfte Licht, die matten Farben und die Stille unterstützen die Mönche und Meditierenden bei ihrer Betrachtung. Während der Übungsperioden (»Sesshin«), die für Laien 5 oder 7 Tage dauern, beginnt der Tag um 3 oder 4 Uhr in der Frühe und endet gegen 21 Uhr am Abend. Die Zeiten der Meditation werden nur durch drei vegetarische Mahlzeiten und durch kleinere Arbeiten in Haus und Garten unterbrochen. Zwei Mönche gehen mit einem flachen Holzstück durch die Reihen der Meditierenden und geben denen ein paar Schläge auf die Schultern, die nicht meditieren, sondern dösen oder schlafen.

Zen hat verschiedene *Methoden* entwickelt. »*Zazen*« ist Meditation im Sitzen. In den Klöstern bestimmt es den Rhythmus des Tages. Ein Meister achtet auf die richtige Haltung. Im Hocksitz, der den organischen Verhältnissen des Körpers bestens entspricht, gewinnt der Meditierende ein neues Verhältnis zu seinem Körper. Er achtet auf den Strom des Atems und versucht, von der kurzen, hektischen Brustatmung zu der langsamen, tiefen Bauchat-

mung zu kommen. Am Ende konzentriert er sich ganz auf seinen Bauch drei Finger unter dem Nabel. Er entdeckt dabei die Regungen seines innersten Lebens. Mit den Knien ist er der Erde verbunden, mit seinem Geist dem Himmel. So weiß er sich in den Kosmos eingespannt. Allmählich erkennt der Meditierende seine Stärken und Schwächen. Er lernt, neu zu gehen, neu zu essen, neu zu schlafen. Er lernt, in der Gegenwart zu leben und die Wirklichkeit zu sehen, wie sie ist. So wird das Leben geheiligt. Sowohl Rinzai wie Soto praktizieren Zazen. Aber in einem Punkt unterscheiden sie sich deutlich. Rinzai unterstützt die Meditation durch ein »Koan«, Soto lehnt jede Hilfe ab und bevorzugt das »Shikantaza«.

Ein *Koan*, ursprünglich aus China kommend, ist eine paradoxe und widersinnige Frage des Meisters an den Schüler, die dieser meist nicht beantworten kann. Es kann auch eine Aufforderung sein, die sich nicht erfüllen läßt. Das Rätselwort wird dem Schüler zur Meditation vorgelegt. Es gibt an die 1700 Koans. Viele sind berühmt geworden. Das Koan soll dem Schüler helfen, alle Zerstreuungen des Bewußtseins zu meiden, sich ganz zu konzentrieren, die Grenzen seiner Vernunft zu erkennen, in die Tiefen seines

Linke Seite: Junge Mädchen bei der Zen-Meditation in einer Halle. Auffällig ist die Strenge der Anordnung, der Körperhaltung, der Kleidung. Ein Mönch schlägt einem Mädchen auf die Schulter, weil es schläfrig geworden ist.

Zen-Garten in Kyoto, Japan. Der Sand symbolisiert das Meer, die großen Steine sind die Felsen im Wasser. Die ruhigen Gärten bieten der Zen-Medititation viele Anregungen.

Koans

»Gebrauche den Spaten,
den du in leeren Händen trägst.«

»Wenn man in beide Hände klatscht,
entsteht ein Ton.«

»Höre den Ton beim Klatschen einer Hand.«

»Spiele die saitenlose Leier.«

»Halte den Regen auf.«

Selbst zu finden und am Ende zu der Einsicht in das unbeschreibliche Absolute zu kommen.

Eine verfeinerte Form des Zazen ist das »*Shikan-taza*«, d. h. das Sitzen, ohne etwas zu tun. Die Aufmerksamkeit und Konzentration bleibt gespannt, aber sie richtet sich nicht mehr auf einen Gegenstand. Ohne jede Unterstützung, auch nicht durch ein Koan, soll die Meditation erfolgen. Am Ende soll das Bewußtsein leer von Bildern, Vorstellungen und Gedanken sein, aber zu einer ganzheitlichen Selbsterfahrung kommen. Sie kann je nach Religion und Weltanschauung unterschiedlich interpretiert werden. Buddhisten können sie als Einheit mit der Buddha-Natur, als Erleuchtung, als Nirwana oder auch als Leere interpretieren.

Viele Erscheinungen in der *japanischen Kultur*, die auf den ersten Blick nichts mit Religion zu tun haben, verdanken Zen ihre Entstehung und Gestalt. In der japanischen *Teezeremonie* kommen Gastlichkeit, Höflichkeit und edler Geschmack zu einer harmonischen Synthese. Ursprünglich war der Tee für die Mönche ein willkommenes Mittel, ihre Schläfrigkeit zu überwinden und den Geist wachzuhalten. Wo man sich heute zur Teezeremonie zusammenfindet, scheint die Zeit mit ihrer Hektik überwunden. Auch im *Judo* (Ringen), *Kendo* (Fechten), *Karate* (Kunst der leeren Hand) und *Kyodo* (Bogenschießen) verkörpert sich Zen. Hier handelt es sich ursprünglich nicht einfach um Sportarten, sondern um Übungen mit religiösem Charakter. Sie helfen, durch körperliche Anstrengung, seelische Konzentration und geistige Zucht das Ich zu überwinden

und Selbstlosigkeit zu erreichen. Auch *Shodo* (Schönschreiben in den reizvollen japanischen Buchstaben) und *Sumi* (Tuschmalerei) sind Zen-Wege. Faszinierend sind auch die *Zen-Gärten* Japans, die in ihrer Einfachheit und Natürlichkeit zur Meditation einladen. *Ikebana*, die geistige Schule des Blumensteckens, ist nicht nur ein ästhetisches Phänomen. Die Meisterin verbindet die einzelnen Zweige und Blumen so, daß sie Himmel, Erde und Mensch darstellen. So ergibt sich ein faszinierendes Arrangement, das sich einer tieferen Betrachtung erschließt. Die *Haikus*, die japanischen lyrischen Dreizeiler mit jeweils 14 Silben, atmen ebenfalls den meditativen Geist von Zen.

In Europa und in Deutschland hat Zen seit einigen Jahren eine gewisse *Konjunktur*. Abgehetzte und verunsicherte Zeitgenossen vermuten in Zen eine rasche und bequeme Methode zur Lösung ihrer Probleme. Zen verspricht körperliche Aktivierung, Überwindung von einseitiger Intellektualität und Integration der psychischen Kräfte des Menschen. Darin erfüllt es für viele das ersehnte Programm einer Religion ohne Religion. Vor einer unqualifizierten Indienstnahme muß indes gewarnt werden. Wer sich auf Zen einläßt, muß eine für uns ungewohnte körperliche, seelische und geistige Zucht auf sich nehmen und die neu gewonnenen Erfahrungen in seinem Alltag wirksam werden lassen. Dies ist ohne ein tiefes Verständnis für die buddhistische Lehre und ohne einen kundigen Zen-Meister nicht möglich. – Beachtung gefunden haben in den letzten Jahren die Versuche *christlicher Theologen*, insbesondere des aus Deutschland kommenden Jesuiten H. M. Enomiya Lassalle, Zen für das Christentum fruchtbar zu machen.

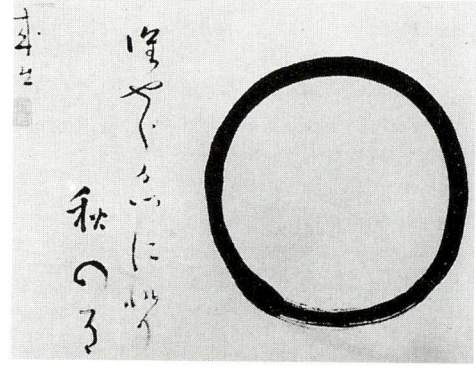

Schrift und Tuschmalerei aus einer Zen-Schule. Der Kreis ist mit einem einzigen Pinselstrich ausgeführt. Er bietet vielfältigen Anlaß zur Meditation. Er kennt keinen Anfang und kein Ende und ist doch begrenzt. Es gibt ein Innen und Außen und nur einen Punkt, von dem aus alle anderen Punkte des Kreises gleich weit entfernt sind.

Vajrayana – Das diamantene Fahrzeug

Die Religion Tibets

Seitdem der Mahayana-Buddhismus etwa im 8. Jahrhundert n.Chr. erstmals in das Land des Himalaja kam, hat er hier – im heutigen Tibet, Bhutan und Sikkim – eine unvergleichlich reiche Entwicklung durchgemacht. Wahrscheinlich entschieden sich die alten tibetischen Könige zunächst nicht aus religiösen Gründen für die Einführung des Buddhismus. Sie hofften vielmehr, durch ihn Zugang zu der bedeutsamen Kultur Indiens zu finden und eine Schrift übernehmen zu können, die einfacher war als die unübersichtliche Buchstabenwelt des benachbarten China. Der Buddhismus stieß in diesem wilden Bergland auf ein ganz urtümliches religiöses Leben, in dem Magie, Zauberei und blutige Opferrituale praktiziert wurden. Überall sah man gute und böse Geister am Werk, auf die man mit Gebeten und Beschwörungen einzuwirken suchte. In den Erscheinungen der Natur zeigten sich für die Bewohner des Landes göttliche Kräfte und Gestalten. Von den Göttern und Göttinnen erzählte man sich aufregende Mythen. Eine einflußreiche Priesterschaft war für die Zeremonien und Opfer zuständig. Die alte Religion, die bis heute noch einige Anhänger in Tibet hat, heißt »Bon-po«.

Als der Buddhismus in diese Welt eintrat, kämpfte er gegen diese Religion, paßte sich ihr aber auch sehr weit an. Die blutigen Opferrituale konnte er nicht übernehmen, da das Tötungsverbot zu stark mit dem innersten Wesen des Buddhismus zusammenhing. Aber farbenfrohe Feste, magische Formeln, geheimnisvolle Rituale und priesterliche Funktionen, die dem ursprünglichen Buddhismus fremd waren, fanden nun Eingang in den Buddhismus, ohne daß dabei die zentralen Bestände der Lehre des Buddha einfachhin preisgegeben wurden.

Der Buddhismus Tibets hat mehrere Namen. Meist wird er »Vajrayana«, d. h. »Diamantenes Fahrzeug« genannt. »Vajra« heißt ursprünglich »Donnerkeil« und meint den unbesiegbaren Blitzstrahl des vedischen Gottes Indra (→ S. 309), mit dem er einen mythischen Chaosdrachen tötete. Das Wort hat im Buddhismus auch die Bedeutung »Diamant«, der

Vajra, der Donnerkeil und der Diamant, und Ganta, die Glocke, sind Symbole des tibetischen Buddhismus. Sie spielen in den Ritualen und auf den Bildern eine große Rolle. Dabei steht der Diamant für das Unzerstörbare und Ewige, die Glocke mit ihrem rasch verhallenden Klang für das Vergängliche. Sie symbolisieren auch das männliche und weibliche Prinzip.

ein Symbol des Kostbaren und Unzerbrechlichen ist. In ihm spiegelt sich höchster Glanz. Der Diamant wird mit der Lehre, der Erleuchtung und dem Nirwana gleichgesetzt. Die Buddhisten sehen in ihm ein Bild des Absoluten und sogar auch der »Leere«. Die Anhänger sollen selbst zu geistigen »Diamantwesen« werden: klar, unzerbrechlich, unbesiegbar. Der Name »*Mantrayana*«, d. h. »Fahrzeug der Mantras«, zeigt, daß »Mantras«, d. h. Zaubersprüche oder Formeln mit magischer Bedeutung, die auf geheimnisvolle Weise eine Verbindung zu Göttern und Göttinnen schaffen, eine große Rolle spielen. »*Lamaismus*« heißt die Richtung, weil hier die »Lamas«, d. h. die religiösen Lehrer (auch »Gurus«), den entscheidenden Einfluß haben. In vorbuddhistischer Zeit waren sie Zauberer, Weise, Priester und Herrscher. Diese Funktionen sind ihnen in buddhistischer Zeit weitgehend geblieben. Lamas müssen nicht unbedingt Mönche sein, wohl aber die Lehre des Buddha kennen und weitergeben können. Seit dem 14. Jahrhundert bilden die Dalai Lamas und die Pantschen Lamas eine strenge Hierarchie in Tibet.

Das Vajrayana hat in Tibet viele *Mönchsorden* hervorgebracht. Es gibt die »Roten Hüte«, die »Schwarzen Hüte« und die »Gelben Hüte«. Mönche haben sich in Städten wie Lhasa und Shigatse einzigartige *Klosteranlagen* gebaut. Hier entstand eine reiche Literatur und Kunst. Viele *Tempel* des Landes sind mit großartigen Statuen und Bildern ausgestattet. Überall gibt es aber auch kleine ärmliche Klöster und Einsiedeleien, wo einzelne Asketen und Eremiten gelebt haben. In den Häusern und Familien, bei den Handwerkern, Nomaden und Bauern ist der

Buddhismus eine lebendige Kraft. Hinter der Vielfalt der religiösen Erscheinungen, die für uns meist kaum verstehbar sind, leben auf eigenwillige Weise die Lehren und Weisungen des Buddha fort.

Der tibetische Buddhismus ist eine legitime Form des Buddhismus. Er bildete sich nach dem Hinayana und Mahayana als *drittes Fahrzeug* heraus. Vereinfacht läßt sich sagen: Im Hinayana bilden Welt und Erlösung die äußersten Gegensätze. Im Mahayana werden Welt und Erlösung im Gedanken der Leere völlig identifiziert. Im tibetischen Buddhismus gewinnt die Welt eine eigene Bedeutung als Mittel zur Erlösung. Das schließt nicht aus, daß in der Philosophie des Vajrayana, die sich an Nagarjuna (→ S. 416 ff.) orientiert, die ganze Wirklichkeit letztlich auch als »Leere« verstanden wird. Durch den Glauben an die Bodhisattvas, der vom Mahayana übernommen wird, kommt auch ein altruistischer Zug des Mitleids in das Vajrayana.

Das göttliche Milieu

Am Anfang der buddhistischen Geschichte in Tibet kam ein indischer Meister mit dem Namen »*Der Lotosgeborene*« (Padmasambhava) ins Land, der sich große Verdienste um die Einführung des Buddhismus erwarb. Ihm sollen sich ständig feindliche *Götter und Dämonen* in den Weg gestellt haben, weil sie spürten, daß ihre Herrschaft über Tibet zu Ende ging. Der indische Mönch konnte alle besiegen. Die göttlichen Wesen brachten ihm ihre ganze Lebenskraft dar und wurden schließlich von ihm begnadigt, als sie schworen, künftig die Lehre des Buddha zu beschützen. In dieser alten Geschichte kommt die Erfahrung zum Ausdruck, daß der Buddhismus zwar die alte Götterwelt Tibets überwand, sie aber nicht ausrottete, sondern in seinen Dienst nahm. Den alten Göttern wurde ein meist bescheidener Platz im religiösen Leben Tibets zugewiesen. Der Buddhismus fand auch in Tibet die Kraft, sie zu respektieren und in den Alltag zu integrieren. Darin ist das Vajrayana dem Hinduismus vergleichbar.

Wichtiger als die vorbuddhistischen Götter und Dämonen, die in lokalen Kulten weiterleben, ist die Buddhagestalt. Sie hat im Vajrayana komplexe Formen angenommen, die nur aus der Drei-Körper-Lehre (→ S. 384 ff.) zu verstehen sind. Nun gibt es ei-

ne regelrechte Hierarchie der Buddhagestalten. An der Spitze dieser hierarchischen Pyramide steht der »*Adibuddha*«. Er verkörpert die absolute Buddha-Natur (»Dharma-Leib«) bzw. den unaussprechlichen Urbuddha. Er ist der erste, ursprüngliche, vorzeitliche Buddha, der zum obersten göttlichen Prinzip geworden ist, von dem alles andere abhängt. In ihm kann man Spuren eines Monotheismus erkennen, der sonst dem Buddhismus fremd ist. Hier liegt der Versuch vor, den Anfang der Welt durch Rekurs auf einen Gott zu verstehen – ein Unternehmen, das der historische Buddha strikt abgelehnt hatte.

Auf der mittleren Pyramidenebene sind dem Adibuddha *fünf transzendente Buddha-Gestalten* unterstellt, die »Thatagatas« (→ S. 366) oder »Jainas« (Sieger) heißen. Sie existieren im »Körper der Wonne«. Ihnen wird in Tibet die größte Verehrung zuteil. Ohne Kenntnis von ihnen kann man die Gebete, Mandalas und Tempel Tibets nicht verstehen. Alle diese Buddhas haben ihre eigenen Symbole, Körper-

Linke Seite: Padmasambhava, d.h. »Der Lotosgeborene«, Bronze, Tibet, 17. Jh. Er ist der große tantrische Meister, der den Buddhismus im 8. Jh. nach Tibet brachte. Bis heute wird er sehr verehrt.

Links: Tibetischer Stupa, im Hintergrund das Himalaja-gebirge.
Unten: Maitreya, der zukünftige Buddha eines glücklichen Zeitalters, Tibet (→ S. 414). Die Gläubigen beten darum, in seiner Zeit wiedergeboren zu werden, um bei ihm die Erleuchtung zu erlangen. Man hat Maitreya mit dem Messias der biblischen Tradition verglichen; dabei ist aber zu beachten, daß er nicht ein endgültiges Ende bringt, sondern in den ewigen Kreislauf des Werdens und Vergehens eingebunden bleibt.

farben, Throntiere, Elemente und Handhaltungen. Im buddhistischen Paradies sitzen sie in einer bestimmten Ordnung in der Mitte und an den vier Himmelsrichtungen. Sie entsprechen den fünf Elementen Äther, Wasser, Erde, Feuer und Luft. In ihren Namen erklingt die Faszination, die von ihnen ausgeht: *Vairocana* ist der ringsum Leuchtende, *Akshobya* der Unerschütterliche, *Ratnasambhava* der als Juwel Geborene, *Amithaba* das unermeßliche Licht, *Amoghasiddhi* die unerschütterliche Kraft. Zu diesen fünf Buddhas gehören fünf Bodhisattvas, die ebenfalls ihre eigenen Erzählungen, Farben, Funktionen und Symbole haben. Sie werden nicht weniger verehrt als die Buddhas selbst, weil sie von großer Liebe zu den Menschen erfüllt sind. Die drei wichtigsten sind *Avalokiteshvara* (Liebe, Güte, Mitleid), *Manjusri* (Weisheit, Einsicht) und *Vajrapani* (Wille, Tatkraft). Den fünf Buddhas sind jeweils auch weibliche Gestalten, Weisheitspartnerinnen (»Prajna«), zugesellt. Auf den bildlichen Darstellungen werden die göttlichen Buddhas mit ihren weiblichen Entsprechungen in inniger Umarmung oder in seliger Liebesvereinigung dargestellt. Darin drückt sich eine neue Bewertung der Sinnesfreuden aus. Im alten Buddhismus schloß Sexualität die Mönche aus dem Sangha aus. Im Vajrayana wird die Vereinigung des männlichen und weiblichen Prinzips zum mystischen Symbol der letzten Einheit, von Weisheit und Liebe. Die Vereinigung hat in ihrer höchsten Seligkeit den Charakter des Absoluten. Die populärste weibliche Gestalt in diesem Pantheon ist *Tara*. Ihr Name bedeutet »die einen heil über den Strom der Existenzen führt«, aber auch »Stern«. Sie ist die Beschützerin aller Lebewesen. Nach manchen Traditionen verkörpert sie auch Maya, die Mutter des Buddha.

Auf der unteren Ebene der göttlichen Pyramide steht mit dem »Leib der vergänglichen Erscheinung« der irdische Buddha, der in Tibet meist »*Shakyamuni*« (→ S. 366) genannt wird. Wichtige Stationen seines Lebens, vor allem die Erleuchtung, aber auch viele Szenen aus den Legenden, spielen im Himalajagebiet eine große Rolle, wenn auch hier die Frage nach der Historizität nicht interessiert.

Dieser ganze göttliche Bereich soll den Betrachter von der Ebene seiner Welt über die transzendenten Buddhas bis zum letzten Geheimnis führen. Die drei Körper des Buddha auf den drei Stufen der Pyramide werden dabei zu unterschiedlichen religiösen Erfahrungsebenen und Identifikationsmöglichkeiten. Am Ende gelangt der Betrachter der Götterwelt zur höchsten Weisheit des Adibuddha und wird selbst zu einem Erleuchteten.

Tantra, Mantra, Mandala

Der *Tantrismus* ist eine wichtige Strömung innerhalb der indischen Religionen. Er hat im Hinduismus seinen Platz und ist im buddhistischen Vajrayana zu einem wesentlichen Element geworden. Während der Buddha am Ende seines Lebens bekräftigte, daß er keine Geheimlehren verkündet habe, versteht sich der Tantrismus in wichtigen Punkten als eine Geheimlehre, die man aus keinem Buch lernen kann. Nur ein *Guru*, dem man sich gehorsam unterwirft, kann darin »einweihen«. Ohne sachkun-

Der Stupa Svayambunath (d. h. »der aus sich selbst Seiende«) in Katmandu, Nepal. Der Stupa ist ein Symbol des Adibuddha, d.h. des Urbuddha. Seine Augen blicken über der Halbkugel der Welt in alle Himmelsrichtungen. Über ihm führt der Weg über die 5 transzendenten Buddhas und die 13 Ringstufen zur endgültigen Buddhaschaft, die durch die Spitze bezeichnet ist (→ S. 358). Unten bewegen Frauen die Gebetstrommeln.

Rechte Seite: Die Schriftzeichen OM MANI PADME HUM.

dige Einführung kann der Tantrismus gefährlich sein. Der buddhistische Tantrismus kann auf eine lange Geschichte zurückblicken. Er hat eine Fülle schwer verstehbarer Literatur hervorgebracht.

»*Tantra*« ist ein System esoterischer Lehren und Praktiken, das mit Hilfe von Zaubersprüchen, Ritualen, Bildern, Tänzen und erotischen Handlungen den Kontakt mit der göttlichen Welt herzustellen und die Erlösung zu erlangen sucht. Materie, Körper, Worte, Gesten, Seele und Geist werden zu Trägern der göttlichen Wirklichkeit und zu Mitteln des Heils. Darin gewinnen die materiellen Dinge und der Körper des Menschen einen ganz neuen Wert im Buddhismus. Sie erschweren nicht mehr das Heil, sondern werden Brücken zum Heil und sind im Zustand der Ekstase sogar selbst das Heil.

• Gesten und Bewegungen des *Körpers* sind im Tantrismus von großer Bedeutung. Erotik, Sinnlichkeit und Leidenschaft können nun zu heilsamen Tugenden werden. Die unterschiedlichen Stellungen der *Hände* (»Mudras«, → S. 389) haben bestimmte magische Wirkungen. Lebendige *Tänze* haben in Kult und Liturgie ihren Platz. Der Ausdruck des Körpers im Tanz hat religiöse Kraft. Im Tanz verspüren

Die höchste Erleuchtung

Dann legte der Herr, der über den Leib, die Sprache und den Geist aller Thatagatas (Buddhas) herrscht, dieses Kapitel über die höchste Erleuchtung aus, die Mantra-Übung der großen Wahrheit.

»Durch den Genuß aller Freuden, dem man sich, ganz wie man will, hingibt, durch solch eine Übung kann man im Nu Buddhaheit erreichen. Durch den Genuß aller Freuden, dem man sich, ganz wie man will, hingibt, vereint mit der erwählten Gottheit, verehrt man sich selber, den Höchsten.

Es gelingt einem nicht dadurch, daß man sich einer scharfen Zucht und strengen Selbstqual hingibt; sondern dadurch, daß man sich dem Genuß aller Freuden hingibt, gelingt es einem schnell.

Man gewinnt die Erleuchtung, wenn man vorher den Zustand des Wohlbefindens in Körper, Sprache und Geist erreicht hat. Sonst wird sicher der vorzeitige Tod seine Früchte in der Hölle tragen.«

aus einem Lehrgedicht des Vajrayana

die Menschen ihre Beziehung zu den Göttern. Tanzend stellen sie auf körperhafte Weise die Götter dar oder laden sie in ihre Mitte ein. Manchmal tragen die Tänzerinnen und Tänzer große Dämonenmasken, um die bösen Geister zu verbannen. Noch intensiver wird der Körper dort in die religiöse Dimension einbezogen, wo die *sexuelle Vereinigung* als Weg zur Ekstase und zum Heil angesehen wird. Die Sexualität erhält hier höchste religiöse Qualität. In der Vereinigung von Mann und Frau wird die mystische Einheit mit der göttlichen Welt erfahren. Darin liegt auch eine neue Wertung der Frau. Sie gilt nicht mehr als ein Gefäß des Bösen. Alte matriarchalische Vorbilder werden wieder wirksam. Diese Praxis der Sexualität im Dienst der Religion gibt es nur in kleineren Richtungen des Vajrayana. Sie sind »wegen Unmoral« starken Anfeindungen ausgesetzt. In allen Richtungen aber finden wir auf den religiösen Bildwerken das »Vajra« (Donnerkeil) als männliches und die »Glocke« als weibliches Sexualsymbol.

• Auch die *Sprache* ist ein tantrisches Mittel. Wie die Hindus (→ S. 339) benutzen auch die Buddhisten Zaubersprüche (Sanskrit: »Mantras«). Mit einem *Mantra* kann man böse Geister abwehren und gute herbeirufen. Durch ein Mantra kann man sogar die

Erlösung gewinnen, wenn man nur alle Regeln beachtet, die festgelegt sind. Mantras werden lange gemurmelt. Dabei achtet man auf seinen Atem, die einzelnen Buchstaben und den Ton. Mantras haben ihre Macht vom Buddha und den Bodhisattvas, die den Menschen die Mantras geschenkt haben. Am bekanntesten ist das »OM MANI PADME HUM«.

OM und HUM sind alte Weiheworte, mit MANI und PADME wird der Buddha, seine Lehre und die Welt angesprochen. Ein Übersetzungsversuch: »Erhabenes Lob der göttlichen Kraft (OM), die sich gleich einem Juwel im Lotos in uns entfalten möge«. Kürzer: »O Juwel im Lotos« (→ S. 389). Ständig bewegen die Menschen diese Silben in Mund und Herz. Sie werden auf die Wände der Häuser geschrieben und in Gebetstrommeln, Gebetsmühlen mechanisch bewegt. Auf bunten Fahnen flattern sie im Wind. Bücher, Bilder und sogar Steine werden mit ihnen beschriftet. Das Aussprechen des Mantras verheißt unendliches Verdienst. Es stellt den Kontakt von unserer Welt zur Welt des Buddha her.

• Auch die Übungen des *Geistes* haben im Tantrismus ihren Platz. Die *Meditation* gewinnt im Vergleich zum alten Buddhismus eine neue und in der ganzen Religionsgeschichte wohl einmalige Bedeutung. Durch die Meditation soll zunächst im Betrachtenden das Wissen um die Leere aller Dinge entstehen. Dieses Wissen ist nicht Endzweck. In der Leere soll er nun die Bilder der Göttinnen und Götter in sich hervorbringen, damit er mit diesen identisch wird. Das ist Gottproduktion im eigenen Leib und im eigenen Bewußtsein, letztlich ist es Gottwerdung des Ich. Sie dient dazu, Befreiung von den Fesseln des Daseins zu erlangen.

• Eine wichtige Hilfe zur Meditation sind die Mandalas. Ein *Mandala* (Sanskrit: Kreis) ist meist ein Bild, auf dem in Kreis(en) und Viereck(en) viele Dinge zu sehen sind, die zum göttlichen Bereich des Vajrayana gehören. Sie sind für den europäischen Betrachter nicht leicht zu verstehen. Vielleicht leitet sich die Kreisform des Mandala von den Zauberkreisen her, den die Magier auf den Boden zeichnen. Ein Mandala stellt geistige und kosmische Beziehungen dar,

Thanka (Mittelteil), Tibet, 15./16. Jh. Das kostbare Bild zeigt den Buddha im Körper der Wonne (→ S. 385), der die höchste Glückseligkeit des Rades der Lehre (→ S. 378) in sich integriert hat (tibet.: Shamvara-Paramasukha-Chakrasamvara). Nach einem Mythos nahm der Buddha (»Shamvara«) die Erscheinungsform dieser Gottheit an, die das Klare Licht der Erlösung verheißt. Hier ist er lächelnd in der Vereinigung mit seinem weiblichen Pendant Vajravahari dargestellt. Es ist eine symbolhafte Einigung von Liebe (Vater, männlich) und Weisheit (Mutter, weiblich) und damit Sinnbild des Wesens des Buddha, wie ihn der tibetische Buddhismus sieht. Shamvara hat vier Köpfe (dunkelblau, weiß, rot, gelb). Seine drei Augen sind liebevoll auf seine Partnerin gerichtet. Mit seinen oberen Händen hält er eine Elefantenhaut als Zeichen des Sieges über die Unwissenheit, mit seinen unteren Armen umschlingt er seine Partnerin, wobei er in den Händen ein Vajra und Ganta trägt (→ S. 425). In den übrigen acht Armen hält er Symbole des Glücks und der Macht: Trommel, Messer, Dreizack, Stab, Axt, Schlinge, eine mit Dämonenblut gefüllte Schädelschale und einen abgeschlagenen Brahmakopf. Die schöne Vajravahari schmiegt sich dem Gefährten in lebhafter Ekstase an. Ihr rechtes Bein ruht auf seinem linken. Beide Figuren stehen auf zwei Gestalten, die wohl den Egoismus und böse Mächte symbolisieren. Ihre Häupter sind mit Kronen und einer Schädelkette verziert. Der feuerrote Hintergrund wird von einem leuchtenden Flammenbogen (oben, seitlich) und einem orangefarbenen Lotossockel (unten) umgrenzt. Ein sonnenhaftes Bild, dessen Betrachtung geistige Energie schenkt, aus der Weisheit und Liebe/Mitgefühl erwachsen.

Rechte Seite: Die fünf transzendenten Buddhagestalten, Mandala, Tibet. Das Bild stellt das Paradies des tibetischen Buddhismus dar. Hier leben in bestimmter Ordnung die fünf »Thatagatas«, die fünf Erscheinungsformen des Buddha im Körper der Wonne. Dem weit verbreiteten Bildtyp gilt die große Verehrung der Gläubigen. Im Zentrum sitzt der viergesichtige weiße Vairocana, »der ringsum Leuchtende«. Er hält das Rad der Lehre in Händen. Im Osten (links, Mitte) befindet sich der blaue Akshobya, »der Unerschütterliche«; im Süden (links oben) der gelbe Ratnasambhava, »der als Juwel Geborene«; im Westen (rechts oben) der rote Amithaba, »das unermeßliche Licht«, im Norden (rechts, Mitte) der grüne Amoghasiddhi, »die unerschütterliche Kraft«. Unten befinden sich zwei unterschiedliche Formen der Weißen Tara. Die linke ist achtarmig. Ihre Hände halten u.a. eine kleine Buddhafigur, ein Vajra und einen Bogen. Die rechte ist zweiarmig. Tara, eine mütterliche Gottheit, beschützt alle Lebewesen. Sie ist im Vajrayana sehr beliebt.

zeigt die Verhältnisse von Ich, Welt und Göttlichem auf. Es ist ins Bild gesetzte buddhistische Psychologie, Kosmologie und Theologie. Die buddhistischen Gottheiten werden als Personen oder in Symbolen und Schriftzeichen gezeigt. Oft ist auf dem Mandala das ganze Universum mit Buddhas und Bodhisattvas, mit Göttinnen und Göttern, mit Äbten, Lamas und Mönchen, mit Mann und Frau, mit Tieren und Pflanzen, mit Bergen und Flüssen zu sehen. Hinzu kommen viele Symbole für Glück und Heil. Ein Mandala ist meist auf Stoff oder Papier gemalt, kann aber auch mit farbigem Reis auf dem Boden angefertigt oder in Stein und Metall eingeritzt sein. Es zeigt dem Meditierenden einen Weg zu einem Verständnis von Mikrokosmos und Makrokosmos. Hier kann ihm etwas aufgehen von den geheimnisvollen Zusammenhängen seines Lebens mit der Welt und dem göttlichen Buddha.

Dalai Lama

Über 600 Jahre gibt es in Tibet die geistliche Herrschaft der Dalai Lamas. Das tibetisch-mongolische Wort »Dalai Lama« heißt »Ozean-Meister« und meint einen Lama, dessen Weisheit so unermeßlich wie der Ozean ist. Die Dalai Lamas waren zuerst nur die geistlichen Oberhäupter, seit 300 Jahren sind auch die weltlichen Herrscher des Landes. Der Dalai Lama hat hier ein religiöses Ansehen wie nur wenige religiöse Gestalten sonst in der Welt. Er ist für die Gläubigen eine Wiedergeburt des beim Volk so beliebten Bodhisattva Avalokitheshvara (→ S. 427), der auf seinen Eingang ins Nirwana verzichtet hat, um anderen Menschen die Erlösung zu bringen. Jeder Dalai Lama ist zugleich die Reinkarnation seines Vorgängers. Dieser Glaube bringt es mit sich, daß nach dem Tod eines Dalai Lama ein neugeborener Junge gesucht wird, der Ähnlichkeiten mit dem Verstorbenen hat und der in der Lage ist, Dinge zu erkennen, die diesem gehörten und lieb waren. Um einen solchen Knaben zu finden, ziehen kleine Gruppen von Mönchen durch das Land. Ohne sich zu erkennen zu geben, zeigen sie den in Frage kommenden Knaben einfache Gegenstände aus dem Besitz des Verstorbenen. Aus seiner Reaktion schließen sie, ob er mit dem verstorbenen Dalai Lama etwas zu tun hat oder nicht. Wenn mehrere Jungen in Be-

tracht kommen, entscheidet ein Los. Das Kind soll nach Möglichkeit nicht in einflußreichen Familien zur Welt gekommen sein, damit diese nicht später auf seine Tätigkeit einwirken können. Der erwählte Junge verläßt alsbald seine Heimat und kommt nach Lhasa in die große Klosteranlage, die nach dem südindischen Berg, der Sitz des Avalokiteshvara ist, »Potala« heißt. Dort wird er von den besten Lehrern unterrichtet und von zölibatär lebenden Mönchen zu den Tugenden eines Mönchs erzogen. Er lernt die heiligen Schriften und Traditionen seines Volkes kennen. Es dauert Jahre, bis er inthroni-

---

Solange

Solange der Raum Bestand hat,
Solange es empfängliche Wesen gibt,
Hoffe auch ich auf ein Bleiben,
Um die Leiden der Welt zu vertreiben.

*Dalai Lama, Ende der Rede anläßlich
der Verleihung des Nobelpreises 1989*

siert wird und die Herrschaft übernehmen kann. Bis dahin führt ein älterer Mönch die Regierungsgeschäfte. Bei diesem wächst der zukünftige Dalai Lama allmählich in seine schweren Aufgaben hinein. Seine Weihe zum Mönch und die Einsetzung in sein Amt werden mit großem Aufwand gefeiert. Dann obliegt es ihm, in Güte und Weisheit sein hohes Amt auszuführen. Neben dem Dalai Lama steht der *Pantschen Lama*, der auf die gleiche Weise gefunden wird. Auch er gilt als eine Verkörperung des Buddha. Im Lauf der Zeit hat er eher die geistlich-religiösen Funktionen übernommen, während der Dalai Lama mehr die politische Regie führt.

Der 14. *Dalai Lama* heißt *Tenzin Gyatso*. Er wurde 1935 an der Grenze Tibets auf chinesischem Gebiet geboren und kam 1940 nach Lhasa. Auf bewundernswerte Weise erkannte das Kind sofort die verkleideten Mönche der Suchkommission als Lamas und fand ohne Zögern den alten Rosenkranz und den abgenutzten Spazierstock seines Vorgängers aus einer größeren Anzahl ähnlicher Gegenstände her-

aus. Auch große abstehende Ohren und zwei Male am Oberkörper sprachen für die Reinkarnation des verstorbenen Dalai Lama in ihm. Seine Überführung nach Tibet kostete viel Geld, weil die regionalen Machthaber darin eine Chance sahen, ihre Kassen aufzufüllen. Von Anfang an war seine Zeit durch die aggressive Politik des kommunistischen China überschattet. Als er 16 Jahre alt war, wurde er 1951 ganz plötzlich in sein Amt eingesetzt, weil die Chinesen Mao Tse Tungs in Tibet einmarschiert waren. Bei seiner Inthronisation bekam er Namen wie der Heilige, der Sprachgewaltige, die absolute Weisheit, der Wahrer der Lehre, der große Ozean, die Gegenwart, das große Silberjuwel. Er konnte die Situation Tibets kaum verbessern. Schon bald besetzten die kommunistischen Chinesen Lhasa, die Hauptstadt des Landes, und bereiteten damit der Unabhängigkeit Tibets ein Ende. Ein demütigender Besuch des jungen Dalai Lama 1954 in Peking bei Tsu En Lai konnte die Lage nicht ändern. Er mußte mit ansehen, wie die Chinesen Klöster auflösten, Mönche zum Geschlechtsverkehr zwangen, Dörfer ausplünderten, Ernten für sich beschlagnahmten, Menschen drangsalierten und ermordeten. Als ein großer Aufstand der Tibeter gegen die chinesischen Besatzer 1959 erfolglos verlief, mußte er fliehen. In Indien fand er mit anderen Mönchen seiner Begleitung politisches Asyl und wurde dort das Oberhaupt einer tibetischen Exilregierung. Bei den Vereinten Nationen und den großen Machthaber der Welt fand er lange kaum Unterstützung, weil diese ihr Verhältnis zu dem kommunistischen China dadurch nicht beeinträchtigen wollten. So wurde in den folgenden Jahren die Situation für den Buddhismus in Tibet immer schlimmer. In der von den Chinesen 1967 kaltblütig inszenierten Kulturrevolution wurde der Yokhang, der heiligste Tempel Tibets, zu einem Schweinestall, die weitaus meisten der 6259 Klöster wurden zerstört, unzählige heilige Schriften und Mandalas verbrannt, tausende Mönche ermordet, alle Nonnen und Mönche auf unvorstellbare

Linke Seite: Mönche beim Studium der heiligen Schriften in einem tibetischen Kloster.

Ein Gläubiger dreht eine Gebetsmühle. Dadurch soll das Gebet ständig wiederholt werden. Diese Praxis leitet sich von dem »Rad der Lehre« ab, das der Buddha nach seiner Erleuchtung in Gang gesetzt hat (→ S. 378). In der anderen Hand hält der Gläubige eine Gebetskette.

Weise erniedrigt oder zur Kollaboration gezwungen. Längst sind die Tibeter aufgrund der langjährigen Ansiedlung von Chinesen in ihrem eigenen Land zur Minderheit geworden. Erst etwa seit 1980 hat sich die Lage etwas entschärft. Der Wiederaufbau einiger Klöster wurde gestattet. Lhasa und andere ehrwürdige Klosterstädte sind heute Attraktionen für ausländische Touristen, aber auch fromme Wallfahrer aus Tibet kommen wieder hierhin. Insgesamt hat der Buddhismus in Tibet unermeßlichen Schaden genommen. Ob er sich davon je erholen kann, ist fraglich. In derselben Zeit ist es dem Dalai Lama gelungen, überall in der Welt Freunde für den Buddhismus zu gewinnen. Auf seinen Reisen, in seinen Schriften und Vorträgen hat er den Buddhismus so erläutert, daß diese Religion in ihren einfachen Grundzügen auch der westlichen Welt zugänglich werden kann. Mit seiner Bescheidenheit, Güte und Weisheit hat er den Buddhismus zudem vorgelebt. Für seinen prinzipiellen Verzicht auf Gewalt und seine Toleranz gegenüber anderen Religionen wurde er 1989 mit dem Friedensnobelpreis ausgezeichnet. Wenn der Buddhismus weltweit an Ansehen gewinnt, ist dies nicht zuletzt sein Verdienst.

Gegenwart und Zukunft

Krisen und Gefahren

Der Buddhismus ist zu einer Religion mit einer langen Geschichte geworden, obwohl eine solche Entwicklung nicht zu den Intentionen des Buddha gehörte. Die 2500 Jahre der Geschichte, die seit seiner Entstehung bis heute vergangen sind, weisen Höhen und Tiefen auf. Oft gab es bedrohliche *Krisen* für die friedliche Religion. Seiner Ausbreitung stellten sich bisweilen starke Mächte entgegen. In der Vergangenheit wurde er vor allem von zwei anderen großen Religionen in Frage gestellt und bedroht.

Der *Hinduismus*, aus dem er hervorgegangen ist und mit dem er viele Grundauffassungen teilt, konnte den Buddhismus weitgehend wieder verdrängen. Heute gibt es nur noch ca. 5 Millionen Buddhisten in Indien. Außerdem konnte der Hinduismus den Buddhismus mit seiner Götterwelt, mit der Vielfalt seiner religiösen Riten und mit seinem Brauchtum so stark überformen, daß der Buddhismus auch außerhalb Indiens stark »hinduisiert« ist.

Der *Islam* hat den Buddhismus seit mehr als 1000 Jahren immer wieder grausam bekämpft. Die Muslime verfolgten den Buddhismus als eine unerträgliche Form des Polytheismus und bekämpften ihn im Namen Gottes mit Feuer und Schwert. Dabei erzielten sie beachtliche Erfolge. Sie konnten den Buddhismus aus Nordindien und Afghanistan, aus dem Gebiet des heutigen Pakistan und Bangladesch, später auch aus großen Teilen Indonesiens vertreiben. Diese Gebiete wurden dauerhaft islamisiert. Bei den blutigen Kämpfen wurden unzählige Mönche getötet, wertvolle Tempel vernichtet und alte Schriften und Bilder verbrannt. Die alte Feindschaft dauert vielerorts bis heute an. Zwischen Muslimen und Buddhisten kommt es immer wieder zu blutigen Ausschreitungen.

In der Neuzeit standen zwei eher säkulare Bewegungen im Widerstreit mit dem Buddhismus. Der seit dem 16. Jahrhundert einsetzende *Kolonialismus* brachte den Buddhismus erstmals mit Europa und dem Christentum in Kontakt. Die Kolonialherren aus Europa übten in vielen buddhistischen Ländern die politische Macht aus und stellten sich als Vertre-

ter einer höheren Kultur dar. Sie brachten Missionare mit, die den Buddhisten von der Überlegenheit des Christentums predigten. In dieser Zeit erfuhr der Buddhismus tiefe Demütigungen. Sein Selbstwertgefühl wurde stark beschädigt. Manche Buddhisten suchten nun ihre Zuflucht in westlichem Denken und christlicher Religiosität, wenn auch aufs Ganze gesehen der Erfolg der westlichen Ideen in buddhistischen Ländern gering blieb.

In unserem Jahrhundert erwuchs dem Buddhismus aus dem *Kommunismus* eine gefährliche Bedrohung. Dieser setzte sich mit seinem aggressiven Atheismus besonders in der Zeit Stalins die Ausrottung des Buddhismus zum Ziel. Damals wurde der Buddhismus in den südlichen Gebieten der Sowjetunion und in der Mandschurei grausam verfolgt. Die chinesisch-kommunistische Bedrohung Tibets dauert bis heute an (→ S. 433 f.). Nationalkommunistische Bewegungen haben in Kambodscha, Vietnam und anderen asiatischen Ländern furchtbar gewütet, mehrere Millionen Menschen umgebracht und unwiederbringlichen Schaden an buddhistischen Tempeln und Kulturgütern angerichtet. Andererseits gab es auch gefährliche ideolo-

Linke Seite, oben: Der Dalai Lama. Unten: Blick auf den Potala in Lhasa, Tibet. Bis zur Vertreibung des Dalai Lama war er dessen Kloster und Palastburg. Er ist eines der eindrucksvollsten Bauwerke der Welt.

Ein ehemaliger Mönch betrachtet die Reste der von chinesischen Soldaten zerstörten heiligen Schriften eines Klosters.

gische Annäherungen des Buddhismus an den Kommunismus. In Ländern wie Burma und Sri Lanka kamen Bestrebungen auf, den Buddhismus marxistisch zu interpretieren und in den Dienst einer kommunistischen Politik zu stellen. Mönche nahmen revolutionäre Parolen auf und kämpften für den Sozialismus und eine klassenlose Gesellschaft, die sie mit dem Nirwana identifizierten. Manche Buddhisten waren deshalb für den Kommunismus anfällig, weil dieser vorgab, sich für die Unterdrückten einzusetzen, und weil er als Bündnispartner gegen den Kolonialismus auftrat. Insgesamt hatten diese kommunistisch-buddhistischen Allianzen wenig Erfolg. Sie scheinen mit dem Niedergang des Kommunismus weitgehend ein Ende gefunden zu haben.

Reformen und beginnende Universalisierung

Seit den letzten Jahrzehnten des 19. Jahrhunderts hat der Buddhismus bedeutsame Schritte zu einer *Reform* getan. Sie werden in der Gegenwart kräftig intensiviert.

Gegenüber den westlichen Ideen und dem Christentum gewinnt der Buddhismus wieder ein *neues Selbstbewußtsein*. In vielen Ländern sind neue Klöster gegründet worden, die als Zentren buddhistischer Spiritualität große Ausstrahlungskraft haben. Kluge Mönche und weise Nonnen zeigen, daß es auch heute eine gute Sache ist, der Lehre des Buddha zu folgen. Buddhistische Gesellschaften sind entstanden, die Lehre und Wissenschaft fördern. Die alten Schriften und Traditionen des Buddhismus werden so intensiv studiert und erforscht wie nie zuvor. In vielen Teilen der Welt kann der Buddhismus neue Freunde für sich gewinnen. Er findet heute mehr Zustimmung in aller Welt als je zuvor in seiner langen Geschichte.

Die Reform gewinnt ihre innere Kraft aus der *Rückbesinnung auf den Ursprung*. In seinem Selbstverständnis bezieht sich der heutige Reformbuddhismus wieder stärker auf den historischen Buddha,

Friedenspagode bei Milton Keyne in Buckinghamshire, erbaut 1980. Sie ist ein modernes Symbol für kosmische Harmonie und ein Zeugnis des universalen Friedenswillens.

Rechte Seite: Buddhistische Nonnen während eines Gebets in Thailand.

seine Lehre und den Sangha. Die vier edlen Wahrheiten und der edle achtfache Pfad rücken erneut in Mittelpunkt buddhistischen Lebens. Das Streben aller Lebewesen nach Glück wird anerkannt und daraus ein Ethos der Liebe, des Mitleids und der Mitfreude mit allen Lebewesen entwickelt. Entschieden wendet sich der Buddhismus gegen den Krieg. Er empfiehlt sein Ethos der Gewaltlosigkeit als Zukunftsmodell für die Menschheit.

In vielen Ländern gibt es ernsthafte Versuche zu einer Neuinterpretation des Buddhismus, die aus der Begegnung mit den *modernen Wissenschaften* resultiert. Dieser Prozeß ist zur Zeit lebhaft in Gang. Er findet, ähnlich wie in den anderen Religionen, entschiedene Befürworter und heftige Kritiker. In der Auseinandersetzung mit den Naturwissenschaften werden manche Vorstellungen, die aus den alten Legenden stammen, aufgegeben. Das alte indische Weltbild, seine zeitlichen und räumlichen Dimensionen, die vielen Wunder des Buddha und seiner Jünger gelten nicht mehr als unverzichtbarer Bestandteil des Buddhismus. Sie werden als unwesentliches Beiwerk einer großartigen Lehre entmythologisiert. Andere wichtige Anstöße kommen von den Religions- und Kulturwissenschaften, denen eine genauere Kenntnis des Buddha und seiner Lehre zu verdanken ist. Sie haben wichtige Beiträge zu einem Neuverständnis der buddhistischen Lehre und Tradition geleistet und dabei geholfen, den Buddhismus in seinen ursprünglichen Intentionen kennenzulernen. Für manche Buddhisten ist der Buddhismus im Gespräch mit den Wissenschaften zu einer

Vernünftig – praktisch – allumfassend

Der Buddhismus ist weder pessimistisch noch »weltflüchtig«. Er bestreitet nicht die Existenz von Gott oder Seele, gibt beiden jedoch seine eigene Interpretation. Er ist im Gegenteil ein Gedankensystem, eine Religion, eine geistige Wissenschaft und ein Lebensweg und damit vernünftig, praktisch und allumfassend. Über zwei Jahrtausende weg hat er den geistigen Bedürfnissen von nahezu einem Drittel der gesamten Menschheit Genüge getan. Er findet Anklang im Westen, weil er keine Dogmen hat, weil er die Vernunft ebenso wie das Gemüt befriedigt, weil er den Nachdruck auf Selbstbefreiung legt und Toleranz lehrt gegenüber anderen Anschauungen, weil er zugleich Wissenschaft, Religion, Philosophie, Psychologie, Ethik und Kunst umfaßt, und weil er den Menschen allein zum Schöpfer seines jetzigen Lebens und zum einzigen Planer seines Schicksals bestimmt.

aus: Buddhismus in geistiger Auseinandersetzung mit der modernen Welt (1973)

Religion der Vernunft geworden. Sie sehen ihn als ein modernes rationales System an, das weder unzumutbare Glaubensanforderungen stellt noch im Gegensatz zu den heutigen Wissenschaften steht. Der Buddhismus wird hier zu einer *weltbejahenden* und *optimistischen* Religion mit einem *universalen* Anspruch. Diese rationalistische und optimistische Selbsteinschätzung ist im Buddhismus allerdings nicht ohne Widerspruch geblieben.

In der Auseinandersetzung mit modernen gesellschaftspolitischen und sozialen Trends ist der Buddhismus auch auf der Suche nach seiner Verantwortung für *Politik und Gesellschaft.* Er ist dabei, sein Image als weltindifferente und weltflüchtige Religion zu korrigieren und sich aktiv für Sozialreformen einzusetzen. Vor allem B. R. Ambedkar (→ S. 327), der 1956 mit vielen Kastenlosen vom Hinduismus zum Buddhismus übergetreten ist, hat diese soziale Sicht des Buddhismus gefördert. Viele Buddhisten bemühen sich engagiert darum, die materielle Versorgung der Armen und Elenden zu verbessern und ihnen größeren politischen Einfluß zu verschaffen. Sie denken dabei an einen »mittleren Weg« zwischen Kapitalismus und Kommunismus.

Bemerkenswert sind die Versuche, die *Stellung der Frau* zu überdenken und zu verbessern. Buddhistische Frauen in aller Welt analysieren die Rolle der Frau in ihrer Tradition und entdecken unter den großen Gestalten der buddhistischen Geschichte viele anregende Lehrerinnen. Nicht länger geben alle Frauen still ihr Einverständnis zu den vielen Benachteiligungen, die auch im gegenwärtigen Buddhismus für Frauen bestehen. Einflußreiche Nonnen sind an einer Gleichberechtigung weiblicher und männlicher Ordensleute interessiert und wollen sich einer Benachteiligung der Nonnen in der buddhistischen Hierarchie nicht mehr fügen. 1987 gab es die 1. internationale Konferenz buddhistischer Nonnen in Bod-Ghaya, auf der die »Internationale Vereinigung buddhistischer Frauen« gegründet wurde. Viele Frauen sind davon überzeugt, daß der Buddhismus nur dann, wenn er die Gleichberechtigung und Gleichwertigkeit der Frau anerkennt, mit einer großen Zukunft rechnen kann. Sie reden davon, daß das »Rad der Lehre« (→ S. 378 f.) heute durch Frauen zum drittenmal in Gang gesetzt wird, nachdem es zuvor durch den Buddha und im Mahayana in Bewegung kam.

Die Themenkomplexe *Ökologie* und *Menschenrechte* werden von vielen Buddhisten intensiv diskutiert. Dabei können sie sich auf die naturverbundene und humane Einstellung des Buddhismus seit seinen Anfängen beziehen. Schon in der Lebensgeschichte des Buddha und in den Legenden, die um ihn kreisen, finden sich dafür viele anschauliche Zeugnisse (→ S. 376 f.).

Zum modernen Buddhismus gehört vor allem das Faktum seiner beginnenden *Universalisierung.* War er bis ins 19. Jahrhundert nur eine Religion Ostasiens, so hat er sich seitdem weltweit ausgedehnt. Er hat in den USA, aber auch in mehreren europäischen Ländern wie England, Frankreich und Deutschland Fuß fassen können. Mag die Zahl seiner Anhänger dort auch noch klein sein, so ist der Einfluß, der von den dortigen buddhistischen Gruppen ausgeht, nicht zu unterschätzen. Man kann wohl annehmen, daß wir am Beginn einer *westlichen Form* des Buddhismus stehen. Dabei gibt es im Westen ganz unterschiedliche Motivationen für das Interesse am Buddhismus. Manche sehen in ihm eine vernünftige Orientierungsmöglichkeit in einer sinnlos erscheinenden Welt oder eine Alternative zum Christentum. Sie sind fasziniert von der Gestalt des Buddha, von den Möglichkeiten der Meditation, von der tiefen Weisheit der buddhistischen Lehre. Andere erhoffen sich ein ganzheitliches Verständnis von Welt und Ich, das ihnen dazu hilft, die Einseitigkeit eines rein rational geprägten Weltverständnisses zu überwinden. Nicht selten ist das Interesse am Buddhismus aber auch nur eine Modeerscheinung.

Er ist gefragt als Chance zu einem alternativen Leben mit dem Reiz des Exotischen und Fremden. Tourismus und Medien wirken ständig an einem solch unzulänglichen Bild des Buddhismus mit.

Buddhismus in Deutschland

Das Interesse für den Buddhismus, das nach langen Zeiten des Unverständnisses im späten 19. Jahrhundert in Deutschland aufgekommen war, entwickelte sich nach dem 2. Weltkrieg verstärkt weiter. Seitdem gab es verschiedene Phasen der Buddhismus-Rezeption in Deutschland. In den ersten 20 Jahren war das Interesse am alten Theravada vor allem in akademischen Kreisen dominierend. Danach wuchs in zwei Wellen gerade bei jungen Leuten und in alternativen Gruppen eine stärker lebensmäßig orientierte Annäherung an den Buddhismus. Nun galt die Aufmerksamkeit den verschiedenen Formen der Meditation in der Form des Zen und des tibetischen Buddhismus. In dem Dachverband »Deutsche buddhistische Union« sind seit 1958 die verschiedenen Gruppen zusammengefaßt. 1985 wurde die »Buddhistische Religionsgemeinschaft in Deutschland« gegründet. Sie strebt die Anerkennung als Körperschaft des öffentlichen Rechts an. Das Interesse am Buddhismus geht aber weit über den organisierten Buddhismus hinaus. Es zeigt sich in überaus vielen Publikationen und Diskussionen. In den Medien, Kirchen und Schulen sind Informationen über den Buddhismus sehr gefragt.

Zur Zeit (1996) leben ca. *40 000 Buddhisten* in Deutschland. Die eine Hälfte von ihnen besteht aus Flüchtlingen und Arbeitsuchenden, die in den letzten beiden Jahrzehnten aus Ländern wie Vietnam, Kambodscha, Burma, Laos und Thailand gekommen sind. Ihr Buddhismus hat keine nennenswerten Auswirkungen auf das öffentliche Leben. Die andere Hälfte bilden deutschen Buddhisten, die in den verschiedenen Fahrzeugen Zuflucht gefunden haben. Es gibt hier Anhänger des Hinayana, Mahayana, des tibetischen Buddhismus, Freunde des japanischen Zen und Buddhisten ohne Ausrichtung an einer bestimmten Tradition. Die deutschen Buddhisten gehören ca. 200 verschiedenen Gruppierungen an, von denen die bedeutendsten in den Großstädten Berlin, München, Hamburg und Köln zu Hause sind.

Buddhismus und Christentum

Eine lange Geschichte

Buddhismus und Christentum verbindet in ihrem Ursprung nichts. Der Buddhismus ist vor 2500 Jahren in Indien aus dem Hinduismus, das Christentum vor 2000 Jahren im Land Israel aus dem Judentum erwachsen. Historisch, geographisch und religiös liegen Welten zwischen beiden Religionen. Kontakte zwischen Christen und Buddhisten waren in früheren Jahrhunderten schon deshalb schwierig, weil sowohl die räumliche Distanz wie die Sprachbarrieren kaum zu überwinden waren. Es hat lange gedauert, bis die beiden Religionen näher miteinander in Kontakt kamen.

Anfangs waren es nur sporadische Berührungen, die zustande kamen. Sie sind auf christlicher Seite erstaunlich früh bezeugt. Die erste Erwähnung des Buddha finden wir schon bei dem Kirchenvater *Clemens von Alexandrien* (ca. 150–217). Er berichtet, daß dem Buddha wegen seiner Heiligkeit von seinen Anhängern die Ehre eines Gottes zuteil geworden ist. *Hieronymus* (347–419), ein anderer Kirchenlehrer, weiß von einer Jungfrauengeburt des Buddha. Seit dem 7./8. Jahrhundert kursierte im Abendland eine merkwürdige Legende, die aus dem Buddha einen christlichen Heiligen gemacht hat. Möglicherweise wurde sie von christlichen Pilgern aus Indien mitgebracht. Sie trägt den Titel: »*Das Leben von Barlaam und Josaphat*«, wobei die Namen »Barlaam« und »Josaphat« von Bodhisattva (→ S. 367) abgeleitet sind. Hier wird erzählt, wie der christliche Asket Barlaam den indischen Königssohn Josaphat trifft, der lange im Reichtum gelebt, dann aber der Welt entsagt hat. Nachdem er seinen Vater und viele Freunde von seinem Weg überzeugt hat, stirbt er am Ende als Mönch und Wundertäter. Viele Jahrhunderte wurde St. Josaphat in der katholischen Kirche als Heiliger verehrt, bis er im 20. Jahrhundert aufgrund historischer Bedenken aus ihrem Festkalender verschwand.

Wann das Christentum zum erstenmal in buddhistischen Ländern auftaucht, ist schwer zu sagen. Sicher ist nur, daß nestorianische (nichtorthodoxe) Christen im 7. Jahrhundert von Kleinasien aus nach *Indien* und *China* kamen und dort Kontakt mit dem Mahayana fanden.

Es ist naheliegend, daß man bei offenkundigen *Parallelen in Lehre und Lebenspraxis* Abhängigkeiten vermutet. Das gilt für Ähnlichkeiten im Leben des Buddha und im Leben Jesu, von denen die buddhistischen und christlichen Texte erzählen. Es gilt für Ähnlichkeiten in Idee und Struktur des Mönchtums. Es gilt ferner für Ähnlichkeiten in der buddhistischen Vorstellung der »Leere« (→ S. 416 ff.) und der christlichen negativen Theologie. Aber direkte Abhängigkeiten sind bislang nicht überzeugend nachgewiesen worden. Die Parallelen lassen sich auch

Linke Seite: Bhimrao Ramji Ambedkar (1891-1956). Er trat mit vielen Kastenlosen vom Hinduismus zum Buddhismus über und gab dem Buddhismus starke Reformimpulse.

Die Ankunft der Jesuiten in Japan 1542, Stellschirm, 17. Jh. Den Fremden schlug damals eine große Neugier entgegen, weil sie aus einer unbekannten Welt kamen und neue Dinge mitbrachten.

durch ähnliche religiöse Grunderfahrungen erklären.

Christlicherseits gab es im Mittelalter und seit Beginn der Neuzeit durch die *Mission* Kontakte zur buddhistischen Welt. Franziskaner kamen schon im 13./14. Jahrhundert nach China. Sie waren vom buddhistischen Mönchtum sehr beeindruckt. Die Jesuiten haben seit dem 16. Jahrhundert in Ostasien und Japan missioniert. Ihr wichtigster Mann Franz Xaver (→ S. 349) war sogar mit einem buddhistischen Abt befreundet. Insgesamt waren die negativen Auswirkungen der Mission wohl größer als die positiven. Vor allem deshalb stieß die Mission auf Ablehnung, weil sie sich eng mit dem europäischen Kolonialismus verband. Allzuoft zeigten die Missionare ein religiöses Überlegenheitsgefühl und betrachteten den Buddhismus als eine asiatische Form primitiven »Heidentums«. Die Buddhisten dagegen konnten nicht verstehen, daß sie sich erst taufen lassen mußten, um zur Erlösung zu kommen. Erst recht war ihnen die Rede vom blutigen Kreuzesopfer Christi suspekt, da schon der Buddha alle blutigen Opfer abgelehnt hatten. Das christliche Modell »Erlösung durch Leiden« stand in äußerstem Gegensatz zum buddhistischen Modell »Erlösung vom Leiden«.

Erst im *20. Jahrhundert* wurden die Kontakte zwischen Christen und Buddhisten allmählich besser. Dies lag einmal daran, daß sich in Europa durch die Arbeiten von Philosophen, Wissenschaftlern und Kunsthistorikern ein besseres Buddhismus-Bild entwickeln konnte. Inzwischen haben sich auch namhafte evangelische und katholische Theologen eingehend mit dem Buddhismus befaßt. So konnte in den christlichen Kirchen auch aus theologischen Gründen die Einsicht wachsen, daß das Verhältnis zum Buddhismus neu zu definieren sei. Für die katholische Kirche hat das *2. Vatikanische Konzil* 1965 erstmals in der »Erklärung über die nichtchristlichen Religionen« (»Nostra aetate«) kirchenamtlich verständnisvolle Worte über den Buddhismus gefunden. Sie waren zwar nur kurz und pauschal, gaben aber den Anstoß zu vielen gemeinsamen Aktionen, Begegnungen und Studien. Als Papst Johannes Paul II. 1986 andere Religionsführer zu einem Friedensgebet nach *Assisi* einlud, erschienen auch der Dalai Lama und andere buddhistische Persönlich-

keiten. In manchen Klöstern Europas, Asiens und Amerikas haben Mönche des Buddha und Ordensleute in der Nachfolge Jesu tiefe Gemeinsamkeiten auf ihren geistlichen Wegen entdeckt. Daraus sind Freundschaften zwischen Buddhisten und Christen entstanden, die weit in die Welt beider Religionen wirken.

Schwierigkeiten des Vergleichs

Ein Vergleich zwischen Buddhismus und Christentum stößt auf fast unüberwindliche Schwierigkeiten. Das liegt einmal daran, daß sich beide Religionen auf Gestalten ihres Ursprungs beziehen, die sich in wesentlichen Punkten stark voneinander unterscheiden. Das Leben und Handeln des *Buddha* und des *Jesus* von Nazaret, ihre Voraussetzungen und Wirkungen sind so verschieden, daß bei jedem Vergleich die Gefahr unstatthafter Vereinfachung besteht.

Erst recht wird der Vergleich schwierig, wenn er die Verschiedenheit der *Lehren* betrachtet. Sie sind komplexe geistige Gebilde, die sich im Lauf der Geschichte schon innerhalb der Religionen selbst immer wieder gewandelt haben, so daß sie bereits in ihrer eigenen Tradition ein schwankendes Profil haben. Begriffe wie Meditation, Erleuchtung, Erlösung, Nirwana, Ich, Seele, Körper, Welt und Gott haben schon in den einzelnen buddhistischen Fahrzeugen eine höchst unterschiedliche Bedeutung. Erst recht wird der Vergleich dieser Begriffe mit den Entsprechungen im Christentum problematisch. Fast immer verbergen sich hinter der Gleichheit der Worte unterschiedliche Vorstellungen. Es braucht eine lange Vertrautheit mit der anderen Religion, um zu verstehen, was sie mit ihren Lehren letztlich meint.

Berücksichtigt man die unterschiedlichen Entwicklungen in der langen *Geschichte* beider Religionen, wird jeder Vergleich vollends fragwürdig. Der alte buddhistische Sangha kann nicht mit der Frühzeit der Christenheit, das heutige Mahayana nicht mit der katholischen Weltkirche oder den Kirchen der Reformation, der Zen-Buddhismus nicht mit den Ostkirchen verglichen werden. Zu unterschiedlich sind die religiösen Grundgedanken, die geschichtlichen Ausformungen und die sozialen Prägungen all dieser Richtungen.

Der Buddha und Jesus

Es gibt manche *Gemeinsamkeiten* zwischen dem Buddha und Jesus. Beide gehen einen mittleren Weg zwischen harter Askese und hemmungslosem Genuß. Beide haben ihre Lehren mündlich vorgetragen, aber keine Schriften verfaßt. Das Ethos beider ist in vielen Punkten verwandt. Beide sprechen die Sprache ihres Volkes und fassen ihre Botschaft in unvergänglichen Gleichnissen zusammen. Beide haben kein Amt inne und setzen sich mit den traditionellen Amtsinhabern und Priestern ihrer Zeit auseinander. Beide haben eine gute Lehre und eine frohe Botschaft verkündet. Beide wollen die Menschen zu einem Zustand bzw. Leben führen, in dem Leid und Schuld keinen Platz mehr haben.

Als älteste *Quellen* haben wir für den Buddha den Pali-Kanon, für Jesus das Neue Testament. Beide Texte sind nicht aus historischem Interesse entstanden. Sie wollen nicht Reportage oder Biographie sein, sondern Ruf zum Verständnis der Lehre des Buddha und Aufruf zum Glauben an Jesus, den Gottessohn. Ihre Adressaten sind nicht Historiker, Religionswissenschaftler und auch nicht Menschen des 20. Jahrhunderts, sondern der frühe Sangha und die frühe Kirche. In den Sutras und Evangelien sollen die Menschen Antwort auf die konkreten Fragen

ihrer Zeit und auf die letzten Fragen des menschlichen Daseins finden. Die religiöse Zielsetzung schließt nicht aus, daß die buddhistischen und christlichen Schriften des Anfangs auch in historischer Hinsicht ergiebig sind. Sie bieten genügend Material, aus dem sich auch der geschichtliche Rahmen beider Gestalten rekonstruieren läßt. Durch sie wissen wir mit Sicherheit, daß der Buddha und Jesus nicht als zeitlose Mythen betrachtet werden dürfen. Sie sind historische Figuren, deren Leben sich in wichtigen Grundzügen, aber nicht mehr in allen Details beschreiben läßt. Für ein rein geschichtliches Verständnis ist die Quellenlage zur Person Jesu etwas günstiger. Die ältesten Erzählungen über ihn waren schon bald nach seinem Tod im Umlauf und wurden wenige Jahrzehnte später aufgezeichnet. Demgegenüber beträgt der Abstand zwischen dem Leben des Buddha und den ältesten Zeugnissen über ihn mindestens zwei bis drei Jahrhunderte. Die neutestamentlichen Schriften sind in den letzten 150 Jahren in einer Intensität erforscht worden wie wohl kein anderes Buch der Weltliteratur. Demgegenüber ist die wissenschaftliche Erforschung der viel umfangreicheren Schriften des Buddhismus noch im Rückstand.

Für beide Gestalten gibt es in der Überlieferung eine reiche *Legendenbildung*. Ihre Anfänge reichen bis in die ältesten Schriften beider Religionen hinein. Später wächst sie in den Texten des Mahayana und in den apokryphen Evangelien ins Uferlose. Da wird das Wunderbare beider Gestalten ins Mirakelhafte gesteigert. Sie können nun sich selbst und andere aus großen Gefahren retten und werden von unerhörten Naturphänomenen (Pflanzen, Tiere, Sterne, Sonne) in ihren Aufgaben bestätigt. Ihre Handlungsmöglichkeiten erstrecken sich bis in den Himmel. Selbst das Böse in Person kommt in beiden Traditionen vor. Als Mara versucht es den Buddha, als Teufel stellt es Jesus auf die Probe.

In den legendarisch ausgeschmückten *Kindheitserzählungen* gibt es gewisse Parallelen, aber auch große Verschiedenheiten. Die Ähnlichkeiten: Beide Kinder werden von der Mutter ohne Zutun eines Mannes empfangen. Die Geburt des Buddha ereignet sich unter wunderbarem Erblühen der Natur, während bei der Geburt Jesu die Engel am Himmel ihr »Gloria in excelsis Deo« singen. Beiden Kindern wird eine großartige Lichtverheißung für ihre Zukunft zuteil. Der alte Asita prophezeit dem indischen Kind die große Erleuchtung, während der greise Simeon den jüdischen Eltern Jesu ankündigt, ihr Sohn werde ein Licht zur Erleuchtung der Völker sein. Die Unterschiede: Der eine kommt als Königssohn, der andere als Kind armer Leute zur Welt, dem allerdings die Weisen aus dem Morgenland mit kostbaren Gaben huldigen. Dem einen steht der ganze Reichtum seiner Zeit zur Verfügung, der andere ist ein Krippenkind, dessen Leben von einem grausamen König bedroht wird.

In ihrem *öffentliche Leben* scharen beide Jünger um sich, wandern heimatlos durch ihr Land, sprechen Menschen an und verweigern ihr Wort nicht einmal Kurtisanen und Dirnen. Beide warnen vor den Gefahren der Welt, leben bewußt in Armut und verurteilen Habgier und Anmaßung. Aber während der Buddha die Welt verlassen hat, ist Jesus, nachdem auch er sich 40 Tage in der Stille der Wüste auf seine Aufgabe vorbereitet hat, in der Welt für die Menschen da. Er ist nicht, wie der Buddha, Mönch geworden und hat auch keinen Orden gegründet.

Beide sind zutiefst vom *Leid* in der Welt bewegt. Allerdings verhalten sich beide zum Leiden und zu den Leidenden unterschiedlich. Der Buddha hat mehr in der Stille seines Bewußtseins nach dem Wesen des Leids gefragt. In einem eher meditativen Zugang hat er alles getan, um die Ursachen des Leidens zu ergründen, das Leid selbst zu überwinden, Erlösung vom Leiden zu finden und anderen zu vermitteln. Dagegen hat er sich nicht so sehr dem konkreten Leiden seiner Mitmenschen zugewandt. Er hat vor allem die angesprochen, die in ihrem Reichtum keinen Sinn mehr sahen und von den Freuden ihres Lebens enttäuscht waren. Nie hätte er seine Einstellung zu den Menschen als »Liebe« bezeichnen können, da für ihn Liebe mit Leid verbunden ist und das Leid nicht besiegen kann. Jesus hat sich dagegen mit offenen Augen dem konkreten Leiden der Menschen gestellt. Er hat das Leid nicht zum Mittelpunkt seiner Lehre gemacht und Leidende nicht so sehr über das Wesen des Leids belehrt. Er hat sie getröstet, geheilt, aufgerichtet und geliebt. Arme, Elende, Kranke, Ausgestoßene, Schuldige sind aus seinem Leben nicht wegzudenken. Innere Zuwendung zu ihnen hielt er für geboten. Liebe zum Nächsten war

ein Grundzug seines Lebens. Seinen Freunden hat er mit großem Ernst aufgetragen, in Liebe gegen das konkrete Leiden der Menschen anzugehen. Von einer verinnerlichten Meditation als Weg zur Überwindung des Leids hat er nicht gesprochen.

Verschieden sind die Grundauffassungen von Welt und Mensch. Während sich für den Buddha die *Welt* in einem ewigen Prozeß bewegt, der letztlich für alles Leben Leid bedeutet, ist die Welt für Jesus die gute Schöpfung Gottes, in der der Mensch vertrauensvoll leben darf. Dem »Ich« kommt beim Buddha weder Einmaligkeit noch Bestand zu. Der Mensch ist eine ständig wechselnde Kombination von verschiedenen Daseinsfaktoren. Nach einer neuen Geburt tritt ein anderer ins Dasein. Was bleibt, sind die Daseinsfaktoren und der Schein des Ich. Dieser Prozeß findet nur nach dem Verlöschen des Lebensdurstes im Nirwana ein Ende. Demgegenüber ist jeder Mensch in der biblischen Tradition ein einmaliges, unverwechselbares Geschöpf Gottes, das zum Leben auf der Erde bestellt und zum Ewigen Leben bei Gott berufen ist.

Die entscheidenden Erfahrungen im Leben beider sind grundverschieden. Für den Buddha war es

Wenn man die Person und Lehre des Buddha mit der Person und Botschaft Jesu Christi vergleicht, stößt man auf Ähnlichkeiten, aber nicht weniger auch auf Verschiedenheiten. Ein einzelner Aspekt dieser komplizierten Beziehung wird auf den beiden Bildern sichtbar.

Das Bild auf der linken Seite stammt von einem tibetischen Mandala aus dem 18. Jh., auf dem das Paradies des Amithaba zu sehen ist, der der »Buddha des unermeßlichen Lichts« ist.

Das andere Bild ist dem Egbert-Codex entnommen, der um 1000 entstand. Es ist ein Detail aus der »Himmelfahrt Jesu Christi«.

Die Bilder weisen gewisse Ähnlichkeiten auf. Beide Gestalten sind von einer kreis- bzw. mandelartigen Form eingerahmt, die sie aus der alltäglichen Welt herausnimmt und ihnen einen transzendenten Charakter verleiht. In beiden Grundfiguren wird höchste Würde und übermenschliche Hoheit spürbar. Beide haben Befreiung vom Leid erreicht. Von beiden kann Erlösung auf andere übergehen. Darum kommt beiden ein überirdischer Nimbus zu. Beide leuchten in heiliger Aura.

Aber auch die Unterschiede zwischen beiden Figuren sind gewaltig. Der Buddha, der in seiner Hand eine Bettelschale trägt, sitzt ruhend in sich selbst. Er bedarf keiner anderen Sache oder Person. In sich selbst hat er seine Lehre als den Weg zur Vollkommenheit gefunden. Sich selbst verdankt er die Befreiung vom Leid.

Jesus Christus trägt auch in seiner Vollendung noch das Kreuz in seiner Hand, an dem er schrecklich zu Tode gekommen ist. Er bleibt nicht in seiner Mandorla begrenzt, sondern streckt seine Hand heraus. Sie wird von der Hand Gottes ergriffen, der selber im Bildlosen bleibt. Auf ihn ist er ganz bezogen. Während also der Buddha ganz auf sich konzentriert ist, steht Jesus Christus zwischen der furchtbaren Erfahrung eines grausamen Todes und der wunderbaren Verwiesenheit auf Gott.

die *Erleuchtung*, die er unter dem Bodhibaum in Uruvela erhielt. Hier gewann er in höchster Konzentration und Wonne die Einsichten, die sein weiteres Leben und seine ganze Lehre bestimmten. Ihm war es vergönnt, bis ins hohe Alter von 80 Jahren darüber nachzudenken und seine Lehre anderen zu predigen. Er starb wie ein Vollendeter und verlöschte ins *Nirwana*. Das wichtigste Ereignis im Leben Jesu war sein *Tod am Kreuz*. Er scheiterte katastrophal nach einem Leben, in dem er seinen Mitmenschen die Königsherrschaft Gottes ankündigte. Sichtbarer Erfolg wurde ihm in seinem Leben nur in begrenztem Maß zuteil. Als Rebell wurde er unter dem Beifall und Spott vieler getötet. Damals war er noch nicht 40 Jahre alt. Am Ende stand furchtbarer Schmerz und das Gefühl, von Gott verlassen zu sein. Trotzdem wußte er sich in Gottes Hand. Die Tragik seines Lebens wäre vollständig, wenn er nicht im Glauben seiner Anhänger als der *Auferstandene* weiter lebte. Das Ende beider war die Konsequenz ihres Lebens. Dem einen ging es um die Überwindung des Leids und das Verlöschen im Nirwana, dem anderen um Liebe und die Hoffnung auf das Reich Gottes. Der eine war ein mystisch Erleuchteter, der andere ein von

Gott geführter Prophet. Den einen zog es immer wieder in die Stille, den anderen in die Auseinandersetzung mit der Welt. Die wichtigsten Bilder, die von beiden erstellt wurden, erschließen einen Grundzug ihres Wesens. Das eine zeigt den Buddha, der lächelnd und in sich versunken auf der Lotosblume sitzt und meditiert. Das andere zeigt den geschundenen Christus, der sterbend am Kreuz hängt.

Ein entscheidender Unterschied zwischen dem Buddha und Jesus liegt in ihrer Einstellung zu *Gott*. Während der Buddha (→ S. 400 f.) über Gott letztlich nichts gesagt und alle Überlegungen darüber eher abgewiesen hat, steht Gott ganz im Mittelpunkt des Redens, Betens und Handelns Jesu (→ S. 121 f.). In Gott sieht er den Anfang, den Mittelpunkt und das Ende von allem. Beide Einstellungen müssen sich nicht widersprechen. Sie können sich ergänzen, weil sie in ihrer Gegensätzlichkeit dem letzten Geheimnis vielleicht am ehesten gerecht werden. Ihre zentralen Perspektiven gehen im Blick auf Gott weit auseinandergehen und berühren sich doch: Schweigen und Reden, Leere und Fülle, Nichts und Alles, Negation und Position, Nichtwissen und Überzeugtsein, Nirwana und Ewiges Leben.

Die Frage der *Theodizee*, wie der gute Gott zum Bösen und zum Leid in der Welt steht, spielt im Buddhismus keine Rolle. Das Leid ist untrennbar mit dem Leben verbunden, und niemand ist dafür verantwortlich zu machen. Man könnte wohl fragen, warum der ewige Prozeß des Weltenlaufs so leidvoll eingerichtet ist. Von diesem aber ist eine Antwort nicht zu erwarten. Demgegenüber ist diese Frage für das Christentum unabweisbar. Jesus hat sie am Kreuz gestellt, als er fragte, warum Gott ihn verlassen habe. Eine rational und emotional befriedigende Antwort ist nicht in Sicht. Trotzdem ist Jesus im Vertrauen auf Gott gestorben. Seine Auferweckung ist eine Antwort der Bibel auf die Theodizeefrage.

Um beide Personen haben sich im Lauf der Zeit große Lehrsysteme entwickelt. Es gibt eine umfangreiche *Buddhologie* und *Christologie*. Diese Systeme versuchen, Leben und Werk der großen Anfangsgestalten zu deuten und sie in überzeitliche und göttliche Dimensionen zu stellen. Aus dem indischen Lehrer wird der wichtigste Gegenstand der buddhistischen Lehre und die transzendente Buddha-Natur, aus dem jüdischen Verkündiger wird der Mittelpunkt der christlichen Verkündigung und der wesensgleiche Sohn Gottes. Von beiden wird nun »Präexistenz« ausgesagt, d. h. ein Dasein, das schon vor dem Eintritt in das geschichtliche Leben besteht. Das Wirken beider ist für ihre Anhänger und Gläubigen nicht auf die Vergangenheit beschränkt. Es wird in der Gegenwart erfahren und auf die Zukunft ausgeweitet. Am Ende steht die Wiederkunft des Buddha Maitreya und des Jesus Christus. Aber auch in den Lehrsystemen gibt es gewichtige Unterschiede. Während in der Buddhologie viele Buddhas eine Rolle spielen, bleibt die Christologie an dem einen historischen Jesus von Nazaret orientiert.

Nirwana und Ewiges Leben

Weder für den Buddhismus noch für das Christentum endet das menschliche Leben mit dem Tod. Beide Religionen haben Vorstellungen über den Zustand nach dem Tod entwickelt, die tief in der Tradition Indiens bzw. des Judentums zurückreichen. Sie beruhen auf verschiedenen Grundvorstellungen von Gott, Mensch und Welt, weisen aber auch Gemeinsamkeiten auf. Dieser Zustand ist die *Erlösung*. Sie hat zwei Seiten, die in beiden Religionen gesehen werden, aber anders akzentuiert sind. Erlösung ist, negativ gesehen, Freiheit von den Begrenzungen des Lebens, Überwindung unseres Elends, Erlöschung unserer hinfälligen Existenz. Sie ist aber auch, positiv gesehen, das Resultat unseres guten Tuns, Freiheit zu höchstem Glück und das Aufgehobensein unserer Existenz.

Den Buddha hat nach seiner Erleuchtung der Wunsch bewegt, in das *Nirwana* zu vergehen. Hier allein gibt es für ihn das endgültige Ende des Lebens. Hier allein kann man dem ewigen Kreislauf des Werdens und Vergehens entgehen, der zugleich auch ein Kreislauf ständig sich erneuernden Leidens ist. Nur ein konsequentes Leben ohne Gier, Haß und Verblendung kann zum Ausstieg aus dem Existenzenwirbel und zum Verlöschen im Nirwana führen. Dieser Zustand kann schon vor dem leiblichen Tod erreicht werden. Der Gedanke an ein »Ewiges Leben« hätte für ihn etwas Erschreckendes gehabt, da im Rahmen des alten indischen Weltbildes »Leben« mit Leiden gleichgesetzt wurde und »ewiges Leben« ewiges Leiden bedeutet hätte.

Für Jesus ist mit der jüdischen Tradition »Leben« ein nicht zu überbietender Wert. Es kommt von Gott, der ein »Gott des Lebens« ist, und steht im Gegensatz zum Tod, der Gottesferne ist. Darum ist seine Verheißung *Ewigen Lebens* die Verheißung schlechthin. Sie schenkt dem Menschen die Hoffnung, daß das Kostbarste, was er hat, nicht endgültig der Vergänglichkeit verfällt. Das Leben kann ewig sein, weil es von Gott aufgehoben wird. Wer es erlangen will, muß Haß und böse Gier in sich besiegen. Auch Ewiges Leben kann im Glaubenden schon vor dem leiblichen Tod anwesend sein. Der Gedanke an ein Verlöschen des Lebens hätte für Jesus etwas Erschreckendes gehabt, weil er darin die Zerstörung einer kostbaren Gottesschöpfung gesehen hätte.

Die *Gemeinsamkeiten* beider Vorstellungen beginnen da, wo gefragt wird, was es mit Nirwana und Ewigem Leben auf sich hat. Wenn mit dem Nirwana das endgültige Verlöschen des Menschen gemeint ist, so daß er in jeder Hinsicht im Nichts »vernichtet« wird, gibt es keine Gemeinsamkeit. Wenn aber mit dem Nirwana ein Zustand gemeint ist, der mit unserer Sprache nicht mehr beschreibbar ist, in dem Gier, Haß und Verblendung ein Ende haben, wenn er zugleich als ein transzendenter Zustand angesehen wird, der mit den Gegebenheiten unserer Welt nichts zu tun hat, dann gibt es tiefe Gemeinsamkeiten zu dem, was Christen »Ewiges Leben« nennen. Denn Ewiges Leben ist das Ende von Schuld und Leid. Mit »Seligkeit«, »Ruhe«, »Glück« und »Mitsich-eins-Sein« wird es unzureichend beschrieben. Es ist ein Zustand jenseits unserer Welt, ein Leben in der Nähe Gottes. Keine Sprache kann beschreiben, wie Ewiges Leben bei Gott ist. Nur Bilder, Gleichnisse und Symbole können auf Nirwana und Ewiges Leben hinweisen. Sowohl der Buddha wie Jesus waren darin erfinderisch.

Alternativen für die Zukunft

Die Lehre des Buddha und das Evangelium Jesu Christi sind zwar in vielen Punkten weit voneinander entfernt. Aber beide kommen darin überein, daß sie ernsthafte Antworten auf menschliche Grundfragen sind. Vielleicht stellen sie für die Zukunft der Welt die Alternativen dar, vor die sich viele religiöse Menschen gestellt sehen.

Der *Buddha* kennt keine göttliche Offenbarung. Er stützt sich auf seine eigene Erfahrung und nimmt als Ausgangspunkt seiner Lehre das Leid aller Wesen dieser Welt. Aufgrund seiner Einschätzung von Ich, Welt und Geschichte spricht er ein Nein zur Welt und zur Geschichte, wobei Güte gegenüber allem Leben angemahnt wird, damit nicht durch fehlendes Mitleid das Leid der Kreatur vergrößert wird.

Um sein letztes Ziel zu erreichen, muß der Mensch in sich Gier, Haß und Verblendung überwinden.

Das *Evangelium Jesu* weiß von einer göttlichen Offenbarung. Gott bietet dem Menschen Rettung an, die er durch eigene Kraft nicht erreichen kann. Darin ist die Lehre Jesu »frohe Botschaft«. Zur Welt, soweit sie nicht durch Schuld entstellt ist, spricht Jesus ein Ja. Er ruft dazu auf, das Leiden dieser Welt durch Liebe zu überwinden, ohne die Illusion zu haben, das Paradies auf Erden verwirklichen zu können. Der Glaubende lebt aus der Hoffnung, daß die ganze Schöpfung am Ende in Gottes Händen gut aufgehoben ist und bei ihm Bestand hat.

Noch steht eine geistige Auseinandersetzung zwischen dem Buddhismus und Christentum erst in ihren Anfängen. Sie verspricht ein epochales Datum für die zukünftige Menschheit zu werden. Was sie bedeuten kann, hat der katholische Theologe *Romano Guardini* schon 1937 in seinem berühmten Christusbuch »Der Herr« angedeutet.

Buddha und Jesus

Einen Einzigen gibt es, der den Gedanken eingeben könnte, ihn in die Nähe Jesu zu rücken: Buddha. Dieser Mann bildet ein großes Geheimnis. Er steht in einer erschreckenden, fast übermenschlichen Freiheit; zugleich hat er dabei eine Güte, mächtig wie eine Weltkraft.

Vielleicht wird der Buddha der Letzte sein, mit dem das Christentum sich auseinanderzusetzen hat. Was er christlich bedeutet, hat noch keiner gesagt.

Romano Guardini (1885–1968), katholischer Theologe

Religionen in der heutigen Welt

Religion – was ist das?

Es schwer zu sagen, was Religion eigentlich ist, weil die Zahl der Religionen groß und ihre Erscheinungsformen sehr verschieden sind. Das ihnen Gemeinsame läßt sich kaum auf eine Formel bringen. Darum ist es schon verwunderlich, daß man diese Vielfalt unter dem einheitlichen Begriff „Religion" zusammenfaßt. Viele Definitionen sind versucht und auch wieder verworfen worden. Alle Definitionen und noch mehr alle Bewertungen hängen von den Voraussetzungen dessen ab, der die Definition versucht oder die Bewertung vornimmt. Schon katholische und evangelische Christen sind sich untereinander nicht einig, wie sie ihre Kirchen und die anderen Religionen beurteilen sollen. Erst recht kommen unterschiedliche Auffassungen zustande, wenn z. B. konservative Rabbiner, muslimische Rechtsgelehrte, indische Brahmanen oder buddhistische Mönche urteilen. Agnostiker und Atheisten gelangen nochmals zu anderen Urteilen.

Ein paar Beispiele für Definitionsversuche aus unserer Gesellschaft müssen genügen. Einen ersten Hinweis gibt das lateinische Wort »religio«. Es leitet sich ab entweder von »religari«, d. h. (an Gott) rückgebunden sein, oder von »relegere«, d. h. (Weisungen) gewissenhaft beobachten. Im Wort »Religion« findet sich also der Bezug auf eine andere Welt und auf das Handeln des Menschen. Damit sind zwei wichtige Merkmale genannt. Für den französischen Philosophen und Mathematiker Blaise Pascal (1623–1662) kann die Religion etwas über die Größe und das Elend des Menschen sagen, weil sie ihn aus einer göttlichen Perspektive betrachtet. Immanuel Kant (1724–1804), der philosophische Begründer des Deutschen Idealismus, sieht in der Religion, subjektiv betrachtet, die Erkenntnis aller unserer Pflichten als göttliche Gebote, während der Philosoph Friedrich Schleiermacher (1768–1834) das Wesen der Religion in das Gefühl der schlechthinnigen Abhängigkeit und in den Sinn und Geschmack fürs Unendliche legt. In kritischer Umkehrung des Deutschen Idealismus lehnt der Philosoph Ludwig Feuerbach (1804–1872) die Religion ent-

Auf der vorhergehenden Doppelseite bewegen sich Menschen auf den Straßen einer modernen Großstadt. Ihre Wege gehen in verschiedene Richtungen.

schieden ab, weil sie für ihn nichts anderes als das verkehrte Selbstbewußtsein des Menschen und eine Projektion seiner Wünsche und Sehnsüchte ist. Darauf fußt Karl Marx (1818–1883), der Begründer des Kommunismus, mit seiner berühmten Formulierung, Religion sei Opium des Volks. Ähnlich kritisch ist Sigmund Freud (1856–1939), der Initiator der Psychoanalyse, wenn er jede Religion als Illusion und Wahnidee bezeichnet. Helmuth von Glasenapp (1891–1963) definiert als Religionswissenschaftler Religion als den im Denken, Fühlen und Wollen bestätigten Glauben an übernatürliche persönliche oder unpersönliche Mächte, von denen sich der Mensch abhängig fühlt und die er für sich zu gewinnen sucht. Verwandt damit ist die Definition des katholischen Theologen Hans Küng (geb. 1928), der sagt, Religion sei die in einer Tradition und Gemeinschaft sich lebendig vollziehende (in Lehre, Ethos und meist auch Ritus) sozial-individuell realisierte Beziehung zu etwas, was den Menschen und seine Welt übersteigt oder umgreift: zu einer wie immer zu verstehenden allerletzten wahren Wirklichkeit (das Absolute, Gott, Nirwana). Im Unterschied zur Philosophie gehe es in der Religion um Heilsbotschaft und Heilsweg zugleich. Niklas Luhmann (geb. 1927) schließlich sieht als Soziologe die wichtigste Funktion der Religion in der Reduktion der Unbestimmtheit und Unbestimmbarkeit des Welthorizonts in Bestimmtheit oder doch Bestimmbarkeit.

Alle diese Versuche zeigen, daß es für ein so komplexes Gebilde wie die Religion keine allgemein akzeptierte Definition und erst recht keine pauschale Bewertung gibt. Keine Definition erfaßt sie vollständig, wenn auch alle Versuche etwas Richtiges sehen. Oft werden Teilfunktionen für ihr Ganzes ausgegeben. Wir gehen hier davon aus, daß Religion mit einer höheren Dimension zu tun hat, aber doch selber die Sache von Menschen ist. Menschen haben ihre Religionen entworfen, geprägt und weiterentwickelt. In allen religiösen Äußerungen spiegeln sich menschliche Erfahrungen. Aber die Religionen führen auf den Weg in eine Wirklichkeit, die den Menschen überragt und die nicht von ihm abhängig ist. Davon legen sie auf vielfältige Weise Zeugnis ab. Als Menschenwerk ist Religion ambivalent, in ihrer Zielsetzung einmalig und unvergleichbar. Religion ist großartig und elend, weist Licht und Schatten auf, erweckt Hoffnung und bewirkt Illusionen. Sie führt den Menschen zu Heiligem und zu Profanem. Wer sie verstehen will, muß versuchen, ihre Aufgaben und Funktionen im einzelnen näher kennenzulernen.

Religion durchbricht die Normalität des Lebens und weist auf ein Ziel hin, das weit über die Welt hinausreicht. Sie rechnet mit einer Wirklichkeit, die anders und größer ist als die empirische Realität. Diese andere und *größere Wirklichkeit* ist nicht wie alle vergänglichen Dinge und Lebewesen gebunden an den Raum, in dem wir leben, und begrenzt in der Zeit. Das Wort, das sie benennt, ist nicht einheitlich. Es ist in den verschiedenen Zeiten und Kulturen jeweils anders. Die Religionen haben viele Eigennamen dafür, z. B. JHWH im Judentum, Vishnu im Hinduismus oder Kuanyin im Buddhismus. Sie sprechen von Göttern, von Göttlichem, von Gott, von Transzendenz, vom Unbedingten und Umgreifenden, vom Licht, vom unendlichen Geist, von Leben, vom Ewigen, vom Faszinosum und Numinosum, vom Heiligen, vom letzten Geheimnis, vom Unnennbaren, vom Absoluten und sogar vom »Nichts«. Oft wird das Wort in dem Bewußtsein ausgesprochen, daß kein Wort diese andere Wirklichkeit angemessen beschreiben kann. Die Großen in den Religionen haben sich am Ende ihrer Erfahrungen mit dieser größeren Wirklichkeit ins Schweigen eingeübt.

Religion gibt *Hoffnung* und *Zuversicht*. Sie stärkt das Vertrauen in eine Macht, die mehr kann als der Mensch. Diese Macht wird an wichtigen Stationen des Lebens erfahren: bei der Geburt, zu Beginn der Pubertät, bei der Hochzeit, im Glück und Unglück, in Angst und Schrecken, in Krankheiten und beim Tod. Die Hoffnung der Religion reicht über den Tod hinaus. Religion verheißt Anteil am Königtum Gottes, Ewiges Leben, den Himmel, das Paradies oder Befreiung vom ewigen Kreislauf des Leidens im Nirwana. Sie schenkt dem Menschen die Erwartung, daß er selbst an der größeren Wirklichkeit teilhaben kann. Die Hoffnung der Religion ist oft an Gestalten gebunden, die die Welt und den Menschen in Zukunft zum Besseren verändern werden: der jüdische Messias, der wiederkommende Christus, der schiitische Mahdi, der buddhistische Maitreya.

Religion vollzieht sich in einer *Gemeinschaft*, die dem einzelnen Halt und Hilfe bietet. Die Gemein-

schaft schenkt ihm Orientierung auf dem Weg zur Transzendenz bzw. zu Gott. Zugleich gibt sie ihm die Chance, seine Kräfte für sinnvolle Aufgaben zu entfalten. Religiöses Zusammengehörigkeitsgefühl kann starkes Engagement bewirken. Die religiöse Gemeinschaft ist für den einzelnen oft ein Stück Heimat. Dies gilt auf jeweils andere Weise für das Volk Israel, die christlichen Kirchen, die islamische Umma, die indischen Kasten, den buddhistischen Sangha.

Solange es Religionen gibt, gibt es *religiöse Handlungen* eigener Art. Sie reichen vom blutigen Schlachtopfer über bunte Wallfahrten bis zur vergeistigten Meditation. Es gibt asketische Weltflucht, freiwillige Ehelosigkeit (Zölibat), Fasten, Bußübungen und Kasteiungen, Sündenbekenntnis und Schuldvergebung, priesterliche Aufgaben des Segnens und Weihens, politische Gestaltung der Welt aus religiöser Überzeugung. Für die spezifisch religiösen Tätigkeiten haben sich in allen Religionen eigene *Berufsstände* herausgebildet: Rabbiner, Priester, Katecheten, Koranlehrer, Imame, Brahmanen, Mönche.

Eine der wichtigsten religiösen Handlungen ist in allen Religionen das *Gebet*. Es lebt in unendlich vielen Varianten als Anrufung und Beschwörung der Götter, als Lob und Preis Gottes, als Dank für erfahrene Wohltaten, als Bitte um Hilfe, Vergebung und Rettung, als Klage und Anklage, als Bekenntnis des Glaubens. Gebete sind die eigentliche Sprache der Religion. Wer die Religionen verstehen will, muß ihre Gebete verstehen: das jüdische Sch'ma Israel, das christliche Vaterunser, das muslimische Pflichtgebet, das Gayatri-Mantra der Hindus oder das buddhistische OM MANI PADME HUM.

Religionen bedeuten ein hohes Maß an Orientierung für die *Praxis des Lebens*. Sie bieten in ihren Gesetzen, Geboten und Weisungen gute Maximen des Handelns. Indem sie Lohn und Strafe für einzelne Taten benennen, beeinflussen sie wirkungsvoll das Verhalten der Menschen. Das biblische Gebot der Liebe, die fünf Säulen des Islam oder der indische Weg des Mitleids und der Gewaltlosigkeit haben die Welt auf positive Weise verändert. Religion wirkt auf das Gewissen ein und deutet die Stimme des Gewissens als die gebietende Stimme, der sich der Mensch nicht verweigern darf.

Keine andere Institution der Welt hat einen solchen Reichtum an *Literatur* und *Musik*, an *Malerei* und *Skulptur* hervorgebracht. Unerschöpflich ist die Vielfalt der Gottes- und Buddhabilder in den ostasiatischen Religionen, während sich die monotheistischen Religionen des Judentums, Christentums und Islams an das Bilderverbot gebunden wissen. Sie haben andere Werke von höchstem Rang hervorgebracht: den unerschöpflichen Thoraschmuck, das vielgestaltige Christusbild oder die unübertroffene arabische Schrift des Koran. Im Laufe der Zeit hat das Christentum allerdings auch wieder Gottesbilder geschaffen. Beispielhaft für den Rang der religiösen *Architektur* seien die jüdischen Synagogen, die christlichen Kirchen, die muslimischen Moscheen, die indischen Tempel und die buddhistischen Stupas genannt. Die Weltkunst wäre ohne die großen Werke der Religionen arm. Meist wurden sie aber nicht um der Kunst willen geschaffen. Sie wollen das Heilige offenbar machen und die Menschen innerlich zu ihm hinführen. In den Werken der Religionen wird Göttliches manifest.

Auch die vielen religiösen *Bräuche*, die nicht zur großen Kunst zu zählen sind, haben eine unerhörte Bedeutung, weil sie dem Alltag der Menschen eine neue Weite geben. In *Fest und Feier*, in Riten und Liturgien erscheint das gewöhnliche Leben in ungewöhnlichem Glanz. Unverwechselbar und einmalig sind das jüdische Pesach, das Weihnachtsfest der Christen, das islamische Fest am Ende des Ramadan, das Lichterfest der Hindus und die buddhistische Nacht der Erleuchtung. Die Religionen konnten und können so viel *Schönheit* hervorbringen, weil sie die Schönheit der Welt als Abglanz der ewigen Herrlichkeit verstehen. In der Schönheit ihrer Werke zeigt sich von Ferne die größere Schönheit des Ewigen.

Religion stellt sich den *Grundfragen des Lebens*. Auch wenn der Mensch noch so viel weiß, bleiben ihm Fragen, die nicht einfach durch Lebenserfahrungen, durch die Wissenschaften oder durch die Philosophie beantwortet werden können. Solche Fragen lauten: Wer bin ich? Wo komme ich her? Wo gehe ich hin? Was ist gut und böse? Wie kann ich glücklich werden? Was soll mein Leben? Woher kommt die Welt? Was soll die wechselvolle Geschichte, in der wir leben? Gibt es ein endgültiges Heil, eine endgültige Erlösung? Gott – wer ist das?

Es ist nicht so, daß Religion alle diese Fragen beantworten könnte. Sie ist nicht eine letzte Instanz, die ein geheimes Wissen hat, das sonst niemand auf der Welt kennt. Aber Religion sucht Antworten, prüft Antworten und verwirft Antworten. Sie stellt sich diesen Fragen. Sie trägt dazu bei, daß sie nicht verdrängt und vergessen werden.

Religion weiß von den *Erfahrungen des Leidens*. Katastrophen der Natur und Geschichte, Hunger und Ungerechtigkeit, Krankheit und Tod gehören zum Dunkel der Welt. Schrecklich ist das Leid, das selbst Kinder trifft. In der Geschichte mag sich das jeweilige Gesicht des Leidens ändern, aber es verschwindet nicht aus ihr. Eher scheint es in der Gegenwart ins Unermeßliche anzuwachsen. Auschwitz und Hiroshima sind für das 20. Jahrhundert Chiffren für unendliches Leid. Die Frage nach dem Leid und nach dem Bösen ist eine Grundfrage der Religionen. Alle Religionen stellen sich dem Problem, wenn auch mit unterschiedlichen Voraussetzungen und Schwerpunkten. Für Religionen, die an einen persönlichen Gott glauben, ist die Frage nach dem Verhältnis Gottes zum Leid die bedrückendste aller Fragen. Wie kann es sein, daß in der Welt Gottes soviel Leiden und Böses vorkommt (»Theodizee«)? Im alten Buddhismus, der Gott nicht ins Spiel bringt, ist das Leid der Ausgangspunkt einer Lehre, die Befreiung vom Leid verspricht. Auf jeden Fall müssen sich alle Religionen unter den Erfahrungen des Leidens bewähren. Ein Weg ist ihr eindringlicher Aufruf zur aktiven Bekämpfung des Leids und zum Mitleid mit den Leidenden. Demgegenüber sind die Antworten, die die Religionen bisher gegeben haben, weder einheitlich noch zureichend. Wo die Antworten, die die Religionen zaghaft zu geben versuchen, nicht zynisch oder dumm sind, wo sie Menschen Wege zeigen, mit dem Leiden zu leben, entreißen sie das Leid dem Verdacht, blindes Schicksal zu sein und als pure Sinnlosigkeit verstanden werden zu müssen. Keine andere Institution der Welt hat so wirkungsvoll Trost im Leid spenden können wie die Religion.

Faszinierend sind die großen *Gestalten* der Religionen. Am Leben religiöser Menschen lassen sich die Merkmale der Religion oft besser erkennen als beim Studium gelehrter Bücher. Wir finden Propheten, die das Wort Gottes verkünden und das Böse in der Welt öffentlich anklagen, auch wenn sie selbst dabei in Gefahr geraten, und Mystiker, die sich in die Tiefen ihres Selbst versenken und dort Erfahrungen der größeren Wirklichkeit machen. Reformatoren haben das Gesicht der Religionen verändert, und Fromme haben still nach den Weisungen der Religion gelebt. Asketen, Mönche und Nonnen haben die Welt verlassen, um sich in der Stille ganz konzentrieren zu können, und Politiker haben versucht, aus dem Geist ihrer Religion die Welt zu verbessern. Philosophen haben Themen der Religion im Denken aufgegriffen, und manchmal haben die geistig Armen mehr von der Sache der Religion verstanden als die großen Gelehrten. Es gibt die wild bewegten Ekstatiker und die stillen Beter. Bekannte und unbekannte Heilige in allen Religionen haben sich um die Armen und Schwachen gekümmert, ihr Brot mit den Hungrigen geteilt, Ungerechtigkeit zu lindern versucht, Kinder und Erwachsene unterrichtet, Streitende miteinander versöhnt und den Kranken und Sterbenden Trost zugesprochen.

Es gibt nicht nur ein herrliches, sondern auch ein *schreckliches Gesicht* der Religionen. Auch ihre negative Bilanz ist unglaublich groß. Sie haben unermeßliches Leiden angerichtet. Religionen sind vielfach schuldig geworden. Oft ist ihr großes Thema in den Dienst von vordergründigen und eigennützigen Interessen gezerrt worden. An die Stelle der Besinnung auf eine größere Wirklichkeit treten dann gefährliche Politisierungen, falsche Ideologien, starre Lehrsysteme oder weltfremde Dogmatiken. Nicht selten ist die offizielle Religion in die Hände von Machtbesessenen, Karrieremenschen, Bürokraten oder auch Scharlatanen geraten, die der Sache der Religionen unendlich geschadet haben. Nicht immer hat die Religion dem Leben gedient, oft war sie offen oder versteckt lebensfeindlich. Es gab und gibt Ausbeutung und den Mißbrauch der Religionen als Opium des Volkes. Allzuoft leisteten die Religionen gegenüber totalitären Mächten nicht den gebotenen Widerstand, sondern paßten sich der Gewalt und Lüge an. Manchmal wurden die Religionen sogar selbst totalitär. Statt Hoffnung bewirkte und bewirkt Religion allzuoft Angst, statt Freiheit Unterdrückung, statt Vertrauen Mißtrauen, statt Weisheit Unmündigkeit. Gebete und Riten sind oft zu Formeln erstarrt. Nicht nur große Werke hat die Religi-

on hervorgebracht, auf ihr Konto gehen auch Mittelmaß, Sentimentalität, Kitsch und Geschmacklosigkeit. In der negativen Bilanz der Religionen stehen Kriege, Kreuzzüge, Verfolgungen, Bannflüche, Inquisition, Scheiterhaufen, Massenselbstmord, Selbstverstümmelung, Sadismus, Masochismus, Tempelprostitution, Sexismus, Verfemung der Sexualität, Bilderstürme, Götzendienst, Magie, Wunderschwindel, Ämterkauf, Geschäftemacherei, Ausbeutung, Freiheitsberaubung, Rechtsbeugung, Gesinnungsterror, Kastenordnung, Menschenopfer, Diffamierung von Anders-Glaubenden, Mißachtung der Frauen, Hexen- und Witwenverbrennungen, Besserwisserei, Intoleranz, Verletzung der Menschenrechte.

Gerade weil die Religionen in ihren Programmen eine so hohe Zielsetzung haben, ist ihre Korrumpierung so furchtbar. Die Schuld der Religionen ist nicht nur Vergangenheit. Viele der genannten Übel gibt es auch in der *Gegenwart*. Noch immer bekämpfen sich Christen gegenseitig blutig. Noch immer kämpfen Juden gegen Muslime. Noch immer führen Muslime Terrorakte gegen Juden und Hindus aus. Noch immer gibt es brutale Auseinandersetzungen zwischen Hindus und Buddhisten. Fast täglich hören wir von religiös motiviertem Mord, Krieg und von Intoleranz. Aus der negativen Bilanz der Religionen erklärt sich mindestens teilweise der Vertrauensverlust, den sie seit der Aufklärung hinnehmen mußten.

Symptome einer epochalen Krise

Religion lebt nicht ausschließlich im Inneren des Menschen oder in der Abgeschiedenheit des sakralen Bereichs. Sie hat immer auch mit der Welt zu tun, die von ihr verschieden ist, und mit einer Kultur, die nicht mit ihr identisch ist. Sie steht in ständigem Kontakt mit ihrer Zeit und Gesellschaft. Die vielen Berührungen zwischen den jeweiligen Kulturen und Religionen sind oft fruchtbar und produktiv. Sie haben in der Geschichte zu großartigen Synthesen und zu goldenen Zeitaltern geführt. Aber in ihrem Gefolge gibt es auch Spannungen. Das war in der Vergangenheit so. Das ist in der Gegenwart nicht anders. Doch die Art der Spannung hat sich geändert. Die Kultur Europas und der anderen modernen Gesellschaften hat seit der Renaissance und der Aufklärung ein hohes Selbstbewußtsein entwickelt und immer stärker den Weg der *Emanzipation* von der Religion eingeschlagen. Sie erhebt den Anspruch eigener *Autonomie* und stellt nicht selten die Plausibilität der Religion in Frage. Es hat ein Prozeß der *Säkularisierung* eingesetzt, in dem die Religion zunehmend an Bedeutung verliert. Nun stehen nicht mehr nur ihre Mißstände, nun steht sie selbst in Frage. So ist es in der Neuzeit zumindest in der westlichen Welt zu einer *Krise* der Religion gekommen, für die es in der Geschichte keine Parallele gibt. Ausschlaggebend für die schwierige Situation der Religionen ist dabei kaum der vielgestaltige Kampf gegen die Religion in politischen Programmen, ideologischen Konzepten und öffentlichen Medien, wiewohl die vielen Attacken in ihren Wirkungen nicht unterschätzt werden dürfen. Gefährlicher sind die vielen Grundgedanken, Grundgefühle und Grundannahmen, die zum selbstverständlichen Repertoire des modernen Bewußtseins gehören, aber mit Religion nicht vereinbar sind oder vereinbar erscheinen. Sie haben der Religion einen völlig anderen Stellenwert in der Gesellschaft gegeben. In den Bereichen Wissenschaft, Philosophie und Lebenswelt zeigt sich exemplarisch die Dramatik dieses Prozesses. Er führt zu einer neuen Wahrnehmung der Religion.

(1) Die *Wissenschaften* sind letzter Maßstab für das geworden, was man wissen kann. Was sich ihrem Anspruch nicht fügt, gilt als erledigt. Sie selbst haben sich auf die Erforschung dessen beschränkt, was in Raum und Zeit vor sich geht. Vielen erscheint alles, was darüber hinausgeht, als sinnlos.

• Die *Welt* zeigt, je mehr sie erforscht wird, immer deutlicher ihre gewaltige Ausdehnung in Raum und Zeit. Ihre Herkunft erklärt sich heute für viele Wissenschaftler am ehesten durch spontanen Zufall am Anfang (»Urknall«) und durch naturgesetzliche Notwendigkeit in ihrer Weiterentwicklung. Für andere bleibt sie als großes unüberblickbares Chaos unerklärbar. Mit alten religiösen Annahmen über die Entstehung der Welt und die Herkunft des Menschen haben die Wissenschaften aufgeräumt. Das Wirken eines göttlichen Schöpfers erscheint vielen nicht mehr plausibel.

• In der unvorstellbaren Weite des Universums, in den unfaßlichen Dimensionen von Raum und Zeit

ist der *Mensch* von verschwindender *Nichtigkeit*. Er ist im Vergleich zum Universum weniger als ein Tropfen im Meer oder als ein Sandkorn in der Wüste. Sein Dasein verliert sich in unendlicher Leere. Noch einmal kann sich für den, der über das rapide Wachstum der Menschheit nachdenkt, die Bedeutung des einzelnen reduzieren. Der Gedanke von der Liebe Gottes zu jedem einzelnen Menschen wird angesichts des weiten Universums und angesichts der vielen Milliarden Menschen schwer nachvollziehbar.

• Die vielen modernen Auffassungen vom Menschen, die sich oft gegenseitig ausschließen, kommen doch wenigstens darin überein, daß der Mensch aus nichts anderem als aus sich und seiner Evolution, aus seiner Natur, Kultur und Geschichte verstanden werden muß. Überall sieht sich der Mensch nur mit sich selbst konfrontiert. Philosophie, Naturwissenschaften, Medizin, Psychologie, Geschichte, Soziologie, Linguistik, Kybernetik und Informatik bestimmen die jeweiligen *Bilder vom Menschen*. Religiöse Auffassungen, die darüber hinaus gehen, werden zunehmend irrelevant.

(2) Die *Philosophie* hat Gedanken entwickelt, die die Religion in eine schwierige Situation bringen.

• Sie hat in kritischer Auseinandersetzung mit der Religion Argumente für den *Atheismus* (→ S. 126 f.) entworfen, die, wenn sie richtig wären, aller Religion den Boden entziehen würden. Wo aber der philosophische Atheismus modernen Philosophen zu dogmatisch erscheint, ist oft ein *Agnostizismus* an die Stelle getreten, der sich jeglichen Urteils über die metaphysischen Bereiche der Religion enthält. Diese Entscheidung, zur Religion weder Ja noch Nein zu sagen, erscheint heute vielen Menschen allein verantwortbar und richtig.

• Die *Geschichtlichkeit* des Denkens, die sich unweigerlich durchsetzt, führt dazu, jedes Ereignis im Strom der Zeit zu sehen. Alle Ideen und Systeme haben nun einen Anfang und ein Ende und können deshalb unverrückbare oder absolute Geltung nicht beanspruchen. Diese Grundbefindlichkeit unseres Daseins ist zu einem zentralen Problem für alle Religionen geworden, die göttliche Offenbarungen und übernatürliche Taten an geschichtliche Ereignisse binden, wie dies vor allem im Judentum, Christentum und Islam geschieht.

• Damit verbunden ist ein *Relativismus*, der feste Geltungen grundsätzlich ausschließt. Alle uns zugängliche Erkenntnis ist an Voraussetzungen gebunden, die mit uns als endlichen Wesen zu tun haben. Für unsere begrenzte Vernunft kann es eine absolut geltende Wahrheitserkenntnis nicht geben. Ähnlich lassen sich keine ethischen Regeln finden, die uneingeschränkt gelten. Sie hängen alle von individuellen, sozialen und kulturellen Faktoren ab. Ein Vorteil dieser Position wird darin gesehen, daß sie die Voraussetzung für Freiheit und Toleranz schafft. Viele Grundannahmen der Religion geraten dabei ins Wanken.

(3) Das heute vorherrschende *Lebensgefühl* und die weit verbreitete *Lebenspraxis* weisen Grundzüge auf, die mit Religion nicht oder nur wenig vereinbar sind.

• Zunehmend breitet sich in der heutigen Lebenswelt ein Prozeß der *Individualisierung* aus, der darin besteht, daß der einzelne nicht mehr bereit ist, ein Sinnkonzept allgemeiner Art zu akzeptieren. Jeder muß sich seinen Lebenssinn selbst suchen und nach eigenem Geschmack zusammenstellen. Jeder muß für sich selbst entscheiden, was er für gut und richtig hält und was er glauben soll. *Lebenssinn* kann in so unterschiedlichen Bereichen wie Familie, Sport, Reisen, Geld, erotischen und ästhetischen Erlebnissen, sozialem Engagement, wissenschaftlicher Arbeit, Politik, aber auch im Nichtstun gesucht werden und auch aus Kombinationen dieser Faktoren bestehen. Individualisierung eröffnet dem einzelnen einerseits die Chance origineller Selbstverwirklichung, anderseits führt sie aber auch das Risiko des wenig originellen Scheiterns mit sich. Auf der Leiter der möglichen Sinnkonzepte nimmt die Religion heute nur eine niedere Stufe ein. Sie hat ihr Sinnmonopol, das sie lange innehatte, längst verloren.

• Noch bedrückender ist das Gefühl, alles sei sinnlos. Angst und Vereinsamung, Resignation und Verzweiflung sind als Dauergefühle weit verbreitet. Noch nie haben so viele Menschen die Leere ihres Daseins und den desolaten Zustand ihres Lebens beklagt. In den Dichtungen von Camus und Beckett und in der Philosophie von Heidegger und Sartre wird die *Absurdität* des menschlichen Lebens beschrieben. Die Hoffnung der Religion hat sich für viele endgültig verflüchtigt.

• Auf dem Boden mangelnden Lebenssinns erwächst ein *Hedonismus*, der im Genießen und Konsumieren erfolgreich das Vergessen unerfreulicher Einsichten und Verhältnisse sucht. Er bemißt alles menschliche Handeln danach, ob es lustvoll und vergnüglich ist. Narzistische Selbstverwöhnung wird zum Lebensprogramm. Wenn man schon nicht weiß, warum man lebt, so soll das Leben wenigstens Spaß machen. Darin ist der Hedonismus zum ethischen Modell für viele Zeitgenossen geworden. Er ist mit dem unbedingten Anspruch der Religion unvereinbar.

• Politisch setzt sich weitgehend ein *Demokratisierungsprozeß* durch, der Herrschaft nicht mehr auf göttliche Bestimmung gründet, sondern vom Willen des Volkes ableitet. Was politisch und gesellschaftlich gelten soll, wird durch Wahl und Abstimmung festgelegt. Damit einher geht eine starke Ablehnung jeglicher religiöser Hierarchie, die als anachronistisch und inhuman eingestuft wird.

Herausforderung der Religion

Heutige Wissenschaften, moderne Philosophien und neuzeitliches Lebensgefühl sind zu Herausforderungen für jede *Religion* geworden. Sie haben dazu beigetragen, daß Religion und Religionen in unserer Gesellschaft eine völlig veränderte Bedeutung erlangt haben. Sie werden heute anders wahrgenommen als früher.

Das Selbstverständnis der Religion wird heute durch die Erfahrung verändert, daß es in der Welt eine *Pluralität* von Religionen gibt. Keine Religion kann – empirisch gesehen – den Anspruch auf Einzigartigkeit erheben. In gewisser Weise bedeutet die Vielheit der Religionen schon ein Stück ihrer *Relativierung*. Die am ehesten richtige Einstellung gegenüber den Religionen ist für viele nachdenkliche Menschen die Toleranz. Sie wird zunehmend mehr praktiziert, während die persönliche Bindung an eine Religion eher abnimmt.

Nie sind die *negativen Seiten der Religion* so herausgestellt worden wie seit der Aufklärung und in der Gegenwart. Viele Menschen wissen fast nur noch davon. Religion ist für sie allein Intoleranz, Unwissenschaftlichkeit, Inquisition, Kastenwesen, Terrorismus, sexuelle Repression, Frauenfeindlichkeit, Krieg. Wo ein solch einseitiges Bild vorherrscht, hat Religion nur noch wenige Chancen.

In der Perspektive der Wissenschaften sind die Religionen von höchstem Interesse. Nie gab es eine solch intensive *wissenschaftliche Erforschung* der Religionen wie in den letzten 150 Jahren. Erst seitdem ist eine genauere Kenntnis der Religionen möglich. Die Wissenschaften haben die Heiligen Schriften, die Gestalten des Anfangs, die Lehre, die Geschichte und die Kunst der Religionen in einem gigantischen Forschungsprozeß erschlossen. Aber dabei geraten die Religionen in einen tiefgreifenden Transformationsprozeß. Aus spirituellen Bewegungen, die eine alles übergreifende Dimension anzielen, aus gelebten Überzeugungen, die den Menschen Hoffnung schenken, werden nun interessante *Objekte* der historischen, soziologischen und psychologischen Forschung. Sie haben prinzipiell keine Vorrangstellung vor anderen Objekten der Forschung, z. B. vor Kunst, Philosophie, Sprache oder Geschichte. Wer die Religionen erforscht, muß nicht einmal selbst ein religiöser Mensch sein.

Wo heute auch außerhalb der Wissenschaften das Interesse an der Religion wach ist, gehört es meist ihren kulturellen Leistungen. Man bewundert die Werke der religiösen Literatur, Malerei und Architektur als Zeugnisse großer Kunst, ohne sich mit den zugrundeliegenden religiösen Vorstellungen zu identifizieren. Diese *Musealisierung* der Religion, in der sie zum *kulturellen Erbe* wird, ist vor allem unter den Gebildeten der Gegenwart verbreitet.

In breiten Kreisen verliert die Religion auch ganz an Interesse. Sie wird nicht mehr so sehr bekämpft wie früher, tritt dafür aber im Alltag kaum mehr ins Blickfeld. *Indifferentismus* und Gleichgültigkeit gegenüber der Religion haben sich ausgebreitet. Vor allem junge Leute haben das Gefühl, daß ihnen nichts Wesentliches fehlt, wenn ihnen die Religion fehlt. Sie betrachten Religion häufig nur noch als Sache der Älteren.

Die vielleicht schlimmste Bedrohung der Religionen liegt in der Tatsache, daß sie heute nicht durchgehend, aber doch in beträchtlichem Maß einen *Glaubwürdigkeitsverlust* ihrer Grundlehren hinnehmen müssen. Was die Religionen von Gott und Erlösung sagen, erscheint als überholte Botschaft einer vergangenen Welt. Sie fügt sich nicht

mehr in den Rahmen dessen, was heutige Menschen denken, empfinden und wünschen. Viele haben den Eindruck, daß Beten nichts nützt, das unheile Leben durch Erlösung nicht geheilt wird und die Religion die Menschen nicht unbedingt besser macht. Bei vielen führt die unbeantwortete *Theodizeefrage* nach dem Verhältnis Gottes zum Leiden zum Abschied von der Religion. Sie haben den Eindruck, daß kein Gott und keine höhere Macht die Leiden, Schrecken und Greuel dieser Welt sieht oder mindert.

Auseinandersetzung mit der Moderne

Die vielen lebenspraktischen, theoretischen und religiösen Probleme, mit denen heute alle Religionen konfrontiert sind, haben die Religionen in eine schmerzliche *Zerreißprobe* geführt, in der – vereinfacht gesagt – die einen eine Anpassung der Religion an die Moderne verlangen und die anderen die Einflüsse der Moderne auf die Religion abzuwehren suchen. Beide Seiten versprechen sich von ihrer Strategie die Rettung der Religion. Diese Auseinandersetzung kann die Religionen in ein gefährliches Dilemma bringen.

Wenn Religion die Denkhorizonte und Lebenswirklichkeiten nachdenklicher Menschen nicht anerkennt, wird sie ihren Wert immer mehr verspielen. Wenn sie sich *antimodern* und fundamentalistisch auf Traditionen festlegt, die unhaltbar geworden sind, wird sie immer weniger Zustimmung finden.

Wenn Religion andererseits die Denkhorizonte und Lebenswirklichkeiten der Moderne unkritisch übernimmt, wird sie ihr eigenes Profil verlieren. Wenn sie sich in liberaler Offenheit zu sehr an die *moderne* Welt und Gesellschaft anpaßt, wird sie bald davon nicht mehr zu unterscheiden sein und darum überflüssig werden.

Der Konflikt kann aber auch zur *Erneuerung der Religion* führen. Dies könnte da geschehen, wo die Religion kritisch und mutig zugleich Anregungen der Moderne aufnimmt und zu Reformen bereit ist, ohne dabei ihre eigene Identität preiszugeben. In diesem gewiß komplizierten Balanceakt muß sie ihr eigenes Profil zugleich sowohl bewahren als auch weiterentwickeln. Religion darf sich in der Auseinandersetzung mit der Moderne aber nicht nur mit sich selbst beschäftigen. Religion hat heute die wichtige Aufgabe, auf die vielen Schwachstellen der modernen Kultur hinzuweisen und darauf zu drängen, daß die inhumanen Defizite unserer Welt korrigiert werden. Sie muß zum Ferment der Erneuerung und Reform unserer beschädigten Gesellschaft werden. Ihre Impulse können zu einem vertieferen Verständnis der Welt und zu einer besseren Lebenspraxis führen.

Aufgrund dieser Konstellationen haben sich in allen Religionen verschiedene *Gruppierungen* herausgebildet, die je auf ihre Weise die Zukunft der Religion sichern wollen. Unter ihnen finden wir extreme und gemäßigte, reformunwillige und reformfreudige Positionen. Am weitesten verbreitet sind Misch- und Übergangsformen, so daß die folgenden Beschreibungen nicht immer in idealtypischer Form vorkommen.

Wo die Ablehnung der Moderne undifferenziert und radikal wird, spricht man von religiösem »*Fundamentalismus*«. Starke fundamentalistische Trends gibt es heute vor allem in den monotheistischen Religionen des Judentums, Christentums und Islams. Der Begriff kommt ursprünglich aus Auseinandersetzungen in den USA, wo sich Christen schon vor Jahrzehnten gegen die neuen Lehren Darwins von der Evolution des Menschen wehrten. Heute bezeichnet der Begriff, der oft pauschal und polemisch verwandt wird, die strikte Abwehrhaltung der Religion vor dem Projekt der Moderne. Er beschreibt Einstellungen, die sich gegen jede Neuinterpretation der Religion durch die moderne Vernunft wehren. Reformbedarf besteht nicht. Das Alte soll um jeden Preis festgehalten werden. Bedenkenlos wird es mit der Aura des Göttlichen umgeben. Harte Mittel, der Ausschluß Andersdenkender aus der Gemeinschaft, strenge Strafen gegen Abtrünnige und im Extremfall auch Gewalt und Terror werden in den Dienst der Auseinandersetzung genommen. Der Fundamentalismus kritisiert die westliche Säkularisierung von Kultur, Politik und Philosophie und verlangt statt dessen, daß Gottes Herrschaft alle Bereiche des Lebens umfasse. Er kritisiert den Verzicht auf einen absoluten Wahrheitsanspruch und besteht kompromißlos auf dem alleinigen Wahrheitsanspruch der eigenen Religion. Er hält den Pluralismus für einen gefährlichen Zustand und kämpft dafür, daß die Religion überall allein bestimmend ist. Da die eigene religiöse Gruppe immer richtig handelt, bedarf es keiner Schuldbekenntnisse. Die Glaubenslehren dürfen nicht neu interpretiert, sondern müssen im Wortsinn akzeptiert werden. Die historisch-kritische Erforschung der heiligen Schriften soll verboten sein, statt dessen wird buchstabengetreue Befolgung der Lehre eingeschärft. Die Einladung zum interreligiösen Dialog lehnt der Fundamentalismus in der Regel ab, weil er im Dialog nur den verkappten Versuch sieht, die eigene religiöse Wahrheit zur Disposition zu stellen. Dialog ist für ihn schon selbst ein Moment des Verfalls. Die Gegenwart wird oft als Schrecken und Vorzeichen der Endzeit interpretiert, so daß es jetzt darauf ankommt, alles zu tun, um bei der letzten Entscheidung bestehen zu können. Der Fundamentalismus will bewußt ein Gegengewicht zur modernen Welt und zum Zeitgeist bilden, weil er davon überzeugt ist, nur so dem Willen Gottes zu entsprechen.

Religiöser *Traditionalismus*, der auch *Konservativismus* genannt wird, hat ein differenzierteres Verhältnis zur Moderne. Es gibt gemäßigte Formen, die kritisch argumentieren und Reformen nicht ablehnen, und radikale Positionen, die alle Vernunft aus dem Spiel lassen und sich dem Fundamentalismus nähern. Das Feld für Reformen wird dementsprechend mehr oder weniger eng abgesteckt. Ein paar Kennzeichen: Der Traditionalismus ist vorsichtig bei der Neuinterpretation alter Lehren. Er will das Erbe der Vergangenheit nicht neuzeitlichen Ideen unterordnen. Philosophie, Dichtung und Kunst der Zeit werden besorgt und vorsichtig betrachtet und stoßen oft auch auf Ablehnung. Säkularisierung wird apologetisch abgewehrt, weil sie den Raum für das Göttliche und Transzendente versperrt. Im Gedanken der Autonomie des Menschen wird eine prinzipielle Gefahr gesehen. Traditionalisten sperren sich gegen den Einbruch vieler neuzeitlicher Bewegungen und Ideen in die Religion und treten für die Beibehaltung der alten religiösen Überlieferungen ein. Sie sehen überall den Verfall der überlieferten Moral und fordern die Beachtung der alten Gebote. In der Regel bevorzugen sie für alle religiös belangvollen Aufgaben Männer, während sie dem Gedanken der Gleichheit der Frauen eher ablehnend gegenüberstehen. Der Traditionalismus lehnt die Demokratisierung der religiösen Herrschaft ab und verlangt die Beibehaltung überlieferter Institutionen. Schuldeingeständnisse im Blick auf die eigene Religion fallen ihm schwer. Dem Dialog verweigert er sich zwar nicht, sieht in ihm aber eher ein Mittel zur gegenseitigen Information als einen Weg zu gemeinsamer Wahrheit. Die Gegenwart wird als Zeit des Niedergangs gewertet, wobei unklar ist, ob sich die Krise verstärken wird oder ob sie doch noch überwunden werden kann.

Die *Reformbewegungen* in den Religionen gehen nochmal andere Wege. Sie sind mit den Traditionalisten nicht dafür, alle Grundannahmen der Moderne kritiklos zu übernehmen. Zu offensichtlich würde eine solche Anpassung zur Auflösung der Religion führen. Aber sie wehren sich nicht so stark gegen jede Anregung, die aus neuzeitlichem Denken und Empfinden kommt. Für sie ist Moderne nicht ein Begriff, der nur negativ besetzt ist. So plädieren die Reformer für eine kritische Akzeptanz der modernen wissenschaftlichen Welt- und Menschenauffassung bei gleichzeitigem Verzicht auf veraltete Welt- und Menschenbilder der religiösen Tradition. Sie bestehen allerdings darauf, Kosmologie und Anthropologie für die Theologie offenzuhalten. Theonomie und Autonomie müssen keine Gegensätze sein. Das Gespräch mit der neuen Philosophie, Dichtung und Kunst wird gesucht. Impulse, die von dort kommen, werden geprüft und und verarbeitet. Die Reformer lesen die Heiligen Schriften nicht nur als Bücher göttlicher Offenbarung, sondern fördern auch ihre historisch-kritische Erforschung. Sie gestehen Fehler und Schuld der Religion in Vergangenheit und Gegenwart offen ein und fordern die Abstellung von religiösen Mißständen. Das Feld für innerreligiöse Reformen wird weit abgesteckt. Dabei geraten autoritäre Strukturen in den Hierarchien, veraltete Dogmen, obsolet gewordene ethische Forderungen, inhumane Rechtssysteme, die herkömmliche Stellung der Frau, das Verständnis von Sexualität, die Disposition der Religion für Gewalt u.v.a. in die Kritik. Darüber hinaus wird ein starkes Engagement der Religionen nach außen zur Bewältigung der großen Zukunftsprobleme der Menschheit gefordert. Stichworte: Ungerechtigkeit, Armut, Krankheit, Hunger, Alphabetisierung, Bevölkerungswachstum, Bewahrung der Umwelt, Erhaltung der

Kulturen, Gewaltlosigkeit, Frieden, Demokratisierung, Menschenrechte. Der Dialog zwischen den Religionen und mit der nichtreligiösen Welt ist die wichtigste Voraussetzung zur Lösung der anstehenden Probleme. Viele Reformer sind der hoffnungsvollen Ansicht, die Religion stehe erst am Beginn ihres Weges. Erst jetzt beginne sie allmählich, ihre großen Möglichkeiten zu entfalten. Religion habe eine große Zukunft.

Die Frage nach der wahren Religion

Die vielen Religionen in unserer Welt werfen die Frage auf, ob es eine wahre Religion gibt, und, wenn man diese Frage bejahen muß, welche Religion die *wahre* ist. Dieses Problem ist besonders heikel, weil es nicht selten zu heftigem Streit der Religionen geführt hat. In den Religionen selbst gibt es keine einheitliche Antwort. Fast alle Religionen haben ein breites Spektrum von Antworten entwickelt. Wichtige Richtungen im Hinduismus und Buddhismus zeigen auf Grund ihres Selbstverständnisses eine größere prinzipielle Toleranz als das Christentum oder der Islam, die für sich beanspruchen, auf Gottes endgültiger Offenbarung zu beruhen und darum Gottes Wahrheit selbst anvertraut bekommen zu haben, von der sie sich um ihrer eigenen Glaubwürdigkeit willen nichts abhandeln lassen dürfen.

Aus der Fülle der Antworten seien hier fünf Typen vorgestellt, die nicht immer ganz scharf voneinander abzutrennen sind. Zwischen ihnen gibt es Berührungspunkte und Überschneidungen. Alle haben Ablehnung und Anklang gefunden.

(1) Die radikalste Position behauptet, daß *keine Religion wahr* ist.
• Das ist konsequenterweise die Auffassung des *Atheismus* und der radikalen Religionskritik. Sie bestreiten die Berechtigung jedes Glaubens und aller Religion und verstehen jede Religion nur als Menschenwerk ohne Transzendenzbezug, als Illusion, Wahn, Betrug, Selbsttäuschung oder Vertröstung (→ S. 126 f.).
• Eine Variante dieser Position, die nicht aus der Ablehnung Gottes und des Glaubens, sondern aus deren emphatischer Bejahung resultiert, stammt aus der *Dialektischen Theologie*, die im 20. Jahrhundert von dem evangelischen Theologen Karl Barth

(→ S. 131 f.) entwickelt wurde. Danach ist jede Religion nichts als Unglaube. Sie ist die Angelegenheit des gottlosen Menschen, der Götter und Praktiken ersinnt, um sich selbst zu rechtfertigen und zu heiligen. In der Religion nimmt der Mensch eigenmächtig für sich in Anspruch, was Gott in seiner Offenbarung durch Jesus Christus geschenkt hat. Auch das Christentum kann für Barth Religion sein und diesem Verdikt verfallen. Nur wo es sich als Geschenk Gottes versteht und im Glauben an Jesus Christus die Rechtfertigung durch Gott allein annimmt, ist es der Gegenpol zu aller Religion und damit Kritik und Gericht der Religionen. In dieser Hinsicht geht die Theologie von Barth schon in die folgende Position über.

(2) Auf der entgegengesetzten Seite des Spektrums der Antworten befindet sich die Position, die behauptet, es gebe *nur eine wahre Religion*.

• Ihre radikalste Form liegt da vor, wo außerhalb der eigenen Religion kein religiöser Wert anerkannt wird. So sah sich die *katholische Kirche* in der Vergangenheit allein im Besitz der Wahrheit und alle anderen Religionen in Irrtum oder gar Lüge. Sie lehrte jahrhundertelang ohne jede Differenzierung, daß es außerhalb der Kirche kein Heil gäbe. Wer nicht zur Kirche gehört, kann nach der Lehrentscheidung des Konzils von Florenz aus dem Jahr 1442 nicht zu Gott kommen. Alle Nichtchristen – Heiden, Juden oder Ungläubige – seien zur ewigen Verdammnis bestimmt, ganz gleich, ob sie ihrem Gewissen folgten oder nicht. In ähnlich scharfer Weise setzt *Martin Luther* das Christentum als die Religion der Gnade und Rechtfertigung von den anderen Religionen ab. Nur das Christentum sei die »wahre Religion«.

• In der beginnenden Neuzeit wird diese radikale Auffassung in den christlichen Kirchen *entschärft*. Nun gestehen sie unter Aufrechterhaltung des alleinigen christlichen Wahrheitsanspruchs den Menschen in den anderen Religionen Heil und Erlösung zu. Voraussetzung dazu ist, daß diese von der Wahrheit des Christentums nichts wissen und nach ihrem Gewissen verantwortungsvoll leben. So können sie zumindest der »unsichtbaren« Kirche angehören und durch diese ihr Heil finden. – Eine ähnliche theologische Konzeption liegt da vor, wo man in den anderen Religionen ein Stück »natürlicher Religion« sieht, die einen eigenen Wert hat, der aber

im Christentum durch die Offenbarung Gottes überhöht und überboten wird. – Eine verbreitete katholische Position sieht mit Karl Rahner (→ S. 132) zwar im Christentum die wahre Religion, gesteht aber zu, daß auch in anderen Religionen Elemente der Wahrheit zu finden sind. Darum können auch die anderen Religionen legitime Heilswege zu Gott sein. Ihre Vertreter werden von Rahner »anonyme Christen« genannt. Diese Bezeichnung war im Blick auf alte christliche Absolutheitsansprüche mutig, weil sie auch andere Religionen positiv wertete. Für die anderen Religionen blieb sie aber unannehmbar, da sich Juden, Muslime, Hindus und Buddhisten nicht als anonyme Christen ansehen können. – Das 2. Vatikanische Konzil erklärte 1964, daß die Kirche nichts von dem ablehnt, was in den Religionen wahr und heilig ist. Das war eine deutliche Distanzierung von früheren Ansprüchen und ein guter Anknüpfungspunkt für einen intensiveren Dialog mit den Religionen. In ähnlich offener Weise haben sich auch die Kirchen der Reformation geäußert.

• Eine eher relative Sonderstellung des Christentums gibt es für den Philosophen Georg Friedrich Wilhelm *Hegel* (1770–1831). Bei einem Vergleich der Religionen versuchte er zu zeigen, daß das Christentum die höchste Stufe der Humanität oder des Ethos erreicht hat. Aber für diesen Nachweis brauchte er Maßstäbe, die aus der christlichen Tradition kamen und deren Allgemeingültigkeit daher nicht anerkannt ist.

• Auch der *Islam* hält sich für die einzig wahre Religion, weil er Gottes letzte und endgültige Offenbarung erhalten hat. Immer hat er jeden Polytheismus scharf verurteilt und oft genug auch verfolgt, aber eine gewisse Toleranz dem Judentum und Christentum gegenüber gezeigt, weil hier der Glaube an den einen Gott lebt.

(3) Eine weitere Position behauptet, *alle Religionen seien wahr*. Ihr liegt ein gewisser Relativismus zugrunde. Auch sie gibt es in verschiedenen Varianten.

• So haben die Reformer im *Hinduismus* alle Religionen als gleichwertige Stufenleitern zu Gott oder zum Absoluten angesehen. Wie es in den verschiedenen Sprachen verschiedene Wörter für »Wasser« gebe, so auch für »Gott«. Juden sprechen von JHWH, Christen von Vater, Sohn und Geist, Muslime von Allah, Hindus von Vishnu und Krishna,

Buddhisten von der Buddha-Natur. Es komme nur darauf an, daß jeder sich in seiner Religion nach besten Kräften bemühe. Auch der *Buddhismus* tendiert zu der Auffassung, die Lehre des Buddha sei mit anderen Religionen vereinbar.

• Neuerdings ist im Christentum eine *pluralistische Religionstheologie* entstanden, die die Vielheit der Religionen theologisch ernst nimmt. Sie geht davon aus, daß das bisherige Gespräch des Christentums mit den anderen Religionen durch den Überlegenheitsanspruch des Christentums erheblich belastet ist. Vertreter dieser in sich uneinheitlichen Richtung sind im angelsächsischen Raum u. a. John Hick und Paul F. Knitter. Sie sind davon überzeugt, daß alle Religionen mit ihren Gotteserfahrungen, ihren heiligen Schriften und in ihren maßgeblichen Persönlichkeiten Anteil an Gottes Wirken in der Welt haben. In allen Religionen gibt es Wahrheit für die Menschen, ohne daß sich eine Wahrheit gegenüber der anderen Wahrheit absolut setzen darf. Das schließt nicht aus, daß es Kritik an Einzelphänomenen in allen Religionen geben kann und muß. Aber die Pluralität der Religionen ist in sich sinnvoll. Keine Religion kann allein das Göttliche repräsentieren. Exklusivitätsansprüche, durch die andere vom Heil ausgeschlossen werden, sind keiner Religion erlaubt. Die Offenbarung Gottes in Jesus Christus und die durch ihn bewirkte Erlösung für die Menschen schließen nicht aus, daß es Offenbarung und Erlösung auch in anderen Religionen gibt. Selbst für die Zukunft ist ein neues Wirken Gottes in der Welt denkbar. Das Christentum darf sich nicht länger allein auf etwas Absolutes berufen, wie es das mit seinen Glaubenslehren vom Abschluß der Offenbarung Gottes in Jesus Christus, von der Bibel als alleinigem Wort Gottes, von der einzigartigen Mittlerschaft Jesu Christi und von der Heilsnotwendigkeit der Kirche lange Zeit getan hat. Diese Lehren bleiben zwar einmalig in ihrer konkreten Verfaßtheit, sie behalten auch ihren Sinn im historisch-sozialen Kontext des Christentums, aber sie sind nun nicht mehr einzigartig in ihrer religiösen Bedeutung. Sie verlieren ihre absolute, endgültige und exklusive Qualität. In einer bescheideneren Form entsprechen sie sogar eher den biblischen Ursprüngen. Mit dieser »De-Absolutierung« und »Abrüstung« seiner Exklusivitätsansprüche soll das Christentum glaub-

würdiger und menschenfreundlicher werden sowie an Friedenspotential und Zukunftsfähigkeit gewinnen.

(4) Verbreitet ist auch die Auffassung, die *wahre Religion sei unerkennbar*. Sie geht einher mit einer gewissen Skepsis, daß Menschen überhaupt die Wahrheit finden können. Bestenfalls können sie sich der Wahrheit annähern. Auch diese Position gibt es in mehreren Varianten.

• Berühmt geworden ist die Ringparabel, die *Lessing* (1729–1781) in seinem Drama »Nathan der Weise« erzählt. Wie die drei Söhne nach dem Tod des Vaters nicht entscheiden können, welcher der drei Ringe »echt« ist, die ihnen der Vater hinterlassen hat, so läßt sich nicht sagen, ob das Judentum, das Christentum oder der Islam die wahre Religion ist. Sie alle beanspruchen dies, ohne es vernünftig beweisen zu können. Eine Entscheidung gibt es nicht auf theoretischem Gebiet. Das einzige Kriterium für eine wahre Religion ist praktischer Art. Wer am meisten einer unbestochenen, von Vorurteilen freien Liebe nacheifert, wer die Wunderkraft hat, vor Gott und den Menschen angenehm zu machen, der hat am ehesten die wahre Religion. Sie zeichnet sich aus durch Sanftmut, Verträglichkeit, Wohltun und innigste Ergebenheit in Gott.

• In der liberalen protestantischen Theologie der Religionen, die vor allem von Ernst *Troeltsch* (1886–1923) entwickelt wurde, ist jeder Absolutheitsanspruch des Christentums (und damit implizit auch anderer Religionen, z. B. des Islam) aufgegeben, weil dem neuzeitlichen geschichtlichen Denken die Kategorie des Absoluten im ständigen Fluß der Geschichte unhaltbar geworden ist. Wenn das Christentum eine Vorrangstellung beanspruchen kann, dann liegt diese nicht in einer objektiv nachweisbaren Eigenschaft, sondern in der subjektiven Gewißheit des Glaubens.

(5) Neuerdings bildet sich die Auffassung heraus, daß die Grenze zwischen *Wahrheit und Unwahrheit* nicht zwischen den einzelnen Religionen verläuft und sie voneinander trennt, sondern *quer durch die Religionen* geht. Sie hat vor allem in Hans Küng einen engagierten Vertreter gefunden, hat aber auch außerhalb des Christentums einige Resonanz. Für die Wahrheit einer Religion lassen sich mehrere Kriterien angeben, die ähnlich schon in den vorhergehenden Positionen entwickelt wurden.

• Ein Kriterium liegt in den Religionen selbst. Es betrifft ihre *Authentizität*. In den Gestalten ihres Ursprungs und im Kern ihrer heiligen Schriften haben sie Bezugspunkte, die sie um ihrer Identität willen nicht aufgeben können. Das sind für das Judentum Mose, die Thora und der Talmud, für das Christentum Jesus Christus und die Bibel, für den Islam der Koran und Mohammed, für den Hinduismus die Veden und die Bhagavadgita, für den Buddhismus der Buddha und seine Lehre. Wer einen Verzicht auf diese Essentials fordert, verlangt die Selbstaufgabe der Religionen. Darum hat auch eine Welteinheitsreligion, die das Profil der großen Religionen nivellieren müßte, keine Chance und keine Berechtigung.

• Ein anderes Kriterium, das die einzelnen Religionen übergreift und miteinander verbindet, liegt in ihrem *humanen Potential*. Im jüdischen Dekalog und in der christlichen Bergpredigt, in den fünf Säulen der Muslime, in der Bhakti-Tradition der Hindus und in dem buddhistischen achtfachen Pfad gibt es ethische Programme, die viele Berührungspunkte aufweisen. Sie strahlen schon heute weit über die einzelnen Religionen aus. Für die Zukunft der Menschheit wird es entscheidend darauf ankommen, daß die Religionen dieses Potential entwickeln. Es wird zu ihrer eigenen Reform und zur Kritik an der Welt unverzichtbar sein.

• Ein letztes Kriterium ist *subjektiver Art*. Es liegt im einzelnen Menschen. Wo eine Religion mit ihrem authentischen Profil und mit ihrem humanen Potential uneingeschränkt Zutrauen findet und die Gewißheit vermittelt, auf den richtigen Weg zum Heil zu führen, ist sie wahr. Dann kann sie für den einzelnen auch allein wahr sein, weil es existentiell unmöglich ist, gleichzeitig auf mehreren Wegen zum letzten Ziel zu kommen. In dem Sinn kann der Christ vom Christentum sagen, es sei für ihn die allein wahre Religion. Ähnlich können Juden, Muslime, Hindus und Buddhisten ihre jeweilige Religion als für sie allein wahr betrachten. Nur darf dabei niemand in Frage stellen, daß auch die anderen Religionen von anderen Menschen als allein wahr angesehen werden können.

Es gibt Zeichen der Hoffnung, daß die großen Religionen heute in einen *Dialog* über ihr Wesen und über ihre Aufgaben treten. An die Stelle von gegenseitiger Diskriminierung tritt Information, an die Stelle von Bekehrungsversuchen die Suche nach Menschlichkeit und Heil. Am Ende könnte die Erfahrung wachsen, daß alle Religionen mit ihren Stärken und Schwächen auf verschiedenen Wegen zu dem einen Ziel wandern, das allein die Wahrheit und das Licht ist. Dieses Licht ist größer als alle Religionen.

Literaturverzeichnis

Im folgenden werden vor allem solche Werke genannt, denen der Autor Anregungen und Informationen bei der Arbeit an diesem Buch verdankt. Um die Lesbarkeit zu erleichtern, wurde auf ständige Zitationen verzichtet. Wer eine vollständigere Bibliographie sucht, sei an die Standardwerke der Religionswissenschaften und der Theologie verwiesen.

Schriften zu mehreren Religionen

Antes, P.: Große Religionsstifter, München 1992

Brunner-Traut, E.: Die Stifter der großen Religionen, Freiburg/Basel/Wien 1994

dies.: Die fünf großen Weltreligionen, Freiburg/Basel/Wien 1992

Glasenapp, H. von: Die fünf großen Religionen, Düsseldorf/Köln 1951

Heiler, F.: Die Religionen der Menschheit, Stuttgart 1962

Hilpert, K., Werbick J. (Hg.) : Mit den Anderen leben, Düsseldorf 1995

Knitter, P. F.: Ein Gott – viele Religionen, München 1988

Küng, H.: Christsein, München 1974

ders.: Theologie im Aufbruch, München/Zürich 1987

ders.: Projekt Weltethos, München/Zürich 1990

Kuschel, K. J. (Hg.): Christentum und nichtchristliche Religionen, Darmstadt 1994

Ling, T.: Die Universalität der Religion, München 1968

Lanczkowski, G.: Heilige Schriften, München 1956

Mensching, G.: Leben und Legende der Religionsstifter, Augsburg 1990

ders.: Der offene Tempel, Stuttgart 1974

Rahner, K.: Das Christentum und die nichtchristlichen Religionen, in: Schriften zur Theologie, Band V, Einsiedeln/Zürich/Köln 1962

Rahner, K., Vorgrimler, H.: Kleines Konzilskompendium, Freiburg 1966

Schlette, H.R.: Einführung in das Studium der Religionen, Freiburg 1971

Schultze, H., Trutwin, W. (Hg.): Weltreligionen – Weltprobleme, Düsseldorf/Göttingen 1973

Tworuschka, M. und U.: Religionen der Welt, Gütersloh/München 1992

dies.: Denkerinnen und Denker der Weltreligionen im 20. Jahrhundert, Gütersloh 1994

Waldenfels, H.: Lexikon der Religionen, Freiburg/Basel/Wien 1987

Judentum

Baeck, L.: Das Wesen des Judentums, Köln 1960

Baylonische Talmud, Der, hg. von R. Maier, München 1963

Brocke, M., Jochum, H.: Wolkensäule und Feuerschein. Jüdische Theologie des Holocaust, Gütersloh 1993

Buber, M.: Werke, 3 Bände, München/Heidelberg 1962–1964

Chorin, Schalom Ben, Lenzen, V.: Jüdische Theologie im 20. Jahrhundert, München/Zürich 1988

Eckert, W.P., Ehrlich, E. L.: Judenhaß – Schuld der Christen, Essen 1964

Freiburger Rundbriefe, Beiträge zur christlich-jüdischen Begegnung, Freiburg 1960–1995

Friedlander, A. H.: Leo Baeck, Stuttgart 1973

ders.: Das Ende der Nacht, Gütersloh 1995

Geis, R. R.: Gottes Minorität, München 1971

ders.: Vom unbekannten Judentum, Freiburg 1961

Gutmann, J.: Buchmalerei in hebräischen Handschriften, München 1978

Jochum, H.: Ecclesia und Synagoge, Saarbrücken 1993

Kedourie, E. (Hg.): Die jüdische Welt, Frankfurt Mn. 1980

Keller, S. R.: Judentum in Literatur und Kunst, Köln 1995

Leibowitz, J.: Gespäche über Gott und die Welt, Frankfurt Mn. 1994

Levinson, P.: Der Messias, Stuttgart 1994

Maier, J.: Das Judentum, München 1973

ders.: Geschichte der jüdischen Religion, Berlin/New York 1972

ders.: Offenbarung im Judentum der Antike, in: Offenbarungsanspruch und fundamentalistische Versuchung, hg. von Werbick, J., Freiburg 1991

Maier J., Schäfer, P.: Kleines Lexikon des Judentums, Konstanz 1981

Monumenta Judaica, Handbuch und Katalog, Köln 1963

Münz, C., Der Welt ein Gedächtnis geben, Gütersloh 1995

Petuchowski, J. J.: Gottesdienst des Herzens, Freiburg 1981

Petuchowski, J. J., Thoma C.: Lexikon der jüdisch-christlichen Begegnung, Freiburg 1989

Lenzen, V.: Jüdisches Leben und Sterben im Namen Gottes, München 1995

Müller, K.: Studien zur frühjüdischen Apokalyptik, Stuttgart 1991

Mußner, F.: Traktat über die Juden, München 1979

Nachama A. u. a. (Hg.): Jüdische Lebenswelten, Essays und Katalag, Frankfurt/Mn. 1992

Rendtorff, R., Henrix, H. H.: Die Kirche und das Judentum, Paderborn/München 1988

Rengstorf, K. H., Kortzfleisch, S. von: Kirche und Synagoge, 2 Bände, Stuttgart 1968

Ruether, R.: Nächstenliebe und Brudermord, München 1978

Scholem, G.: Über einige Grundbegriffe des Judentums, Frankfurt Mn. 1970

ders.: Judaica 1 und 2, Frankfurt Mn. 1968 und 1970

ders.: Die jüdische Mystik, Frankfurt Mn. 1980

Schwersenz, J.: Zwischen Heimat und Exil, Berlin 1995

Senfter, A.: Jahwes Land, Freiburg 1968

Sigal, P.: Judentum, Stuttgart/Berlin 1986

Stemberger, G.: Geschichte der jüdischen Literatur, München 1977

ders.: Das klassische Judentum, München 1979

ders.: Einleitung in Talmud und Midrasch, München 1982

ders.: Der Talmud, München 1982

Thoma, C.: Christliche Theologie des Judentums, Aschaffenburg 1978

ders.: Das Messiasprojekt, Augsburg 1994

Thoma, C., Lauer, S.: Die Gleichnisse der Rabbinen, Bern 1986

Trepp, L.: Das Judentum, Reinbek 1969

Vishiniak, R.: Versunkene Welt, München/Wien 1983

Wiesel, E.: Adam oder das Geheimnis des Anfangs, Freiburg 1980

ders.: Noah oder ein neuer Anfang, Freiburg 1994

ders.: Die Weisheit des Talmud, Freiburg 1995

Wurmbrand, M., Roth, C.: Das Volk der Juden, Israel 1980

Zenger, E.: Das Erste Testament, Düsseldorf 1991

ders.: Am Fuß des Sinai, Düsseldorf 1993

Christentum

Bultmann, R.: Theologie des Neuen Testaments, Tübingen 1954

Fries H.: Fundamentaltheologie, Graz/Wien/Köln 1985

Gabriel, K.: Christentum zwischen Tradition und Postmoderne, Freiburg/Basel/Wien 1992

Gnilka, J.: Jesus von Nazaret, Freiburg/Basel/Wien 1994

Gross, W., Kuschel, K. J.: »Ich schaffe Finsternis und Heil«, Mainz 1992

Guardini, R.: Das Wesen des Christentums, Würzburg 1958

Kasper, W.: Jesus der Christus, Mainz 1975

ders.: Einführung in den Glauben, Mainz 1983

Kaufmann, F. X., Metz, J. B.: Zukunftsfähigkeit, Freiburg/Basel/Wien 1987

Kehl, M.: Die Kirche, Würzburg 1993

Kogon, E., Metz, J.B.: Gott nach Auschwitz, Freiburg/Basel/Wien 1989

König, F.: Der Weg der Kirche, Düsseldorf 1986

Küng, H.: Christsein, München/Zürich 1974

ders.: Das Christentum, München/Zürich 1994

Metz, J. B.: Zur Theologie der Welt, Mainz 1968

ders.: Zeit der Orden, Freiburg/Basel/Wien 1977

ders: Glaube in Geschichte und Gesellschaft, Mainz 1977

Moltmann, J.: Theologie der Hoffnung, München 1964

Mussner, F.: Traktat über die Juden, München 1979

Rahner, K.: Schriften zur Theologie, Einsiedeln/Zürich/Köln, ab 1954

ders.: Grundkurs des Glaubens, Freiburg 1976

Ratzinger, J.: Einführung in das Christentum, München 1977

ders.: Theologische Prinzipienlehre, München 1982

ders.: Zur Lage des Glaubens, München 1985

Schillebeeckx, E.: Jesus, Freiburg/Basel/Wien 1974

ders.: Christus und die Christen, Freiburg/Basel/Wien 1977

ders.: Erfahrungen aus Glauben, Freiburg/Basel/Wien 1984

Schnackenburg, R.: Die Person Jesu Christi im Spiegel der vier Evangelien, Freiburg/Basel/Wien 1993

Stemberger, G.: 2000 Jahre Christentum, Herrsching 1983

Stein, E.: Am Kreuz vermählt, Zürich/Einsiedeln/Köln 1984

Trutwin, W.: Die gute Nachricht, Bonn 1970

ders.: Messias Meister Menschensohn, Düsseldorf 1978

Verweyen, H.: Gottes letztes Wort, Düsseldorf 1991

Waldenfels, H.: Kontextuelle Fundamentaltheologie, Paderborn/München/Wien 1985

Zenger, E. u. a.: Einleitung in das Alte Testament, Stuttgart 1995

ders.: Die Schöpfung, Augsburg 1996

Islam

Antes, P.: Ethik und Politik im Islam, Stuttgart 1982

Arkoum, M.: Pilgerfahrt nach Mekka, Zürich/Freiburg 1978

Azzam, H. M.: Der Islam. Plädoyer eines Moslem, Stuttgart 1981

Braun, M. (Red.): Weltatlas der alten Kulturen. Der Islam, München 1988

Ende, W., Steinbach, U.: Der Islam in der Gegenwart, München 1984

van Ess, J.: Islam, in: Brunner Traut, E.: Die fünf großen Weltreligionen, Freiburg/Basel/Wien 1991

Gardet, L.: Der Islam, Köln 1967

Haarmann, M.: Geschichte der islamischen Welt, München 1987

Huber, B.: Der Islam, Regensburg o. J.

Khoury, A.Th.: Der Islam. Sein Glaube, seine Lebensordnung, sein Anspruch, Freiburg 1993

ders. / Hagemann, L., Heine, P.: Islamlexikon. Geschichte, Ideen, Gestalten, Freiburg 1991

Koran, Der: Übersetzung von Rudi Paret, Stuttgart/Berlin/Köln/Mainz 1966

Koran, Der: Aus dem Arabischen übertragen von Max Henning. Einleitung und Anmerkungen von Annemarie Schimmel, Stuttgart 1973.

Küng, H., van Ess, J.: Islam, Gütersloh 1987

Lewis, B. (Hg.): Welt des Islam. Geschichte und Kultur im Zeichen des Propheten, Braunschweig 1976

Maudoodi Sayid Abu-l-Ala: Weltanschauung und Leben im Islam, Freiburg 1971

Nagel, T.: Der Koran. Einführung – Texte – Erläuterungen, München 1983

Paret, R.: Mohammed und der Koran, Stuttgart 1985

Rondot, P.: Der Islam, Freiburg 1968

Rotter, G. (Hg.): Die Welt des Islam, Frankfurt Mn. 1994

Schimmel, A.: Der Islam, Stuttgart 1990

dies.: Gärten der Erkenntnis, München 1991

dies.: Meine Seele ist eine Frau, München 1995

dies.: Mystische Dimensionen des Islam, Köln 1985

dies.: Die Welt des Islam, Solothurn und Düsseldorf 1994

dies.: Sufi-Liebe zu dem Einen, Zürich 1986

Simon, K. G.: Islam. Und alles in Allahs Namen, Hamburg 1991

Staatliche Museen Preußischer Kulturbesitz: Museum für Islamische Kunst, Berlin 1980

Staatsbibliothek Preußischer Kulturbesitz: Islamische Buchkunst aus 1000 Jahren, Berlin 1980

Tibi, B.: Die fundamentalistische Herausforderung. Der Islam und die Weltpolitik, München 1992

Tworuschka, M.: Islam, Göttingen 1982

Zirker, H.: Christentum und Islam. Theologische Verwandtschaft und Konkurrenz, Düsseldorf 1989

ders.: Islam.Theologische und gesellschaftliche Herausforderungen, Düsseldorf 1993

Hinduismus

Antes , P., Uhde, B.: Das Jenseits der anderen, Stuttgart 1972

Boisselier, J.: Malerei in Thailand, Stuttgart/Berlin/Köln/Mainz 1976

Fiedler, M., Eisele, R.: Indien, München, 1987

Franz, G. F.: Das alte Indien, München 1990

Glasenapp, H. von: Die Philosophie der Inder, Stuttgart 1985

ders.: Bhagavadgita – das Lied der Gottheit, übers. von R. Boxberger, Stuttgart 1971

ders.: Indische Geisteswelt, Wiesbaden o. J.

Gonda, J.: Die Religionen Indiens, 2 Bände, Stuttgart 1963 und 1978

Kantowsky, D.: Mahatma Gandhi – Gewaltfrei leben, Zürich 1992

ders.: Mahatma Gandhi – Wahrhaft sein, Solothurn und Düsseldorf 1995

Klostermaier, K.: Hinduismus, Köln 1965

Küng H., Stietencron, H. von: Hinduismus, München 1984

Lemaitre S.: Ramakrishna, Reinbek 1963

Mallebrein, C.: Die anderen Götter, Köln 1993

Pannikar, R.: Christus, der Unbekannte im Hinduismus, Luzern/Stuttgart 1965

Renou, L.: Der Hinduismus, Genf 1972

Rolland, R.: Vivekananda, Zürich/Stuttgart 1965

Schleberger, E.: Die indische Götterwelt, Köln 1986

Schneider, U.: Einführung in den Hinduismus, Darmstadt 1989

Schreiner, P.: Bhagavadgita, Zürich 1991

Schweer, T.: Hinduismus, München 1994

Sen, A. D.: Indien, New Delhi 1995

Staatliche Museen Preußischer Kulturbesitz: Museum für Indische Kunst, Berlin 1980

dies.: Schätze indischer Kunst, Köln 1986

Stutley, M.: Was ist Hinduismus?, Bern/München/Wien 1994

Thieme, P.: Gedichte aus dem Rig-Veda, Stuttgart 1975

ders.: Upanishaden, Stuttgart 1974

Tiffen, N.: Der Dschainismus in Indien, Genf 1987

Zacher, R.C.: Der Hinduismus, München 1964

Zimmer, H.: Philosophie und Religion Indiens, Frankfurt Mn. 1973

Zimmermann, J., Widmann, C.: Indien, Müchen 1985

Buddhismus

Auboyer, J., Nou, J.L.: Buddha, Freiburg/Basel/Wien 1982

Barraux, R.: Die Geschichte der Dalai Lamas, Solothurn und Düsseldorf 1995

Baumann, M.: Deutsche Buddhisten, Marburg 1993

Bechert, H., Gombrich, R.: Der Buddhismus. Geschichte und Gegenwart, München 1984

dies.: Die Welt des Buddhismus, München 1984

Brauen, M.: Das Mandala, Köln 1992

Brosse, J.: Schweigen – Blüte – Lachen, Solothurn und Düsseldorf 1994

Conze, E.: Der Buddhismus. Wesen und Entwicklung, Stuttgart 1953

ders.: Im Zeichen Buddhas. Auswahl und Einleitung, Frankfurt Mn./Hamburg 1957

ders.: Eine kurze Geschichte des Buddhismus, Frankfurt Mn. 1984

Dahlke, P.: Buddha. Die Lehre des Erhabenen, München 1966

Essen, G. W.: Die Götter des Himalaya, München 1989

ders., Thingo, T. T.: Padmasambhava, Köln 1991

Dalai Lama: Einführung in den Buddhismus, Freiburg/Basel/Wien 1993

Glasenapp, H. von: Der Buddhismus – eine atheistische Religion, München 1966

ders.: Die Weisheit des Buddha, Wiesbaden o.J.

ders.: Pfad zur Erleuchtung, Düsseldorf 1956

Glauche, J. W.: Der Stupa, Köln 1995

Golzio, K. H.: Wer den Bogen beherrscht, Düsseldorf 1995

ders.: Der Kaufmann, der eine bessere Predigt forderte, Düsseldorf 1995

Greschat, H. J.: Die Religion der Buddhisten, München/Basel 1980

Gunsser, I.L.: Reden des Buddha, Stuttgart 1971

Keilhauer, A.: Buddhismus. Wesen, Werden, Symbolik, Ikonographie, Stuttgart 1980

Klimkeit, H.J.: Der Buddha, Stuttgart 1990

Küng, H., Bechert, H.: Christentum und Weltreligionen. Buddhismus, München 1990

Mensching, G.: Buddhistische Geisteswelt, Wiesbaden o. J.

Mylius, K.: Die vier edlen Wahrheiten, Leipzig 1985

Oldenberg, H.: Buddha, München 1961

Reichle, V.: Die Grundgedanken des Buddhismus, Frankfurt Mn. 1994

Rhie, M.M., Thurman, R. A. F.: Weisheit und Liebe. 1000 Jahre Kunst des tibetischen Buddhismus, Bonn 1996

Rzepkowski, H. (Hg.): Buddhismus in geistiger Auseinandersetzung mit der modernen Welt, Stuttgart 1973

Schumann, H.W.: Buddhismus. Stifter, Schulen und Systeme, Olten 1976

ders.: Buddhistische Bilderwelt, München 1986

ders.: Auf den Spuren des Buddha Gotama, Olten und Freiburg 1992

Sen, D.: Himalaya, Freiburg/Basel/Wien 1983

Suzuki Daisetz, T.: Amida – der Buddha der Liebe, Bern/München/Wien 1974

ders.: Der westliche und der östliche Weg, Frankfurt Mn./Berlin/Wien 1971

ders.: Wesen und Sinn des Buddhismus, Freiburg/Basel/Wien 1993

Uhlig, H.: Das Bild des Buddha, Berlin 1979

Waldenfels, H.: Faszination des Buddhismus, Mainz 1982

ders.: Absolutes Nichts, Freiburg 1980

Zimmer, H.: Philosophie und Religion Indiens, Frankfurt Mn. 1973

Abbildungsnachweis

© 1991 Harry N. Abrams, © 1996 John Bigelow Taylor, S. 430.

Tsumeo Akachi, S. 229 (o. l.).

allover/Weber, Kleve, S. 446/447.

Archiv für Kunst und Geschichte, Berlin, S. 58, 196 (2 x), 207 (oben); Archiv für Kunst und Geschichte/GIZ/ M. Bourke-White, S. 344.

Bill Aron, Los Angeles, S. 62.

Nicolas Sapieha/Art Resource, New York, S. 32 (o. r.).

Ernst und Hans Barlach, Lizenzverwaltung, Ratzeburg, S. 127.

Bayerische Staatsbibliothek, München, S. 165 (r.).

Seisetsu Shucho, © Bertelsmann Lexikon Verlag, Gütersloh, S. 424.

Biblioteca Apostolica, Vaticana, S. 137.

Bibl. nat., Paris, S. 193, 197, 201, 204, 205, 209 (2 x), 221, 224, 225 (r.), 242, 266.

Bildarchiv Preußischer Kulturbesitz, Berlin, S. 8, 157 (o. r.), 200, 203, 215, 216, 231, 253, 287 (o.), 288, 292, 293, 294, 315, 317 (l.), 336, 366, 367, 373, 376, 387 (M. r.).

Erwin Böhm, Mainz, S. 244, 333.

Wulf Brackrock, Hamburg, S. 169 (u. l.).

Brepols Publishers, B-Turnhout, S. 124.

British Library, S. 372, 380.

British Museum, London, S. 369, 372, 399, 413.

Camera Press, S. 422; Adrian Cowell/Camera Press, S. 435.

Centre Védantique Ramakrishna, S. 341.

Edith Chabrier, Paris, S. 229 (o. r.).

CIBEDO, Frankfurt, S. 218.

A. C. Cooper, S. 190.

Francesco Del Priore, S. 168.

Foto dpa, S. 145 (2 x), 259, 262, 351 (Brakemeier), 437.

© Eugen Diederichs Verlag, München. Foto: Jean-Louis Nou, S. 307 (u.).

Hermann Dornhege, Bad Tölz, S. 12/13.

Reinhard Eisele, Augsburg, S. 278 (u.), 284, 319, 334.

Herbert Falken, S. 128, 134 (o. r.).

FOCUS: Bruno Barbey/Magnum, S. 213; Roland und Sabrina Michaud/Focus, S. 228, 255 (l.); Eve Arnold/ Magnum/Focus, S. 255 (r.); Steve Benbow/Focus, S. 260; Fr. Le Diascorn/Rapho, S. 295 (u. r.).

DAS FOTOARCHIV: Henning Christoph, S. 263 (2 x), 325; Dirk Eisermann, S. 323 (o. l.); Johann Scheibner, S. 323 (u.); Swapan Parekh, S. 350.

foto-present, S. 169 (o. r., M. r.).

Nicole François-Roessinger, Genf, S. 295 (u. l.).

Abdelaziz Frikha, S. 184/185, 189, 192 (r.), 198, 199, 219, 235 (2 x), 236, 237 (2 x), 245 (o. l.).

Rainer Gaertner, Bergisch Gladbach, S. 106 (o. r.).

David Harris, S. 61 (o.).

Wolfgang Hellige, Iserlohn, S. 335 (o.).

Georg Helmes, S. 273 (l.).

Jeannine Auboyer/Jean-Louis Nou, Buddha. Verlag Herder, Freiburg 1982, S. 9, 370, 374, 387 (o. l.), 388 (o. r.), 389, 409.

Vinzenz von Paul. Foto: Helmut Nils Loose. Verlag Herder, Freiburg 1980, S. 144 (o. l.).

Hans Hinz, CH-Allschwil, S. 283, 368.

Andreas Hoffmann, Braunschweig, S. 302, 303 (2 x), 346, 355, 459.

Michael Holford, London, S. 273 (r.).

Rechtsnachfolge Martin Hürlimann, S. 423.

IMJ/Moshe Caine, S. 76.

M. S. Ipsiroglu, Das Bild im Islam, Wien 1971, S. 192 (u. l.), 194.

Josse, S. 377 (r.).

KNA-Bild, Frankfurt, S. 94, 173 (u.), 178, 183, 337, 349 (2 x), 354.

Suzanne Kaufman, S. 65 (o. r.).

Keystone Pressedienst, Hamburg, S. 81, 95, 243.

Norbert Kuchinke, S. 171, 173 (o.).

Pressefoto Lachmann, Monheim, S. 177 (u.).

B. Oehmen/laenderpress, Mainz, S. 106 (u.).

Lustre Press, Delhi: S. Paul, S. 233; D. Paul, S. 270/271; Krishna Deo, S. 330 (o.); Lustre Press Library, S. 347.

Jenner Zimmermann/Carlos Widmann, Indien. Augenblick und Ewigkeit. Paul List Verlag, München 1985. Fotos: Jenner Zimmermann, S. 225 (l.), 275, 278 (o. 2 x), 295 (o.), 304, 318 (r.), 427 (o.).

Cornelia Mallebrein, Die anderen Götter. Volkes- und Stammesbronzen aus Indien, Ed. Braus/Rautenstrauch-Joest-Museum, Köln/Heidelberg 1993, © Fotos: Autorin Cornelia Mallebrein, S. 322, 328, 329.

Pascal und Maria Maréchaux, S. 257.

Mansell Collection, London, S. 241.

Gemeinnützige Stiftung Leonard von Matt, CH-Buochs, S. 100 (o. l.), 116.

Metropolitan Museum, New York, S. 252.

Hans Meyer-Veden, Hamburg, S. 426, 434 (o.), 442.

© Editions Didier Millet, Paris, Fotos: Raghu Rai, S. 331, 332.

Wolf-Christian von der Mülbe, Dachau, S. 245 (o. r.).

Guido Muer, S. 181.

Garo Nalbandian, S. 267.

Jean-Louis Nou, S. 297, 298, 311.

Patmos Archiv, S. 47, 99 (o.), 100 (o. r.), 106 (o. l.), 108, 113, 166, 234, 268, 330 (u.), 387 (o. r.), 402, 415.

Philadelphia Museum of Art, S. 306.

Pieterse-Davison International, S. 264 (u.).

Abraham Pisarek, S. 87 (l.).

István Rácz, S. 361 (o.).

Ramakrishna-Vivekananda Center, New York, S. 342.

»Reform Judaism«, New York, S. 87 (r.).

Peter Grieder, Pays entre ciel et terre – Tibet, un voyage intérieur, © La Renaissance du Livre, Bruxelles 1990, deutsche Ausgabe © Walter Verlag, Zürich und Düsseldorf, Fotos: Peter Grieder: S. 432, 434 (u.).

Annemarie Schimmel, Terre d'Islam, Aux sources de l'Orient musulman, © La Renaissance du Livre, Bruxelles, deutsche Ausgabe © Walter Verlag, Zürich und Düsseldorf, S. 207 (u.) (Nedim Sönmez), 208, 212, 245 (u.), 250.

Mehmet Biber/Photo Researchers, New York, S. 251 (u.).

S. Richter, S. 338.

Roland R. Ropers, Kreuth/Tegernsee, S. 353.

Issacher Ryback, S. 85 (o.).

Foto Scala, I-Antella (Firenze), S. 377 (l.).

Harald Schäfer, Regensburg, S. 63.

Emil Scheibe, München, S. 105 (o.).

Toni Schneiders, Lindau, S. 156 (u. l.).

Otto Schorr, München, S. 356/357.

Hans Wolfgang Schumann, Auf den Spuren des Buddha Gotama. Eine Pilgerfahrt zu den historischen Stätten, Walter Verlag, Zürich und Düsseldorf, Fotos: Wolfgang Schumann, S. 390, 394.

Ricard Schwerin, Jerusalem, S. 99 (u.).

Alfons Senfter, A-Gschnitz, S. 20, 27.

Catherine Leroy/SIPA, Paris, S. 229 (u.).

Frank Spooner/-Gamma, London, S. 258.

© Nolde Stiftung, Seebüll, S. 105 (u.).

Hitoshi Tamura, S. 276, 277, 314, 317 (r.), 323 (o. r.), 335 (u.), 384/385, 388 (u.), 411, 427 (u.), 428, 433.

Bechert/Gombrich, The World of Buddhism, © Thames & Hudson, London, S. 438; S. 359 Foto: J. Prip-Myller, Det Kongelige Bibliothek, Kopenhagen; S. 361 (u.) Foto: Felicitas Vogler; S. 391 Foto: Martin Brauen; S. 395 Foto: Henry Wilson; S. 404 (o.) Foto: Roloff Beny; S. 393, 404 (u.) Foto: Martin Brauen; S. 421 Zeichnung: Eisei Bunko, Tokyo; S. 436 Foto: Milton Keynes Development Council.

Bernhard Lewis, The World of Islam, © Thames & Hudson, London/Peter Bridgewater, S. 191, 230, 238.

Eberhard Thiem, Kaufbeuren, S. 280, 313 (2 x), 316 (u. 2 x), 388 (l.), 410.

W. Turnowsky, S. 65 (o. l.).

Malcolm Varon, S. 32 (o. l., u. r.).

© VG Bild-Kunst, Bonn 1996: S. 17, 19, 28, 41, 43, 45, 49, 56, 72, 100 (u. r.), 121, 125, 134 (u. r.), 135 (u. l.); © The Munch Museum/The Munch Ellingsen Group/VG Bild-Kunst, Bonn 1996, S. 135 (r.); © Succession H. Matisse/VG Bild-Kunst, Bonn 1996, S. 143; © Succession Picasso/VG Bild-Kunst, Bonn 1996, S. 149 (u.); 1913,

35 Menschliche Ohnmacht, 17,8 x 9,9 cm, Kunstmuseum Bern, Paul-Klee-Stiftung, Bern, Inv. Nr. Z 256, © VG Bild-Kunst, Bonn 1996, S. 135 (o. l.); 1927, 298 Grenzen des Verstandes, 56,4 x 41,5/41,7 cm, Staatsgalerie moderner Kunst/Bayerische Staatsgemäldesammlungen, München, Vermächtnis Theodor und Woty Werner, Inv. Nr. 14234, © VG Bild-Kunst, Bonn 1996, S. 126.

Victoria and Albert Museum, London. J. R. Freeman, S. 249 (o.).

© 1969, 1973, 1983 by Roman Vishniac. A Vanished World, Originalverlag: Farrar, Straus & Giroux Inc., New York, Deutschsprachige Ausgabe: Kindler Verlag GmbH, München 1996, S. 85. Zur Abb.: Im größten Raum, der im Haus des Rabbis zur Verfügung stand, einem bescheidenen Saal, der Dutzende von Schülern aufnehmen mußte, fanden Talmud-Diskussionen und Prüfungen der Schüler statt. Zur Essenszeit diente der Raum auch als Speisesaal. Der Leiter der Jeschiwa, Rabbi Baruch Rabinowitz, sitzt zwischen den Kerzen. Dies entspricht der Tradition der Familie Rabinowitz, der sogenannten Mucačevo-Dynastie. Ihr Begründer Solomon Schapira (1832–1893) wurde 1881 zum Rabbi von Mucačevo ernannt. Rabbi Rabinowitz überlebte den Holocaust und lebt jetzt in Israel.

Völkerkunde Museum der Universität Zürich, Foto: Peter Nebel, S. 431.

Max Weber, Foto: Israel Museum, S. 33.

Marcello Bertinetti/Archiv White Star, S. 92.

Peter Wirtz, Dormagen, S. 211.

Roger Wood, London, S. 249 (u.).

ZEFA, Düsseldorf, S. 96/97.

Yashynki Zenyoji, S. 232.

Jenner Zimmermann, S. 318 (l.).

Zeichnungen/Karten: Volker Butenschön, Lüneburg.

Christen
✡ **Juden**
Muslime
Hinduismus
Buddhisten
Andere Religionen